KB122614

조선전쟁의 재탐구

조선전쟁의 재탐구
중국·소련·조선의 협력과 갈등

초판 1쇄 발행   2014년 6월 25일
초판 2쇄 발행   2018년 8월 22일

지은이 | 션즈화(沈志華)
옮긴이 | 김동길(金东吉)
펴낸이 | 윤관백
펴낸곳 | ❚❚동선출판선인

등 록 | 제5-77호(1998.11.4)
주 소 | 서울시 마포구 마포대로 4다길 4(마포동 324-1) 곳마루 B/D 1층
전 화 | 02)718-6252 / 6257
팩 스 | 02)718-6253
E—mail | sunin72@chol.com

정가 49,000원
ISBN 978-89-5933-734-7 93300

·잘못된 책은 바꿔 드립니다.
· www.suninbook.com

조선전쟁의 재탐구

중국 · 소련 · 조선의 협력과 갈등

션즈화(沈志華) 지음 · 김동길(金東吉) 옮김

화보

▲1945년 8월 소련군은 조선에 진입하여 일본관동군과 교전하였다
(북조선에서 행군 중인 소련부대)

▲1949년 12월 21일 스탈린의 70세 생일 축하석상에 참가한 모택동

◀ 1950년 5월 14일 스탈린이 모택동에게 보낸 전문. 조선 동지의 건의에 동의하였다고 전하고 있다

▲ 1950년 6월 25일 조선인민군 탱크부대가 38선을 돌파하고 있다

敬爱的毛泽东同志：

您对于为自己祖国的独立解放而斗争的朝鲜人民深切的关心，百方援助，我们谨代表朝鲜劳动党，表心的感激！

现在反对美帝国主义侵略者的我们朝鲜人民解放战争，在今日我况，是在美国侵略军上陆仁川以前，我们的战况不能说不利于我们。敌人在连遭失败的情况下，被我挤入于朝鲜南端狭小的地区里，我们有可能争取最后决战的胜利，美帝军事威信起度的降底了。于是美帝国主义为挽回其

◀1950년 10월 1일
김일성의 파병 요청 서신

威信，为实现其的朝鲜殖民地化与军事基地化之目的，而调动了驻太平洋方面陆海空军的差不多全部兵力，逐于九月十六日以优势兵力，在仁川登陆后继续佔领了京城。

目前战况是极端严重了，我们人民军虽对于上陆的敌人，进行了极顽强的抵抗，但对于前线的人们已经造成了很不利的情况。

战争以来，敌人利用约千架的各种航空机，每天不分昼夜的任意的轰炸我们的前方与后方，在对敌空军毫无抵抗力处我们的面前，继续

则充分发挥其空军威力了。各我线上敌人
在其空军掩护下，沿动大量机械化部
队，我们受到的兵力与物资方面的损失
是非常严重的，后方的交通运输通信及
其他设施大量的被破坏，用以我们
的机动力，则更加减弱了。

敌人登陆部队与南部我线的部队
已经连接一起，切断了我们的南北部
队，结果使我们在南部战线的人员，
拿着被缴却新计划的不利情况程
得不到武器弹药，失掉联系，甚至于
有一部分部队，则已被敌人分散包围
着。如果京城完全被敌侵领，则我
们估计敌人可转继续向三八线以北地
区进攻。如果不转继续改善我们的会
种不利条件，则敌人的企图是很可能
会实现的。要保障我们的运输，供给
以及部队之机动力，则必须具备强要
的空军，但是我们又没有准备好的飞
机师。

敬爱的毛泽东同志！我们一定要
决心克服一切的困难，不让敌人
把朝鲜殖民地化美军事基地化！

我们一定要决心不惜流令鲜血
一滴血，为争取朝鲜人民的独立解
放民主斗争到底！

我们要集中全力编训新的师
团，集结在南部的十余万部队于依我上有
利的地区，辅贫全体人民，准备长期作战。
在目前敌人趁着我们严重的危急，不予
我们时间，如要继续在改三八线以北地
区，则只靠我们自己的力量，是难以克服
这危急的。因此我们不得不请求
您给予我们以特别的援助，即在敌人
进改三八线以北地区的情况下，盼以
中国人民解放军直接出动援助我军
作战！

我们向您提出以上意见，盼望即
予指教！

敬祝
健康！

(致文为朝鲜文)

金日成
朴宪永
一九五〇、十、一、北平壤

존경하는 모택동동지 앞

자기의 조국의 독립과 해방을 위하여 싸우고 있는 우리 조선 인민에게 당신께서는 배려를 베푸러 주시는데 각방면으로 원조를 하여 주시는데 대대하여 조선로동당을 대표하여 우리는 충심으로 부위의 감사를 드립니다.

미국침략자들을 반대하는 우리 인민의 해방전쟁의 급박한 현정세에 대하여 간단히 당신에게 말씀을 들이려 합니다. 미국침략군이 인천에 상륙하기전에는 우리의 형편이 극히 않되었다고 볼수 없었습니다. 적들은 대전에 타력을 거듭하여 끝으로서 최남부 협소한 지역에 몰리여 드러가까게 되어 최후결전에서 우리가 승리 가능성이 많아졌고 미국의 군사적 위신은 여지없이 추락되게 되었던 것입니다. 이에 미국은 자기의 위신을 만회하여 조선을 자기의 식민지화 군사기지로 만들려고 놈들려의 목적을 기어히 달성하기위한 대책으로 태평양 방면으로 미국의 육군, 공군의 거의 전부를 동원하여 9월 16일에 4만여 대병력을 인천에 상륙 실시코 서울시를 점령하였습니다.

전황은 극히 엄중합니다. 우리 인민군은 상륙 침입한 불의타격을 대담하고 용감히 싸우겠습니다. 그러나 전선에서는 우리게 극히 불리한 조건이 있다는 것을 말씀드리려합니다.

적은 약천대의 각종 항공기로 낮과 밤을 헤아리지 않고 전선과 후방 할것 없이 마음대로 폭격을 부치고 있습니다. 그러나 우리의 전선부대는 그를 엄호할 항공기가 없는 조건하에서 적은 수의 항공기와 비행사들이 활동하여 또한 극히 우리부대들을 자주 비행으로 다수 손상합니다. 후방에서 적의 항공기들은 교통, 운수, 통신기관들과 기타시설들을 파괴하며 적의 기동력이 최대한으로 발휘되는 반면에 우리인민군 부대들의 기동력은 약화되여가게 되었습니다. 이것은 각 전선에서 우리가 적군과 싸우는 싸움이며 적들을 우리군부대들의 기동 군수를 차단하고 전력을 계속하여 인천 방면으로 상륙한 부대들과 남부전선에서 진격하는 부대와의 연결함으로 서울을 점령받지 않게 되었습니다. 그런 결과 남북조선 이남에 있는 우리인민군 부대들의 곤란은

부위하지 않으리고 남반부전선에 있는 부대들도 더러 희생되고 차선의 싸움이며 그러하여 우리군부대들은 무기와 탄약들을 공급을 받지 못하고 있을뿐만 아니라 몇개부대들은 서로 분산되어 있으며 그중 일부는 전의지 포위되어 있는 형편. 거기 처하여 있게 되었습니다. 서울시가 완전히 점령되면은 적은 38도선을 넘어 북조선을 침공할지 입니다. 그러기 때문에 우리의 급함과 같은 불리한 조선을 계속하여 가지고 가게되면은 적들이 침략은 결국 성공될 것이라고 우리는 봅니다.

우리의 운수, 통신 수송을 해결하고 기동력을 보장하려면 무엇보다도 해당한 항공력을 가져야하겠습니다. 그러나 우리에게는 이시 준비된 비행사들이 없습니다.

친애하는 모동지시여, 우리는 당신과 긴급히 만나 협의하여야 하겠습니다. 적군이 침입되여 조선을 미제국주의자들의 식민지와 군사기지로 변동시키지 않을려고 우리의 독립, 민주, 자유와 인민의 행복을 위하여서는 최후의 일인일혈에 이르기까지 굽히지 않는 싸움을 우리는 굳게 결심하고 있습니다. 우리는 전력을 다하여 새 사단들을 많이 조직훈련하며 남반부에 있는 수십만의 인민군부대들을 작전상 유리한 전력 각 지역에 수습결하며 또한 전인민을 총무장하여서까지 장기전을 계속할 모든 대책들을 강구 실시합니다.

그러나 적들이 금일 우리가 처하여있는 엄중하고 위급한 위태를 이용하여 우리에게 시간여유를 주지 않고 계속진공하여 38도선을 침공하게 되는 때에는 우리는 자체의 힘으로서는 이 위기를 극복할 가능성이 없습니다. 그러므로 우리는 당신의 특별한 원조를 요구하지 않을수 없게 됩니다. 즉 적군이 38도선 이북을 침공하게 될때에는 약속한 바와같이 중국 인민군의 직접 출동이 절대 필요하게 됩니다.

이상 여러가지 우리의 의견을 당신에게 제의하게 되오니 이에 대한 당신의 회답을 우리는 기다립니다.

조선로동당 중앙정치위원회
김일성
박헌영

1950. 10. 1일
평양시

◀ 1950년 10월 1일
김일성의 파병 요청 서신

ПЕКИН СОВПОСОЛ

Для немедленной передачи МАО ЦЗЕ-ДУНУ или ЧЖОУ ЭНЬ-ЛАЮ.

Я нахожусь далеко от Москвы в отпуску и несколько отор-
ван от событий в Корее. Однако, по поступившим ко мне сегодня
сведениям из Москвы, я вижу,что положение у корейских товари-
щей становится отчаянным.

Москва еще 16 сентября предупреждала корейских товарищей,
что высадка американцев в Чемульпо имеет большое значение и
преследует цель отрезать первую и вторую армейские группы
северо-корейцев от их тылов на севере. Москва предупреждала
немедленно отвести с юга хотя бы четыре дивизии, создать
фронт севернее и восточнее Сеула, постепенно отвести потом
большую часть южных войск на север и таким образом обеспечить
38 параллель. Но командование 1 и 2 армейских групп не выпол-
нили приказа Ким Ир Сена об отводе частей на север и это дало
возможность американцам отрезать войска и окружить их. В райо-
не Сеула у корейских товарищей нет каких-либо войск, способных
на сопротивление, и путь в сторону 38 параллели нужно считать
открытым.

Я думаю, что если вы по нынешней обстановке считаете воз-
можным оказать корейцам помощь войсками, то следовало бы не-
медля двинуть к 38 параллели, хотя бы пять-шесть дивизий с
тем, чтобы дать корейским товарищам возможность организовать
под прикрытием ваших войск войсковые резервы севернее 38 па-
раллели. Китайские дивизии могли бы фигурировать, как добро-
вольные, конечно, с китайским командованием во главе.

▲ 1950년 10월 1일 모택동에게 중국 인민지원군의 조선 파병을 건의하는 스탈린의 전보

（五）在目前
情况下，我们决定将预先调至南满洲的十二个
军（五六个不够）于十月拾五日前开始出动，位于
此朝鲜北通志地区（不一定到三八线），一面和
敢于进攻三八线以北的敌人作战，第一个时期
只打防御战，歼灭小股敌人，弄清各方面情况，
一面等候苏联武器到达，并将我军装备齐整，
然后配合朝鲜人民军举行反攻，歼灭美国侵略
军。（六）根据我们所知的材料，美国一个军（两
个步兵师及一个机械化师）包括地空炮及高
射炮在内，共有七亿分至日二千多门口径在

各种炮一千五百门，而我们的一个军（三个师）只
有这样的炮三十六门。敌有制空援，而我们则
开始训练的一批空军要到一九五一年三月才有三百多
架飞可以用作战。因此，我军目前绝无一次
歼灭一个美国军的把握。而既已决定和美国
人作战，就应准备当美国统帅部在一个战
役作战的战场上集中它的一个军和我军作战
的时候，我军能够有四倍于敌人的兵力（即用
我们的四个军对付敌人的一个军）和一倍半
至两倍于敌人的火力（即用二千二百门至三
千门比分口径以上的各种炮对付敌人同一
样口径的一千五百门炮），而有把握地干净
俐地放底地歼灭敌人的一个军。

再则，美国在朝鲜有一千多架飞机，使得朝鲜的铁路
全部停歇，汽车亦大半不能行动，我们入朝鲜后如无
空军援助，不但以歼灭美国军队，连运输也难
筹就而有却将受甚至被敌封锁，因此希望苏联
除出动空军外尚出动大批的空军和我
军配合作战。（七）陆上述十二个师外，我们还准
在长江以南及陕甘区域里调动二十四个师
位于陇海、津浦、北宁等路线，以为接应朝鲜
的第二批及第三批兵力，预计在明年的春季
及夏季，接回当时情况之需，酌量使用上去。（八）
请你对我们所作上述各项意见，予以指示，并请你对我
是否可以给我们以武器援助，具体是否
可能准备的苏空军令及援助，尤其是美国用空军
轰炸北京天津，沈阳上海南京等处

的时候，是否可以用空军帮助我们防卫（使大批
上述诸地（我们的空军防御防空设备）
希以告复。敬候安好！
　　　　　　　　　毛泽东
　　　　　　　　一九五〇年十月二日

Сталину

ВТОРОЕ ГЛАВНОЕ УПРАВЛЕНИЕ ГЕНШТАБА СОВЕТСКОЙ АРМИИ

ШИФРТЕЛЕГРАММА № 25199

Экз. № 1 ТОВ. СТАЛИНУ   Экз. № 7 ТОВ. КАГАНОВИЧУ   № 13
„ № 2 ТОВ. СТАЛИНУ   „ № 8 ТОВ. БУЛГАНИНУ   № 14
„ № 3 ТОВ. МОЛОТОВУ   „ № 9   № 15
„ № 4 ТОВ. МАЛЕНКОВУ   „ № 10   № 16
„ № 5 ТОВ. БЕРИЯ   „ № 11   № 17
„ № 6 ТОВ. МИКОЯНУ   „ № 12   № 18

Из ПЕКИНА получена 12 ч. 15 м. 3 - 10 — 1950 г. Экз. №

ВНЕОЧЕРЕДНАЯ. Т

Докладываю ответ МАО ЦЗЕ-ДУНА на Ваш № 4581:

"Ваша телеграмма от 1.10.50 г. получена. Мы первоначально планировали двинуть несколько добровольческих дивизий в Северную Корею для оказания помощи корейским товарищам, когда противник выступит севернее 38 параллели.

Однако, тщательно продумав считаем теперь, что такого рода действия могут вызвать крайне серьёзные последствия.

Во-первых, несколькими дивизиями очень трудно разрешить корейский вопрос (оснащение наших войск весьма слабое, нет уверенности в успехе военной операции с американскими войсками), противник может заставить нас отступить.

Во-вторых, наиболее вероятно, что это вызовет открытое столкновение США и Китая, вследствие чего Советский Союз также может быть втянут в войну, и таким образом вопрос стал бы крайне большим.

Многие товарищи в ЦК КПК считают, что здесь необходимо проявить осторожность.

Конечно, не послать наши войска для оказания помощи — очень плохо для корейских товарищей, находящихся в настоящее время в тяжёлом затруднительном положении, и мы сами весьма это переживаем; если же мы выдвинем несколько дивизий, а противник заставит нас отступить; и к тому же это вызовет открытое столкно-

(СМ.СЛ.ЛИСТ)

▲1950년 10월 3일 모택동이 당분간 출병할 수 없다는 의사를 밝힌 전문
(로신 대사가 스탈린에게 보냈다)

▲1950년 북한의 피난민들이 지원군의 탱크에 올라타고 있다

▲1950년 10월 5일 오후에 열린 중공중앙정치국확대회의에서
조선전쟁 참전을 결정하였다(유화, 군사박물관 제공)

1950年10月上旬，中共中央政治局多次召开会议，做出了"抗美援朝、保家卫国"的英明决策（油画　作者　高泉）。

In the early October of 1950, the Political Bureau of the CPC Central Committee held many meetings and made the wise decision of "Resisting US Aggression and Aiding Korea, and Protecting Our Homes and Defending Our Motherland"(oil painting by Gao Quan).

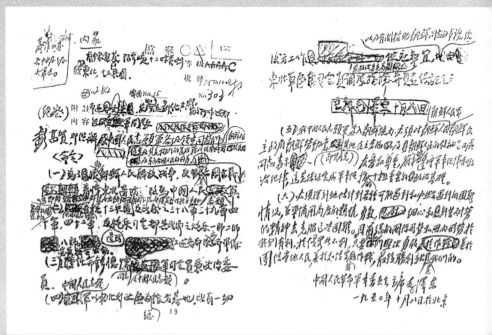

▲1950년 10월 8일 모택동이 김일성에게 보낸 서신.
조선 측의 요청을 수락하고 파병할 것임을 통지하고 있다

▲1950년 10월 8일 모택동이 수정한 중국 인민지원군 구성에 관한 명령(자필)

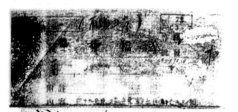

1950년 10월 18일 밤 9시 모택동은 중국 인민지원군에 19일 압록강을 도강할 것을 명령하였다

1950년 11월 5일 대유동 회담에서 고강 등이 조중부대의 지휘통일 문제에 관하여 논의하고 있다

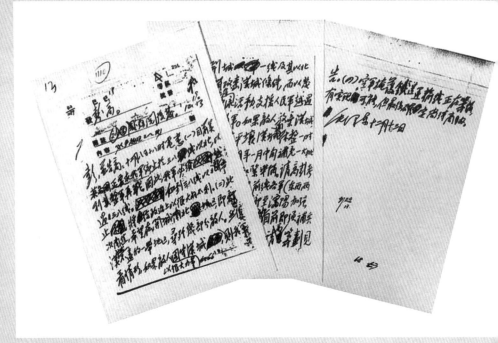

▲1950년 12월 13일 모택동이 팽덕회에게 보낸 전문.
지원군에 38선을 반드시 돌파할 것을 명령하였다

▲1950년 12월 지원군 사령부 입구에서
우측부터 김웅. 박일우. 김일성. 팽덕회. 진경. 감사기

人民革命軍事委員會作戰部

長交代我，打電话给天津黃市長，要
彭總臨行的前夜（十月七日夜），聶總
報告，并请你給我以應得的處分。
所知道，以及經過我辦的情況，特向你
這次派他隨彭總赴朝的經過訊我
後，不勝痛念哀悼惜。
昨天証实毛岸英同志牺牲的消息

◀ 1951년 1월 3일 모택동의 아들
모안영의 사망 소식을 전하는 서신

▲ 1951년 1월 모안영의 묘

▲ 1953년 4월 정전 담판에서 양측 대표

▲ 1953년 4월 정전 담판에 복귀하는 조중 대표단. 좌측부터 해방. 남일. 정국옥. 이상조

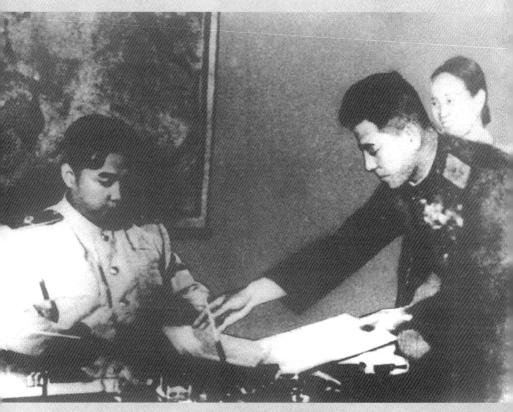

▲1953년 7월 27일 오후 10시 김일성이 정전협정에 서명하고 있다

추천사

 션즈화(沈志华) 교수는 냉전사 연구의 세계적인 대가이자 중국 내 한반도 연구의 최고 전문가다. 그는 오랫동안 한국전쟁을 비롯하여 냉전 시기 북한·중국 관계에 대해서 주목할 만한 업적을 쌓아왔다. 특히 그는 그동안 접근조차 어려웠던 중국의 방대한 자료를 활용하여 역사적 사실관계를 실증적으로 재구성하고, 그 바탕 위에서 새로운 해석들을 제시해왔다. 그렇기 때문에 우리는 그의 논문에서 자주 사실(fact)에 기초한 새로운 역사를 만나게 되고, 기존 연구보다 한 단계 수준 높은 해석을 접할 수 있다. 아마 한국전쟁이나 북한·중국 관계에 대해 조금이라도 깊이 있게 연구하고자 참고 문헌을 찾는 연구자라면 쉽게 이 분야의 발전에 기여한 션즈화 교수의 연구를 만날 수 있다.
 션즈화 교수가 한국어로 번역·출판하는 이 『조선전쟁의 재탐구』도 다시 한 번 독자들에게 한국전쟁에 대한 인식의 지평을 확대하고 새로운 사실들을 깨닫는 계기를 제공할 것으로 기대된다. 저자는 이 책에서 세계 냉전의 형성과 중소 관계의 변화라는 보다 큰 틀 속에서 한국전쟁의 기원을 찾고 있다. 아마 중국과 소련의 관점에서 한국전쟁에 이르는 과정과 그 경과를 이 책만큼 방대하면서도 구체적으로 서술한 책은 없을 것이다.
 이 책의 제목은 『조선전쟁의 재탐구』지만 제목을 '냉전의 형성과 조선전쟁'으로 바꾸어도 좋을 만큼 그 핵심은 한국전쟁과 관련하여 소련의 정책과

중소 관계에 있으며, 이것이 냉전사 서술의 형태를 띠며 주요하게 서술되고
있다. 따라서 이 책은 구체적인 전쟁의 전개 양상보다는 외교사적 관점에서
중소 관계, 북한·중국 관계, 미국과 공산권의 대립 등을 다이내믹(dynamic)
하게 서술하고 있다. 특히 이러한 맥락에서 제1, 2장의 긴 서술은 독자들이
본격적으로 한국전쟁으로 들어가는 몰입을 다소 어렵게 할지 모르나, 학술
적으로는 한국 학계에서 좀처럼 보기 어려운 냉전 초기 소련의 정책과 중소
관계를 냉전사적 관점에서 이해하는 데 커다란 도움을 준다.

셴즈화 교수의 저서가 항상 그렇듯이 이 책에도 그가 새롭게 발굴한 많은
1차 자료들이 증거로서 제시되어 있다. 한국전쟁을 연구하는 이들에게는 이
자료들이 앞으로 유용하게 활용되리라고 본다. 다만, 언어의 장벽으로 인해
이 책에는 한국에서의 한국전쟁 연구 성과가 거의 반영되어 있지 않다. 그
러다보니 이 분야 논문을 쓰는 연구자들은 이 책에서 제시하고 있는 주장이
나 관련 자료가 어디부터가 새로운 것인지를 스스로 구별해야 수고를 해야
한다. 그러나 이러한 아쉬움은 부차적이다. 이 책은 인식의 지평에서나 사
실관계에서나 모두 한국전쟁 연구를 한 걸음 전진시켰다.

결론적으로 내가 동학(同學)으로서 감히 셴즈화 교수의 연구 기풍을 평한
다면 시종일관 긴장의 끈을 놓지 않은 실사구시적인 연구 자세와 역사에 대
한 치밀한 해석이라고 말하고 싶다. 그는 사실에 기초해서 역사를 엄밀하게
재구성하고, 자신의 주장을 입증하는 다양한 방증 자료를 동원해서 역사를
재해석하는 데 최고의 수준의 경지에 도달해 있다. 이 책도 이러한 그의 연
구 기풍을 그대로 보여주고 있다. 따라서 한국전쟁에 관심이 있는 독자들에
게 일독을 권한다. 특히 냉전 형성 초기 및 한국전쟁과 중소 관계에 대해서
깊이 있는 이해를 하고 싶은 이를 위해서 단연 이 책을 추천한다.

2014년 6월
세종연구소 수석연구위원·전 통일부장관   이 종 석

한국어판을 내면서

본인의 졸저『조선전쟁의 재탐구 : 중국·
소련·조선의 협력과 갈등』한국어판이 마침
내 출판되어 매우 기쁘게 생각합니다. 지난 20
여 년간 러시아와 중국의 조선(한국)전쟁 관
련 당안을 조사하고, 많은 연구를 계속하면서
몇 권의 저작도 출판하였습니다. 그러나 이번
에 출판된『조선전쟁의 재탐구 : 중국·소련·
조선의 협력과 갈등』은 본인 연구의 집대성이
자 조선(한국)전쟁에 대한 오랜 연구의 결정판이라 할 수 있습니다.

또한 60여 년 전에 끝난 전쟁을 연구하는 것은 학문적으로는 역사에 대한
일종의 의무이고, 감정적으로는 조선(한국)전쟁을 경험한 국가와 민족들이
과거 무엇이 발생하였고, 어떻게 발생하였는지를 이해하기를 바라는 희망
이라 할 수 있습니다. 따라서 이 책은 중국인들뿐만 아니라, 한국인(조선인)
들에게도 소개되어야 한다고 생각합니다.

번역자 김동길 선생은 저의 동행자이자 오랜 친구입니다. 15년 전 김동길
선생이 중국사회과학원 근대사연구소에서 박사과정에 있을 때, 그의 지도
교수 장해붕(張海鵬) 선생이 본인에게 그의 논문 지도를 도와줄 것을 부탁
하였습니다. 그때부터 지금까지 김동길 선생과의 학술 교류는 중단되지 않
고 계속되어 왔습니다. 우리의 관계는 사제 관계의 성격도 있지만, 엄밀히
말하자면 학계의 동료입니다. 김동길 선생은 본인의 연구에 큰 도움을 주었
으며, 이번 한국어 자료 및 한국의 연구 상황을 이해하는 데에 큰 도움을
받았습니다. 우리는 당안 문헌 자료를 오랫동안 함께 조사·수집하였으며,
각자의 사료와 깨우친 점을 교류하였습니다. 오랫동안 함께 마시고 흉금을
털어놓고 학문적 토론을 하였으며, 기쁘고 즐거운 시간을 같이하였습니다.
 저는 김동길 선생과 이 책의 출판을 위하여 함께 노력한 사람들, 그리고
출판을 위하여 노력을 아끼지 않은 도서출판 선인에 감사를 드립니다. 그들
의 노력으로 중국 학자의 저작이 마침내 한국의 독자들에게 다가갈 수 있게
되었습니다.

2014년 5월
화동사범대학   션 즈 화

차례

머리말

중국 · 소련 · 조선의 삼각동맹과 조선전쟁

19 50년 세계 정치 및 국제 질서에 중대한 영향을 미치는 두 가지 큰 사건이 발생했다. 첫째, 약 2개월에 걸친 모택동(毛泽东)과 주은래(周恩来)의 모스크바(Moscow) 방문을 통해 1950년 2월 14일 신중국(新中国, 중화인민공화국)과 소련이 「중소우호동맹호조조약」을 체결하였다. 둘째, 1950년 6월 25일 조선반도에서 대규모 군사 충돌이 일어나자 미국이 유엔(UN)의 깃발 아래 즉각 군사개입에 나서고, 10월 19일 중국도 조선에 파병, 군사작전을 전개함으로써 역사적인 조선전쟁이 일어났다. 그렇다면 연속적으로 발생한 두 가지 사건, 즉 중소동맹과 조선전쟁은 서로 직접적 관계가 있는가? 양자 간에는 과연 어떠한 관계가 있는가? 이 문제들은 오랫동안 조선전쟁과 아시아 냉전 역사 연구자들이 씨름해 온 주제였다.

조선전쟁은 전 세계 및 중국에게 매우 중요한 정치적 · 역사적 의의가 있다. 조선전쟁의 발발과 그 영향으로 제2차 세계대전 후 아시아 및 전 세계 정치 질서에 근본적인 변화가 생겼다. 중국은 조선전쟁을 분수령으로 미국과 소련에 대한 전략을 최종적으로 확정했고, 중국의 전체적인 국가발전 방

향도 확정했다. 학술적 관점에서도 조선전쟁은 연구자들이 주목할 부분이
많다. 유엔(UN)군이 처음으로 등장했고, '제한전쟁'과 '핵위협' 등 새로운 개
념이 생겨났다. 전쟁이 끝날 때까지 격렬한 전투와 정전협상이 동시에 계속
된 것은 현대전쟁사에서 유례없는 일이었다.

이 밖에도 조선전쟁은 전쟁의 기원, 중국의 파병, 전쟁포로, 세균전 문제
등 아직도 그 진위를 가리기 힘든 문제들이 많이 남아 있다. 이 때문에 조선
전쟁은 정전이 이루어진 지 반세기가 지난 지금까지도 역사학, 국제관계학,
국제정치학 연구자들의 한결같은 관심과 고찰의 대상이 되고 있다.

1980년대 이전까지 조선전쟁은 사회주의국가에서 연구 '금지구역(禁区)'
이었다. 반면, 서방세계에서는 활발히 연구가 이루어져 방대한 연구 조직이
만들어지고 성과도 있었다.[1]

그러나 조선전쟁에 관한 연구들은 대부분 국제관계학과 국제정치학 영역
에서 이루어졌다. 반면, 역사학 영역에서는 그간 공문과 사료가 공개되지
않아 본격적인 연구가 이뤄지지 못했다. 소수의 역사학자들이 조선전쟁을
연구하긴 했지만 기본적으로 유엔군 한쪽만을 다루는 데 그쳤다. 특히 조선
전쟁이 일어나기 전 혹은 전쟁 기간 중 미국의 정책결정 과정, 전쟁 기간

[1] 비교적 영향력 있는 연구 성과는 다음과 같다. Robert E. Osgood, *Limited War: The Challenge to American Strategy*, Chicago: University of Chicago Press, 1957; Carl Berger, *The Korea Knot: A Military-Political History*, Philadelphia: University of Pennsylvania Press, 1957; William H. Vatcher, *Panmunjom-The Story of the Korean Military Armistice Negotiations*, New York: Praeger, 1958; John W. Spanier, *The Truman–MacArthur Controversy and the Korean War*, New York: W.W. Norton & Company Inc., 1959; Allen S. Whiting, *China Cresses the Yalu-The Decision to Enter the Korean War*, Stanford, CA: Stanford University Press, 1960; Trumbull Higgins, *Truman and the Fall of MacArthur-A Precise on Limited War*, New York: Oxford University Press, 1960; Robert Leckie, *Conflict-The History of the Korean War, 1950-1953*, New York: Putnam, 1962; Morton H. Halperin, *Limited War in the Nuclear Age*, New York: Wiley, 1963; Ronald J. Caridi, *The Korean War and American Politics-The Republican Party as a Case Study*, Philadelphia: University of Pennsylvania Press, 1968; James McGovern, *To the Yalu-From the Chinese Invasion of Korea to MacArthur's Dismissal*, NewYork: Morrow, 1972; Rober tR. Simmons, *The Strained Alliance-Peking, Pyongyang, Moscow and the Politics of the Korean Civil War*, New York: Free Press, 1975.

취해진 조치 및 정책결정에 국한되었으며, 중조연합군에 관한 연구는 거의 이루어지지 못하였다.[2] 1980년 이전까지 30여 년 동안 조선전쟁에 관한 연구는 충분한 고증이 이뤄지지 못한 평면적, 일방적인 연구였다고 할 수 있다.

그 후, 상황은 지속적으로 변화를 거듭하였고 역사학 실증연구 측면에서 보면, 조선전쟁에 관한 연구는 3차례의 고조(高潮)기를 거쳤다.

1970년대 후반 서방에 조선전쟁 연구에 관한 붐이 일었다. 조선전쟁 발발 25주년을 맞이해 미국 트루먼대통령도서관 국제관계센터는 대규모 국제 학술 대회를 개최하였다. 다수의 역사학자 이외에 유엔군 총사령관 리지웨이(M. B. Ridgway), 유엔 주재 미국 부대사 그로스(E. A. Gross), 트루먼 대통령 특별고문 해리먼(A. W. Harriman), 미 육군 참모총장 콜린스(J. L. Collins), 한국 주재 미국대사 무쵸(J. Muccio) 등 조선전쟁 당시 미국의 정책결정에 참여한 군인들과 관리들이 다수 참여하였다. 학술대회 성과를 정리해 출간한 단행본『조선전쟁 : 25년 동안의 관찰(The Korean War : A 25 Years Perspective)』은 조선전쟁 연구에 대한 관심과 흥미를 불러일으켰다.

1976년 미 국무성은『미국외교문서(Foreign Relations of United States, FRUS)』를 편집해 출판한 데 이어, 조선전쟁에 관한 미국 정부문서를 공개하기 시작했고, 1979년 미국 합동참모본부 역사부는 미 군부의 조선반도 정책을 소개하는 자료집 2권을 출판하였다. 때맞춰 영국의 정부문서도 잇따라 공개되었다.[3] 1984년까지 조선전쟁 시기와 관련된 모든『미국외교문서』가 출판되었다.[4] 이에 따리, 1970년대 중반부터 1990년대 초까지 서방 역사학계가 정

---

2) 앞에서 소개한 Allen Whiting과 Robert Simmons의 저작들이 이 문제들에 대해 진지한 토론을 하였다.

3) Frances H. Heller(ed.), *The Korean War-A 25-Year Perspective*, Lawrence: Regents Press of Kansas, 1977.

4) U.S. Department of State, *Foreign Relations of the United States(FRUS): Diplomatic Papers, 1950, Vol.7, Korea*, Washington, D.C.: GPO, 1976; *FRUS, 1951, Vol.7, Korea and China*, 1983; *FRUS, 1952-1954, Vol.15, Korea*, 1984; *FRUS, 1952-1954, Vol.16, The Geneva Conference: Korea and*

부문서를 토대로 내놓은 조선전쟁 연구 저서는 가히 눈부실 정도였다.[5] 미

Indochina, 1981. 2003년 중국의 학자들은 제2차 대전 후 미국의 중국정책 및 조선전쟁 관련
문건들을 중국어로 번역하여 편집 · 출판하였다. 陶文钊, 『美国对华政策文件集(1949-1972)』
第1卷, 牛军主编, 北京: 世界知识出版社, 2003年.
[5] 영향력이 비교적 큰 저서로서는 다음과 같다. Michael Langley, *Inchon Landing: MacArthur's
Last Triumph*, New York: Times Books, 1979; James F. Schnabel and Robert J. Watson, *The
Joint Chiefs of Staff and National Policy, Vol.3: The Korean War*, Wilmington, DE: Michael Glazier,
1979; Bruce Cumings, *The Origins of the Korean War, Vol.1: Liberation and the Emergence of
Separate Regimes, 1945-1947*, Princeton, NJ: Princeton University Press, 1981; Charles M. Dobbs,
The Unwanted Symbol: American Foreign Policy, the Cold War, and Korea, 1945-1950, Kent,
OH: Kent State University Press, 1981; William W. Stueck, *The Road to Confrontation: American
Foreign Policy toward China and Korea, 1947-1950*, Chapel Hill: University of North Carolina
Press, 1981; Joseph C. Goulden, *Korea: The Untold Story of the War*, New York: Times Books,
1982; Robert F. Futrell, *The United States Air Force in Korea, 1950-1953*, Washington D.C.: Office
of the Chief of Air Force History, 1983; Gavan McCormack, *Cold War/Hot War*, Sydney: Hale
and Ironmonger, 1983; Rosemary J. Foot, *The Wrong War: American Policy and the Dimensions
of the Korean Conflict, 1950-1953*, Ithaca, NY: Cornell University Press, 1985; James I. Matray,
The Reluctant Crusade: American Foreign Policy in Korea, 1941–1950. Honolulu: University of
Hawaii Press, 1985; Alexander Bevin, *Korea: The First War We Lost*, New York: Hippocrene,
1986; Burton I. Kaufman, *The Korean War: Challenges in Crisis, Credibility, and Command*,
Philadelphia: Temple University Press, 1986; Peter Lowe, *Origins of the Korean War*, New York:
Longman, 1986; Callum A. MacDonald, *Korea: The War before Vietnam*, New York: Free Press,
1986; Clay Blair, *The Forgotten War: America in Korea, 1950-1953*, New York: Times Books,
1987; Doris Condit, *History of the Office of the Secretary of Defense, Vol.2: The Test of War,
1950-1953*, Washington, D.C.: Office of the Secretary of Defense, 1988; Jon Halliday and Bruce
Cumings, *Korea: The Unknown War*, New York: Pantheon, 1988; Donald S. Macdonald, *The
Koreans: Contemporary Politics and Society*, Boulder, CO: Westview Press, 1988; Russell Spurr,
Enter the Dragon: China's Undeclared War Against the U.S. In Korea, 1950–1951, New York:
Newmarket Press, 1988; Eric Van Ree, *Socialism in One Zone: Stalin's Policy in Korea, 1945-1947*,
New York: Oxford University Press, 1988; John Merrill, Korea: The Peninsular Origins of the
War, Wilmington: University of Delaware Press, 1989; Michael Schaller, *Douglas MacArthur: The
Far Eastern General*, New York: Oxford University Press, 1989; Bruce Cumings, *The Origins of
the Korean War, Vol.2: The Roaring of the Cataract, 1947-1950*, Princeton, NJ: Princeton University
Press, 1990; Rosemary J. Foot, *A Substitute for Victory: The Politics of Peace Making at the
Korean Armistice Talks*, Ithaca, NY: Cornell University Press, 1990; Billy C. Mossman, *Ebb and
Flow: November 1950–July 1951*, Washington, D.C.: Center of Military History, 1990; Richard
L. Whelan, *Drawing the Line: The Korean War, 1950-1953*, Boston: Little Brown, 1990; John
Toland, *In Mortal Combat: Korea, 1950-1953*, New York: William Morrow, 1991; Sydney D. Bailey,
The Korean Armistice, New York: St Martin's Press, 1992. 동시에 유의해야 할 논문으로서는
Barton J. Bernstein, "The Policy of Risk: Crossing the 38th Parallel and Marching to the Yalu,"
Foreign Service Journal, Vol.54, March 1977; Russell D. Buhite, "'Major Interests'-American Policy
Toward China, Taiwan, and Korea, 1945-1950," *Pacific Historical Review*, Vol.47, No.3, August

국 정부에 의해 공개된 문서와 사료들은 중국 대륙과 대만 학자들의 관심을
끌었으며, 이를 이용한 논문들이 나오기 시작하였다.6)

　그러나 이 시기 조선전쟁사에 대한 연구는 주로 미국의 문헌에만 의존하
였고, 연구 대상도 조선전쟁 기간 미국의 정책 및 집행에 관한 것이었다. 또
한 연구자도 주로 미국인이 많았기 때문에 연구 그룹은 자연스럽게 미국을
중심으로 형성되었다. 학파에 관계없이, 서방의 연구자들의 관심과 연구 핵
심은 여전히 미국의 행위와 정책이었다.

　미국에서는 냉전이 격화된 1950~1960년대에는 '전통주의 학파'가, 반전(反
戰) 사상이 고조된 1960년대 말부터는 '수정주의 학파'가, 냉전체계에 변화
가 발생한 1970년대 초에는 '후수정주의 학파(后修正学派)'가 각각 생겨났
다. 이처럼 미국에서 각 학파가 탄생한 것은 조선전쟁과 냉전사 연구 영역
에서 미국이 차지하는 위치를 설명해 준다.7)

　조선전쟁 기간 소련 혹은 중국의 행동 및 정책을 다룬 저서가 몇 권 있지
만, 대부분 분석과 추측의 수준에 머무르고 있다. 당시 서방 연구자들이 이
용할 수 있는 소련 및 중국 측의 사료(史料)는 기본적으로 공개된 신문 자

1978; James I. Matray, "Truman's Plan for Victory: National Self-Determination and the Thirty-Eighth
Parallel Decision in Korea," *Journal of American History*, Vol.66, No.2, September 1979; Robert
Jervis, "The Impact of the Korean War on the Cold War," *Journal of Conflict Resolution*, Vol.24,
No.4, December 1980; Barton J. Bernstein, "New Light on the Korean War," *International History
Review*, Vol.3, No.2, April 1981; Edward C. Keefer, "President Dwight D. Eisenhower and the
End of the Korean War," *Diplomatic History*, Vol.10, No.3, Summer 1986; David Calingaert,
"Nuclear Weapons and the Korean War," *Journal of Strategic Studies*, Vol.11, No.2, June 1988;
Roger Dingman, "Atomic Diplomacy during the Korean War," *International Security*, Vol.13, No.3,
Winter 1988/1989; Rosemary J. Foot, "Nuclear Coercion and the Ending of the Korean Conflict,"
International Security, Vol.13, No.3, Winter 1988/1989.
6) 牛军, 「美国对朝鲜战争政策的演变(1950.6-1951.6)」, 『美国研究』第1, 期1991年; 张淑雅, 「美国
対中共介入韩战的对策(1950年夏-1951年春)」, (台湾)『中央研究院近代史研究所集刊』第21期,
1992年 6月.
7) 이 분야에 대하여 상세한 자료 소개는 다음 저서를 참조할 것. Rosemary Foot, "Making Known
the Unknown War: Policy Analysis of the Korean Conflict in the Last Decade," *Diplomatic History*,
Vol.15, No.4, 1991; Paul M. Edwards(ed.), *The Korean War: An Annotated Bibliography*, Westport,
CT: Greenwood Press, 1998.

료 혹은 매우 제한된 출판물에 불과했기 때문이다. 아시아의 연구자들 역시 아직 진정한 학술 영역에 진입하지 못하고 있었다.

조선전쟁 연구에서, 중소동맹 및 중국의 파병 문제를 다룬 연구 중 학술적 영향력과 가치를 가진 연구 성과는 1990년대 초부터 나오기 시작하였다. 연구의 기본이 되는 많은 정부 자료와 구술 사료들이 1980년 말부터 지속적으로 공개되었기 때문이다.

조선전쟁 연구에 두 번째 붐이 인 것은 1980년대 말부터 1990년대 초 사이였다. 이 시기 중국은 정부문서와 사료를 담은 출판들을 연속적으로 내놓았는데 그 수가 매우 많았다. 이는 중화인민공화국 성립 이래 매우 드문 일이었다. 이 기간 동안 『建国以来毛泽东文稿』第1~4卷(中央文献出版社 1987~1990 年版, 이후 第13卷까지 출판되었다), 『中共中央文件选集』第15~18卷(中共中央党校出版社 1992年版), 『建国以来重要文献选编』第1~4卷(中央文献出版社 1992~1993年版, 이후 第11卷까지 출판되었다), 『毛泽东军事文集』第5~6卷(军事科学出版社, 中央文献出版社 1993年版), 『中国共产党宣传工作文献汇编(1949 ~1956)』(学习出版社 1993年版), 『毛泽东外交文选』(中央文献出版社, 世界知识出版社 1994年版) 등의 서적이 출판되었다. 동시에 『彭德怀军事文选』(中央文献出版社 1988年版), 『周恩来外交文选』(中央文献出版社 1990年版), 『中华人民共和国经济档案资料选编(1949~1952)』, 综合卷(中国城市经济社会出版社 1990 年版) 등이 계속해서 출판되었다.[8] 이 출판물들과 그 후 연이어 나온 간행물을 통해 다량의 조선전쟁과 중화인민공화국 건국 초기의 중소 관계 관련 중국 자료들이 공개되었다. 1990년대 중반 「중국당안법」이 개정되면서, 중국의 각 성(省)과 시(市) 기록보존소가 관련 자료를 지속적으로 공개하자 일

---

8) 이 밖에도 일부 군대 혹은 지방에 매우 중요한 당안이 있다. 예를 들면, 『抗美援朝战争后勤经验总结, 资料选编·铁路运输类』, 北京: 解放军出版社, 1986; 编辑委员会, 『抗美援朝战争后勤经验总结, 专业勤务』, 北京: 金盾出版社, 1987; 中共北京市委党史研究室编: 『北京市抗美援朝运动资料汇编』, 北京: 知识出版社, 1993. 대만 지역에 소장된 관련 당안 자료의 상황은 다음을 참조할 것. 张菁华, 「台湾地区现藏韩战资料评介」, 『国史馆馆刊复刊』, 第21期, 1996.12, 第305-324页.

반 연구자들도 마침내 중국의 1차 정부문서에 접근할 수 있게 되었다. 필자와 이단혜(李丹慧)는 소련과 조선 접경 지역의 성(省)과 시(市)들을 돌아보았다. 즉 신강(新疆), 내몽고(內蒙古), 흑룡강(黑龙江), 길림(吉林), 요녕(辽宁) 등지의 각 성과 시 기록보존소에서 대량의 관련 정부문서를 확보하였고, 그 후에도 재차 관내 지역 기록보존소를 찾아 조사하였다. 지방의 기록보존소에는 중앙정부의 정책결정에 관한 문건은 없었지만, 중앙에서 각 성과 시에 하달한 문건, 통지 및 명령서들을 거의 모든 성(省)의 1급 기록 당안관(一级档案馆)에서 찾을 수 있었다. 그중 조선전쟁과 관련된 내용이 적지 않았으며, 특히 사상 동원, 전선 지원, 후방 보급, 징용 및 주민 소개(疏散) 등에 관한 문서들이 많았다.

또한 중국 정부 기관이 출판한 중국 지도자들의 전기(传记), 연보(年谱)에 조선전쟁과 관련된 많은 1차 자료가 실렸다. 예를 들면, 중국 인민해방군 군사과학원 군사연구부의 『中国人民志愿军抗美援朝战史』(军事科学出版社 1990年版), 담정초(谭旌樵) 편저의 『抗美援朝战争』(当代中国出版社 1990年版), 왕염(王焰) 등이 편집한 『彭德怀传』(当代中国出版社 1993年版), 배견장(裴坚章) 편집의 『中华人民共和国外交史(1949~1956)』(世界知识出版社 1994年版), 특히 김충집(金冲及) 편집의 『毛泽东传』(中央文献出版社 1996年版), 중공중앙문헌 연구실이 편집한 『刘少奇年谱』(中央文献出版社 1996年版)과 『周恩来年谱(1949~1976)』(中央文献出版社 1997年版) 등이 연이어 출판되었다.[9]

이 밖에 학자들에게 광범위하게 인용되는 구술 사료들이 중국 대륙에서 줄간되었다. 그중 비교적 중요한 인물로는 모택동의 러시아어 통역 사철(师哲), 정무원 재정위원회(政务院财政委员会) 부주임 박일파(薄一波), 외교부 부부장 오수권(伍修权), 중국 인민지원군 부정치위원 두평(杜平), 중국 인민

---

[9] 일부 저작의 많은 부분이 당안의 출처를 밝히지 않고 있다. 이는 학술 규범에 부합하지 않는다. 그러나 상황을 잘 이해하고 있는 중국 학자들은 이러한 저작들 역시 방대한 양의 중국 당안 자료를 바탕으로 작성되었다는 사실을 잘 알고 있다.

지원군 부사령관 홍학지(洪学智), 중국 인민지원군 정치부 부주임 이지민
(李志民), 조선에서 최초로 군사작전을 펼친 제42군 군단장 오서림(吴瑞林),
조선 주재 중국 대사관 정무참사관 사성문(柴成文), 총참모부 작전부 참모
뇌영부(雷英夫) 등이 있다.10)

　중국의 문헌 자료와 구술 사료의 등장은 곧바로 국제 사학계의 큰 관심을
불러일으켰다. 먼저 조선전쟁과 파병을 둘러싼 중국 지도부의 정책결정 과
정을 담은『건국 이래 모택동 문고(建国以来毛泽东文稿)』와 초기 군사작전
과 관련된 전보(电报)등이 미국의 중국계 학자들에 의하여 미국 학술 잡지
에 영어로 번역돼 출간되었다.11) 이어 더 많은 중국의 정부문서들이 미국의
권위 있는 연구소인 우드로윌슨센터(Woodrow Wilson Center)에서 편집·출판
한 국제냉전사프로젝트 블리튼(Cold War International History Project Bulletin)
에 영어로 번역되어 서방 학자들에게 소개되었다.12) 뿐만 아니라 크리스텐
(T. Christensen)의 논문「Threat, Assurances, and the Last Chance for Peace :
The Lessons of Mao's Korean Telegrams」등 외국 학자들의 저작에도 중국에서
공개된 관련 문헌들의 전문이나 발췌본이 부록으로 번역·출판되었다.13) 특

10) 杜平,『在志愿军总部』, 北京: 解放军出版社, 1989年; 洪学智,『抗美援朝战争回忆』, 北京: 解放
军文艺出版社, 1990年; 薄一波,『若干重大决策与事件的回顾』, 上卷, 北京: 中共中央党校出版
社, 1991年; 师哲回忆, 李海文整理,『在历史巨人身边-师哲回忆录』, 北京: 中央文献出版社,
1991/1995年; 伍修权,『回忆与怀念』, 北京: 中共中央党校出版社, 1991年; 李志民,『李志民回忆
录』, 北京: 解放军出版社, 1993年; 雷英夫,「抗美援朝几个重大决策的回忆」,『党的文献』, 第6
期(1993年), 第1期(1994年); 吴瑞林,『抗美援朝中的第42军』, 北京: 金城出版社, 1995年. 이 밖
에도 外交部外交史编辑室编,『新中国外交风-中国外交官回忆录』, 第1-3辑, 世界知识出版社,
1990-1992年; 中国人民解放军历史资料丛书编审委员会编,『空军回忆史料』, 北京: 解放军出版
社, 1992年.
11) Li Xiaobing, Wang Xi, and Chen Jian(trans.), "Mao's Dispatch of Chinese Troops to Korea: Forty-six
Telegrams, July-October 1950," *Chinese Historians*, Vol.5, No.1, Spring 1992, pp.63-87; Li Xiaobing
and Glenn Tracy(trans.), "Mao's Telegrams during the Korean War, October-December 1950,"
Chinese Historians, Vol.5, No.2, Fall 1992, pp.65-85.
12) 특히 *Cold War International History Project Bulletin(CWIHP)*, Issues 6-7, Winter 1995/96; Issues
8-9, Winter 1996/97, Woodrow Wilson International Center for Scholars, Washington, D.C.를 참조.
13) Thomas Christensen, "Threats, Assurances, and the Last Chance for Peace: The Lessons of Mao's
Korean War Telegrams," *International Security*, 1992, Vol.17, No.1, pp.122-150.

히 콘차로프(S. Goncharov), 루이스(J. Lewis), 쉐리타이(Xue Litai)는 공동 저
서『불확실한 동반자들(Uncertain Partners)』에 중소 관계와 조선전쟁에 관련
된 문서 82건을 부록으로 실었다. 그중 62건은『건국이래모택동문고(建国以
来毛泽东文稿)』로부터 발췌한 것이다.[14]

이러한 중요한 문서들이 비밀해제 혹은 공개됨에 따라, 1990년대 초 중
국의 최신 자료를 이용해 중국의 조선전쟁 개입 문제를 연구한 성과를 잇
달아 발표되었다. 그중 중국 국내의 주요 논저로는 서염(徐焰)의『第一次
较量－抗美援朝战争的历史回顾与反思』(中国广播电视出版社 1990年版), 제
덕학(齐德学)의『朝鲜战争决策内幕』(辽宁大学出版社 1991年版) 등 고증을
거친 일단의 학술 논문들이 발표되었다.[15] 미국 학술계에서도 중국 정부문
서를 이용한 논저들이 동시에 출간되었다. 그중 영향력이 가장 큰 3권의 출
판물로는 천지엔(Chen Jian)의『China's Road to the Korean War : The Making
of the Sino －American Confrontation』, 장수광(Zhang Shuguang)의『Mao' Military
Romanticism : China and the Korean War, 1950~53』그리고 마이클 성(Michael
M. Sheng)의『Battling Western Imperialism : Mao, Stalin, and the United States』
를 들 수 있다.[16] 일본의 중국 학자 주건영(朱建荣)은 일본 학계에서 최초로

14) Sergei Goncharov, John Lewis and Xue Litai, *Uncertain Partner: Stalin, Mao, and the Korean War*, Stanford: Stanford University Press, 1993.

15) 张希, 「中国人民志愿军入朝前夕"突然暂停"的经过」, 『党史研究资料』第1期, 1993年; 李海文, 「中共中央究竟何时决定志愿军出国作战?」, 『党的文献』第5期, 1993年; 熊华源, 「抗美援朝战争前夕周恩来秘密访苏」, 『党的文献』第3期, 1994年; 王亚志, 「抗美援朝战争中的彭德怀, 聂荣臻」, 『军事史林』第1期, 1994年; 曲爱国, 「抗美援朝出兵决策的形成」, 『军事历史研究』第4期, 1994年; 王亚志, 「毛泽东决心出兵朝鲜前后的 些情况」, 『党的文献』第6期, 1995年. 중국 학자들의 연구 상황에 대한 분석과 소개는 다음을 참조할 것. 徐焰, 「抗美援朝战争史研究述评」, 『当代中国史研究』第1期, 1994年; 沈志华, 「朝鲜战争研究综述: 新材料和新看法」, 『中共党史研究』第6期, 1996年, 第1期, 1997年.

16) Hao Yufan and Zhai Zhihai, "China's Decision to Enter the Korean War: History Revisited," *The China Quarterly*, Vol.121, March 1990; Michael H. Hunt, "Beijing and the Korean Crisis, June 1950-June 1951," *Political Science Quarterly*, Vol.107, No.3, Fall 1992; Liu Xiaoyuan, 'sino-American Diplomacy over Korea during World War II," *Journal of American-East Asian Relations*, Vol.1, No.2, Summer 1992; Thomas Christen, "Threats, Assurances, and the Last Chance for Peace: The

중국의 최신 사료를 이용하여 조선전쟁을 연구한 학자이다. 그의 저서 『모택동의 조선전쟁(毛泽东の朝鮮战争)』은 1992년 오히라 마사요시(大平正芳) 기념상과, 마이니찌 신문사의 아시아태평양 특별상을 수상하였다.[17] 러시아 학자 및 한국 학자들도 중국 정부문서 자료들을 이용해 중국의 조선전쟁 참전 문제에 대해 연구·토론하기 시작하였다.[18] 조선전쟁 기간 중국의 정책과 역할과 관련해 중국 지도자들의 공개적인 발언, 당사자들의 회고 혹은 서방의 문헌, 뉴스에 의거한 기본적인 추측 또는 추론에 의존하지 않는 역사의 진상이 수면 위로 떠오르기 시작하였다.

국제학계에서 조선전쟁에 관한 연구에 또 한 번 붐이 인 것은 러시아 정부문서의 비밀해제로 새로운 사료가 대거 공개되면서다. 1980년대 말부터 1990년대 초까지, 러시아로부터 조선전쟁의 진상과 관련된 다수의 회고록과 인터뷰 기록이 공개되기 시작하였다. 그중에는 조선인민군 작전부부장 유성철(俞成哲), 내무성 부상 강상호(姜相鎬), 소련 주재 조선대사 이상조(李相朝), 조선노동당 서기 임은(林隱) 등 소련에 거주하는 전직 조선 고위관리들과 당시 조선 주재 소련대사 슈티코프, 소련 외교부 부부장 카피사(M. S. Kapitsa), 제64항공군단 사령관 로보프(G. A. Lobov), 조선 주재 군사고문단 단장 폴

Lessons of Mao's Korean War Telegrams," *International Security*, 1992, Vol.17, No.1; Chen Jian, *China's Road to the Korean War: The Making of the Sino-American Confrontation*, New York: Columbia University Press, 1994; Zhang Shu Guang, *Mao's Military Romanticism: China and the Korean War, 1950-53*, Lawrence: University of Kansas Press, 1995; Michael M. Sheng, Battling *Western Imperialism: Mao, Stalin, and the United States*, Princeton, NJ: Princeton University Press, 1997.

[17] 朱建荣, 『毛泽东的朝鮮战争』, 东京: 岩波书店, 1991年.

[18] *Усов В. Н.* Кто направил китайских добровольцев//Проблемы дальнего востока, 1990, № 6, с.108-111; *Воронцов А. В.* Как принималось решение о вводе китайских добровольцев в Корею в 1950г.//Новая и новейшая история, 1998г., №2, с.13-21; 박두복, 「중공의 한국전쟁 개입의 원인에 대한 연구」, 『한국정치외교사논총』 제5권, 제1호, 1989년; 이병주, 「중국의 한국전 개입과 그 영향」, 『국제정치논총』 제30권, 제3호, 1990년; 김순규, 『중국군의 한국전쟁』, 서울: 국방군사연구소, 1994년; 채한국 등, 『한국전쟁』(1-3권), 서울: 국방군사연구소, 1995-1997, 미간행. 필자는 한국의 연구 상황에 관한 자료를 소개해 준 한국 학자 김동길 북경대학 교수에게 감사를 전한다.

트니코프(G. Poltnikov), 조선인민군 총참모장 남일의 수석고문 소지노프(D. Sozinov) 등 조선전쟁에 직접 참여한 소련의 외교관과 군사요원 그리고 조선에서 소련의 군사행동에 직접 참여한 소련 비밀경찰(KGB) 고위관리 투마노프(Tumanov) 등이 포함되어 있다.[19]

이 시기 소련이 해체되면서, 오랫동안 먼지만 쌓여 가던 역사적인 정부문서들이 연속적으로 공개되었다. 특히 조선전쟁 정전협정 체결 40주년 전날 러시아 정부는 조선전쟁 관련 러시아 문헌들을 공개하였다. 그중에는 소련 공산당과 정부의 일련의 결정문, 스탈린과 모택동 그리고 김일성 간의 전보, 소련 정부 내 각 부문 간 혹은 소련 지도자들과 북경과 평양의 소련 대표 사이에 주고받은 전보가 포함되어 있다. 약 1,000쪽이 넘는 1차 자료들은 러시아연방 대통령문서보관소(АПРФ), 러시아 대외정책문서보관소(АВПРФ), 러시아국방부 중앙문서보관소(ЦАМОРФ)로부터 발굴되었다. 1994년 6월 러시아연방공화국 대통령 보리스엘친은 조선전쟁 관련 러시아 정부문서 215건을 대한민국 김영삼 대통령에게 전달하였다.[20] 그 후 한국 신문은 이 문건을 번역 · 편집하여 「조선전쟁문건개요」를 소개하였으며, 중국에서도 이 개요본이 번역 · 출판되었다. 유감스러운 것은 1994년 7월 한국의 중앙일보에서 연재한 「6 · 25진상 : 러시아 정부가 공개한 조선전쟁 비밀문건」은 러시아 원문을 번역한 것이 아니라 편집해 가공한 것으로 짙은 정치적 경향성을 띤다는 점이다. 이는 명백히 원문이 가지는 학술적 가치를 손상하는 것이라 할 수 있다.

러시아 국가기록관이 개방되면서 상기의 러시아 문서와 더 많은 조선전쟁 관련 러시아 정부 문건들이 국제 학술계에 소개되기 시작하였다. 관련

---

[19] Kim Chull-baum(ed.), *The Truth About the Korean War: Testimony 40 Years Later*, Seoul: Eulyu Publishing Co., 1991; 瓦宁,『俄罗斯学者关于朝鲜战争历史的研究』, 陈鹤译,『当代中国史研究』, 第2期, 2011年, 第103-104页.

[20] 필자가 알기로는 중국 정부의 요구로 러시아 정부가 이 문서들의 사본을 중국 외교부에 전달하였다. 이후, 러시아 전문 학술 잡지에 관련 당안이 계속 게재되었다. Оказать военную помощь корейским товарищам, переписка вождей//Вестник, 1996, № 1.

분야의 미국의 연구 기관과 학자들은 발 빠르게 다량의 자료를 발굴하였다. 콜롬비아대학교 한국연구센터는 러시아 외교부 산하 외교아카데미와 조선전쟁사 공동연구에 관한 협력협정을 맺고, 비밀해제된 러시아 1차 자료를 다량 확보하였다. 콜롬비아대학교 한국연구센터는 우드로윌슨센터와 공동으로 이 문서를 번역하고 정리하는 작업을 진행하였다. 우드로윌슨센터는 이 문서의 복사본을 국가안보회의(NSC) 기록관에 제공하고, 조지워싱턴대학교 겔만(Gelman) 도서관 7층에 비치해 연구자들이 이용할 수 있게 했다. 그중 수백 건을 영어로 번역하여 국제냉전사프로젝트 블리튼(Cold War International History Project Bulletin)에 소개하였다.[21] 우드로윌슨센터 국제냉전사 연구기획팀은 인터넷 사이트에 조선전쟁 관련 러시아 정부문서 특별 코너를 설치하였다.[22]

중국에서는 필자가 비교적 일찍부터 조선전쟁 관련 러시아 정부 자료를 확보한 연구자이다. 1995~1996년 필자는 이단혜(李丹慧)와 함께 러시아와 미국에서 자비로 수차례 러시아 정부자료를 수집해 많은 자료를 확보하였다. 우리는 중소 관계와 조선전쟁에 관한 러시아 자료에 특별히 주목하였다. 중국 학자들이 하루빨리 이 귀중한 러시아 자료들을 이용할 수 있도록 하기 위해 필자는 중국 인민해방군 군사과학원 제덕학(齊德學)과 공동으로 제1차로 확보한 조선전쟁 관련 러시아 정부자료 300여 건을 번역하고, 학자들이 내부 자료로 이용할 수 있도록 하였다. 곧이어 필자는 더 많은 관련 자료들을 중국어로 번역하여 학술 잡지에 공개하였다.[23]

러시아에서 출판된 당사자들의 회고록과 인터뷰 자료, 특히 러시아 정부

21) Kathryn K. Weathersby, "New Findings on the Korean War," *CWIHP Bulletin*, Issue 3, Fall 1993; "New Russian Documents on the Korean War," *CWIHP Bulletin*, Issues 6-7, Winter 1995/1996.
22) 〈http://www.wilsoncenter.org/digital-archive〉 참조.
23) 沈志华编,「关于抗美援朝战争时期中苏关系的俄国档案文献」,『世界历史年刊』第三期, 1997年, 第254-485页;「关于毛泽东与斯大林的会谈: 俄国档案文献」,『国外当代中国研究动态』第1期, 1997年, 第19-36页.

문서 비밀해제 및 보급은 러시아, 한국, 미국 및 중국 학자들의 관심을 끌었고 러시아 정부자료 및 구술 사료를 이용한 조선전쟁 연구 성과들이 속속 발표되기 시작하였다. 보코고노프, 피터로브, 토쿠노프, 만수로프 등 러시아 학자들의 연구 성과들이 쏟아져 나왔다.[24] 그 뒤를 이어 한국의 박문수, 김영호, 기광서 등이 스탈린의 조선전쟁 결정 및 소련참전에 관한 연구 성과들을 발표하였다.[25] 최신 러시아 자료를 이용하여 조선전쟁을 연구한 서방 학자 또한 적지 않다. 그중 웨더스비(K. K. Weathersby)와 윌리엄 스툭(W. Stueck) 그리고 할리데이(J. Halliday) 등은 뛰어난 연구 성과를 발표하였다.[26] 중국에서 최초로 러시아 자료를 이용해 조선전쟁을 연구한 학자는 양규송(杨奎松)이다. 그는 1994년 홍콩의 월간 잡지 명보(明報) 7월호에 「김일성은 모택동의 대만 공격계획을 저지하였다-러시아 외교부 문서 비밀을 드러내다(金日成阻止了毛泽东进攻台湾的计划-俄国外交部档案揭秘)」를 발표하고 기타 논문 및 저서를 출간하였다.[27] 이러한 논저들은 그간 국제 학술계에서

24) *Волкогонов Д.* Следует ли этого бояться?, Огонёк, 1993, № 26; Vladimir Petrov, "Soviet Role in the Korean War Confirmed: Secret Documents Declassified," *Journal of Northeast Asian Studies*, Vol.13, No.3, 1994; *Торкунов А., Уфимцев Е.* Корейская Проблема: Новый Взгляд, Москва: Издательский центр "Анкил," 1995; Alexandre Mansourov, "Stalin, Mao, Kim, and China's Decision to Enter the Korean War, Sept.16-Oct.15, 1950: New Evidence from the Russian Archives," *CWIHP Bulletin*, № 6-7, 1995/96; Evgueni Bajanov, "Assessing the Politics of the Korean War, 1949-51," *CWIHP Bulletin*, № 6-7, 1995/96.

25) Park Mun Su, "Stalin's Foreign Policy and The Korean War: History Revisited," *Korea Observer*, Vol.25, No.3, 1994; 김영호, 「한국전쟁 원인의 국제정치적 재해석: 스탈린의 "롤백(Rollback) 이론"」, 『한국정치학회보』 제31집 제3호, 1997년; 기광서, 「소련의 한국전 개입 과정」, 『국제정치논총』 제40권 제3호, 2000년.

26) Kathryn K. Weathersby, "Soviet Aims in Korea and the Outbreak of the Korean War, 1945-1950: New Evidence from the Russian Archives," *CWIHP Working Paper*, № 8, 1993; Kathryn K. Weathersby, "The Soviet Role in the Early Phase of the Korean War: New Documentary Evidence," *The Journal of American-East Asian Relations*, Vol.2, No.4, 1993; Jon Halliday, "Air Operation in Korea: The Soviet Side of the Story," in William Williams(ed.), *A Revolutionary War: Korea and the Transformation of the Postwar World*, Chicago: Imprint Publications, 1993; William Stueck, *The Korean War: An International History*, Princeton: Princeton University Press, 1995.

27) 「中国被迫出兵朝鲜: 决策过程及原因」, 『党史研究资料』 第1期, 1996年. 영역본은 Xiaobing Li and Hongshan Li(eds.), *China and the United States: A New Cold War History*, New York:

중국·소련·조선 간 관계를 다투던 단조로움을 일거에 탈피하고, 새로운
사료를 기초로 서로 다른 상대방의 역사에 관하여 토론하기 시작하였다. 비
록 견해는 서로 매우 다르지만 모두가 역사적 사실(史事)을 고증하고 역사
를 재구성하기 위해 최대한의 노력을 기울였다. 이러한 저작 중 중국과 러
시아 당안을 비교적 충분히 이용한 연구로는, 곤차로프의『불확실한 동반자
들(Uncertain Partners)』과 필자의『모택동, 스탈린과 조선전쟁(毛泽东, 斯大
林 与韩战)』을 들 수 있다. 서방에서 정부문서를 이용한 조선전쟁 연구 논저
들이 줄지 않고 꾸준히 발표되었고 관련 연구범위도 확대되어 영미 학자들
뿐만 아니라 일부 중국 학자들도 이 대열에 참가하였다.28) 이러한 연구 열
기는 조선전쟁 발발 50년이 되는 2000년까지 계속되었다.

이 시기를 전후하여 중소동맹과 조선전쟁에 관련된 정부문서와 구술 사
료들이 끊임없이 발굴되었다. 우선 중국에서 나온 중요한 자료로는 중앙 1급
정부문서29) 그리고 이러한 정부문서에 기초하여 편집된 연보(年谱), 기사(纪

University Press of America, 1998; 「中苏同盟与中国出兵朝鲜的决策-对中国和俄国文献资料的
比较研究」, 『当代中国史研究』第5期(1996年), 第1期(1997年). 그중 일부 내용은 천지엔(Chen
Jian)에 의하여 영문으로 번역되어 CWIHP Bulletin, Issues 8-9, Winter 1996/97에 게재 되었다.
『毛泽东, 斯大林与韩战』, 香港: 天地图书有限公司, 1998年.

28) 영문 저서는 다음과 같다. Paul M. Edwards(ed.), The Korean War: An Annotated Bibliography,
Westport, CT: Greenwood, 1998; Stephen Endicott and Edward Hagerman, The United States
and Biological Warfare: Secrets from the Early Cold War and Korea, Bloomington: Indiana
University Press, 1998; Michael Hickey, The Korean War: The West Confronts Communism
1950-1953, London: John Murray, 1999; Burton I. Kaufman, The Korean Conflict, Westport, CT:
Greenwood, 1999; Stanley Sandler, The Korean War: No Victors, No Vanquished, Lexington:
University Press of Kentucky, 1999; David D. Wainstock, Truman, MacArthur, and the Korean
War, Westport, CT: Greenwood, 1999; Brian Catchpole, The Korean War 1950-53, London:
Constable and Robinson, 2000; Stanley Weintraub, MacArthur's War: Korea and the Undoing
of an American Hero, New York: The Free Press, 2000. 중문 저서는 다음과 같다. 赵学功,
『朝鲜战争中的美国与中国』, 太原: 山西高校联合出版社, 1995年; 李节传, 『抑第美国: 朝鲜战
争中的加拿大』, 北京: 中国社会科学出版社, 1998年; 林利民, 『遏制中国: 朝鲜战争与中美关系』,
北京: 时事出版社, 2000年.

29) 共中央文献研究室, 中国人民解放军军事科学院编, 『周恩来军事文选』第4卷, 北京: 人民出版
社, 1997年; 中共中央文献研究室编, 「毛泽东谈中国出兵朝鲜的决定(1970年 10月 10日)」, 「关
于朝鲜战争的一组文电(1950.10.8.-10.19)」, 『党的文献』第5期, 2000年; 中共中央文献研究室

事),30) 그리고 지방의 공문서들이 있다.31) 중앙 1급 정부문서 자료뿐 아니
라 민간에서 전해지는 조선전쟁 시기의 문건들도 많다.32) 더욱 반가운 것은
2004년 중국 외교부 기록관이 개방되면서 1949~1955년 사이의 정부문서가
제1차로 비밀해제되어 유효한 신분증만 지참하면 국내외 누구라도 문건을
열람할 수 있게 되었다. 외교부 기록관에서 조선전쟁의 정책결정에 관한 정
보와 문건을 찾을 수는 없지만, 정전협상과 관계된 문건들은 주목할 가치가
있다. 특히 조선전쟁 이후 제네바회의에 관한 다량의 정부문서가 공개되었
다.33) 이 시기 발표된 당사자들의 회고록 및 인터뷰 자료들은 주목할 만하
며, 연구자들의 관심은 이미 정책결정자층을 넘어 일반 사병들에게까지 미
치기 시작하였다.34) 이외에 한국에서 비공식으로 출판된 4권의『한국전쟁

中央档案馆编,『建国以来刘少奇文稿』第1-4册, 北京: 中央文献出版社, 2005年; 中共中央文献
　　研究室 中央档案馆编,『建国以来周恩来文稿』第1-3册, 北京: 中央文献出版社, 2008年 等.

30) 王焰主编,『彭德怀年谱』, 北京: 人民出版社, 1998年; 周均伦主编,『聂荣臻年谱』, 北京: 人民出
　　版社, 1999年; 本书编写组编著,『周恩来军事活动纪事(1918-1975)』, 北京: 中央文献出版社,
　　2000年; 中国军事博物馆编,『抗美援朝战争纪事』, 北京: 解放军出版社, 2000年 等.

31) 北京市档案馆 中共北京市委党史研究室编,『北京市重要文献选编』, 1950-1953年各卷, 北京: 中
　　国档案出版社, 2001-2002年; 中共吉林市委党校研究室 吉林市民政局 吉林市档案局编,『正义
　　的胜利-吉林市抗美援朝专辑』, 内部发行, 1998年; 北京市档案馆研究室选编,「北京市与抗美
　　援朝-北京市档案馆解密档案」,『冷战国际史研究』第二辑, 2006年春季号; 上海市档案馆选编,
　　「抗美援朝期间上海医务工作者支前档案史料选」,『冷战国际史研究』第六辑, 2008年夏季号.

32) 军委军训部,『中国人民志愿军朝鲜作战经验介绍』(1951年 2月); 志愿军第九兵团司令部,『中国
　　人民志愿军第九兵团命令指示』(1951年 3月); 彭德怀,『关于持久作战方针和今后作战的指导
　　原则』(1951年 6月 25日); 沈阳军区后勤部,『抗美援朝战争后勤工作历史资料选编(军队后勤工
　　作经验)』(1977年); 二十七军司令部,『入朝作战总结报告』(1958年 10月) 等等.

33) 中华人民共和国外交部档案馆编,『中华人民共和国外交档案选编(第一集): 1954年日内瓦会议』,
　　北京: 世界知识出版社, 2006年.

34) 中国人民解放军历史资料丛书编审委员会编,『后勤工作·回忆史料』, 北京: 解放军出版社,
　　1994-1999年; 郑文翰,『秘书日记里的彭老总』, 北京: 军事科学出版社, 1998年; 杨迪,『在志愿军
　　司令部的岁月里-鲜为人知的真情实况』, 北京: 解放军出版社, 1998年; 中国人民解放军历史资
　　料丛书编审委员会编,『海军·回忆史料』, 北京: 解放军出版社, 1999年; 郑文翰,『郑文翰日记:
　　抗美援朝战争时期』, 北京: 军事科学出版社, 2000年; 张明远,「风雪战勤-忆抗美援朝战争的后
　　勤保障」,『当代中国史研究』第6期, 2000年; 张少山,「抗美援朝中的后勤工作」,『百年潮』第10
　　期, 2005年; 粟裕,『粟裕回忆录』, 北京: 解放军出版社, 2007年; 李小兵编译,「四国士兵话朝战
　　(之一)」,『冷战国际史研究』第六辑, 2008年夏季号; 徐龙男,「延边籍朝鲜人民军退伍军人采访

기 중공군문서』집은 전쟁 기간 중국 인민지원군부대가 분실한 문건으로 작전명령, 동원 보고, 사병 가족의 편지 등이 있으며, 내용이 풍부하고 분량도 양이 방대해 사료로서 큰 가치가 있다.[35]

　푸틴 대통령이 취임한 후, 정부의 국가기록 정책이 점점 비공개하는 방향으로 바뀜에 따라 외국 학자들이 각종 중요 정부문서에 접근하는 것이 불가능해졌다. 뿐만 아니라 러시아 학자들의 접근도 쉽지 않아 졌다.[36] 이 시기 외국 연구자들이 볼 수 있는 것은 겨우 조선전쟁 이전의 중소 관계 자료집 1권과 러시아 학자들이 개별적으로 학술 잡지에 발표한 문건들뿐이었다.[37] 그러나 이때는 이미 다량의 조선전쟁 관련 러시아 정부문서 자료가 국제사회에 유입돼 있어 학자 또는 연구 기관들이 자체적으로 수집하고 정리한 러시아 1차 정부문서 자료를 볼 수 있었다. 러시아 학자 바르타노프(V. N. Vartanov)는 『1950~1953년의 조선전쟁 : 문헌과 자료』에 170여 건의 문건을, 대한민국 국방부 군사편찬연구소는 『소련군사고문단 단장 라주바예프의 6·25전쟁 보고서』에 106건의 문건을 정리했고, 우드로윌슨센터 한국전쟁 국제문헌프로젝트가 편집·출판한 제1차 학술토론 문건 『한국전쟁에 관한 새로운 증거들』에는 126건의 러시아·폴란드 문서들이 영어로 번역돼 출간되었다. 이 밖에 본 필자가 수집한 중소 관계 및 조선전쟁 관련 러시아 1차 정부문서

　　录」,『冷战国际史研究』第七辑, 2008年冬季号 王亚志,『彭德怀军事参谋的回忆: 1950年代中苏军事关系见证』, 沈志华·李丹慧整理, 上海: 复旦大学出版社, 2009年.

[35] 한림대학교 아시아문화연구소편,『한국전쟁기 중공군문서(1949-1953.3)』1-4, 춘천: 한림대학교, 2000.

[36] 필자는 수차례에 걸쳐 러시아를 당안관을 방문하여 당안 자료를 열람하고자 하였으나 모두 거절당했다. 이러한 상황에서 러시아 학계에 당안 확보를 위한 협조를 구하였지만 그 성과는 크지 않았다.

[37] Вольхова А. Некоторые архивные материалы о корейской войне(1950-1953)//Проблемы дальнего востока, 1999, №4; Ледовский А. М., Мировицкая Р.А., Мясников В. С.(сост.) Русско-китайские отношения в XX веке, Документы и материалы, Том V, Советско-китайские отношения, 1946-февраль 1950, Книга 2: 1949-февраль 1950гг., Москва: Памятники исторической мысли, 2005; Ледовский А. М. Сталин, Мао Цзэдун и корейская война, 1950-1953 годов//Новая и новейшая история, 2005, №5.

자료에 다수 자료가 포함되어 있다. 이 자료는 주제별로 총 3부 56권으로
이루어져 있고 본 연구 주제와 관련된 문건은 약 2,000여 건에 달한다.[38] 필
자는 더 많은 연구자들이 이 문건을 이용할 수 있도록 중국 대륙 학술 잡지
에 조선전쟁에 관한 러시아 정부문서 자료를 중국어로 번역해 소개하였
다.[39] 또 대만중앙연구원 근대사연구소에서 『조선전쟁 : 러시아 국가기록관
비밀해제문건』 3권을 출판했는데, 여기에는 부록을 포함하여 700여 건의 문
건이 수록되어 있다.[40]

  21세기 들어 미국의 정부문서 비밀해제에도 새로운 진전이 있었다. 트루
먼도서관이 소장 중인 정부문서가 지속적으로 비밀해제된 데 이어 중앙정
보국(CIA)의 비밀문건들이 대거 비밀해제 되었다. 2004년 10월 미국국가정보
위원회(NIC)와 우드로윌슨센터는 워싱턴 소재 워터게이트(Watergate) 호텔에
서 특별국제학술회의를 개최하고 중국, 미국, 러시아 학자들을 초청하여 비밀
해제가 예정된 중앙정보국 문서를 분석하고 평가했다. 이 문건들은 총 73건,
약 1,000쪽에 달하며 1948~1976년 중앙정보국의 중국에 관한 정보와 보고서
중에서 특별히 선택된 것들이었다. 필자는 이 회의에서 미국이 곧 1,000건의
중앙정보국 문건을 비밀해제할 예정임을 알게 되었다. 이 문건들은 총 세

---

38) *Вартанов В. Н.* Война в Корее 1950-1953 гг.: Документы и материалы, 1997; 韩国国防部军史
    编纂研究所编:『苏联军事顾问团团长拉祖瓦耶夫关于六·二五战争的报告书』, 2001年; James
    Person(ed.), *New Evidence on the Korean War*, Document Reader Prepared for the Conference
    "New Documents and New Histories: Twenty-First Century Perspectives on Korean War," Harry
    S. Truman Presidential Library, Independence, Missouri, June 16-17, 2010; 沈志华收集和整理,
    『俄国档案原文复印件汇编: 朝鲜战争』第1-17卷, 2004年; 沈志华·李丹慧收集和整理, 『俄国
    档案原文复印件汇编: 中苏关系』第1-22卷, 2005年; 沈志华·王绍章整理:『俄国档案原文复印
    件汇编: 苏联占领朝鲜』第1 17卷, 2007年. 笔者整理和编辑的这些俄文原始档案已分别复印或
    刻录, 并交与北京大学历史系资料室, 华东师范大学冷战国际史研究中心资料室, 香港中文大
    学中国服务中心和(台湾) 中央研究院 近代史研究所 档案馆.
39) 王真译,「朝鲜停战谈判(1951-1953年) -据俄罗斯对外政策档案材料」,『党史研究资料』第12期,
    2001年; 沈志华编,「关于朝鲜停战谈判最后阶段的俄国档案文献」,『中共党史资料』 第4期,
    2003年.
40) 沈志华编,『朝鲜战争: 俄国档案馆的解密文件』(三卷本), 中央研究院近代史研究所史料丛刊
    (48), 台北, 2003年.

가지다. 외국 주재 미국 대사관, 영사관 혹은 기타 기관으로부터 받은 전보
또는 보고 등 각종 구체적 정보 뉴스, 국가정보평가(NIE) 같은 정기적·상시
적 정보의 종합 분석·정보기관이 상부의 명을 받아 작성해 대통령과 백악
관에게만 보고된 특정 주제 보고와 특별국가정보평가(SINE) 등이다. 여기에
는 조선전쟁 기간의 문서도 적지 않게 포함되어 있다.[41]

　2010년 6월 미 중앙정보국, 우드로윌슨센터, 트루먼도서관은 트루먼도서
관에서 '새로운 문헌과 새로운 역사 : 조선전쟁에 대한 21세기 전망'을 주제
로 특별 학술대회를 공동 개최하였다. 이 회의에서 비밀해제된 조선전쟁
관련 최신 문건들이 다수 공개되었다. 우선 중앙정보국은「불의 세례 : 중앙
정보국의 조선전쟁 분석(Baptism by Fire : CIA Analysis of the Korean War
Overview)」이라는 제목의 조선전쟁 관련 문서 1,300건을 공개하였다. 중앙
정보국의 조선에 대한 일일 보고, 중앙정보국 해외 방송 기사정보처의 보고,
중앙정보국 비망록, 정보 평가 및 기타 문건들로 약 절반 이상이 새로 비밀
해제된 것이다. 나머지 절반의 비밀해제는 2004년에 이루어 졌지만, 당시에
는 내용의 상당 부분이 검게 색칠되어 있었고, 이번에 비로소 문서 전체가
공개되어 비밀해제의 폭이 더욱 확대되었다.[42] 그 다음으로 트루먼도서관
은 조선전쟁에 관한 새 문건들을 비밀해제하였다.「데이비스(J. P. Davies)
문서 : 1947~1952년 미 국무성 정책기획위원회 재직 시 한국 문제에 관한 보
고서」,「죤네스(O. Jones) 문서 : 1945~1949년 한국에서 재직 시 일기」,「애치
슨 문서 : 트루먼 대통령과 조선전쟁에 관한 대화 녹음」등이다.[43]

　이런 새로 공개된 문서를 기초로 미국은 미국외교사에 관련된 방대한 전

---

41) 이 학술대회 이후, 중국 화동사범대학 냉전사연구센터는 중국에 대한 미국의 정보 평가
　　문건 6,000여 건을 수집·정리·분류하였으며, 그중에 300여 건의 중요 문건을 중국어로 번역
　　하여 출판하였다. 출판은 '중소 관계', '한국전쟁', '중국 외교' 3종류로 분류되어 출판되었다.
　　沈志华, 杨奎松主编,『美国对华情报解密档案(1948-1976年)』第1-8卷, 上海: 东方出版中心,
　　2009年.

42) 〈http://www.foia.cia.gov/KoreanWar.asp〉.

43) 〈http://www.trumanlibrary.org/korea/KoreanWarRegistration2010〉.

자 데이터베이스 및 마이크로필름을 구축하였다. 그중 영향력 있는 것으로 디지털국립 안보아카이브(DNSA), 비밀해제문건참고시스템(DDRS), 미국 렌나(Lennar) 출판사에서 출판된『미국국가안전위원회(NSC) 문서집(1947~1977)』등 각종 마이크로필름 문서집 등이 꼽힌다. 이러한 출판물에는 백악관, 국방부, 국무부 중앙정보국, 국가안보회의 등 미국의 모든 중요 정책결정 기관들과 국회도서관 국립아카이브 및 각 대통령 도서관의 주요 비밀해제 문건들이 수록되어 있다. 여기에는 대통령의 지시문, 백악관 통신 기록, 회의 기록, 왕래 전보 및 외교정책결정에 관한 각종 비망록, 평가보고서 등이 포함되어 있다. 비록 중소 관계 및 조선전쟁에 관한 전문적인 문서 파일은 없지만, 수록 내용의 풍부함은 미국외교문서(FRUS)를 제외한 냉전 초기 모든 미국의 중요 문건들을 압도한다. 냉전사와 조선전쟁사를 연구하는 데 없어서는 안될 자료이다.[44]

중국·러시아·미국의 정부문서 자료와 구술사 자료가 공개되고 특히 서로 다른 언어의 자료가 나타나면서 조선전쟁 연구는 세 번째 연구 붐이 일었는데, 이전과 전혀 다른 양상을 띠었다.

이 시기 중국은 새로운 출판심사 제한정책으로 조선전쟁에 관한 학술전문 서적은 많이 출판되지 못했고, 군사 기관과 정부 기관 학자들이 내부 자료를 이용한 연구 성과가 집중적으로 출판되었다. 예를 들어, 지덕학(齐德学)의『巨人的较量－抗美援朝高层 决策和指导』(中共中央党校出版社 1999年版), 군사과학원역사연구부(军事科学院 军事历史研究部)가 편저한『抗美援朝战争史』(三卷本)(军事科学出版社 2000年版), 서염(徐焰)의『毛泽东与抗美援朝战争 正确而辉煌的运筹帷幄』(解放军出版社 2003年版) 능이 있다. 기타 중요한 저작으로 방선지(逢先知)와 이첩(李捷)이 중앙정보기록관 자료를 이

---

[44] 중국국가도서관, 동북사범대학, 남개대학, 북경대학, 무한대학, 남경대학과 화동사범대학의 도서관은 상술한 전자데이터베이스 사용권을 구매하였으며, 화동사범대학 냉전국제사 연구 센터는 약 2,000통의 렌나(Lennar) 출판사의 마이크로필름(Microfilm)을 소장하고 있다.

용하여 출판한 『毛泽东与抗美援朝』(中央文献出版社 2000年版) 및 필자가 중
국과 러시아 양쪽의 정부문서 자료를 이용한 『毛泽东, 斯大林与朝鲜战争』(广
东人民出版社 2003年 初版, 2007年 修订版) 등이 있다.

　그러나 이 시기 중국 학자들의 학술 논문은 계속 끊이지 않고 출판되었
다. 연구 내용은 더 깊어졌고, 과거 연구되지 않았던 영역까지 탐구가 이뤄
졌다. 국제학술계의 관심을 받을 만한 것으로는, 우선 중국의 조선출병 과
정에 대해 더욱 깊이 있고 세밀하게 연구 토론이 이루어진 점이다.[45] 동시
에 중국 지도부의 조선전쟁에 관한 정책결정에 관하여 각종 다양한 해석이
출현하였다.[46] 정전협상에 관한 연구는 연구자들에게 인기 있는 주제였고,[47]
조선전쟁 기간 소련의 역할과 소련 공군의 참전 문제 또한 중국 학자들의
연구 범위에 포함되었다.[48] 미국과 중국 · 소련 3국의 정전(停战) 정책 연구
에서 중국 연구자들은 독자적인 해석을 내놓았다.[49] 일부 학자들은 조선전

45) 刘统, 「中国出兵朝鲜战争前的战争准备工作」, 『党史研究资料』 第7期, 2000年; 李捷, 「从出兵
决策到五次战役」, 『党史研究资料』 第2期, 2001年; 金东吉, 「中国人民解放军中的朝鲜师回朝
鲜问题新探」, 『历史研究』 第6期, 2006年; 金景一, 「关于中国军队中朝鲜官兵返回朝鲜的历史
考察」, 『史学集刊』 第3期, 2007年; 沈志华, 「斯大林, 毛泽东与朝鲜战争再议」, 『史学集刊』 第1
期, 2007年.

46) 章百家, 「从危机处理的角度看抗美援朝出兵决策」, 『中共党史研究』 第6期, 2000年; 牛军, 「朝
鲜战争中中美决策比较研究」, 『当代中国史研究』 第6期, 2000年; 沈志华, 「中国出兵朝鲜决策
的是非成败」, 『二十一世纪』 10月号, 2000年; 徐奎, 「抗美援朝的战略决策在政治与军事互动中
的得与失」, 『当代中国史研究』 第6期, 2000年; 刘统, 「中共对朝鲜战争初期局势的预测与对策」,
『党的文献』 第6期, 2001年; 李捷, 「对抗美援朝决策过程阶段特点的几点分析」, 『中共党史研究』
第12期, 2010年.

47) 柴成文, 「毛泽东, 周恩来领导朝鲜停战谈判的决策轨迹」, 『当代中国史研究』 第6期, 2000年; 牛
军, 「抗美援朝战争中的停战谈判决策研究」, 『上海行政学院学报』 第1期, 2005年; 沈志华, 「对
日和约与朝鲜停战谈判」, 『史学集刊』 第1期, 2006年; 邓峰, 「追求霸权: 杜鲁门政府对朝鲜停战
谈判的政策」, 『中共党史研究』 第4期, 2009年.

48) 沈志华, 「抗美援朝战争决策中的苏联因素」, 『当代中国史研究』 第1期, 2000年; 「抗美援朝战争
中的苏联空军」, 『中共党史研究』 第2期, 2000年; 「对朝战初期苏联出动空军问题的再考察-根
据俄罗斯联邦国防部的解密档案」, 『社会科学研究』 第2期, 2008年.

49) 沈志华, 「1953年朝鲜停战: 中苏领导人的政治考虑」, 『世界史』 第2期, 2001年; 孟庆龙, 「朝鲜战
争中的美国停战谈判决策」, 『世界历史』 第6期, 2004年; 邓峰, 「艾森豪威尔政府结束朝鲜停战
的政策分析」, 『东北师范大学学报』 第5期, 2009年; 邓峰, 「艰难的博弈: 美国, 中国与朝鲜战争
的结束」, 『世界历史』 第4期, 2010年.

쟁을 동아시아의 지정학적 배경 속에서 고찰하기도 하였다.[50] 일부 학자들
은 '항미원조(抗美援朝)'전쟁과 중국 경제의 관계에 대하여 토론하기 시작하
였으며,[51] 많은 연구자들이 조선전쟁 기간 사회주의진영 내부의 동맹 관계
변화에 대하여 관심을 가졌다.[52] 조선전쟁 기간 미국과 동맹국의 정책결정
에 관한 분석은 이미 서방 학자들의 전매특허가 아니었다.[53] 중국 연구자들
은 미국의 세균무기 사용 여부와 같은 까다로운 문제들도 연구했다.[54] 연구
자들은 전쟁포로 문제에도 열정을 쏟았지만, 단순 인터뷰 혹은 회고 사료에
의존하여 당시의 사실을 재구성하는 정도에 그쳐 진정한 의미의 학술연구
는 되지 못하였다.[55] 이 밖에도 대학 학보, 혹은 비학술 간행물에 조선전쟁

[50] 张小明, 「朝鲜战争的地缘政治学分析」, 『南开学报』 第3期, 2005年; 沈志华, 「中苏同盟, 朝鲜战
    争与对日和约问题-东亚冷战格局形成的三部曲及其互动关系」, 『中国社会科学』 第5期, 2005
    年; 徐勇, 「东北地缘战略因素与抗美援朝战争关系再探讨」, 『中共党史研究』 第6期, 2007年.

[51] 刘国新, 「论抗美援朝与经济建设」, 『真理的追求』 第10期, 2000年; 董志凯, 「抗美援朝与新中国
    经济」, 『当代中国史研究』 第5期, 2001年.

[52] 沈志华, 「朝鲜战争初期苏中朝三角同盟的形成: 以中俄解密档案为基础的研究」, 『国立政治大
    學历史学报』 第31期, 2009年 5月; 「无奈的选择: 中苏同盟建立的曲折历程(1944-1950)」, 『近代
    史研究』 第6期, 2010年; 「试论朝鲜战争期间的中朝同盟关系」, 『历史教学问题』 第1期, 2012年.

[53] 林利民, 「试评朝鲜战争期间美国与所谓的"三方会谈"」, 『党史研究资料』 第10期, 2000年; 赵学
    功, 「朝鲜战争与英美关系」, 『史学集刊』 第2期, 2004年; 汪诗明, 「论澳大利亚参与朝鲜战争的
    原因」, 『史学集刊』 第1期, 2005年; 赵学功, 「核武器与美国对朝鲜战争的政策」, 『历史研究』 第
    1期, 2006年; 邓峰, 「美国对中国出兵朝鲜的情报评估」, 『中共党史研究』 第4期, 2007年; 陶文
    钊, 「美国在朝鲜战争中的三次重要决策研究」, 『社会科学研究』 第2期, 2008年; 梁志, 「朝鲜停
    战谈判与美韩同盟的形成」, 『韩国研究论丛』 第18辑, 2008年 9月; 徐友珍, 「英国与朝鲜停战谈
    判中的战俘遣返问题」, 『世界历史』 第4期, 2010年.

[54] 陈时伟, 「朝鲜战争期间围绕细菌战问题的三场国际政治动员-基于中英两国档案的解读」, 『历
    史研究』 第6期, 2006年; 孟昭庚, 「美军在朝鲜战争中使用了细菌武器」, 『文史月刊』 第11期,
    2010年; 齐德学, 「抗美援朝战争中的反细菌战是中国方面的造假宣传吗?」, 『当代中国史研究』
    第3期, 2010年.

[55] 大鹰, 『志愿军战俘纪事』, 北京: 解放军文艺出版社, 1997年; 贺明, 『忠诚: 志愿军战俘归来人员
    的坎坷经历』, 北京: 中国文史出版社, 1998年; 郭维敬, 『第一等战俘营: 联合国军战俘在朝鲜』,
    北京: 世界知识出版社, 1999年; 王奈庆, 『"联合国军"战俘纪事-忆朝鲜战争中的碧潼战俘营』,
    北京: 解放军出版社, 2000年; 程来仪, 『正义与邪恶的较量-朝鲜战争战俘之谜』, 北京: 中央文
    献出版社, 2000年; 程绍昆, 『美军战俘: 朝鲜战争火线纪事』, 时事出版社, 2003年; 边震遐, 『朝
    鲜战争中的美英战俘纪事』, 北京: 解放军文艺出版社, 2004年; Cheng David Chang, To Return
    Home or "Return to Taiwan," Conflicts and Survival in the "Voluntary Repatriation" of Chinese

에 관한 작품들이 연재되었다. 이는 중국에서 조선전쟁사가 정부의 제한에
도 불구하고, 이미 대중의 주목을 받는 일상적인 주제가 되었음을 의미한
다. 당연히 앞서 언급한 주제들에 대한 각 연구자들의 관점은 각양각색이며
일치된 결론을 내릴 수 없었다. 중국 학자들의 조선전쟁 연구에 대한 적극
적인 태도는 이미 그들의 연구에서 생생하게 나타난다.[56] 필자는 정부문서
가 지속적으로 공개되고 동시에 연구자들이 역사적 사실을 존중하고 객관
적으로 분석하려고 하는 태도를 견지한다면, 이 같은 학술 토론은 궁극적으
로 인간이 역사의 진실에 다가가는 데 유익할 것으로 확신한다.

러시아의 역사 연구가 이전만큼 왕성하진 못하지만 조선전쟁 50주년을
맞이해 주목할 만한 연구 움직임이 일어났다. 2000년 3월 러시아과학원 극
동연구소 조선연구센터가 학술토론회를 개최하였다. 조선전쟁 분야의 권위
자 토크노프(A. Torkunov)는 '조선전쟁 : 역사적 교훈'이라는 제목의 주제 보
고를 하였으며, 회의 성과는 『제4회 '한반도 : 가설, 기대와 현실' 학술연구토
론회자료집』으로 출판되었다. 2000년 5월 러시아과학원 극동연구소와 러시
아연방공화국 국방부군사연구소는 한국의 3·1운동 관련 단체와 공동으로
대형 국제학술회의를 개최하였다. 회의에서는 바닌(V. Banin)과 코로트코브
(G. P. Korotkov) 등 조선사 및 군사사(軍事史) 전문가들의 논문이 발표되었
으며, 회의 후 논문집이 출판되었다.[57] 얼마 지나지 않아 더욱 중요한 연구

POWs in the Korean War, Ph.D. Dissertation, University of California, San Diego, 2011.

56) 이 문제에 대한 중국 학자들의 상반된 관점의 소개와 평론은 다음의 참조할 것. 牛军, 「近十年
来中苏关系研究的新进展」, 『中共党史资料』 第1期, 2003年; 夏亚峰, 「冷战国际史研究在中国-
对过去20年研究的述评」, 刘磊译, 『冷战国际史研究』 第7辑, 2008年 冬季号; Yafeng Xia, "The
Study of Cold War International History in China: A Review of the Last Twenty Years," Journal
of Cold War Studies, Vol.10, No.1, Winter 2008, pp.81-115; Steven M. Goldstein, "Chinese
Perspective on the Origins of the Korean War: An Assessment at Sixty," International Journal
of Korean Studies, Vol.XIV, No.2, Fall 2010, pp.45-70; 李庆刚, 「"抗美援朝决策及其影响"研讨会
综述」, 『中共党史研究』 第12期, 2010年; 刘鹏, 「近10年来国内学术界朝鲜战争研究新进展」,
『高校社科动态』 第4期, 2010年; 邓峰, 「近十余年朝鲜战争研究综述」, 『中共党史研究』 第9期,
2010年.

57) 瓦宁, 「俄罗斯学者关于朝鲜战争历史的研究」, 『当代中国史研究』 第2期, 2011年.

저서가 출판되었다. 즉 토크노프는 다량의 러시아 정부문서 자료를 바탕으로 『신비한 전쟁 : 1950~1953년 조선전쟁』을 출판하여 큰 주목을 받았다.[58] 발코브스키(N. L. Valkovskii) 장군이 책임 편집한 『조선전쟁(1950~1953)』은 군사학 측면에서 군사작전 전 과정과 전쟁 과정, 보급, 통신방면의 특징을 상세하게 연구하였다.[59] 오를로프(A. S. Orlov)와 가브리로프(V. A. Gavrilov) 가 공동으로 저술한 『알려지지 않은 조선전쟁』은 비교방법론을 이용하여 소련과 미국의 조선반도에 대한 정책을 분석하고, 이를 토대로 조선전쟁의 기원을 고찰하였다.[60] 바닌은 조선전쟁 기간 유엔(UN)의 역할에 대하여 분석하였다.[61] 최근 10여 년 러시아 일부 학자들은 정전협상, 중국의 파병, 미국의 정보정찰, 스탈린의 군사정치 계획 등 주요 문제에 관하여 토론하고 연구하였다.[62]

21세기 이후 조선전쟁사 연구는 양적, 질적인 측면 및 영역의 다양성 측면에서 영어권이 주도적 위치를 차지했다.[63] 영어권에서 출판된 조선전쟁 관련도서와 학술 논문은 저자와 논문 제목만으로도 관심을 받기에 충분하다. 윌리엄 스툭(W. Stueck), 브루스 커밍스(B. Cummings), 마트레이(J. Matray)

---

[58] *Торкунов А. В.* Загадочная война: корейский конфликт 1950-1953годов, Москва: Российская политическая энциклопедия, 2000.

[59] *Валковский Н. Л.(гла.ред)* Война в Корее, 1950-1953, Санкт-Петербург: ПОЛИГОН, 2000.

[60] *Орлов А. С., Гаврилов В. А.* Тайны Корейской войны, Москва: Вече, 2003.

[61] *Ванин Ю. В.* Корейская война(1950-1953) и ООН, Москва: ИВИ РАН, 2006.

[62] *Волохова А.* Переговоры о перемирии в Корее 1951-1953гг., по материалам Архива внешней политики России//Проблемы дальнего востока, № 2, 2000; *Усов В.* Война в Корее 1950-1953гг.: взгляд через 50лет//Проблемы дальнего востока, № 6, 2002; *Ледовский А. М.* Сталин, Мао Цзэдун и корейская война, 1950-1953 годов//Новая и новейшая история, № 5, 2005; *Кикнадзе В. Г.* Разведка США в период войны в Корее. 1950-1953гг.//Вопросы истории, № 9, 2009; *Самохин А. В.* Военно-политические планы И. В. Сталина в корейской войне//Власть и управление на Востоке России, № 3, 2010.

[63] 21세기 이후 조선전쟁에 관한 영어권 연구 성과에 대한 평가는 다음을 참조할 것. Keith D. McFarland(ed.), *The Korean War: An Annotated Bibliography*, New York: Routledge Publishers, 2010; James I. Matray, "Korea's War at 60: A Survey of the Literature," *Cold War History*, Vol.11, No.1, February 2011.

등 조선전쟁사 연구의 원로들이 각각 새로운 연구 성과를 내놨고, 그렉 브
레진스키(G. Brazinsky) 등 젊은 연구자들이 두각을 나타내기 시작하였다. 미
군정 및 조선전쟁 기간 미국의 정책 방향과 서방의 동맹 관계와 같은 오래
된 주제를 놓고 새롭게 해석하려 했을 뿐 아니라, 미국 사회 및 공공 여론과
조선전쟁과의 상호 관계 및 영향, 전쟁포로 문제에 있어서 새로운 영역을
개척하였다.[64] 2011년 12월 밴쿠버에서 브리티시콜롬비아대학(BCU)이 주최
하는 조선전쟁에 관한 새로운 형식의 국제학술대회가 개최되었다. 회의에
제출된 논문들은 정치, 외교 및 군사 문제는 일체 다루지 않고 한국의 조선
전쟁에 대한 기억, 전쟁 기간 난민 및 부녀 문제, 조선의 기아 및 주택 문제,
조선전쟁이 토지개혁에 미친 영향 그리고 전후 중국과 조선의 경제 관계 등

[64] Jennifer Milliken, *The Social Construction of the Korean War: Conflict and Its Possibilities*, Manchester, UK: Manchester University Press, 2001; B.C. Bonnie(ed.), *Korea under the American Military Government, 1945-1948*, Westport, CT: Praeger, 2002; Allan R. Millett, *Their War in Korea: American, Asian, and European Combatants and Civilians, 1945–1953*, Princeton: Princeton University Press, 2002; William W. Stueck, *Rethinking the Korean War: A New Diplomatic and Strategic History*, Princeton, NJ: Princeton University Press, 2002; James I. Matray, *Korea Divided: The Thirty-Eighth Parallel and the Demilitarized Zone*, Philadelphia: Chelsea House Publishers, 2005; Allan R. Millett, *The War for Korea, 1945-1950: A House Burning*, Lawrence: University of Kansas Press, 2005; Gregg Brazinsky, *Nation Building in South Korea: Koreans, Americans, and the Making of Democracy*, Chapel Hill: The University of North Carolina Press, 2007; David Halberstam, *The Coldest Winter: America and the Korean War*, New York: Hyperion, 2007; Steven Casey, *Selling the Korean War: Propaganda, Politics, and Public Opinion in the United States, 1950-1953*, New York: Oxford University Press, 2008; Michael D. Pearlman, *Truman and MacArthur: Policy, Politics, and the Hunger for Honor and Renown*, Bloomington: Indiana University Press, 2008; Elizabeth A. Stanley, *Paths to Peace: Domestic Coalition Shifts, War Termination and the Korean War*, Stanford, CA: Stanford University Press, 2009; Bruce Cumings, *The Korean War*, New York: Modern Library, 2010; Conrad C. Crane, "To Avert Impending Disaster: American Military Plans to Use Atomic Weapons During the Korean War," *The Journal of Strategic Studies*, Vol.23, No.2, June 2000; Sean L. Malloy, "A 'Paper Tiger?': Nuclear Weapons, Atomic Diplomacy and the Korean War," *The New England Journal of History*, Vol.60, Nos.1-3, Fall 2003/Spring 2004; Steven Casey, "Casualty Reporting and Domestic Support for War: The U.S. Experience during the Korean War," *Journal of strategic studies*, Vol.33, No.2, April 2010, pp.291-316; Colin Jackson, "Lost Chance or Lost Horizon? Strategic Opportunity and Escalation Risk in the Korean War," *Journal of Strategic Studies*, Vol.3, No.2, April 2010; Charles S. Young, "POWS: The Hidden Reason for Forgetting Korea," *Journal of Strategic Studies*, Vol.3, No.2, April 2010.

이 중요 주제로 채택되었다. 이는 국제냉전사 연구에 연구자들의 관심이 사
회사, 문화사 및 경제사 분야로 옮겨가고 있음을 보여 주며, 조선전쟁사 연
구에도 이 점이 충분히 반영되고 있음을 알 수 있다. 아쉬운 점은 이 시기에
필자가 주목하고 있던 주제, 즉 중국과 러시아의 사료를 이용하여 조선전쟁
기간 중국, 소련 및 조선의 정책결정 및 상호 관계를 연구한 저서와 논문은
비교적 적다는 점이다.[65] 필자가 파악하기로는 시아야펑(Xia Yafeng) 교수
가 냉전 시기 중미 관계를 다룬 저서 첫 장에서 중국의 정전협상의 전략과
목표를 서술한 부분과, 북경대학교 김동길 교수가 스탈린의 안보 전략과 조
선전쟁 기원과의 관계를 다룬 정도이다.[66]

21세기 초 10년간 한국 학자들도 조선전쟁에 관해 큰 연구 성과를 냈다.
김학준, 박두복 등 조선전쟁 분야의 원로들과 박명림, 김계동 등 중견 연구
자, 일부 젊은 연구자들이 두각을 나타내기 시작하였다. 현재의 한국 연구
자들의 연구는 그 깊이가 깊어지고, 시야도 넓어졌다. 특히 조선전쟁에 대
한 중국의 역할과 영향에 대한 연구가 활발해졌다. 이는 연구자들의 연구
제목만으로도 파악할 수 있다. 한국과 관련된 문제 이외에, 조선전쟁의 기

[65] Kathryn K. Weathersby, "Should We Fear This?, Stalin and the Danger of War with America," *CWIHP Working Paper №39*, July 2002; Allan R. Millett, *The War for Korea, 1950-1951: They Came from the North*, Lawrence: University of Kansas Press, 2010; Robert Barnes, "Branding an Aggressor: The Commonwealth, the United Nations and the Chinese Intervention in the Korean War," *Journal of Strategic Studies*, Vol.3, No.2, April 2010.

[66] Yafeng Xia, *Negotiating with the Enemy: U.S.-China Talks during the Cold War, 1949-1972*, Bloomington: Indiana University Press, 2006; Kim Dong-gil, "Stalin's Korean U-Turn: The USSR's Evolving Security and The Origins of the Korean War," *Seoul Journal of Korean Studies*, Vol.24, No.1, 2011. 이 밖에 필자는 조선전쟁 기간 동아의 중조 관계 및 중소 관계, 정전 담판에 대한 중국의 입장에 관한 논문 3편을 영어로 번역하여 영국과 미국 학술지에 발표하였다. "Alliance of 'Tooth and Lips' or Marriage of Convenience?-The Origins and Development of the Sino-North Korean Alliance, 1946-1958," *Working Paper Series 08-09, The U.S.-Korea Institute at SAIS*, December 2008; "China and the Dispatch of the Soviet Air Force: The Formation of the Chinese-Soviet-Korean Alliance in the Early Stage of the Korean War," *The Journal of Strategic Studies*, Vol.33, No.2, April 2010; "Mao Zedong's Erroneous Decision during the Korean War-China's Rejection of the UN Cease-fire Resolution in Early 1951," *Asian Perspective*, Vol.35, No.2, Apr.-June 2011.

원과 중국의 영향에 관한 문제에 연구가 집중되었다. 그 연구 성과는 다음
과 같다.『韓国战争的爆发和起源』,『韓半島的分裂与战争』,『韓国战争－三八
线冲突与战争的形成』,『韓国战争 : 原因, 过程, 休战, 影响』,『韓国战争与中国』,
『朝鮮义勇军的偷渡入北与六·二五战争』,『从中国朝鮮族的证言来看韓国战争』,
그리고『韓国战争与东北亚国际政策』,『联合国与韓国战争』 등이 있다.[67]

특히 중국 학자의 저서 2권이 한국어로 번역·출판됐고,[68] 조선전쟁 기간
소련 및 중국의 정책결정을 연구한 논저들이 다수 나왔다.[69]

일본 학계의 조선전쟁에 관한 연구에도 큰 성과가 있었다. 그중 와다 하
루키(和田春树)와 시모도마이 노부오(下斗米伸夫)의 저서 2권이 가장 주목

---

67) 박명림,『한국전쟁의 발발과 기원』, 서울: 나남출판사, 2000년; 김중생:『조선의용군의 밀입북
과 6·25전쟁』, 서울: 명지출판사, 2000년; 박두복,『한국전쟁과 중국』, 서울: 백산서당, 2001
년; 신복룡,『한국분단사연구(1943-1953)』, 서울: 한울출판사, 2011년; 박명림,『한국1950전쟁
과 평화』, 서울: 나남출판사, 2002년; 강성학 편,『유엔과 한국전쟁』, 서울: 리북, 2004년; 김계
동,『한반도의 분단과 전쟁』, 서울: 서울대교교출판부, 2004년; 정현수,『중국조선족 증언으로
본 한국전쟁』, 서울: 선인출판사, 2006년; 정병준,『한국전쟁-38선 충돌과 전쟁의 형성』, 서울:
돌베개, 2006년; 양영조,『한국전쟁과 동북아국가정책』, 서울: 선인출판사, 2007년; 김학준,
『한국전쟁: 원인, 과정, 휴전, 영향』, 서울: 박영사, 2010년; 염인호,『또 하나의 한국전쟁-만주
조선인의 '조국'과 전쟁』, 서울: 역사비평사, 2010년.
68) 김경일,『중국의 한국전쟁 참전 기원-한중 관계의 역사적 지정학적 배경을 중심으로』, 홍면
기 역, 서울: 논형출판사, 2005년;『마오쩌둥 스탈린과 조선전쟁』, 선즈화, 최만원 역, 서울:
선인출판사, 2010년.
69) 이완범, 「중국의 한국전쟁 참전: 중국-러시아 자료의 비교를 중심으로」,『정신문화연구』
제23권 제2호, 2000년; 이완범, 「한국전쟁과 항미원조전쟁: 한중학술회의의 쟁점」,『정신문화
연구』제23권 제3호, 2000년; 오충근, 「한국전쟁과 소련의 유엔안전보장이사회 결석: 허사로
끝난 스탈린의 '실리'외교」,『한국정치학회보』제35집 제1호, 2001년; 염인호, 「해방 직후 연변
조선인 사회의 변동과 6.25 전쟁-군중대회·운동 분석을 통하여」,『한국근현대사연구』제20
집, 2002년; 황동하, 「스탈린과 한국전쟁의 발발-중·소 관계를 중심으로」,『서양사론』제79
호, 2003년; 필영달, 「중국의 한국전쟁 참전원인과 정책결정에 관한 연구」, 석사학위논문,
서울대학교 국제대학원, 2004년; 이재훈, 「1949-50년 중국인민해방군 내 조선인부대의 '입북'
에 대한 북·중·소 3국의 입장」,『국제정치논총』제45집 제3호, 2005년; 기광서, 「소련의
대북한 군사원조와 중·소 군대의 참전 문제-한국진 발발 전후를 중심으로」,『역사문화연
구』제25집, 2006년; 정병준, 「북한의 한국전쟁 계획수립과 소련의 역할」,『역사와 현실』
제66호, 2007년; 오위, 「한국전쟁시기 중국의 전쟁정책 연구」, 석사학위논문, 서울대학교 국
제대학원, 2007년; 조성훈, 「한국전쟁 후 '중국군 위협'에 대한 한·미의 대응」,『한국정치외교
사논총』제32집 제2호, 2011년.

할 만하다. 두 저서의 공통점은 다량의 러시아 비밀해제 정부문서를 이용하였다는 점이다.[70]

지난 60년간 조선전쟁에 관한 국제학술계의 연구 동향을 보면, 1970년대 후반부터 진정한 의미의 역사학적 연구가 본격적으로 시작되었다. 특히 중국과 러시아 자료 및 구술 사료가 대량으로 나오기 시작한 후 국제적으로 연구가 이뤄지기 시작해 21세기 이후에는 국제적 연구가 전면적으로 이뤄지는 상황이 됐다. 국제냉전사 학자로서 가장 주목하는 것은 조선전쟁 연구가 국제냉전사 연구의 특징을 여실히 드러낼 수 있다는 점이다. 그러나 냉전사 연구에서 향후 보완되어야 할 점은 다음과 같다.

첫째, 냉전사 연구자 간에 여러 국제적 연구 조직이 만들어져야 한다. 다른 분야와 달리 냉전사 연구자들은 아직까지 범세계적, 대륙별 혹은 국가적 연구 조직이 구성되어 있지 않다. 따라서 대륙별 혹은 각 국가 단위로 냉전 연구센터 혹은 연구 조직이 구성되어야 한다. 냉전사연구센터 또는 연구 조직을 구성하고 각 대학이나 연구프로젝트를 기반으로 상설연구 기구(혹은 시한부 기구)를 조직하면 서로 다른 연구 조직 간 문헌 자료와 연구 정보를 교환하고 각종 연구 토론회, 서평회(书评会) 및 강연회들을 개최할 수 있다. 현재 연구 조직 혹은 연구 기구 대부분은 정부문서, 연구 정보 및 학술 논문의 교환을 위한 인터넷 웹사이트 등을 개설하지 않고 있다. 각종 국제 학술회의와 더불어 인터넷 웹사이트와 세계 각지의 냉전사 연구자들이 서로 소통할 수 있는 주요 통로이다.

둘째, 성부 자료 공개 및 수집을 국제화하고 각국의 자료를 종합적으로 이용하여야 한다. 국제냉전사 연구는 기본적으로 반드시 1차 정부 자료와 문헌이 학술 논문 및 저서의 핵심이 되어야 한다. 뿐만 아니라 이러한 연구는 관련 당사자 양국 혹은 여러 나라의 정부 자료를 합리적으로 이용하고

---

[70] 和田春树,『朝鮮战争全史』, 东京: 岩波书店, 2002/2009年; 下斗米伸夫,『モスクワと与金日成-冷战の中の北朝鮮(1945-1961)』, 东京: 岩波书店, 2006年.

학술적으로 고찰해야 한다. 이전 냉전사 연구는 주로 미국 정부 자료에 의지해 소위 '미국중심론'—냉전사는 실질적으로 미국외교사— 연구가 이뤄져왔다. 현재 각국 정부문서의 개방, 수집, 정리, 번역 및 합리적 이용은 냉전사 연구에 있어서 최우선 사항이 됐다. 정부 자료를 국제적으로 수집하고 이용할 수 있게 소위 '미국중심론'을 근본적으로 극복하고 진정한 의미의 국제냉전사 연구를 할 수 있게 됐다.

셋째, 연구자가 학술적으로 중점을 둬야할 부분은 역사적 사실을 재구성하는 것이다. 국제냉전사를 소위 '신냉전사(新冷战史)' 또는 '냉전사 신연구(冷战史新研究)'라 부르는 것은, 연구자들이 서로 하나의 통일된 관점을 가지고 있어서도 아니고, 학문적 '학파'를 형성했기 때문은 더더욱 아니다. 오히려 정반대로 학자들 간 사고방식, 개념, 정의 및 사료 해독에서 서로 다른 해석과 견해를 가지고 있기 때문이다. 지나간 역사 과정과 사실을 다시 새롭게 서술하는 것은 연구자들이 함께 노력해야 할 최우선 과제이다. 이것은 연구 조직의 존재 의미이자 활력을 유지할 수 있는 기본 요소다. 정부 자료와 구술 사료를 엄밀히 고증·분석하고 새로운 정부 자료를 발굴할 때, 우리는 비로소 끊어진 역사의 고리를 연결하고 진실의 역사에 더욱 접근할 수 있다고 믿는다.

넷째, 정부 자료 교류와 주제 연구에 있어서 국제협력이 더욱 활성화해야 한다. 국제적 협력이 광범위하게 이뤄지는 것은 국제냉전사 연구의 또 하나의 특징이다. 냉전사 연구의 국제화 추세는 냉전이 끝난 후, 각국 정부 자료가 대규모 공개되면서 더욱 활성화 됐다. 일반적으로 국제냉전사 학술회의에 참가한 각국 학자들의 가장 큰 관심은 누가 어떠한 새로운 정부 자료를 가져왔는가다. 학술회의 주최 측도 각국 학자들에게 관련된 정부자료 혹은 정보를 회의장에 가져올 것을 자주 요청한다. 회의 중간 휴식 시간이면 회의장 안팎에서 학자들이 정부 자료를 교류하는 것을 종종 목격할 수 있다. 여러 국가의 정부 자료를 이용하기 위해서는 각국 학자들 사이에 빈번한 접촉과 교류가 필수적이다. 정부 자료 이용과 연구 활동이 국제화되어 가는 추세하에서, 전문 주제의 연구 수준을 높이는 것은 집에 앉아서 홀로 할 수 있는 것이 아니다. 양자회의, 국제회의를 정기적으로 개최하는 것 이외에는 정부문서 연구 교육과정, 박사과정 학생들의 포럼, 상호 방문을 통해 국제적 협력이 이루어지고 있으며, 심지어 일부 주제 연구 분야에서는 서로 다른 국가의 학자들이 공동으로 국제프로젝트에 참여하고 있다.[71]

　국제화는 조선전쟁사 연구에 있어 바람직한 현상이다. 이 때문에 짧은 시간 안에 현재와 같은 높은 연구 성과를 이룰 수 있었고, 짧은 시간 내에 국제학계 관심을 불러 올 수 있었다. 이러한 학술 환경에서 필자는 중소 관계와 중 · 소 · 조(中苏朝) 3각 동맹의 각도에서 조선전쟁의 기원과 그 과정을 연구할 수 있었다.

　과거 조선전쟁의 국제적 배경, 조선전쟁의 기원, 전쟁 과정과 전쟁 기간의 국제 관계에 대한 연구는 대부분 중미 관계를 기본 중심으로 하고 있다. 이는 교전 양측이 '유엔군' 혹은 '중조연합군'의 깃발을 들었지만 실질적으로는 양대 진영의 지지하에 진행된 중미 간의 전쟁이었다는 점을 고려하면 쉽게 이해될 수 있다. 그러나 철의 장막 안에서 일어난 일들과 전쟁 기간 사회주의진영 내부에서 발생한 일들, 예를 들면 전쟁은 어떻게 발발하였는가? 중국의 조선전쟁 참전 동기는 무엇인가? 정전협상은 무엇 때문에 그렇게 오랫동안 지지부진했는가? 전쟁은 어떻게 끝났는가? 등의 문제들을 이해하려면, 중미 관계의 고찰만으로는 불충분하다. 이 문제를 이해하기 위해서는 반드시 중 · 소 · 조 3각 관계를 중심으로 살펴봐야 한다. 그 이유는 매우 간단하다. 중소 양국 사이에 소련은 유럽의 혁명을, 중국은 아시아의 혁명을 책임진다는 약속이 있었다. 사회주의진영 동방 전선의 사령관은 스탈린이고, 초

---

71) 위에 관한 상세한 서술은 다음을 참조할 것. 沈志华, 「冷战国际史研究: 世界与中国」, 『史学调查与探索』, 教育部社会科学委员会历史学学部编, 北京: 北京师范大学出版社, 2011年, 第185-215页.

기 선봉은 김일성, 그 후에는 모택동이 담당했다.

조선전쟁의 진상을 밝히는 것은 현대 국제관계사 연구 중 가장 복잡하고 어려운 과제임은 분명하다. 이제까지 늘 서로 다른 해석과 의견 대립이 있었다. 여기에는 이데올로기의 영향과 1차 자료의 한계뿐 아니라 연구 방법과 개념 이해의 문제가 있다. 비록 이데올로기적 편견을 극복하고 많은 역사적 정부 자료를 확보한다고 해도 연구 시각과 출발점이 다르고 각 연구자가 사용하는 개념이 동일하지 않아 의미 없는 논쟁에 빠지고 본말이 전도되기가 쉽다. 본 저자는 서술의 편이성을 위하여 본 연구의 주제, 즉 조선전쟁의 기원과 전개 과정 및 중소동맹 간의 상호 관계를 토론하기 전에 연구방법과 개념의 범주에 대하여 몇 가지 설명하고자 한다.

첫째, 통상 전쟁의 기원을 논할 때 '최초의 일발' 개념을 자주 사용한다. 조선전쟁에서 누가 먼저 방아쇠를 당겼는가의 문제는 수십 년 동안 논쟁을 벌여왔지만 결국 아무런 결과도 없다. 사실 문자 의미 그대로 누가 먼저 총을 쏘았는가의 문제는 역사학자들에게 별로 중요하지 않다. 역대 군사 충돌을 봐도 도대체 누가 먼저 총을 쏘았는가 하는 문제는 명확히 말하기 어려운 문제이기 때문이다. 상대방을 공격할 뜻이 있는 자는 자주 상대방에게 먼저 총을 쏘도록 유도하기도 하고 때로는 상대방의 몇 차례 발포를 구실로 대규모 반격을 하기도 한다. 이러한 사례는 역사상 자주 발견할 수 있다. 하물며 1950년 6월 25일 조선전쟁이 발발하기 전 남북한 쌍방은 38선을 따라 1년 이상 군사 충돌을 계속해 왔다. 수천 번의 교전 중 누가 먼저 총을 쏘았는가 하는 것은 문제의 핵심이 아니다. 따라서 우리는 누가 먼저 총을 쏘았는가를 명확히 규명하는 것에 시간을 낭비할 필요가 없다.

문제의 핵심은 조선인민군이 38선을 넘어 전면적인 군사행동을 개시한 정책결정이 어떻게 이루어졌는가 하는 것이다. 조선의 군사행동이 주동적인 것인지 남한의 공격에 대한 반격인지 관계없이, 조선의 군사행동은 현대 역사상 가장 중대한 사건 중의 하나인 조선전쟁으로 이어졌고 연구자들의 연구 출발점이 됐다. 1950년 6월 25일 조선인민군이 38선을 넘어 군사행동을 개시한 전제 조건은 무엇이며, 스탈린과 김일성이 이런 중대 결정을 한 이유와 국제적 배경은 무엇인가? 바로 이 점이 우리 연구자들이 반드시 주목하고 토론해야 할 주제다. 본 연구서의 분석과 서술의 초점은 바로 이 점에 맞춰져 있다.

둘째, 조선전쟁의 기원은 더 정확하고 큰 틀에서 논의해야 한다. 과거 조선전쟁의 기원을 다룬 논쟁은 대부분 남북한 사이의 대규모 군사 충돌의 발발과 그 진행 과정에 대한 분석과 토론에 그쳤다. 이는 충분치 않다. 국제적 측면에서 전쟁의 확대 과정과 최종 결과로 볼 때, 조선전쟁은 실질적으로는 소련의 원조와 지지하에 이뤄진 중국과 미국 사이의 전쟁이었다.[72] 비록 미국이 유엔군 깃발 아래 군사적으로 개입했고, 중국 또한 소련, 조선과 동맹을 결성했지만 교전 쌍방의 지휘권, 관리권, 투입 인원 및 물자의 종합적 수량 측면에서 보면 미국과 중국은 전쟁 기간 주도적 위치를 차지했다. 이런 점에서 조선전쟁은 크게 5단계로 구분될 수 있다. 조선인민군이 38선을 넘어 대규모 공격을 개시한 제1단계, 미국이 전면적 개입을 시작한 제2단계, 미국이 38선을 돌파하여 북쪽으로 진격을 개시한 제3단계, 중국이 파병하여 미국과 전쟁을 시작한 제4단계, 그리고 쌍방이 38선을 부근에서 싸우면서 정전 담판을 시작한 제5단계로 나눌 수 있다. 시간적 측면에서 조선인민군이 38선을 돌파할 때부터 중국 인민지원군이 압록강을 넘을 때까지, 즉 제1단계부터 제4단계까지는 약 4개월이 걸렸고, 중국출병 이후 정전이 이뤄 질 때까지는 약 33개월의 시간이 걸렸다. 조선전쟁 초기 4개월은 전쟁이 끊임없이 확대되는 과정이며, 전쟁의 규모 측면에서 보면 제4단계, 즉 중국이 조선전쟁에 개입해 중국과 미국이 직접 충돌하게 된 이후부터 진정한 의미의

---

72) 다음과 같은 점은 보충 설명하자 한다. 전쟁 초기의 조선(한국)전쟁은 "조선인 사이의 내전"으로 보이기도 한다. 그러나 스탈린과 모택동의 동의가 없이는 "내전"이 발발할 수 없으며, 미국은 조선전쟁 첫날 무력 개입을 결정하였다. 따라서 필자는 조선전쟁을 "국제성 전쟁"이라고 본다.

조선전쟁 국면이 조성됐다. 따라서 전쟁의 기원에 관한 중요 내용은 제4단계에 접어들기 전 조선전쟁이 확대되는 과정에 담겨 있다. 따라서 제4단계에 접어들기 전 조선전쟁의 확대 과정이 전쟁 기원의 중요 내용을 포함하고 있다.[73]

만일 미국이 처음부터 개입하지 않았다면 조선전쟁은 억지로라도 '내전'이라 할 수 있으며, 유엔군이 38선을 넘어 북진하지 않았다면 조선전쟁은 전쟁 개시 3개월 만에 3년 후와 동일한 결과를 가져왔을 것이다. 또한 만일 중국이 출병하지 않았다면 조선전쟁의 의미는 지금과는 매우 다를 것이다. 따라서 전쟁의 기원을 분석할 때, 전쟁이 발발하기 전 배경과 더불어 중국이 파병한 후 조선전쟁의 발전 과정을 전면적으로 관찰해야 한다. 본 연구서에서 언급한 조선전쟁의 기원은 바로 이런 개념이다. 즉 중소동맹과 조선전쟁의 기원과의 관계를 논했다.

셋째, 다른 분야의 국제 관계 연구와 마찬가지로 중소 관계를 연구할 때는 필수적으로 중소 양국 지도자들이 해당 정책을 결정한 목적을 고찰해야 한다. 그러나 서방국가의 외교정책결정 목적을 연구할 때와 달리 중국과 소련의 이 문제를 연구하는 것은 어려움이 첩첩산중이다. 사회주의국가의 외교정책결정 과정은 소위 '수뇌외교'의 영역으로 오직 한 사람 혹은 소수의 지도부만이 정책결정 과정에 참여하기 때문이다. 또한 중국은 일관되게 '외교에 작은 일이란 없다(外交无小事).'는 개념을 채택해 외교정책에 관한 모든 것을 국가 기밀로 간주했다. 이에 따라 외교정책결정의 진정한 목적은 과거 오랫동안 극히 소수의 인물만이 알 수 있었다. 이런 상황은 후에 연구자들이 중국의 외교정책결정 목적을 연구할 때 큰 난관이었다.

무엇보다 본 저서의 주요 연구 대상 인물인 모택동과 스탈린은 마음속의

[73] 중국 인민지원군 출병을 경계선으로 하여 '조선전쟁'과 '항미원조전쟁'으로 구분하려는 중국 학계의 시도에 필자는 절대 반대한다. 이것은 모종의 정치적이거나 외교적인 곤란함을 피해 보려는 것에 지나지 않으며, 아무런 개관적 근거도 없어 깊이 있는 학술 연구에도 매우 불리하다.

생각이나 전략과 전술, 세부 계획을 밖으로 거의 드러내지 않았다. 신중국 건립 초기 모택동은 소련과의 모든 외교 통로와 세부 정보를 직접 장악하고 전보를 주고받는 일도 본인이 직접 처리했다. 또한 그 당시 자료보관 제도 가 불완전해 현재 보관되어 있는 관련 정부 자료 또한 불완전하다. 이외에 도 비밀 엄수를 위해 일부 중요한 회의는 기록조차 하지 않았다. 말년의 스 탈린은 자신의 정치 활동에 관한 것을 언제나 비밀에 부쳤다. 스탈린 자신 이 직접 모택동과의 접촉을 관할했고, 비교적 민감한 외국 원수와의 대담 기록의 다수를 보관 금지시켰다. 심지어 그러한 문건이 존재한다 하더라도 일반 학자가 이에 접근하는 것은 불가능하다.[74]

둘째, 대외 정보를 얼마나 장악하고 있느냐는 외교정책을 결정할 때 중요 한 조건이다.

지금의 연구자들 이해할 수 있는 비교적 완전한 역사 환경과 당시의 정책 결정자들이 확보할 수 있었던 정보 사이에는 큰 차이가 존재한다. 당시 정 책결정자들이 획득했던 정보들 중, 후일 사실과 다른 정보가 매우 많았다. 현재의 연구자들은 이 점을 이해하는 것이 매우 중요하다. 당시 외교정책결 정자들은 그때 확보할 수 있었던 제한적이고 사실과 다른 정보에 근거해 사 고하고 정책을 결정했다. 지금의 연구자들은 이후의 전체적이고 완전한 형 태의 정보에 의지해 당시 정책결정을 이론적으로 분석한다. 따라서 정책결 정자의 개인 성격과 환경 그리고 그 배경하에 형성된 사고방식에 대한 이해 없이 연구를 진행한다면 그 결과는 진실과는 동떨어지게 된다.

마지막으로, 중소 관계와 중소 양국의 정책결정의 목적을 고찰할 때, 모 택농과 스달린의 개인 심리와 사유논리(思維邏輯)를 분석하는 것이 매우 숭 요하다. 이들 모두 개인 회고록을 남기지 않았다는 점은 매우 유감스러운

---

[74] 1950년 3월 스탈린과 김일성의 간의 모스크바 회담록과 같은 해 10월 중공중앙서기처 및 정치국의 수차례에 걸친 회의록, 10월 11일 스탈린과 주은래 간의 흑해 회담록 등과 같은 조선전쟁의 기원 문제에 관련된 극히 중요한 일부 문건들을 필자는 아직까지도 볼 수 없다.

점이다. 따라서 중국, 소련 그리고 조선의 정책결정 동기를 연구할 때 연구자들은 주로 자신이 확보할 수 있는 관련 문헌과 구술 사료를 분석해 추론한다. 모든 추리와 판단은 연구자 개인의 능력과 개성에 따라 당연히 다르겠지만, 합리적 결론을 도출하기 위해서는 다음 두 가지 원칙을 반드시 지켜야 한다. 즉 추론의 결과는 역사 서술의 일반 논리에 부합해야 하며, 이미 잘 알려진 사실과도 모순되지 않아야 한다. 필자는 조선반도에 대해 스탈린이 정책을 바꾼 목적과 모택동이 파병을 결정한 과정을 분석할 때, 직접적인 정부 자료가 없었기 때문에 사료에 기초한 간접적 분석을 통해 주관적 추론을 할 수밖에 없었다. 필자 자신의 해석의 정확성은 보장할 수 없지만 오직 합리성을 추구하기 위해 노력했다.

본 연구서 집필을 위해 필자는 지금까지 공개된 러시아와 중국의 거의 모든 정부 자료와 민간에서 수집된 다량의 1차 자료, 출판된 모든 회고 사료를 조사 열람했고 주요 당사자들을 인터뷰했다. 다양하고 상세하고 확실한 사료를 정리하고 분석한 것을 토대로 중소동맹 형성의 복잡한 과정, 중소동맹조약 체결의 주관적 목적과 객관적 조건, 중국공산당(약칭 중공)이 대만 해방을 위한 전투를 연기한 실질적 원인, 중소동맹조약 체결과 조선전쟁의 발발 간에 과연 무슨 관계가 있는가? 미군이 38선을 넘는 위기 상황하에서 동맹국으로서 중국과 소련이 각자 우선적으로 고려한 것은 무엇인가? 중국의 파병을 결정하기까지 복잡다단한 과정과 모택동이 파병을 결정한 결정적 동기는 무엇인가? 모택동이 조선에 파병하여 미국과의 단독 작전을 결정한 동기는 무엇인가? 전쟁 기간 중국·소련·조선 간 3각 동맹은 실질적으로 어떻게 발휘되었는가? 중국은 전쟁 기간 정책결정 중 어떠한 실수를 하였는가? 조선전쟁은 어떻게 끝났는가에 관해 집중적으로 분석했다.

본 연구서에 차용한 연구 방법과 구성 내용은 다음과 같다.

제2차 세계대전 이후 국제 정세는 미소 간의 협력에서 양대 진영(Two Camps) 간의 대립으로 점진적 변화 과정을 거쳤다. 스탈린은 초기에 세계혁

명을 포기하고 서방과 최대한 협력하면서 얄타 체제를 옹호해 소련의 안전
과 발전을 보장하고자 했다. 그러나 곧바로 미소 간 냉전 대결이 시작됐다.
냉전의 분기점은 트루먼선언, 스탈린의 폴란드에서 '연립정부' 구상 포기와
미국의 '마셜계획(Marshall Plan)'의 발표다. 공산당정보국(Cominform) 창설
은 유럽에서 냉전 구조가 완성된 마지막 이정표다. 그러나 미소 대결의 중
심은 유럽이었으며, 베를린 위기 때도 아시아에서 소련의 목표는 여전히 얄
타협정에서 보장한 소련의 세력범위를 지키는 데 있었다. 즉 조선반도에서
는 38선을 분계선으로 남북분단을 유지하고 중국에서는 동북 지역에서 소
련의 권익과 영향력을 보호하는 것이었다.

스탈린은 안전보장 정책에서 러시아제국 시대의 전통적인 아시아 전략을
계승하였다. 제2차 세계대전 후반, 스탈린은 태평양으로의 진출과 부동항 확
보를 소련의 아시아 외교 방침으로 정하였다. 소련의 이런 외교 목표의 실
현을 보장한 것은, 각각 1945년 2월과 8월에 체결된 「얄타 비밀협정」과 「중
소우호동맹조약」이었다. 따라서 국민당 정부는 스탈린의 우선 협력 대상이
었고 대중국 정책의 중점은 동북 지역에서 소련의 이익을 보호하고 실현하
는 데에 있었다. 중국공산당과 중국혁명은 소련이 미국이나 국민당과 외교
투쟁에서 이용가능한 수단에 불과했다. 모택동 또한 스탈린을 의심하고 먼
저 미국의 도움을 받아 중국의 정치무대에서 중국공산당의 발판을 마련하
는 것을 고려했다. 전후 소련과 중국공산당의 관계는 일면 상호 협력하는 측
면도 있었지만 대체적으로 유쾌하지 못하고 화목하지 못한 상태에서 시작
됐다. 소련이 중국 동북 지역에서 부득이 철군하게 된 이후에야 소련은 중
국공산당을 중국에서 의지하고 지지힐 대상으로 여겼다. 그러나 이때도 스
탈린의 관심은 여전히 동북 문제였다. 이는 여전히 얄타 체제를 넘어서지 않
는 소련의 외교 방침을 보여 주는 것이라 할 수 있다.

국공내전에서 중공의 승리가 임박해 오자 소련은 기존의 중국정책을 근
본적으로 바꾸게 됐다. 미코얀(A. I. Mikoyan)지 중공의 중앙 소재지 서백파

(西柏坡)를 비밀 방문한 것을 계기로 스탈린은 중국공산당의 발전 전략과 소련과 마르크스주의에 대한 중공의 입장을 이해하게 됐고 소련과 중공 사이에 진정한 협력의 기초가 만들어졌다. 유소기(刘少奇)의 모스크바 방문 이후 중소 양국 당은 원칙적인 공통 인식에 합의하고 미래의 양국 관계 발전을 위한 초기 목표를 확정했다. 이때까지는 중소 양국 사이 중대 이익에 관한 갈등은 아직 완전히 수면 위로 드러나지 않았다. 1949년 여름 중공은 '소련일변도(苏联一边倒)' 외교 방침을 발표했지만, 신중국의 기초를 세운 모택동은 소련과 새로운 중소동맹조약을 체결해 중국의 주권과 존엄을 실현하 신중국 대외 정책의 초석으로 삼고자 했다. 반면 스탈린은 동북 문제가 아시아에서 소련의 핵심 이익과 관계된다고 보고 중국과 새로운 동맹조약을 체결할 경우 국제사회에서 소련에 불리한 상황이 연쇄적으로 일어날 것을 염려하여 중국의 주장을 거부하였다. 모스크바에서의 모택동과 스탈린 사이의 협상은 양측의 출발점과 동맹결성 조건의 차이로 일정 기간 교착 상태에 빠졌다.

미국을 중심으로 하는 서방 자본주의와 대결이라는 공동의 전략목표와 전면적 냉전이라는 국제적 배경 속에서 중소 양국은 공동의 생존과 발전을 위해 결국 전면적 동맹 관계를 맺었다. 스탈린은 「중소우호동맹호조조약」을 체결하자는 모택동의 요구에 동의했고 그 결과 소련은 얄타협정과 1945년 8월 「중소동맹조약」을 통해 확보한 동북 지역의 특권, 즉 소련이 태평양으로 진출할 수 있는 출구인 장춘철도와 부동항인 여순항을 중국에 반환했다. 스탈린은 태평양으로의 진출 거점 및 부동항을 보유한 남한이 중국의 동북 지역을 대신하여 아시아에서 소련의 정치·경제적 권익을 보장할 수 있다고 봤다. 이것이 바로 스탈린이 김일성의 조선반도 무력 통일 계획에 동의한 중요 원인이었다. 스탈린은 조선전쟁을 통해 모택동에게 보복하고 중공의 대만 해방을 위한 전투를 저지시키는 것을 고려하고 있었을 가능성이 매우 높다. 「중소동맹조약」 체결 후 소련과 미국의 아시아정책이 달라진 점은 중공의 대만 해방을 방해하기 시작했다는 점이다.

스탈린은 「중소우호동맹호조조약」으로 아시아에서 상실한 소련의 기본 핵심 이익을 만회하기 위해 동북아전략을 다시 조정했다. 당시 소련과 미국은 범세계적 냉전 상황에 처해 있었고 조선반도 또한 전쟁의 위험이 상존하고 있었다. 소련은 동북아시아에서 전략적 이익을 보장하기 위해 아시아에서 과거 침묵과 수세적 입장으로 대변 되면 현상유지 정책을 바꾸었다. 즉 유럽으로부터 멀리 떨어진 냉전의 중심 조선반도에서 김일성의 조선 민족 통일 요구와 이를 위한 군사행동에 동의해 분단 상황을 해소하고 소련의 영향력을 확대시켜 태평양으로의 출구 확보를 기도하였다. 만일 김일성의 군사행동이 실패하더라도 소련은 「중소우호동맹호조조약」의 보충 협약에 의거해 장춘철도와 여순항을 계속 사용할 수 있었다.

소련이 조선반도에 대해 새로운 정책을 결정한 것, 즉 조선전쟁에 동의한 중요한 원인은 아시아에서 소련 자신의 전략적 이익을 보호하고 중소 관계 발전에 대한 우려를 불식시키기 위한 것이지 결코 중소 관계와 중미 관계를 고려한 것이 아니었다. 스탈린이 구상한 조선전쟁은 결코 미국을 직접 겨냥한 것이 아니었다. 스탈린이 김일성에게 동의의 신호를 보낸 전제 조건은 미국이 조선반도에 무력간섭하지 않을 것으로 믿었기 때문이다. 소련의 미국 관계 기본 원칙은 소련의 국력이 미국에 크게 미치지 못하는 상황에서 오로지 냉전 형식으로 대항을 할 뿐이지, 절대로 소련이 미국과의 직접적인 군사 충돌을 염두에 둔 것은 아니었다. 따라서 스탈린은 조선반도에서 군사행동을 승인하는 최종 권한을 모택동에게 맡겨 만일 미국의 간섭이 있을 경우 중국이 소선 원조의 책임을 지도록 하였다. 중미 관계의 철저한 파괴는 스탈린이 조선전쟁을 결정한 목적이 아니고 조선전쟁의 결과일 뿐이다. 만일 미국이 조선전쟁에 참전하지 않았다면 중국은 이 전쟁에 참여할 필요가 없었다. 모스크바는 김일성의 군사행동이 미국과 직접적 충돌로 이어지지 않기를 원했지만, 워싱턴의 입장에서 이는 자본주의 진영을 향한 전면전의 서막이었다.

조선전쟁 발발 직후 미국이 공개적인 무력간섭을 시작하자 스탈린은 중국에 출병 준비를 요구했다. 모택동 또한 미국이 조선전쟁에 개입한 직후부터 참전을 준비했다. 모택동은 조선전쟁 직후부터 승리를 위해 중국 군대를 조선인민군 군복으로 파병할 수 있음을 여러 차례 김일성에게 통고하였다. 스탈린은 소련의 전략적 이익을 고려해 중국군의 참전을 저지했다. 그러나 스탈린은 미군이 38선을 돌파하고 조선이 붕괴 위험에 처한 이후에야 모택동에게 조선 파병을 요구하였다. 중국이 파병을 결정하기까지 과정은 매우 복잡하며 파란만장하다. 스탈린은 한때 조선을 포기하는 도박을 하기도 했다. 모택동은 다수의 반대에도 불구하고 지극히 어려운 상황에서 인민지원군 파병을 결연히 결정했다. 파병 결정의 중요한 목적은 중국에 대한 스탈린의 의심과 불만을 해소하고 중소동맹의 정치적 초석을 공고히 함으로써, 「중소우호동맹호조조약」이 실제적인 효과를 발휘하도록 해 신중국의 안정과 발전을 보장받으려는 것이었다.

중국의 조선전쟁 개입은 중소 간 동맹 관계 발전의 전환점이 되었다. 스탈린은 중국의 파병 후 곧바로 모택동에 대한 기존의 태도를 바꾸었다. 소련 공군은 압록강을 넘어 미국과 공중전을 벌였고, 대규모 군사·경제적 원조를 중국에 제공하기 시작했다. 동시에 중조연합군 지휘권, 38선을 넘는 문제, 철도관리권 및 정전협상 문제 등에 있어서 중국과 조선 사이에 첨예한 모순과 갈등이 있을 때 소련은 중국의 입장을 일관되게 지지했다. 모택동과 스탈린, 중국과 소련 간의 긴밀한 협력은 중국이 힘들고 기나긴 전쟁을 끝까지 수행할 수 있었던 중요한 원인 중 하나였다. 그 결과 중소동맹 관계는 공고해졌고 동시에 중소 사이의 갈등과 모순은 잠시 수면 아래로 가라앉았다.

중국은 조선전쟁을 기화로 소련의 적극적인 지원을 받아 중국 군대 무장을 전면적으로 개선하는 초보적 현대화를 실현했다. 동시에 중국의 사회 및 경제는 정상을 회복하고, 제1차 5개년계획의 준비 작업을 성공적으로 마쳤다. 국내 상황이 안정을 되찾고 자리를 잡자 모택동은 미국과의 투쟁을 위한 사회주의 전초기지로서 혁명투지를 보존하고 사회주의 건설에 이용하기 위해 조선반도에서 미국과의 전쟁을 계속하기로 결정했다. 스탈린 사망 후 모스크바의 새 지도부는 대외 정책의 기본 방침을 바꿔 미국의 정전 조건을 받아들이고 곧장 전쟁을 종결시켰다. 이 결정은 조속한 정전을 원하는 조선의 요구와 맞아 떨어졌고 김일성은 적극적인 지지를 표했다. 조선전쟁 발발 과정과 마찬가지로 모스크바와 평양이 함께 결정하여 미국과 전쟁을 지속하려는 모택동에게 포기를 압박해 정전협정 체결에 동의하도록 한 것이다.

본 연구서가 과거의 연구와 다른 중요 결론과 논리적 사고는 다음과 같다. 「중소우호동맹호조조약」의 협상 과정에서 중대한 양보를 한 것은 모택동이 아닌 스탈린이었고, 이 협상으로 소련은 머지않아 아시아 전략 기지, 즉 태평양 진출 교두보와 부동항을 상실했다. 따라서 「중소우호동맹호조조약」의 결과는 겉보기와 달리 중소 관계를 공고히 한 것이 아니다. 반대로 모택동에게 대한 스탈린의 의심과 불만으로 이어져 중소동맹은 형성 초기부터 내부의 어려움과 도전에 직면했다. 아시아에서 상실한 전략적 이익을 보상받기 위해 스탈린은 아시아의 다른 지역에서 태평양으로의 진출 거점과 부동항을 필요로 했다. 원래 조선반도는 소련에게 완충지대라는 지질학적 역할 밖에 없었지만 이제는 소련의 아시아전략을 보장하는 핵심 지역으로 떠올랐다. 이에 따라 김일성의 조선 민족통일 계획에 소극적이었던 스탈린은 적극적인 지지 태도로 돌변했다.

제1장 _ 동북아 꿈의 부활
아시아에 대한 소련의 목표와 정책 방향

중소동맹의 결성과 조선반도에서의 조선전쟁 발발, 두 가지 중대한 역사적 사실의 발생 과정에서 결정적이고 주도적인 역할을 한 인물은 스탈린이다. 국제공산주의운동에서 소련이 미친 장기적인 영향과 특히 제2차 세계대전 이후 소련의 국제적 지위의 급격한 상승으로 미뤄볼 때 이는 틀림없는 사실이다. 전후 소련의 대외 정책은 원래 서방과 협력하는 것이었지만 1947년 냉전의 발발은 유럽에서의 미소 간 협력 관계를 파탄시켰다. 곧이어 1950년 아시아에서 발생한 두 가지 사건은 스탈린이 아시아에서 얄타 체제를 깨트리고, 1945년 후 확정된 소련의 기본 전략 방침과 정책을 근본적으로 바꾸도록 결심하는 이정표가 됐다. 전후 초기 중국과 조선반도에 대한 소련의 정책은 동북아 정세의 안정과 얄타 체제 유지를 정책의 근간으로 했고, 양자 간에 필연적 관계는 당초 없었다. 그러나 스탈린이 "국제 정세에 변화가 생겼다."고 생각한 후 이에 상응해 소련의 외교정책은 조정됐고, 그 이후 양자 간 내재적 관계가 발생했다. 따라서 우선 전후 소련의 외교정책과 동북아 정책이 변화한 궤적과 배경에 관해 고찰할 필요가 있다.

1. 소련의 전후(战后) 대외 정책과 변화

제2차 세계대전이 끝나갈 무렵 20세기 역사는 새로운 시대로 진입하였다. 전 초기 몇 년은 역사 전환의 시기라고 할 수 있다. 역사 전환의 시기라는 의미는 전 세계적으로 국제정치적 역학 관계를 처음부터 다시 수립하고, 각 주요 국가의 발전 전략을 새롭게 조정해 미래 세계 역사의 구성과 주요 국가들의 발전 방향을 확정하는 것을 뜻한다. 이 시기는 국제 형세와 세계 구조에 근본적인 변화가 발생한 시기이다. 따라서 전후 스탈린의 외교정책과 전략목표를 총체적으로 분석하는 것은 소련의 중국정책 및 조선반도 정책의 배경과 출발점을 이해하고 중소 쌍방이 동맹을 결성한 객관적 조건과 주관적 동기를 파악하는 데도 유익하다.

오랜 기간 각국의 연구자들은 스탈린의 전후 외교정책에 관해 폭넓은 연구를 진행했지만 상반된 관점이 존재한다. 즉 스탈린이 야심만만한 침략 계획을 가지고 세력범위를 확대하려고 했다는 주장과, 스탈린의 정책은 온건하고 신중하며 방어적이었을 뿐이라는 주장이 존재한다. 일부학자는 스탈린은 전형적인 마르크스주의 사상가이며 "세계혁명을 한 번도 포기한 적이 없기 때문에" 스탈린이 소련의 지도자로 있는 한 "냉전을 피할 수 없었다." 고 주장하였다.[1] 또 다른 학자들은 스탈린 외교정책의 목적은 소련의 기존 이익과 세력범위를 보호하는 것이었지, 그는 결코 세계혁명을 선동한 적도 없고 서방과의 직접적인 대립도 원치 않았으며 나아가 잠시 한때는 얄타체계와 포츠담협정을 준수하고 서방과 협력하면 소련의 안전을 보장받을 수 있다고 믿었다고 주장했다. 그들은 서방과의 관계가 악화일로를 달리자 어찌할 바를 모르던 스탈린에게 중국혁명의 승리는 중대한 영향을 미쳤고, 중소동맹이야말로 미소 대결의 진정한 원인이라고 주장했다.[2] 또 다른 일부

---

[1] John Lewis Gaddis, *We Now Know: Rethinking Cold War History*, New York: Oxford University Press Inc., 1997, pp.290-293, 295.

학자들은 이 시기 스탈린의 외교 행위는 기괴하고 자주 바뀐 데다 명확한 목표가 없어 "소련의 아시아정책과 유럽 정책은 하나같이 맹목적이고 내재적 관계는 전혀 없다."고 주장하기도 했다.[3]

필자는 이와 같은 모든 주장에 부분적으로 동의한다. 그러나 총체적으로 말하자면, 위 주장들은 전후 소련의 외교 목표에 대한 정확한 인식이 결여돼 있는 것으로 보인다. 특히, 이 시기 스탈린의 대외 정책이 변화한 궤적과 논리에 대해 윤곽을 잡지 못하고 있다. 이 문제를 명확히 하지 못하면 냉전의 기원에 대해 합리적 해석을 도출할 수도, 중소동맹 결성의 기반 및 조선 전쟁의 원인을 설명할 수도 없다.

다른 정치가와 마찬가지로 스탈린은 본질적으로 실용주의자다. 스탈린은 젊었을 때 마르크스주의와 세계혁명의 이론을 신봉했을지도 모른다. 그러나 스탈린은 정권을 장악한 이후 점점 더 전형적인 민족주의자가 되었다. 이 점은 코민테른에 대한 스탈린의 태도에서 더욱 명확해진다.

최초 마르크스의 사회주의 혁명은 세계혁명이었다. 엥겔스는 그의 저서 『공산주의원리』에서 "공산주의 혁명은 단지 한 국가의 혁명이 아니고 모든 문명국가의 것이다. 최소한 영국, 미국, 프랑스, 독일 내에서 동시에 발생한 혁명이다." "공산주의는 세계적 범주의 혁명이기 때문에 세계적 범주의 활동장소가 있을 것이다."라고 서술했다.[4] 레닌과 볼셰비키는 제1차 세계대전으로 러시아에 발생한 혼란과 동요 국면을 이용해 정권을 탈취한 후 세계혁명이 일어날 것이라고 기대하고 이를 준비하기 위해 코민테른(제3인터네

2) Vladislav Zubok and Constantine Pleshakov, *Inside the Kremlin's Cold War: From Stalin to Khrushchev*, Cambridge and Landon: Harvard University Press, 1996, pp.273-276; Vojtech Mastny, *The Cold War and Soviet Insecurity: The Stalin Years*, New York and Oxford: Oxford University Press, 1996, pp.12, 15, 21.

3) Odd A. Westad, *Cold War and Revolution: Soviet-American Rivalry and the Origins of the Chinese Civil War*, New York: Columbia University Press, 1993, p.118; 이 책의 중국어 번역본은 文安立, 『冷战与革命-苏美冲突与中国内战的起源』, 陈之宏·陈兼译 譯, 桂林: 广西师范大学出版社, 2002年, 第134页이 있다.

4) 中共中央编译局编, 『马克思恩格斯选集』 第1卷, 北京: 人民出版社, 1995年, 第241页.

셔널)을 창설하였다. 홍군이 러시아 내전에서 승리한 직후인 1920년 7월 12일 러시아공산당중앙위원회는 세계혁명을 발동하는 결의안을 통과시켰다. 코민테른은 제2차 대표자대회에서 이 노선에 대한 지지를 표명하고, 트로츠키가 기초한 선언에서 "국제 무산계급은 러시아 소비에트연방의 판도가 전 세계로 확대될 때까지 상시적인 전투준비를 해야 한다."고 강조했다. 1921년 봄 유럽혁명이 침체기에 접어든 이후 레닌은 세계혁명의 개념을 수정하면서 '좌경'모험주의를 비판했지만, 러시아공산당과 대다수 코민테른 지도자들은 여전히 유럽 각국에서 전면적인 공격을 발동해야 한다는 의견을 견지했다.[5]

1923~1924년 세계혁명의 폭풍이 지나가고 자본주의 세계는 미국 주도하에 번영의 길로 접어들었다. 스탈린과 대다수 코민테른 지도자들은 혁명의 방향을 동방으로 돌리는 동시에, 서방 자본주의는 상대적으로 안정된 발전시기에 있음을 인식하였다. 이때 스탈린은 '일국사회주의론'을 제기했는데 이는 본질과 논리에서 '세계혁명' 전략과 대립되기 때문에 트로츠키, 지노비에프, 카메네프 등 반대파 연합의 날카로운 비판을 받았다. 그럼에도 반대파가 실패한 것은 한편으로 그들이 소련 당내에서 운용한 정치 책략이 스탈린에 미치지 못하였고, 다른 한편으로 그들의 이론이 당시 실질적인 상황에서 벗어나 스탈린의 주장이 현실적이고 실용적이었기 때문이었다. 스탈린의 '일국사회주의론'은 사회주의국가와 자본주의국가의 평화 공존을 위한 정책의 이론과 초석이 되었다.[6] 세계혁명 노선의 일탈과 당내에서 스탈린의 독

---

5) *Шириня К. К.* Идея мировой революции в стратегии Коминтерна//Новая и новейшая история, 1995, №5, c.46-48. 이와 관련된 상세한 당안 문건은 다음을 참조할 것. 沈志华总主编, 『苏联历史档案选编』第2, 5, 6卷(北京: 社会科学文献出版社, 2002年) 的相关专题文件.

6) 中共中央编译局, 『斯大林全集』第6, 8, 9卷, 北京: 人民出版社, 1954, 1956年. 특히 『论列宁主义基础』, 『托洛茨基主义还是列宁主义?』, 『论列宁主义的几个问题』, 코민포룸 집행위원회 제7차 확대회의에서 스탈린이 한 보고 및 결론을 참조할 것. 스탈린과 트로츠키의 논쟁에 관해서는 다음을 참조할 것. 『苏联历史档案选编』, 제6권(81-124쪽을 특히 참조할 것)과 제9, 10권의 관련 문건을 참조할 것.

보적인 지도적 위치가 확립되면서 코민테른은 혁명을 지도하는 공산당의
세계적인 조직으로부터 점점 소련의 외교정책 도구로 전락하였다.

1929년 발발한 자본주의 경제대공황은 재차 혁명의 희망을 불러일으켰
다. 코민테른 집행위원회 제11차 대회에서 제출된 전략은 다음과 같다. "사
회주의 혁명을 준비하고 실현해 파시스트 독재 자본주의국가 혹은 의회민
주주의 실행하는 자본주의국가를 막론하고 자산계급 정권을 전복시킨다."
그러나 전체적으로 코민테른은 "파시스트는 최소한 혁명 촉진 등 자본주의
에 타격을 줄 수 있는 혁명적 민주적 조직"으로 여겼고, 오히려 사회민주주
의를 더 위험한 적으로 간주했다. 따라서 코민테른은 각국 공산당에게 사회
민주주의의 위험성을 더 자주 폭로하고 타격을 가하며, 그 과정에서 꾸준히
무산주의자 대다수를 확보할 것을 요구했다.[7] 이 시기 스탈린은 또다시 세
계혁명의 깃발을 들었다. 그는 자본주의 경제공황의 출현은 "자본주의 안정
의 끝의 임박"이라고 강조하고, "민중혁명운동은 더욱 빠르게 성장 할 것"이
라고 주장했다. 스탈린은 "대외적으로 자산계급은 새로운 제국주의 전쟁을
통해 출로를 모색할 것이며, 무산계급은 자본주의의 착취를 반대하고 전쟁
의 위험을 감소시키기 위한 혁명투쟁을 통해 출로를 모색하게 될 것"이라고
역설했다.[8]

그러나 1933년 히틀러가 전면에 등장하면서 파시스트는 소련 안보의 최
대위협이 되었다. 1935년 7~8월 개최된 코민테른 제7차 대회에서 코민테
른은 파시즘은 민주(民主)를 탈취하고 그동안 인류가 쟁취해 낸 위대한 사
회적 권리 및 이념적 성과를 파괴했다고 주장했다. 코민테른 집행위원회 위
원장 드미드리프는 "헌재 자본주의국가의 대중은 무산계급 독재냐 민주자
본주의냐가 아니라 자산계급 민주냐, 파시스트주의냐를 선택해야 하는 기

---

7) РЦХИДНИ, ф.495, оп.18, д.767, л.76, *Ширина* Идея мировой революции, с.52-53으로부터
   인용.
8) 中共中央编译局, 『斯大林全集』 第12卷, 北京: 人民出版社, 1955年, 第215-223页.

로에 놓여 있다."고 진단했다. 이어 소련이 영국, 프랑스와 집단안보 체제
구축 노선에 호응하기 위해서 각국 공산당은 반드시 민주를 옹호하고 대중
을 동원해 광범위한 반파시스트 전선을 조직해야 한다고 호소했다.[9] 그리
하여, 혁명의 깃발은 또다시 내려졌다.

그러나 국면은 곧장 반전되었다. 자본주의국가에 본능적인 경계심을 갖
고 있던 스탈린은 영국·프랑스와의 담판이 교착 국면에 빠지자 재차 책략
을 바꾸었다. 소련은 국가 안전보장을 위하여 독일과 손을 잡았다.[10] 1939
년 8월 독소비밀조약이 체결되고, 제2차 세계대전 발발한 후 스탈린은 코민
테른에 반파시스트 선전을 중지하고 인민 전선 및 민족 단결의 구호를 취소
하며 "자본주의국가의 공산당원은 반드시 본국 정부에 대해 반대하고 반드
시 전쟁 반대의 슬로건을 견지"하도록 요구했다. 이에 따라 수년간 인민 전
선과 자국 정부와의 협력에 의존해 공전(空前)의 발전을 이룩한 유럽 각국
의 공산당은 자국 정부의 반파시스트 전쟁에 협조하지 말 것을 강요받았다.
코민테른은 각국의 공산당에 "소련의 지시에 순종하는지는 사회주의를 위
한 투쟁의 진위를 가리는 시금석"이라며 "여기에 위배되는 모든 공산당은
곧바로 자신의 정치 노선을 수정"할 것을 지시했다.[11] 그 결과 유럽 각국의
공산당은 또다시 자국 정부의 탄압을 받았고 코민테른 자신은 뭇사람의 비
난의 대상이 됐다. 유럽 밖에서도 1941년 초 발생한 환남사변(皖南事変)으
로 중공과 코민테른 사이에 갈등이 일어났고 미국공산당은 코민테른을 탈
퇴했다.[12] 이 시기 코민테른은 이미 소련 외교정책의 도구로 전락해 각국

9) *Ширина* Идея мировой революции, c.54-55; 马细谱, 「季米特洛夫关于人民民主思想的转变」,
『世界历史』第4期, 1997年, 第28-29页. 코민테른이 조직했던 국제의용군의 스페인 내전 개입
은 이 방침의 실천이라고 할 수 있다.
10) 소련과 독일의 비밀 접촉과 담판 과정 및 체결한 비밀협정 등의 문헌은 아래를 참조할 것.
『苏联历史档案选编』第16卷, 刊载的相关专题文件.
11) *Димитров Г.* Дневник(9 март 1933–6 феврари 1949), София: Св. Климент Охридски, 1997,
c.181-185; *Ширина* Идея мировой революции, c.56-57. 다른 참고 서적은『苏联历史档案选编』
第15卷, 第56, 5-6页.
12) 详见 *Димитров* Дневник, c.209-213, 202, 227.

공산당의 불만의 대상이었다.

코민테른이 곤란한 입장에 처하게 되자 소련 지도부는 1941년 4월 코민테른의 존폐 여부를 논의했다.[13] 4월 20일 스탈린은 소련과 코민테른 지도자들에게 "현재 각국의 공산당은 코민테른의 하부 지부가 아니라 완전히 독립적인 당이 돼야 한다. 새로운 상황이 도래했기 때문에 각국 공산당이 코민테른 집행위원회의 국제부 하부 지부에 속하는 이러한 상황은 우리에게 장애가 됐다. 이런 형식은 각국의 공산당이 더욱 자산계급 정부의 박해를 받게 할 뿐"이라고 설명했다. 다음 날 코민테른 위원장 드미트리프는 서유럽 공산당에 가장 큰 영향력을 가진 두 지도자 톨리야티(P. Togliatti)와 토레즈(M. Thorez)에게 "단시간 내에 각국 공산당의 영도기구였던 코민테른 집행위원회의 활동을 중단시켜 각국 공산당이 충분한 독립성을 갖고, 자국 내 진정한 정당으로 거듭나게 해야 한다."는 스탈린의 계획을 전달했다.[14] 5월 12일 소련공산당중앙위원회 서기 쥬다노프(A. A. Zhdanov)와 코민테른의 양대 거두 드리트리프와 마뉴이리스키(D. Manuilisky)는 코민테른국제위원회 활동중지에 관한 결의문 초안 문제를 논의했다. 이들은 코민테른의 활동중지와 같은 급격한 변화는 각국 공산당에 실망과 혼란을 일으킬 수 있고 동시에 적들로부터 단지 술수일 뿐이라고 공격받거나 공산당이 세계혁명을 포기하였다는 인상을 줄 수 있음을 우려했다. 이 때문에 코민테른 해체 시 "현 단계에서 각국의 공산당은 반드시 자국 내 독립적인 정당으로 발전해야 하며, 이후 각국 국내에서 공산주의운동이 왕성히 발전 한다면 국제공산주의 조직은 더 견고하고 단단한 기초 위에서 새로운 생명을 얻을 수 있다."는 점을 강조해야 한다고 여겼다. 이늘은 코민테른을 해체하면 첫째, 코민테른을 반대하는 공약은 그 기반을 상실하게 되고 둘째, 모든 공산당은 나라 밖

---

[13] *Адибеков Г. М. и т. д.* Совещания Коминформа, 1947/1948/1949, Документы и материалы, Москва: РОССПЭН, 1998, c.VIII.

[14] *Димиитров* Дневник, c.227-228.

의 중심 국가인 소련에 복종하던 '매국노'라고 공격하던 자본계급 수중의 중
요한 카드를 없앨 수 있으며 셋째, 각국의 공산당이 진정한 자국 인민의 정
당으로 거듭날 수 있고 넷째, 더 많은 열성적 노동자들을 입당시킬 수 있다
고 강조했다.[15]

　이로부터, 스탈린이 코민테른을 해체할 필요를 느낀 이유는 다음 두 가지
로 볼 수 있다. 첫째, 각국 공산당의 선전 방식, 방침 및 정책은 모스크바의
지시로 인하여 매우 부정적인 영향을 받았다. 그 결과 코민테른의 위엄과
역할은 크게 훼손됐고 각국 정부의 공격목표가 됐다. 또한 각국의 공산당이
나아갈 방향을 잃게 하고 믿음을 상실했다. 이러한 조직에 남는 건 오직 피
해밖에 없다고 봤다. 둘째, 복잡하고 급변하는 국제 정세는 세계혁명의 전
도를 암울하게 했고 영국·프랑스와 동맹을 맺든 독일과 연합하든 소련은
자본주의의 역량을 빌려 자신의 안전을 보장해야 했다. 따라서 코민테른은
더 이상 세계혁명의 구호를 외칠 수 없었다. 이때 이미 세계혁명의 대본영
으로서의 코민테른의 존재는 그 뿌리가 흔들리고 있었다. 독소비밀조약의
체결로 모스크바는 눈앞의 이익을 얻고 잠시 전쟁의 화를 피했지만, 도덕과
신앙 그리고 국제 역량 결집에서 소련과 코민테른은 심대한 타격을 입었다.
이런 상황 속에서 스탈린은 용도가 폐기된 외투를 벗어버릴 방법을 생각할
수밖에 없었다. 1941년 6월 21일 히틀러는 코민테른의 지휘부 소련을 기습
공격하여 혼란에 빠트렸지만, 소련이 국가보위를 위한 애국전쟁을 개시한
후 코민테른의 중심 업무는 러시아 민족의 국가이익으로 완전히 전환돼 세
계혁명은 자연스럽게 더 이상 언급되지 않았다. 다른 한편 소련은 영·미와
반파시스트 동맹을 맺었고 전쟁이 진행되면서 이 동맹은 더욱 공고해지고
장기화되는 경향을 띠었다. 이때 이미 코민테른은 모스크바의 외교정책 수
행에 큰 걸림돌이 돼 있었고, 스탈린은 이 걸림돌을 버리기로 결심했다.

　히틀러가 소련을 공격한 다음 날, 스탈린은 크렘린에서 소련 및 코민테른

---

[15] *Димитров* Дневник, с.233-234.

지도자들을 급히 소집했다. 코민테른과 관련해 스탈린은 각국의 공산당은 현지에서 소련보위운동을 전개하되, 사회주의 혁명 문제는 언급하지 말고 코민테른 또한 공개적으로 나서지 말 것을 지시했다. 스탈린의 지시에 따라 드리트리프는 각국의 공산당에게 모든 역량을 동원해 소련을 보위하라는 지시를 내렸다. 코민테른 서기처 또한 모든 코민테른 업무를 조정해 소련공산당과 소비에트 각급 기관을 도울 것을 결정했다.16) 6월 24~26일 코민테른은 스웨덴, 영국, 프랑스 그리고 미국공산당에 전보를 보내 독소전쟁을 '자본주의와 사회주의 간의 전쟁'이라고 보는 시각을 엄중 비판하고, "소련이 진행하는 것은 '보위전쟁'이며 자신의 사회주의 제도를 다른 사람에게 강요하기 위한 것이 결코 아니다."라고 강조했다. 동시에 세계혁명은 "히틀러를 반대하는 모든 역량이 국제적으로 단결하는 데 방해가 될 뿐"이며, 영국공산당은 처칠 정부에 대한 일체의 공격을 포기하고 프랑스공산당 역시 드골장군의 저항세력과 반드시 협력해야 한다고 강조했다.17) 7월 초 코민테른은 피점령국에서 민족통일전선 조직 문제를 제기할 때도 "공산당원은 민족전선 내에서 영도권 문제를 제기하지 말 것"을 지시했다.18)

세계혁명을 제기하는 것은 코민테른의 기본 목표와 밀접히 관계되어 있었다. 그러나 세계혁명은 전시에 서방과 동맹을 맺는 정책과 배치됐고 전쟁이 진행될수록 더 명백해졌다. 일본의 진주만 기습 이후 미국이 참전하면서 동맹국 간의 협력은 더욱 강화됐다. 이런 상황 속에서 각국의 공산당이 세력이 강대해져 자국 정부에 위협적 존재가 되자 코민테른은 그들을 구속하기 시작했다. 먼저 중국에 대해 1941년 말 코민테른은 "중국공산당과 장개

16) *Димиитров* Дневник, c.235-236; РЦХИДНИ, ф.495, оп.18, д.1335, л.1-3, *Российская Академия Наук Институт Всеобщей Истории* Коминтерн и вторая мировая война, Часть II, после 22 июня 1941г., Москва: Памятники исторической мысли, 1998, c.91-92.

17) *Димиитров* Дневник, c.236-237; РЦХИДИН, Ф.495, оп.18, д.1335, л.16, Коминтерн и вторая мировая война, Часть II, c.110-102.

18) *Димиитров* Дневник, c.238-239.

석 사이의 화해를 촉진시키고 중국군대가 일본에게 대반격을 가할 수 있도록 보장할 것"을 주요 내용으로 하는 중국공산당 임무를 확정했다. 1942년 6월 6일, 드리트리프는 모택동에게 보낸 전보에서 중공은 국민당 도발에 대해 관용으로 필요한 양보를 해야 한다."고 지시하면서 주은래가 중경(重庆)에서 장개석 반대 세력과 비밀리에 접촉한 사실을 비판했다. 이후에도 코민테른은 여러 차례 중공 측에 국민당과 대화를 통해 국공 양당 협력 문제를 해결할 것을 건의하고, 항일민족통일전선의 강화를 위해 장개석의 영도를 받아들일 것을 주장했다.[19] 각국의 공산당이 민족해방전쟁을 기회로 혁명을 실천하려는 의도에 대해 코민테른은 강력히 반대하고 이를 저지했다. 1942년 8월 8일, 드미트리프는 유고슬라비아공산당 지도자 티토(J. B. Tito)와 카다얼(E. Kardelj)에게 보낸 전보에서 "귀하들이 지도하는 것은 노동자, 농민, 지식인 그리고 모든 애국자 역량의 민족해방전쟁이지 무산계급투쟁이 아니다. 이 점을 언제나 기억할 것"을 지적했다. 1943년 2월 6일, 드미트리프는 중공 중앙에게, "중국에서 조직된 일본공산당동맹은 일본공산당의 조직이 아니라, 일본의 반파시스트 인사들의 조직"이며, 동맹 강령 중 "일본에 공산주의 혁명을 실행한다."는 구호는 근본적으로 잘못된 것"이라고 지적했다. 3월 2일 폴란드공산당에게 보낸 전보에서도 "폴란드공산당의 조직 목적은 진정한 민주정권을 수립하는 것이지 노동자ㆍ농민 정권을 수립하는 것이 아니다."라고 강조했다. 코민테른 집행위원회는 다른 국가의 공산당에도 유사한 지시를 하달했다.[20]

스탈린이 코민테른 해체를 결심하게 된 마지막 원인은 전시동맹 결렬에 대한 우려와 전후 동맹 관계 유지에 대한 희망 때문이었다. 스탈린의 이러한 희망은 전후 세계 질서 재배치와 제2전선을 여는 2가지 문제에서 잘 드러난다.

---

19) Коминтерн и вторая мировая война, Часть II, c.169-170, 233-234; *Шириня* Идея мировой революции, c.58.

20) *Шириня* Идея мировой революции, c.58; Коминтерн и вторая мировая война, Часть II, c.316-317; *Димитров* Дневник, c.357-358.

독일 파시스트에 대하여 강력히 저항함으로써, 소련은 점차로 서방의 동
정과 지지를 획득했다. 무장간섭을 통해 볼셰비키를 소멸시켜야 한다고 주
장했던 유명한 반공주의자 처칠은 솔선해서 "과거의 나쁜 감정을 더 이상
따지지 않는다."고 말하며 정치가적 풍모를 보여줬다. 그러나 전쟁이 연합국
에게 유리하게 전개되면서 소련과 서방국가(최초는 영국) 간 갈등이 계속 표
출됐다. 그중 가장 중요한 문제는 전후 쌍방의 세력권 분할 문제였다. 비록
소련이 「대서양헌장」에 동의하고 각 민족국가의 독립과 영토 완정의 권리를
보장했지만21) 이 헌장이 서명될 때 사전에 모스크바의 동의를 구하지 않았
다. 이 점은 당연히 스탈린을 자극하였다. 1942년 초, 루스벨트 미국 대통령
이 연합국 측 방안을 도출하는 시간에, 소련공산당 정치국은 부(副)외무인민
위원 로조프스키(S. A. Lozovskii)의 제안을 다루면서 외무인민위원 몰로토프
(V. M. Molotov)를 책임자로 '외무자료준비위원회'를 구성하고 전후 세계 정
치와 경제 질서에 관해 연구할 것을 결정했다.22)

따라서 스탈린은 소련의 안보 이익에 직접 관계되는 몇 개의 핵심 문제
에 관해 일찍부터 염두에 두고 있었다. 소련 홍군의 제1차 반격이 시작된
직후인 1941년 12월 스탈린은 소련을 방문한 영국 외무상 이든(R. A. Eden)
에게 전후 유럽의 국경선을 새롭게 획정하고 영국과의 '세력범위'를 새롭게
나눌 계획임을 분명히 했다. 소련은 독소전쟁 이전의 국경선 회복과 커즌선
(Curzon Line)을 경계로 한 폴란드의 동부 지역 영토를 원했다. 동시에 이에
대한 보상으로 독일의 일부 영토를 폴란드에 귀속시킬 것을 제안했다. 핀란

---

21) William Hardy McNeill, *America, Britain & Russia: Their Co-operation and Conflict, 1941-1946*,
London: Oxford University Press, 1953, p.43.

22) "1941년 12월 26일 로조프스키가 스탈린과 몰로토프에게 보낸 편지," *АПРФ*, ф.3, оп.63, д.237,
л.1-3; "1942년 1월 28일 소련공산당중앙위원회 기록 발췌문," *АПРФ*, ф.3, оп.63, д.237, 4-8;
중국어 본은 다음을 참조할 것. 『苏联历史档案选编』第16卷, 第665-667, 668-671页. 다른 참고
문헌은 Данилов А. А., Пыжиков А. В., Рождение Сверхдержавы СССР в первые послевоенн
ые годы, Москва: РОССПЭН, 2001, с.15-16. 필자는 직접 인용한 소련 당안의 사본을 모두
보존하고 있다. 로조프스키는 소련의 부(副)외교인민위원이었다.

드와 루마니아를 자신의 세력범위에 편입시키고 벨기에, 네덜란드 가능하
면 노르웨이와 덴마크까지도 영국의 세력범위로 인정했다. 전후 동유럽 및
발칸 지역 문제에 간섭하고 통제하려는 소련의 의도에 이든 외무상은 처음
부터 끝까지 어떤 양보도 하지 않았고, 이 문제들은 평화조약이 체결될 때
까지 기다려야 한다고 주장했다.[23] 1942년 5월 몰로토프가 런던을 방문했을
때 영국의 태도는 여전히 강경했다. 스탈린은 부득이 영국과 소련이 곧이어
체결할 동맹조약에서 전후 영토 요구 조항을 삭제하는 데 동의했다. 이때
소련이 받은 선물은 영국이 유럽에서 제2전선을 곧 연다는 조항을 명확히
한 것뿐이었다.[24]

  사실 히틀러가 소련을 침공한 지 채 한 달도 안됐을 때 스탈린은 영국에
게 유럽에서 즉시 제2전선을 열어줄 것을 요구했다. 이 문제는 소련의 존망
이 걸린 문제였고, 또 소련과 서방 간 군사동맹 실현의 중요한 상징이기도
했다. 주로 군사적 측면을 고려한 처칠은 소련의 요구에 대해 지속적으로
연기하거나 회피하는 태도를 취했다. 미국의 참전 후 상황에 변화가 생겼
다. 미국의 독촉과 심지어 압력하에서 1942년 4월 영국은 1943년까지 프
랑스 해안에 대한 제1차 공세 준비를 마친다는 데 동의했다. 5월에 개최된
영소동맹조약 담판에서 영국은 제2전선을 열 것을 약속했다. 그러나 2개월
후 북아프리카에서 영국이 참패하자 처칠은 유럽에서 독일에 대한 군사 공
격을 단념했다. 심지어 미국 또한 군대를 태평양 전선으로 옮기는 문제를
고려했다. 결국 1942년 8월 영미 군사지도자들은 유럽 상륙작전 대신 북아

23) *Наринский М. М. Европа: проблемы границ и сфер влияния, 1939-1947//Новая и новейшая история*, №1, 2005, с.85-86.

24) 몰로토프와 마이스키 대사는 영국과의 조약은 "빈껍데기 선언"으로서 소련은 이를 받아들일
수 없다고 여겼지만, 스탈린은 5월 24일 회신에서 "영국과의 조약은 매우 중요한 문서이다."
고 지적하고 소련 안전에 관계되는 국경 재확정 문제는 장래에 "무력을 통하여 해결"할 수
있다고 설명하였다. I. M. 마이스키는 영국 주재 소련대사였다. Ржешевский О. А. *Сталин
и Черчилль: Встречи, Беседы, Дискуссии(1941-1945)*, Москва: Наука, 2004, с.153-157; Ржешев
ский О. А., Визит В. М., Молотова в Лондон в мае 1942 г. Переговоры с У. Черчиллем,
А. Иденом и переписка с И. В. Сталиным//Новая и новейшая история, №1, 1998, с.164-189.

프리카에 대한 공격 개시를 결정했다.[25] 스탈린은 이 결정에 매우 실망했
다. 10월 5일 스탈린은 에이피(AP) 통신 기자의 질문에 답하는 형식을 빌려
"현 정세를 평가할 때 소련은 제2전선을 하루빨리 여는 것이 가장 중요하다
고 보고 있다."며 "동맹국이 자기의 책임을 즉시 이행할 것"을 요구했다.[26]

이에 대한 회답으로 루스벨트 대통령은 1942년 말 소련 주미 대사관에
특사를 파견하고 모스크바가 코민테른을 해체할 것을 제안했다.[27] 미국은
코민테른을 소련과 서방 간 협력을 진전시키는 데 심각한 장애물이라고 인
식하고 있었다.

북아프리카 진공작전 암호명 '횃불'을 시작으로, 1943년 2월 소련군은 스
탈린그라드 전투에서 승리를 거두었다. 연이어 영미 연합군의 알라메인 전
투에서 승리하고 1943년 5월 13일 북아프리카의 모든 독일 · 이탈리아 연합
군이 항복한 것은 제2차 세계대전의 전환점이 되었다. 전세가 호전되자 연
합국의 협력은 한층 더 공고해졌다. 1943년 2월 9일 처칠은 스탈린에게 연
합군은 8월 또는 9월에 도버해협 도하작전을 계획하고 있지만 구체적 공격
시간은 독일군의 방어 체계를 고려해 결정할 것이라고 통보했다. 16일 스탈
린은 "현재 정세는 공격 시기를 크게 앞당길 것을 요구하고 있다. 그 최적기
는 가을 혹은 초여름이며 이는 매우 중요하다."고 회신했다. 3월 11일 처칠
은 만일 적들이 약해지면 8월 전이라도 도버해협 도하작전이 가능하다고 마
지못해 회답했다.[28] 처칠은 루스벨트의 요청으로 소련과의 전략적 협력 문
제를 논의하기 위해 워싱턴으로 향했다. 루스벨트는 5월 6일 이 사실을 스
탈린에게 통보했다.[29] 이 소식을 들은 스탈린은 미국이 영국을 설득해 하루

25) McNeill, *America, Britain & Russia*, pp.175-176, 178-180, 191-197.

26) *Димитров* Дневник, с.332.

27) Судоплатов П. А., *Разведка и Кремль: Записки нежелательного свидетеля*, Москва: Гея, 1996, с.255.

28) 苏联外交部编, 『1940-1945年苏联伟大卫国战争期间苏联部长会议主席同美国总统和英国首相通信集, 第1卷: 斯大林同丘吉尔和艾德礼的通信』, 潘益柯译, 北京: 世界知识出版社, 1961年, 第89-90, 91, 98-99页; McNeill, *America, Britain & Russia*, pp.273-275.

빨리 제2전선을 열도록 하기 위해 모종의 우호적인 태도를 보여줄 필요가
있었다.

결과적으로 1943년 5월 초에 이르러 영미 연합군이 하루빨리 유럽에 제2
전선을 열고, 서방이 모스크바의 전후 세력범위 구상을 받아들이도록 하기
위해 스탈린은 서방 동맹국들을 안심시키는 행동을 취할 필요가 있었다. 그
행동이 바로 코민테른의 해체였다. 5월 8일 심야에 드미트리프와 마누아리
스키가 크렘린으로 소환됐다. 그 자리에서 몰로토프는 "각국 공산당을 지도
하는 데 역할을 해온 코민테른이 현재의 정세하에서는 각국 공산당의 독립
적 발전과 각자의 임무 수행에 이미 장애가 되고 있다. 코민테른은 마땅히
해체돼야 하며 지금부터 코민테른 해체에 관한 관련 문건의 작성을 시작해
야한다."는 스탈린의 지시를 전달했다.[30] 5월 21일 준비 작업을 급히 서두른
끝에 스탈린의 집무실에서 소련공산당 정치국회의가 소집됐다. 회의에서
몰로토프가 코민테른 해산결의문을 낭독한 후, 스탈린은 이에 대해 상세히
설명했다. 스탈린은 설명에서 "실천을 통하여 증명됐듯, 마르크스와 레닌도
현재 상황에서는 공산주의운동의 국제적 중심(코민테른—역자 주)으로 모
든 국가의 노동자운동을 지도하는 것은 불가능하다. 특히 전쟁이라는 조건
하에서 상황은 더욱 복잡해졌다. 독일과 이탈리아공산당의 임무는 자국 정
부를 전복하고 자국이 패배하도록 하는 것이고, 소련·영국·미국의 공산당
의 임무는 반대로 자국 정부를 전심전력으로 지지해 하루빨리 적을 소멸시
키는 것이다. 코민테른을 조직할 때 우리들은 자신들의 역량을 과대평가해
모든 국가의 공산주의운동을 지도할 수 있다고 믿었다. 이것은 우리의 실수
다. 만약 코민테른이 계속 존재한다면 그 명성은 크게 손상을 입을 것이다."

29) 苏联外交部编, 『1940-1945年苏联伟大卫国战争期间苏联部长会议主席同美国总统和英国首相
通信集, 第2卷: 斯大林同罗斯福和杜鲁门的通信』, 宗伊译, 北京: 世界知识出版社, 1963年, 第
63页; Лебедева Н., Наринскпй М., Роспуск Коминтерна в 1943 году//Международная жизнь,
№ 5, 1994, с.86.
30) Димиитров Дневник, с.372; Лебедева, Наринскпй Роспуск Коминтерна, с.81.

라고 했다. 스탈린은 또한 결의문에 언급치 않은 코민테른을 해산해야 하는 또 하나의 이유로, 코민테른의 각국 지부 기구인 각국의 공산당이 근거 없이 비난을 받고 있기 때문이라고 설명했다. 즉 "그들이 자국에서 소련의 대리인처럼 간주되면서 자국의 민중을 상대로 폭넓은 활동을 펼치는 데 부정적 영향을 끼쳤다. 코민테른이 해산되면 적들은 공산당을 반대하는 구실을 상실하게 된다."는 것이다. 스탈린의 설명 후 정치국회의는 만장일치로 코민테른 해산결의문을 통과시키고 코민테른 해산에 관한 구체적인 문제를 논의했다.[31]

5월 22일 프라우다(Pravda)는 코민테른 해산에 관한 주석단 결의문을 공포했다. 전쟁 때문에 회의를 소집할 수 없어 부득이 신문을 통해 각국 지부에 이번 결의문을 토론에 부치고자 한다는 해석을 덧붙였다.[32] 다음 날 서둘러 마련된 기자회견에서 스탈린은 코민테른 해산은 나치분자와 노동자운동에 대한 기타 적들의 유언비어, 즉 "모스크바가 다른 나라의 내부 문제에 간섭해 이런 국가들을 볼셰비키로 만들고 각국의 공산당을 모두 소련에 복종시키려고 한다."는 소문을 반박하기 위함이라 밝혔다.[33] 스탈린의 의도는 당연히 워싱턴에서 회담하고 있는 영미 지도자들이 이를 듣게 하고 동시에 소련이 서방과의 장기간 협력에 성의가 있다는 것을 증명하기 위해서였다. 5월 28일 스탈린은 모스크바 주재 영국 로이터통신 기자의 질문에 대한 서면 답변에서 다시 해명했다. 코민테른의 해산은 히틀러 추종자들이 퍼뜨리는 "모스크바가 다른 나라의 내정에 관여하고 그들을 볼셰비키로 만들려 한다."는 거짓말을 폭로하고, 공산주의 적들이 계기하는 "각국의 공산당은 자국 국민의 이익은 개의치 않고, 오직 외부의 명령에만 따른다."는 중상모략

---

31) *Димитров* Дневник, с.375.

32) Правда, 22 мая 1945г. 결의문의 영문본은 다음을 참조할 것. Lane Degras(ed.), *The Communist International, 1919-1943*, Vol.3, London: Oxford University Press, 1965, pp.477-479.

33) Внешняя политика Советского Союза, Документы и материалы, 1946год, Москва: Государств енное издательство политической литературы, 1952, с.104-105.

을 분쇄하고, 반파시스트 투쟁을 위하여 각국의 진보 세력을 동원하고, 당
파와 종교의 구분 없이 민족해방 진영이 쉽게 통합할 수 있도록 해 장래에
각국의 인민이 평등의 기초 위에 연합의 초석을 다지고, 자유를 사랑하는
모든 인민이 통일된 국제 진영으로 쉽게 연합할 수 있도록 하기 위한 것이
라고 설명했다.[34]

6월 10일 프라우다는 코민테른 해산을 지지하는 31개 지부 명단과 코민
테른 총서기 드리트리프가 서명한 코민테른 집행위원회 의장단의 결의안을
게재하고, 이날부터 코민테른이 해산되었음을 정식으로 선언했다.[35]

코민테른 해산은 모스크바가 전략적 차원에서 세계혁명을 포기했다는 것
을 의미한다. 국가적 차원에서 보면 스탈린이 권력을 장악한 후 고려한 유일
한 문제는 소련의 안보와 발전을 보장하는 것이었고 혁명을 수출하거나 각
국 내 반란을 선동하는 일은 이를 보장하기 위한 수단에 지나지 않았다. 전
쟁기간과 특히 전후에 이 방법은 변화한 국제 정세에 더 이상 부합하지 않았
고 불필요해졌다. 소련은 이미 소련을 중요구성원으로 대우하고 이에 걸 맞
는 구속력과 기회를 제공할 수 있는 국제사회 체제에 가입을 준비하고 있었
으며, 이러한 체제에 가입하는 전제 조건은 전통적 혁명을 포기하는 것이었
다. 1944년 10월 스탈린과 처칠은 솔직한 대화를 나눴다. 이 대화에서 처칠은
스탈린에게 "1919~1920년 전 세계가 혁명의 두려움에 떨었다."고 솔직하게
고백했다. 이에 스탈린은 지체 없이 "소련은 유럽에서 볼셰비키 혁명을 일으
킬 생각이 없다."며 "세계는 두려움에 떨 필요가 없다."고 대답했다.[36]

이때 스탈린은 전후 서방과 협력하기 위한 기본 전략이 무르익었음을 보
여 준다. 1942년 초 소련공산당 정치국은 "동유럽·아시아, 그리고 기타 지

34) *Димитров* Дневник, с.376-377.

35) Правда, 10 июня 1943г.; *Димитров* Дневник, с.380.

36) "1944년 10월 14일 스탈린과 처칠의 회담 기록," *АПРФ*, ф.45, оп.1, д.283, л.18-21; 중국어
본은 다음을 참조할 것,『苏联历史档案选编』第16卷, 北京: 社會科學文獻出版社, 2002年, 第
717-720页.

역의 전후 각국의 국가 체제 조정방안위원회"를 구성하는 결의안을 통과시키고, 몰로토프를 책임자로 외무인민위원회에 각국의 정치, 외교, 경제, 민족 및 영토 등 각 방면에 관한 각국의 상황을 연구하고 전후 세계 세력범위 조정에 관한 종합보고서를 제출하도록 요구했다.[37] 1943년 9월에는 재차 부(副)외무인민위원 리트비노프(M. M. Litivinov)을 위원장으로 하는 평화조약과 전후안배문제위원회를, 국방위원회위원 로실로프를 위원장으로 하는 정전문제위원회를 설치할 것을 결정했다.[38]

　1944년 1월 10일, 부(副)외무인민위원 마이스키(I. Maisky)는 몰로토프에게 「미래 평화의 최적 기본원칙」이라는 제목의 보고서를 제출했다. 마이스키는 보고서에서 전후 소련 외교의 목표는 "안정 보장과 평화 유지"라고 강조했다. 이어 이를 위해서는 서방과 동반자 관계를 반드시 유지해야 하며, 먼저 영·미 양국과 우호 관계를 유지해야 한다고 주장했다. 그는 특히 "만일 전후 초기 유럽에서 무산계급 혁명이 일어난다면 미·영 양국과 소련은 필연적으로 긴장 관계가 될 것"이라고 지적했다.[39] 서방에 강경하기로 유명한 몰로토프파의 젊은 외교관인 미국 주재 소련대사 그로미코(A. Gromyko)의 견해는 대표성을 띤다. 그로미코는 같은 해 7월 14일에 제출한 보고서 「미소 관계에 대하여」에서 미래에 미소 관계에서 나타날 수 있는 일련의 문제를 열거한 후 "비록 약간의 어려움이 있겠지만, 전후 양국이 지속적으로 협력해야 할 필요성은 분명하다. 앞으로의 미소 관계는 대부분 양국 관계의 본질에 의해 결정될 것이며, 그 본질은 이미 형성됐거나 전쟁 기간에 형성

---

[37] "1942년 1월 28일 전연방공산당 중앙정치국회의 기록 발췌문," *АПРФ*, ф.3, оп.63, д.237, л.4-8, 중국어 번역본은 다음을 참조할 것, 『苏联历史档案选编』第16卷, 第668-671页.

[38] "1943년 9월 4일 전연방공산당 중앙정치국회의 기록 발췌문," *АПРФ*, ф.3, оп.63, д.237, л.49; 중국어 본은 다음을 참조할 것. 『苏联历史档案选编』第16卷, 第672-673页.

[39] "1944년 1월 11일 마이스키가 몰로토프에게 보낸 보고," *АПРФ*, ф.3, оп.63, д.237, л.52-93; 중국어본은 다음을 참조할 것. 『苏联历史档案选编』第16卷, 第684-713页. 또 이 보고서는 전후 얼마 지나지 않아 아시아에서 위기가 발생할 것이며, 이 위기는 "소련을 겨냥하여 미국과 중국이 동맹을 결성"함으로써 발생할 것이라고 주장하였다. 이러한 견해는 그 후 소련의 중국에 대한 정책에 일정 부분 영향을 미쳤다.

되고 있다."고 결론지었다.[40] 11월 15일 리트비노프위원회는 "○○국과 소련 간 협력의 전망과 배경"이라는 제목의 비망록을 제출했다. 마이스키와 마찬가지로, 리트비노프는 영미 간의 대립은 전후 세계의 기본 특징이며 이는 미소 간 협력에 유리한 기회를 제공할 것이라고 분석하였다. 동시에 유럽에서 영국과 소련의 이익이 필연적으로 충돌할 것에 대해 "영국과 소련은 합의를 이룰 수밖에 없다. 양측이 지리적 근접 원칙에 근거해 유럽 내 안전 범위 경계선을 정하면 이를 기초로 합의에 도달할 수 있다."고 예측했다.[41]

여기서 소련이 중요시하는 것은 공산주의라는 이데올로기도, 세계혁명도 아니고 오로지 러시아의 민족 이익과 국가 안전이었다. 러시아 학자 페차트노프(V. O. Pechatnov)는 "3명의 외교관 모두 진정으로 전시동맹이 연장되길 희망했고, 이것이 소련의 전후 이익을 확실하게 보호할 수 있는 선결 조건이라고 봤다."고 주장했다. 또한 이들은 미국·영국·소련이 전후 세계를 자신들의 영향권 아래 나눠가질 수 있다고 봤는데 "그중 소련이 제시한 세력범위는 주로 전통적인 지정학적 요인들을 고려한 것이지 서방 동맹국이 받아들이기 어려운 소비에트 방식은 결코 아니었다."고 분석했다.[42]

소련과 미영 양국은 테헤란회담, 얄타회담, 포츠담회담까지 여러 차례의 교류와 교섭을 반복한 끝에 마침내 향후 세계 정치의 질서를 보장할 수 있는 큰 틀, 즉 얄타 체제에 합의했다. 미·영·소 3국은 당시 각자의 정치력과 군사력이 미치는 정도에 따라 전후 동방에서는 소련의 세력범위를, 유럽에서는 미영 양국의 세력범위를 확정하는 데 합의했다.[43] 스탈린은 얄타 체

[40] AVPRF, f.6, op.6, d.603, p.45, l.34, Vladimir O. Pechatnov, "The Big Three after World War II: New Documents on Soviet Thinking about Post War Relations with the United States and Great Britain," CWIHP Working Paper, № 13, 1995, p.8으로부터 인용.

[41] АВПРФ, ф.06, оп.6, п.14, д.143, л.31-89, Наринский М. М. Европа: проблемы границ и сфер влияния, с.90. 또한 다음을 참고할 것. Наринский М. М., И. В.Сталин и М. Торез, 1944-1947гг., Новые материалы//Новая и новейшая история, № 1, 1996, с.19으로부터 인용.

[42] Pechatnov, "The Big Three after World War II: New Documents on Soviet Thinking about Post War Relations with The United States and Great Britain," Cold War International History Project Working Paper, Vol.13, May 1995, pp.16-18.

제에 매우 만족해 지도를 보며 유럽과 아시아에서 얻은 소련의 새로운 영역을 하나하나 열거하기도 했다.[44] 형식과 내용을 막론하고 얄타 체제는 공간으로 시간을 확보하는 전통적인 러시아의 국가안보 전략, 즉 소련 주변의 광활한 지역을 완충 지역으로 확보해 전쟁 위협을 받을 때 충분한 시간을 벌어 대비하는 전략에 완전히 부합했다. 이것은 서방과 협력한 보상으로 소련에 주어진 것이었다. 스탈린은 후에 전쟁이 최고조에 달했을 때 "미소 간의 서로 다른 제도는 미소 양국이 연합해 공동의 적에 승리하는 데 전혀 장애가 되지 않았으며, 평화의 시기에 이러한 관계의 유지는 더욱 가능하다."면서 협력할 뜻이 있음을 재차 표시했다.[45]

코민테른의 해체가 서방에 소련의 전후 정책 방향을 나타내는 것이었다면, 정책 방향의 구체적 실행은 소련의 세력범위 혹은 소련의 영향력이 미치는 지역에서 기타 정파와 공산당이 의회선거를 통해 연립정부를 구성하는 것으로 나타났다. 필자는 이것을 '연립정부 정책'이라고 통칭했다.

스탈린의 '연립정부 정책'은 우선 서방의 세력범위 내 국가, 특히 공산당의 세력이 비교적 강력한 국가에서 실현되었다. 전쟁 기간 서방의 공산당 조직은 비약적인 발전을 이루었다. 유럽 8개 소국(스웨덴, 노르웨이, 덴마크, 네덜란드, 스위스, 오스트리아, 핀란드, 벨기에)의 공산당원은 전쟁 전 10만 명에서 전후 초기 70만 명으로 늘어났다. 심지어, 역대 규모가 가장 작았던 영국공산당은 당원이 1939년 1만 8,000명에서 1944년 5만 명으로 늘어날 정도로 성장했다. 프랑스와 이탈리아 공산당은 그 세력이 가장 강대했다. 1946년 프랑스 공산당원은 약 100만, 이탈리아 공산당원은 200만 명에 이르렀다.[46]

---

43) 상술한 세 차례 회의에 관한 문헌은 다음을 참조할 것. FRUS, *The Conferences at Cairo and Tehran, 1943; the Conferences at Malta and Yalta, 1945; the Conference of Berlin(the Potsdam Conference), 1945*, Washington, D.C.: GPO, 1961, 1955, 1960. 중국어본은 다음을 참조할 것. 『德黑兰, 雅尔塔, 波茨坦会议记录摘编』, 上海: 上海人民出版社, 1974年.

44) Albert Resis(ed), *Molotov Remembers: Inside Kremlin Politics, Conversations with Felix Chuev*, Chicago: Ivan R. Dee, 1993, p.8.

45) 中共中央编译局, 『斯大林文选(1934-1952)』, 北京: 人民出版社, 1962年, 第484, 493页.

뿐만 아니라 많은 공산당이 자체 군사력을 보유하고 있어 프랑스 해방 전
조직된 71개 주(州)의 '해방위원회' 중 절반 이상이 프랑스공산당에 의해 지
도되고 있었다. 1944년 2월 1일 프랑스공산당의 주도하에 각 무장 저항세력
이 통일돼 '프랑스 내지군(內地軍)'이라 불렸는데 그 수가 50만에 달했다. 그
중 절반이 프랑스공산당이 장악하고 있는 의용군 유격대가 25만 명이었다.
6월에 이르러 프랑스공산당은 다수의 일반 대중이 참여하는 '애국민병'을 조
직해 지도하고 있었다.[47]

1943년 말 이탈리아공산당은 무장투쟁 조직에 착수했고 1944년 6월에는
이탈리아 북부의 각 유격대를 합쳐 '자유의용군'을 조직하고 '민족해방위원
회' 산하에 통일된 지휘부를 설치했다. 자유의용군은 총 40만 명에 달했는데
그중 이탈리아공산당이 직접 지휘하는 '가리발디 유격대(Brigata Garibaldi)'가
약 25만 명에 달했다. '민족해방위원회'는 각 해방구에 인민정권을 수립하
고, 여러 가지 초보적인 민주개혁 조치들을 단행했다.[48] 제2차 세계대전 시
기 그리스 공산당원은 7만 2,500명으로 늘어났고 이미 '그리스민족해방전선'
과 '그리스 인민군'의 핵심적 조직자와 영도자로 자리 잡았다.[49] 따라서 서
방국가에 이들 공산당이 서방 세력의 범위 안에 있을 뿐만 아니라 협력을
다할 것이라는 보이기 위해 소련은 이들 공산당에 합법적 신분으로 정부 구

46) Fernando Claudin, *The Communist Movement from Comintern to Cominform, Part two, The Zenith of Stalinism*, New York and London: Monthly Review Press, 1975, pp.308-309. 이 책의 각주에 상세한 수치가 기재되어 있다.

47) Ronald Tiersky, *French Communism, 1920-1972*, New York & London: Columbia University Press, 1974, p.118, 战后世界历史长编』第一分册, 上海: 上海人民出版社, 1975年, 第305页으로부터 인용.

48) 『战后世界历史长编』第一分册, 第324-325页.

49) Claudin, *The Communist Movement from Comintern to Cominform, Part II*, pp.308-309. 전쟁 당시 그리스공산당 및 그 무장 세력에 관한 상황은 다음을 참조할 것. David H. Close (ed.), *The Greek Civil War, 1943-1950, Studies of Polarization*, London and New York: Routledge, 1993, pp.97-155; R. Craig Nation, "A Balkan Union? Southeastern Europe in Soviet Security Policy, 1944-8," *The Soviet Union and Europe in the Cold War, 1943-53*, Francesca Gori and Silvio Pons(eds.), New York: Fondazione Istituto Gramsci, 1996, pp.125-143.

성에 참여할 것과 이를 위해 무장을 해제할 것을 강력하게 주장했다.

1944년 10월 23일 소련과 영미 양국은 드골의 지도하의 프랑스공화국 임시정부(Le Gouvernement provisoire de la République française)를 동시에 승인했다. 11월 19일 스탈린은 장기간 해외에 체류하고 있던 프랑스공산당 총서기 토레즈(M. Thorez)를 접견했다. 스탈린은 프랑스공산당의 향후 임무에 대해 정치 투쟁을 보다 쉽게 벌여 나가기 위해 반드시 사회당과 좌익연맹을 조직할 것을 지시했다. 스탈린은 공산당이 갖춘 무력에 대하여, "현재 프랑스에 동맹국이 승인한 정부가 있다는 것을 고려하면, 프랑스공산당이 대등한 무장 역량을 가지는 것은 매우 어렵다."고 설명했다. 스탈린은 무장 역량을 정치 조직으로 필히 개조하고 '무기를 내려놓을 것'을 강조하면서, 정치 조직 강령에 "국가 경제의 회복과 민주주의의 강화를 우선적으로 포함시킬 것"을 지시했다.50) 토레즈는 파리로 돌아와 '단결, 전투, 노동' 구호를 제안하고, 프랑스공산당중앙위원회 이름으로 "프랑스에는 오직 한 개의 정부, 한 개의 공화국 군대 및 경찰만이 존재한다."고 거듭 밝혔다. 토레즈의 지시에 따라 프랑스공산당은 '프랑스 내지군'에게 정부의 명령에 복종할 것을 즉각 지시하고 프랑스 육군에 분산돼 편입하도록 했다. 동시에 '해방위원회'를 지도하는 많은 프랑스 공산당원들에게 드골이 파견한 지방 관원들에게 권력을 이양하도록 했다. 1945년 10월 프랑스에서 실시된 제1차 제헌의회 선거에서 프랑스공산당은 160석을 차지해 프랑스 의회의 제1당이 되었다.51)

1943년 말부터 1944년 초까지 모스크바는 이탈리아에 대한 정책 방향을 아직 정하지 못하고 있었다. 그러나 1944년 3월 3~4일 스탈린과 몰로토프는 귀국이 임박한 이딜리아공산낭 총서기 톨리야티를 접견하면서 프랑스공산당처럼 자국 정부와 협력하는 것을 방침으로 확정했다.52)

---

50) "1944년 11월 19일 스탈린과 토레즈와의 담화 기록," *АПРФ*, ф.45, оп.1, д.390, л.85-93. 중국어 번역본은 다음을 참조할 것. 『苏联历史档案选编』第16卷, 第727-737页.

51) 『战后世界历史长编』第一分册, 第308, 313-315, 320页.

52) Silvio Pons, "Stalin, Togliatti, and the Origins of the Cold War in Europe," the Papers for the

이탈리아공산당은 과거 반파시스트 민주주의 개혁을 더욱 강화하기 위해 빅토르 엠마뉴엘(Victor Emanuel) 3세의 퇴위와 바돌리오(P. Badolio) 원수의 내각사임을 요구했다. 스탈린은 톨리야티와 회담에서 이탈리아공산당의 정치 노선을 근본적으로 수정할 것을 요구했다. 첫째, 국왕의 즉각적인 퇴위를 요구하지 말 것. 둘째, 공산당원이 바돌리오 정부에 참여할 것. 셋째, 반독일 투쟁에서 통일을 실현하고 공고히 하는 데 노력할 것 등이다.[53]

톨리야티가 모스크바를 떠난 후인 3월 14일 소련 정부는 바돌리오 정부를 승인하고 외교관계 수립을 선언했다. 톨리야티는 이탈리아로 돌아온 후, "무솔리니가 무너진 후 이탈리아의 유일한 출구는 바돌리오를 중심으로 공산당이 참여하는 민주정부"라고 주장했다. 그는 동맹국자문위원회의 미국 대표에게 "이탈리아공산당의 목표는 파시즘을 소멸하고 진정한 민주공화국을 수립하는 것"이라고 재차 표명했다.[54]

1944년 10월 9일 영국과 소련의 수뇌회담에서 처칠 영국 수상은 연합군이 이탈리아로부터 철수한 후 이탈리아공산당이 내전을 일으킬 수 있다고 말했다. 이에 스탈린은 영국의 이탈리아 정책에 반대하지 않으면서도 "엘코리(M. Erkoli, 톨리야티를 지칭함)는 총명한 사람이며 그런 모험은 하지 않을 것"이라고 그 자리에서 보장하였다.[55]

1944년 5월 영국과 소련은 드디어 합의에 이르렀다. 즉 소련의 루마니아 정책을 영국이 인정하는 대가로 소련은 그리스 내정에 관여하지 않기로 결정했다. 7월 26일 영국 외무상 이든의 요구에 따라 몰로토프는 그리스해방구에 소련 대표를 파견해 '민족해방전선' 지도자들에게 이집트 카이로의 파

Conference on Stalin and the Cold War, 1945-1953, Yale University, 23-26 September 1999, pp.1-3.

53) РЦХИДНИ, ф.495, оп.74, д.259, л.8, *Наринский И. В. Сталин и М. Торез*, с.19-20; *Димитров* Дневник, с.410-411에서 재인용.

54) 『战后世界历史长编』第一分册, 第326-328页.

55) *Стрижов Ю. И.* Англия должна иметь право решающего голоса в Греции//Источник, № 2, 2003, с.51-52. 엘코리는 톨리야티가 망명 시절 사용했던 이름이다.

판드리우(G. Papandreou) 망명정부에 참여하도록 설득했다. 9월 초, 민족해
방전선 정치위원회는 자진해산을 선언하고, 해방구 지역에서의 자신의 정
권을 파판드리우 정부에게 인계하였다.[56]

　9월 22일 영국 정부는 그리스 정부를 돕기 위해 빠른 시일 내 영국군을 파
견할 계획임을 모스크바에 통보하였다. 다음 날 소련의 부(副)외무인민위원
비신스키(A. Vyshinsky)는 "소련은 5월 합의를 계속 준수할 것이며 영국의 그
리스 파병에 반대할 의사도, 소련이 그리스에 파병할 의사도 없다."고 밝혔
다.[57]

　그리스 정부가 아테네로 이전하기 직전인 9월 26일 영국의 주도하에 그리
스 인민해방군과 민주연맹 지도자들은 그리스 망명정부와 카세르타(Caserta)
협정을 체결했다. 양측은 이 협정에서 "그리스에서 활동 중인 모든 유격대는
모두 그리스 민족연합정부의 명령에 복종할 것"과 "그리스 정부는 이 부대들
을 연합군최고사령부가 임명한 스코비에(R. M. Scobie) 장군의 지휘에 맡길 것"
을 합의했다.[58] 같은 해 10월 스탈린과 몰로토프가 처칠과 유럽 동남부 및 발
칸반도의 세력범위를 정하는 유명한 '퍼센티지 협정(Percentage Agreement)'을
맺을 때는 그리스 관련 부분은 이미 합의된 사실을 다시 확인하는 것에 불과
했다.[59]

---

56) W. Averell Harriman and Elie Abel, *Special Envoy to Churchill and Stalin, 1941-1946*, New York:
　　Random House, 1975, pp.328-329;『战后世界历史长编』第二分册, 上海: 上海人民出版社, 1976
　　年, 第234, 245-248页. 몰로토프가 파견한 포포브(Popov) 소조의 임무에 관하여 일부 연구자들
　　은 다른 견해를 제기하였다. *Смирнова Н. Д.*, "Греческий вопрос," на парижской мирной
　　конференции//Институт Всеобщей Истории РАН Сталин и холодная война, Москва: ИВИ
　　РАН, 1998, с.8-9.

57) "1944년 9월 23일 소련 정부가 영국 정부에게 보낸 비망록," *АПРФ*, ф.3, оп.64, д.99а, л.40.

58) Arnod Toynbee and Veronica M. Toynbee, *The Realignment of Europe*, London: Oxford University
　　Press, 1955, pp.389-390;『战后世界历史长编』第二分册, 1976年, 第247-248页.

59) "퍼센티지 협정"에 관한 러시아 당안 자료는 모두 공개되었다. 공개된 자료에는 1944년 10월
　　9일 스탈린과 처칠의 회담 기록 및 1953년 6월 3일 말리크와 처칠의 회담 기록(*Источник*,
　　№2, 2003, с.45-56), 그리고 몰로토프와 에든의 회담 기록 및 10월 17일 스탈린과 처칠의
　　회담 기록(*Ржешевский О. А.* Сталин и Черчилль, с.429-438, 476-480)이 포함되어 있다. 상술
　　한 당안의 중국어 번역본은 다음을 참조할 것. 吕雪峰译:「丘吉尔与斯大林划分东南欧势力范

북유럽 국가의 상황도 비슷했다. 벨기에공산당은 그 세력이 프랑스와 이탈리아공산당에 크게 미치지는 못했지만, 전쟁이 막바지에 접어들 무렵 저항 운동을 통해 약 10만 명의 무장 세력을 확보하고 있었다. 당시 벨기에의 경찰 인력은 1만 명에 불과했다. 새로 개편된 피에로(H. Pierlot) 임시정부는 벨기에 역사상 최초로 두 명의 공산당원을 입각시켰다.

1944년 10월 벨기에 정부가 저항운동 무장 조직을 조건부로 벨기에 정규군으로 개편할 때, 벨기에공산당과 정부는 구체적 방법에서 견해가 갈렸고 심지어 벨기에공산당이 내각을 탈퇴할 수도 있다고 위협했지만, 벨기에 주둔 연합군의 압력하에 결국 벨기에공산당은 모든 무장을 반납했다. 이에 따라 벨기에공산당은 1945년 2월 구성된 사회당의 반아커(A. Van Acker)를 수반으로 하는 '전국단결 정부'에 2명의 각료를 유지할 수 있었다.

전후(战后) 선거를 치르고 정부를 구성할 때 네덜란드, 덴마크, 노르웨이 공산당은 모두 1석씩 정부각료 자리를 차지했다. 이 지역 공산당이 강력해서가 아니라 이 지역 집권자들이 모스크바를 향해 우호적 태도를 표시할 필요가 있었기 때문이었다.[60]

소련 주변 국가들의 상황은 이와 달랐다. '퍼센티지 협정'과 수차례에 걸친 회담의 합의 정신에 따라 서방은 소련 점령하의 동유럽과 발칸 지역을 소련의 세력범위로 인정했다. 얄타회의에서 통과된 「해방된 유럽국가 선언」에서 이 국가들의 정치경제 문제는 반드시 민주적 방법을 통해 해결해야 한다고 규정했다.[61] 서방과의 협력을 보장하기 위해 스탈린은 이 약속을 실천했다. 지역별 구체적인 이행 방법에는 큰 차이가 있었지만, 전체적으로 선거와 '연합정부 정책'을 실행했다.

围: 俄国档案中的百分比协定」, 『冷战国际史研究』 第3辑, 2006年 秋季号, 第261-278页; 『苏联历史档案选编』 第16卷, 第721-726页.

[60] A. Toynbee and V. Toynbee, The Realignment of Europe, pp.539-545, 563-564, 571-572, 582-583.

[61] FRUS, the Conferences at Malta and Yalta, 1945, pp.971-972. 중국어본은 다음을 참조할 것. 『德黑兰, 雅尔塔, 波茨坦会议记录摘编』 第216-217页.

불가리아는 전후 유럽 공산당이 정부를 장악한 첫 번째 국가였다. 1944
년 9월 5일 소련은 돌연 불가리아에 선전포고를 하고 3일 만에 진군을 시작
하자 불가리아 정부는 급속히 마비됐다. 모스크바의 드미트리프와 코라로
프(B. H. Kolarov)에 의해 원격 조정되던 노동자당을 중심으로 하는 애국전
선은 이 기회를 이용해 무혈정변에 성공하고 드미트리프를 수반으로 조국
전선정부를 수립했다.[62] 군대와 정부에 대한 숙청을 통해 노동자당은 빠르
게 권력을 장악했다. 1944년 말에 이르러 노동자당은 애국전선 위원의 54%
를 차지했고 84개 도시 중 63명의 시장, 1,165개 지역 행정 단위 중 879개의
지역 단체장이 노동자당 당원이었다.[63] 그러나 노동자당의 행동 방식은 모
스크바의 불만을 샀다. 12월 13일 드미트리프는 스탈린에게 곧 소피아로
귀국하는 코라로프를 접견하고 불가리아 문제를 논의해 줄 것을 요청했다.
스탈린은 공무가 바쁘다는 이유로 요청을 거절하고, 불가리아에 나타난 긴
장 국면에 대해 "공산당원의 목소리 너무 크고 코라로프의 귀국은 상황을
더욱 악화시킬 뿐이다."라고 강하게 비판했다. 심지어 스탈린은 "불가리아
공산당은 완전히 미쳤다."고까지 표현했다. 이에 드미트리프는 즉시 노동
자당 중앙위원회에 비밀전보를 보내 "국내 동맹세력에 최대한의 기동성과
융통성을 발휘하고 공산당원들은 정부와 조국전선에서 지도적 역할을 담
당하지 말라."고 지시했다. 그는 전보에서 "정부의 위기는 반드시 피해야
하며 위기를 절대 확대시켜서는 안 된다." "현재 국면에서 국가의 운영은
오직 집단지도 체제를 통해 가능하며, 우리 스스로 자제가 필요하다."고 강
조했다.[64]

[62] Vesselin Dimitrov, "Revolution Released: Stalin, the Bulgarian Communist Party and the
Establishment of the Cominform," F. Gori and S. Pons(eds.), The Soviet Union and Europe in
the Cold War, Basingstoke: MacMillian, 1996, pp.273-275; Гибианский Л. Я., Исследования поли
тики СССР в Восточной Европе в конце второй мировой войны и в первые послевоенные
годы//Вопросы истории, №6, 2004, с.152-153; Валева Е. Л., Политические процессы в Болга
рии, 1944-1948 годов//Славяноведение, №4, 1999, с.24.
[63] Vesselin Dimitrov, "Revolution Released," pp.275-276.

얼마 후, 스탈린은 직접 불가리아공산당에 전보를 보내 "소비에트 정권을 수립하는 것만이 사회주의로 가는 유일한 길이라고 인식하는 것은 잘못된 것이며, 민주공화국을 수립하거나 상황에 따라 입헌군주제를 실시하는 방식으로도 사회주의를 실현할 수 있다."고 강조했다.[65]

1945년 여름 불가리아노동자당의 권력 독점 시도에 항의하기 위해 반대파는 선거 연기를 제안했고 미국과 영국의 지지를 받았다. 드미트리프는 이에 대해 분노했지만 모스크바는 반드시 양보해야 한다고 주장했다. 이전에 스탈린은 불가리아농민당의 지도자 페트코브(N. Petkov)를 정부에서 축출하자는 드미트리프 주장에 반대했다. 국제적 정치 위기가 발생할 상황에 직면하자 스탈린은 노동자당에 선거 연기를 제안하고 반대파를 장악하고 이용하기 위하여 그들을 합법화하도록 지시했다. 스탈린은 "반대파의 존재는 귀하들의 이익과 밀접히 관계돼 있다. 만일 당신들이 업무를 잘 수행한다면 페트코브 등 반대파를 충분히 제어하고 다방면에서 그들을 이용할 수도 있다."고 설명했다.[66] 선거 연기를 받아들인 것이 미국과 영국을 만족시켰기 때문에 포츠담회의에서 몰로토프를 만족시키는 불가리아와 발칸반도에 관한 결의안이 채택됐다. 몰로토프는 이 결의안을 "미국과 영국이 이 지역을 사실상 우리의 세력범위로 인정하는 것"이라고 자평했다.[67] 선거 연기 이후인 10월 30일 스탈린은 불가리아노동자당 지도부를 접견했다. 스탈린은 "귀하들은 반대파가 없으면 그 어떤 정부도 민주적일 수 없다는 생각을 가져야 한다."고 재차 경고했다. 국가의 발전 방향에 대해서도 스탈린은 "불가리아에서는

---

[64] *Димитров* Дневник, с.452; "1944년 12월 13일 디미트리프가 코스토프(T. Kostov)에게 보낸 편지," *CDA(Central State Archive, Bulgaria)*, CMF 434, k.77-78. 코스토프는 불가리아공산당의 국내 지도자.

[65] Vesselin Dimitrov, "Revolution Released," pp.276-277.

[66] "1945년 7월 11일 드미트리프가 코스토프에게 보낸 전보," *CDA*, f.1B, op. 7, ae.398, 1.1; *Димитров*, Дневник, с.487, 494-495; *Валева* Политические процессы в Болгарии, с.27-30; Vesselin Dimitrov, "Revolution Released," pp.280-281.

[67] *Димитров* Дневник, с.492.

의회를 통해서 사회주의 제도를 발전시킨다는 점에서 다소 다를 수 있다. 이는 매우 긴 여정이지만 실현하고자 하는 목표는 같다."고 지적했다.[68]

이후 드미트리프의 설득으로 스탈린은 불가리아 반대파가 반소 노선을 걷고 있다고 믿게 됐다. 그 후 모스크바는 불가리아 반대파를 상대로 어떤 협상도 하지 않고 교묘한 방법으로 반대파를 소멸시키는 강경책을 결정했다. 페트코브 내각에 입각을 거절하고 다른 정당을 선택해 반대당의 역할을 대신하도록 했다.[69] 그럼에도 불구하고 스탈린은 전체적인 기본 방침은 바꾸지 않았다. 1946년 9월 2일 스탈린은 다시 드미트리프에게 "시대 상황이 완전히 다르기 때문에 불가리아는 무산계급 독재를 거치지 않고 곧바로 사회주의로 넘어가는 특수한 경로를 거칠 것이다."라며 러시아 공산당원을 모방하지 말라."고 강조했다.[70]

제2차 대전 전 서방의 타협 정책으로 피해를 입은 체코슬로바키아인들은 소련에 보편적으로 호감을 갖고 있었다. 강렬한 '뮌헨 감정'을 토대로 서방에 망명한 체코 정부 수뇌 베네시(E. Benes)는 자동적으로 스탈린 품안으로 들어갔다.[71] 1943년 늦가을 베네시는 모스크바에 "양국의 외교정책은 완전히 일치한다. 우리가 독일 문제와 관련해 미국과 영국을 대할 때 소련과 보조를 맞추려면 먼저 소련의 독일에 대한 정책을 잘 알아야 한다. 프라하는 필히 모스크바와 같은 정책을 취할 것이기 때문이다. 군사적 방면에서도 긴

---

68) "1945년 10월 30일 스탈린과 불가리아 노동자당 대표단과의 담화 기록," CDA, f. 146B, op. 4, ae.639, l.20-28.

69) "1946년 3월 28일 드미트리프가 몰로토프에게 보낸 전보," CDA, New Declassified Record, № 5032, T.II, p.10; АПРФ, ф.45, оп.1, д.252, л.28-39, Волокитина Т. В., Восточная Европа в документах российских архивов, 1944 1953гг., Том.1, 1944-1948гг., Москва: Сибирский хронограф, 1997, с.355-361. 중국어 번역본은 다음을 참조할 것.『苏联历史档案选编』第24卷, 第86-93页; Vesselin Dimitrov, "Revolution Released," pp.282-283; Димиитров Дневник, с.518.

70) Димиитров Дневник, с.534-535.

71) 이 분야에 관한 연구는 다음을 참조할 것. Серапионова Е. П., Эдуард Бенеш: планы послевоенного развития Чехословакии и реальность//Марьина В. В. (отв. ред.) Тоталитаризм: Исторический опыт Восточной Европы, "Демократическое интермеццо" с коммунистическим финалом, 1944-1948, Москва: Наука, 2002, с.115-116.

밀히 협력해 우리의 전략이 소련의 군사과학 분야의 성과로도 이어지게 하
려면 서로 무장장비를 통일하고 항공로도 개설해야 한다."고 제안했다.[72)
그해 베네시는 모스크바를 방문해 소련 지도부와 국경 문제, 이민 문제, 대
외 정책 문제 및 전후 양국의 경제·군사적 협력 문제를 상세히 논의했다.
그 결과 12월 12일「소련·체코우호호조 및 전후협력조약」이 순조롭게 체결
됐고 베네시는 크게 만족했다. 뒤이어 베네시는 체코공산당 국제부 대표와
회견해 소련 홍군과의 군사 협력 및 전후 국가 제도 문제에 대해 논의를 진
전시켰다. 후에 체코공산당 총서기를 역임한 가트왈드(K. Gottwald)는 베네
시에게 국내 민족해방투쟁의 영도 및 전후 정책의 기본 원칙에 관한 건의서
를 제출했다. 체코공산당은 건의서에서 전후에는 민족전선을 구성하는 것
이 적절하며, 해방 후 공화국은 대내적으로는 '진정한' 민주를 기반으로 하
고 대외적으로는 소련과 공고한 우의를 다질 것을 제안했다. 더 나아가 민
주적 방식과 인민의 폭넓은 참여를 통해 사회주의로의 이행을 점진적으로
실행하기 위해 노력할 것을 다짐했다.[73) 체코슬로바키아는 소련이 추진하
는 '연립정부 정책'에서 특별한 역할을 맡고 있었다. 베네시의 진정 어린 우
호적 태도에 모스크바는 매우 만족해하며 본보기로 삼았다. 1944년 1월 11
일 마이스키는 몰로토프에게 제출한 보고서에서 "체코 내의 친소 정서와 소
체조약 체결로 강력한 체코슬로바키아를 건설하면 소련에도 유익하다. 체
코를 중유럽과 유럽 동남부에서 영향력을 확대시키는 전초기지로 삼아야
한다."고 주장했다.[74)

폴란드는 소련에게 있어 '사활이 걸린' 지역이다. 스탈린은 처칠과의 논쟁

72) Поп И. И., Россовская М. И., Тяжелая тень восточного соседа: некоторые аспекты отношени
й между чехословакией и советским союзом//Гибианский Л. Я.(отв. ред.) У истоков "социал
истического содружества": СССР и восточноевропейские страны в 1944-1949 гг., Москва:
НАУКА, 1995, с.92.
73) Серапионова Эдуард Бенеш, с.116-117.
74) "1944년 1월 11일 마이스키가 몰로토프에게 보낸 보고," АПРФ, ф.3, оп.63, д.237, л.52-93,
중국어 번역본은 다음을 참조할 것. 『苏联历史档案选编』第16卷, 第693, 706页.

에서 폴란드를 통제하는 것이 영국에게는 단지 국가의 명예와 체면 문제지
만, 소련에게는 국가 안보의 생사가 걸린 문제라고 강조했다.[75] 스탈린은
'폴란드민족해방위원회'의 구성을 직접 처리해 장래 폴란드 정권의 기초로
삼았다.[76] 그러나 모스크바가 폴란드에 소련식 사회주의 제도를 수립하려
한 것은 결코 아니었다. 1943년 4월 2일 코민테른 총서기 드미트리프는 폴
란드공산당의 지도자 핀더(Finder)에게 보낸 비밀전보에서 "현 상태의 폴란
드에서 노동자 인민정권을 수립하는 것은 정치적으로 부적절하다."고 제기
하고 "투쟁의 기본 구호는 반드시 '인민민주 정권의 확립'이어야 한다."고 강
조했다.[77] 다음 해 4월 28일 스탈린은 미국 국적의 폴란드인 올레만스키
(Orleman'skii)를 접견한 자리에서 재차 "소련은 폴란드의 내정에 간섭할 생
각이 추호도 없다. 폴란드에 어떠한 제도가 있어야 하느냐는 정치, 사회, 종
교를 막론하고, 폴란드인 자신들의 일이다."라고 강조했다. 또한 "소련은 단
지 미래의 폴란드 정부가 동쪽 이웃 나라와의 우호 관계를 이해하고 소중히
여겨주기를 바랄 뿐이다."라고 덧붙였다.[78]

   얄타회담 기간 폴란드 정부를 구성하는 문제를 둘러싸고 스탈린과 처칠
은 격렬한 논쟁을 벌였다. 마지막 합의에 도달했을 때 소련은 런던으로 망
명한 미코야치크(S. Mikolajczyks)가 폴란드 정부에 참여하는 것에 동의했

---

[75] Ржешевский Сталин и Черчилль, c.499-505; FRUS, the Conferences at Malta and Yalta, 1945,
   pp.667-671. 중국어 번역본은 다음을 참조할 것. 『德黑兰, 雅尔塔, 波茨坦会议记录摘编』第
   138-145页.

[76] "1944년 8월 2일, 소련 인민위원회가 폴란드 주재 소련 민족해방위원회 대표에게 보낸 지시,"
   АВПРФ, ф.06, оп.6, п.42, д.551, л.3-6, 중국어 번역본은 다음을 참조할 것. 『苏联历史档案选
   编』第23卷, 第31-33页. Гибианский Исследования политики СССР//Вопросы истории, №
   6, 2004, c.152; Яжборовская И. С., Вовлечение Польши в сталинскую блоковую политику:
   проблемы и методы давления на польское руководство, 40-е годы//ИВИ РАН Сталин и
   холодная война, c.90. 이 위원회는 폴란드 루블린에서 조직되었으며, 루블린 위원회 또는
   루블린 정부라고 불리기도 하였다.

[77] Димитров Дневник, c.364.

[78] "1944년 4월 28일 스탈린과 올레만스키와의 대담 기록," АВПРФ, ф.6, оп.6, п.42, д.548, л.9-15.
   중국어 번역본은 다음을 참조할 것. 『苏联历史档案选编』第23卷, 第14-20页.

다. 얄타회의는 공식성명에서 "더 폭넓은 기반을 토대로 하도록 루블린의
폴란드 임시정부를 개편해 폴란드 국내·외의 민주적 지도자들이 참여하도
록 해야 한다."고 규정했다.[79] 이후 폴란드에서는 공산당과 사회당이 시종
정권을 장악했다. 그러나 반대파 미코야치크와 그가 지도하는 농민당의 영
향력 또한 매우 컸기 때문에 영국의 지지하에 집권당과 치열한 투쟁을 벌였
다. 이에 공산당과 사회당은 정치적 위기감을 느꼈다. 심지어 공산당은 미
코야치크를 폴란드 정부에서 축출하자고 주장하였다. 폴란드가 긴박한 정
치위기에 직면하자 스탈린은 1946년 5월 23일 폴란드 대통령 비에루트(B.
Bierut), 총리 오스브카 모라브스키(Osubka-Moravskii)와 회담을 가졌다. 스탈
린은 이들로부터 자세한 보고를 들은 뒤 폴란드 측이 제기한 문제들에 대해
대답했다. 우선 무산계급 독재 실행 여부에 대해 "폴란드의 보안기관이 아
직 취약하지만 폴란드에는 무산계급 독재가 없기 때문에 무산계급 독재가
필요 없다."고 분명히 했다. 또 "폴란드, 유고슬라비아, 체코슬로바키아는 무
산계급 독재와 소비에트 제도의 수립 없이 현재 민주제도로도 사회주의로
나아갈 수 있기 때문에 무산계급 독재의 실행은 보류할 필요가 있다."고 지
적했다. 미코야치크를 어떻게 다룰 것인가에 대해서는 스탈린은 다음과 같
은 의견을 밝혔다. "농민당 대표는 반정부 진영의 반동파 전선이며, 폴란드
민주 진영은 반대파가 없어서는 안 된다. 민주 진영은 합법적이고 말을 잘
듣는 반대파, 즉 합법적인 수단으로 정부를 비판하되 정부 전복과 같은 활
동을 하지 않는 반대파가 필요하다. 이러한 반대파는 폴란드의 민주 진영에
도 도움이 된다. 마땅히 어떠한 대가를 치르더라도 반대파와 합의를 이루어
야한다. 장래 의회에서 미코야치크당에 25% 의석을, 코발스키(Koval'skii)당
에 15% 의석을 배정하는 것을 제안해야 한다. 만일 미코야치크가 거절한다

79) Ржешевский Сталин и Черчилль, с.499-505; FRUS, the Conferences at Malta and Yalta, 1945,
pp.771-796, 973-974. 중국어본은 다음을 참조할 것. 『德黑兰, 雅尔塔, 波茨坦会议记录摘编』
第166-185, 218-219页.

면 당연히 필요한 진압 조치를 취해야 한다. 그러나 합법적 정당이기 때문에 절대 물리적 방법을 동원해 구성원을 소멸시켜서는 안 되며 정치적으로 고립시키는 방법을 고려해야만 한다." 마지막으로 스탈린은 "이런 상황에 진지하게 대응하지 않으면 안 된다. 미코야치크가 정부에 들어오도록 하는 것은 합의를 이루기 위해서다. 만일 지금 그를 제거한다면 반대파는 폴란드의 민주주의 세력을 반대할 새로운 명분을 갖게 되는 것이다."라고 강조했다.[80]

정치적 역량으로 보면 헝가리의 공산당은 가장 약체였다. 1944년 말 모스크바로부터 귀국한 200명을 합쳐도 헝가리공산당은 당원이 2,500명을 넘지 못했다.[81] 이에 따라, 소련 홍군이 헝가리 국경 내로 진격하기 시작한 11월 13일, 몰로토프는 모스크바를 방문한 헝가리 대표단(비공산당계)에게 "소련 정부는 헝가리에 중앙기관을 수립하는 계획을 지지할 준비가 돼 있다. 중앙기관의 최고 수뇌는 지금 이 자리에 있는 헝가리 대표단원과 장군들 중에서 추천될 것"이라고 약속했다. 헝가리 대표단이 소련에 보인 극히 우호적이고 존중하는 태도에 몰로토프는 만족했다. 그러나 약체인 헝가리공산당이 장래 정부에서 한 자리라도 차지하게 하게 위해 "헝가리 정부는 마땅히 민주주의를 기초로 구성 되어야 하고 모든 정치 세력의 대표가 참여해야 한다."고 다시금 강조했다. 그는 이어 "모스크바에 있는 일부 헝가리 사람들이 중앙기관에 참여하는 것은 유익한 일이 될 것"이라고 신중하게 제안했다.[82] 이는 헝가리에서는 공산당이 어떻게 집권할 것인가 아니라, 공산당 대표가 어떻게 정부에 진입할 것인가가 문제였음을 보여 준다. 소련의 제안과 감독하

80) "1946년 5월 24일 스탈린과 비에루트와의 대담 기록," *АПРФ*, ф.45, оп.1, д.355, л.33-62, 중국어 번역본은 다음을 참조할 것,『苏联历史档案选编』第23卷, 第114-136页. 미코야치크와 코발스키는 원래 같은 농민당에 속해 있었으나 후에 농민당은 분열되었다.

81) Charles Gati, *Hungary and the Soviet Bloc*, Durham: Duke University Press, 1986, p.82.

82) "1944년 11월 13일 몰로토프와 헝가리 대표단의 담화 기록," *АВПРФ*, ф.06, оп.6, п.34, д.416, л.9-13, 중국어 번역본은 다음을 참조할 것.『苏联历史档案选编』第26卷, 第10-14页.

에 12월 21일 데브레첸시에서 헝가리 임시의회를 개최하고 소농당(小农党), 사회민주당, 전국농민당 그리고 헝가리공산당으로 임시 연립정부를 구성하였다.[83] 다음 날 부외무인민위원 데카노죠프(V. G. Dekanozov)는 스탈린에게 보낸 보고서에서 "헝가리 정부의 구성과 정부 강령은 우리의 계획과 완전히 부합한다."고 보고했다.[84] 1945년 7월 소련의 간섭과 압력하에 내각 개편을 단행해 공산당과 사회민주당이 내각 각료 13개 의석 중 각각 6개 의석을 차지하자, 모스크바는 이 결과에 만족해했다.[85]

하지만 라코시 마티아시(Rakosi Matyas)를 수반으로 하는 헝가리공산당은 이에 만족하지 않고 과격한 행동을 취해 모스크바의 불만을 샀다. 1945년 가을 헝가리 주재 소련공사 푸시킨(G. M. Pushkin)은 "헝가리공산당은 소련이 정한 선거를 통한 민주주의 세력연맹의 공동 노선"을 벗어났다고 비판하며 "공산당은 사회민주당뿐 아니라 민족농민당과 연맹을 결성하고 국내에서 가장 영향력이 큰 소농당과도 반드시 연합해야 한다."고 강조했다.[86] 연합국헝가리관리위원회 위원장 보로실로프(K. E. Voroshilov) 또한 "헝가리공산당은 '좌경 성향이 너무 강하고' 라코시는 대중성 있는 거대정당을 지도해 본 경험과 국가 운영의 경험이 부족해 소농당에 지나치게 과격한 대응을 했다."고

83) "1944년 12월 16일 라프로프가 데카노죠프에게 보낸 보고," *АВПРФ*, ф.07, оп.5, п.43, д.93, л.7-8. 중국어본은 다음을 참조할 것.『苏联历史档案选编』第26卷, 第18-20页. I. M.라프노프는 소련외교인민위원회 제3유럽국 부국장이다. 马细谱主编,『战后东欧-改革与危机』, 北京: 中国劳动出版社, 1991年, 第138页.

84) "1944년 12월 22일, 데카노죠프가 스탈린에게 보낸 보고," *АВПРФ*, ф.07, оп.5, п.43, д.93, л.14, 중국어본은 다음을 참조할 것,『苏联历史档案选编』第26卷, 第21-22页.

85) "1945년 7월 3일 푸시킨과 미크노션의 대화 기록," *АВПРФ*, ф.06, оп.7, п.28, д.372, л.6-8; "1945년 7월 27일 스미얼노프(I. I. Smirnov)가 데카노죠프에게 보내는 보고," *АВПРФ*, ф.077, оп.25, п.115, д.37, л.44-45. 중국어 본은 다음을 참조할 것,『苏联历史档案选编』第26卷, 第23-25, 26-27页. 푸시킨은 헝가리 주재 동맹국관제 위원회 정치 고문이고 미크노션은 불가리아 총리, 그리고 스미얼노프는 소련외교인민위원회 제3유럽국 국장이다.

86) *АВПРФ*, ф.077, оп.27, п.11, д.121, л.25; *Мурашко Г. П.*, Носкова А. Ф. Советский фактор в послевоенной Восточной Европе, 1945-1949//Институт Российской Истории РАН Советская внешная политика в годы 『холодной войны』(1945-1985): новое прочтение, Москва: Международные отношения, 1995, с.79-80에서 재인용.

스탈린에게 보고했다.[87] 그러나 모스크바의 질책은 너무 늦었다. 헝가리공
산당은 과격한 행위와 정책으로 인해 직후 실시된 총선거에서 패배했다. 의
회 내 의석 점유율은 공산당이 17.4%, 소농당이 57%를 차지하였다.[88] 소련
은 신정부 구성에 다시 간섭했다. 모스크바는 헝가리 정부에 소련 정부가
수용할 수 있는 소농당과 사회민주당 사람들 중에서 각료를 임명할 것과 내
무 장관을 공산당에게 할당할 것을 요청했다. 또한 신정부의 강령은 반드시
무조건적으로 소련과의 우호 관계를 보장해야 한다고 요구했다. 실제 신정
부의 강령은 소련과의 우호 관계를 무조건 보장했다.[89] 소련의 압력하에 제
정당연석회의에서 소농당의 틸디 졸탄(Tildy Zoltan)을 수반으로 하는 18명의
내각 구성원 중 사회민주당과 공산당은 각 4석(내무 장관을 포함)을 차지했
다.[90]

　상술한 과정을 요약하면, 전후 초기 스탈린은 서방과 협력하기 위한 토대
를 마련하고 러시아 주변에 안전지대를 확보하기 위해, '연립정부 정책'을
실시했다. 이 정책은 서방의 세력범위 내에서는 공산당의 무장해제와 자산
계급정당을 중심으로 하는 연립정부에 공산당이 참여하는 방식으로 나타났
다. 반면 소련의 세력범위 내에서는 자산계급 및 소자산계급의 정당이 공산
당이 장악하는 연립정부에 참여하도록 하는 것으로 나타났다.—당시에 이
를 신민주 또는 인민민주제도라 칭했다— 모스크바의 유일한 요구는, 어떤

87) "1945년 10월 22일 보로실로프가 스탈린과 몰로토프에게 보낸 전보," *АВПРФ*, ф.06, оп.7, п.28, д.371, л.60-64. 중국어본은 다음을 참조할 것. 『苏联历史档案选编』第26卷, 第34-38页.
88) *Волокитина Т. В., Мурашко Г. П.*, Носкова А. Ф. Народная демократия: Миф или реальност ь? Общественно-политические процессы в Восточной Европе в 1944-1948гг., Москва: Наука, 1993, с.186-189; Harriman and Abel, *Special Envoy to Churchill and Stalin*, pp.414-415.
89) "1945년 11월 10일 몰로토프 등이 스탈린에게 보낸 보고," *АВПРФ*, ф.06, оп.7, п.29, д.377, л.4; "1945년 11월 11일 보로실로프가 스탈린과 몰로토프에게 보낸 전보," *АВПРФ*, ф.06, оп.7, п.29, д.377, 14-15; "1945년 11월 13일 보로실로프가 스탈린과 몰로토프에게 보낸 전보," АВПР Ф, ф.06, оп.7, п.29, д.377, 18-19. 중국어 번역본은 다음을 참조할 것. 『苏联历史档案选编』第26卷, 第41-42, 43-44, 45-47页.
90) "1945년 11월 14일 보로실로프가 스탈린과 몰로토프에게 보낸 전보," *АВПРФ*, ф.06, оп.7, п.29, д.377, л.22-24. 중국어 번역본은 다음을 참조할 것. 『苏联历史档案选编』第26卷, 第48-50页.

정부든 소련과의 우호 정책의 실행을 보장하라는 것이었다. 종합해 보면, 스탈린의 외교 방침의 기조는 다음과 같은 몇 가지를 고려한 것이다.

첫째, 제2차 세계대전의 결과로 소련은 정치 및 군사적으로 세계 강대국이 되었다. 하지만 전쟁으로 인한 막대한 파괴와 손실로 소련의 경제 회복과 발전은 지극히 어려운 상황에 처해 있었다. 경제 재건을 위한 평화적 외부 환경을 조성하기 위해 소련은 미국 등 서방국가들과 일정한 협력 관계를 유지할 필요가 있었다. 소련의 경제 능력으로는 미국을 중심으로 하는 서방국가들과 맞설 수 없었다.

둘째, 전후 스탈린은 일정 기간 세계대전이 일어날 가능성이 없다고 여겼다. 이는 서방과 협력하는 외교 방침을 확정하는 전제 조건이 됐다. 스탈린에 따르면 새로운 전쟁은 자본주의국가 간 전쟁과 자본주의국가와 소련 간의 전쟁, 2가지 종류를 의미했다. 자본주의국가 간 전쟁의 목적은 상대방보다 우세를 확보하는 데 있지만, 자본주의국가와 소련 간 전쟁은 자본주의 존망에 관계되는 데다 소련은 자본주의국가인 미국을 공격할 수 없기 때문에 스탈린은 전자가 후자보다 발생할 가능성이 높다고 봤다.[91] 이런 국제 정세하에서 소련이 서방과 협력을 유지하려 한 것은 충분한 그 근거가 있었다.

셋째, 얄타 체제는 전후 소련의 국제적 지위와 안전 이익을 보장했다. 전후 세력범위는 서방 동맹국과 소련이 국제적으로 합의하는 방식을 통해 확정됐다. 얄타 체제를 옹호하기 위해서라도, 소련은 서방과의 협력 관계를 기초로 대외 정책 또한 수립할 수밖에 없었다.

즉 소련은 서방과 협력해야만 얄타 체제를 유지할 수 있었고, 얄타 체제를 유지해야만 소련의 기득권을 보장할 수 있었다.

이런 협력 관계는 출발부터 불안 요소를 내포하고 있었다. 먼저, 전쟁기간 중 동맹은 파시스트에 대한 공동반대라는 특정한 역사적 조건하에서 이

---

91) 『斯大林文选』 第486, 597-598页.

뤄졌다. 원래 소련과 서방대국은 서로 다른 이념, 가치관 및 사회제도 때문에 적대 관계였다. 전쟁이 끝나고 공동의 적이 사라지면서 이 동맹은 역사적 사명을 다한 동시에, 동맹의 국제정치 기반도 또한 상실하였다.

둘째, 루스벨트는 스탈린을 용인하고 포용했지만 그의 후임자와 다른 서방 지도자들은 스탈린과 날카롭게 대립했다. 비록 루스벨트와 스탈린 모두 전후 대국 간 협력을 기반으로 세계를 주도하려는 정책을 주창했지만 루스벨트는 제1차 세계대전의 산물인 베르사유 체제의 폐단을 의식했다. 세계평화와 안정을 위한 루스벨트의 구상은 몇 개의 강대국이 관장하는 연합국과 같은 국제조직을 통하여, 강대국들 사이의 협력을 바탕으로 국제적 문제를 처리하는 것이었다. 미국의 이익은 자국의 경제력과 문호개방정책을 통하여 충분히 보장받을 수 있다고 루스벨트는 믿었다. 그러나 처칠 같은 다른 강대국의 수뇌는 루스벨트와 같은 정치력과 신사고가 없었다. 따라서 루스벨트의 서거는 강대국 간 협력에 암담한 앞날을 예고한다고 할 수 있다.

마지막으로, 루스벨트 대통령의 협력 정책과 달리, 스탈린이 구상한 강대국 간 협력은 기본적으로 주요 전승국이 세계의 세력범위를 분할하는 전통적 방법으로 얄타 체제로 베르사유 체제를 대체해 미소 양국이 신질서를 주도하는 것이었다. 소련은 수십 년 동안 계속 자본주의 세계에 포위돼 있었고, 국제 문제에서 억압과 멸시를 받는 '고독한 섬(孤島)' 같은 심리 상태에 있었다. 러일전쟁 패배로 인한 러시아인들의 보상 심리는 전후 스탈린에게 우월감을 가지게 하였다. 주요 전승국으로서 소련은 세계의 운명을 결정하는 데 참여하게 됐지만, 이데올로기의 대립과 지정학적 이익의 마찰로 서방과 협력 관계를 지속하는 것이 쉽지 않았다.

이론적으로, 소련과 서방이 평화공존의 원칙을 엄격히 준수한다면, 전쟁 기간 같은 밀접한 동맹 관계는 아니더라도 최소한 일반적인 협력 관계는 유지할 수 있었다. 그러나 앞서 서술한 몇 가지 원인으로 소련, 미국·영국은 모두 상대방을 전후 새로운 세계 질서를 재편하는 과정의 경쟁자로 여겼고,

국제 문제를 처리하는 과정에서도 최대한 각자의 지위와 영향력을 제고하려고 노력하였다. 동시에 각자의 가치관과 사고방식으로 세계를 특히 얄타 체제가 미치지 못하는 지역을 개조하려 하였다.

서방 강대국은 동유럽에서의 스탈린의 강경 정책에 대하여 불만과 의혹을 가졌지만, 얄타 체제에서 동유럽은 소련의 세력범위에 속하였다. 서방은 소련의 강경책에 반응을 보이긴 했지만 그 강도는 매우 약했다. 소련과 서방 사이에 심각한 충돌을 야기하고, 쌍방의 정책을 전환시킨 문제는 얄타 체제에서 확정 혹은 조정되지 않은 지역에서 발생했다. 구체적으로 터키와 이란이 이에 해당된다. 스탈린은 이 지역에 투기 심리를 보였고 제한된 범위 내에서 자신의 세력을 최대한 확장하려 했다.

역사상 근동 지역은 제정러시아와 유럽 열강이 각축을 벌였던 지역이다. 19세기 이래 터키의 양대 해협을 장악하고 페르시아만으로 남하해 지중해와 인도양으로 향하는 기지를 건설하는 것은 제정러시아 시대에 정해진 방침이었다. 제2차 세계대전 이후 터키와 이란은 스탈린의 대외 정책에서 같은 비중의 중요한 위치를 차지하였다. 이 두 나라를 통제할 수 있다면 소련은 소련 남부의 안전을 확보하는 동시에 근동의 풍부한 석유 자원과 지중해로 통하는 항구도 얻을 수 있었다. 그러나 얄타 체제에서 이 두 나라는 소련의 세력범위에 포함되지 않았다. 이 때문에 터키와 이란에서 스탈린이 행동에 나서자 서방은 즉각 강력히 대응했다. 이것이 바로 일반적으로 냉전기원의 분수령으로 알려진 이란과 터키 위기이다.

독소전쟁이 발발한 직후인 1941년 8월 소련군과 영국군은 이란에 진입해 소련군은 북부를, 영국군은 남부 지역을 각각 점령했다. 영국과 소련은 전쟁이 끝난 후 6개월 후 이란으로부터 철군하기로 협정을 맺었다. 1945년 여름 유럽에서 전쟁이 끝났을 때 미·소·영 3국은 유럽과 아시아에서 세력범위를 분할하는 데는 합의했지만, 근동 지역에 관해서는 언급이 없었다. 특히 스탈린은 이 부분에 불만이 있었다.[92]

소련 남부의 안전과 이란의 석유 자원을 고려한 스탈린은 이란에 선제적
으로 행동해 나서기로 결정했다. 이란 북부 유전의 조차권을 획득하려는 담
판이 실패한 후 1945년 6월 21일 소련국방위원회(GKO)는 제9168호 명령을
하달해 비밀리에 이란 북부 석유 자원에 관한 연구를 진행하고, 동시에 이
미 알려진 유전에 대하여 석유를 채굴할 것을 결정했다. 국방부는 필요한
기술과 교통을 제공하고, 재정부는 약 800만 루블(약 150만 달러)의 자금을
지출토록 했다. 그리고 이 일에 관한 것은 아제르바이잔공산당 중앙위원회
서기 바지로프(M. Bagirov)가 책임지고 진행할 것을 명령했다.[93] 7월 6일 소
련공산당 중앙정치국은 바지로프에게 이란에 아제르바이잔인 자치구를 수
립하고 이란 북부 각 주(州)에서 분리주의 운동을 전개할 것을 지시했다. 또
한 이란인민당 아제르바이잔지부를 '아제르바이잔 민주당'으로 개편하고 분
리주의 운동을 지지하는 모든 계층의 사람들을 가입시키도록 했다. 동시에
쿠르드민족 자치주 수립을 위하여, 이란 북부의 쿠르드족에 필요한 공작을
할 것도 지시했다. 이란 북부의 중요 도시 타브리즈에 분리주의운동 지휘기
관을 설치하고 현지 소련 영사관과 긴밀히 협조하도록 했다. 이 밖에도 이
란의 제15차 의회선거에 대응해 무장력을 조직하고, 문화 선전 활동을 강화
하며, '소련-아제르바이잔 우호협회' 창설과 신문, 잡지를 출판하도록 했다.
상기의 활동을 위한 자금을 지원하기 위해 소련공산당은 아제르바이잔 중앙
위원회에 총 100만 루블의 외환특별기금을 설치했다.[94] 이런 소련의 활동은
빠르게 효과를 봤다. 모스크바의 명령이 바쿠에 내려진 지 2개월 만에 바지
로프는 분리주의 운동의 핵심 인물 피쉐바리(J. Pishevari)를 찾아냈다. 그

---

92) 스탈린은 몰로토프 등에게 지도를 가리키며 소련 남부 국경 지대에 대한 불만을 토로하였다.
    Albert Resis(ed), *Molotov Remembers*, p.8.
93) "1945년 6월 21일 국방위원회의 이란 북부 석유 지질탐사에 관한 명령(No.9168SS)," GAPPOD
    AzR, f.1, op.89, d.104, ll.1-3; *CWIHP Bulletin*, Issues 12/13, Fall/Winter 2001, pp.310-311.
94) "1945년 7월 6일 남부 아제르바이잔과 이란 북부 기타 성의 분리주의 운동 조직에 관한 지시,"
    GAPPOD, AzR, f.1, op.89, d.90, ll.4-5. *CWIHP Bulletin*, Issues 12/13, Fall/Winter 2001,
    pp.311-312.

는 이란 아제르바이잔인 지구에서 좌파기자로 유명한 공산당원이었다. 그는 곧바로 새로 조직된 아제르바이잔민주당과 민족정부의 지도자가 됐고 중요 조직과 유격대를 조직했다. 이와 동시에 이란 북부에서는 이미 소련의 석유 전문가와 보조 인원 300여 명이 일을 시작하였다.

같은 해 12월 이란 정부는 서북부 지역에 군대를 보내 지방의 민족운동을 진압하려 하였으나, 소련군에 의해 저지당했다. 소련과 이란의 관계는 급속히 냉각됐다. 이란 주재 미국대사 머레이(W. Murray)와 소련 주재 미국 외교관 캐넌(G. Kennan)의 연이은 보고에, 미국 정부도 이란 문제에 주목하고 간섭하기 시작했다. 몰로토프는 이란 정부의 항의각서 접수를 거절했을 뿐 아니라, 연내 영국군과 소련군이 이란으로부터 철군해야 한다는 미국의 제안도 거절했다. 하지만 모스크바에서 개최된 3국 외무장관회의에서 트루먼이 미국과 영국의 이란 문제를 안보리에 회부하자고 제의하고, 만일 이란 문제가 해결되지 않으면 미국 또한 루마니아와 불가리아를 소련의 세력범위로 인정치 않겠다고 위협했다. 그러자 이란민주당의 혁명 준비가 무르익었음에도 불구하고 스탈린은 양보할 수밖에 없었다. 1946년 1월 미국은 이란에서 철군하였고, 영국도 예정대로 곧바로 철군할 것임을 발표했으며, 이란 정부는 소련을 안보리에 제소했다. 스탈린은 피쉐바리의 간절한 호소와 이란민주운동 전도에 대한 바지로프의 우려가 있었지만 국제적인 압력을 이기지 못하고 3월 24일 소련군이 과거 약속대로 5월 10일 이전까지 철군할 것을 명령했다.

소련군이 철수하면서 소량의 무기를 남기긴 했지만 소련의 지지를 상실한 이란민주당의 무장투쟁과 쿠르드족 자치운동은 곧바로 이란 정부에 의해 진압됐다. 피쉐바리는 소련으로 망명한 뒤 1년도 지나지 않아 교통사고로 사망해 모스크바가 기획한 이란 민족운동은 막을 내렸다.[95]

95) 상술한 사료 및 이란 위기에 관한 상세한 논술은 다음을 참조할 것. Егорова Н. И., Иранский кризис 1945-1946гг.: по рассекреченным архивным документам//Новая и новейшая истрия,

　이란 위기가 끝나자마자 터키 위기가 다가왔다. 스탈린은 일찍부터 1936
년에 체결된 '몽트뢰협정'에 불만을 갖고 있었다. 소련은 제2차 세계대전 기
간 터키의 애매한 중립과 친독일적 태도를 용인할 수 없었다.[96] 스탈린은
1944년 10월 처칠과 비밀 회담을 갖고 소련의 상선과 군함이 지중해 지역에
서 자유롭게 통행할 수 있도록 '몽트뢰협정'을 개정하자고 제안했다. 처칠은
이에 원칙적으로 동의했다.[97] 이후 얄타회의에서 소련이 '몽트뢰협정'을 개
정하자고 제안하자 영국이 지지했고 런던에서 개최될 삼국외무장관 회담에
서 이 문제를 토론하기로 결정했다. 동시에 이 사실을 적당한 시기에 터키
정부에 통보하기로 했다.[98]

　그러나 예정된 외무장관 회담이 무산되자 소련은 기다리지 않고 1945년
3월 19일 터키 정부에 각서를 보내 1925년 체결된 「소련·터키우호중립조약」
의 수정을 요구했다. 6월 7일 소련 정부는 터키에게 해협을 소련의 해군기
지로 제공할 것과 소련과의 국경선을 소련에 유리하게 변경할 것을 요구했
다. 터키 정부의 완강한 거절에 부딪힌 스탈린은 포츠담회의에서 터키해협
문제를 계속 제기했다. 미국과 영국은 「몽트뢰협정」의 수정에는 동의하였
지만, 소련이 요구한 소련·터키 국경선 변경 문제와 소련군의 터키해협 주
둔에 관해서는 신중한 태도를 보였다. 이에 스탈린은 이에 관한 토론을 연

№3, 1994, c.24-42; F. Scheid, "Stalin's Reluctant Bid for Iranian Azerbaijan, 1941-1946: A View from the Azerbaijan Archives," *The Papers for the Conference Stalin and the Cold War, 1945-1953*, Yale University, 23-26 September 1999; Fernande Scheid Raine, "Stalin and the Creation of the Azerbaijan Democratic Party in Iran, 1945," *Cold War History*, Vol.2, No.1, Oct. 2001, pp.1-38. 중국 학자의 이 문제에 관한 전문적인 연구 결과는 다음을 참조할 것. 李春放, 『伊朗危机与冷战的起源(1941-1947年)』, 北京: 社会科学出版社, 2001年.

[96] 몽트뢰협정은 다음을 참조할 것. 『国际条约集(1934-1944年)』, 北京: 世界知识出版社, 1961年, 第78-83页.

[97] "1944년 10월 9일, 17일 스탈린과 처칠의 회담 기록," *Источник*, №2, 2003, c.48-53; *Ржешевский О. А. Сталин и Черчилль*, c.476-480; *Кочкин Н. В. СССР, Англия, США и 『Турецкий кризис』*, 1945-1947гг.//Новая и новейшая история, №3, 2002, c.60-61.

[98] 회의 문건은 다음을 참조할 것. FRUS, *the Conferences at Malta and Yalta, 1945*, pp.916-917, 982. 중국어본은 다음을 참조할 것. 『德黑兰, 雅尔塔, 波茨坦会议记录摘编』第203-205, 230页.

기할 것을 제안해 동의를 얻었다.[99]

11월 3일 미국은 터키를 지지하기 위해 국제연맹 체제를 유엔 체제로 대체하자고 제안했다. 터키 총리 사라속루(S. Saracoglu)는 이에 즉각 지지를 표하였다. 이는 스탈린이 이미 거부한 터키해협을 국제적으로 감독하는 문제를 다시 발의하고, 소련과 터키 양자 간 대화로 터키해협 문제를 해결하려는 소련의 권리를 빼앗는 것을 의미했다. 모스크바는 선택을 강요받았다. 이 문제의 처리를 연기하는 것은 다음 2가지 이유에서 불리했다. 첫째, 터키가 감정적으로 더욱 반소 입장으로 기울 경우 소련 남부 지역의 안보에 후환이 될 수 있었다. 소련 주변에 적대 세력이 존재하도록 하는 것은 스탈린의 국가안보 전략에서 가장 큰 금기 사항이었다. 이는 미국 군함이 지중해에 들어오면서 중요해졌다. 또 1946년 1월 9일 기한이 다하는「몽트뢰협정」은 8월 9일 전에 새로운 협정을 체결하지 않으면 자동으로 5년 연장되게 돼 있었다.

소련공산당중앙위원회 대외정책부가 소련이 원래 방침대로「몽트뢰협정」의 수정을 계속 고집할 경우 "참여국의 일치된 지지를 얻을 수 없다."고 분명히 밝혔음에도 스탈린은 고심 끝에 터키의 양보를 압박하는 강경 정책을 취하기로 결정했다. 1946년 8월 7일 소련은 터키에 각서를 전달하고「몽트뢰협정」수정을 위한 5가지 원칙을 발표했다. 소련은 터키해협 운행에 관한 제도를 제정하는 것은 오직 흑해 주변 국가들만의 권리라고 주장하면서, 해협 방위에 관한 사항은 소련과 터키 양국이 처리해야 할 사항이라고 강조했다. 동시에 소련은 터키와의 국경지대에 군대를 보내 군사훈련을 실시하며 터키를 압박했다. 이런 모스크바의 행동은 곧바로 터키, 미국, 영국의 강력한 반발을 불러 일으켜 경고와 항의 각서가 줄을 이었다. 미국은 지중해 내

99) 회의 문건은 다음을 참조할 것. FRUS, the Conference of Berlin(the Potsdam Conference), 1945, Vol.II, pp.266-268, 365-367, 1462. 중국어본은 다음을 참조할 것.『德黑兰, 雅尔塔, 波茨坦会议记录摘编』第340-351, 369-372, 442页.

미국 해군을 계속 늘렸고, 터키 또한 전시(战时) 동원령을 발동했다. 긴장이
고조되자 스탈린은 스스로 불리함을 느끼고 물러나기로 결정하였다. 10월
26일 소련은 영국 정부에게 각서를 보내 지금 회의를 열어 터키해협 문제를
토론하는 것은 "시기상조"라고 밝혔다. 소련은 스탈린이 사망한 이후에야
터키해협에 기지를 건설하고 터키에 영토를 요구하는 것을 공식적으로 포
기했지만, 1946년 10월 말 이후 터키 위기는 사실상 이미 지나갔고 해협 문
제 역시 소리 없이 종적을 감추었다.[100]

　이 두 차례 위기에 관한 필자의 기본 판단은 다음과 같다. 이란 북부 지역
과 터키해협을 장악하는 것은 소련 남부의 안전 보장에 중요한 의미가 있었
고 이란 석유 자원의 취득은 전후 소련의 경제 회복에 필수적이었다. 연합
국의 전후처리 원칙으로 보면 과거 터키가 빼앗아 간 영토를 반환하라는 소
련의 요구는 비록 얄타협정에 포함되어 있지는 않았지만 얄타협정 이념을
결코 벗어나는 것도 아니었다. 현재까지의 사료로는 이란과 터키 문제에서
소련이 서방을 겨냥한 의도가 있었는지 증명할 수 없다. 이란과 터키에 대
한 정책은 스탈린의 투기 심리와 실용주의가 빚어낸 것이라 할 수 있다. 만
약 이란과 터키가 소련의 살기등등한 압박에 겁을 먹거나 혹은 미국과 영국
이 이 문제에 관해 약간만 소홀히 했더라면 스탈린은 최소의 대가로 막대한
이익을 얻을 수 있었다. 이란 위기에서 주의해야 할 것은 권력 추구 혹은
민족통일을 이유로 바지로프와 피쉐바리가 스탈린보다 더 적극적이었다는

---

100) 상술한 사료 및 터키 위기에 관한 상세한 설명은 다음을 참조할 것. George Kiek, *The Middle East, 1945-1950*, London: Oxford University Press, 1954, pp.21-37; *Улунян А. А. Греция и Турция: Взгляд из аппарата ЦК КПСС, 1946-1958гг.//ИВИ РАН Сталин и холодная война*, с.23-43; *Поцхверия Б. М. Советско-турецкие отношения и проблема Проливов накануне, в годы второй мировой войны и в послевоенные десятилетия//Нежинткий Л. Н., Игнатьев А. В.(отв. ред.) Россия и Черноморские проливы(XIX-XX столетия)*, Москва: Международные отношения, 1999, с.437-506; *Кочкин Н. В. СССР, Англия, США и 「Турецкий кризис」*, с.58-77; Artiom A. Ulunian, "Soviet Cold War Perceptions of Turkey and Greece, 1945-58," *Cold War History*, Vol.3, No.2, January 2003, pp.35-52; 崔丕, 「美国对土耳其政策的演变(1945-1960年)」, 『暨南史学』第3辑, 2004年, 第567-586页.

점이다. 스탈린은 단지 혁명을 수출하고 민족주의를 선동해 이익을 얻으려
했을 뿐이었다.

모스크바는 터키해협 문제에 솔직하고 강경했다. 소련은 터키의 점점 더
심해지는 소련에 대한 적대정책을 용납할 수 없었다. 그러나 어찌됐든 당시
소련의 외교 전략의 기본은 서방과 협력하는 것이었기 때문에 눈앞의 이익
이 장기적인 전략적 이익에 부정적 영향을 미쳐서는 안 됐다. 미국이 진지
하고 강경한 태도로 개입하기 시작하자 스탈린은 지중해의 주요 통로를 통
제할 수 없게 되고 이란민주당이 혁명에 성공할 절호의 기회를 희생해야 하
는 상황임에도 불구하고 곧바로 발을 빼는 태도를 취했다. 따라서 미국과
영국이 이란과 터키 위기를 계기로 소련에 대한 기본 정책을 바꿨다는 것은
잘못된 결론이라 할 수 있다. 또한 이 두 가지 사건을 냉전의 기원으로 보는
것 역시 타당하지 않다.

1946년~1947년 발생한 그리스 위기를 소련의 전후 확장 정책으로 보는 것
은 더욱 비합리적이다. 제2차 세계대전 시기 스탈린은 일찍부터 그리스를
전후 영국의 세력범위로 인정했고 그리스공산당 무장 조직에게 원조를 제
공할 수 없음을 분명히 했다. 현재까지 공개된 대량의 러시아 문서들은 다
음과 같은 사실을 증명하고 있다. 1946년 초부터 그리스공산당은 자차리아
디스(N. Zachariadis)의 지도하에 의회선거를 거부했다. 10월부터는 '그리스
민주군'이 마르코스(Markos Vafiadis) 지도하에 산에 들어가 무장투쟁을 전개
했다. 이후 그리스공산당은 민주공화국의 성립을 선포하기에 이르렀다. 소
련은 신중, 소극, 회피하는 입장을 취했고 원조나 지원은 더욱 없었다.[101]

101) 그리스 위기에 관한 연구 성과는 다음을 참조할 것. O. L. Smith, "The Greek Communist
Party, 1945-49," in Close(ed.), *The Greek Civil War, 1943-1950*; Artiom A. Ulunian, "The Soviet
Union and the Greek Question, 1946-53: Problems and Appraisals," in F. Gori and S. Pons(eds.),
The Soviet Union and Europe in the Cold War, pp.144-160; Смирнова Н. Д. Греция в политике
США и СССР, 1945-1947гг., новые архивные документы//Новая и новейшая история, №
5, 1997, с.21-34; Artiom A. Ulunian, "Soviet Cold War Perceptions of Turkey and Greece,"
pp.35-52; John O. Iatrides, "Revolution or Self-Defense? Communist Goals, Strategy, and Tactics

지금 와서 보면 당시 서방 각국 정부가 그리스혁명은 모스크바가 사주하고
조종 혹은 고무했다고 주장한 것은 순전히 주관적인 추측에 불과하다.
 미국 외교정책의 근본적 수정의 각도에서 보면, 이란 위기와 그리스 위기
가 냉전 기원의 중요한 요인이 됐다는 견해는 당연하며 지나치지 않는다.
영·미가 소련에 그토록 격렬히 반응할 거라고 스탈린은 전혀 예상하지 못
했다. 소련의 위협은 이란과 터키를 제압하는 것은 고사하고 반대로 서방
세력의 연합적 대항을 불러일으켜, 결국 소련은 본전도 건지지 못했다. 전
후 미국의 지위 상승과 영국·프랑스의 쇠퇴는 서방국가 내부 모순을 두드
러지게 하였다. 터키와 이란 문제를 둘러싼 미국과 영국 간의 비교적 큰 의
견 차는 이 점을 증명한다. 그러나 소련의 위협적 외교 행위는 서방국가들
의 단결을 촉진시켰다. 서방국가 내 고유의 반공이데올로기가 있었던 데다
전후 소련이 주변 국가에서 광범위한 정치 경제적 이익을 추구하자, 서방국
가들의 집단의식이 높아지면서 대소련 정책을 조정, 반소동맹을 형성하기
에 이르렀다.
 이란과 터키 위기 초기, 처칠의 풀턴 연설 및 캐넌(George F. Kennan)의
8,000자 전문(Long Telegram)은 모두 서방의 소련 정책 변화를 예고하는 전
조라 할 수 있다. 또한 1947년 3월 12일 트루먼 대통령이 그리스와 터키를
지원하겠다고 발표한 것은 그리스와 터키 위기로부터 시작됐다. 그러나 소
위 냉전은 국제 정세의 구조적인 면을 가리키는 것이며, 이런 국제 정세는
대치하는 양측의 정책으로 조성됐다는 점에 주의해야 한다. 스탈린은 서방
의 격렬한 언행과 반응에 냉담했다. 처칠의 소위 '철의 장막' 연설은 유럽과
미국에서 반(反)소련 열풍을 불러일으켰지만, 스달린은 이에 대해 "미국과
영국이 일으킨 소동과 새로운 전쟁의 위협은 엄포에 불과하며 모든 것이 정
상이다."라고 말했다.[102] '트루먼주의'의 출범으로, 미국이 소련억제를 핵심

   in the Greek Civil War," *Journal of Cold War Studies*, Vol.7, No.4, Fall 2005, pp.3-33.
[102] *Димипров* Дневник, с.535.

으로 하는 냉전정책을 수립했다고 설명할 수는 있다. 하지만 모스크바는 별로 큰 위협을 느끼지 않고 있었고 이것이 미국의 최종적 외교정책을 대표하는 것도 아니라고 봤다. 따라서 소련은 미국의 트루먼정책을 말로만 비난했을 뿐 다른 실질적인 격렬한 반응은 보이지 않았다. 오히려 미국과 지속적 협력을 유지할 방안을 모색하기까지 했다.[103] 필자는 존 개디스(John Gaddis)의 '트루먼독트린'에 대한 분석에 동의한다. 소련의 대서방 정책에 미친 영향을 고려하면 '트루먼독트린'이 전환점으로 작용한 것 같지는 않다. 이것은 후에 과장되게 알려진 것 같다.[104]

물론 소련의 대외 정책이 서방에 대한 신뢰와 우호를 기초로 수립된 것은 아니다. 독일의 전쟁 배상금 문제, 폴란드 정권의 수립, 핵무기 통제 및 트리에스테 귀속 문제를 두고 소련은 서방과 수많은 갈등과 모순을 겪었다. 이 때문에 모스크바는 자신의 세력범위 안의 역량을 결집시킬 필요성을 느꼈다. 소련이 이란에서 철군한 직후인 1946년 5월 말과 6월 초 스탈린은 유고슬라비아와 불가리아 지도자들과 회담을 갖고 각국 공산당 간 관계를 강화할 필요가 있음을 정식 제안했다. 티토가 모스크바를 방문한 후 쓴 자필 원고에는 공산당 국제조직 창설에 관한 사항이 적혀 있다.[105] 또한 미국과 서방 대국의 외교정책이 날로 강경해진 것도 소련을 자극했다. 1946년 9월 미국 주재 소련대사 노비코프(N. Novikov)가 작성한 외교정책에 관한 장문의 보고서는 소련이 미국의 정책 변화를 주시하고 있었다는 점을 충분히 설명해 준다. 이 보고서는 스탈린이 대미 정책을 조정하는 일정 부분 기반이 됐다.

노비코프 보고서는 서두에서 "미국의 대외 정책은 미국 독점자본의 제국

103) 이와 관련된 토론 및 자료는 다음을 참조할 것. Scott D. Parrish, "The Turn Toward Confrontation: The Soviet Reaction to the Marshall Plan, 1947," CWIHP Working Paper, №9, March 1994.

104) Vojtech Mastny, The Cold War and Soviet Insecurity, p.26.

105) Гибианский Л. Я. Как возник Коминформ: по новым архивным материалам//Новая и новейшая история, 1993, №4, с.134-138.

주의적 경향을 반영하고 있으며, 그 목적은 전후 세계 패권의 추구"라고 명시했다. 보고서는 "미국이 허풍을 떠는 소련에 대한 '강경노선' 정책은 현재 강대국들이 협력의 길로 들어서는 데 중요한 장애물이다. 이는 미국이 전후 3대 강국(혹은 4대 강국)과의 협력 정책을 계속 시행하지 않고 도리어 강대국 단결을 파괴하는 데 전력을 다하고 있기 때문이다. 미국은 미국의 의지를 소련에 강요하려 하고 있다."고 지적했다.[106]

캐넌의 유명한 8,000자 전문이 미국의 소련 억제 정책의 이론적 기초가 됐다면, 비슷한 시기 노비코프 보고서는 소련이 미국에 대해 강경하고 공격적인 정책을 취하는 데 중요한 논증과 방향을 제시했다. 그러나 소련의 전후 대외 정책을 근본적으로 변화시킨 진짜 이유는 스탈린이 자신의 이익과 정책이 위협을 받았다고 느꼈기 때문이다. 특히 1947년 5월 프랑스공산당과 이탈리아공산당이 연립정부로부터 배제되고 6월 미국의 유럽 지원 계획, 즉 마셜플랜이 등장한 것이 계기였다.

프랑스공산당은 전후 실시된 총선거에서 역사상 최고 득표율을 기록하고 그 성가를 높이고 있었다. 심지어 여론은 공산당이 참여한 내각만이 프랑스를 통치할 수 있다고까지 말하고 있었다. 그러나 프랑스공산당은 라마디에르(P. Ramadier) 정부와 연립정부를 구성하고 있을 때 자신의 능력을 과신해 연달아 발생한 인도차이나 전쟁, 마다가스카르 반란, 임금동결 문제에서 정부에 사사건건 반기를 들고 대항했다. 이에 5월 4일 프랑스 대통령은 공산당 출신 각료 5명을 해임하고, 공산당은 연립정부로부터 축출됐다.

---

106) 비록 외국으로부터 제출된 보고서에 불과하지만, 이 보고서는 사실상 몰로토프의 뜻과 지시를 받아 만들어졌다. 노비코프는 자신의 회고록에서 "이 보고서는 명목상으로만 내가 만든 것"이라고 인정하고, 몰로토프는 서명하지 않았지만 사실상 공동 저자라고 지적하였다. *Новиков Н.* Воспоминания дипломата, 1938-1947г, Москва: Издательство политической литературы, 1989, с.353. 이 보고서의 영문본은 다음을 참조할 것. The Novikov Telegram, September 27, 1946, U.S. Foreign Policy in Postwar Period, *Diplomatic History*, Vol.15, No.4, 1991, pp.527-537. 편집자는 몰로토프가 이 보고서에 많은 중요한 지적 및 표시를 하였을 뿐만 아니라 대수의 평어 및 주석을 덧붙였다고 설명하였다.

수적으로 소련공산당 다음으로 컸던 이탈리아공산당은 유럽의 다른 공산당을 능가해 유럽 역사상 가장 큰 영향력을 갖고 있었다.[107] 1947년 2월 출범한 가스페리(A. Gasperi) 제4차 내각에서 공산당과 넨니(P. Nenni)가 이끄는 사회당은 연합해, 자주 곤란한 문제를 일으켰고 결국 5월 13일 가스페리가 사직했다. 5월 31일 다시 구성된 천주교민주당과 무소속 연립정부는 공산당을 정부 구성에서 완전히 배제했다. 비슷한 시기 벨기에 연립정부에서 공산당 출신 각료가 물러났으며, 룩셈부르크 신정부에서도 공산당의 참여가 배제됐다.[108] 이는 전후 소련이 세운 공산당이 참여하는 연립정부 정책에 큰 타격을 주었다. 더 심각한 것은 모스크바는 이를 사전에 전혀 알지 못했다는 점이다. 서유럽의 공산당은 행동을 취하기 전 미리 소련공산당과 전혀 논의하지 않았고 심지어 사후 통보조차 하지 않았다. 프랑스와 이탈리아의 공산당이 연이어 정부 각료직에서 배제당한 것은 스탈린의 소위 '연립정부 정책'의 실패를 의미했다. 서유럽 각 당과의 관계에서 피동적인 입장이 되거나 관계가 아예 단절되면서 각국 공산당의 지도자 및 세계 공산주의운동의 중심 역할을 해 온 크렘린은 난처한 입장에 처했다.

이 일련의 사건들은 스탈린을 격노하게 했다. 따라서 각국 공산당이 소련의 통제를 벗어나는 것을 막기 위한 기구를 창설하고 각국 공산당 간의 대화 통로를 강화하는 문제는 스탈린에게 가장 시급한 문제가 되었다. 6월 4일 스탈린은 폴란드 통일노동당 지도자 고물카(W. Gomulka)와의 회담에서 각국 공산당의 공동 간행물 출판을 제안하고 각국 공산당이 참여하는 회의를 개최할 것을 제의했다.[109]

---

107) 1952년 10월 제19차 대회가 개최되기 전까지 소련공산당의 정식 명칭은 소련공산당(볼셰비키)이었으며 소비에트 연맹(소련)이 출범하기 전까지는 러시아공산당으로 불렸다. 서술의 편리를 위하여 본서에서는 일반적으로 '소련공산당'의 명칭을 사용하였다.

108) 상술한 내용은 다음을 참조할 것. Peter Calvocoressi, *Survey of International Affairs*, 1947-1948, London: Oxford University Press, 1952, pp.97-99, 117-118, 377-379.

109) *Гибианский Л. Я.* Как возник Коминформ, c.134-138; *Адибеков Г. М. и т. д.* Совещания Коминформа, c.32.

얼마 전 미국이 '트루먼독트린'을 선언했지만 스탈린에게 '트루먼독트린'
은 미국이 단지 소련에 '억제 정책'을 실시하겠다고 큰소리친 것에 불과했
다. 그러나 1947년 6월 5일 미국 국무 장관 마셜(G. Marshall)이 하버드 대학
에서 발표한 '유럽부흥원조계획'은 유럽에서 반소(反蘇) 집단을 조직하는 실
제적 행동이었다. 그중 스탈린이 가장 참을 수 없었던 것은 미국이 마셜계
획을 통해 동유럽을 서방의 영향력하에 편입시키고, 독일의 미·영·프 점
령 지역을 원조해 러시아의 숙적 독일을 재무장시키려고 한다는 점이었다.110)
동유럽 국가들과 소련이 서방에 대항하는 강력한 하나의 이익집단이 되도
록 하기 위해 스탈린은 먼저 동유럽과 각국 공산당의 행동을 통일하고 규범
화할 필요가 있었다. 소련은 마셜계획에 불참할 것을 결정한 후, 7월 8일~9
일 동유럽 각 당 지도부에 즉각 전보를 보내 마셜계획을 논의하기 위한 파
리회의에 참석하는 것을 거절하고 대표단도 파리회의에 대표단을 파견하지
말 것을 지시했다. 마셜계획에 참여하기를 희망하는 체코슬로바키아와 폴
란드 지도자를 모스크바로 불러 격렬히 비판하면서 소련의 주장에 따를 것
을 압박했다.111) 같은 해 7월 말 유고슬로비아와 불가리아 지도자가 양국
간의 우호호조조약 체결을 위한 협상 시작을 선포할 때, 스탈린은 재차 "이
는 성급하고 잘못된 행동"이라고 비판하고 특히 사전에 소련 정부와 논의하
지 않은 점을 지적했다.112) 마셜계획을 저지하고 동유럽 국가들에 대한 소
련의 영향력과 통제력을 강화하기 위해 소련은 7월 10일~8월 26일 불가리아
등 동유럽 6개국과 쌍무 무역협정을 맺고 소위 '몰로토프계획'을 실행에 옮

110) Parrish, "The Turn Toward Confrontation," *CWHP Working Paper*, March 1994; *Наринский М.* СССР и План Маршалла: по материалам архива президента РФ//Новая и новейшая история, №2, 1993, с.11-19.

111) Наринский, СССР и План Маршалла; Parrish, "The Turn Toward Confrontation," *CWHP Working Paper*, March 1994

112) *Гибианский* Как возник Коминформ, с.142. 필자의 소련과 유고슬라비아 충돌 문제에 관한 토론은 다음을 참조할 것,『斯大林与铁托-苏南冲突的起因及其结果』, 桂林: 广西师范大学出版社, 2002年.

기기 시작했다.113)

　마셜계획에 대한 소련의 대응이 소련의 대외 정책의 전면적 변화를 가져
왔다면, 몰로토프 계획은 소련과 동유럽 국가 간의 경제 관계를 공고히 하
고 이들 국가의 경제 시스템을 소련식 궤도에 올려놓았다. 이때부터 서방
자본주의에 대항하는 소련-동유럽 경제권이 형성되고 소련과 동유럽 간에
경제 기초가 만들어졌다.

　소련의 대외 정책 조정은 형식적으로는 새로운 유럽공산당 협력센터, 즉
공산당 및 노동당 정보국(코민포름) 창설로 나타났다. 1947년 8월 27일 모
스크바는 코민테른 시기 각국 공산당이 소련공산당의 이익에 절대복종하던
예속 관계를 재건하기 위한 새로운 국제기구, 즉 정보국 구상을 표명했다.
스탈린의 중요 목적은 정보국 형식의 정치조직으로 각국 공산당과 협력센
터를 조직해 동유럽과 유럽 각 당에 대한 통제를 강화하는 것이었다.114)
소련공산당 중앙위원회 서기 주다노프(A. Zhdanov)는 공산정보국 창립대
회 '국제 형세의 보고'에서 소련 지도부가 확정한 신강령을 발표했다. 이 강
령은 사회주의와 자본주의 두 진영의 대립 국면이 이미 형성됐다고 결론짓
고, 정보국의 주요 임무는 유럽공산당 내부를 숙청하여 각 당의 행동을 통
일하고, 공동의 노선과 책략을 제정하며, 모스크바의 통일된 지도하에 미국
을 중심으로 하는 전쟁상인들과 유럽 노예화 계획에 반대하는 공동 투쟁을
전개하는 것이라고 밝혔다.115)

　정보국 창립대회에서 결정된 정책은 두 가지로 요약된다. 하나는 동유럽
각국에서 각 당이 민주 연합정부를 구성하는 것을 철회하고 순수한 소비에

---

113) Geoffrey Roberts, "Moscow and the Marshall Plan: Politics, Ideology and the Onset of the Cold War, 1947," *Europe-Asia Studies*, Vol.46, No.8, 1994, pp.671-691.

114) РЦХИДНИ, ф.77, оп.3, д.90, л.11; *Гибианский* Как возник Коминформ, с.139.

115) 보고서 전문은 다음을 참조할 것. РЦХИДНИ, ф.77, оп.3, д.94, л.38-49; *Адибеков Г. М. и т. д.* Совещания Коминформа, с.152-170. 중국어 번역본은 다음을 참조할 것. 『苏联历史档案选编』第24卷, 第443-473页.

트 정권을 만드는 것이다. 또 하나는, 프랑스와 이탈리아의 공산당이 고수하는 합법적 투쟁 전략을 비판하고, 파업 등 혁명적 행동을 통해 자산계급 정부와 투쟁을 진행하는 것이다. 특히 이 회의에서 '양대 진영(Two Camps)'의 존재를 공언하고, 마셜계획 선언 이후 소련의 대외 정책은 강대국과의 협력에서 완전히 이탈해 서방에 집단적으로 대항하는 길로 접어들었음을 분명히 했다.[116]

소련은 폴란드에서 개최된 정보국창립대회에서 정보국 설립을 통해 유럽의 각 주요 공산당에 대한 모스크바의 직접적 통제와 영토를 회복하고 '반제국주의민주 진영'의 기치하에 미국을 중심으로 하는 '제국주의 진영'에 대항한다는 임무를 확정했다. 이때에 이르면 미소 양측은 냉전을 선언했을 뿐 아니라 냉전정책까지 확정해 유럽의 냉전 국면은 이미 형성되었다. 역할 측면에서 보면, 소련 외교정책의 부속물인 정보국은 조직의 형식면에서 이전 세 개의 공산당 국제조직과 차이는 있지만 여전히 코민테른의 대용품으로 볼 수 있다. 그러나 둘 사이에는 목적에 큰 차이가 있다. 코민테른의 강령은 세계혁명의 촉진이며, 각국 공산당을 지도해 자본주의 제도를 철저하게 소멸시키는 것이었다. 반면 코민포름은 단지 미국과의 협력을 포기할 것을 요구하고, 유럽 내에서 공산당 연합조직을 구성해 서방의 공격을(모스크바의 입장에서 마셜계획은 미국의 공산 진영에 대한 공격의 시작이었다) 저지하며, 오직 소련이 허락한 시간과 장소에서 행동을 취하도록 한다는 점에서 다르다.

이런 이유로 스탈린은 라코시(Rakosi)가 '도나우강 유역 및 북유럽공산당 대표대회'의 분산 개최하겠다고 제의한 것과 덴마크와 노르웨이공산당이 북

---

116) 이 문제에 관한 필자의 논술은 다음을 참조할 것. 「共产党情报局的建立及其目标-兼论冷战形成的概念界定」, 『中国社会科学』 第3期, 2002年. 주목해야 할 것은 쥬다노프 보고서 초고에는 "양대 진영" 표현법은 존재하지 않는다. 이 개념은 스탈린의 지시를 받은 후에 추가되었다. 이는 스탈린은 마셜계획이 나온 후에야 미국과의 협력을 중심으로 하는 외교정책을 포기하였다는 것을 의미한다. *Адибеков Г. М. и т. д.* Совещания Коминформа, с.3-20; Parrish, "The Turn Toward Confrontation".

유럽공산당대표대회를 개최하겠다고 제안한 것을 모두 거절했다. 스탈린은
티토가 그리스공산당의 폴란드회의에 초청한 것도 완곡히 거절했다.[117] 심
지어 당시 그리스혁명과 중국혁명이 급속도로 진전되고 있었음에도 불구하
고 주다노프의 일 만자에 가까운 보고서에서 이에 관한 내용을 한 자도 찾
아볼 수 없다.[118] 이 모든 것은 모스크바가 만든 신 강령의 실체와 행위의
한계를 보여 준다.

1948년 6월에 발생한 베를린 위기 역시 이러한 새로운 전략의 결과이다.
미국과 영국의 독일 문제 처리에 불만을 표시하기 위해 스탈린은 적과 결전
을 벌이듯 베를린을 봉쇄했다. 그러나 미국이 강력한 봉쇄·무력화 조치를
취하자, 소련은 곧 형세의 불리함을 느끼고 물러나 독일에 대한 서방의 모
든 행위를 인정했다.[119] 이는 스탈린이 단지 강경한 태도를 취해 입장을 표
명하고 서방 강대국이 소련이 이미 획득한 세력범위를 인정하게 해 소련의
안전과 기득권을 보장하려 했을 뿐 자본주의 세계에 대하여 전면적인 공격
을 가할 뜻이 없었음을 보여 준다. 이것은 미국의 '억제정책'과 형식은 다르
지만 목적은 동일하다는 것을 보여 준다. 모스크바의 목표에 대해 당시 '자
유세계'의 정치가들은 완전히 오산했을 뿐만 아니라 공산당 내부에서도 온
갖 오해가 있었다. 티토는 발칸반도 동맹과 그리스유격대 원조 문제에서 독
단적으로 급진적 조치를 취해 스탈린의 분노를 사고 공산당정보국의 첫 희

117) *Адибеков Г. М.* Коминформ и послевоенная Европа, 1947-1956гг., Москва: Россия молодая, 1994, с.80-81; *Адибеков Г. М. и т. д.* Совещания Коминформа, с.3-6.
118) *Адибеков Г. М. и т. д.* Совещания Коминформа, с.152-170.
119) 베를린봉쇄에 관한 자세한 설명은 다음을 참조할 것. Victor M. Gobarev, "Soviet Military Plans and Activities during the Berlin Crisis, 1948-1949," Paper for the Conference "Soviet Union, Germany and the Cold War, 1945-1962"(June 1994); Norman M. Naimark, *The Russians in Germany: A History of the Soviet Zone of Occupation, 1945-1949*, Cambridge: Harvard University Press, 1995; *Наринский М. М.* Берлиннский кризис 1948-1949гг., Новые документы из россий ских архивов//Новая и новейшая история, №3, 1995, с.16-29; *Филитов А. М.* СССР и герман ский вопрос, 1941-1949, Документы из архива внешней политики МИД России//Новая и новейшая история, №4, 2000, с.136-143.

생물이 됐다.[120]

이 밖에도 냉전은 전 세계에서 동시에 형성되지 않았으며, 유럽에서 아시아로 점진적으로 확산되었다. 냉전이 발발했을 때 미국과 소련의 대외 정책의 중심은 모두 유럽에 있었다. 아시아에서 미소는 이미 협력하지는 않았지만 유럽에서처럼 직접 대결하지도 않았고 자제하거나 양보하는 입장을 취했다. 이런 특징은 미소 양국의 중국과 조선반도에 대한 정책에서 잘 드러난다.

2. 소련의 조선반도에 대한 전략과 전술

조선반도는 역사상 오랫동안 중국의 왕조와 번속국(藩屬國)의 관계였다. 1895년 청일전쟁에서 중국이 패배한 후 조선왕조는 일본에 점령되었다. 1910년 일본은 강제로 한일합방조약을 체결하고 조선을 합병해 총독부를 세웠다. 소련 외교부 조사보고서는 조선에 대해 "조선은 동북아시아에서 매우 중요한 전략적 위치를 차지하고 있으며, 인구(2,700만 명)와 면적(22.1만 평방미터)에서 유럽의 많은 국가들을 초과한다. …… 조선에는 철, 동, 연(鉛), 흑연(石墨), 망간(錳), 텅스텐(鎢), 황금, 백금 등 각종 광산자원이 풍부하게 매장돼 있다. 또한 산맥 및 산림, 하천을 보유하고 있어 수력발전과 건축 재료가 풍부하며, 신속한 공업발전과 독자 생존에 필요한 모든 조건들을 갖추고 있다. …… 함흥의 흥남화학연합기업소는 조선과 일본제국 전체에서 최대 기업(4만 명의 노동자)"이라고 기술하고 있다.[121]

소련의 신문 보도에 따르면 식민지 시기 조선의 수출 상품 90%는 일본으로 보내졌고, 일본 총수요 철광의 38%, 몰리브덴(钼)의 85%, 텅스텐의 88%,

---

120) 详见沈志华, 「1948年苏南冲突起因的历史考察」, 『历史研究』 第4期, 1999年, 第5-26页.
121) "소련 외교부 제1극동국의 조선에 대한 조사 보고," *АВПРФ*, ф.0102, оп.5, п.14, д.720, л.1-5.

수정석의 95%가 조선으로부터 공급됐다. 조선 동해안의 웅기, 나진, 청진은 일본이 동해를 통제하는 중요한 해군기지였다.[122] 그러나 미국과 영국 등 연합국은 조선을 중요하게 여기지 않았다. 제2차 세계대전의 종전을 앞두고 연합국 수뇌들은 전후 국제질서 개편을 위한 회의에서 조선 문제를 논의하긴 했지만 특별한 중요성을 부여하지 않았다.

1943년 11월 카이로(Cairo)회담에서 루스벨트와 장개석, 처칠은 '카이로선언'에 공동으로 서명하고 적절한 시기에 조선에 자유와 독립을 부여하기로 선언했다.[123] 1945년 2월 얄타회의에서 중·미·소·영 4개국 임시 신탁통치를 결정했지만 구체적 실행 방안은 언급되지 않았다.[124] 포츠담회의 개최 하루 전 미 육군장관 스팀슨(Henry L. Stimson)은 트루먼 대통령에게 전달한 비망록에서 소련이 단독으로 조선을 점령하는 것을 막기 위해 빠른 시일 내 신탁 통치를 실행하고 신탁통치 기간 최소한의 상징적인 미국 군대를 조선에 주둔시켜야 한다고 주장했다.[125]

얄타회의 기간 중 미국이 원자폭탄 실험에 성공했다는 소식이 전해지자 소련 주재 미국대사 해리먼과 참모총장 마셜은 미군을 조선 및 중국 동북 지역에 상륙시킬 것을 제안했다.[126] 그러나 전쟁을 빠른 속도로 진전시킬 자신이 없었던 미국 지도부는 수뇌회담에서 이 문제를 제기하지 않았다. 이를 전제로 한 구체적 작전계획 문제는 군인들에게 넘겼다. 회의 과정에서

122) Известия, 1946 декабрь 1; Петухов В. И. У истоков борьбы за единства и независимость Кореи, Москва: Наука, 1987, с.20.
123) 世界知識出版社編, 『国际条约集(1934-1944)』, 北京: 世界知識出版社, 1961年, 第407页.
124) FRUS, the Conferences at Malta and Yalta, 1945, pp.770, 977. 중국어본은 다음을 참조할 것 『德黑兰, 雅尔塔, 波茨坦会议记录摘编』第163-164, 225页.
125) Stimson to the President, 16 July 1945, FRUS, the Conference of Berlin(the Potsdam Conference), 1945, Vol.II, p.631.
126) Memorandum by Harriman to the Secretary of State, July 28 1945; Harriman to President Truman and the Secretary of State, 10 August 1945, FRUS, 1945, Vol.7, The Far East, China, pp.967; Washington D.C.: GPO, 1969, pp.950-952, 967; James F. Schnabel, United States Army in the Korean War: Policy and Direction, the First Year, Washington, D.C.: Office of the Chief of Military History, United States Army, 1972, pp.6-7.

미·영·소 삼국의 군사지도자들은 조선에서 미국과 소련의 공군 및 해군의
작전 범위를 나눈다는 입장은 재차 확인했지만 지상군 작전 및 점령 구역에
관해서는 어떤 논의도 하지 않았다.[127] 심지어 마셜은 소련 참모총장 안토
노프(A. I. Antonov)에게 미국은 조선에서 일본의 군사력이 완전히 소멸되기
전까지는 조선에 상륙할 준비를 하지 않을 거라고 밝혔다.[128] 미·영·소
삼국이 유럽 문제를 놓고 작은 것 하나까지 꼼꼼하게 따졌던 것과 비교하
면, 강대국의 전후 질서 재편 계획에서 조선은 잊힌 곳처럼 보였다. 만일 미
국이 일본에 갑작스럽게 원자탄을 투하하면서 소련이 중국 동북 지역 및 조
선에 앞당겨 출병하게 되지 않았다면 오늘날 조선반도의 상황은 전혀 달라
질 수 있었다.

8월 9일 새벽 소련의 150만 대군은 세 방면에서 관동군을 기습공격해 일
본의 무조건 항복을 앞당겼다. 소련의 개입으로 조선 문제는 연합국의 전후
동북아 문제 의사일정에 포함되게 됐다. 병력이 부족하고 사기가 저하된 관
동군을 상대로 소련군의 진격은 매우 순조롭게 진행됐다.[129] 8월 11일 소련
군 극동 제1방면군은 중·소·조 삼국의 국경 접경 도시인 훈춘(琿春)을 점
령했고 육로를 통해 조선 북부 지역으로 공격을 개시했다. 8월 12~13일 소
련군은 동해안의 청진(清津), 나진(罗津) 및 웅기(雄基) 항에 상륙했고 8월
21일 상륙부대를 가득 태운 소련 군함이 조선 중부 원산항에 입항했다. 8월
22일 일본군이 마침내 항복하면서 조선 북부의 동해안 전역은 소련군에게
점령됐다.[130] 수많은 소련군이 조선으로 '쏟아져' 들어올 때 조선반도에 가

127) Harry S. Truman, *Memoirs by Harry S. Truman, Volume Two, Year of Trial and Hope, 1946-1953*, New York: Doubleday & Company, Inc., 1956, pp.316-317. 소련 자료에서는 1945년 8월 5일 미국과 소련은 양국 해군의 작전 범위를 확정하였다. 미국 해군의 작전 범위는 동해는 육지로부터 90~120해리, 태평양과 베링해 구역은 소련 해안으로부터 15~25해리로 이외의 지역으로 규정하였다.
128) Schnabel, *United States Army in the Korean War*, p.7.
129) 일본 관동군은 긴급히 24개 사단 병력을 동원하였지만, 일본 대본영의 평가에 의하면 그 전투력은 과거 정예부대의 1/3 수준이었다. 林三郎编著, 『关东军和苏联远东军』, 吉林省哲学社会科学研究所日本问题研究室译, 长春: 吉林人民出版社, 1979年, 第170页.

장 근접한 미군부대는 조선반도와 수백 킬로 떨어진 오키나와에 있었다. 미국 국방성은 병력의 부족, 시간·공간적 제약으로 소련군이 조선을 점령하기 전 미군이 먼저 조선의 깊숙한 지역까지 도달하는 것은 불가능하다고 판단했다.[131] 트루먼은 "만일 조선에 빨리 상륙하기 위해 미군을 조선 북부로 보냈다면 우리가 소련보다 일본에 먼저 상륙하는 것을 보장할 수 없었다." 고 회고했다.[132] 따라서 미국은 미소 쌍방의 조선 점령과 일본군의 완전한 항복을 위해 부득이하게 분계선을 획정할 것을 제안했다. 북위 38선이 경계선이 된 유래에 관하여 서로 다른 주장의 영문 자료가 있다.[133] 일본군을 추격하던 소련군부대가 이미 38선을 넘어 서울에까지 진입한 상태였지만 스탈린은 아무 망설임 없이 미국의 38선 결정에 동의하였다.[134]

8월 15일 트루먼은 자신이 서명하고 연합군 사령관 맥아더에게 통보한 '일반명령 제1호'를 스탈린에게 통보하였다. '일반명령 1호'의 내용 중 하나가 38선을 경계로 미소 쌍방이 일본군으로부터 항복을 받는다는 것이었다. 8월 16일 스탈린은 "기본적으로 제1호 명령 내용에 반대하지 않는다."고 회답하면서 38선 분계선 문제에 대해 어떤 반대 의견도 제기하지 않았다. 다만, 약간의 수정 의견을 제시했다. 즉 38선을 동쪽으로 연장해 일본의 북해도에 소련군 상륙을 허용해 줄 것을 요구했다. 트루먼은 연합군 사령관 맥

130) 扎哈罗夫等, 『红旗太平洋舰队』第208, 214-215, 234-237页; M. B. 扎哈罗夫主编, 『结局: 1945年打败日本帝国主义历史回忆录』, 隽青译, 上海: 上海译文出版社, 1987年, 第208-209页; *Ачкасо в В. И.(гла. ред.)* История второй мировой войны 1939-1945, Том. 11, поражение милитариет ской японии, Москва: ВИМО СССР, 1980, с.277.

131) Draft Memorandum to the Joint Chiefs of Staff, undated, *FRUS, 1945, Vol.6, The British Commonwealth, The Far East*, Washington, D.C.: GPO, 1969, pp.1037-1039.

132) Truman, *The Memoirs of Harry S. Truman, Volume Two*, p.317.

133) 이에 관한 상세한 설명은 다음을 참조할 것. 沈志华, 「三八线的由来及其政治地位」, 『上海师范大学学报』第4期, 1997年, 第57-60页.

134) *Петухов В. И.* У истоков борьбы, с.13. 소련 극동 제1방면군의 당시 목표는 서울을 점령하는 것 이었으며 방면군 소속 제88 독립보병여단의 주요 간부 김일성은 서울의 경무사령부 부사령관으로 임명되어 서울로 파견될 예정이었다. "1945년 8월 25일 88여단 인원 조직과 상황에 관한 보고," *ЦАМОРФ*, ф.379, оп.11019, д.8, л.6.

아더가 지휘하는 부대 내 소련군이 포함돼 있음을 구실로 교묘하게 스탈린의 요구를 거절했다. 게다가 맥아더는 더 강경한 태도로 소련군의 북해도 상륙 요구를 거절했다.[135] 미국은 스탈린의 요구에 당혹감을 금치 못했다. 당시의 군사적 상황으로 보면 38선 제의를 거절할 수도, 더 나아가 38선 이남 지역을 일본군의 항복 경계선으로 정할 수 있었다. 미국은 이런 수정안을 받을 수밖에 없는 상황이었다.[136] 스탈린은 38선 이북 일본 영토 점령으로 미국의 38선 이남의 조선 점령과 맞바꾸려고 시도했다. 트루먼은 즉각 소련의 수정안을 거절하였다. 이는 미국에게 일본이 갖는 전략적 중요성을 반영하는 것이다. 반면 스탈린이 쉽게 조선 남부를 점령할 수 있는 유리한 환경을 포기한 것은 한편으로는 소련이 전쟁 기간 동맹국과 협력을 계속 유지하겠다는 의사표현이며, 다른 한편으로는 스탈린이 눈에 조선은 한 치의 땅도 양보할 수 없을 정도로 중요하지는 않았다는 점을 보여 준다. 이 두 가지 특징은 소련의 조선 점령 정책에서 충분히 나타난다.

유럽전쟁이 막을 내린 직후인 1945년 6월 소련 외교부 제2동아시아국의 두 전문가가 작성한 조선 문제에 관한 보고서는 소련의 조선에 대한 생각을 잘 보여 준다.[137] 포츠담회담 준비를 위해 만들어진 이 보고서는 조선 문제의 해결을 위해 5가지 원칙을 주장했다. 그중 "일본 통치하의 조선은 소련 극동 지역에 위협이 될 수 있기 때문에 일본은 반드시 조선으로부터 영원히 추방되어야 한다. "조선의 독립을 통해 일본 또는 극동 지역 어디든 소련에 압력을 가하려는 시도와 조선이 장래에 소련을 침략하는 기지로 이용되는

---

135) 苏联外交部编, 『1941-1945年苏联伟大卫国战争期间苏联部长会议主席同美国总统和英国首相通信集, 第2卷』第262-264, 267-269页; 韩国国防部战史编纂委员会, 『朝鲜战争(第1卷)-中共军参战及联合国军重新反攻』, 固城等编译, 哈尔滨: 黑龙江朝鲜民族出版社, 1988年, 第580-581页.

136) Draft Memorandum to the Joint Chiefs of Staff, undated, *FRUS, 1945, Vol.6*, p.1039.

137) 상급에게 선택하라고 권하는 정책 보고서는 일반적으로 지도자의 지시를 받았거나, 상급자의 의도를 파악한 후에 제출된다는 점은 소련의 정책결정 과정을 잘 알고 있는 사람이라면 쉽게 알 수 있는 내용이다. 수백 편의 러시아 당안을 열람한 미국 학자 웨더스비는 필자에게 이러한 느낌을 말해 주었다.

것을 유효하고 충분하게 방지할 수 있어야 한다. 조선의 독립과 소련 극동 지역의 안전을 가장 확실하게 보장하는 방법은 조선과 소련이 우호적이고 밀접한 관계를 맺는 것이다. 장래 조선에 정부를 구성할 때, 이 점이 필히 반영돼야 한다."138)

이 보고서는 스탈린의 국가안보 개념과 완전히 일치하며, 매우 명확하게 다음과 같은 점을 설명해주고 있다. 첫째, 소련 정부는 동북아 지역에서 강대국 간의 각축을 극히 중시하고 있다. 그러나 일본을 여전히 중요한 위협으로 인식하고 있으며, 특히 조선이 일본이 아시아 대륙으로 확장하는 교두보가 되는 것을 방지하고자 했다. 둘째, 소련은 조선반도를 단독으로 점령하거나 관리하는 것을 결코 요구하지 않았고 단지 소련과 '우호적이고 밀접한 관계'를 갖는 정부가 수립되기를 원했다. 이것은 소련의 조선반도에 대한 기본 목표라 할 수 있다.

1949년 말까지 소련의 조선반도 정책은 대체적으로 다음 3단계로 나눌 수 있다. 제1단계(1945~1946) : 국제신탁통치 방식과 미국과의 협력을 통해 소련에 우호적인 통일정부를 세우는 것이다. 스탈린이 마음에 둔 가장 바람직한 방안이었다. 제2단계(1946~1947) : 조선 북방의 정치경제 능력을 강화해 조선의 통일을 가속시킨다. 조선에서 총선거를 실시해 구성된 통일 이는 미국과 충돌이 발생할 때 실행할 수 있는 차선책이었다. 제3단계(1947~1949) : 미소공동위원회가 중단되고 남한에서 단독선거가 실시된 후, 미국과 대항하기 위해 북조선이 단독정부를 구성할 수 있도록 지원하고 이를 통해 조선 북부를 통제한다. 이는 미소 간 냉전이 발발한 후 소련에게 강요된 선택이었다.

신탁통치 방안은 미국이 일찍부터 제안한 것이다. 이는 파시스트 국가의 전쟁 패배 후에 나타난 과도기적 '권력 공백'을 관리하기 위한 방식이며, 계

---

138) "1945년 6월 29일 자브로진의 조선 문제에 관한 보고 요약," *АВПРФ*, ф.0430, оп.2, п.18, д.5, л.18-30. K. Weathersby, "Soviet Aims in Korea," pp.9-11.

속되는 혼란과 무정부 상태가 야기할 수 있는 국제적인 충돌을 미연에 방지하는 데 그 목적이 있었다. 당초 소련은 신탁통치는 식민지 종주국들이 식민지에서 이익을 유지하거나 은폐하려고 구상한 자산계급의 관리 방식이라고 생각했다. 그러나 과거 식민지나 패전국 식민지에서 신탁통치를 실행하면 이 지역에서 소련이 영향력, 나아가 통제력을 확대할 수 있는 기회가 생긴다는 사실을 깨닫고 적극적으로 참여하기로 결정했다.[139] 러시아 외교부 문서는 얄타회담 이후 소련이 조선 문제를 처리하기 위해 최우선적으로 고려한 방안은 신탁통치이며, 이는 태평양 지역에서 미국의 힘을 상쇄하고 동북아에서 소련의 지위를 높이는 유효 수단이었다고 밝히고 있다.

　1945년 9월 소련 외교부는 두 건의 보고서를 작성했다. 하나는 동아시아－태평양 지역에서 신탁통치를 실행할 지역들을 열거한 것이다. 나머지 문건은 "카이로선언과 유엔헌장에 의거해 조선이 일본의 장기간 식민지배의 후유증에서 빨리 벗어나고 조선 인민들이 완전한 주권을 되찾고 민족독립을 실현할 수 있는 환경을 앞당기기 위해, 미소의 군사점령이 끝나면 조선은 반드시 소련, 미국, 영국, 중화민국의 공동 신탁통치하에 있어야 한다."는 점을 명시했다. 문건은 이어 "조선에서 신탁통치를 실행하는 목적은 조선인민들이 정치·경제·사회 분야에서 독립하도록 도와주고 유엔헌장 제2조 제76항에 의거해 조선이 점진적으로 독립할 수 있도록 발전을 촉진하는 데 있다."고 강조했다.[140] 이러한 문서들은 소련의 조선 점령 당시 목적이 조선에서 신탁통치를 실시해 동북아에서 소련의 전략적 이익을 보호하는 데 있었음을 보여 준다.

　스탈린의 목적은 폴란드 전체를 통제한 것처럼 조선반도 전체를 통제하

---

139) 조선반도에 대한 신탁 통치 정책결정 과정에 대한 토론은 다음을 참조할 것. 董洁, 「在朝鮮半島的利益博弈: 苏联与战后对朝鲜的托管政策」, 『一个大国的崛起与崩溃-苏联历史专题研究 (1917-1991)』, 三册, 沈志华主编, 北京: 社会科学文献出版社, 2009年, 第651-680页.

140) "1945년 9월 일본 식민지와 신탁통치 지역 문제에 관한 외교부의 의견," "1945년 9월 조선 문제에 관한 외교부의 건의," *АВПРФ*, ф.04311, оп.1, п.52, д.8, л.40-43, 44-45; K. Weathersby, "Soviet Aims in Korea," pp.9-11으로부터 재인용.

려한 것이 아니었다. 먼저 조선의 북부를 단독으로 점령하고 이후 동독처럼 조선을 분열시키려는 의도는 없었다. 반대로 스탈린은 소련 극동 지역과 강을 사이에 두고 불과 15km밖에 떨어지지 않은 조선과 우호적 관계를 유지해 조선반도에서 소련과 미국의 이익 및 영향력의 균형을 유지하고자 했다.

10여 년이 지난 후 작성된 국무성 보고서는 "소련의 이익과 권력을 영구적으로 유지하기 위해 모든 수단을 동원해 조선에 괴뢰정부를 수립하려고 했다."고 주장했다.141) 이러한 주장은 최소한 소련이 조선을 점령한 초기상황과는 어울리지 않는다. 1945년 9월 20일 스탈린은 조선 점령 정책에 대한 명확한 명령을 발표했다. 이 명령은 소련 극동군 총사령관 바실렙스키(A. M. Vasilevsky)와 연해주군관구 군사위원회 및 제25군단 군사위원회에 통보됐다. 그 내용은 다음과 같다.

一, 북조선 지역에서 소련 정부의 위원회와 기타 기구들을 설치하지 말 것.
二, 각 항일 민주정당과 단체들의 광범위한 연합을 기초로 자산계급 민주정부를 수립할 수 있도록 북조선을 도울 것.
三, 소련 홍군이 점령한 조선 각 지역에서 현지 주민들이 항일민주 단체와 정당을 조직하는 것을 방해하지 말고 도와줄 것.
四, 현지 주민들에게 다음 사항을 정확히 설명할 것.
　1. 소련 홍군이 조선에 들어온 것은 일본 침략자를 소멸시키기 위한 것이지 조선에서 소비에트 제도를 실시하려고 하거나 조선의 영토를 장악하기 위한 것은 더더욱 아니라는 점.
　2. 소련 군사 당국은 북조선 공민의 사유재산 및 공공재산을 보호할 것이라는 점.
五, 현지 주민들의 자신들의 평화적인 업무, 공업 보호, 무역, 행정 및 기타 사업의 정상 운영을 계속할 수 있도록 소련 군사 당국의 규정과 명령을 주민들이 준수하도록 격려하고 그들이 사회질서를 확립할 수 있도록 도와줄 것.

141) U.S. Department of State, "North Korea: A Case Study in the Techniques of Takeover," *Department of State Publication* 7, 118, Far Eastern Series 103, Washington, D.C.: GPO, 1961, p.2; Lee In-Ho, "The Soviet Military Government in North Korea," *Korea Observer*, 1992, Vol.23, No.4, p.527으로부터 재인용.

六, 북조선 주둔 부대에게 기율을 엄격히 준수하고 행동을 단정히 하며 현지 주민을 업신여기지 말 것. 동시에 현지 주민들의 종교 활동과 종교의식에 간섭하지 말고 절 및 기타 종교 시설을 훼손하지 말 것.[142]

8월 15일 조선의 해방과 더불어 각종 지방자치기구가 지속적으로 구성돼 지방 관리의 책임을 맡고 일본인의 행정 기구를 대신해 사회 안정을 유지하고 공공설비와 공업 및 교통 설비 등을 보호하고 관리했다. 조선에서 이런 기구들은 일반적으로 '인민위원회'라 불렸는데 지방의 민족주의자와 공산당원들이 공동으로 조직했다. 미국 점령군이 이런 위원회의 활동을 금지시키고 군정부를 직접 설치한 것과는 달리, 북조선에 주둔한 소련 극동 제1방면군 제25군은 군사관제 기구를 설치해 '인민위원회'를 지지하고 지도하며 개조에 나섰다. 최초의 군사관제 기구는 경무사령부였다. 연해주군구 군사위원회는 각 도(道)와 군(郡), 대규모 공업도시에 경무사령부를 조직하는 명령을 발표했다.[143] 이 명령에 따라, 조선에서 선후로 98개의 경무사령부가 세워졌고, 6개의 도급(道級), 7개의 시급(市級), 85개의 군급(郡級) 경무사령부가 설치됐다. 경비소대 이외에 군사대표와 보조 인원을 포함해 도급 경무사령부는 22명, 군급 경무사령부는 6명, 시급 경무사령부는 상황에 따라 정원을 정하도록 했다. 군(郡) 이하의 행정 단위에는 경무사령부를 설치하지 않고 85개의 군급 경무사령부 및 그와 밀접한 관계가 있는 지방단체와 조직을 통해, 소련은 북조선의 모든 도시와 농촌까지 통제했다. 경무사령부의 중요

---

142) ЦАМОРФ, ф.66, оп.178499, д.4, л.632-633; *Почтарев А. Н. Из истории советско-корейских отношений в 1920-1950-е годы//Новая и новейшая история*, №5, 1999, с.145; Lee In-Ho, "The Soviet Military Government in North Korea," pp.526-527. 그러나 주의해야 할 점은 이 내부명령은 발표하기 위한 것이 아니었다는 점이다. 10월 12일 발표된 「조선 주재 소련 제25집단군 사령관 명령」은 대부분 모스크바에서 하달된 앞의 두 조항을 제외한 제4-6조항의 모든 내용을 되풀이하는 것에 불과하였다. 10월 12일 선포된 명령에 관해서는 다음을 참조할 것. "조선 소련군 정부 민정국 3년 업무 종결 보고(1948년 12월 9일: 정치 부분)," *АВПРФ*, ф.0480, оп.4, п.14, д.46, л.6.
143) 조선의 행정구역은 도(시), 군(시), 면, 리로 나뉘며 중국의 성, 현, 향(진), 촌에 해당된다.

임무는 지방의 치안을 유지하고 일본군의 무기와 물자를 점검하고 보관하며 전쟁으로 파괴된 경제생활을 회복시키고 조선의 행정 기구를 조직하는 등 군인들이 감당하기에는 매우 벅찼다.[144]

당사자의 회고에 따르면 민정사무 관리 문제는 1945년 10월에 제기됐다. 제25군 사령관 치스차코프(I. M. Chistiakov) 장군은 특별 기관을 설치해 조선의 내정 업무를 책임져야 한다고 생각했다. 그는 이러한 생각을 극동 제1방면군 사령관 메레츠코프(Meretskov) 원수에게 정식으로 건의했다. 이 건의를 받아들여 연해주 군관구 군사위원회 위원 슈티코프(Shtykov)는 상장과 동급 위원인 로마넨코(A. A. Romanenko) 소장을 이 기구의 책임자로 임명했다.[145] 10월 17일 부(副)외교인민위원 로조프스키(Lozovskii)는 몰로토프에게 메레츠코프의 민정국 설치 건의안을 보고했다.[146] 12월 말 소련 국방부는 조선 주둔 소련군사령부에 민정사무 담당 부(副)사령관직을 신설하도록 명령하고 50명의 군관으로 구성된 민정관리기구, 민정국을 지도하도록 했다. 민정국 산하에는 정치부, 공업부, 재정부, 수매무역부, 토지임업부, 의료위생부, 사법감찰부, 경찰을 관리 감독할 부서를 설치했다. 연해주군관구 군사위원회는 민정국의 책임자로 로마넨코를 임명했다. 민정국을 위해 경제, 금융, 법률, 교통 분야의 다수의 전문가들이 조선으로 들어왔다. 민정국의 지도와 원조하에 조선의 경제, 정치 및 문화 활동은 전반적으로 크게 개선됐다. 1947년 5월 부(副)국방인민위원 불가닌(Bulganin) 명령에 따라 민정국은 조선 주재 소련민정관리국으로 개칭해 북조선의 민정과 관련된 일체

144) 경무사령부와 인민위원회에 관한 자세한 사항은 다음을 참조할 것. ЦАМОРФ, ф.66, оп.178499, д.4, л.541-543; Почтарев А. Н. Из истории советско-корейских отношений, с.146; "조선 소련군 정부 민정국 3년 업무 종결 보고(1948년 12월 9일: 정치 부분)," АВПРФ, ф.0480, оп.4, п.14, д.46, л.4-5, 39-40; Lee In-Ho, "The Soviet Military Government in North Korea," pp.527-528.

145) Lee In-Ho, "The Soviet Military Government in North Korea," pp.528-529. 그러나 일부 연구자는 9월이라고 주장하기도 한다. Петухов В. И. У истоков борьбы, с.17-19.

146) "1945년 10월 17일 조선에 민정국 설치에 관한 조로프스키의 보고," АВПРФ, ф.0102, оп.1, п.1, д.5, л.7-8.

업무를 총괄했다. 제25군 군사위원회 위원 레베데프는 국장, 제25군 정치부 주임 이그나예프(A. Ignat'ev)는 정치 담당 부국장으로 각각 임명되었다.[147]

스탈린의 지시에 따라 소련군이 임시 정권 기구를 구성할 때 공산당원은 이 기구의 지도자로 임명하지 않았다. 그 시기 이미 소련에서 교육받은 조선인들이 조선으로 돌아왔는데 그중 최고 지도자가 된 김일성이 있었다. 김일성의 본명은 김성주이며, 소년 시기 부친을 따라 중국으로 이주했다가 후에 동북항일연군에 참가했다. 1940년 말 일본 관동군이 대규모 소탕작전을 전개할 때 대부분의 항일연군은 소련 극동 지역으로 후퇴해 휴식을 취하고 재정비를 했다. 소련은 이들을 위해 북야영(A영)과 남야영(B영) 두 곳의 주둔지를 만들었으며, 김일성은 남야영의 책임자로 임명됐다. 1942년 7월, 항일연군 지도자 주보중의 건의에 따라 소련원동군구는 항일연군을 교도여단으로(후에 소련은 그들에게 제88독립보병여단 명칭을 부여했다) 개편하고 북야영에 집중시켰다. 주보중을 여단장에, 장수전(張壽籛)·이조린(李兆麟)은 정치위원에, 조선인 최용건은 참모장에 각각 임명되었다 했다. 여단 산하에 4개의 직할 소대 중 김일성은 제1소대의 소대장이었다.[148]

바로 여기서 김일성은 부인 김정숙과 후에 후계자가 된 김정일(소련명 유리)을 낳았다. 유성철(당시 김일성의 러시아어 통역)의 회고에 따르면 김일성은 조선인들 사이에서 중심인물이었으며 명망이 높았다고 한다. 이 부대 내의 조선인 유격대원들은 후에 김일성이 유일하게 신임하는 인물들이 됐다.[149] 러시아 정부자료에 따르면, 김일성은 조선인 유격대원 중에서도 출

147) "조선 소련군 정부 민정국 3년 업무 종결 보고(1948년 12월 9일: 정치 부분)," *АВПРФ*, ф.0480, оп.4, п.14, д.46, л.7-11. Lee In-Ho, "The Soviet Military Government in North Korea," pp.533-535; *Петухов В. И. У истоков борьбы*, с.17-19.

148) 周保中, 『東北抗日游击日记』, 北京: 人民出版社, 1991年, 第574-579, 658-662页; 彭施鲁, 「东北抗日联军和苏联远东军关系回顾」, 『中共党史资料』, 总第56辑, 1996年 2月, 第40-46页; *Иванов В. И. В тылах Квантунской армии: Правда о 88-й китайско-корейской бригаде Дальневосточного фронта*, Москва: ИДВ РАН, 2009, с.93-97.

149) Yu Songchol, "I Made the 'Plan for the First Strike' that Invaded the South on June 25th," Kim Chullbaum(ed.), *The Truth About the Korean War*, pp.144-145.

중했고 군사적 기초도 비교적 양호했을 뿐만 아니라 러시아어 학습에서도 우수한 성적을 거뒀다. 조선인으로 구성된 김일성의 제1소대는 군사훈련 수준이 높은 편이었고 군사기율 또한 비교적 엄격했다. 이 기간 중국공산당 88여단 지부는 중요한 역할을 담당했다.[150] 소련의 대일 선전포고 이후 주보중은 제88여단이 대일 작전에 참전하고 정권 수립에 참여하는 문제에 대해 교섭할 것을 요청했다. 그러나 스탈린은 이 요청을 거절하고 88여단의 일부 핵심 간부만을 뽑아 소련 3개 방면군을 따라 동북과 북조선으로 파견하기로 결정했다. 그들의 임무는 소련 점령군을 도와 지방의 질서를 유지하고, 일본군과 만주군의 잔존 세력 및 반혁명분자들을 숙청하며, 인민 사이에 소련 홍군의 위신을 높이고, 소련과 우호 관계를 촉진시키는 것이었다. 조선인들은 이 밖에도 자신들의 무장 조직과 정권 기구를 구성 하라는 임무를 받았다. 출발 전 주보중과 김일성 등 18명은 최고 훈장인 '전투홍기훈장'을 받았다.[151] 이는 제88여단 지도부에서 김일성이 핵심 인물 중 하나였고 소련으로부터 두터운 신임을 받았다는 사실을 보여 준다. 그러나 김일성은 귀국한 이후, 곧바로 소련군 점령 당국의 중임을 맡지는 못했다.

　김일성의 귀국 상황을 놓고 서로 다른 주장이 있다. 심지어 러시아 정부 자료 내에서도 미묘한 차이가 있지만 대체적인 상황은 다음과 같다. 김일성을 대표로하는 88여단 제1소대 55명(혹은 60명)은 제1방면군 제25군을 따라서 소련 태평양함대 소속 푸가초프호에 탑승해 10월 초(혹은 10월 10일) 원산항에 도착했다. 10월 10일 평안북도 인민위원회 기관지에는 "반동분자들이 두려워하는 김일성 동지가 돌아왔다."는 기사가 보도됐다. 기사는 "조선 해방을 위해 투쟁하고 일본 제국주의자들을 두려움에 떨도록 한 김일성 장

---

150) ЦАМОРФ, ф.1896, оп.1, д.10, л.2, 8, 30-30б; д.4, л.29. *Почтарев А. Н. Из истории советско-к орейских отношений*, с.141-142에서 재인용.

151) 周保中,『东北抗日游击日记』, 第817-819页; 彭施鲁,『东北抗日联军和苏联远东军关系回顾』, 第47-48页; ЦАМОРФ, ф.1856, оп.1, д.4, л.43; *Иванов В. И. В тылах Квантунской армии*, с.115-117.

군이 소수 인원의 부대를 이끌고 조국으로 돌아와 현재 평양에서 적극적으로 활동하고 있다. …… 김일성 장군이 조국으로 돌아온 것은 조선혁명 사업의 크나큰 역량임은 의심할 바 없다. 반동친일 분자들의 날은 얼마 남지 않았다."고 보도했다.[152] 따라서 이때는 이미 소련군의 조직 및 계획하에 북조선 자치권력 기구를 수립하는 작업이 진행 중이었다. 10월 8~10일 평양에서 개최된 북조선 5도 인민위원회 대표자대회에서 5도 인민위원회를 통합하고 임시정권을 구성하는 것에 대해 토론했다. 대표자대회는 조선 북부에 있는 각종 자치권력 기구들을 인민위원회로 통일 개편하기로 결정하고 각급위원회의 정원과 선거 절차를 확정했다.[153] 10월 14일 김일성은 제25군사령부 정치부가 준비하고 조직한 평양군중대회에 처음으로 자신의 모습을 대중들 앞에 공개하고 연설했다.[154] 그럼에도 불구하고 11월 19일 소련군 지지와 지도하의 설립된 조선중앙관리기구인 북방5도행정국 지도자 명단에는 김일성은 없었다. 행정국위원회 위원 30명은 모두 조선인으로, 민족주의자와 공산주의자가 각각 절반씩 차지했고 위원장에는 민족주의자 조만식(曹晩植)이 선출됐다. 조만식은 자신이 조직한 평안남도 인민위원회 위원장과 조선민주당의 당수였다. 그는 일본 식민지 시기 조선 인민들의 깊은 존경을 받았다. 10월 14일 개최된 평양군중대회에서 그는 김일성과 함께 연설했다.[155]

이 시기 제25군사령부가 김일성에게 부여한 직책은 평양경비사령부 부사령관이었다. 그의 88여단 전우들 또한 조선 각 도(道)와 군(郡)의 지도적인

152) "1945년 10월 10일 제88독립보병여단의 상황에 대한 조선 신문의 보도," ЦАМОРФ, ф.32, оп.11306, д.604, л.283; "제88독립보병여단의 중국 동북 지구아 북한에시의 배치 상황 보고 (1946년)," ЦАМОРФ, ф.2, оп.12378, д.1, л.47.

153) Lee In-Ho, "The Soviet Military Government in North Korea," pp.538-539.

154) ЦАМОРФ, ф.379, оп.11019, д.8а, л.12-13; Почтарев А. Н. Из истории советско-корейских отношений, с.150.

155) Lee In-Ho, "The Soviet Military Government in North Korea," pp.538-539; Почтарев А. Н. Из истории советско-корейских отношений, с.150; 강인덕 편, 『북한전서』 상권, 서울: 극동문제연구소, 1974, 255쪽.

직책을 맡고 있었다.156) 소련의 신임을 받고 있는 김일성이 아닌 조만식을
북조선 임시정부기구 책임자로 임명한 것은, 김일성은 조선에 온 지 얼마
되지 않았고 조선 국내에서 아직 어떤 인망도 얻지 못한 데다 심지어 조선
공산당 내에서도 그의 이름을 들어본 사람이 소수에 불과했기 때문이다.

조선공산당은 1925년에 조직됐다. 이후 극심한 당내 종파투쟁으로 코민
테른으로부터 제명당했다. 조선공산당은 일본 항복 후 재건돼 1945년 10월
박헌영(朴憲永)을 위원장으로 하는 조선공산당 중앙위원회가 구성됐다. 38
선이 그어지는 복잡한 상황이 되자, 조선공산당은 북조선에 분국(조선공산
당 북조선분국)을 설치하기로 결정하고 김용범(金鎔范)과 오기섭(吳琪燮)을
각각 제1서기와 제2서기로 선출했다.157) 그 당시 김일성은 아직 조선에 돌
아오지 않았다. 이 밖에도 조만식을 조선의 지도자로 선출한 것은 스탈린이
말한 것처럼 자산계급 정부의 수립과 미국과의 협력을 고려한 것일 가능성
이 크다.

조선에서 미국과의 협력을 보장하기 위해 소련 점령 당국은 남쪽에서 활
동하던 조선공산당에 대해 특히 냉담한 반응을 보였다. 조선공산당은 소련
의 지원이 당연히 필요하였다. 1945년 12월 16일 소련공산당 중앙위원회는
연해주군관구 군사위원회에 조선공산당중앙위원회에 1,500만 일원(日元)의
자금을 1946년 활동 경비로 지원토록 명령했다.158) 그러나 소련은 남조선의
공산당을 지원한 사실을 공개하기를 꺼렸고 그러한 흔적도 남기기를 원치
않았다. 동시에 미국 점령 지역에서 공산당의 선전 활동을 독려하는 일도

156) Почтарев А. Н. Из истории советско-корейских отношений, с.143. 필자는 러시아 당안
중에서 조선민주당 강령을 발견하였다(ЦАМОРФ, ф.Устаск, оп.433847, д.1, л.131-132). 민주
당 강령의 번역자는 김일성이었으며 시간은 1945년 10월이었다. 이는 김일성이 조선으로
돌아온 직후 소련군 민정 당국이 그에게 주목할 만한 직책을 주지 않았거나, 평범한 일상적
업무에 종사하고 있었다는 점을 보여 준다.
157) "조선 소련군 정부 민정국 3년 업무 종결 보고(1948년 12월 9일: 정치 부분)," АВПРФ, ф.0480,
оп.4, п.14, д.46, л.69-71.
158) АПРФ, ф.3, оп.65, д.840, л.2; Почтарев А. Н. Из истории советско-корейских отношений,
с.149.

원치 않았다.

소련공산당 중앙위원회 국제부의 조선 문제에 관한 문건은 1945년 가을 소련 군사 점령 당국은 조선 북방의 공산당을 적극적으로 개조하고 활동을 적극 지지하지만 그 범위는 38선을 절대로 넘어서는 안 된다고 강조하고 있다. 당시 조선공산당중앙위원회는 서울에 있었다. 미국 점령 당국과 남한 반공조직의 파괴와 압력하에서, 조선공산당중앙위원회는 여러 차례에 걸쳐 소련 점령 당국에 지원을 요청했다. 특히 소련군 점령 당국이 미국 점령 당국에게 조선공산당이 합법적으로 활동할 수 있도록 설득해 줄 것을 호소했다. 그러나 소련군 점령 당국은 남조선공산당을 위한 어떠한 개입도 거절했고 반대로 미국 점령 당국에 협조할 것을 요구했다. 소련군은 "오직 조선국제지위에 대하여 합리적인 이해를 통하여, 올바른 전략노선을 확정할 수 있으며" 미국과 소련은 "조선 문제에 관해서 상호 모순되지 않는다."고 설명하였다.

당시 남한에서 미국의 점령 정책이 거센 반발에 부딪히면서 공산당 발전에 매우 유리한 정치적 환경이 조성됐음에도 불구하고 1945년 조선으로부터 올라온 보고에는 소련이 남한에서 공산당의 활동과 선전을 독려했다는 어떤 기록도 없다.[159] 반대로 1945년 11월 조선 주둔 소련사령부는 불가닌과 말렌코프에게 보낸 보고서에서 "조선공산당은 기계적으로 볼셰비키 전략을 따르면서 조선의 복잡한 현실 조건은 고려하지 않고 있다." "일본항복 후 정권 탈취를 시도해 조선에 무산계급 독재정권을 수립하려고 했다."고 비판했다. 보고서는 "조선에서 자산계급 민주주의혁명을 실행하는 것이야말로 유일하고 정확한 노선이다."라고 결론지었다.[160]

소련 점령 당국의 초기 경제정책 역시 스탈린이 장기간 조선반도 혹은 북

---

[159] "1945년 11월 5일 소련 극동 연해주 군구 정치부가 소련공산당중앙위원회에 보낸 보고," *РЦХИДНИ*, ф.17, оп.128, д.47, л.19-21. K. Weathersby, "Soviet Aims in Korea," p.12.

[160] "1945년 11월 조선공산당의 상황과 조선공산당을 강화시키는 데 필요한 조치에 관한 보고," *ЦАМОРФ*, ф.Устаск, оп.614631, д.2, л.21-26.

조선을 점령할 계획이 없었다는 것을 설명한다. 역사적으로 보면 북조선에
는 풍부한 광산 자원 및 수력 자원이 집중돼 있어 상대적으로 공업이 발전
했다. 소련이 전후 모든 점령 국가에서 했던 것과 마찬가지로 소련군은 조
선에서 대대적으로 '전리품'을 거둬들이는 정책을 실시했다. 1945년 8월 30일
소련 최고사령부의 결정에 따라 인민위원회 부의장 사부로프(M. Z. Saburov)
를 대표로 하는 전문위원회가 "가장 가치 있는 공장 설비를 접수해 1945년
9~10월 만주에서 소련으로 이송시키는 임무"를 수행하기 위하여 중국 동북
지역에 파견됐다. 이렇게 거둬들인 설비들은 극동 지역, 우랄 및 카자흐스
탄 지역의 공장에서 사용됐다. 소련 홍군의 병참부장이 직접 이 설비들을
철거하고 운송하는 책임을 맡았다. 제25군은 압록강을 중국 동북 지역의 일
부로 보고 있었고, 전력 설비는 "최우선적으로 소련으로 운반돼야 할 국가
공업자원 시설"이었기 때문에 압록강 수력발전소의 발전기와 터빈 등 전력
설비도 반출 품목에 포함됐다. 이 전력 설비들은 조선 전체 전력 생산의 50%
를 차지하고 있었기 때문에 11월 8일 소련 주재 미국대사 해리먼은 소련 외
교부에 각서를 보내 조선 북부의 발전 설비 철거에 강력하게 항의했다.[161]
앞서 서술했듯이 소련 점령 당국은 조선의 개인기업과 공공자산을 보호하
겠다고 공개적으로 선언했음에도 불구하고 '전리품'을 거둬들인다는 명목하
에 10월부터 12월 중순에 걸쳐 마치 통제력을 상실한 듯 거리낌 없이 일본
인과 조선인을 약탈했다. 중국 동북 지역의 식민지 시기에 건설된 공업 설
비를 가져간 것처럼 소련은 조선 북부의 수많은 공장 설비를 철거해 소련으
로 가져갔다. 미국 정보부는 소련의 이러한 행동을 근거로 "러시아인은 북
조선에 잔류할 계획이 없다."고 확신했다.[162]

161) ЦАМОРФ, ф.66, оп.178499, д.7, л.547-54; д.812, л.558; д.11, л.490; ф.379, оп.11019, д.8а, л.23-25; ф.40, оп.11549, д.267, л.7, Почтарев А. Н. Из истории советско-корейских отношен ий, с.147-148에서 재인용.
162) 『정보총론·북한』 제1호, 1945년 12월 1일, 6쪽. Lee In-Ho, "The Soviet Military Government," p.525에서 재인용.

11월 하순 북조선에 임시 권력기구가 구성되자 소련군 점령 당국은 "인민 정권 기구인 인민위원회를 강화하고 인민들 사이에서 위상을 제고하여 인민위원회가 조선 인민의 경제, 정치 및 군사 생활의 진정한 지도자가 될 수 있도록" 일본인 소유 중 아직 철거되지 않은 경공업, 식품공업 기업 및 건축 자재를 각 도의 인민위원회에게 이양했다. 이때 이양된 기업은 총 1,034개로 전쟁 전 물가로 환산하면 약 44억 엔(日元)에 해당했다.163)

12월 모스크바 3상회의를 앞두고 소련의 이 같은 행위를 설명하고 변호하기 위해, 외교부 제2극동국 고문 수달레프(S. Suzdalev)는 「조선 내 일본의 군사공업과 중공업에 관한 보고서」를 작성하였다. 이 보고서는 조선의 일본인 자산명세서를 작성하고 다음 3가지 결론을 내렸다. (1) 조선의 일본 군수공업 · 중공업 기업들은 일본의 침략 정책을 위해 세워졌고 실제 이런 역할을 했다. 따라서 일본인 수중에서 반드시 이 기업들을 박탈해야 한다. (2) 조선 내 일본의 군수공장과 중공업 설비는 소련 홍군의 전리품으로 봐야 한다. 이 기업들은 모두 일본군이 소련 홍군과 작전을 치르는 데 일정 부분 봉사했기 때문이다. 소련 홍군은 큰 희생을 치렀기 때문에 이 기업들은 일본인으로부터 박탈해야 한다. (3) 마지막으로, 조선 내의 일본 군수공업과 중공업은 전쟁 배상금의 일부인 동시에 1918년부터 1923년까지 일본의 시베리아 간섭으로 초래된 손실 등 소련의 건국 이래 일본으로부터 입은 엄청난 손실에 대한 보상으로 소련에 이양돼야 한다.164) 만일 소련이 처음부터 조선을 자신의 위성국으로 만들 의도가 있었다면 눈앞의 이익에 급급한 행동은 취하지 않았을 것이다.

지금까지 공개된 많은 사진 자료가 증명하듯이 조선에서 조우한 미소 양

163) "조선 소련군 정부 민정국 3년 업무 종결 보고(1948년 12월 9일: 정치 부분)," АВПРФ, ф.0480, оп.4, п.14, д.46, л.11-12.
164) "1945년 2월 수달레프의 조선에서의 일본 군사공업과 중공업에 관한 보고," АВПРФ, ф.0102, оп.1, п.1, д.15, л.22-29. 수달레프는 조선 관련 업무를 책임지는 소련 외교인민위원회 극동국 관리였다.

국의 군대는 처음에는 매우 우호적이었다. 마치 엘베(Elbe)강에서의 미소 군대가 만난 것처럼 1945년 9월 38선은 유쾌하고 우호적인 분위기에 젖어 있었다. 조선 주둔 소련군 총사령관 치스차코프와 미국 총사령관 하지는 먼저 연락망을 구축했다. 9월 13일 평양에 도착한 하지의 참모장 스트로터(K. I. Stroter) 대위는 협상을 통해 상호 연락관 파견에 합의했다. 그 후 소련의 파닌(Panin) 중령은 연락부대를 이끌고 서울에 왔으며, 스콧(Skott) 중령을 단장으로 하는 미국 연락부대도 평양에 도착했다. 미소 양측은 국민들의 일상생활 회복, 남북 간 정상적인 통신연락망 구축, 통일된 점령원칙 제정에 대해 협상을 시작했다. 미국 측은 철도 육로 및 수로 교통의 회복, 방송, 우편, 전보 업무의 정상화를 제안했다. 동시에 남북 간 상품 유통의 회복 및 통일된 화폐제도의 실시도 주장했다. 그러나 미군은 곧 이 문제들이 소련 점령군의 권한을 넘어서는 문제라는 것을 알게 됐다. 서울에서 미소 공동 열병식 거행, 미군 사진사와 군악대의 평양 방문, 38선 지역에서의 미소 양국의 군인 회담, 38선 지역의 군사 충돌의 즉각적 해결 등 군사적 문제마저도 소련 점령 당국은 모스크바의 동의 없이는 그 어떠한 결정도 내리지 못했다.[165] 조선 문제는 오직 미국과 소련 정부 간 협상을 통해서만 해결될 수 있었다.

12월 모스크바 외무장관 회의 개최 전 소련 정부는 통일된 임시정부 조직에 관한 입장을 포함해 장래 조선에서 실시할 수 있는 정책 전반에 관해 연구했다. 외교부 제2극동국 부국장 자브로진(Zabrogin)은 다음과 같이 서술했다. "조선에는 다수의 정당과 단체들이 있고 그들 사이에 통일성이 결여돼 있다. 또한 미국의 존재가 있기 때문에 조선 문제는 극히 복잡하다." "장래 조선 정부의 성격은 미래 조선의 국내·외 정책의 방향을 결정하기 때문에 소련의 이익에 영향을 미칠 수밖에 없다. 조선이 소련에 새로운 근심을 안겨 줄 발원지가 될지 동북아에서 안보를 다지는 발판이 될지는 장래 조선

---

165) ЦАМОРФ, ф.66, оп.178427, д.90, л.14-16, 20-22, Почтарев А. Н. Из истории советско-корейск их отношений, с.146-147에서 재인용.

정부의 성격에 달려 있다." 자브로진은 조선에서 정부는 다음 두 가지 방법을 통해 조직될 수 있다고 결론지었다. (1) 미·소·중 정부 간 협의를 기초로 조선 정부를 조직한다. 하지만 이 같은 방식을 통할 경우 공산당원과 진정한 민주주의 인사들이 정부에 참여하는 문제를 놓고 조선의 반동분자들이 강력히 반대하고 나설 수 있다. 왜냐하면 이들이 조선 정부에서 소련과 긴밀한 관계를 유지하는 데 찬성할 것이라고 보기 때문이다. 반동분자들은 틀림없이 미국과 중국 정부의 지지를 요구할 것이다. (2) 비밀·보통·평등 선거를 통해 매국노를 제외한 모든 인민의 대표가 참여하는 '인민대표자대회'를 소집한 뒤, 조선공화국 건국을 선포하고 인민 정부를 조직한다. 이는 조선 정부 조직 문제 해결을 위하여 소련이 수용할 수 있는 방식이다.[166)]

일본 주재 소련대사 말리크(I. Malik)는 보고서에서 "소련이 통일된 조선 정부 수립을 반대하는 것은 현명하지 못하다."고 전제하고 다음과 같이 건의하였다. (1) 조선의 독립과 주권의 회복을 지지하고 이를 선포한다. (2) 조선의 모든 정치조직이 참가하는 조선 임시정부 구성에 지지를 표한다. (3) 이 조직들은 입헌회의 개최를 준비하기 위한 임시위원회를 구성해야 한다. (4) 입헌회의를 개최하기 전 각지의 노동자, 농민, 지식인, 교사, 사무직 및 기타 계층 사이에 각종 민주회의를 개최해 입헌회의 대표와 통일 조선 정부를 관리할 후보자에 대해 폭넓은 토론이 이뤄지도록 한다. (5) 소련과 미국의 대표로 특별공동위원회를 구성해 모든 준비 과정을 책임지도록 한다(중국 및 영국 대표도 참여할 수 있다). (6) 소련군과 미군의 조선 주둔으로 발생한 긴급한 문제들을 해결하기 위해 소련군사령부와 미군사령부의 대표로 조직된 미소특별위원회를 구성한다.[167)]

이상의 보고서를 통해 소련이 초기 조선 문제를 처리하는 데 두 가지 원

---

166) "1945년 12월 자브로진의 통일 한국 임시정부 문제에 관한 보고," *АВПРФ*, ф.0102, оп.1, п.1, д.15, л.11-17, K. Weathersby, "Soviet Aims in Korea," p.13에서 재인용.

167) "1945년 12월 10일 마리크의 한국통일 임시정부 수립에 관한 보고," *АВПРФ*, ф.0102, оп.1, п.1, д.15, л.18-21.

칙이 있었음을 알 수 있다. 첫째, 강대국들과 합의, 특히 미국과 협력을 토대로 민주선거와 입헌회의를 통해 통일된 조선 정부를 수립한다. 둘째, 조선 정부의 성격은 소련의 극동 지역의 안보에 중요한 의미를 가진다. 조선 정부가 구성될 때 이 점은 반드시 고려돼야 한다.

스탈린은 모스크바 외무장관 회담 결과에 만족했다. 소련 측 제안을 토대로 한 회담 공동성명은 조선 문제를 해결하기 위해 미소 점령군 대표들로 미소공동위원회를 구성하고 조선의 모든 민주정당 및 사회단체와 협의해 임시 민주정부 수립 준비에 필요한 제안을 하기로 규정하고 있다. 동시에 공동성명은 이렇게 제안된 사항들은 미·소·영·중 4국 정부에 보내 참고하도록 하고 최종적으로 미소 양국이 결정하며, 임시정부가 구성되면 5년간 4개국이 참여한 신탁통치를 거친 뒤 독립된 조선 정부를 수립할 것을 규정했다. 또 모스크바 외무장관 회담에서는 행정과 경제가 정상적으로 돌아가는 데 필요한 방안을 미소 점령군사령부가 책임지고 제정하도록 했다.[168] 결과적으로 얄타회담에서 확정된 4개국 신탁통치 원칙은 실질적으로 미소 양국의 신탁통치로 바뀌었다.

그러나 모스크바 외무장관 성명에서 밝힌 신탁통치 계획은 남한 지역의 격렬한 반대를 불러 일으켰다. 각 정당과 사회단체들은 잇달아 항의 성명을 발표하고 군중시위를 개최했고 심지어 '반탁위원회' 등의 기구까지 조직했다. 또한 신탁통치 실행 발표는 남한 지역의 정치 세력 간 분열을 가져왔다. 좌익 정당은 처음에는 모스크바 회의 결정에 반대했지만 1946년 1월 3일 북쪽에서 온 지시를 받은 후 공산당 및 그 산하 단체들은 찬성으로 돌아섰다.[169]

모스크바 회의의 또 하나의 결과는, 북조선 임시 정권 기구의 재구성과 남한의회 기구의 조직이다. 조선에서는 5도행정국위원장 조만식이 자주 모

---

168) 『朝鮮問題文件汇编』第一集, 北京: 世界知识出版社, 1954年, 第52, 13-14页.

169) F. C. Jones, H. Borton and B. R. Pearn, *The Far East, 1942-1946*, London: Oxford University Press, 1955, pp.435-438; 『战后世界历史长编』第四分册, 上海: 上海人民出版社, 1978年, 第199-200页.

스크바의 뜻에 어긋나는 행동을 보였고 소련 측 입장을 지지하라는 소련 점령군사령부의 권고를 거듭 무시했다. 특히 모스크바회의 이후 소련 점령 당국의 협조 요구에도 불구하고 신탁통치를 단호히 반대했다. 그는 심지어 남한의 우익 지도자 이승만, 김구 등의 신탁통치 반대운동을 지지한다는 성명을 발표하기도 했다. 슈티코프는 "조만식이 서울회담에 참가한 소련 대표단의 발언에 대해 견해를 표명하려 할 때 나는 이 활동가에게 쓸데없이 참견하지 말라고 경고하였으며 기회를 잡아 과거 조만식이 우리에게 진 빚을 정산하였다."고 회고했다.[170]

슈티코프는 스탈린에게 조만식은 소련 정책에 잘 따르지 않고 민족주의적 경향이 있으며 조선에 주둔 중인 소련 군대를 일본인과 동일하게 간주한다고 보고했다. 스탈린은 조만식을 다른 사람으로 대체하기로 결정했다. 슈티코프는 이제 30살이 갓 넘은 김일성을 추천했다. 스탈린은 이에 동의하고 "조선은 젊은 국가이니 젊은 지도자가 필요하다."고 말했다.[171] 그 직후 조만식은 조선의 정치무대와 사회에서 그 모습을 감추었다.[172] 2월 24일 조선민주당은 제1차 대표대회를 개최하고 중앙위원회를 해산했다. 회의에 결석한 조만식과 그의 지지자들은 제명됐다. 민주당의 새로운 위원장으로 소련야영지 시절부터 김일성의 오랜 전우이자 친구인 최용건이 선출됐다. 그전에 김일성은 조선공산당 북조선 분국의 지도자가 됐다. 1945년 12월 17일 조선공산당 북조선 분국은 중앙위원회 제3차 전체회의를 개최하고 과거에 했던 일들을 비판하면서 김일성을 제1서기로 선출하고 김용범을 제2서기로 강등시켰다. 이어 1946년 2월 8일 소련 점령 당국은 조선의 각 도·시·군 인민위원회 대표 및 각 정당 사회단체 내표사회의를 열어 중앙정권

---

170) *Почтарев А. Н.* Из истории советско-корейских отношений, c.150.

171) S. Goncharov, J. Lewis and L. *Xue Uncertain Partner*, pp.132, 326.

172) 한국의 한 연구자에 따르면 조만식은 1946년 1월 5일 소련군 당국에 체포되어 평양 고려호텔에 연금된 후, 1950년 10월 중순 조선이 위기 상황에 처하였을 때 비밀리에 처형당하였다고 주장한다. 강인덕, 『북한전서』 상권, 255쪽.

기구로 북조선임시인민위원회를 구성하고 김일성을 위원장으로 선출했다.[173]
이때부터 조선에서 김일성의 지도자로서의 삶이 시작됐다.

미국 점령 당국은 반대세력을 분열시키고 사회를 안정시키며 남한 인민
의 지지를 얻기 위해 1946년 2월 임시 권력기구인 '민주의원'을 구성하고 이
승만을 의장으로 선출했다. '민주의원'의 의원으로 임명된 인물들은 보수파
일색이었기 때문에 일부 진보적인 정치인들은 참여를 거부했다.[174] 소련이
볼 때 이승만은 확고부동한 반공분자이고 김일성은 모스크바에 충성스러운
공산당원이었다. 뚜렷이 대조되는 두 인물의 조선의 정치 무대 등장은 잠재
하던 미소 간의 갈등을 격화시켰다.

모스크바 회의의 규정에 따라 1946년 3월 20일 미소공동위원회 제1차 회
의가 서울 덕수궁에서 열렸다. 소련 측 수석대표는 슈티코프였고 미국 측 수
석대표는 군정장관 아놀드였다. 양측은 임시정부 수립에 관해 논의했다. 소
련 측은 신탁통치와 모스크바 회의를 반대하는 인사들은 조선 정부 수립에
관한 논의에 참여시키지 말 것을 제안했다. 그러나 미국은 언론 사상의 자
유를 구속해서는 안 된다는 입장을 견지했다. 1차 회담은 회의를 24차례나
개최했지만 양측은 서로의 주장만을 고집해 일치된 의견에 이르지 못하고
5월 8일 무기한 휴회를 선포했다.[175]

문제의 본질은 모스크바가 원하는 친소 정부 수립을 미국이 동의할 수 없
고 워싱턴이 지지하는 친미 정부는 모스크바가 용인할 수 없다는 것이었다.
이때부터 자유롭고 독립적이며 민주적인 조선 정부가 수립될 가능성은 모

---

[173] "조선 소련군 정부 민정국 3년 업무 종결 보고(1948년 12월 9일: 정치 부분)," *АВПРФ*, ф.0480,
оп.4, п.14, д.46, л.72-73, 89-94; Почтарев *А. Н.* Из истории советско-корейских отношений,
с.150-151.

[174] Jones, Borton and Pearn, *The Far East, 1942-1946*, pp.436-438; 『战后世界历史长编』第四分册,
第207页.

[175] "1946년 5월 14일 미소공동위원회 공작에 관하여 차라푸킨이 로조프스키에게 보내는 보고,"
ЦАМОРФ, ф.Устаск, оп.614631, д.30, л.18-38; Jones, Borton and Pearn, *The Far East,
1942-1946*, pp.438-440; 『战后世界历史长编』第四分册, 第209-211页. С. 차라푸킨은 소련 외교
부 유엔국 국장이다.

스크바회의 이전보다 더욱 적어졌다. 이런 상황에서 미소 양측 모두 조선반도에서 각자의 지위를 강화하기 위해 점령 지역에서 단독으로 미래 조선 정부의 기초를 조직하고 준비하기 시작했다. 따라서 1947년 미소공동위원회가 중단되기 전에도 미소 양측 이미 계속 협력하는 것은 불가능하다고 인식하고 있었지만, 남북에 단독정부 수립 구상은 아직 하지 않고 있었다. 미소 양국은 일정 시기 자신들의 통제 지역의 조선인들이 총선거를 실시하도록 해 자신에 유리한 통일된 조선 임시정부를 수립하려 했다.

선거를 장악해 친소 정부 수립을 보장하기 위해서 소련은 공산당 세력을 강화시켜야만 했다.[176] 북조선 지역 공산당원은 1946년 5월 13만 명에서 8월 그 수가 배로 늘어 27만 6,000명에 달했다. 이와 동시에, 김두봉을 위원장으로 하는 신민당(NPP)과 공산당이 합병해 조선노동당이 탄생했다. 김두봉이 중앙위원회 위원장으로, 김일성은 부위원장으로 선출됐다. 신민당은 약 9만 명의 당원이 있었으며, 그 중심 세력은 중국에서 돌아온 조선족 공산당원이었다. 조선노동당이 탄생하면서 공산당은 선거에서 승리를 확보했을 뿐 아니라, 조선 내의 친소련파 정치 세력이 확장됐다. 1947년 9월 조선노동당 당원은 이미 68만 명에 이르렀고 1948년 11월에는 77만 1,000명으로 늘어났다. 조선 지역에서 독립정권 수립을 위한 발걸음은 더 빨라졌다. 1946년 11월과 1947년 1월에 실시한 각급 인민위원회 선거에서 김두봉과 김일성의 노동당과 최용건이 지도하는 민주당이 도·시·군급 인민위원회의의 42.8%를 차지했고(무소속 인사는 50.1%), 리(里)와 동(洞)의 인민위원회에서 각각 64.1%와 67.48%를 차지하였다. 이를 기반으로 1947년 2월에 최고 권력기구인 인민대표대회를 구성하고, 김두봉이 위원장으로 신출됐다. 그 후 11월 제헌위원회가 구성되어 1948년 4월에 헌법초안이 통과되고 8월에는 최고인민회의 선거가 실시됐다. 9월 2~10일 사이 개최된 최고인민회의는 헌법을

---

176) "1946년 5월 20일 레베데프가 쉬티코프에게 보내는 편지," *ЦАМОРФ*, ф.Устаск, оп.614631, д.37, л.80-85.

비준한 뒤 김두봉을 최고인민회의 의장으로 선출하고 김일성에게 정부내각 구성을 위임했다.[177] 소련은 비로소 안심할 수 있었다.

1948년 12월 민정국장 레베데프의 조선 지도부에 관한 보고서는 김일성에 대하여 높이 평가하고 있다. 보고서는 "김일성은 공산주의운동에 충실하고, 비록 마르크스－레닌주의를 체계적으로 배우지는 못했지만 이미 조선의 탁월한 정치가 중 한 명으로 성장했다."고 강조했다. 중요한 것은 "김일성은 가장 중요한 대내·외 정책에 관하여 언제나 조선의 소련군사령부의 책임자들과 논의한다."고 언급한 부분이다. 그 보고서는 소련의 정치 경제 원조가 없으면 조선 인민들은 통일되고 독립된 민주주의 국가의 건립이 불가능하다는 것을 잘 알고 있다."고 지적하였다.[178]

이후 소련군 정부는 조선에 대한 직접적 통치와 관리를 점차 줄여 나갔다. 1946년 2월 조선임시인민위원회 성립 이후, 민정국 본부는 대대적인 인원 감축을 실시했다. 러시아 문헌에 따르면 1946년 2월 민정국 본부는 산하에 20여 개 처(处) 또는 실(室), 정식 인원 128명과 보조 인원을 합쳐 총 206명이 근무하고 있었다.[179] 1947년 5월 소련 내각회의 국가편제위원회는 조선 민정국을 13개 처(处), 총 인원 78명으로 감축할 것을 지시했다.[180] 미 정보기관의 보고에 따르면 민정국 본부의 인원은 1946년 9월 총 200여 명에서 1946년 12월 60여 명으로 감축됐다. 1947년 2월 조선인민위원회가 성립된 이후 민정국은 재차 인원 감축과 인사이동을 단행했다. 이 밖에도 소련 고문의 수 또한 감축됐다. 자료에 따르면 1947년 7월 조선인민위원회 내의 소

---

177) "조선 소련군 정부 민정국 3년 업무 종결 보고(1948년 12월 9일: 정치 부분)," *АВПРФ*, ф.0480, оп.4, п.14, д.46, л.40-52, 73-76.
178) "1948년 12월 25일 김일성 약력에 관한 레베데프의 보고,"『6·25전쟁에 관한 소련군사고문단 단장 라주바예프의 보고서』(제1권), 한국국방부전사편찬연구소편, 서울, 2001, 21-24쪽.
179) "1946년 2월 17일 북조선민정국 인원 편제에 관한 로마넨코의 보고," *ЦАМОРФ*, ф.Устаск, оп. 614631, д.38, л.51-56. 보고서에는 메레츠코프와 쉬티코프가 자필로 '동의'라는 서명이 되어있다.
180) "조선 소련군 정부 민정국 3년 업무 종결 보고(1948년 12월 9일: 정치 부분)," *АВПРФ*, ф.0480, оп.4, п.14, д.46, л.7-11.

련 고문의 수는 총 30명으로 줄었다.[181] 소련군 또한 급격히 감축되었다. 1946년 12월 소련 군대는 조선에서 철수하기 시작했고 해당 지역의 보안대가 소련군의 치안유지 임무를 대신했다. 조선인이 자신들의 경찰과 군대를 조직하고 통제하게 되면서 조선의 소련군은 1946년 4만 명에서 1947년 1만 명으로 감소했다. 1947년 4월 3일 치스차코프 중장이 맡았던 소련 점령군 사령관에 코로트코프(G. P. Korotkov) 소장이 임명됐고 1948년 5월 9일에는 머쿨로프(S. P. Merkulov) 준장이 임명됐다. 이때 조선의 소련군 규모는 재차 줄었다.[182]

러시아 정부 자료는 남한에서 정치적 어려움에 부딪힌 미국과 비교해 소련의 북조선 관리가 효과적이었고 소련의 전략이 잘 관철됐음을 보여 준다. 1947년 2월 20일 조선인민위원회는 위원회가 수립된 직후 스탈린에 보낸 서신에서 "조선 인민들은 남조선이 통일되고 민주적이고 단일한 조선 임시정부가 수립되기를 갈망하고 있다."고 주장했다. 3월 1일 조선인민위원회 의장단이 몰로토프에 보낸 서신에서도 "북조선 인민들은 조선이 아직까지 통일을 이루지 못한 점을 인식하고 국가의 통일과 모스크바의 민주정부의 수립에 관한 결정을 실천하기 위해 모든 노력을 다하고 있다."고 강조했다. 해방 3주년인 1947년 8월 15일 김일성은 몰로토프에게 보낸 서신에서 "우리는 통일된 민주정부가 가까운 시일 내에 수립될 것과 조선이 완전한 독립국가로 거듭날 것을 굳게 믿고 있다. 본인은 소련과 귀하의 노력에 힘입어 조선 임시 민주정부 수립 문제가 모스크바 외상회의 합의 정신에 의거하여 모든 조선 인민의 이익에 부합하는 방향으로 해결될 것으로 믿고 있다."고 강조했다.[183]

조선의 경제적 능력을 강화시키기 위해 소련은 기존의 경제 수탈 정책을 수

---

[181] 『정보총론 · 북조선』 제41호, 1947년 7월 15-31일, 6쪽, Lee In-Ho, "The Soviet Military Government," p.545으로부터 재인용.

[182] Lee In-Ho, "The Soviet Military Government," p.546.

[183] K. Weathersby, "Soviet Aims in Korea," p.19.

정하고 경제원조를 제공하기 시작했다. 1947년 5월 12일 메레츠코프(Meretskov)
와 슈티코프는 공동으로 스탈린에게 전보를 보냈다.

> 소련 혹은 기타 외국 전문가의 도움 없이는 북조선의 공업과 철도운수는 운
> 행될 수 없습니다. 우리들은 하루빨리 북조선에 소련의 엔지니어들을 파견해야
> 합니다. 이는 인민위원회가 공업 및 운수 관리 정책을 조정하는 데 도움을 줄
> 수 있고 장차 조선에서 소련의 지위와 영향력을 강화시키기 위해 반드시 필요합
> 니다.
> 만일 남·북조선이 통일되거나 조선 임시정부가 수립되기 전에 소련 전문가가
> 북조선에 도착하지 않으면 외국 기술의 원조가 필요한 조선 임시정부는 반드시
> 미국에 전문가를 파견해 달라고 요청할 것입니다. 이렇게 되면 조선에서 미국의
> 영향력은 강화되고 소련은 국익에 손해를 보게 될 겁니다. 따라서 하루빨리 소련
> 의 전문가를 북조선에 파견해 주기를 바랍니다.

이 소련 군정부 문건은 당시 소련 정부의 조선정책의 출발점이 어디에 있
는지 명확히 보여 준다. 몰로토프는 전문가 파견 요구에 대해 "스탈린 동지,
본인은 이 건의에 반드시 동의해야 한다고 생각합니다."라고 지지했다. 필
자가 발굴한 러시아 정부문서 사본을 보면 스탈린이 친필로 비준했는지는
명확하지 않지만 스탈린이 이들의 건의에 동의했다는 것은 알 수 있다.[184]
조선임시인민위원회는 소련 군정부가 심혈을 기울여 조직한 것이다. 모
스크바의 소련공산당 중앙위원회 기록보관소에는 소련의 전문가들이 제정
한 조선헌법과 법률 등 다수의 문헌들이 보관돼 있다. 정부문서 중에는 소
련이 조선을 돕기 위해 작성한 간부와 기술자의 훈련 및 선전기구, 소련식
사회조직 구성에 관한 보고서가 많다.[185] 김일성과 슈티코프의 요청에 따
라 1948년 2월 18일 소련 고등교육부는 조선에 대한 교학 및 과학연구 분

---

184) "1947년 5월 12일 메레츠코프와 쉬티코프가 스탈린에게 보낸 전보," *АПРФ*, ф.45, оп.1, д.346,
      л.4-6.
185) *РЦХИДНИ*, ф.17, оп.128, д.1119; K. Weathersby, "Soviet Aims in Korea," p.17. 소련이 조선에
      제공한 출판물과 선전 책자 목록은 다음을 참조할 것, "조선 소련 군정부 민정국 3년 업무
      종결 보고(1948년 12월 9일: 정치 부분)," *АВПРФ*, ф.0480, оп.4, п.14, д.46, л.313-317, 322-341.

야 원조에 관한 결의문과 협정문 초안을 작성하였다. 구체적 실행 방안으로 1948년 조선의 대학에 현금 150만 루블과 실험 기자재 및 교통수단을 제공하고 23개 전문 분야에 걸쳐 교수 31명과 11명의 통역을 조선의 대학에 파견하도록 했다.[186] 5월 27일 소련수문기상총국(水文气象总局)은 내각회의의 결정에 따라 수문기상 분야의 기술 자료를 북조선에 제공하고 전문가를 파견해 조선의 관련 부서와 협력하여 관련 업무를 시작하도록 하고, 조선의 학생을 받아들여 교육시키며, 설비와 기기를 판매하는 등의 원조 방안을 마련하였다.[187] 1946년 소련 적십자사는 조선의 여러 도시에 총 17곳의 병원을 세우고 각 병원에 의무 요원, 의료 설비 및 약품을 갖추도록 지원했다. 같은 해 10월 소련은 위생방역팀 4팀을 파견해 북조선위생부와 공동으로 콜레라 및 기타 유행병의 방역 작업을 진행했다. 1949년 9월 19일 소련 내각회의의 결정에 따라 조선의 소련 병원 및 의료 설비는 모두 조선민주주의인민공화국 정부에 이양됐다.[188]

이 밖에도 소련 정부는 조선노동당과 정부 간부들의 역량을 강화하고 모스크바의 방침과 정책을 관철하는 동시에 이를 적극 선전하기 위해, 소련계 조선인을 조선에 파견하여 각종 분야의 업무에 종사하도록 했다. 1945년부터 1948년까지 총 560명의 소련계 조선인들이 조선으로 돌아왔다. 그중 박정애와 남일 등은 중요한 업무를 담당했다.[189]

---

[186] "1948년 2월 18일 조선에 교육 원조 제공에 관한 소련 고등교육부의 보고," 沈志华收集和整理, 『俄国档案原文复印件汇编: 朝鲜战争』(이후 『朝鲜战争俄档复印件』이라 칭한다) 第1卷, 华东师范大学国际冷战史研究中心藏, 2004年, 未刊, 第98-105页. 필자가 수집한 조선(한국)전쟁에 관한 모든 러시아 당안 원문 복사본은 모두 이곳에 모아 편집하였다. 일부 당안 사료를 수집할 때 당안 번호를 표시하지 않았기 때문에, 편리를 위하여 이 문건 자료집의 페이지를 표기하였다.

[187] 「1948년 5월 27일 조선에 원조를 제공하는 것에 관하여 소련수문기상총국 보로실로프에게 보내는 보고」, 『朝鲜战争俄档复印件』 第1卷, 第110-111页.

[188] *Почтарев А. Н.* Из истории советско-корейских отношений, с.152.

[189] *АПРФ*, ф.3, оп.65, д.828, л.28; д.817, л.140-155; *ЦАМОРФ*, ф.487, оп.179343, д.58, л.98-101, *Почтарев А. Н.* Из истории советско-корейских отношений, с.153에서 재인용.

특히 중요한 것은 소련이 북조선을 도와 군대를 조직한 것이다. 러시아 정부자료에 따르면 제25군사령부는 1945년 8월 조선에 진출한 초기 약 470명의 군사고문을 선발해 북조선이 자체 무장 조직과 보안 기구를 조직할 수 있도록 했다. 소련군으로부터 훈련을 받고 조선 군대의 제1차 장교로 임명된 사람들은 과거 중국과 소련에서 전쟁을 통하여 단련된, 조선의용군과 제88여단 출신 대원들이었다. 1945년 11월 평양군관학교가, 1946년 중앙보안간부훈련소가 설립됐다. 1947년 7월 해군부대가 조직되고 해군학교도 또한 문을 열었다. 1947년 8월 최초의 공군부대가 창설되고 1948년 2월 조선인민군이 정식으로 출범해 평양에서 최초의 열병식이 거행됐다. 이때 조선인민군은 초보적인 군사력을 갖추게 됐는데 2개 육군사단, 1개 독립 보안연대, 1곳의 군사학교와 정치학교가 있었다.[190]

미군정 또한 한국인에게 권력을 이양하기 시작했다. 신탁통치와 미군정부에 대한 불만을 해소하기 위해 미군정 당국은 1946년 12월 '남조선과도입법의원'을 설치했다. 입법의원 절반은 주한미군사령관 하지가 지명하였고, 절반은 형식적인 선거를 통해 선출했다. 그 결과 보수파는 과도입법의원에서 절대적 우위를 차지했고 이승만을 도왔던 우익 인사 김규식(金奎植)은 의장에 임명됐다. 그러나 과도입법의원은 신탁통치 문제에서 미군정와 계속 대립했고 1947년 2월에 신설된 '민정장관' 제도 또한 한국인들의 환영을 받지 못했다.[191] 이 시기 미소공동위원회 역시 교착상태에 빠졌다.

국제여론의 압력에 미소 양국은 절충을 거쳐 1947년 5월 미소공동위원회를 재개했지만 그 직후 유럽에서 냉전이 발발한 상황에서 양측은 통일정부 수립에 관해 의견일치를 볼 수 없었다. 3개월에 걸친 설전에서, 미소 대표는 자문기구에 참여할 정당과 단체를 선정하는 문제부터 교착상태에 빠졌다.

190) ЦАМОРФ, ф.23, оп.173346, д.274, л.152; д.196, л.24, 810, Почтарев А. Н. Из истории советско-корейских отношений, с.154에서 재인용.
191) Jones, Borton and Pearn, The Far East, 1942-1946, pp.441-448.

미국 정부는 미소공동위원회로는 조선 문제를 해결할 수 없다고 보고 8월 26일 미소 · 중 · 영 4개국 회의에서 논의할 것을 제안했지만 소련은 이를 거절했다. 9월 17일 미국은 조선 문제를 제2차 유엔총회에 회부했다. 10월 18일 미소공동위원회 미국 측 대표는 위원회 가동을 중지할 것을 소련 측에 제안했다.[192] 몰로토프는 스탈린과 논의한 후 유엔 주재 소련 대표 비신스키에게 조선 문제는 이미 유엔총회 의사일정에 포함됐기 때문에 더 이상 논의하는 것 자체를 반대하지는 말라고 지시했다. 또한 "1948년 초 조선에서 미소 양군이 동시 철수와 조선 문제 토론을 위하여, 남북조선 양측의 대표를 유엔정치위원회에 초청할 것"을 제안하라고 지시했다.[193] 몰로토프의 지시에 따라 비신스키 소련 대표는 유엔총회에서 소련의 주장을 서둘러 제기했지만 정치위원회는 미국의 제안을 수정 후에 통과시켰다. 11월 14일 유엔총회에서 통과된 결의안은 다음과 같다. 첫째, 유엔조선임시위원단을 설치하고 이 위원단은 조선 전역에서 총선거를 실시 감독한다. 둘째, 조선 전체를 대표하는 정부가 수립된 후 미소 점령군은 가능한 한 빨리 철군한다. 소련은 임시위원단을 인정할 수 없다고 선언하고 이 결의안 표결에 참가하길 거부했다.[194] 이 같은 상황이 되면서 조선반도와 조선 민족의 분열은 이미 피할 수 없게 되었다.

　예상대로 유엔임시위원단은 입북을 거절당했다. 소련 군정부와 북조선의 지도자들은 유엔임시위원단과 접촉하거나 연락하는 것을 거절했다. 유엔사무총장이 소련 정부와 직접 교섭에 나섰지만 이 역시 문전박대를 당했다. 이에 유엔임시위원단은 1948년 2월 자신의 힘이 미치는 지역에서 총선거를 실시하고 정부를 수립할 것을 결정했다. 이는 미국 정부가 희망하던 것이었다. 이 결정은 남한에서 큰 파장을 불러 일으켰다. 즉 좌익의 강력히 반

192) 『朝鮮問題文件汇編』, 第46-56页.
193) "1947년 10월 23일 몰로토프가 비신스키에게 보낸 전보," *АПРФ*, ф.45, оп.1, д.346, л.7-9.
194) 『朝鮮問題文件汇編』, 第66, 76-78页; Calvocoressi, *Survey of International Affairs, 1947-1948*, pp.316-318.

대하고 나섰을 뿐 아니라 북측이 이를 빌미로 분열국면을 만들 것을 우려한 김규식을 중심으로 한 중간파, 김구를 중심으로 한 우파 모두 남한에서의 단독선거 저지를 선언했다. 이승만과 그가 지도하는 극우파 단체들만 유엔 임시위원단의 결정을 지지했다. 미국은 조선에서 소련 세력을 저지하기 위한 보호막을 세우기 위해 이승만을 적극 지지하고 그의 단독집권을 결정했다. 미군 정부가 감독하고 보호한 남한의 총선거는 협박과 뇌물, 폭력이 난무했다. 유엔조선임시위원단이 감독이 미친 영역은 선거의 일부에 불과했다. 7월 20일 이승만은 예상대로 대한민국 대통령으로 당선됐고 8월 15일 서울에서 대한민국 정부 수립을 선포했다. 미국 정부는 대한민국 정부를 "유엔총회가 인정한 조선의 합법정부"라고 승인했다.[195]

이와 동시에 북측에서도 단독선거가 적극적으로 준비되었다. 남측에서 정부 수립이 선포되자 이미 모든 준비를 마친 조선민주주의인민공화국이 9월 9일 평양에서 선포됐고 소련은 즉각 이를 승인했다. 1948년 10월 12일 스탈린은 김일성 수상에게 보낸 서신에서 "소련 정부는 조선 인민들이 통일된 독립 국가를 수립할 권리를 일관되게 옹호해 왔다. 조선 정부 수립을 환영하며 조선 민족 부흥과 민주 발전을 위한 투쟁에서 승리를 거둔 것을 축하한다. 소련 정부는 소련과 조선민주주의인민공화국 양국이 외교관계를 수립하고 대사를 상호 파견하는 데 동의하며 이에 상응하는 경제 관계를 수립할 것"이라고 말했다.[196] 소련은 북조선이 신속히 발전하고 강대해져 조선반도에서 미국의 영향력을 저지하고 소련 극동 지역에서 안전 장벽이 돼 주기를 희망했다.

1948년 5월 조선에서 미소 관계는 악화일로를 걷고 있었다. 조선은 남측으로의 전력공급을 완전히 중지했고 서울의 소련연락관은 평양과 연락업무를 수행하기 위한 기본 조건이 부족하고 신변 안전을 보장한다는 이유로 평

---

195) Calvocoressi, *Survey of International Affairs, 1947-1948*, pp.318-324.
196) "1948년 10월 12일 스탈린이 김일성에게 보낸 전보," *АПРФ*, ф.45, оп.1, д.346, л.10.

양으로 돌아갔다.[197) 이 같은 상황에도 불구하고 스탈린의 조선에 대한 기본정책은 변하지 않았다. 소련은 조선반도에서 이미 미국과 협력할 수 없게 됐다고 하더라도 베를린 위기 때처럼 미국과 공개적인 대치상태가 형성되는 것을 원치 않았다. 모스크바의 목표는 조선반도에 소련과 우호적인 정부를 수립하는 것뿐이었다. 당초 이 우호적인 정부는 조선반도 전체를 의미했지만 이제는 조선의 북부 지역으로 바뀌었을 뿐이다. 그 이유는 아주 간단하다. 1948년 미국과 소련이 유럽에서 첨예하게 대립하고 있어 당시 스탈린은 조선 문제를 우선시할 수 없었다. 기본적으로 소련의 외교정책이 유럽제일주의 방침인 데다 제2차 세계대전으로 소련이 입은 막대한 물적 인적 손실을 우선적으로 해결해야 했기 때문에 동북아시아는 우선순위에서 부차적 위치에 놓일 수밖에 없었다. 스탈린은 조선반도나 조선 북부에 동유럽과 같은 위성국을 세울 생각도, 계획도 없었다. 이를 배경으로 소련은 미소 양국 군대의 동시철수를 먼저 제안했고 소련군이 조선에서 우선적으로 철수하고 조선인에게 충분한 자치권을 부여하겠다는 내용 등을 약속한 것이다. 이 자치권은 동유럽 국가들에게 약속한 자치권 수준을 훨씬 넘어서는 것이었다. 심지어 스탈린은 조선민주주의인민공화국과 동맹 관계 성격의 외교관계를 수립하는 것을 꺼렸고 조선의 조국통일 계획을 책임지는 것도 원치 않았다. 이는 미국을 자극할 수 있고, 소련의 힘이 미치지 못하는 시간과 장소에서 서방과 더 큰 분쟁과 충돌을 일으킬 수 있기 때문이다.

　정부 수립 후 김일성이 제일 먼저 해야 하는 것은 소련을 방문하는 것이었다. 김일성은 당초 소련을 방문하는 동안 소련과 동맹조약을 체결할 수 있을 것으로 기대했지만 스탈린은 관심이 없었나. 1949년 1월 19일 평양 수재 소련대사 슈티코프는 이 문제에 관한 김일성과의 회담 내용을 모스크바

---

197) *Почтарев А. Н.* Из истории советско-корейских отношений, c.148; "1948년 6월 1일 서울 주재 소련 연락관의 업무 조건에 관한 소련 국방부 대외연락국의 보고," *ЦАМОРФ*, ф.40, оп.178427, д.90, л.28-30.

에 보고했다. 이 보고서는 조선의 희망과 소련의 입장 사이의 차이를 명확히 보여 준다.

> 1월 17일 본인은 김일성, 박헌영과 대화를 나눴다.
> 본인은 이들에게 소련 정부는 조선 정부 대표단의 모스크바 방문 제의에 동의한다고 통보했다.
> 김일성과 박헌영은 매우 만족해 하며 언제 출발이 가능한가를 물었다.
> 본인은 모스크바가 제기한 문제들이 준비되는 상황을 보고 방문 시기를 정할 수 있으며, 방문 시기는 대체로 2월이 될 것이라고 대답했다.
> 김일성이 과거 제기했던 소련과 우호호조조약을 체결하는 문제에 대해 현재 국가가 두 개로 분할된 상황에서 이 같은 조약을 체결하는 것은 적절치 못하고 이는 남조선 반대파에게 조선민주주의인민공화국과 소련이 국가의 분열을 더욱 조장하려고 한다고 이용당할 수 있다고 설명했다.
> 본인의 이 같은 통보에 김일성과 박헌영은 불안해했다. 김일성은 떠듬거리며 조약 체결의 정당성을 설명했다.
> 그는 자신의 생각을 강조하기 위해 최고인민회의의장 김두봉도 과거 자신에게 소련과 우호호조조약을 맺어야 하며 만일 모종의 이유로 이 조약을 체결하지 못할 경우 소련이 조선을 원조하는 비밀협정이라도 반드시 체결해야 한다고 말했다고 설명했다.
> 본인의 보충 설명 후, 김일성과 박헌영은 현재는 우호호조조약 체결을 위한 적절한 시기가 아니라는 본인의 의견에 동의했다.[198]

이후 2월 3일 김일성이 소련 대사관에 제출한 모스크바를 방문해 토론할 의제 목록에서 동맹조약은 더 이상 언급되지 않았다. 대신 경제, 무역, 문화 및 기술원조 협정 체결 외에 3000만 달러 차관 제공, 회령-크라스키노 간 철도건설 및 조소항공사의 설립에 관한 내용이 포함됐다.[199] 2월 14일 몰로토프는 차관 외의 기타 모든 요구에 동의한다고 회답했다.[200]

3월 3일~25일 김일성 일행은 소련을 방문하고 경제문화협정에 서명했

198)「1949년 1월 19일 쉬티코프가 외교부에 보낸 전보」,『朝鮮戰爭俄檔复印件』第1卷, 第114-115頁.
199)「1949년 2월 4일 쉬티코프가 몰로토프에게 보낸 전보」,『朝鮮戰爭俄檔复印件』第1卷, 第140-143頁.
200)「1949년 2월 14일 몰로토프가 쉬티코프에게 보낸 전보」,『朝鮮戰爭俄檔复印件』第1卷, 第151頁.

다. 소련의 신문과 방송은 김일성의 방문을 대대적으로 보도했다.[201] 크렘린궁 스탈린 집무실의 방문자 기록에 의하면 스탈린과 김일성은 2차례의 정식 회담을 가졌다. 제1차 회담은 3월 5일 조선 대표단 전원이 참석했고 회견 시간은 1시간이었다. 3월 14일 제2차 회담에는 김일성과 박헌영 그리고 통역 문일이 참석했고 회견 시간은 1시 45분이었다.[202] 현재 러시아 정부문서는 3월 5일 회담 기록만 공개돼 있다. 이때는 주로 경제기술원조 문제가 논의됐다. 주목할 만한 내용은 김일성이 재차 차관제공을 요구했고, 요구 금액 또한 5,000만 달러로 늘어났다는 점이다. 스탈린은 3년에 걸쳐 설비와 기기를 제공하는 형식으로 4,000만 달러(2억 루블) 차관 제공을 약속했다. 스탈린은 남북 양측의 군사력 차이를 질문했고 박헌영은 북쪽의 군대가 더 강하다고 대답했다. 스탈린이 38선의 군사 충돌에 대해 묻자 김일성은 침입한 적들을 몰아냈다고 답했다.[203]

러시아 학자의 연구에 따르면, 김일성이 소련을 방문하는 동안 스탈린과 무력으로 조선을 통일하는 문제에 관해서도 논의하였다. 김일성은 현재 상황으로 볼 때 군사적 수단으로 조선반도를 해방시키는 것이 가능하고 필요하다고 주장했지만, 스탈린은 북측이 군사적으로 열세인 데다 미소 간 38선 합의가 존재하고 미국이 개입할 가능성이 있다는 이유로 동의하지 않았다.[204] 회담에 참가한 스탈린의 통역 쿨리코프(A. Kulikov)의 회고에 따르면 김일성은 회담에서 스탈린에게 "남측이 계속해서 분쟁을 일으키고, 국경지역을 침범하며, 소규모의 충돌을 끊임없이 일으킨다."고 강조했다. 스탈린은 우려를 표시하며 북조선이 "남측의 공격에 바로 반격"할 수 있도록 무기

201) 『人民日報』, 1949年 3月 9日, 10日, 18日, 19日, 21日, 24日, 26日, 28日, 4月 10日 보도. 『조소경제문화협정』, 전문은 『人民日報』 3月 24日, 3쪽을 참조할 것.

202) 沈志华总主编, 『苏联历史档案选编』第20卷, 第705-706, 707页.

203) "스탈린과 조선 정부 대표단의 담화 기록," *АПРФ*, ф.45, оп.1, д.346, л.13-23.

204) Bajanov, "Assessing the Politics of the Korean War, 1949-51," p.54; *Торкунов и Уфимцев* Корейская Проблема, с.15.

를 원조할 의사가 있음을 밝혔지만 남쪽을 전면적으로 공격하는 문제에 관해서는 논의하지 않았다.[205] 아마도 이는 3월 14일 회담에서 논의됐을 수 있다.

이 밖에도 스탈린이 3월 11일 김일성과 비밀 회담을 가졌다는 내용이 있다. 스탈린은 김일성과 회담에서 북쪽의 군대가 군사행동을 취하는 데 반대 입장을 분명히 했다. 그 이유로 스탈린은 북쪽이 군사적으로 압도적으로 우세하지 못하고 소련과 미국 사이에 38선 협정이 존재한다는 것을 들었다. 스탈린은 북측이 군사행동을 취할 수 있는 경우는 오직 남측이 먼저 기습하는 경우라고 못 박았다.[206]

현재까지 이 회담에 관한 러시아의 기록은 공개되지 않았지만 3월 5일 회담에서는 남한에 대한 공격 문제는 언급되지 않았고 이 문제가 3월 11일 (혹은 다른 날의 회담) 비공개 회담에서 개인적인 대화 도중 제기됐다는 사실은 확실하다. 스탈린은 먼저 공격해서는 안 된다고 확실히 했고 오직 공격이 있을 경우 방어만을 허용했다. 어찌됐든 1949년 초 스탈린은 조선반도에서 군사행동을 취하는 문제를 김일성과 진지하게 논의하지 않았고, 조선이 그렇게 하는 것에도 동의하지 않았다.[207]

결론적으로 소련은 초기에는 신탁통치 방식을 통해 통일된 조선 정부를 수립하는 것에 동의했지만 후에 북측 정권을 기반으로 하는 통일된 조선 정부를 수립하는 쪽으로 기울었고 최후에는 조선 북부에 단독정부를 수립하는 것을 지지하고 지원했다. 소련의 조선반도 정책은 내용상 다소의 변화가 있었지만 기본 목표는 시종일관 하나였다. 즉 소련이 조선반도에 일정한 통

---

[205] S. Goncharov, J. Lewis and L. Xue *Uncertain Partner*, p.135.

[206] "1949년 8월 12일 쉬티코프가 모스크바에 보낸 전보," *АПРФ*, ф.3, оп.65, д.775, л.102-106; Торкунов *А. В.* Загадочная война, с.30-31.

[207] 따라서 당시 회담에서 스탈린의 통역을 담당했던 카피사의 회고록은 매우 유용하다. 그는 1993년 11월과 1994년 12월 2차례의 인터뷰에서 모두 군사행동을 취하는 문제에 관해서는 아무런 언급이 없었다고 증언하였다. Kim Hakjoon, "North Korean Leaders and the Origins of the Korean War," Paper for the International Conference, Hong Kong, January 1996.

제력과 영향력을 유지하는 동시에, 미국과 직접적인 충돌을 피하고 미국이 강경정책을 취하지 않도록 자극하지 않는 것이었다. 이는 미국의 조선정책과 방식은 다르지만 목적은 같았다.[208] 소련의 대외 정책이 강대국 간 협력에서 양대 집단 대결로 변화돼 가는 과정에서도 소련의 아시아정책은 여전히 얄타 체제 유지를 목표로 하고 있었고 가능한 한 대립과 충돌을 제한된 범위 내에서 통제하려 했다. 이 점은 스탈린의 중국정책에서도 명확히 나타난다.

3. 중국에 대한 소련의 목표와 정책의 변화

소련의 대외 정책에서 1순위는 유럽 아시아는 2순위를 차지하고 있었다. 소련의 아시아정책이란 소련의 동북아시아정책을 의미한다. 이는 서아시아, 남아시아 그리고 동남아시아는 제2차 세계대전이 끝난 후에도 스탈린의 관심 지역에 포함되지 않은 걸 보면 쉽게 이해할 수 있다. 역사적으로 1918년 미·일·영 등에 의한 시베리아 무장간섭, 1938년 장고봉사건, 1939년 노몬한사건은 모두 동북아 지역에서 발생했다.[209] 소련의 안보 측면에서 동북아 지역은 동방의 '폴란드 회랑'이었다. 이 '회랑'은 폭이 비교적 넓어서 외몽고에서 만주를 거쳐 조선 동쪽의 동해까지 이어지는데 중국, 조선 그리고 일본까지 걸쳐 있다. 육지와 해상으로 보면 중점 지역은 중국이었다.

스탈린의 전후 아시아 전략에서 중국과 관련되는 것은 두 가지가 있다. 즉 몽고를 중국으로부터 분리해 소련의 안전을 보장하기 위한 완충지대로

---

208) 미국의 조선반도에 대한 정책은 다음을 참조할 것. 牛军:『战后美国对朝鲜政策的起源』, 『美国研究』第2期, 1991年, 第50-65页; 沈志华:『朝鲜战争揭秘』第2章, 香港: 天地图书有限公司, 1995年.

209) 이에 관한 자세한 내용은 다음을 참조할 것. 徐天新, 「評"十四國武裝幹涉蘇俄"及其它」, 『曆史教學問題』, 2004-3, p.62-63; 张义德, 「日本在西伯利亚武装干涉的破产」, 『历史教学』第7期, 1983年, 第36-39页; 林三郎编著, 『关东军和苏联远东军』, 第71-85, 100-127页.

삼는 것과, 태평양으로의 진출 거점과 부동항 확보를 핵심으로 하는 중국 동북 지역 내 러시아제국의 모든 권익을 회복하는 것이다. 소련의 전후 중국정책은 이 두 가지 목표를 중심으로 정해졌다. 중국의 상황 변화에 따라 소련의 정책도 변화했지만 목표는 시종일관 같았다.

소련이 대일 작전에 참전하기로 약속한 것은 이것이 동북아 지역에서 소련의 권익을 실현할 수 있는 기본 조건이었기 때문이다. 미국은 소련군을 태평양전쟁에 하루라도 빨리 참가시켜 미군의 희생을 줄이기 위해 스탈린이 제시한 조건을 받아들였다.[210] 이에 따라 얄타회담에서 소련이 중국 동북 지역에 파병하는 대신 러시아제국 시기 동북아 지역의 모든 이권을 회복한다는 내용이 확정됐다. 회담에서는 사할린 남부 및 부근의 모든 도서를 소련에 반환하고 대련항에서 소련의 우월적 이권을 보장하며, 소련이 여순 해군기지 조차권을 회복하고, 중동철도와 남만철도를 공동경영하기로 결정했다. 이 밖에도 쿠릴열도를 소련에게 이양하고 외몽고를 중국에서 분리(얄타 문건은 "현상 유지"라고 표현했다)할 것을 결정했다. 중국과 연관된 문제를 해결하기 위해 소련은 미국의 협조하에 장개석과 조약을 체결하고 이권을 보장받은 후 대일작전에 파병했다.[211] 국민당과 조약을 체결하기 위해 스탈린은 장개석을 반드시 만족시켜야 했다. 이는 국공 양당에 대한 소련의 기본 입장이 되었다. 이 부분에 대해 스탈린은 미국에게 확실한 보증을 하였다.

1944년 6월 22일 스탈린은 소련 주재 미국대사 해리먼을 접견하면서 중국 공산당을 "인조 마가린(가짜)" 공산당이라 칭하고 일단 경제 상황이 호전되면 그들은 공산주의를 포기할 것이라 강조했다.[212] 스탈린은 1945년 4~5월

210) 소련의 동북출병에 관한 미국과 소련 간의 교섭 과정은 다음을 참조할 것. 沈志華, 「蘇聯出兵中國東北: 目標和結果」, 『曆史研究』, 1994-5, p.88-103.

211) FRUS, the Conferences at Malta and Yalta, 1945, pp.766-770, 984. 『德黑蘭, 雅爾塔, 波茨坦會議記録摘編』, p.159-165, 231-232.

212) "Harriman to the Secretary of State, 22 June 1944," FRUS, 1944, Vol.6, China, Washington D.C.: GPO, 1967, pp.799-800.

중국 주재 미국대사 헐리(P. Hurley)와의 두 차례 회담에서 장개석을 "사심이 없는 애국자"라 칭하면서, 정치적으로 중공에 양보해 군령을 통일할 것을 주장했다. 스탈린과 몰로토프는 중국공산당 사람들을 진정한 공산당원으로 볼 수 없고 소련은 중국공산당을 지원한 적도, 앞으로 지원하지도 않을 것이라 말하고, 미국과 마찬가지로 모스크바 역시 장개석의 지도하의 통일되고 민주적인 중국을 희망한다고 강조했다.213) 그 직후 소련공산당 이론지 『볼셰비키』(제11~12기)에 게재된 중국 정세에 관한 글에서, "전후 중국은 자신의 정의로운 임무를 더욱 신속히 완수하기 위해 전쟁 시기의 모든 민주주의 정당, 단체 및 조직으로 강력한 '전국 민주전선'을 구성할 필요가 있으며, 이렇게 하는 것만이 승리를 앞당겨 중국이 강력하고 독립된 민주국가로 거듭날 수 있다."고 주장했다.214) 이는 스탈린의 '연립정부 정책'이 아시아에서 재현되는 것과 같았다.

스탈린은 국민당 정부와 중소조약을 협상하는 과정에서 얄타협정의 목표를 실현하기 위해 '중공 카드'를 충분히 이용했다. 중국공산당은 항일전쟁 과정에서 세를 크게 확장했고, 이는 장개석의 깊은 시름이었다. 7월 초 중소 간 협상이 개시된 이후 장개석은 스탈린이 요구한 외몽고 독립 문제를 승인하는 '교환 조건'으로 "소련은 이후 중공과 신장토비들을 지지하지 말 것" 과 "동북 3성의 영토주권과 행정권을 완벽하게 보장할 것"을 요구했다. 장개석은 국민당 협상 대표단 단장 송자문(宋子文)에게 중공 문제에 관한 국민당의 요구를 소련에 명확히 전달할 것을 지시했다. 국민당은 중공의 군령과 정령을 중앙에 완전히 귀속·통일시킬 것이며, 향후 정식 국회를 소집해 정부를 개편할 때 중공도 차별 없이 포용할 것이지만 이는 절대 연합정부는

213) "Kennan to the Secretary of State, 17 April 1945," *FRUS, 1945, Vol. 7*, pp.338-340; "1945년 5월 10일 피터로프 대사와 헐리의 대화록, *АВПРФ*, ф.0100, оп.33, п.244, д.14, л.120-125, *Ледовский А. М., Мировицкая Р. А.(сост.)* Русско-китайские отношения в XX веке, Документы и материалы, Том IV, Советско-китайские отношения, 1937-1945гг., Книга 2: 1945г., Москва: Памятники исторической мысли, 2000, с.37-40. А. А. 피터로프는 당시 중국 주재 소련대사이다.

214) *Евгеньев В.* О положении в Китае//Большевик, № 11-12, июнь 1945, с.63-73.

아니라는 내용이었다.[215] 스탈린은 미국에 이미 이를 약속했기 때문에 장개석의 조건을 흔쾌히 받아들였다. 외몽고에서 실시할 국민투표 결과에 관해 소련은 이미 대응책을 마련해 놓았다[216] 국공 관계 문제에 대해 스탈린은 세 가지 의견을 제시했다. 첫째, 중국에는 국민당이 지도하는 오직 하나의 정부만 존재한다. 그러나 반드시 공산당과 기타 인사들의 참여를 허용해야 한다. 둘째, 중국 정부의 군령과 정령을 통일해야 한다는 요구는 지극히 타당하고 국민당이 연립정부 구성을 원치 않는 것 또한 "정당한 희망 사항"이다. 셋째, 소련이 중국에 지원하는 일체의 무기와 기타 물자는 모두 중앙정부를 유일한 대상으로 하며 공산당에게는 무기를 공급하지 않는다. 스탈린은 의미심장하게 "중국에는 국민당과 기타 세력 공산당이 있다. 공산당이 정부를 전복시킬 능력이 있는가? …… 만일 중국과 소련이 동맹하면 누구도 중국 정부를 전복시킬 수 없을 것이다."라고 말했다.[217]

그럼에도 불구하고 소련이 제시한 조건들은 중국의 주권을 크게 침해하는 것이었기 때문에 장개석은 조약에 서명하길 주저했다. 중소 간 협상이 교착상태에 빠진 8월 6일 미국은 히로시마에 첫 번째 원자탄을 투하했다. 이 상황에서 만일 일본이 항복해 버리면 소련은 출병할 필요가 없었다. 이 경우 스탈린의 모든 구상이 물거품이 될 수 있었기 때문에 스탈린은 출병을 앞당기기로 결정했다. 8월 7일 아침 원자탄 투하 소식이 모스크바에 전해졌다. 당일 오후 4시 30분 스탈린은 8월 9일 새벽 중국 동북 지역의 일본군을 향해 전면적인 공격을 개시하라는 명령서에 서명했다.[218] 원래 소련이 출병

---

215) 秦孝仪主编,『中华民国重要史料初编-对日抗战时期, 第三编, 战时外交』(二), 台北: 中国国民党中央委员会党史委员会, 1981年, 第596, 594页.

216) 회담 기간 중에 스탈린은 크렘린에서 몽고 인민혁명당 지도자 최발산(Choibalsan)을 접견하고, 그에게 중소조약 초안을 보여 주었다. 몽고의 독립 문제에 관하여 최발산은 소련외교인민위원에게 소련의 입장을 충분히 이해하며, 소련과 전면적으로 협력하여 공동 보조를 취하는 데에 동의하였다. 또한 최발산은 중국에 대한 원한과 모스크바에 대한 충성을 나타내었다. "1945년 7월 5일 이자노프와 최발산과의 회담 기록," АВПРФ, ф.6, оп.7, п.38, д.560, л.4-5. И. А. 이자노프는 몽고 주재 소련공사이다.

217) 秦孝仪主编,『中华民国重要史料初编-对日抗战时期, 第三编, 战时外交』二, 第588, 602, 609页.

하는 전제 조건이 중소조약 체결이었지만, 이제는 거꾸로 중국 정부가 조약에 서명하느냐는 소련의 철군 시기 및 철군 조건에 달려 있었다. 장개석은 만일 소련의 요구를 거부하면 소련이 장기간 동북에서 철수하지 않을 수 있고, 혹 철군을 하더라도 동북 전체를 중공에 넘겨줄 수도 있다는 점을 걱정했다. 스탈린은 일본이 항복하고 중국과 조약을 체결하지 못하면 중국 동북 지역을 점령하더라도 중국에서 얻는 모든 이권을 합법적으로 보장받지 못해 국제적 승인을 얻을 수 없다는 점을 걱정했다. 양측은 긴급히 논의해 다음과 같이 합의했다. 첫째, 소련이 중국에 주는 모든 원조는 국민당 정부에게만 할 수 있다. 둘째, 소련은 동북 지역의 중국의 주권을 충분히 존중한다. 셋째, 소련은 신장사변(新疆事変) 중 중국의 내정에 간섭하지 않는다. 넷째, 일본이 투항하면 3개월 내에 철군한다. 다섯째, 동북 지역의 권력은 국민당 정부에게만 양도한다. 일본이 항복을 선언하기 전날 장개석은 굴욕적 조약에 서명할 수밖에 없었다.[219]

중소우호동맹조약은 일종의 정치적 선언이었다. 양측은 이 조약을 통해 유효기간 30년의 동맹 관계를 확정했다. 중소우호동맹조약을 토대로 중소 양측은 장춘철도에 관한 협정, 대련에 관한 협정, 여순항에 관한 협정 및 기타 부속협정을 체결했다. 이런 협정들은 소련이 러일전쟁에서 잃어버린 모

218) 罗伊·麦德维杰夫, 若列斯·麦德维杰夫, 『斯大林-鲜为人知的剖面』, 王桂香等译, 北京: 新华出版社, 2004年, 第155-156页.

219) 이에 관한 관련 문헌은 다음을 참조할 것. 王铁崖编, 『中外旧约章汇编』第3册, 北京: 三联书店, 1962年, 第1337-1340页. 소련과 중국 양측 당안을 이용한 중소조약 과정의 서술은 다음을 참조할 것. 薛衔天, 『中苏关系史(1945-1949)』, 成都: 四川人民出版社, 2003年. '신강사변'은 1944년 11월 소련의 시시와 선동하에 국민당 정부에 저항하기 위한 신강 지역 소수민족의 무장폭동으로서 '삼구혁명(三区革命)'이라고도 칭한다. 소련과 신강사변의 관계에 관한 내용은 다음을 참조할 것. 沈志华, 「中苏结盟与苏联对新疆政策的变化(1944-1950)」, 『近代史研究』第3期, 1999年, 第213- 227页; David D. Wang, *Under the Soviet Shadow, The Yining Incident, Ethnic Conflicts and International Rivalry in Xinjiang, 1944-1949*, Hong Kong: The Chinese University Press, 1999; Бармин В. Синьцзян в истории советско-китай отношений 1937-1946гг //Проблемы дальнего востока, 2000, № 1, c.84-95; 薛衔天, 「关于苏联调停三区革命政府与中央政府和平谈判的几个问题」, 『中共党史资料』总第84辑(2002年 12月), 第100-113页;

든 이권을 실질적으로 회복할 수 있도록 보장했다. 구체적 내용은 다음과
같다. 장춘철도를 중소가 공동으로 소유하고 운영한다. 장춘철도국 국장 1인
은 소련이 파견한 사람으로 임명한다. 대련을 자유항으로 선포하고 항구책
임자는 소련이 파견한다. 대련항과 장춘철도를 경유해 소련으로 수송되는
수출입 화물은 관세를 면제한다. 대련항을 경유해 중국 각 지역으로 수송되
는 수출입 화물에 대해서만 수출입세를 납부한다. 여순항은 오직 중소 양국
만이 공동으로 사용하는 군사기지다. 이 기지 소재구역으로 확정된 육지 및
해상구역에서 소련은 군사관제를 실시하고 군사위원회 위원장은 소련인이
맡는다. 여순과 대련의 중요 민사행정인원의 임면권은 소련의 군사관제 당
국의 동의를 구한다. 이 밖에도 중국은 외몽고의 독립 문제를 결정하기 위
하여 상호 각서 교환 형식을 통해 외몽고에서 국민투표를 실시하도록 규정
했다.220) 1945년 중소동맹조약은 동북아 지역에서 소련의 전략적 목표를 실
현하는 가장 중요한 보장이 되었다. 여기에서 가장 중요한 문제는 외몽고
문제와 동북 지역 문제였다. 전자는 1946년 2월 외몽고에서 국민투표가 실
시되고 독립이 선포된 후 이미 중국이 간섭할 여지가 없는 일이 돼 버렸
다.221) 그러나 후자는 수년간 중소 간 갈등을 일으키는 스탈린의 근심거리
가 됐다.

    소위 '동북 문제'의 핵심은 소련이 태평양으로 진출하는 거점과 부동항 이
였다. 중소조약은 소련에게 태평양 서해안의 중요한 군사기지를 제공했을
뿐 아니라, 유럽에서 태평양으로 통하는 가장 가까운 통로를 제공해 전후
소련의 동북아 지역 전체의 전략적 기반이 됐다. 스탈린은 이를 매우 중시
했다. 스탈린은 일본 항복문서 서명식 연설에서 "1904년의 패배는 러시아의
오점이고 우리 세대는 40년 동안 이를 설욕할 날만을 기다려왔다."고 강조

---

220) 王铁崖编, 『中外旧约章汇编』 第3册, 第1327-1338页.
221) 외몽고 독립 문제에 관한 연구 상황은 다음을 참조할 것. 丁明, 「外蒙古独立问题研究述评」,
    『近代中国与文物』, 2008年 第3期, 第65-76页.

했다.[222]

　9월 6일, 소련 극동군 총사령관 바실리예프스키(A. M. Vasilevskii)도 각 군사령관들을 이끌고 여순을 특별 방문해, 러일전쟁 기간 여순 요새에서 전사(战死)한 러시아제국 병사들의 묘지를 참배했다.[223] 확실히 소련 사람들에게 이는 경축할 만한 일이었다. 협정에 따라 소련이 점령하고 군사관제를 실시한 지역(해상을 포함)은 조약 지구(条约区)로 불렀다. 이 구역은 동서로 180km, 남북으로 130km에 이르렀고, 면적은 육지 면적 2,600km²와 부속도서들을 포함해 3,500km²에 달했다. 소련은 자바이칼 군구에서 속해있던 제39군을 이곳에 배치하고, 조약 지구 내의 모든 소련군과 민간인 사무를 총괄토록 했다. 1947년 초 류디코프(I. I. Liudnikov) 상장이 지휘하는 제39군에는 2개 보병사단, 2개 포병사단, 1개 중포병사단, 1개 기계화사단, 1개 고사포사단이 있었고 그 외에도 3개의 포병여단 및 몇 개의 혼합병종부대가 있었다. 여순 해군기지에는 2개 잠수함대대, 2개 어뢰정대대, 1개 소해정대대, 2개 구축함대대 및 호위함을 보유한 연합함대가 주둔하고 있었고 해안방어 고사포부대와 해군항공대도 있었다. 이 기지에 소속된 공군부대에는 2개 전폭기사단, 1개 전투기사단, 1개 공격사단 그리고 후방 병참보급부대가 있었다.[224] 이같이 육·해·공 3군으로 구성된 군단을 요동반도 남부에 배치함으로써 소련은 동북아시아의 중요 육로와 항로를 제어할 수 있었고 동북아 및 태평양 북부의 이익과 안전을 보장할 수 있었다.

　그러나 스탈린의 계산을 안정적으로 실현하려면, 중국 정국의 정세를 고

---

222)『斯大林文选』, 第438-439页. 여기에서 스탈린이 말한 "우리와 같은 세대"는 사실과 일부분 부합하지 않는다. 레닌이 일제로 지적힌 "진 세대"는 볼셰비키와 멘셰비키를 포함하였으며, 모두 러시아제국의 실패로 인하여 자극을 받았다. 그가 말한 굴욕과 좌절의 감정은 단지 러시아제국 정권과 유럽 자산계급을 느낀 것만을 의미하는 것이었다. 列宁,「旅顺口的陷落」,『列宁全集』, 第9卷, 北京: 人民出版社, 1987年, 第134-142页.

223) М. В. Захаров主编, 『结局』, 第292-293页.

224) АШВВО, ф.2188, оп.2488, д.1, т.1, л.16-79, 101-109; д.13, т.1, л.156-157, 272-300, Петренко В. М. Советские войска на Ляодунском полуострове в 1945-1955 гг.//Военно-исторический журнал, 2012, №1, с.36-37에서 재인용.

려해야 했다. 일본이 항복한 후 얼마 지나지 않아 소련군은 국공 양당의 필사적인 동북 쟁탈전에 직면했다. 소련이 부득이 동북에서 철군한 후 중국은 바로 전면적인 내전 상태에 접어들었다. 소련이 중국에서 획득한 이권을 보장하는 것은 국민당 정부와 체결한 동맹조약이었지만, 장개석이 동북 지역에 대해 비협조적 태도를 보이고 미국과 긴밀한 관계를 맺는 것에 모스크바는 불안을 느꼈다. 국민당을 견제할 만한 세력은 중국공산당밖에 없었다. 그러나 소련은 중공을 신임하지 않았고 미국의 의심을 사는 것을 우려해 중공과 공개적으로 교류하는 것을 원치 않았다. 이와 같이 복잡한 국면에서 스탈린은 고심을 거듭하며 순조로운 해법을 모색했지만 결국 마땅한 방법을 찾지 못하고 그저 관망하면서 기다릴 수밖에 없었다. 중공이 내전에서 우세해지자 소련은 중국정책을 조정하기 시작했고 정책의 중심을 점차 중공에 두기 시작했다. 사실상 소련이 국민당 정부와 「중소우호동맹조약」을 체결한 때부터 중화인민공화국과 정부와 「중소동맹호조조약」을 체결하기까지의 과정은 전후 소련의 중국정책의 궤도가 크게 바뀌고 자리 잡는 과정이기도 하다. 또 이처럼 궤도를 변화시킬 수 있었던 것은 소련과 중공 사이의 관계가 변화했기 때문이다. 여기서 논의할 중소동맹은 주로 소련과 중공간 동맹 관계를 가리킨다.

국제냉전사와 중소관계사 연구에서 중소동맹의 형성은 중소동맹의 결렬 못지않게 각국 학자들 간 연구가 가장 많이 이뤄지고 의견 차이도 가장 많은 문제 중 하나다. 중소 양국이 언제 동맹을 맺었는지를 놓고 우군(牛軍) 교수는 1945년 10월 소련이 중공의 동북 지역 점령을 전면적으로 지지하면서 양측이 일종의 전략적 관계를 맺게 됐고 이는 전후 중소 양측의 관계가 발전하는 전환점이 됐다고 주장했다.[225] 웨스타드(Ian Westard) 교수는 1946년 4월 소련이 중공이 동북의 각 도시들을 관할하는 데 동의한 것이 중공과 소련 관계의 하나의 커다란 전환점이 되었다고 주장했다.[226] 마이클 셩

---

[225] 牛軍, 「论中苏同盟的起源」, 『中国社会科学』, 1996年 第2期, 第183-185页.

(Michael Sheng) 교수는 중소동맹은 중화인민공화국이 설립을 선포하기 수십 년 전부터 이어져 온 중공과 모스크바 관계의 연장선에 있다고 주장했다.227) 커비(W. C. Kirby) 교수는 위 주장에 동의하면서 중소동맹은 예정된 일이었고, 이는 소련이 국제공산주의운동에서 갖는 지위, 특히 중공의 후견인 지위를 볼 때 이미 어느 정도 결정된 일이었다고 지적했다.228) 중소 양국이 동맹을 맺은 원인에 대해 많은 학자들은 이데올로기가 주된 요소라고 강조하면서 중공과 소련이 공유한 정치 신념은 양측이 함께 나아갈 수 있는 중요한 원인이고 미국과 대치하고 있던 상황이 중소동맹에 중요한 촉매제가 됐다고 주장했다.229) 중공 정권 수립에 스탈린이 미친 영향에 대해 많은 학자들이 소련의 원조가 중요한 역할을 했다고 인식하고 있다. 러시아 학자들은 내전에서 중공이 승리한 것은 소련의 원조가 있었기에 가능했다고 확신한다.230) 그러나 일부 학자들은 전후 소련의 중국정책은 자국의 이익에서 출발했고 중공의 이익은 고려하지 않았으며, 중공이 당시 복잡하고 힘든 상황을 극복할 수 있었던 것은 주로 자신의 역량과 지혜에 의지했기 때문이라고 반박한다.231)

226) Westad, *Cold War and Revolution*, p.169. 중국어 번역본은 다음을 참조할 것. 文安立, 『冷战与革命』, 第195-196页.

227) Sheng, *Battling Western Imperialism*, p.186.

228) William C. Kirby, "China's Internationalization in the Early People's Republic: Dreams of a Socialist World Economy," *The China Quarterly*, No.188, December 2006, p.890.

229) 이에 관한 대표적인 연구와 주장은 다음 저서들을 참조할 것. Sheng, *Battling Western Imperialism*; Chen Jian, *Mao's China and the Cold War*, Chapel Hill & London: The University of North Carolina Press, 2001; Lorenz M. Luthi, *The Sino-Soviet Split: Cold War in the Communist World*, Princeton and Oxford: Princeton University Press, 2008; Westad, *Cold War and Revolution*; 杨奎松, 『中华人民共和国建国史研究(外交)』, 南昌: 江西人民出版社, 2009年.

230) *Борисов О. Б. Советский Союз и маньчжурская революционная база 1945-1949*, Москва: Издатпльстно Мысль, 1977; *Ледовский А. М. Переговоры И. В. Сталина с Мао Цзэдуном в декабре 1949г. -феврале 1950г.*, новые архивные документы//Новая и новейшая история, № 1, 1997, с.23-47.

231) James Reardon Anderson, *Yenan and the Great Powers: The Origins of Chinese Communists Foreign Policy(1944-1946)*, New York: Columbia University Press, 1980; Michael H. Hunt, *The Genesis of Chinese Communist Foreign Policy*, New York: Columbia University Press, 1996;

전후 소련의 중국정책의 목표 및 변화를 어떻게 평가해야 하는가? 모스크바는 중공에 대한 입장과 태도를 언제 바꿨는가? 중공 정권의 수립과 공고화 과정에서 스탈린은 어떤 역할을 했는가? 모택동의 소련공산당에 대한 태도는 어떻게 바뀌었고, 중공은 중소동맹 과정에서 무엇을 추구했는가? 이런 문제를 토론하려면, 먼저 제2차 세계대전 종전 시기 소련과 중공 관계를 기본적으로 이해해야 한다.[232]

이제까지의 연구 결과는 대체적으로 중공이 줄곧 모스크바의 지도와 지원을 받았지만 1930~1940년대 스탈린과 모택동의 관계는 비교적 긴장상태였다는 주장이다. 최근 러시아계 미국인 판초프(Pantsov)는 새로 공개된 코민테른의 공식 자료를 토대로, 총체적으로 보면 스탈린과 모택동의 관계는 세상에 알려진 것처럼 그런 긴장 상태는 없었다고 주장했다. 그는 "30년대 초 중공에서 모택동의 지위가 높아진 것은 모스크바 덕택이고, 그중에서도 스탈린의 역할이 가장 컸다. 훗날 모택동이 비판하고 투쟁했던 중공 내부의 모스크바파 지도자들은 모두 스탈린이 이미 신임하지 않았거나 심지어 숙청하려던 인물들이었다."고 주장했다.[233] 이런 고증(考证)을 거친 구체적인 역사사실은 모두 믿을 만하다. 하지만 판초프는 "중공의 지도자는 이데올로기나 정책적 측면에서 줄곧 모스크바를 의지했고 모택동은 스탈린의 충실한 심복이었다. 그는 스탈린의 지지를 얻어야만 장개석을 이길 수 있었다."고 결론지었다.[234] 판초프의 이 같은 설득력은 다소 떨어진다.

Dieter Heinzig, *The Soviet Union and Communist China, 1945-1950, The Arduous Road to the Alliance*, New York: M. E. Sharpe, Inc, 1998.

[232] 항일전쟁 시기 중소 관계에 관한 것은 다음을 참조할 것. 罗志刚, 『中苏外交关系研究(1931-1945)』, 武汉: 武汉大学出版社, 1999年; 薛衔天·金东吉, 『民国时期中苏关系史(中)』, 北京: 中共党史出版社, 2009年; 沈志华主编, 『中苏关系史纲-1917-1991年中苏关系若干问题再讨论』(增订版), 北京: 社会科学文献出版社, 2011年, 第52-90页.

[233] *Панцов А. В.* Как Сталин помог Мао Цзэдуну стать вождем//Вопросы история, № 2, 2006, с.75-87; A. V. Pantsov, "How Stalin Helped Mao Zedong Become the Leader: New Archival Documents on Moscow's Role in the Rise of Mao," *Issues & Studies*, Vol.41 No.3, September 2005, pp.181-207.

모택동이 홍군을 이끌고 만리장성을 넘어 섬북(陝北)에 도착한 뒤 소련 및 코민테른과의 연락을 회복했을 때, 중공과 소련의 관계는 서로 불신하고 비협조적인 상태에 놓여 있었다. 항일전쟁 시기 국공 관계를 어떻게 처리할지를 놓고 모택동과 스탈린은 명백한 견해 차이를 보였다. 왕명(王明)은 코민테른을 대표해 "모든 것은 통일전선을 통해 진행한다."는 전략을 제기했고 반대로 모택동은 항일민족통일전선을 토대로 독립적이고 자주적인 방침을 견지할 것을 주장했다. 예를 들어 1936년 서안사변이 일어났을 때 중공은 장개석이 공동 항일투쟁에 나설지 확신이 부족했기 때문에 이를 기회로 장개석을 아예 제거하고자 그를 인민재판에 회부하고 '혁명 국방 정부'를 구성하려 했다. 그러나 모스크바가 공개적으로 반대 입장을 표명하고 나서자 중공 중앙은 입장을 바꿨다.[235] 이 밖에도 환남사변(皖南事变) 발발한 뒤인 1941년 1월 13일 중공 중앙은 전면적인 정치·군사 대반격을 준비하기로 결정했다.[236] 1월 15일 중국 주재 소련대사 판우쉰(A. S. Paniushkin)과 군사고문 단장 주코프는 중경 주재 중공 대표 주은래와 섭검영(叶剑英)을 접견했다. 판우쉰은 중공군대가 장개석을 공격할 준비를 끝마친 사실을 알고 "중국공산당 눈앞의 적은 여전히 일본이다. 만일 중공이 국민당부대에 대해 적극적인 군사행동에 나선다면, 중국 내전은 한층 더 확대될 뿐이다. 현재 당신들이 우선적으로 해야 할 일들은 온 힘을 다해 국공 양당의 협력 관계를 유지해 나가는 것이다. 국민당에 대해 정치적 공세를 하는 것은 동의하지만, 절대 장개석의 이름을 직접 거명하거나 특히 그가 환남사변의 주모자라고 비난해서는 안 된다."고 지적했다.[237] 소련이 강경한 입장을 보이자 모택

---

234) *Панцов* Как Сталин помог Мао Цзэдуну стать вождем, с.84-85.

235) "1936년 12월 12, 14일 중공 중앙 서기처가 코민테른 집행위원회 서기처에 보낸 전보," "1936년 12월 8일 중공 중앙이 서안사변에 관하여 국민당 중앙에 보낸 전보," 沈志华主编,『中苏关系史纲』, 第62-63页에서 인용. 서안사변에 관한 중소 관계는 다음을 참조할 것. 杨奎松,『西安事变新探-张学良与中共关系之谜』, 南京: 江苏人民出版社, 2005年.

236) 中共中央文献研究室编,『毛泽东年谱(1893-1949年)』下卷, 北京: 中央文献出版社, 1993年, 第255-256页.

동은 같은 날 열린 중공중앙정치국회의에서 전국적 정치 공세만 취하자고
제안하고 좌파가 제기한 국민당 무력타도 정책은 실행하지 않기로 결정했
다.238) 본질적으로 국공 양당은 물과 불처럼 상호 용납할 수 없는 존재였다.
그러나 스탈린은 소련 동부전선의 안전을 고려해 국민당정부를 지지하고
"모든 것은 통일전선을 통해야 한다."는 전략을 중공에 강요했다. 이 점에서
소련공산당과 중공 사이 갈등과 모순은 피할 수 없었다. 하지만 당시 중공
은 코민테른 휘하의 일개 지부에 불과했고 중공의 세력 확대는 소련의 지지
와 원조 없이는 불가능했기 때문에 모스크바의 요구에 따르는 수밖에 없었
다. 이 두 가지 중대 사건에서 중공 중앙은 이미 결정한 사안을 다시 바꿔야
했고, 당시 모택동의 스탈린에 대한 감정이 어떠했는지는 쉽게 짐작할 수
있다. 어떤 의미에서는 모택동이 강조한 독립적이고 자주적인 발전 방침은
국민당 정부를 겨냥한 것만이 아니라 코민테른과 소련의 지도층을 겨냥한
것이라고도 할 수 있다. 1942년 2월부터 연안에서 시작된 정풍운동은 당내
팔고(八股)와 본본주의(本本主义)에 대한 반대를 거쳐 1945년 4월 중공 제7
차 전국대표대회에서 모택동 사상으로까지 발전했는데 그 목적 중의 하나
가 당내의 소련 영향력을 제거해 중국공산당의 독립·자주적 발전을 꾀하
는 것이었다.239) 이를 보면 스탈린만 중공에 불신과 불만이 있었던 것이 아
니라, 모택동의 마음 또한 모스크바에 대한 의심과 경계심으로 가득 차 있
었다는 것을 알 수 있다. 모택동이 중공의 장래 발전을 고려해 먼저 미국의
도움을 받으려 한 것은 자연스러운 결정이라 할 수 있다.

237) "1941년 1월 15일 판우쉰과 주은래, 섭검영과의 회담록," *АВПРФ*, ф.0100, оп.25, п.200, д.8,
 л.28-29. 판우쉰은 당시의 중국 주재 소련대사.
238) 『毛泽东年谱(1893-1949年)』, 下卷, 第256页.
239) 코민테른 총서기 디미트리프의 연안 정풍운동에 대한 불만은 1943년 12월 22일 그가 중국공
 산당 내부 상황에 관하여 모택동에게 보낸 서신을 참조할 것. 『中共党史研究』第3期, 1988年,
 第61页. 후에 호교목(胡乔木)은 "모택동 사상"을 전면에 내세운 목적은 당 사상의 통일을
 꾀하고, 동시에 "소련공산당에 대적"하기 위한 것이라고 토로하였다. 胡乔木, 『胡乔木回忆毛
 泽东』, 北京: 人民出版社, 1994年, 第11页.

　모택동은 전후 중국이 강대국의 원조를 받는다면 소련이 아닌 미국으로
부터 지원받아야 한다고 생각했다. 모택동은 당초 국제연합의 대상을 선택
할 때도 미국에 희망을 걸었다. 1944년 여름과 1945년 봄에 미군이 파견한
연안관찰조(延安观察组)를 접견할 때, 모택동은 지속적으로 이러한 견해와
희망을 표시했다.[240] 1944년 7월 23일 조사단의 젊은 외교관 서비스(J. S.
Service)와 처음 면담할 때 모택동은 의미심장하게 중국 공산당원도 '중국인'
이라는 점을 거듭 강조했다.[241] 7월 26일 연회에서도 모택동은 미국에 중공
과 관계를 지속할 수 있도록 연안에 영사관을 설립하는 것을 고려해 달라고
제안했다. 다음 날 주은래는 서비스의 질문에 "동맹군이 중국 군대를 통일해
지휘하고 지휘관은 반드시 미국인이어야 한다."고 대답했다. 주은래는 미국
관찰조의 활동 범위를 산서(陕西)·감숙(甘肃)·영하(宁夏)의 변경 지역까지
확대하는 것까지도 동의했다.[242] 약 한 달 후인 8월 23일 진행된 장시간의
회담에서 모택동은 서비스에게 수차례에 걸쳐 미국의 중공에 대한 견해와
정책을 물었다. 이어 선제적으로 "러시아는 전쟁에서 큰 피해를 입어 자국
의 재건 사업에 바쁠 것이다. 우리는 러시아의 원조를 기대하지 않고 있다."
면서, "중국공산당의 정책은 민주와 사회 개혁을 주장하는 것에 불과하고 심
지어 가장 보수적인 미국 기업가들조차도 우리의 강령에서 반대할 만한 그
어떤 것도 찾을 수 없을 것이다."라고 강조했다. 모택동은 "중공은 반드시
미국의 도움이 필요하고 미국과 필히 협력해야 한다. 미국은 국민당보다 중
공과 협력하는 것이 더욱 용이하다 중공은 미국의 민주주의 제도를 받아들

[240] 미군 관찰조 활동에 관한 상세한 내용은 다음을 참조할 것. Carolle J. Carter, *Mission to Yenan: American Liaison with the Chinese Communists, 1944-1947*, Lexington, Ky.: University Press of Kentucky, 1997, pp.16-152; 袁武振, 「抗战后期中外记者团和美军观察组访问延安始末」, 『中共党史资料』第69辑, 1999年 3月, 第106-123页; 王炳南, 『中美会谈九年回顾』, 北京: 世界知识出版社, 1985年, 第35-36页.

[241] John S. Service, *The Amerasia Papers: Some Problems in the History of US-China Relations*, Berkeley: University of California Press, 1971, p.152.

[242] John Paton Davies, *Dragon by the Tail: American, British, Japanese, and Russian Encounters With China and One Another*, New York: W. W. Norton & Company, Inc., 1972, pp.319-320.

이고 반미정책을 취하는 무모한 시도는 절대 하지 않을 것"이라고 거듭 강조했다.[243]

당시 모택동은 미국과 접촉하는 걸 주저하지 않았고, 오히려 이런 의사를 사전에 모스크바에 통지하기까지 하였다. 모택동은 미국과 소련 간의 전시 협력 때문에라도 소련이 중국 내 미국의 이익에 반대하지 못할 것으로 보았다. 더군다나 소련과 국민당의 관계가 좋지 않았기 때문에 미국과 중공이 협력하는 것은 서로 유익하고 만족스러운 일이 될 거라고 생각했다.[244] 심지어 1945년 1월 모택동과 주은래는 비밀리에 워싱턴을 방문해 미국 대통령을 면담하게 해달라고 요구하기도 했다. 이 요구는 헐리 대사의 방해로 백악관의 승인을 받지는 못했지만 모택동은 이 같은 노력을 결코 포기하지 않았다.[245] 1945년 3월 서비스가 다시 연안을 방문했을 때 모택동은 재차 미국과 중공 간의 장기적 관계에 대한 얘기를 꺼냈다. 그는 "미국은 중국의 경제발전을 지원할 수 있는 유일하고 가장 적합한 나라일 뿐 아니라, 중국의 경제 건설에 참여할 능력을 완벽하게 갖춘 유일한 국가다. 공산당은 계속해서 미국의 우의와 양해를 구할 것이다. 그것이 전후 중국의 재건 사업에 필요하기 때문"이라고 주장했다.[246] 당시 미국의 전문가 포먼(H. Forman)이 중국에서 보낸 보고서에서 모택동의 말을 다음과 같이 인용했다. "우리는 소비에트 러시아의 공산주의 체제와 그 통치 방식을 따라 해서는 안 된다. 우리는 남북전쟁 시기 링컨이 했던 것과 비슷한 일, 즉 노예해방과 같은 일을 할 수 있다."[247]

---

[243] Memorandum by the Second Secretary of Embassy in China(Service) of a Conversation with Mao Tse-tung, August 23, 1944, *FRUS, 1944, Vol.6*, pp.604-614; Service, *The Amerasia Papers*, pp.167-174.

[244] 모택동이 소련에 통보한 내용은 다음을 참조할 것. *Димитров* Дневник, с.416-417.

[245] Davies, *Dragon by the Tail*, p.430.

[246] Memorandum of Conversation, by the Second Secretary of Embassy in China(Service), March 13, 1945, *FRUS, 1945, Vol.7*, pp.273-278; Service, *The Amerasia Papers*, pp.174-176.

[247] *Бажанов Е. П.* Советско-китайские отношения: уроки прошлого и современность//Новая и новейшая история, № 2, 1989, с.7.

또 다른 측면에서 일부 학자들은 장개석 일기의 새로운 자료를 가지고 전략상 미국과 장개석은 서로를 필요로 했고 다른 선택의 여지도 없었지만, 이미 상호 간 신뢰가 심각하게 훼손되었기 때문에 항일전쟁 후반기 양측의 관계가 매우 긴장돼 있었음을 증명했다.[248] 이 같은 상황에서 모택동은 미국의 지원을 얻어 낼 기회를 엿보았을 가능성이 있다. 중국 주재 미국 외교관과 군인 중 확실히 일부는 중공을 동정하고 지지했다. 그들의 목적은 미국의 이익을 보호하고 아시아에서 소련의 세력 확장에 대비하는 것이었지만, 독재와 부패로 얼룩진 국민당의 통치를 보면서 중공처럼 민주를 추구하고 청렴하며 활기차게 발전해 나가는 일단의 정치 세력에 일부 미국인들이 느끼는 것을 이해할 수 있다. 그러나 미국 정부의 태도에 모택동은 실망을 금치 못했다. 1944년 10월 18일 중국작전지구 참모장 스틸웰(J. S. Stilwell)은 장개석과의 갈등으로 워싱턴에 의해 해임당했다. 분노한 스틸웰은 중국 정부가 그에게 수여하는 훈장을 거부하기까지 했다.[249] 스틸웰과 장개석의 주요 갈등 중의 하나가 바로 중공군에 대한 입장 차이였다. 스틸웰은 미국이 대여한 물자의 일부를 팔로군과 신사군에도 분배할 것을 주장했지만, 장개석은 이에 강하게 반대했다.[250] 스틸웰 사건은 중공과 미국의 어두운 앞날을 보여 주는 첫 신호탄이었다. 뒤이어 미국 대통령 특사로 온 헐리 또한 배척받았으며, 연안과 접촉을 지지하였던 중국 주재 미국대사 가우스(C. Gauss)도 11월 1일 사임하고 귀국한 지 반년 만에 퇴직했다.[251] 후임으로 임명된 헐리 대사는 일방적으로 장개석의 편을 들었다. 그는 대사관의 젊은 공무원들이 중공을 지지하고 중공과 연락을 유지하자고 건의하자, 크게 화를 내면

248) 王建朗, 「信任的流失: 从蒋介石日记看抗战后期的中美关系」, 『近代史研究』, 2009年 第3期, 第49-62页.
249) Joseph W. Stilwell, *The Stilwell Papers*, New York: Da Capo Press, Inc., 1991, pp.346-347; Carter, *Mission to Yenan*, pp.107-112.
250) Barnara W. Tuchman, *Stilwell and the American Experience in China, 1911-1945*, New York: Macmillan Company, 1971, pp.344-361; Davies, *Dragon by the Tail*, pp.333-341.
251) Carter, *Mission to Yenan*, p.121; Davies, *Dragon by the Tail*, pp.342-343.

서 거부했다. 뿐만 아니라 백악관에 직접 그들을 고발해 국무성이 1945년 3월 말 서비스 등을 미국으로 소환하도록 압박했다.[252] 모택동은 이 모든 것들에 유감과 실망, 분노를 느꼈다.[253] 이제 중공은 희망을 소련으로 돌리기 시작했다. 1945년 4월 중공의 제7차 전국대표대회 대회에서 모택동은 모든 당원들을 향해 "소련은 믿을 만한 친구이며, 중국 인민의 가장 좋은 친구이다."라고 강조했다.[254] 그의 말에서 일단의 아쉬움을 엿볼 수 있다.

그러나 스탈린은 중공을 믿을 수 있는 친구로 보지 않았다. 중국인의 관점에서 소련은 향후 중국의 발전에 영향을 미칠 만한 가장 중요한 국가 중 하나임에 틀림없다. 그러나 스탈린이 전후 문제를 전체적으로 고려할 때 중국은 정책적으로 별로 중요한 위치에 있지 않았고 중국공산당은 더 말할 나위가 없었다. 필자는 러시아에서 출판된 소련공산당 중앙위원회 정치국회의 일정표를 가지고 대략적 통계를 산출해 봤다. 1945년부터 1948년까지 정치국회의에서 다룬 의제는 매년 830~1310개 정도였다. 이 중 직접적으로 중국에 관련된 의제는 1945년에 6개(모두 동북 지역과 신강 문제), 1946년에 6개, 1947년에 5개, 1948년에 9개였다. 그중 중국공산당에 관한 의제는 1947년에 겨우 하나가 있었고 1948년에는 3개밖에 되지 않았다.[255] 이 점은 쉽게 이해될 수 있다. 소련은 전략적 목표를 실현하기 위해 중국 정부와 필요한 조약을 체결하는 것에만 관심이 있었을 뿐, 중공은 관심 밖이었다. 그러나 중공은 스탈린의 생각을 잘 알지 못하는 듯 보였다. 모택동은 중국공산당

252) Joseph W. Esherick(ed.), *Lost Chance in China: the World War II Despatches of John S. Service*, New York: Random House, Inc., 1974, pp.358, 378, 387; Davies, *Dragon by the Tail*, pp.403-404. 서비스는 1945년 4월에 화를 면하였지만, 1950년 3월 매카시즘 열풍 속에서 체포되어 수감되었다. 서비스, 데이비스, 빈센트, 루덴과 迪克西使团 단장 바레트(D. D. Barrett) 대위에 관한 상세한 내용은 다음을 참조할 것. E. J. Kahn, *The China Hands: America's Foreign Service Officers and What Befell Them*, New York: The Viking Press, 1975, pp.152-153.

253) Carter, *Mission to Yenan*, pp.123-124.

254) 中共中央文献研究室编, 『毛泽东文集』第3卷, 北京: 人民出版社, 1996年, 第320, 393页.

255) *Адибеков Г. М., Андерсон К. М., Роговая Л. А.* Политбюро ЦК РКП(б) -ВКП(б) Повестки дня заседаний 1919-1952, Каталог, Т.III, 1940-1952, Москва: РОССПЭН, 2001, с.376-545.

제7차 대회의 최후 보고에서 "국제 무산계급은 장기간 우리를 원조하지 않았다. 국제 무산계급의 원조가 없기 때문에 자력갱생(自力更生)을 배워야 한다."고 지적했다. 그러나 이데올로기 측면에서 모택동은 여전히 국제 무산계급이 언젠가는 중공을 원조할 거라고 믿고 있었다.[256] 중공은 1945년 6월에 중소조약의 내용에 관한 소식을 먼저 접했지만 중공은 이때까지도 소련이 장개석을 중국의 유일한 지도자로 승인할 거라고 믿지 않았다.[257] 그러나 중국에 대한 스탈린의 모든 행위로 말미암아 모택동은 마침내 중공의 목표와 이익이 모스크바와 완전히 일치하지 않는다는 것을 깨달았다.

연안으로서는 소련의 동북 지역 출병은 하나의 돌발 변수였다. 더욱 모택동을 기쁘게 한 것은 일본이 돌연 무조건 항복을 선언한 것이었다. 이는 마치 중국공산당이 '장개석 왕조'와 천하를 놓고 경쟁할 수 있도록 하늘이 준 기회 같았다. 모택동은 한때 중공 이 선택할 수 있는 최선은 소련 출병과 일본 항복으로 인한 권력 공백을 이용해 광대한 일본 점령 지역을 장악하고 무력투쟁을 통해 중국 강산의 절반을 차지하는 거라고 생각했다. 8월 중순 중공 중앙은 화동과 화남 지역을 쟁취하도록 진군 명령을 내리면서 "내전 발발을 두려워 말고 내전에서 승리해 내전을 저지하고 소멸시켜야 한다."고 강조했다. 동시에 강소(江苏), 안휘(安徽), 절강(浙江), 호북(湖北) 성 성장과 상해와 남경 시장의 인선 명단을 발표했다.[258] 후방에 멀리 떨어져 있던 장

---

256) 『毛泽东文集』第3卷, 第391-393页. 소련의 원조에 관하여 모택동은 1945년 8월 13일 연설에서 항일전쟁 시기 "해방구의 인민과 군대에 대하여" "외국의 원조는 전혀 없었다."고 지적하고 있다.『毛泽东选集』合订本, 北京: 人民出版社, 1964年, 第1124页. 그러나 디미트로프의 일기에 따르면 소련은 코민테른을 통하여 1938년 2월, 1940년 2월, 그리고 1941년 7월 세 번에 걸쳐 180만 달러의 직접적인 원조를 중공에 제공하였다. *Димитров* Дневник, с.137, 190, 238-239.

257) "1945년 6월 29일 斯克沃尔佐夫와 왕약비(王若飞)의 회담록," *АВПРФ*, ф.0100, оп.33, п.244, д.14, л.99-103, Русско-китайские отношение, Т.IV, К.2, с.68-71. Т. 斯克沃尔佐夫, 주중국 대사관 소련 참사관.

258) 『中共中央文件选集』第15册, 第215, 213-214, 234-235页; 中共中央文献研究室编, 『周恩来年谱(1898-1949)』, 北京: 中央文献出版社, 人民出版社, 1990年, 第613页.

개석은 이러한 돌발 상황에 직면하자 마음이 매우 조급해 졌다. 적의 공격을 지연시키기 위해, 중소조약을 체결한 당일인 8월 14일 장개석은 모택동에게 전보를 보내 그를 중경으로 초청하고 국가대계를 함께 논의하자고 했다. 같은 달 20일 장개석은 재차 전보를 보내고 재촉했지만 중공은 개의치 않고 군대배치 작업에 박차를 가했다. 중공은 한편으로는 진수(晋绥)와 진찰기(晋察冀) 부대에게 소련군과 협력해 화북 지역의 대도시와 중소 도시를 점령하라고 명령하고 다른 한편으로는 화중국(华中局)이 올린 상해 무장봉기 계획을 비준했다.[259]

이 결정적인 순간에 스탈린은 또다시 다른 목소리를 내었다. 8월 20일 (혹은 21일), 모스크바는 중공 중앙에게 전보를 보내 "중국은 내전을 해서는 안 된다. 내전이 일어나면 중화민족이 괴멸될 위험에 처할 수 있다. 모택동은 반드시 중경으로가 평화 담판을 진행해야 한다."고 주장했다.[260] 스탈린이 보기에 중공이 평화 담판을 거절하고 무력으로 권력 탈취를 견지한다

---

[259] 「1945년 8월 20일 모택동이 程耿贺林에게 보낸 지시, 毛泽东给程耿贺林的指示, 1945年 8月 20日」, 『毛泽东年谱(1893-1949年)』下卷, 第8-9页. 당안 번호가 없는 중국 당안은 모두 필자가 비공식적으로 수집한 사료이다.

[260] 1956년 4월 개최된 정치국확대회의에서 모택동이 스탈린의 이 전보에 관하여 처음으로 언급하였으며, 그 내용은 본문에 서술한 것과 같다. 『毛泽东选集』第5卷, 北京: 人民出版社, 1977年, 第286页. 호교목(胡乔木)의 회고에 따르면, 1960년 7월의 북대하(北戴河) 회의에서 주은래는 그 전보는 불에 태워졌는지 이미 존재하지 않으며 전보를 수신한 시간은 22일 혹은 23일이라고 말하였다. 그 회의에서 유소기가, 소련이 우리―중공의 방침이 잘못된 것이라고 지적하고 정책을 다시 변경할 것을 요구하였다고 회고하였다. 刘中海, 郑惠, 『回忆胡乔木』, 程中原编, 北京: 当代 中国出版社, 1994年, 第401页. 이 문제에 관한 러시아 당안은 아직까지 공개되지 않고 있다. 그러나 디미트로프의 일기는 이 전보가 있었음을 확실히 증명하고 있다. 그의 일기에 따르면 8월 18일 디미트로프는 판우쉰이 중국 주재 소련대사직을 사임하고 모스크바로 돌아오자 그와 함께 모택동에게 보내는 전보를 기초하였다. 그들은 전보에서 "(중국의) 형세가 근본적으로 변하였기 때문에, 우리는 중국공산당이 장개석 정부에 대한 방침을 바꿀 것"을 제안하였다. 다음 날 몰로토프는 이 전보 내용에 동의하였다.(Ди митров Дневник, с.493); 이 전보 수신 날짜에 관하여 주은래 연보(『周恩来年谱(1898-1949)』, 第615页)는 "22일 전후"라고 기록하고 있다. 이 전보는 19일 이후에 발송되었고, 중공의 전략 방침은 20일까지는 이전과 같았지만 21일부터 변화하기 시작하였음을 고려하여, 필자는 중공이 전보를 수신한 날짜는 20~21일 사이일 것이라 판단하였다. 이외에 사철(师哲)의 회고에 따르면 스탈린은 계속해서 두 통의 전보를 보냈다. 师哲, 『在历史巨人身边』, 1991年版, 第308页. 그러나 사철의 이 말은 현재로서는 증명할 수 없다.

면 이는 필히 동북아 정세의 긴장으로 이어져 이미 체결되고 모스크바가 매우 만족해하는 중소조약 및 미소 양국이 공동으로 구축한 얄타 체제가 파괴되고 동북아 지역의 소련의 안전과 이익에 상상할 수 없는 악영향을 미칠 것으로 봤다. 따라서 중공도 반드시 전후 프랑스와 이탈리아공산당처럼 장개석이 영도하는 '연합정부'의 틀 안에서 평화와 안정을 모색해야 한다고 봤다. 모택동은 또 한 번 입장을 바꿔 스탈린의 명령대로 이행했다. 하지만 모택동과 장개석 모두 중경 담판은 국공 양측 모두에게 궁여지책일 뿐 결국에는 무력으로 승패를 가리게 될 것이며, 국공 최초의 무력충돌은 소련군이 점령하고 있는 동북 지역에서 일어날 거라는 걸 명확히 알고 있었다.[261]

　9월 중순 소련군 지휘부와 중공 중앙은 소련군이 중국을 떠나기 전 국공 양당 모두 동북으로 군대를 진입시키지 않기로 합의했다. 심양, 장춘, 그리고 대련 등에 이미 들어와 있던 중공군부대는 소련군 점령 지역에서 철수하도록 했다. 그러나 소련 대표는 사석에서 중공 군대가 팔로군의 명칭을 사용하지 않고 소련군과 공개적으로 교섭하지만 않는다면 소련군은 이를 "눈감아 줄 수 있다."고 말하고, 소련과 수시로 연락하고 행동을 조정하기 위해 동북 지역에 대표를 파견해 줄 것을 요청했다. 이후 소련의 세력권에 미국이 침투할 것을 우려한 스탈린은 중공이 국민당부대가 동북 지역으로 접근하거나 진입하지 못하도록 저지하는 것을 지지하고, 뒤이어 중공 군대가 동북의 중심 도시와 공업 지역을 관할하는 것에도 협조했다. 그러나 그해 11월 하순 모택동이 최대한 빨리 동북 지역 전체를 접수하기로 결정했을 때, 국제적 압력에 밀린 모스크바는 또다시 생각을 바꿨다. 소련은 국민당부대가 공중 수송으로 동북 지역이 각 대도시에 들어오는 것을 갑자기 허락했을 뿐 아니라, 중공 군대의 즉각 철수를 명령했다. 동시에 중경의 중공 대표에게 소련 대사관 및 중국 주재 소련 기구들과 접촉을 줄이라고 경고했다. 12

---

261) 이에 관한 자세한 내용은 다음을 참조할 것. 『周恩来年谱(1898-1949)』, 第615-616页; 『毛泽东文集』, 第4卷, 第1-3, 15-17页.

월의 모스크바 외상회담에서 미소 양국은 중국으로부터 동시에 철군하기로 합의했다. 이런 상황에서 중공은 1927년 대혁명 실패 이후처럼 재차 농촌에서 혁명 근거지를 발전시키는 동시에 국민당과 화해하고 '연립정부'에 들어갈 준비를 할 수밖에 없었다. 스탈린의 목적은 오로지 소련의 동북 지역의 특수 권익을 보장받는 것이었고 중공은 단지 필요시 이용가능한 카드에 불과했다. 소련과 국민당 정부의 동북 지역 경제협력에 관한 담판이 교착상태에 빠지고 소련군이 동북 지역에서 부득이하게 철수하게 됐을 때 모스크바는 또다시 중공 카드를 꺼내들었다. 1946년 봄 철수할 때, 소련군은 노획한 다량의 일본 무기를 중공군에게 제공하고 중공이 장춘, 하얼빈 등 대도시를 접수할 수 있도록 비밀리에 안배했다. 소련은 중공에 현재 외교적 제약으로 동북 문제에 직접 개입할 수 없음을 표시하고 중공이 전력을 다해 동북 지역을 지켜 달라고 요청했다. 이 같은 소련의 태도는 동북 문제 해결에 혼선을 가져와 미국과 장개석이 수동적으로 대응하게 만들었다. 그러나 이때 장개석은 이미 대대적인 공격 준비를 마쳤고 동북에서 중공의 생존은 절대적인 위기에 직면했다.[262]

소련이 국공 사이에서 왔다 갔다 하는 것에 중공이 불만과 의심을 품고 있을 때, 헐리 대사가 사직하고 마셜이 미국 대통령 특사 자격으로 국공내전을 중재하기 시작했다. 이때 중공은 다시 한 번 미국에 희망을 가졌다. 1946년 1월 30일 주은래는 마셜에게 모택동의 구두 전언을 전달했다. 모택동은 마셜의 정전 문제 처리는 공평하고 중공은 미국과 공평한 기초 위에서 협력하기를 원한다고 강조했다. 주은래는 중공의 장기적 목표는 사회주의를 수립하는 것이지만, 현재 이를 위한 조건을 갖추지 못했다고 했다. 현 단계에서 중국은 민주와 과학의 길로 가야하며, 자유롭고 독립적이며 부강한 중국을 건설하기 위해 미국의 농업 개조와 공업화를 배워야 한다고 주장했

[262] 소련군의 동북 점령 시기, 소련의 중국에 대한 정책의 변화에 관한 자세한 내용은 다음을 참조할 것. 沈志华, 「斯大林与中国内战的起源」, 『社会科学战线』 第10期, 2008年, 第115-131页.

다. 또한 주은래는 마셜에게 모택동이 휴양을 위해 모스크바에 간다는 소문
을 말했는데, 모택동은 이 소문을 듣고 실소를 금치 못했다. 그는 "만일 건
강이 나빠지면 당연히 미국에 가고 싶다. 미국은 배울 것이 많기 때문이다."
라고 전했다. 마셜은 트루먼 대통령에게 보낸 전보에서 주은래의 말을 전하
며 중공은 미국의 정치제도를 도입하기 위해 노력하고 있다고 보고했다. 또
마셜은 "중국공산당은 민족주의 색채가 있으며, 그들의 수많은 성과는 민족
주의를 기초로 이뤄진 것"이라고 주장했다.[263] 그러나 1944년과 비교할 때
중공의 미국에 대한 태도는 더욱 전략적으로 접근한 측면이 있다. 중공의
기본 입장은 미국을 중립화시키고 미국이 장개석에게 압박을 가하도록 하
는 것이었다. 마셜이 중재를 포기하고 귀국한 뒤 미국의 입장이 이미 철저
하게 '부장반공(扶蔣反共, 장개석을 돕고 중공에 반대한다)'으로 바뀌었다는
것을 감지한 후, 중공은 결국 미국에 적대적 입장으로 돌아섰다.[264] 중공은
미국에 대한 환상을 버렸고, 소련 또한 믿을 수 없고 지원을 기대할 수 없기
는 마찬가지였다. 점점 더 심각해지는 내전 국면에서 중공은 배수진을 치고
자신의 역량에 의지해 무력으로 정권을 탈취하는 길로 접어들었다.[265]

---

263) General Marshall to President Truman, 31 January 1946, *FRUS, 1946, Vol.9, The Far East: China*,
　　Washington, D.C.: GPO, 1972, pp.148-151; 章文晋, 「周恩来和马歇尔在1946年」, 『中华英烈』,
　　第2期, 1988年, 第13页. 장문진(章文晋)은 당시 주은래의 비서와 통역을 겸하고 있었다.
264) 마셜의 국공 중재 기간 동안의 중공의 입장과 정책에 관한 분석은, 중국 학자들은 탁월한
　　연구 성과가 이루어져 왔다. 章百家, 「周恩来与马歇尔使命」, 『近代史研究』第4期, 1997年,
　　第184-213页; 牛军, 「论马歇尔调处时期国共两党的对美政策」, 『划时代的历史转折』, 中国社
　　会科学院近代史研究所编, 成都: 四川人民出版社, 2002年, 第139-157页.
265) 소련 홍군이 동북에서 철수한 후, 모택동은 동북작전을 지휘하는 임표에게 내전은 이미
　　시작되었으며 자력갱생으로 모든 일을 해결해야 함을 지적하였다. 동시에 병을 치료하기
　　위하여 소련으로 가는 니영환(罗荣桓)에게 "동북의 투쟁은 자력갱생의 원칙에 의지해야
　　하기 때문에 소련에게 지나치게 높고 많은 요구를 하지 말 것"을 지시하였다. 아울러 그는
　　"관내 지역의 투쟁은 완전히 스스로에 의지하여야 하기에 소련에게 어떠한 요구도 하지
　　말 것"을 강조하였다. 「1946년 6월 25일 모택동이 임표에게 보내는 전보」, 『毛泽东文集』
　　第4卷, 第134-135页; 「1946년 7월 30일 중공 중앙이 나영환에게 보내는 전보, 中共中央致罗荣
　　桓电, 1946年 7月 30日」, 『毛泽东传(1893-1949)』下卷, 金沖及主编, 北京: 中央文献出版社,
　　1996年, 第772页에서 재인용.

비록 소련군은 동북 지역에서 철수했지만 이 지역에 대한 모스크바의 관심은 조금도 줄어들지 않았다. 전후 동북아시아에서 소련의 이익은 근본적으로 동북 지역과 연관이 있었다. 스탈린은 중국이 누구의 손에 떨어질지는 관여치 않았지만, 동북의 통제권을 어떻게 자신의 손에 떨어지도록 보장할 것인가는 고려하지 않을 수 없었다. 만일 실패한다면 소련은 태평양으로 진출하는 출구가 단절되고, 소련이 여순, 대련 지역을 점령한 의미도 상당 부분 퇴색하게 된다. 따라서 소련은 반드시 중국 동북 지역, 특히 장춘철도를 장악해야만 했다. 이 목적을 달성하기 위해 당시 스탈린이 의지할 만한 역량을 가진 세력은 중공밖에 없었다. 소련의 입장에서 중공이 동북에서 뿌리를 내려야만 모스크바의 동북아 전략목표가 실현될 수 있었다. 중공 입장에서 보면 동북 지역에 공고한 근거지를 마련하는 것은 전면적인 정권탈취의 첫 걸음을 의미했다. 이렇게 서로가 필요한 정치적 상황은 소련이 동북 지역에서 철수한 후 중공과 관계를 재정립하는 전략적 기초가 됐다.

1949년 이전 소련의 중공에 대한 원조는 군사와 경제 분야에서 이루어졌고, 그중 경제원조가 주를 이루었다. 원조의 목적은 중공이 동북과 화북 지역 일부를 장악할 수 있도록 지원하는 것이었다. 군사원조는 주로 두 가지 방식으로 제공됐다. 첫째, 소련군이 철수할 때 일본군으로부터 노획한 대량의 무기와 장비를 증여하거나 남겨 놓는 방식이다.[266] 둘째, 북조선을 통해 무기 장비와 군사물자(일본군으로부터 노획한 물자를 위주로)를 제공하거나 물물교환하는 방식이다.[267] 이 밖에도 소련 점령 당국의 묵인과 지원하

---

[266] 이 무기들의 구체적인 수량에 대해 러시아 학자와 중국 학자, 중국 학자들 사이에 견해가 서로 다르다. 그러나 이 무기들이 중국 내전 초기 국민당의 대대적인 공격을 중공이 버티는 데에 중요한 역할을 한 것은 의심할 수 없는 사실이다. *Борисов* Советский Союз и маньчжурская революционная база, с.138, 185; 刘统, 「解放战争中东北野战军武器来源探讨」, 『党的文献』 第4期, 2000年, 第76-80页; 杨奎松, 「关于解放战争中的苏联军事援助问题」, 『近代史研究』 第1期, 2001年, 第285-306页; 本书编委会编, 『中国人民解放军第四野战军战史』, 北京: 解放军出版社, 1998年, 第130页.

[267] 1947년 6월까지 동북국에 운송된 물자는 총 4차례에 걸쳐 약 800~1,000개 기차 화물칸의 분량이다. 1947년 하반기부터 1948년 초까지 재차 52톤의 물자가 동북으로 운송되었다.

에 중공이 장악한 여순과 대련 지역의 공장에서 대량의 무기와 탄약이 생산
됐다. 이 또한 소련이 제공한 간접적 원조라고 할 수 있다.[268] 이 기간 중공이
소련제의 무기 탄약을 받았다는 자료는 아직까지 발견되지 않고 있다.[269]
소련의 중공 동북 정권에 대한 경제원조는 공개적이고 적극적이었는데, 3가
지 방면에서 이루어졌다. 첫째, 무역 거래를 통해 중공에게 공업 생산품과
생활용품을 제공했다. 1946년 말부터 1947년 말까지 소련과 중공 정권(동북
과 화북의 일부 지역)의 무역 총액은 3억 2,000만 루블에 달했고, 1948년에는
급격히 증가해 2배에 가까운 6.5억 루블이 됐다.[270] 둘째, 여순·대련 지구
의 수많은 공장을 중공에게 양도하고 4개의 합영회사 설립을 지원해 중공
정권의 물자 공급에 큰 도움을 줬다.[271] 셋째, 전문가들을 대거 파견해 동북
철도망 회복에 협조하고, 중공이 기술 인원을 양성하고 철도수비대를 창설
을 도왔으며, 차관 혹은 물물거래 방식으로 중공에 8,760만 루블의 철도물자
를 제공했다. 1948년 말 장춘철도의 전 노선이 개통됐다.[272] 이 밖에 소련은

吳殿尧·宋霖,『朱理治传』, 北京: 中共党史出版社, 2007年, 第461页; 丁雪松等,「回忆东北解
     放战争期间东北局驻朝鲜办事处」,『中共党史资料』第17辑, 1986年 3月, 第197-200, 202-204页.
[268] 내전 기간 여순과 대련 지역은 30만 벌의 군복, 236.5만 족의 군화, 50여만 발의 포탄과
     탄약, 그리고 대량의 군수물자를 전선에 제공하였다. 见中共吉林省委党史研究室,『韩光党
     史工作文集』, 吉林省东北抗日联军研究基金编, 北京: 中央文献出版社, 1997年, 第33-39,
     133-139页.
[269] 이 점은 당시의 미국 정보 보고에서 확인할 수 있다.「国务院关于支配中共军队规模主要因素
     的报告, 1947年 6月 25日; 中央情报局关于苏联实现在华目的的报告, 1947年 9月 15日」,『美国
     对华情报解密档案』第2卷, 沈志华·杨奎松主编, 第232-238, 239-247页.
[270] "1950년 1월 20일 멘쉬코프(M. A. Men'shikov) 스탈린에게 보낸 보고," Ледовский А. М.,
     Мировицкая Р. А., Мясников В. С.(сост.) Русско-китайские отношения в ХХ веке, Документ
     ы и материалы, Том V, Советско-китайские отношения, 1946-февраль 1950, Книга 2: 1949-фе
     враль 1950гг., Москва: Памятники исторической мысли, 2005, с.344-347. 멘쉬코프는 당시
     소련의 대외무역부 부장이다.
[271] 『韩光党史工作文集』; 王佩平·孙宝运主编,『苏联红军在旅大』, 大连市史志办公室编印, 1995
     年, 未刊; 1996年 5月 필자의 한광(韩光) 인터뷰(북경) 및 2002년 10월 26일 오양혜(欧阳惠)
     인터뷰(북경), 2008년 8월 1일 왕위(王伟) 인터뷰(대련) 기록.
[272] "1950년 1월 20일 멘쉬코프(M. A. Men'shikov) 스탈린에게 보낸 보고," Русско-китайские отно
     шение, T.V, K.2, c.344-347. 자세한 상황은 다음을 참조할 것, 沈志华,「对中苏同盟经济背景
     的历史考察(1948-1949)」,『党的文献』第2期, 2001年, 第53-64页.

중공에게 현금도 제공했는데, 지금까지 나온 자료로는 1946년에 최소 5만 달러를 제공하였다.[273] 이런 모든 조치들은 동북 지역의 경제 회복과 사회 안정, 나아가 중공의 군사적 승리와 정권 수립에 중요한 의미를 가진다.

중공의 동북 정권 건립과 강화는 소련의 전략과 경제적 이익에 전적으로 부합하였다. 특히 1948년 중공이 군사적인 우위를 점한 후부터 동북 지역에 대한 스탈린의 원조는 더욱 공개적이고 적극적이었다.[274] 새로운 중소동맹의 기반은 이때 세워지기 시작하였다. 그러나 중공의 승리가 장강의 북쪽까지 이어져 전국으로 확대되려 할 때, 스탈린은 또다시 하나의 난제에 직면하였다. 중공과의 관계도 장벽에 부딪혔다.

모스크바가 중공 동북 정권을 지지한 것은 확실히 미래의 중소동맹을 위한 초석을 마련하는 역할을 했다. 그러나 이는 스탈린이 동북아에서 소련의 이익을 고려한 것이었지, 중공의 정권 쟁취를 도와주려는 것이 아니었으며 세계혁명을 실현하기 위한 것은 더더욱 아니었다. 주다노프가 제1차 공산당 정보국 회의에서 행한 보고에는 이 점이 충분히 반영되어 있다. 1947년 9월 폴란드회의가 개최되기 전 주다노프 책상 위에는 65페이지에 달하는 국제 형세에 관한 분석 보고서가 놓여 있었다. 이는 소련공산당 중앙위원회 대외정책부가 주다노프의 대회 주제 발표를 위해 준비한 기본 자료였다. 보고서는 끝부분에서 세계혁명 발전의 새로운 정세하에서 각국 공산당은 새 전략을 취해야 하며 새 전략은 각기 다른 국가에서 각기 다른 방식으로 구현해야한다 주장했다. 즉 일부 연립정부에 이미 참여한 당은 정부 내에서 투쟁을 전개하고, 일부 정부와 대립하고 있는 당은 헌법의 테두리 안에서 의회투쟁과 군중운동을 시작해야 한다고 강조했다. 보고서는 특히 중국공

---

[273] 「1946년 10월 16일 주은래가 직접 서명한 인수증」, 『中苏关系俄档复印件』第19卷, 华东师范大学国际冷战史研究中心藏, 2005年, 未刊, 第38页.

[274] 1948년 5월 중공의 철도 복구 사업을 위하여 중국으로 출발하는 코발레프에게 이렇게 말하였다. *Ковалев И. В.* Диалог Сталина с Мао Цзэдуном//Проблемы дальнего востока, 1992, №1, с.79.

산당이 현재 '파시스트 반동파'와 무장투쟁을 진행하고 있다고 강조했다.[275] 그러나 주다노프의 1시간 반에 걸친 주제 보고와 회의 후 발표된 공산당과 국제 형세에 관한 선언에서도 중공이 전개 중인 무장투쟁에 관한 내용은 전혀 언급되지 않았다. 당시 스탈린의 관점에서 중국은 '반민주 진영'에 속하긴 하지만 미국의 다른 '부속국'이나 '지지자'들과는 달리, 경제적으로 미국에 의존하는 '피해자'에 불과했다. 이 밖에도 회의와 보고에서 제국주의 반대와 반민주주의진영과의 투쟁을 강력히 주장했지만 투쟁방식에 있어서는 '평화적 수단'과 정치 · 경제 · 사상의 투쟁을 거듭 강조했다.[276] 소위 '세계혁명'은 여전히 소련의 안전과 이익을 위한 개념이었다. 중공의 승리가 만리장성 이북 혹은 장강 이북에 머무르고 소련의 중공에 대한 지지와 원조도 이 수준에 한정되는 한 이를 토대로 한 중소동맹은 소련에게 유익했다. 이는 소련의 안전과 이익을 보장해 줄 뿐만 아니라 어떠한 위험부담도 감수할 필요가 없었다. 이는 얄타 체제에서 확정된 세력범위의 한계를 벗어나는 것이 아니기 때문이었다.

　중공의 중국 전역 장악에 대한 스탈린의 태도는, 우선 소련이 중국에서 실현해야 할 목표에 따라 결정되었다. 지정학적 이유나 국가안보 혹은 국력이나 경제적 목적 등의 측면에서 소련의 중국에 대한 정책이 갖는 기본적이고 우선적인 목표는 동북, 내몽고 및 신강을 포함한 중국 북부 지역을 완전히 통제하는 것이었다. 우여곡절을 겪은 후 스탈린의 이러한 목표는 1948년경 대체적으로 실현되었으며, 모스크바에 어떠한 위험과 손실도 주지 않았다.

　이때 스탈린은 매우 만족하였지만 모택동은 만족할 수가 없었다. 만일 중국의 정세가 중공에 유리한 방향으로 계속 전개되고, 소련이 계속해서 지속

---

[275] РЦХИДНИ, ф.575, оп.1, д.3, л.35-99, *Адибеков Г. М. и т. д.* Совещания Коминформа, с.12-13에서 재인용.

[276] *Адибеков Г. М. и т. д.* Совещания Коминформа, с.152-170, 242-244, 중국어 번역본은 『苏联历史档案选编』 第24卷, 第443-473, 614-620页을 참조할 것.

적으로 중공을 원조할 경우에 소련은 큰 위험부담을 떠안고, 큰 대가를 치를 가능성이 있었다. 그 위험은 다음과 같다. 첫째, 이 경우 국민당은 오랫동안 염원했던 미국의 공개적인 지지와 원조를 얻을 수 있었다. 이 경우, 모스크바는 아시아에서 미국과 충돌할 수밖에 없는데, 이는 모스크바가 감당할 수가 없어서 계속 회피해 왔던 것이다. 둘째, 중국공산당이 전면적 혹은 부분적으로 모스크바의 통제를 벗어날 수 있었다. 이 경우 스탈린은 아시아에서 그를 괴롭힐 수 있는 또 다른 티토를 만날 수도 있다. 마지막으로, 새로 수립될 중국 정부는 경제적으로 소련에 전적으로 의지할 수밖에 없었다. 당시 스탈린은 동유럽 국가들이 모스크바 통제하의 사회주의진영에 들어온 이후 국력 부족을 절실하게 느끼고 있었는데, 신중국의 성립은 스탈린을 더욱 경제적으로 어려운 궁지로 몰아넣을 수 있었다. 당시 미국은 이 문제에 관하여 면밀한 분석을 하였다. 1947년 9월 미국 중앙정보국은 소련의 중국 정책에 대한 평가에서 "지난 몇 년간의 중국의 정세 변화와 소련의 정책을 관찰하면, 중국정책에서 소련의 가장 유효한 도구는 중공이다. 중공은 이념적으로 모스크바에 동의하고 따르고 있으며, 중공이 중국에서 정권을 탈취하기 위한 투쟁을 계속하기 위해서는 소련과 지속적으로 협력할 것이라는 결론을 얻는 것은 어렵지 않다." 그러나 "만일 중국국민당 정부가 미국의 원조를 받아 내전 수행의 잠재력을 강화할 경우, 소련은 선택 가능한 행동이 줄 이해득실을 따질 것이며, 그들은 중공부대가 중국 본토에서 가질 지위나 처할 운명보다는 만주에서 자신들의 안전을 더욱 중시할 것으로 보인다. 국민당 정부가 만주에 대한 통제 능력을 상실했다고 여겨지면, 소련은 국민당 정부에 대하여 공개적인 적대 행동을 계속해서 피할 것으로 예상한다."고 분석하였다.[277] 1948년 9월, 정책기획실 실장 조지 캐넌(Kennan)은 국무성에 중국정책에 관한 보고서를 제출하였다. 그는 보고서에서 소련의 경제 및

---

277) 「1947년 9월 15일 중국에서의 소련의 목표 실현에 관한 중앙정보국의 보고」, 『美国对华情报解密档案』 第2卷, 第239-247页.

안전에 대한 신강과 동북의 중요성을 강조한 후, "크렘린은 광활한 중국 내
륙을 단지 하나의 거대한 난민 구호소로 여길 가능성이 매우 크며 이곳에
대한 책임을 회피하려 할 것."이라고 예상하였다. 동시에 소련에게 "중국은
장래 예상되는 어떤 전쟁에서도 잘해야 단지 허약한 동맹국이 될 수 있을
뿐이고, 최악의 경우에도 단지 대수롭지 않은 적이 될 수 있을 뿐이다." "중
국은 땅이 너무 크고 인구 또한 너무 많아, 모스크바는 모택동과 그의 동료
들이 중국 대륙을 완전히 장악하는 것을 용인하지 않을 것이다. 중공이 중
국 전역을 장악하려는 것은 너무 큰 욕심이다. 특히 그들은 어느 정도 민족
주의 깃발에 의지하여 정권을 탈취하였기 때문에, 가능한 한 크렘린은 중공
이 중국을 장악하는 위험을 감수하려 하지 않을 것이다."라고 분석하였다.
보고서는 계속해서 현재 "중국에 대한 소련의 주요 관심은 어떻게 중공이
국민당을 물리치고 내전에서 승리하도록 도울 것인가가 아니라, 어떻게 중
공에 대한 완전하고 지속적인 통제를 확보할 것인가에 있다."고 결론지었
다. 후에 캐넌의 이 보고서를 기초로 국가안전보장회의의 문건-NSC 34를
만들었다.[278]

　캐넌의 분석과 판단이 매우 정교하다는 것을 인정하지 않을 수 없다. 스
탈린은 확실히 이러한 생각에서 1948~1949년 중공과의 관계를 처리하였
다. 당시 모택동이 우려한 문제도 스탈린이 우려한 것과 거의 동일하다. 군
사적으로 최후 승리에 점점 가까워질수록, 장개석의 막후 지지자인 미국이
무대의 전면에 나설지 여부가 중공에게는 가장 중대한 문제였다. 모택동이
보기에 국공 양측이 일대일로 대결하면 장개석이 패배할 것은 명확하였다.
그러나 만일 미국이 공개적으로 국민당을 원조하고 나선다면, 국민당에 대
한 전면적인 승리를 장담할 수 없었다. 당시 미국의 간섭을 저지할 수 있는
능력을 가진 세력은 오직 소련뿐이었다. 만일 이런 상황이 전개될 경우, 중

[278] PPS 39, Memorandum by the Policy Planning Staff, September 7, 1948, *FRUS, 1948, Vol.8, The Far East: China*, Washington D.C.: GPO, 1973, pp.146-156.

공은 모스크바의 직접적인 군사원조를 필요로 하지는 않겠지만, 전략과 외교상의 지지는 반드시 필요하였다. 이것은, 모택동이 1947년 12월 중공중앙 확대회의에서 "지금까지 (중공의) 방침은 소련의 원조에 의존하지 않는 것이었다. 그러나 (소련의 원조가) 필요 없는 것은 아니다."고 지적한 것으로도 알 수 있다.[279] 스탈린이 중공의 편에 섰음을 명확하게 보여 주기는 것만으로도 미국의 중국에 대한 간섭을 중단시킬 수 있었다.[280] 다른 한편으로, 단순 군사적 측면에서는 중공은 이미 소련의 원조가 전혀 필요 없었다. 그러나 이미 수립된 해방구와 앞으로 수립될 중앙정권의 건설과 강화를 위해서는 소련의 원조가 꼭 필요하였다. 중공은 오랫동안 농촌에서 활동하였기 때문에, 경제 건설과 도시 관리에 대해서는 아는 것이 거의 없었다. 모택동은 중국사서(史书)의 "천하를 즉시 얻을 수는 있지만, 즉시 천하를 다스릴 수는 없다(可馬上得天下而不可馬上治天下)."는 이치를 잘 알고 있었다. 1948년 9월 정치국 회의에서 모택동은, 미래 중국의 발전은 소련의 도움을 필요로 하고 경제적 도움이 우선적으로 필요하다고 지적하였다.[281] 이 점은, 이후 중공이 소련에 기술과 관리전문가 파견 숫자를 배로 늘려달라고 요구한 사실에서 충분히 알 수 있다.[282]

그러나 모스크바는 주저하고 관망하는 태도를 취하였다. 비록 냉전이 유럽에서 이미 발발하였고, 모스크바를 중심으로 하는 사회주의진영은 중공과 그 무장 세력을 무시할 수 없는 역량으로 생각하였음에도 불구하고, 스

---

279) 『毛泽东文集』 第4卷, 第329-330页.

280) 미국이 장개석에게 원조 제공을 꺼려했던 이유가 바로 여기에 있다. 1948년 5월의 중앙정보국 보고서는 "지금까지 소련은 공개적으로 중공에 물자를 지원하지 않고, 동시에 국민당 부를 중국의 합법 부로 계속 인정하고 있다. 그러나 만일 미국이 국민당 부에 원조를 제공하게 되면, 소련도 '주목을 끄는 행동'을 취하게 될 것"이라고 분석하였다. 미소가 국공 양당을 지원하는 증가 속도에서 소련 이 우세를 점하면서, 미소가 중국에서 직접적인 출동할 가능성이 크게 높아졌다. 「1948년 5월 중국조사에 관한 중앙정보국의 보고」, 『美国对华情报解密档案』 第2卷, 第273-283页.

281) 『毛泽东文集』, 第5卷, 第146页.

282) 沈志华, 『对中苏同盟经济背景的历史考察』, 第59-64页.

탈린의 초기 전략은 여전히 사회주의진영을 외부로부터 방어하고 내부를
공고히 하는 것이었다. 즉, 미국과 서방에 대하여 보수적이고 방어적인 태
도를 취하고, 모든 역량을 사회주의진영의 내부를 정돈하는 것에 집중하여
사상과 행동을 통일시켜 서방과 대결하기 위한 기반을 다지는 것이었다. 스
탈린은 당시 국내 무장투쟁을 하고 있던 그리스공산당의 공산당정보국 가
입을 거절하였다. 주다노프는 그 유명한 양대 진영 분석에 관한 보고서에서
당시 중국혁명 투쟁이 활발하게 진행되고 있었음에도 이를 단지 가볍게 서
술하는 것에 그쳤다. 그리고 스탈린은 발칸반도 연맹과 그리스 원조 문제에
서 티토가 보인 경솔한 행동을 이유로 유고슬라비아를 사회주의진영에서
축출하기로 결정하였다. 이 모든 사실은, 소련의 냉전 전략이 공격성을 갖
고 있지 않으며 미국과 직접 충돌하는 것을 회피 혹은 지연하는 데 초점이
맞춰져 있음을 보여 준다. 이 점은 특히 아시아에서 두드러진다.[283] 이렇게
복잡한 국제적 배경하에서, 스탈린은 중공과의 관계 처리에서 일종의 모순
된 생각을 가지고 있었다. 즉, 그는 중공을 자세히 이해하고 전면적으로 통
제하는 동시에 직접 접촉하고 공개 지지를 하는 것을 꺼려하였다.

그러나 중공의 목표는 매우 명확하였다. 승리의 시간에 더욱 다가갈수록,
모택동은 동맹국 소련이 더욱 필요하였다. 국가이익과 민족주의 관점에서
도 당시 소련의 지지와 원조는 매우 중요한 의의를 갖고 있었다. 이데올로
기 및 국제주의적 관점에서도 중공이 오랫동안 갈망해 온 '국제원조' 역시
반드시 필요하였다. 이를 위해 모택동은 과거의 원한은 마음속에 묻어 두고
스탈린에게 절대적인 공손과 순종을 표시해야만 하였다. 1947년 초부터
1948년 말까지, 모택동은 모스그바를 방문하여 스탈린을 만나기를 여러 차
례 요청하고, "정치, 군사, 경제 및 기타 중요 문제에 있어서, 소련공산당 중
앙 동지들의 의견과 지도를 광범위하게 청취하여" "중국의 정책을 소련의
그것과 완전히 일치되게 할 수 있기를" 희망하였다. 비록 모택동은 스탈린

의 우유부단과 수차례의 방문 연기 요청에 큰 불만을 느끼고 화를 내기도
하였지만, 끝내는 불만을 억누르고 급히 모스크바로 가서 소련공산당의 지
도를 받고 싶다는 간절한 염원을 다시금 표시할 수밖에 없었다.[284]

그러나 모택동은 소련이 절대로 받아들일 수 없는 요구를 할 줄은 전혀
예상치 못하였다. 1949년 1월 8일, 중국 인민해방군 백만 대군이 장강 북쪽
에 진을 치고 있는 긴박한 상황에서, 국민당은 미·영·프·소 4국에게 국공
관계 중재를 요청하고 평화회담을 성사시켜 권토중래를 위한 시간 벌기에
나섰다.[285] 모택동의 방침은 "반드시 혁명은 철저하게 완수하고" "정치협상
회의를 개최하여 준비하여 중앙정부를 수립하는 것."이었다.[286] 평화회담에
관하여 중공은 평화회담은 해야 하지만, 국민당 정부와의 담판이 아닌 북경
의 부작의(傅作义) 등과 같은 실력 있는 지방정부 및 군사대표와의 담판을
통하여 그들과 정전 혹은 봉기 조건을 토론하는 것이었다. 스탈린은 중공
중앙에 있는 연락원을 통하여 중공의 입장을 명확히 알고 있었다.[287] 그럼
에도 불구하고 모스크바는 국공내전을 중재하고 싶다는 희망을 명확하게
밝혔다.

1949년 1월 10일, 스탈린은 모택동에게 전보를 보냈다. 스탈린은 전보에
서, "국민당 정부가, 소련에게 국공내전의 중재를 희망하였으며, 중공은 평

[284] 모택동의 계속된 스탈린 면담 요청과 면담 실패에 관한 상세한 과정은 다음을 참조할 것.
沈志华,「求之不易的会面: 中苏两党领导人之间的试探与沟通」,『华东师范大学学报』, 第1期,
2009年, 第1-13页.

[285] 평화회담은 국민당의 일관된 희망이었다. 그러나 "외교적 수단을 이용하여 미국, 소련, 영국,
프랑스가 중국의 평화 회복에 대한 이해와 지지를 구할 것"을 주장한 사람은 이종인(李宗仁)
이다. 반대로 장개석은 외교부가 4대 강국 정부에 각서를 보내 내전 종식을 표명하고 그들
의 협조를 희망하였지만, "중재 혹은 조정은 (중국) 정부에 대한 간섭을 피하기 위하여
요구하지 않았다." "이종인이 장개석에게 보내는 건의서," 国史馆(台湾),「革命文献·国共和
谈」002-020400-030-001; 秦孝仪总编纂,『总统蒋公大事长编初稿』卷七-下册, 台北: 中正文教
基金会, 1978年, 第224页.

[286]「1949년 1월 6일 중공중앙정치국회의에서 행한 모택동 보고」,『毛泽东传(1893-1949)』下卷,
金冲及主编, 第908页.

[287] 师哲,『在历史巨人身边』, 第370页; "1949년 1월 10일 제레빈이 쿠즈네죠프에 보낸 전보,"
АПРФ, ф.39, оп.1, д.31, л.54-58, Русско-китайские отношение, T.V, K.2, с.11-14.

화회담을 거절해서는 안 되고 소련은 이 제안을 수락할 생각이다. 소련은
이에 대한 중공의 입장을 알고자 한다."고 밝혔다. 스탈린은 또한 중공을 대
신하여 기초한 답신에서, "소련이 단독으로 국공내전을 중재하는 것만을 받
아들일 것."을 중공에 요구하였다. 당시 모택동은 천하를 최대한 빨리 얻는
것에만 생각하고 있었지, 소련이 이런 제안을 하리라고는 전혀 예상하지 못
하고 있었다. 모택동은 이 전보를 받고 더 이상 자신의 불만을 억누르지 못
한 나머지, 12일 스탈린에게 회신을 보내 단도직입적으로 소련 정부의 제안
을 거절하고, 소련공산당의 이런 행위는 서방 세력의 중재 참여로 이어지
고, 동시에 국민당 호전 분자들에게 중공을 중상모략할 구실을 제공하게 될
것이라고 비판하였다. 심지어 모택동은 스탈린의 방식을 그대로 모방하여,
소련 정부를 대신하여 국민당정부의 제안을 거절하는 회신을 기초하였다.
13일, 모택동 주변의 소련 연락원은 모스크바에 보낸 전보에서, "이 문제를
거론하는 모택동의 어투는 매우 신경질적이며 어떠한 종류의 중재에도 반
대"한다는 연안의 분위기를 보고하였다. 14일, 모택동은 11일자로 표시된 스
탈린의 전보를 받았다. 스탈린은 전보에서, 소련공산당은 중공이 평화의 깃
발을 버리지 않기를 희망하는 것이며, 중공은 단지 국민당이 받아들일 수
없는 평화회담 조건을 제시하기만 하면, 일거양득의 효과를 거둘 수 있다고
설명하였다. 이 전보로 인하여, 모택동은 마음의 평정심을 되찾았으며, 소
련은 남경에 외교 각서를 보내 중재 거부 의사를 밝혔다.[288]

　다수의 러시아 학자들은 모택동과 스탈린 사이에 오고간 전보들은 스탈
린이 중국혁명의 발전을 방해할 의도가 전혀 없었음을 보여 주며, 그가 국
공 평화회담을 중재할 의도가 있있나는 과거 주장은 근거가 없다고 주장하
였다.[289] 여기에서 관건은 1월 11일자 스탈린의 전보를 어떻게 해석할 것인

288) 상술한 전보의 왕래는 다음을 참조할 것. *АПРФ*, ф.39, оп.1, д.31, л.61-64, Русско-китайские
　　отношение, Т.V, К.2, с.15-25.
289) *Тихвинский С. Л.* Переписка И. В. Сталина с Мао Цзэдуном, в январе 1949г.//Новая и
　　новейшая история, 1994, № 4-5, с.132-140; Рахманин О. Б. Взаимоотношения И. В. Сталина

가에 있다. 러시아 학자들은 11일자 전보가 1월 10일자 전보의 '연속된 전보'
이며, 소련공산당의 입장을 자세하게 설명한다고 주장하였다. 그러나 이 전
보들을 자세히 연구해 보면, 이 두 통의 전보의 의도는 완전히 상반됨을 알
수 있다. 전자는 모스크바 단독으로 평화회담을 중재하겠다는 의도를 분명
히 하고 있으며, 후자는 중공이 평화의 깃발을 포기해서는 안 된다는 점을
특히 강조하고 있는 반면 중재에 관해서는 전혀 언급하지 않고 있다. 11일
전보의 진정한 날짜에 대한 해석에도 다음의 몇 가지 가능성이 존재한다.
첫째, 스탈린이 모택동의 강경한 태도를 확인한 이후 어쩔 수 없이 자신의
주장을 철회하였지만, 자신에게 퇴로를 열어주기 위하여 의도적으로 전보
의 날짜를 11일로 앞당겼다. 둘째, 스탈린은 10일 전보를 보낸 후 모택동에
게 거절당할 것을 우려하여 완전히 상반된 내용의 전보를 즉시 다시 보냈지
만, 무슨 이유에서인지 중공은 이를 이틀 늦게 수신하였다. 셋째, 모택동은
즉시 11일자 전보를 받았지만, 마음속 불만을 보여 주기 위하여 고의적으로
회신을 늦추었다.[290] 어찌되었건, 이 시기 당안 문헌을 종합해보면, 스탈린
이 초기에는 국공회담을 중재하려는 의도가 확실하게 있었음을 알 수 있다.
   사실이 보여 주듯, 1948년 1월 중국 주재 소련무관 로쉰(N. Roshchin)은
소련의 국공회담 중재 의사를 남경 측에 밝혔으며, 대사로 승진한 후에도
연말까지 이를 위하여 활동하였다.[291] 이러한 정황에 대해 미국 정보기관들
의 명확한 기록이 있다.[292] 소련의 처한 상황을 고려해보면, 스탈린이 1948
년에 국공평화회담을 희망하였다는 사실은 이해될 수 있다. 그 시기, 중국

и Мао Цзэдуна глазами очевидца//Новая и новейшая история, № 1, 1998, с.87-88; Русско-кит
айские отношение, Т.V, К.2, с.530-532.

[290] 필자는 중공 중앙 당안이 개방되어 이 역사의 미스터리가 풀리기를 기대하고 있다.

[291] Stuart to the Secretary of State, February 24, 26, March 8, 1948, *FRUS*, 1948, Vol.7, The Far
East: China, Washington D.C.: GPO, 1973, pp.112, 117-118, 133-136; 「1948년 6월 국방부 제2청
이 외교부에 보낸 정보 사본」, 『中华民国外交部档案馆』, 112,1/002, 第60-63页; Stuart to the
Secretary of State, November 10, December 1, 1948, FRUS, 1948, Vol.7, pp.558-560, 627.

[292] 「1948년 중국평화회담 전망에 관한 중앙정보국의 보고」, 『美国对华情报解密档案』 第2卷,
第384-387页.

의 상황은 아직 분명해지지 않았으며, 특히 미국의 아시아 전략과 중국에 대한 정책을 짐작하기 어려웠다. 또한 소련은 유럽에서 서방과의 심각한 대립의 늪에 빠져 있었으며, 베를린 위기의 결과로 스탈린은 양측의 실력 차이를 실감하고 있었다. 이 시기 모스크바가 가장 피하고자 한 것은 미국이 소련이 아시아에서 얄타협정의 틀을 파괴하려 한다고 판단하고 직접적인 무장간섭을 취하여, 소련이 유럽과 아시아 양측에서 적을 상대해야 하는 상황이었다. 따라서 모스크바는 중공을 지지 원조하면서도 미국과 국민당 정부에게 약점을 잡혀서는 안 되었다. 최선의 선택은 당연히 국공내전을 하루 빨리 중단시켜 기존 이익을 유지하고, 어떤 위험부담도 감수하지 않는 것이었다. 러시아 당안이 보여 주듯이, 1948년 12월까지 소련은 여전히 미국이 계속해서 장개석을 지원할 가능성과 그 구체적 방안에 주목하였다.293) 그러나, 이때 모스크바는 또 하나의 큰 근심거리가 있었다. 이는 바로 중공에 대한 통제를 상실하는 것이었다. 중국 주재 소련 대사관은 12월 27일 작성한 비망록에서, "트루먼 대통령의 전체적인 중국정책으로 보면, 장개석 정권에 원조 제공 중지는 이미 놀랄만한 일이 아니다."고 분석하였다. 동시에, 현재 미국은 이종인(李宗仁)을 수반으로 하는 연립정부를 계획하고 있으며, "상호 양보의 원칙하에 평화제의를 받아들이도록 중공을 압박하고 있다."고 지적하였다. 더욱 중요한 것은, "미국은 중국공산당과 직접 접촉하기로 결심하였다."는 것이다.294) 만일 소련의 국공회담 중재 희망이 미국의 군사개입에 대한 우려에서 출발하였다면, 1948년 말에 이르러서는 이러한 우려는 미국의 정치 간섭으로 그 방향이 바뀌었으며, 특히 중공과의 모종의 관계 수립여부에 집중하였다. 모택동의 상성한 태도는 스탈린의 의심을 더욱 심화

---

293) "1948년 12월 9일 로신과 스티븐슨과의 회담 비방록," "1948년 12월 29일 로신과 튜가얼과의 회담 비망록," АВПРФ, ф.0100, оп.41, п.276, д.19, л.82-84, 80-81, Русско-китайские отношени e, T.V, К.1, с.488-489, 494-495. А. 史蒂文森는 중국 주재 영국대사. 튜가얼은 중국 주재 인도무관.
294) "1948년12월 27일 중국의 중국정책에 관한 마루신(A. M. Malushin)의 비망록," АВПРФ, ф.0100, оп.42, п.296, д.117, л.7-23. А. М. 마루신은 중국 주재 소련 대사관 3등비서.

시킨 것은 의심할 바 없다.[295]

스탈린이 전보에서 주요하게 고려한 것은, 당연히 중국혁명의 발전을 저지하려는 것이 아니라 모스크바가 국면을 장악하는 것에 대한 보장이었다. 그러나 서안사변, 환남사변, 그리고 중경담판 때와는 다르게, 이번에는 모택동이 스탈린의 생각을 바꾸도록 압박하였다. 모택동이 중국혁명의 미래와 관련된 원칙 문제에서 대담하게 스탈린을 직접 반박한 것은 그의 성격 때문이 아니라, 중공이 내전에서 절대적 우세를 이미 차지하였고 내전의 발전 국면을 완전히 장악할 수 있었기 때문이었다. 반대로 모스크바가 소련의 아시아 전략과 동북아 안보 문제를 고려할 때, 부득이 중공의 입장과 중공에 대한 정책을 최우선적으로 고려해야만 하였다. 이밖에도 미국과 영국이 중재에 참여하지 않고 중국 정세에 관하여 계속 관망하는 태도를 취한 것은 소련의 우려를 덜어주었다. 따라서 중공의 우세한 지위와 강경한 입장을 고려하여 스탈린은 즉각 자신의 말을 바꾸었다.[296]

여하튼 1949년 초, 중국 문제 특히 중공 문제는 모스크바의 의사일정에 들어가기 시작하였다. 소련공산당 중앙위원회 정치국회의 일정 목록을 보면, 정치국에서 토론 혹은 결의한 중국 문제의 숫자가 눈에 띄게 늘어났다. 1949년에는 정치국 결의가 69개에 달하여 전년도에 비하여 8배로 늘어났는데, 주로 중공과 관련된 문제였다. 1950년에는 더욱 급증하여, 조선전쟁에 대한 것을 제외하고도 123개의 의제가 토론되었다.[297] 이는 중국의 정권교

295) 1949년 2월 미국 기자 스트롱(A. L. Strong)은 모스크바에서 제국주의의 스파이의 죄명으로 체포되었다. 그녀는 『내일의 중국』이라는 책에서 모택동을 아시아의 성인(聖人)으로 묘사하고, 『신민주주의론』을 아시아의 성경이라고 칭하였다. 「1949년 12월 22일 지도자와 이론가로서의 모택동에 관한 국무성 정보연구실의 보고」, 『美国对华情报解密档案』第2卷, 第560-568頁. 스탈린이 이렇게 한 것은 모택동에게 압력을 가하려는 것으로 볼 수 있으며 최소한의 객관적인 효과는 그러하였다.
296) 덧붙여 사학계에서 오랫동안 논쟁이 되어왔던 스탈린의 중공군 장강 도하 저지에 관하여 제기되었던 소위 "남·북조" 건립 문제는 스탈린이 그렇게 말한 것이 아니라, 모택동이 그렇게 느꼈다고 필자는 생각한다. 1949년 초까지의 소련의 국공회담에 대한 태도로 미루어 볼 때 모택동이 그런 느낌을 가질 만하였다고 판단된다.

체 시기와 맞물려, 스탈린에게 중국이 점점 더욱 중요한 위치를 차지하였음
을 보여 준다.— 이때 소련이 통제해야 할 지역은 동북과 만리장성 이북이
아닌 중국 전체였다— 중국 당안 문헌도 1949년 2월부터, 중국과 소련 정부
및 소련공산당과의 관계는 더욱 긴밀해졌음을 보여 준다. 이 시기 중소 양
당 사이의 연락 방식에도 변화가 있었다는 것도 주목할 점이다. 이전에는
연락원 제레빈을 통해서만 전보를 보내고 받을 수 있었지만, 이때에는 코발
레프(I. V. Kovalev)가 소련공산당 중앙의 대표로서 중공 지도자들과 각종
업무사항에 관하여 직접 토론하였다. 뿐만 아니라, 스탈린 역시 직접 중국
의 업무를 주관하기 시작하였다. 1949년 초, 몰로토프와 비신스키는 코발레
프에게 보낸 전보에서 "지금부터 중국과 관련된 모든 업무는 필리포프 동지
와 직접 연락할 것"을 지시하였다.[298] 이는 스탈린이 모택동과의 관계를 처
리하고 중공을 모스크바가 통제하는 사회주의진영에 합류시키는 데에 다른
사람이 이를 감당하기 어려울 것으로 우려했기 때문이었다. 그리고 이때 스
탈린이 시급히 이해할 필요가 있던 것은 중공 정권의 성질과 정치 성향, 그
리고 소련과의 관계였다. 그는 이를 바탕으로 소련의 중국정책을 다시 확정
코자 하였다. 미코얀이 정치국원 신분으로 비밀리에 서백파(西柏坡)를 방문
한 주요한 목적 또한 여기에 있다.

1949년 1월 30일부터 2월 7일까지 미코얀은 모택동, 유소기 등과 12차
례에 걸쳐 회담을 가졌다. 회담에서 중공 지도자들은 상세하고 전면적으로

297) *Адибеков Г. М., Андерсон К. М., Роговая Л.А.* Политбюро ЦК РКП(б) -ВКП(б) Повестки
дня заседаний 1919-1952. 1946~1947년 기간 모스크바가 특별히 중국 문제를 중시하는 정서는
없었다. 이 점은 당시 중국 주재 소련 대사관 외교관들의 회고에서도 찾아볼 수 있다. "만주
에 수둔하고 있는 소련군 및 기타 부분 대표들은 모든 상황을 모스크바에 보고하지 않았으
며, 모스크바 역시 소련공산당 중앙위원회의 간단한 지시 상황을 제외한 기타 상황은 중국
주재 소련 대사관에 적시에 통보하지 않는 상황이 자주 발생하였다." "소련 대사관은 상황에
대한 장악에 매우 한계가 있었으며, 그나마도 자주 서로 모순되었다." *Крутиков К. А.* В
гоминьдановском Нанкине, 1946-1948 годы//Новая и новейшая история, № 2, 2004, с.138,
147.
298) Goncharov Lewis, and Xue, *Uncertain Partner*, p.20. 필립포프는 스탈린의 암호명.

중공 자신의 역사와 중국의 현황 및 정치, 군사, 경제, 외교 방면에서 중공이
현재 혹은 곧 시행할 방침과 정책을 소개하였다.299) 스탈린은 미코얀의 이
번 방문을 매우 중요시하였다. 이 기간 소련공산당 정치국은 매일 회의를
개최하고, 미코얀이 보내온 전보를 연구하고 토론하였다. 회담을 마친 후,
스탈린은 미코얀에게 서둘러 모스크바로 돌아와 각종 상황을 상세히 보고
할 것을 지시하였다.300) 이 중 1995년 공개된 미코얀의 「중국 방문 보고서」
를 주목할 필요가 있다. 이 보고서는 중소 관계가 악화하기 시작할 때 만들
어진 것이기 때문에, 그 내용 중에 일방적이고 중국에 책임을 지우는 경향
이 있는 것은 피할 수 없었다. 이 때문에 연구자 대다수는 이 문헌에 나타난
중소 간의 불화와 모순에 지나치게 주목하였다.301) 사실, 미코얀이 스탈린
에게 한 보고서(2005년 공개)를 종합적으로 분석해보면, 중공의 지도자들은
원조 요구(주로 경제 건설과 국가관리 방면) 외에도 친소련 입장을 회담에
서 반복적으로 밝히고 있다. 특히 모택동은 소련공산당의 중공에 대한 영
도, 지도 및 원조에 대하여 반복해서 높이 평가하였다. 또 중공 지도자들은
소련공산당을 배우고 그와 함께 하겠다는 결심을 거듭 강조하였다. 모택동
은 여러 차례에 걸쳐 중국공산당은 아직 미숙하며, 자신은 스탈린의 학생임
을 강조하였다. 미코얀은 중국을 최초로 방문한 소련공산당의 고위 지도급

299) "1949년 1월 30일~2월 7일 미코얀과 중공 지도자들과의 대담 기록," *АПРФ*, ф.39, оп.1, д.39,
л.1-95, Русско-китайские отношение, Т.V, К.2, с.33-93.
300) "미코얀이 소련공산당 중앙위원회에 제출한 보고서," *АПРФ*, ф.3, оп.65, д.606, л.1-17, Пробле
мы дальнего востока, №2, 1995, с.109. 모스크바로부터 지시 전보를 러시아가 공개하지
않은 점이 매우 아쉽다. 그러나 미코얀이 말한 내용은 모두 스탈린의 지시 혹은 그의 동의를
받은 것으로 볼 수 있다. 미코얀은 "정치국원들은 매일 회의를 열어 내가 보낸 암호 전보를
열람하였고, 스탈린 자신 또한 매번 나에게 상응하는 지시를 보내었다."고 회고하였다. *Мико
ян А. И.* Так было, Размышления о минувшем, Москва: ВАГРИУС, 1999, с.528.
301) 미코얀 보고에서 나열된 주요 내용은, 그가 문제가 있다고 생각한 주제들이다. Проблемы
дальнего востока, №2, 1995, с.105-107. 이에 대한 학자들의 반응은 다음을 참조할 것.
Goncharov, Lewis, and Xue Litai, *Uncertain Partner*, pp.41-43; *Кулик Б. Т.* Советско-китайский
раскол: причины и последствия, Москва: ИДВ РАН, 2000, с.73-74; Heinzig, *The Soviet Union
and Communist China*, pp.155-156.

인사다. 그의 방문은 스탈린의 중공에 대한 이해를 높였으며, 소련과 중공
정권의 관계 발전을 대대적으로 촉진시켰다. 미코얀이 돌아간 후, 모택동은
중공이 반드시 소련에 의지해야 한다는 방침을 더욱 명확히 하였고 당내에
서 여러 번 이 점을 지적하였다.[302] 이와 동시에, 소련 또한 중공에 대한 원
조 제공의 속도와 강도에 명확하게 가속화하고 강화하였다.[303] 전면적인 정
권 장악에 점점 다가갈수록, 중공은 국가관리, 특히 경제관리 방면의 어려
움을 더욱더 느꼈으며 소련 원조의 필요성을 더욱 절감하게 되었다. 다른
한편으로, 중공은 이미 자신의 친소입장을 표명하였지만, 소련공산당이 장
래 중공 정권에 대하여 어떠한 태도를 취할지 아직 알 수 없었다. 이는 소련
의 중공에 대한 대규모 원조 실현 여부 및 그 시기를 결정하는 중대한 문제
였다. 이 때문에 모택동은 정식 대표단을 하루빨리 소련에 파견할 필요가
있었다.

　1949년 6월 26일, 유소기를 단장으로 하는 중공 대표단이 비밀리에 모스
크바에 도착하였다. 이번 50일간 방문의 주 목적은 국내·외의 중대 문제에
대한 중공의 입장을 스탈린에게 직접 설명하고, 소련공산당 중앙위원회의
의견을 청취하고 중공에 대한 소련공산당의 입장과 태도를 이해하며, 소련
의 도움과 원조 사항을 소련에 자세하게 요청하는 동시에, 소련 정부와 소
련공산당 조직에 대하여 현장에서 관찰하고 배우는 것에 있었다. 스탈린은
유소기 방문에 대비하여 충분한 준비를 하고 있었다. 첫날 면담에서 스탈린
은 차관, 전문가, 해군 건설, 항로 개통, 전투기 제공 등을 포함한 이전부터
중공이 요청한 모든 사안에 동의하였다. 심지어 중공이 하루빨리 신강(新
疆)을 점령할 수 있도록 원조를 제공할 것도 제안하였다. 그 후에 개최된
몇 차례 회담에서 스탈린은 수차례에 걸쳐 중공을 높이 평가하고, 특히 과

---

302) 『中共中央文件選集』 第18冊, 第138-142, 136-137頁; 『毛澤東文集』 第5卷, 第262頁.
303) "1949년 2월 6일 소련 내각회의 의장의 명령," АПРФ, ф.3, оп.65, д.444, л.32-34; "1949년6월
　17일 쿠무킨이 스탈린에게 보낸 보고," АПРФ, ф.3, оп.65, д.363, л.12, Русско-китайские
　отношение, Т.V, К.2, с.88-89, 147, 548. 쿠무킨은 당시 소련 대외무역부 부부장.

거 소련공산당이 중공에 대한 지도 과정에서 보인 일부 행위에 대하여 사과
하였으며, 아시아혁명을 지도하는 중책을 모택동에게 맡겼다.304) 이때 스탈
린은 이미 중공 정권을 동맹국으로 하는 중국정책을 확정하였으며, 모택동
이 하루빨리 이 점을 이해하기를 원하였다. 바로 이러한 판단의 배경하에
서, 모택동은 유소기로부터 첫 번째 전보를 받은 후, 남경에 남아 있는 미국
대사 스튜어트를 더 이상 상대하지 않고 '소련일변도'의 건국 방침을 지체
없이 공개적으로 선언하였다.305)

　스튜어트는 국민당 정부가 광주로 옮겨갈 때, 자신은 남경에 남을 것을
요구하였는데 이는 미국의 중국정책에 변화의 여지가 있음을 의미한다. 주
은래가 중공 지도층과의 회담을 위하여 미국대사를 북경으로 초청한 소식
을 흘린 것 역시 전략상 미국과의 통로를 닫지 않기 위해서였다. 애치슨 국
무 장관이 국내 선거의 정치 압력 때문에, 스튜어트에게 북경으로 가지 말
라고 명령한 사실을 두고 많은 학자들은 미국이 중공과의 관계 개선의 최후
기회를 놓쳤다고 주장하였다.306) 그러나 최근의 연구 결과는 1944~1946년에
중공과 소련의 관계가 아직 확정되지 않았을 때, 미국과 중공 간의 관계가
정상화될 가능성이 확실히 존재하였음을 보여 준다. 그러나 1949년에 이르
러서는 중공의 친소련 입장과 정책의 이미 확정되었기 때문에, 미국 지도층
내부의 변화에 상관없이 미국이 중공과 화해할 '기회'는 존재하지 않았다.
당시 중공이 필요로 하였던 것은 미국과의 친선과 우호가 아니라 모스크바
의 실질적인 원조였다. 이에 대하여 모택동은 "국제 역량의 원조 없이는 그

304) "1949년 6월 27일 스탈린과 중공 대표단 간의 회담 개요," *АПРФ*, ф.45, оп.1, д.329, л.1-7, Русско-китайские отношения, Т.V, К.2, с.148-151. 방문 과정에 관한 상세한 내용은 다음을 참조할 것. 师哲, 『在历史巨人身边』第419-424页; 『刘少奇年谱』下卷, 第217-221页.
305) 沈志华, 「从西柏坡到莫斯科: 毛泽东宣布向苏联"一边倒"」, 『中共党史研究』第5期, 2009年, 第14-33页.
306) 이 문제에 관한 서방 학자들의 마지막 토론은 다음을 참조할 것. Warren Cohen, Chen Jian, John Carver, Michael Sheng, and Odd Arne Westad, "Rethinking the Lost Chance in China," *Diplomatic History*, Vol.21, No.1, Winter 1997, pp.71-115.

어떤 인민혁명도 승리할 수 없고, 승리를 거두었다 하더라도 이를 공고히 할 수 없다."고 지적하였다.[307] 이를 근거로 1949년 여름에는 중국과 소련 사이에 전략적 협력의 틀이 이미 이루어졌다고 단언할 수 있다.

공산당원의 이념적 측면에서 보면, 중소 양국 모두 동맹의 필수 조건은 이데올로기의 일치성이었다. 스탈린은 스스로 국제공산주의운동의 영수로 자처하였고, 모택동은 중공이 진정한 마르크스－레닌주의의 정당임을 적극 표명하면서 소련을 쫓아 사회주의진영에 가입하기를 희망하였다. 그러나 앞에서 서술한 바와 같이, 중소가 실질적으로 중요시한 것은 이러한 연맹이 각자의 이익과 장기 목표에 부합되는가의 문제였다. 중소 지도자들은 서백파(西柏坡)에서 양측 이데올로기의 동일성을 확인하고, 모스크바에서 각 정책의 일치성을 더욱 명확히 하였다. 이로써 중소동맹의 정치적 기반은 마련되었다. 미래의 국가이익에 대해 스탈린과 모택동 모두 각자 정권의 안전과 안정을 우선적으로 고려하였고 국제 정세 판단에서도 기본적으로 일치하였다. 그러나 국가이익은 주권, 존엄, 경제 등 각 방면에 연관되어 있었으며, 이 문제들에서 역사적 원인 때문에 양측이 갈등하고 충돌할 것임은 명확하였다. 이렇기 때문에 두 차례의 중소 고위층 회담에서 양측 모두 원칙적인 문제에서 이해를 추구하고 논쟁의 여지가 있는 문제는 회피, 방치 또는 일시 양보의 태도를 취하였다. 그러나 스탈린과 모택동은 이런 문제들을 조만간 해결해야 하고 반드시 해결해야 하며, 만일 국가와 민족 이익에 관련해서 쌍방의 협조가 일치되지 않는다면, 동맹을 맺는다 하더라도 그 동맹은 안정되고 공고하지 않을 것이라는 점을 매우 잘 알고 있었다.

---

[307] 『毛泽东选集』 合订本, 第1478-1479页.

제2장_중국, 모스크바에 다가가다
중소동맹의 형성과 충돌

중 국공산당이 소련과 동맹 관계를 수립한 실질적 목적은, 당연히 정
권을 쟁취하는 과정에서 필요한 국제 원조와 지지를 얻기 위한 것
이었지만, 양국의 기본적인 출발점은 혁명이었다. 당시 혁명 투쟁의 일정을
논할 때 모든 혁명당의 지도자(예를 들어 레닌 혹은 손문)들이 그랬던 것처
럼 국가의 주권과 이익은 언급되지 않았다. 당시 국가나 정권은 혁명의 대
상에 불과했기 때문이다. 따라서 정권이 허약할수록 혁명 성공에 더욱 유리
했다. 그러나 혁명당이 일단 정권을 잡고 일단 정권을 잡고 국가를 통치하
게 된 후에는 국가주권과 민족 이익에 대한 인식도 점차 달라졌다. 이제 국
가주권과 민족 이익을 보호하는 것은 그들의 책임이자 의무가 되었다. 볼셰
비키가 정권을 잡은 전후, 레닌의 '민족사결권' 논리가 완전히 다르고 1924
~1929년 중국과 러시아가 불평등조약을 유지하는 문제를 두고 서로 해석을
달리한 것은 가장 명확한 예이다. 중국혁명이 승리를 목전에 다가왔을 때
중공과 모스크바는 점차 가까워지고 있었지만, 동시에 스탈린과 모택동은
그들 사이에 해결해야 할 중요한 문제들이 있고, 이 문제들에 양국 모두의

근본적인 국익이 걸려 있다는 사실도 인지하고 있었다.

1. 험난했던 중소동맹조약 체결 과정

소련과 신중국이 국익을 두고 갈등과 모순을 겪을 만한 문제는 주로 신강(新疆) 문제(신강 지역에서의 소련의 세력 및 영향), 몽고 문제(외몽고의 독립), 그리고 동북 문제(여순 기지의 조차 및 장춘철도의 귀속)였고, 그중 핵심은 동북 문제였다. 그러나 이 모든 문제들은 1945년 체결된「중소우호동맹조약」에 의해 이미 확정된 것이다. 이 조약은 극동 지역에서 소련의 주요 권익을 보장했지만 중국인은 큰 불만을 가지고 있었다. 이 때문에, 1945년 조약을 어떻게 다룰 것인지는 새로운 중소동맹의 내재적 모순을 해결하는 지표가 됐다.

실제로 동북에서 중공 정권이 수립되고 세력을 넓히면서 미래의 주권과 이익을 두고 중국과 소련 사이에 서로 다른 견해가 점차 수면 위로 떠오르기 시작했다. 이는 주로 장춘철도 소유권의 귀속 및 동북 지역 자원의 점유와 개발 문제였다.

소련은 장춘철도를 경영하는 문제에 관심이 매우 컸다. 장춘철도는 전략적 의미뿐 아니라 경제적 가치도 높았기 때문이다.[1] 소련군의 철수와 동북 내전의 발발로, 중국과 소련이 장춘철도를 공동경영하는 일은 실행되지 못했다. 국민당이 장악하고 있는 장춘철도 남부는 오랫동안 마비된 상태였으며, 설비는 여러 차례 도난당하거나 파괴되었고, 소련 직원 대부분은 본국으로 돌아가 버렸다.[2] 중공이 장악하고 있는 장춘철도 북부 지역 또한 중국

---

[1] 소련 교통부의 계산에 따르면, 국공내전 발생 1년 전 남만철도의 이윤은 1.63억 루블에 달하였다. "1950년 1월 19일 베쉐프가 몰로토프에게 보낸 보고," *АВПРФ*, ф.07, оп.23a, п.248, д.20, л.17-19. 베쉐프(B. P. Beshev)는 소련 교통부 부장.
[2] "1946년 12월 2일 피더로프와 감내광의 담화 기록," *АВПРФ*, ф.0100, оп.40a, п.264, д.21,

과 소련 간에 마찰이 잦았다. 하얼빈 주재 소련 총영사관의 보고에 따르면, 중공 당국은 이 지역의 장춘철도와 기타 부속 기업을 자신의 손안에 넣으려 했으며, 장춘철도에 관한 중소조약의 협정을 준수하지 않았다. 중공은 또한 소련 측 행정 기구를 철도 관리에서 배제하고 장춘철도 기구와 관련 기업에서 일하는 소련 공민을 대거 해고했으며, 때로는 그들을 폭행했다. 이 때문에, 하얼빈 주재 소련 총영사관은 동북 지역 중공 지도자 임표(林彪)나 고강(高岗)과 여러 차례 교섭했다.[3]

　장춘철도의 운행을 신속히 회복시켜 대련과 여순으로 신속히 물자를 수송하기 위해서, 소련 정부는 동북내전 기간 동안 중공 정권의 철도 보수 작업을 전면으로 지원하고 중공의 지원 요청에 반드시 응했으며, 전문가 소그룹을 두 차례에 걸쳐 동북으로 파견하고, 많은 설비도 제공했다. 1948년 말, 교통부 부부장 코발레프(Kovalev)를 대표로 하는 전문가 소그룹은 임무를 원만히 마치고 동북의 주요 철도간선을 모두 개통했다.[4] 그러나 전시 상황에서 장춘철도 전 구간을 포함한 동북 지역의 철도는 실질적으로 중국이 단독으로 관리했고 재정도 중국이 장악하고 있었다. 소련인들은 단지 고문이나 자문의 지위에 머물렀다.[5] 소련은 이 문제를 매우 중시했다. 1948년 말, 대외무역부 전문가 슬라드코프스키(M. I Sladkovsky)는 말렌코프에 서신을 보내 소련이 실질적으로 철도 관리에 참여하는 문제를 해결해 달라고 건의했다.[6] 스탈린도 이 문제에 큰 관심을 가졌다. 그는 중공이 장춘철도 협정

л.7-9. 감내광(甘乃光)은 중국 외교부 정무차장.

[3] "1947년 4월 8일 루스코프가 고강에게 보낸 서신"; "1947년 5월 7일 하얼빈 총영사관이 임표에게 보낸 서신," *АВПРФ*, ф.0100, оп.40а, п.269, д.69, л.133-135, 140-144, *Ледовский А. М. На Дипломатической Работе*, с.130-131로부터 재인용. 루스코프(M. F. Lyskov)는 하얼빈 주재 소련 총영사.

[4] "1948년 9월 10일 소련 교통부가 몰로토프에게 보낸 보고," *АВПРФ*, ф.06, оп.10, п.53, д.739, л.1; "1948년 12월 16일 코발레프가 스탈린에게 보낸 보고," *АВПРФ*, ф.06, оп.10, п.52, д.734, л.8; *Борисов Советский Союз и маньчжурская революционная база*, с.193-198.

[5] "1950년 1월 코발레프가 스탈린에게 보낸 보고," Sergei Goncharov, John Lewis, and Litai Xue, *Uncertain Partner*, Redwood City CA: Standford University Press, 1993, pp.247-248에서 재인용.

의 효력을 부인할까 우려했다.[7)]

　장춘철도의 자산 범위를 확정하는 문제에서, 소련의 요구는 중공이 동의하기 어려운 것이었다. 장춘철도 협정 제1조 규정을 따르면, 1905년 이전부터 러시아가 소유한 철도를 제외한 남만철도의 모든 재산은 남만철도의 재산이 아닌 중국 정부의 소유였다. 소련군 점령 시기, 일본 소유의 남만철도 부속 재산 대부분은 장춘철도의 이름을 달고 있었다. 하지만 국민당은 심양을 점령하자, 1905년 이후에 소련군이 확보한 장춘철도 재산의 많은 부분을 전부 중국 정부 소유로 바꿨다. 심양이 해방되었을 때 장춘철도 소련 측 대표는 사람을 파견해, 원래 이 재산은 모두 장춘철도에 속하며, 마땅히 장춘철도가 접수해야 한다고 진운(陳云)에게 구두로 통보했다. 이는 중공에게 매우 중요한 문제였다. 임표와 진운은 일단 반환을 지연하는 방법을 쓰기로 의논하여 결정하고, 소련 쪽에 지금은 통일된 군사관제를 실시하고 이 문제는 나중에 다시 논의하자고 통보했다. 이 밖에도, 동북 중공업을 중국에 귀속하는 방법으로 차관 방식을 택할지 중소 합자경영 방식을 택할지, 그리고 소련이 전리품으로 철거해 간 설비를 돌려받는 문제는 어떻게 처리할지 등을 두고 중공은 난처한 처지에 놓이게 되었다.[8)]

　동북의 기타 자원과 재산권 귀속 문제에서 중국과 소련 간에 마찰이 있었다. 1948년 8월 10일 동북국은 장춘철도의 소련 측 국장이 최근 하이라얼(海拉尔) 동쪽에서 새로 발견된 탄전의 관할권과 채광권을 장춘철도에 이전해 줄 것을 제안했다고 보고했다. 이에 대하여, 중공 중앙은 중소가 탄전을 공동 개발한다는 동북국의 해결 방안은 비준하였지만, 그 관할을 장춘철도로 이전하는 것은 반대했다.[9)] 소련이 흑룡강 항로에 등대를 건설하고 소유권

6) "1948년 12월 31일 슬라드코프스키가 미코얀에게 보낸 보고," *АВПРФ*, ф.0100, оп.42а, п.301, д.1, л.3-6.

7) *Ковалев И. В.* Диалог Сталина с Мао Цзэдуном//Проблемы дальнего востока, 1991, №6, c.86.

8) "1948년 12월 2일 동북국이 중공 중앙에 보낸 전보."

을 소련에 달라고 요청하자, 중공은 마찬가지로 소유권 문제를 "어떤 형식
으로 정할지 숙고할 필요가 있다."며 그 처리를 차일피일 미뤘다.10) 1949년
3월 10일, 모택동은 이와 관련된 또 다른 문제가 발생하자 그에 대한 명확한
답변을 모스크바에 보냈다. 즉, 모택동은 흑룡강 위에 경계표지판을 설치하
기 위해서 소련이 기술 인원을 파견하는 데는 동의하지만, 그 비용은 중국
쪽이 부담하고 경계표지판도 중국이 소유하겠다는 뜻을 모스크바에 명확히
밝혔다.11) 5월 14일, 소련은 비행기와 기선을 파견해 흑룡강과 송화강의 항
로를 순찰하게 해달라고 요구했다. 이에 중공 중앙은 20일 회답을 보내고,
흑룡강은 양국의 국경이기 때문에 소련이 비행기와 기선으로 순찰하는 것
에 동의하지만, 송화강은 중국의 내륙 하천이기 때문에 중국 기선을 무장하
고 소련의 전문가를 고용하여 정기적으로 순찰하는 것이 타당하다고 주장
했다.12)

　지방과 하위 조직에서 발생한 이러한 문제는, 1949년 2월 미코얀이 서백
파(西柏坡)를 비밀리에 방문하였을 때도 똑같이 제기되었다. 그러나 이 회
담에서 중소 고위층은 이처럼 민감한 문제를 두고 서로 상대의 의중을 떠보
기만 할 뿐, 적극적으로 해결하려 하지 않았다.

　2월 4일 회담에서 모택동이 신강 문제를 간접적으로나마 제기했다. 하지
만 그가 이 문제에 대해 설명을 시작하기도 전에, 미코얀이 끼어들어 다음
과 같이 주장했다. "신강 이리(伊犁)에서 발생한 독립운동은 중국 정부의 잘
못된 정책으로 일어난 사건이다. 소련은 신강의 독립을 원치 않으며 신강의

---

9) "1948년 8월 10일 동북국이 중공 중앙에 보낸 전보"와 1948년 8월 17일 중공 중앙이 동북국에
　보낸 전보."
10) "1949년 3월 5일 고강과 진운이 중공 중앙에 보낸 전보'; "1948년 3월 7일 이부춘이 고강과
　진운에게 보낸 전보'.
11) *Ковалев И. В.* Диалог Сталина с Мао Цзэдуном//Проблемы дальнего востока, 1991, №6,
　с.87.
12) "1949년 5월 14일 고강이 중공 중앙에 보낸 전보'; "1949년 5월 20일 중공 중앙이 고강에게
　보낸 전보'.

영토를 바라지도 않는다." "우리는 신강이 중국의 일부분이라고 여기며, 소련은 단지 신강과 경제협력과 무역 거래를 원할 뿐이다." 이에, 모택동은 미코얀의 발언을 끊고, 백숭희(白崇禧)가 보고한 것에 따르면, 이리 폭동자들이 사용한 것은 소련제 무기였다고 반박했다. 미코얀은 즉시 그 일은 잘 모르지만, 소련은 신강의 독립운동을 지원한 적이 없다고 대답했다. 그러자 모택동은 신강 문제에 대해 세 가지 견해를 밝혔다. 첫째, 중공은 신강에 내몽고와 똑같이 "완전한 자치권"을 주려고 준비하고 있다. 둘째, 신강의 풍부한 자원, 특히 석유에 큰 관심이 있다. 셋째, 신강에 철도를 건설하여 중국과 소련을 연결시키면 전략적 가치가 있을 것이라고 건의했다.13) 소련은 신강 문제로 중공과 더 이상 분쟁을 일으키지 않겠다는 태도를 밝혔다. 이에 따라 2월 6일의 회담에서 모택동은 "계획대로 우리는 1951년에 신강에 진주할 것"이라고 통보했다.14)

소련은 신강을 중시하지 않았던 것은 아니다. 과거의 일은 제외하더라도, 제2차 세계대전 기간 중국에 있는 소련의 12개 기관 중 8개가 신강에 있었다. 이것만 보아도 모스크바가 이 지역을 중요하게 보고 있음을 알 수 있다.15) 게다가 신강 지역에는 이미 수많은 소련 이민자가 거주하고 있었다. 소련은 낙후한 지역 경제 상황을 이용하여 '국가 안의 국가'라고 불리는 소련 교민 협회에 경제 및 기술 원조를 제공하는 방식으로 이 지역 중 특히 신강 북부 지역에 영향력을 행사했다.16) 스탈린은 1945년 중소조약 협상 과

---

13) "1949년 2월 4일 모택동과의 회담에 관한 미코얀의 비망록," *АПРФ*, ф.39, оп.1, д.39, л.54-62, Русско-китайские отношение, Т.V, К.2, с.66-72.

14) "1949년 2월 6일 모택동과의 회담에 관한 미코얀의 비망록," *АПРФ*, ф.39, оп.1, д.39, л.78-88, Русско-китайские отношение, Т.V, К.2, с.81-87.

15) *Тотров Ю.* Американская разведка в Китае, 1945-1956гг.//Проблемы дальнего востока, 2002, №2, с.116.

16) 이 문제의 연구를 위하여 필자는 이단혜(李丹慧) 교수와 신장 이리(伊犁) 지역을 방문하여 당안을 열람하고 인터뷰를 진행하였다. 이를 토대로 이단혜 교수는 소련이 신장 지역에 준 영향에 관한 논문 두 편을 완성하였다. 「对1962年新疆伊塔事件起因的历史考察」, 『中共党史研究资料』第4期(1999年), 第1-18页, 第5期(1999年), 第1-22页; 「新疆苏联侨民问题的历史考

정에서 소련이 신강 소수민족의 무장투쟁과 독립을 더 이상 지원하지 않는 대신 장개석이 외몽고의 독립을 인정하도록 하는 데 이 같은 상황을 이용했다. 1949년 7월에는 중공이 군대를 보내어 신강을 점령할 것을 주동적으로 요구하기도 했다.[17] 중국에 새 정권이 들어선 뒤에도 신강 문제에 대해 스탈린은 전처럼 양보 전략을 취하는 대가로 중공이 외몽고 문제에 침묵하기를 희망했다.

그러나 모택동은 침묵하지 않았다. 2월 4일 회담에서 미코얀이 소련은 중국이 민족독립이 아닌 민족자치 정책을 실행하기를 희망한다고 말했을 때, 모택동은 매우 기뻐했다. 그리고 이를 기회로 그는 외몽고와 내몽고의 합병 문제를 제기했다. 그러나 미코얀은 즉시 매우 민감한 반응을 보이며, 소련은 합병에 동의하지 않는다고 밝혔다. 모택동은 2년 후 중공 정권이 공고해지면, 외몽고는 내몽고와 합병하여 중국공산당이 지도하고 있는 중국에 귀속되어야 한다고 주장했다. 미코얀은 확고한 태도로 외몽고는 이미 독립했을 뿐만 아니라, 이미 중국 정부와 소련 정부의 승인을 받았다고 반박했다. 언젠가 외몽고와 내몽고가 합병한다 하여도, 이는 하나의 독립된 몽고일 뿐이라고 강조했다. 이때 함께 배석한 임필시(任弼时)가 내몽고의 인구는 300만 명이지만, 외몽고의 인구는 단지 100만 명밖에 안 된다는 점을 환기하였지만, 모택동은 크게 웃으면서 자신의 주장을 더 이상 고집하지 않겠다고 밝혔다.[18]

미코얀의 주장에 전혀 근거 없는 것은 아니다. 1946년 2월, 외몽고는 독립을 선포했다. 소련-몽고우호동맹조약을 토론할 때, 몽고 지도자 최발산(乔

察(1945-1965)」, 『历史研究』 第3期, 2003年, 第80-99页.

[17] 유소기가 모스크바에 도착하기 전 스탈린은 이미 "신장 지역에 특별히 주의를 기울여야 한다."라고 모택동에게 촉구하면서 "신장 지역 점령을 늦추어서는 안 된다."고 강조하였다. "1949년 6월 18일 스탈린이 코발레프에게 보낸 전보," *АПРФ*, ф.45, оп.1, д.331, л.119, Русско-к итайские отношения, Т.V, К.2, с.148.

[18] "1949년 2월 4일 모택동과의 회담에 관한 미코얀의 비망록," *АПРФ*, ф.39, оп.1, д.39, л.54-62, Русско-китайские отношение, Т.V, К.2, с.66-72.

巴山)은 스탈린에게 내몽고와 흥안령(興安嶺) 지역 전부를 몽고공화국에 편입해 줄 것을 요구했다. 스탈린은 그렇게 할 경우 중국과 전쟁을 할 수 있음을 걱정하여, 당시 최발산에게 "선전선동 공작을 은밀하게 진행할 수 있다."고만 대답했다.[19] 사실 당시 스탈린은 내몽고를 외몽고에 합병하는 문제를 생각하지도 않았지만, 외몽고를 중국에 돌려줄 생각도 전혀 없었다.[20] 소련 동부의 안전을 고려하면, 소련의 통제를 받는 상태에서 몽고가 독립하는 것이 제일 중요한 문제였다. 이 때문에 모택동이 이미 자신의 의견을 철회했음에도 불구하고, 미코얀은 이틀 후 회담에서 여전히 "외몽고 지도자들은 몽고 전체를 통일하는 계획에 적극적이지만, 소련은 이에 반대한다. 이 때문에 중국은 큰 영토를 상실하기 때문이다."라는 스탈린의 의견을 전달했다.[21] 이를 통해 스탈린은 몽고 문제를 단념하라는 뜻을 중국에 암시했다. 이후, 모택동은 몽고 문제를 재론하지 않았다.

중공과 소련이 가장 첨예하게 의견 대립하였던 지역은 중국 동북이었다. 이 지역은 매우 오랜 기간 줄곧 중소 지도자들을 곤혹스럽게 하였고, 중소 동맹협정을 맺을 때도 가장 처리하기 힘든 문제가 되었다.

동북 문제에 관한 최초의 문제 제기도 서백파에서 이루어졌다. 당시 양쪽은 매우 신중하게 이 문제를 토론했다. 모택동은 미코얀과 장개석이 과거에 맺은 매국조약을 폐지하는 문제를 논의할 때, "과거 민주당파 지도자들에게 장춘철도와 여순항에 관한 중소조약과 같은 애국적 내용을 가지는 조약을 폐지해선 안 된다고 설명한 적이 있다."고 말했다. 미코얀이 이 주장의 근거

19) "1946년 2월 22일 스탈린과 최발산의 회담록," РЦХИДНИ, ф.17, оп.116, д.262, л.1-4.
20) 최발산의 후계자 쩌덴발(Tsedenbal)은 사리스버리(H. E. Salisbury)와의 인터뷰에서 "모택동이 정권을 장악한 후 가장 먼저 취한 행동은 스탈린에게 외몽고에 대한 중국의 종주권 반환을 요구한 것이었다. 스탈린은 이 요구를 거절하였고 외몽고와 중국 사이의 1,500km에 달하는 국경선에 대한 통제를 강화하였다."고 말하였다. Harrison E. Salisbury, "Image and Reality in Indochina", Foreign Affairs, Vol.49, No.3, April 1971, pp.387-388.
21) "1949년 2월 6일 모택동과의 회담에 관한 미코얀의 비망록," АПРФ, ф.39, оп.1, д.39, л.78-88, Русско-китайские отношение, T.V, К.2, с.81-87.

를 설명해 달라고 요구하자, 모택동은 "소련은 제국주의가 아니라, 사회주의 역량으로 장춘철도와 여순항에 왔으며, 그 목적은 중소의 공동 이익을 지키기 위한 것이다."라고 구체적으로 설명했다. 또 모택동은 "과거 국민당 입법원의 한 여성 위원이, 만약 중국공산당이 중국을 위하여 러시아로부터 여순항을 되찾아 올 수 있다면 이는 위대한 업적이 될 것"이라고 말한 적이 있다며 소련의 속내를 떠보았다. 하지만 미코얀이 이에 대한 가부를 결정하지 못하자 바로 모택동은 웃으면서, "그 여성 위원은 정치를 잘 모르는 것 같다."고 말했다.[22] 여순항 문제에 관한 모택동의 적극적인 의사표시가 스탈린의 경계심을 자극했을 가능성은 매우 높다. 왜냐하면 스탈린은 중공이 해군을 보유하고 있지 않아서 곧바로 여순 기지를 사용할 수 없음을 알고 있었기 때문이다. 스탈린이 특별히 관심을 가진 것은 장춘철도 문제였지만, 공교롭게도 모택동은 이 문제는 전혀 언급하지 않았다. 미코얀을 수행하여 서백파에 왔던 코발레프(Kovalev)는 회담 기간 동안 "그는 여러 차례 나에게 무선 전보를 보내서 중국 동지가 장춘철도 조약에 대해 갖는 진정한 견해는 무엇인가? 그들은 정말로 장춘철도 조약을 평등한 조약이라고 생각하고 있는지를 물었다."고 회고했다.[23] 결국, 스탈린은 미코얀에게 동북 문제를 토론하라고 거듭 지시했다. 2월 6일 회담에서 미코얀은 "소련은 여순항에 대한 조약이 불평등조약이라 생각하고 있다." "소련 정부는 이 조약을 폐지하기로 결정했다."고 말했다. 그는 또한 "일본과 평화조약을 체결한 후 소련은 여순에서 철군할 것이며, 만일 중공이 소련군의 즉각적인 철군을 요구한다면 소련은 그렇게 하도록 준비할 것"이라고 덧붙였다. 그러나 미코얀은 장춘철노는 수로 러시아 자금으로 건설되었기 때문에, 이 조약이 불평등조약은 아니라고 주장했다. 그는 조약 내용이 평등 원칙을 완벽하게 구현하지

---

22) "1949년 2월 4일 모택동과의 회담에 관한 미코얀의 비망록," *АПРФ*, ф.39, оп.1, д.39, л.54-62, Русско-китайские отношение, Т.V, К.2, с.66-72.

23) *Ковалев* Диалог Сталина с Мао Цзэдуном//Проблемы дальнего востока, 1992, № 1-3, с.86.

못했을 수 있으니, 소련은 이 문제를 중국과 함께 토론하여 해결할 준비가
돼 있다고 밝혔다. 여순에 대한 미코얀의 발언은 중공의 지도자들을 놀라게
했다. 그들은 "그렇게 할 경우 미국에 (침략의) 기회를 줄 수 있다."며 이구
동성으로 소련군의 즉각적인 철군을 반대하고, 소련군의 철군 문제는 중국
이 (여순을) 스스로를 관리할 수 있을 때까지 기다렸다가 다시 토론하자고
주장했다. 그러나 모택동은 "장춘철도의 재산을 중국에 귀속하는 문제에서
아직도 몇 개의 작은 문제들이 남아 있다."라고 지적하고, 고강(高崗)과 코
발레프에게 이 문제를 연구한 후 그 결과를 중공 중앙과 소련공산당 중앙에
보고하라고 지시했다.[24] 후에 사실이 증명하듯, 서백파 회의에서 중소의 논
의는 문제를 제기하는 수준에 그쳤다. 장춘철도와 여순항을 둘러싼 논쟁은
절대로 하루아침에 해결될 수 있는 문제가 아니었다.

미코얀이 중국을 떠난 후, 중공 지도자들은 국민당 정부와 소련이 체결한
조약을 어떻게 처리할 것인지 진지하게 고려하기 시작했다. 주은래는 민주
인사들에게 "과거 외국과 체결한 조약의 일부는 폐지하고, 일부는 수정하고,
일부는 유지할 수 있다."고 보고했다.[25] 여기서 언급된 "수정하고", "유지할
수 있다."는 조약은 1945년 체결된 중소조약을 의미한다. 주은래의 이런 설
명은 중공 지도자들이 스탈린의 본뜻을 아직 확실하게 파악하지 못했거나,
미코얀이 밝힌 중소조약에 대한 소련의 입장을 의심하고 있었음을 보여 준
다. 그러나 스탈린도 이 문제에 대한 중공의 진짜 요구가 무엇인지 명확하
게 파악하지 못했다. 1949년 6월 말 중공 대표단이 소련으로 비밀하게 출발
하기 전, 모택동은 중남해(中南海) 이년당(頤年堂)에서 유소기(劉少奇), 왕
가상(王稼祥)과 장시간 대화를 가졌다. 이때 모택동은 신중국이 성립된 후
에 어떻게 중소조약 문제를 처리할 것인지에 대해 토의하면서, "먼저 문제

24) "1949년 2월 6일 모택동과의 회담에 관한 미코얀의 비망록" АПРФ, ф.39, оп.1, д.39, л.78-88, Русско-китайские отношение, Т.V, К.2, с.81-87.
25) 周恩来, 「关于和平谈判问题的报告, 1949年 4月 17日」, 『周恩来选集』, 中共中央文献编辑委员会, 上卷, 北京: 人民出版社, 1980年, 第321页.

를 제기해보고 그에 대한 상대방의 태도를 본 후에 결정할 것"이라고만 언급했다.[26] 아래 문헌은 1949년 7월 4일 소련을 방문한 유소기가 스탈린에게 건네준 보고서다. 보고서의 내용과 스탈린의 부기(附記)는 중소조약 문제를 둘러싸고 중소 양쪽이 서로 탐색하는 태도를 보였음을 명확히 하고 있다. 아래 보고서에서 밑줄은 스탈린이 그은 것이고 괄호 안의 내용은 스탈린의 논평이다.

외국과 국민당이 체결한 조약과 협정에 관해, 우리는 따로 나눠 처리할 예정이며, 그 원칙은 다음과 같습니다. 우리는 연합국 헌장, 카이로선언, 「중소우호동맹조약」과 같이 중국 인민과 세계 평화 민주에 유리한 모든 조약은 인정하고 계승할 생각입니다. 또한 우리는 중미통상항해조약과 같이 중국 인민과 세계 평화 민주에 불리한 모든 조약은 폐지할 생각입니다. 그리고 또 다른 일부 조약은 수정한 후 인정할 생각입니다. (옳음.)

「중소우호동맹조약」은 과거 중국 인민에게 큰 도움이 됐습니다. 신중국 정부가 이 조약을 계승한다면 이는 중소 양국 인민, 특히 중국 인민에게 위대한 공헌이 될 것입니다. 우리는 이 조약의 계승을 전적으로 원하며, 소련과 신중국이 외교관계를 수립할 때, 반드시 이 조약을 처리하기를 원합니다. 처리 방식은 대략 다음의 세 가지입니다.

첫째, 중국 신정부는 이 조약의 모든 조항이 계속 유효함을 선포하며 그 어떠한 수정도 가하지 않는다.

둘째, 원 조약의 정신에 근거해서 양국 정부의 대표가 새로운 「중소우호동맹조약」을 체결하고, 새로운 상황에 맞춰 자구와 내용에 약간의 수정을 가한다.

셋째, 양국 정부 대표는 각서를 교환하며, 이 조약의 원상태를 잠정적으로 유지하다가 합당한 시기에 새로운 조약을 체결한다.

(이 세 가지 중 어느 방안을 선택해야 좋을까! 모백동이 모스크바를 방문하면 이 문제를 다시 논의한다.)

민주당파와 학생, 노동자 중 일부는 소련군의 여순 주둔, 몽고독립, 그리고 소련이 동북에서 가져간 기계설비 등에 대해 문제 제기하고 있습니다.(우리가 동북

26) 徐則浩, 『王稼祥传』, 第456页.

에서 가져온 일본 자산은 일부분일 뿐이고, 전부와는 거리가 멀다.) 과거 우리
는, 그들(소련군)에게 우리가 우리 해안을 지킬 능력도 없으면서 소련군이 여순
에 주둔하는 것에 반대한다면, 이는 제국주의를 돕는 것이라고 설명했다. 몽고
인민공화국 문제에서도 우리는 다음과 같이 밝혔다. "몽고 인민들이 독립을 요
구하고 있기 때문에, 우리는 민족자결(自決)의 원칙에 따라 마땅히 몽고의 독립
을 승인하여야 한다. 그러나 몽고인민공화국이 중국과의 합병을 원한다면, 우리
는 당연히 이를 환영할 것이다. 몽고 인민만이 이 문제를 결정할 권리가 있다."
(옳음.)[27]

 7월 11일 유소기와 회담할 때, 스탈린은 장춘철도 문제에 대해 말하는 것
을 피했다. 즉, 이미 서백파에서 미코얀이 이 문제에 대한 소련의 견해를 밝
혔다는 것이다. 소련은 중소동맹조약이 평등하다고 생각하고 있기 때문에
이를 마땅히 유지해야 한다고 생각했다. 비록 중국 쪽이 장춘철도 문제에
대한 견해를 명확히 하지는 않았지만, 유소기가 모스크바에 오기 전에 스탈
린은 코발레프를 통해서 장춘철도에 대한 중국의 입장을 알고 있었다. 즉
그는 코발레프로부터 "고강과 진운 모두 겉으로는 장춘철도 조약이 평등하
고 만족스럽다고는 말했지만, 속으로는 장춘철도를 전면 통제하기를 원하
고 있으며 그 관리권을 소련으로부터 완전히 되찾기 위해 전력을 다하고 있
다."라는 보고를 받았다.[28] 스탈린은 이 문제를 직접 다루면 중소 간에 논쟁
을 유발할 수 있다고 판단하고, 이에 대한 토론을 보류하는 것이 좋다고 결
정하였다. 여순 기지 문제에서 스탈린은 중국이 즉각적인 철군을 소련에 요
구하지 않을 것을 미리 알고 있었으므로, 미코얀의 논조대로 두 가지 방안
을 제시하고 중국에게 선택할 것을 요구하였다. 하나는 소련이 당분간 철군
하지 않는 방안이다. 소련군의 여순 주둔은 미국과 장개석 무장 세력의 자

27) "1949년 7월 4일 유소기가 소련공산당 중앙위원회와 스탈린에게 보낸 보고," *АПРФ*, ф.45,
 оп.1, д.328, л.11-50.
28) *Ковалев* Диалог Сталина с Мао Цзэдуном//Проблемы дальнего востока, 1992, № 1-3, с.86;
 코발레프의 개인 당안에서 관련 문건을 참고할 수 있다. S. Goncharov, J. Lewis and L. Xue,
 Uncertain Partner, p.63.

유로운 활동을 억제하고, 소련과 중국의 혁명 이익을 보호하기 때문이다. 또 다른 하나는 중공이 정치적인 활동 폭을 좀 더 넓힐 수 있도록 필요하다면, 소련군을 즉시 철수시키는 방안이었다. 대련 문제의 경우 스탈린은 대련이 자유항이기 때문에 유관 정부와 외교관계를 수립하기 전까지는 중소 양국이 공동으로 이용할 수 있다고 보았다. 하지만 「중소우호동맹조약」의 경우, 스탈린이 모택동에게 보낸 전보에서 이미 밝혔듯, 국민당과 담판할 당시 그렇게 할 수밖에 없었기 때문에 이 조약은 불평등하다고 주장했다. 스탈린은 중공 측이 제안한 세 가지 처리 방식은 모두 불필요하며, 이 문제는 모택동이 모스크바를 방문할 때 해결하는 것이 좋겠다는 의사를 명백히 하였다.[29]

　전체적으로, 1949년 7월 중소 고위층의 접촉은 상대의 외교적 마지노선을 탐색하는 자리였다. 중공의 지도자들은 구(旧)조약을 승계할 의사를 밝히면서도, 이를 위한 세 가지 선택 방안을 소련에 제시하였다. 이는 중공이 구(旧)조약의 폐지를 원하고 있음을 드러내면서도 비교적 폭넓은 협상의 여지를 남기는 것이었다. 이런 점을 스탈린이 알아차리지 못했을 리 없다. 하지만 소련은 당연히 구(旧)조약을 유지하기를 원했다. 이는 스탈린의 문제 제기 방식과 언행에서 분명히 알 수 있다. 일부 학자는 모스크바가 "즉시 여순에서 철군할 수 있다고 제안한 것은 중국에 대한 진심 어린 제안이라기보다는 일종의 협박이었다. 만일 중공이 이것을 선택하면, 스탈린은 중공을 믿음직한 동반자로 여기지 않고 그에 상응하는 조처를 했을 것"이라고 주장하였다.[30] 이러한 주장은 너무 가혹하다. 그러나 스탈린이 이런 제안을 통해 중공의 의도를 탐색하려 한 것은 분명하다. 스탈린은 이 문제의 해결을 계속 지연시키며 모택동이 먼저 양보하기를 기다린 것이다.

---

29) 「胡喬木回忆毛泽东」, 第551页; 『中华人民共和国外交史(1949-1956)』, 裴坚章主编, 北京: 世界知识出版社, 1994年, 第12-13页.

30) S. Goncharov, J. Lewis and L. Xue, *Uncertain Partner*, p.68.

　그러나 모택동은 스탈린이 기다린 양보는 하지 않고 점점 더 명확하고 강경한 요구를 하였다. 전면적인 승리에 점점 가까워질수록, 중소동맹은 중공에 더 중요해졌다. 비록 중공이 모스크바의 군사원조 없이 정권을 탈취할 자신이 있다하더라도, 실제로 그렇게 되면 중국 내부는 더 불안정해지고 처리해야 할 일들이 더욱 쌓이게 되는 상황에 처할 수 있다. 동시에 외부에 강력한 적들이 주위를 살피며 호시탐탐 기회를 노리고 있는 상황에서, 만일 소련의 정치적 지지와 경제적 원조가 없다면 중공이 정권을 공고히 할 수 있을지도 큰 의문이었다. 모택동도 이 점을 잘 알고 있었지만, 최소한 두 가지 면에서 새로운 동맹조약의 체결이 필요하였다. 첫째, 새로운 동맹조약의 체결은 신중국이 과거 중국의 모든 법률관계와 단절된 완전히 새로운 국가임을 나타낼 수 있다. 둘째, 만일 중공이 과거 국민당이 상실한 것을 되찾아오게 된다면, 중국 역사와 전 인민의 마음속에 불후의 공적을 남길 수 있다. 이 때문에, 신중국 정부 수립 이후 모택동이 가장 먼저 해야 할 일은 모스크바에 가서 재정 및 경제원조를 얻는 것 외에 특히 소련과 새로운 동맹조약을 체결하는 것이었다. 모택동을 수행하여 소련을 방문한 러시아 통역 사철(師哲)은 자신의 회고록에서, 회담 초기에 중소 지도자가 어려움을 겪고 서로 간에 틈이 생긴 것은 "스탈린과 모택동 모두 상대방의 심리와 의도를 미처 간파하지 못해 오해가 생겼기 때문"이라고 적었다. 특히 그는 스탈린에 대해 모택동이 필요로 하는 "보기에 좋고 맛도 있는 것"이 무엇인지 이해하지 못했다고 기술했다.[31] 리도프스키(A. M. Ledovskii)와 쿠리크(B. T. Kulik) 등 러시아 학자들은 모택동이 모스크바에 온 주요 목적은 요양이었기 때문에 나중에 모택동이 모스크바에서 푸대접을 받았다고 원망하는 것은 이치에 맞지 않는다고 주장하였다.[32] 그러나 위의 두 주장은 모두 사실과 맞지

31) 師哲, 『在历史巨人身边』, 第435-437页.
32) 후에 리도프스키는 이러한 견해를 그의 문장에서 밝혔다. Ледовский А. М. Переговоры И. В. Сталина с Мао Цзэдуном, с.25.

않는다. 현재까지 공개된 당안과 문헌은 모택동이 북경을 출발하기 전에 소련 측에 자신이 소련을 방문하는 주요 목적이 소련과 새로운 중소동맹조약을 체결하는 것임을 분명히 알렸음을 보여 준다.

모택동이 소련을 방문하기 위한 준비 작업은 1949년 10월부터 곧바로 시작되었다. 코발레프의 회고에 따르면 모택동은 당초 3개월간 소련을 방문할 계획이었다. 첫째 달은 소련에서 중소우호조약을 체결하고, 둘째 달은 동유럽의 국가들을 방문하며, 마지막 달은 흑해 연안 소치에서 요양할 계획이었다. 코발레프는 모택동에게 이번 방문을 비밀리에 진행하자고 건의했다.[33] 11월 5일 코발레프는 모택동과의 대담에서 그의 소련 방문을 환영한다는 스탈린의 뜻을 전달했다. 모택동은 12월에 있을 스탈린의 70세 생일에 맞춰 모스크바를 방문하고 싶다는 뜻을 또다시 밝혔다. 왜냐하면 수많은 국가들이 스탈린의 생일 축하를 위하여 대표단을 파견할 것이므로, 모택동도 이를 이유로 공개적인 방문을 할 수 있기 때문이라고 설명했다. 11월 8일 모택동은 모스크바 방문에 관한 전보를 모스크바에 보냈다. 11월 10일 모택동은 또 한 번 주은래를 로신 대사에게 보내어 소련을 방문하고 싶다는 뜻을 전달하고, 이번 방문 기간 동안 중소조약 문제를 토론하고 싶다고 말했다. 주은래는 로신에게 만일 새로운 조약을 체결해야 한다면, 그가 직접 모스크바로 가서 협상하겠다고 보충했다.[34] 11월 9일 중공 중앙이 소련 주재 중국대사 왕가상(王稼祥)에게 보낸 전보는 위의 주장을 증명한다. 중공 중앙은 전보에서 "이미 코발레프를 통해 모택동 주석의 모스크바 방문 시기를 결정해 줄 것을 스탈린에게 요청"했다며, "주은래 동지가 모택동 주석과 함께 모스크바를 방문할 것인지, 아니면 모택동 주석이 모스크바에 도착한 후 주은래 동지의 모스크바 방문을 결정할 것인지, 또 방문 시기는 언제로 할 것인지,

[33] *Ковалев* Диалог Сталина с Мао Цзэдуном//Проблемы дальнего востока, 1992, № 1-3, с.88-89.
[34] "1949년 11월 10일 로신과 주은래의 담화 비망록," *АВПРФ*, ф.07, оп.22, п.36, д.220, л.52-56, Русско-китайские отношения, T.V, K.2, c.218-219.

스탈린 동지가 결정하게 하라"고 지시했다.[35] 왕가상은 즉시 소련공산당 중
앙에 이러한 중국의 의견을 전달했다.[36] 소련 외교부 부부장 그로미코는 중
공의 제안에 즉각적으로 대답하지 않고, "'모택동과 주은래가 모스크바를
동시에 방문하면 중국 국내 업무 수행에 영향을 미칠 수 있다는 점을 생각
할 때, 두 사람이 동시에 방문하는 것이 부적절하지만 소련은 중공의 선택
을 존중 한다.'고 말하는 것이 좋겠다."라고 스탈린에게 건의했다.[37] 이 상
황은 모택동이 소련을 방문하는 주요 목적을 중소 양측이 미리 분명하게 인
지하고 있었으며, 방문 목적을 서로 다르게 이해하고 있지 않았음을 보여
준다. 방문 목적이 '요양'이라는 주장의 경우, 어느 쪽 문헌에도 그런 내용은
제시되어 있지 않다. 스탈린이 입장을 분명히 하지 않았기 때문에 모택동은
모스크바에 혼자 갈 수밖에 없었다. 모스크바로 향하면서 모택동은 "어떤
일은 쉽게 이루어질 것 같지 않다."고 예측했다.[38]

모택동은 1949년 12월 16일 모스크바에 도착해, 6시간 후 스탈린과 공식
회담을 했다. 러시아 당안에 따르면, 모택동이 조약 문제를 꺼내자마자 스
탈린은 즉각 격한 반응을 보였고 한다. 회담 기록의 첫 부분은 국제 정세를
어떻게 볼 것인지에 대해 토론한 내용이다. 회담의 두 번째 부분에서 모택
동은 "유소기가 소련을 방문하고 돌아온 후, 중공 중앙은 중소우호동맹조약
에 대해 연구했다…"는 말을 꺼내자, 스탈린은 그가 미처 말을 끝내기도 전
에 "이 문제는 서로 토론해서 해결할 수 있다."고 대답했다. 그러나 그는 "이
조약은 중소가 얄타협정에 근거해 체결한 것이며, 이 협정은 중소동맹조약

35) 中共中央文献研究室编, 『建国以来毛泽东文稿』第1册, 北京: 中央文献出版社, 1987年, 第131
   页. 以下简称『毛文稿』.
36) "1949년 11월 10일 라브렌티예프와 왕가상의 담화 비망록," *АВПРФ*, ф.100, оп.42, п.288, д.17,
   л.27-29, Русско-китайские отношения, Т.V, К.2, с.26-218. 라브렌티예프(A. Lavrentiev)는 소련
   외교부 부부장이었다.
37) "1949년 11월 12일 그로미코가 스탈린에게 보낸 지시 요청서," *АВПРФ*, ф.07, оп.22a, п.13,
   д.198, л.29-30.
38) 李家骥回忆, 『我做毛泽东卫士十三年』, 杨庆旺整理, 北京: 中央文献出版社, 1998年, 第118页.

의 몇 가지 중요한 사항, 즉 쿠릴열도, 사할린 남부, 그리고 여순 등에 관한 문제를 규정하고 있다. 이는 중소동맹조약이 미국과 영국의 동의를 얻었음을 의미한다. 이러한 상황을 고려해 우리 내부에서는 이 조약의 어떠한 조항도 당분간 수정하지 않기로 결정했다. 한 조항이라도 수정한다면, 미국과 영국에게 얄타협정에서 규정한 쿠릴열도와 사할린 남부 등에 관한 조항을 수정할 수 있는 법적 구실을 제공할 수 있기 때문이다. 따라서 우리는 가능한 다른 방법을 찾아야 한다. 예를 들어, 형식적으로는 조약을 유지하지만, 실질적으로 현행 중소조약을 수정하는 방법, 달리 말해 형식－법적으로는 소련이 여순에 군대를 주둔할 권리를 갖되, 실질적으로는 중국 정부가 제안한 것처럼 소련 군대를 그곳에서 철수시키는 것"이라고 설명했다. 스탈린은 계속해서 "이러한 상황과 중공의 요구를 고려하여 장춘철도도 형식적으로는 조약을 유지하되, 실질적으로는 관련 조항을 수정해서 적용할 수 있다."고 덧붙였다.

스탈린이 먼저 소련은 잠정적으로 조약의 어떤 조항도 수정하지 않겠다는 뜻을 표시한 이상 모택동 역시 "장춘철도와 여순의 현재 상황"을 유지하고, "지금은 조약을 수정할 필요가 없다."고 말할 수밖에 없었다. 모택동은 "중국에서 조약에 대해 토론할 때, 얄타협정에서 차지하는 미국과 영국의 지위를 미처 고려하지 못했으며, 중소 양국은 어떻게 하는 것이 공동 사업에 유리한지 보고 행동해야 한다. 이 문제는 좀 더 세심하게 생각하고 처리해야 한다."라고 대답하였다. 그러나 모택동은 결코 단념하지 않았다. 그는 회담이 끝나기 전, 스탈린에게 "조약 문제를 해결하기 위해 주은래가 모스크바에 와야 하는지"를 다시 한 번 물었다. 스탈린은 모택동의 의도를 잘 알고 있었기 때문에, "이 문제는 귀하가 반드시 직접 결정해야 합니다. 그 밖의 여러 문제들을 해결하기 위하여 주은래가 필요할 수도 있습니다."라고 퉁명스럽게 대답했다. 회담 기록은 중소조약 문제에서 양쪽 모두 양보할 수 있다는 태도를 보였지만 실제 소련은 구(舊)조약을 유지하길 원했고, 중국

은 새로운 조약을 체결하길 원했다. 이러한 갈등은 명확했지만 서로 드러내
놓고 말하지 않은 것뿐이었다.[39]

12월 18일 모택동은 유소기에게 전보를 보내 소련은 "중소조약의 합법성
에 손대지 않는 것이 좋다."고 여기고 있다고 전했다. 그는 전보에서 러시아
당안 기록에는 없는 내용을 말했다. 즉 "모택동은 국민당 정부가 와해되면
서 중국의 사회 여론은 구(舊)조약이 의의를 상실했다고 본다고 말했지만,
스탈린은 여전히 조약 수정은 2년 정도 지난 후에야 가능하다고 강조하며
주은래의 모스크바 방문에 끝까지 동의하지 않았다." 그래서 모택동은 중공
중앙정치국에 "조약 문제를 어떻게 처리할 것인지"를 토론하고 의견을 제시
해 달라고 요청했다.[40] 12월 21일, 유소기, 주은래 그리고 주덕(朱德)은 연
명으로 모택동에게 전보를 보내 정치국 회의의 논의 결과를 전달했다. 연명
전보는 "만일 소련이 단지 여순에 소련군이 주둔하는 문제와 일반 정치 문
제에 대해서만 성명을 발표할 생각이라면, 주은래 동지가 모스크바에 갈 필
요가 없을 듯하다."고 통보했다.[41] 이때 이미 북경의 중국 지도자들은 이번
회담에서 중국의 의도대로 새로운 중소조약을 체결할 가능성은 그다지 크
지 않다고 생각했다.

그러나 모택동은 포기하지 않았다. 12월 21일 스탈린 70세 경축대회에서
소련 측은 모택동을 스탈린 바로 옆자리에 특별히 배정하고 제일 먼저 연설
할 수 있도록 했다.[42] 경축대회장의 열기는 매우 뜨거웠지만, 제1차 회담 결
과에 대한 모택동의 불만을 해소하지는 못했다. 코발레프의 관찰을 따르면,
모택동은 며칠 동안 "숙소에서 울적하게 지냈고" "기분이 좋지 않았고 심신

39) "1949년 12월 16일 스탈린과 모택동의 회담 기록," АПРФ, ф.45, оп.1, д.329, л.9-17.

40) 「毛泽东致刘少奇电」(1949年 12月 18日)」, 『中国与苏联关系文献汇编(1949年 10月~1951年 12
月)』, 北京: 世界知识出版社, 2009年, 第67-68页.

41) 『刘少奇年谱』下卷, 第235页; 「刘少奇致毛泽东电」(1949年 12月 21日), 『建国以来刘少奇文稿』
第1册, 中共中央文献研究室 中央档案馆编北京: 中央文献出版社, 2005年, 第218-219页. 以下
简称 『刘文稿』.

42) Ледовский А. М. Переговоры И. В. Сталина с Мао Цзэдуном, с.33.

이 불안했으며" 심지어 로신의 면담 요청을 거부하기도 했다. 중국의 입장을 명확히 표시하기 위해 모택동은 12월 22일 코발레프를 초청해서 담화를 나누고, 담화 내용을 스탈린에 전달하라고 요구했다. 대화 기록에 의하면 모택동은 12월 23일이나 24일 스탈린과 회담하기를 희망한다고 말하며 스탈린과 대화할 두 가지 의제를 전달했다. 첫 번째 의제는 중소조약, 차관협정, 무역협정 및 항공협정 문제의 해결에 관한 것으로서, 미얀마가 신중국을 승인하는 문제도 토론하기를 희망하였다. 이를 해결하려면, 주은래가 모스크바에 와서 협의하고 조약 체결 수속을 진행할 필요가 있었다. 두 번째 의제는 첫 번째 의제의 각종 문제에 대해 각 방면에서 논의를 진행하되 이에 상응하는 조약을 체결하는 수속은 당분간 하지 않는다. 이 경우 주은래가 당장 모스크바에 올 필요는 없다. 모택동은 코발레프와 대화에서 이 모든 문제는 스탈린이 결정해야 한다고 여러 차례 강조했다.[43]

스탈린은 모택동과 다시 회담하는 것에는 동의하였다. 하지만 12월 24일 두 번째 회담에서 스탈린은 화제를 베트남, 일본, 인도 등 아시아 공산당 문제에 집중하고, 중소조약에 관해서는 한마디도 언급하지 않아 모택동을 크게 실망시켰다.[44] 이때 모택동은 정말로 화를 참을 수 없었다. 그는 후에 소련대사 유딘(P. F. Yudin)에게 당시 상황을 말하면서 "조약 체결 문제는 우리에게는 매우 중요한 일로서 중화인민공화국의 장래 발전을 결정하는 일이었다." "첫 번째 회담에서 조약을 새로 체결하자고 제안했지만, 스탈린은 회피하면서 이에 동의하지 않았다. 두 번째 회담에서도 이 문제를 다시 제기했지만 스탈린은 또다시 구실을 들어 조약 체결 요구를 거절했다. 후에 스탈린은 나를 피하고 만나주지 않았다. 내가 스탈린 관저로 전화를 했을 때, 스탈린은 관저에 없으니 미코얀을 만나라는 대답이 돌아왔다."고 했다.

---

[43] *Ковалев И. В. Диалог Сталина с Мао Цзэдуном//Проблемы дальнего востока*, 1991, №6, c.89.

[44] 裴堅章主編, 『中华人民共和国外交史(1949-1956)』, 第18页. 안타깝게도 현재 중국과 러시아 양국에서 공개된 당안 중에 이 회담에 관한 문헌 자료는 보이지 않는다.

또 모택동은 "이러한 응대 방식은 나를 매우 화나게 하였으므로 별장에 틀
어박혀 아무것도 하지 않기로 결정했다."고 말했다. 모택동은 소련 각지를
유람하라는 코발레프와 동아시아국 부국장 페더렌코(N. T. Fedorenko)의 건
의를 거절하고 "별장에서 잠이나 푹 자기로 했다."고 말했다.[45] 모스크바의
분위기는 무겁게 가라앉았고 긴장이 고조됐다. 스탈린과 모택동 모두 상대
방이 입장을 바꿔 양보하길 기다리고 있었다.

스탈린은 중소조약을 새로 체결하기를 원치 않았다. 이로 인해 스탈린은
한편으로는 소련이 태평양으로 통하는 출구와 중국 동북 지역에서 경제적
이익을 상실할까 걱정했고, 다른 한편으로는 서방이 얄타 체제에 이의를 제
기하여 소련이 쿠릴열도와 사할린 남부 문제에서 곤경에 빠지게 될지도 모
른다고 걱정했다. 그러나 모택동은 더 큰 부담을 가지고 있었다. 모택동은
모스크바로 출발하기 전 코발레프에게 민주당파의 많은 사람들이 모택동의
모스크바 방문을 반대했다고 말했다. 이는 중국에서 왕조가 바뀌면 외국이
중국으로 와서 (새 황제를) 알현하지 그 반대는 아니라는 중국의 전통 때문
이었다. 또 다른 이유는, 모택동이 소련만 방문하는 행동은 중국과 서방국
가들의 관계를 복잡하게 만들 수 있다는 점이다.[46] 그런데 중공이 이러한
비공산당 인사들을 설득할 수 있었던 것은 주은래가 12월 16일 제1차 정무
회의에서 모택동의 소련 방문은 1945년 중국의 권익을 심각하게 손상했던
조약을 폐지하고 새로운 동맹조약을 체결하기 위한 것이라고 설득했기 때
문이라고 모택동은 설명했다.[47] 새로운 조약을 체결하면, 중공은 인민들에
게 왜 중국이 소련 '일변도' 정책을 해야 하는지를 설명할 수 있고, 중공 정

45) Григорьев А., Зазерская Т. Мао Цзэдун о китайской политике Коминтерна и Сталина, Запись
беседы П.Юдина с Мао Цзэдуном//Проблемы дальнего востока, 1994, №5, с.105-106.
46) *Ковалев И. В.* Диалог Сталина с Мао Цзэдуном//Проблемы дальнего востока, 1991, №6,
с.88-89.
47) 金冲及主编, 『周恩来传』 下卷, 北京: 中央文献出版社, 1998年, 第991页; 国务院办公厅大事记
编写组, 『中华人民共和国中央人民政府大事记』 第1卷, 1991年, 未刊, 第40页.

권도 인민들의 마음속에 위대한 지도자라는 이미지를 형성할 수 있다. 따라서 모택동은 어떤 일이 있어도 빈손으로 돌아갈 수 없다. 그는 어디에도 가지 않고 모스크바에 머물면서 다시 한번 이 문제를 거론할 시기를 기다리기로 결정했다.

1950년 1월 1일 오전, 로신 대사는 외교부장 비신스키의 명을 받고 모택동을 예방했다. 모택동은 대화 중 "버마와 인도가 최근 중국을 승인하겠다는 뜻을 표시하였으며, 곧 영국과 기타 영연방 국가들도 중화인민공화국을 승인하는 문제에 명확한 태도를 취할 것이다."라고 통보했다. 동시에 모택동 자신은 "이미 모든 활동을 취소했고, 일정 기간 소련에서 휴양한 후 예정보다 먼저 귀국하겠다."라고 말했다. 모택동은 로신에게 "이 기간 동안 나는 스탈린과 실질적인 문제를 토론하고 싶다."고 알렸다.[48] 모택동의 입장은 매우 명확했다. 만일 스탈린이 계속 "실질적인 문제"를 토론하길 거절한다면, 모택동은 곧장 귀국해 서방국가와 외교관계를 맺겠다는 것이었다.[49] 모택동만 모스크바에 압력을 가한 것은 아니었다. 서방 뉴스도 스탈린을 불안하게 했다. 하나는 스탈린이 모택동을 연금(軟禁)하고 있다는 영국 통신사의 유언비어였다.[50] 다른 하나는 미 국무성이 각국에 주재하는 모든 외교관들과 외교 대표에게 미국이 대만을 포기한다는 여론을 확산시킬 준비를 하라고 비밀리에 지시했고, 대만을 포기하는 것을 예정된 필연적 결론으로 인식하고 있다는 소식이었다.[51] 이 모든 것은 중소 사이를 이간질하려는 의도

[48] "로신과 모택동의 회담 비망록, 1950년 1월 1일," *АВПРФ*, ф.0100, оп.43, п.10, д.302, л.1-4, Русско-китайские отношения, T.V, К.2, с.249-251.

[49] 후에 모택동은 중소동맹조약 체결 문제에서 영국인과 인도인들이 큰 도움을 주었다고 회고하였다.(모택동과 김일성 대담 기록, 1960년 5월 21일); *Григорьев А., Зазерская Т.* Мао Цзэдун о китайской политике Коминтерна и Сталина, с.106. 곤차로프 등은 영국의 중국 승인이 스탈린에게 큰 충격을 주었으며, 스탈린은 이것을 미국의 중국 승인의 전조라고 여겼다고 주장하였다. S. Goncharov, J. Lewis and L. Xue, *Uncertain Partner*, p.211.

[50] 汪东兴, 『汪东兴日记』, 北京: 中国社会科学出版社, 1993年, 第169-172页; 师哲, 『在历史巨人身边』, 第438-439页.

[51] 顾维钧, 『顾维钧回忆录』第六分册, 中国社会科学院近代史研究所译, 北京: 中华书局, 1988年,

에서 나온 것임이 명백했다.

모택동이 한 치도 양보하지 않았으므로 스탈린이 양보할 수밖에 없었다. 당일 오후 내각회의 제1부주석 몰로토프와 미코얀은 서둘러 모택동의 거처로 가서, 모택동이 공공장소에 모습을 나타내는 문제를 논의했다. 양측은 논의를 거쳐 모택동이 타스(Tass) 통신 기자와 서면 응답하는 형식으로 그의 소련 방문 사실을 언론에 공개하기로 했다.[52] 이때 중공이 먼저 구체적인 방안을 제시하여 스탈린의 동의를 얻었을 수도 있고, 소련 측이 사전에 중공 측의 대체적인 의견을 타진했을 수도 있다. 어찌됐든 스탈린은, 코발레프가 자신이 직접 사인한 타스 통신 기자의 질문서를 가지고 모택동을 만나도록 했다.[53] 다음 날,『프라우다』에 모택동과 타스 통신 기자와의 인터뷰가 실렸다. 모택동은 모스크바에 온 목적으로 첫째는 중소우호동맹조약 등의 문제를 해결하려는 것이라고 발표하고, 소련 체류 기간은 "중화인민공화국의 이익에 관련된 제반 문제를 해결하는 데 필요한 시간이 얼마인지에 달려 있다."고 강조했다.[54] 모택동은 후에 매우 만족해하며『프라우다』에 인터뷰 내용이 실린 것은 "하나의 큰 진전이었다."고 회고하였다.[55]

第561-562页. 실제로 이 소문은 근거가 있다. 격렬한 논쟁을 거친 후 12월 30일 미국 국가안전보장위원회는 제48/2호 문헌을 통과시켰다. NSC-48/2는 "미국은 적절한 정치적, 심리적 그리고 경제적 수단의 통하여 중공과 소련 그리고 소련과 중국 스탈린주의자와 기타 분자들 사이를 이간질 하되, 간섭하는 인상을 주지 않도록 이를 신중하게 진행해야 한다."라고 규정하고 있다. Reel 2, NSC 48/2: The Position of the U.S. with Respect to Asia, December 30, 1949, Paul Kesaris(ed.), *Documents of the National Security Council: 1947-1977(microform)*, Washington, D.C.: University Publications of America, 1980, pp.111-119.

52)『汪东兴日记』, 第169, 171-172页.
53) 지금까지 공개된 러시아 당안 중에서 이 원문을 찾지 못하였다. 기자의 질문에 대한 대답을 누가 기초하였는가에 관해서는 서로 다른 견해가 있다. 자세한 것은 다음을 참조. 沈志华,「关于中苏条约谈判研究中的几个争议问题-再谈冷战史研究中史料 的解读与利用」,『史学月刊』第8期, 2004年, 第57-68页. 기자의 질문에 대한 답변을 자세히 검토해 보면 필자는 앞의 첫 번째 주장을 지지한다.
54)『毛文稿』第1册, 第206页.
55) *Григорьев А., Заэерская Т.* Мао Цзэдун о китайской политике Коминтерна и Сталина, c.105-106.

교착 국면이 마침내 풀리고, 1월 2일 밤 8시 몰로토프와 미코얀은 다시 모택동의 숙소를 찾아, 모택동에게 중소조약의 체결 등에 관한 의견을 구했다. 모택동은 세 가지 처리 방안을 내놨다. 첫째, 새로운 중소조약을 체결한다. 둘째, 양국 통신사가 양국이 과거 「중소우호동맹조약」에 대해 의견을 교환했다는 사실을 담은 간단한 성명을 발표하게 하고, 이 문제의 실제적인 해결을 연기한다. 셋째, 양국 관계의 요점을 중심 내용으로 하는 성명에 서명한다. 몰로토프는 더 이상 말을 돌리지 않고 첫 번째 방안에 동의했다. 모택동은 재차 새 조약으로 구(舊)조약을 대체할지를 물었다. 몰로토프의 분명한 확답을 얻은 후 모택동은 곧바로 자신이 생각하고 있는 구체적인 일정표를 말했다. 모택동은 "내 전보가 1월 3일에 북경에 도착하면, 주은래가 5일간 준비한 후 1월 9일 기차로 북경을 출발해 1월 19일 모스크바에 도착한다. 1월 20일부터 월말까지 약 10일간 조약에 관해 협상과 서명을 진행한다. 2월 초 자신과 주은래는 함께 귀국한다."[56]라고 하였다.

모택동은 모든 문제가 이미 해결됐으니 이제 안심하고 소련을 유람하거나 참관할 수 있다고 생각했다. 그러나 실제적으로는 더 첨예한 문제들이 그를 기다리고 있었다.

2. 중대 양보를 재차 강요받은 스탈린

새로운 방안이 확정된 후, 모택동과 스탈린은 모두 우호적이고 협력적인 태도를 보이기 위하여 노력히고, 중소 관계에서 나타나기 시작한 갈등을 봉합하기 위해 힘썼다.

1950년 1월 4일 『프라우다』에 50일 전 유소기가 세계노동연맹 아시아-오세아니아회의 개막식에서 행한 연설이 실렸다. 유소기는 이 연설에서 무장

---

56) 『毛文稿』 第1冊, 第212页.

투쟁을 통하여 정권을 탈취한 중공의 경험을 크게 선전했다.[57] 당시 소련 대표를 포함한 다수의 회의 참석자들은 노동조합 회의에서 무장투쟁 구호를 꺼내는 것은 적합지 않다고 생각하고 유소기의 연설을 공개적으로 발표하는 것을 반대했다. 소련이 『프라우다』에 연설 전문을 게재한 사실은 의심할 바 없이 스탈린이 중공을 지지한다는 표시였다. 『프라우다』제1면에 사회주의국가들에 대해 보도하는 특별란이 있는데, 중화인민공화국 건국 이후 3개월 동안 중국에 관한 보도는 5건에 불과했다. 그러나 스탈린이 중소 동맹조약을 다시 체결하는 데 동의한 후 상황이 급변해 1950년 1월 5일부터 5일 연속으로 이 특별란에 중국에 관한 보도가 실렸으며, 그중 4번은 헤드라인이었다. 이 밖에도 1월 1일부터 『프라우다』에 18차례에 걸쳐 저명 작가 시모노프(K. Simonov)의 장편 문장 「전투적 중국」이 게재됐다.[58]

1월 6일 스탈린은 모택동에게 편지를 보내 몰로토프를 대표로 하는 전문위원회가 현재 중국이 제기한 일련의 원조 요청을 검토하고 있다고 통보했다. 동시에 스탈린은 "나는 그들이 올바른 결정을 내릴 것으로 굳게 믿고 있다."고 강조했다.[59] 당일 비신스키는 곧장 모택동을 방문하고 이 소식을 전했다. 중국 정부가 길림수력발전소 복구를 원조해 달라고 요청하자, 소련 정부는 5일 내에 소련 전문가 4명을 중국에 파견하기로 결정했다. 이들은 한 달 안에 수력발전소의 핵심 설비에 대한 보고서를 제출하고 길림수력발전소를 복구하는 데 필수적인 조치들을 취하기로 했다. 이에 모택동은 사의를 표했다. 또한 비신스키는 유소기가 전보로 항공 훈련 진행을 위한 연료 공급을 요청하자, 소련은 전문가들의 계산을 근거로 소련 공군의 표준에 따라 1월부터 중국이 필요한 만큼의 연료를 제공할 것이라고 모택동에게 통보

57) Правда, 4 январь 1950 г., 3-й стр.

58) Heinzig, *The Soviet Union and Communist China*, pp.295-297. 필자는 『프라우다』를 대조했고 이 통계 숫자는 정확하다.

59) "1950년 1월 6일 스탈린이 모택동에게 보낸 서신," *АПРФ*, ф.45, оп.1, д.334, л.16, Русско-китайские отношения, Т.V, К.2, с.259-260.

했다. 이 연료에 대한 비용 지불 방식과 조건은 1950년 무역협상에서 해결할 수 있을 것이라고 전했다. 이에 모택동은 또 한 번 소련의 원조에 대해 감사를 표했다. 소련은 모택동이 매우 흥미를 가질 만한 제안을 내놨다. 즉 국민당 대표가 유엔안보리에 계속 남아있는 것은 불법이며 반드시 그들을 추방해야 한다는 것을 내용으로 하는 중화인민공화국의 유엔 지위에 관한 성명을 중국이 발표토록 하자는 것이었다. 동시에 소련도 중국의 성명을 지지하고 안보리로부터 국민당 대표단의 추방을 요구하며, "국민당 대표가 안보리에 남아있는 한 소련 대표는 안보리에 참여하지 않겠다."라는 성명을 발표하겠다고 제안했다. 모택동은 즉시 소련의 제안에 "완전 동의"를 표시했다. 모택동은 조약에 관한 중국의 입장을 자세히 설명하면서, 조약을 체결할 때 중국은 소련의 이익을 고려할 것이라고 강조했다. 모택동은 "중소 간의 새로운 조약을 체결하는 것은 인민혁명 승리 후 중화인민공화국과 소련이 완전히 새로운 형태의 관계를 맺는 것을 의미하기 때문에, 현재 조약을 재검토하는 것이 필요하다. 조약의 두 가지 중요한 구성 요소인 일본과 국민당에 이미 중대한 변화가 일어났다. 일본은 이미 군사력을 가지고 있지 않으며, 국민당은 이미 와해되었다. 이 밖에도 상당수 중국인들이 기존 중소조약에 불만을 가지고 있는 것은 이미 알려진 사실이다. 따라서 새로운 「중소우호동맹조약」을 체결하는 것은 양측 모두에게 유리할 것"이라고 역설했다. 이에 비신스키도 "새로운 조약을 체결하는 문제는 매우 복잡하다. 새로운 조약을 체결하거나 기존의 조약을 수정할 경우, 미국인과 영국인들에게 이용당할 수가 있고 그들이 조약의 다른 부분을 재차 심의하거나 수정하자고 요구하는 명분이 될 수 있다. 이는 소련과 중국의 이익에 손해를 끼칠 수 있다. 이것은 우리가 원하는 것이 아니고, 결코 용납해서도 안 된다."는 스탈린의 당초 입장을 설명했다. 이에 모택동은 "그러한 부분은 새 조약 체결을 위한 해결 방식을 확정할 때 반드시 반영해야 한다."라고 즉각 회답했다.[60]

같은 날 주은래는 북경에서 대리대사 쉬바예프(A. Shibaev)를 접견하고 모스크바를 안심시킬 만한 소식을 알렸다. 주은래는 영국 총영사관이 중국 외교부를 예방하고, 양국 수교 문제를 논의한 상황을 알리면서, 중국은 "영국과는 홍콩 문제를 포함해서 논의가 필요한 복잡한 문제들이 많아, 그들과의 협상을 급히 서두를 필요가 없다고 생각한다."라고 소련에 통보했다.[61]

1월 7일 소련공산당 정치국은 곧 도착할 예정인 주은래를 대표로 하는 중국 대표단을 위한 각 방면의 준비 계획을 결정했다. 결의 내용은 모스크바로 오는 열차 구성과 교통 시설, 식단과 호텔의 식음료 서비스, 안전보장, 그리고 접대 예절을 포함하고 있으며, 이러한 주도면밀한 준비는 과거에는 전혀 없었다. 정치국은 심지어 "중국 대표단이 소련을 방문하고 체류하는 데 필요한 모든 경비"를 모두 소련이 부담하기로 결정하고, 재정부에 내각회의 준비금에서 필요한 액수의 자금을 외교부에 지불하라고 명령했다.[62]

1월 9일 코발레프와 담화에서 모택동은 중국은 소련이 테헤란, 얄타, 포츠담회의에서 서명한 협정들을 준수할 것임을 재차 약속했다. 대화가 구체적인 조약 협상 문제에 이르자, 모택동은 중국 정부는 장개석이 자본주의국가와 서명한 조약을 포함해 현재의 모든 조약을 기초로 새로운 협상을 진행할 것이라고 다시 한 번 강조했다.[63]

1월 13일 중국과 소련의 입장 일치를 표시하기 위하여 모택동은 국내 업무를 맡고 있던 유소기에게 전보를 보내 미국을 포함한 외국 병영을 몰수하고 중국에 있는 미국의 모든 영사관을 철수하게 할 계획에 동의를 표했다.

60) "1950년 1월 6일 비신스키와 모택동의 회담 비망록," *АПРФ*, ф.3, оп.65, д.349, л.89-93. "1950년 1월 7일 소련공산당(볼쉐비키) 중앙정치국회의 제72호 기록 요약," *РЦХИДНИ*, ф.17, оп.3, д.1079, л.45, 159-162.

61) "1950년 1월 6일 쉬바예프와 주은래의 담화 비망록," *АВПРФ*, ф.0100, оп.43, п.10, д.302, л.33-34, Русско-китайские отношения, T.V, К.2, с.255-256.

62) "1950년 1월 7일 소련공산당(볼쉐비키) 중앙정치국 회의 제72호 기록 요약," *РЦХИДНИ*, ф.17, оп.3, д.1079, л.43-44.

63) S. Goncharov, J. Lewis and L. Xue *Uncertain Partner*, pp.247-248.

동시에 상해군사관제위원회는 미국경제협력위원회가 상해에 남겨둔 물자를 몰수하거나 징용하는 데에도 동의했다.[64] 1월 17일 모택동은 이 사실을 소련 측에 통보하면서, "미국의 영사 대표를 중국에서 추방하려는 것"이 그 목적이라고 설명했다. 모택동은 몰로토프 등에게, "미국이 중국에서 합법적 권리를 취득하는 것이 늦어질수록 이는 중화인민공화국에 더욱 유리"하므로 중국은 "미국이 중국을 승인하는 것을 지연하도록 노력할 것이다."라고 밝혔다.[65]

이외에 1월 6일 코민포름 기관지는 일본공산당 중앙정치국원 노사카 산조(野坂参三)가 내놓은 평화적인 정권 탈취 주장과 주일 미군이 일본의 민주화에 유리하다는 관점을 강하게 비판했다.[66] 1949년 여름 유소기가 소련을 방문했을 때 스탈린은 이 문제를 중공 대표단에게 제기했지만, 당시 중공 대표단은 명확한 입장을 표하지 않았다.[67] 노사카 산조는 항일전쟁 기간 줄곧 연안에서 중국의 항일투쟁에 참가했고, 귀국 후에도 중공과 밀접한 관계를 유지했다. 그럼에도 불구하고 『인민일보(人民日报)』는 소련의 관점을 지지한다는 뜻을 나타내기 위해, 1월 11일자『인민일보』1면에 코민포름 기관지에 실린 이 문장의 전문을 게재하고 "코민포름 기관지가 노사카 산조의 '화평연변론'을 비판했다."는 부제를 달았다.[68] 1월 14일, 모택동은 신문서장(新闻署长, 한국의 공보처장) 호교목(胡乔木)에게『인민일보』에 사설을 발표하여 코민포름의 입장을 지지하라고 지시했다. 후에 모택동은 이 사설을 러시아어로 번역할 것을 특별 지시하고, 번역문을 스탈린에게 전달했다.[69]

모택동의 행동은 스탈린이 양보한 데 대한 대가로 이해될 수 있지만, 소

64) 『泽东外交文选』, 第125页.
65) "1950년 1월 17일 몰로토프와 모택동의 회담 비망록," АВПРФ, ф.07, оп.23а, п.18, д.234, л.1-7.
66) 1월 7일자 프라우다에 이 문장이 게재되었다. Правда, 22 январь 1945г.
67) 徐则浩, 『王稼祥传』, 北京: 当代中国出版社, 1996年, 第460页.
68) 『人民日报』, 1950年 1月 11日 第1版.
69) 『毛文稿』第1册, 第237, 245页. 이 사설은『人民日报』, 1950年 1月 17日 第1版을 참조할 것.

련의 용의주도한 일련의 행동이 단지 중국의 환심을 사기 위한 것이라고 말하기는 어렵다. 중소 간의 제1차 협상에서 새로운 조약을 체결해서 1945년의 조약을 대체하기로 확정하는 원칙은 결정된 듯 보였다. 그러나 이때 스탈린의 양보는 단지 표면적 것에 불과했고, 관건은 어떠한 조약을 맺을 것인가였다. 이 실질적 문제에서 모스크바는 세심하게 준비하여 조약, 협정, 그리고 의정서 초안을 작성했다. 물론 그 목적은 1945년 조약으로 소련이 획득한 기득권을 전면적으로 보호하려는 것이었다. 애초에 스탈린은 조약의 형식은 수정할 수 없지만, 즉 구(旧)중소조약을 유지하면서 그 실제 내용은 수정할 수 있다는 원칙을 고수했다. 그러나 1945년 조약을 폐기하는 원칙을 정한 후 소련이 최초에 제시한 조약과 각종 협정의 초안은 여전히 구(旧)조약의 내용을 그대로 반복하는 것이었다. 이는 스탈린이 조약의 다시 체결하는 것이 얄타 체제의 붕괴라는 연쇄반응으로 이러질 수 있다고 주장한 것은 구실이나 표면적 이유에 불과하고, 실제 의도는 동아시아에서 소련의 기존 이익과 전략목표를 보호하려는 것임을 보여 준다.

중국 측 협상 대표인 주은래가 모스크바로 가기 위해 짐을 꾸리고 있을 때, 이미 소련은 조약과 관련한 협정 초안을 본격적으로 준비하기 시작했다. 소련 정부는 다수의 전문가가 참여한 조약 기초위원회를 구성했다. 1950년 1월 5일 소련 외교부는 「중소우호합작호조조약」의 첫 번째 초안을 기초했다. 초안은 정치적으로 우호 동맹 관계를 유지한다는 조항 이외에도 초안 제7조에 "체약국 쌍방은 1945년 8월 14일 서명한 장춘철도와 대련·여순항 협정이 계속 유효함을 승인한다."라고 명시했다.[70] 이는 소련의 최초 구상이 새 조약을 체결하는 동시에 1945년의 3개 협정을 계속 유지하는 것임을 보여 준다. 조약 명칭은 과거 소련의 관례에 따라 붙여진 것이다. 전후 소련이 몽고, 루마니아, 헝가리, 불가리아 등 사회주의국가와 맺은 상호조약은 대부분 이런 식으로 명명됐다.[71] 이 밖에도 필자는 중국 외교부 당안관

[70] "1950년 1월 5일 중소우호합작호조조약(제1초안)," *АВПРФ*, ф.07, оп.23а, п.18, д.235, л.13-14.

에서 중국이 불가리아 및 유고슬라비아와 맺은 조약의 명칭 역시 완전히 같다는 것을 확인했다.[72] 동북 문제(후에 삭제됨)를 제외하면, 명칭뿐만 아니라 초안 내용 역시 소련과 유럽의 사회주의국가가 체결한 상호조약과 거의 같았다. 후에 중소조약이 선포되자, 영국 외교부 정책국은 곧바로 이 문건을 분석하고, 소련과 동유럽 각국 사이에 체결된 조약과 놀랄 정도로 유사하다는 것을 발견했다. 소련 주재 미국 대사관이 국무성에 보낸 보고도 중소조약은 제2조를 제외하면 1948년 소련이 불가리아, 루마니아, 헝가리와 맺은 것과 매우 비슷하다고 분석했다.[73]

1월 9일 소련 외교부 조약법국 국장 게리바노프(M. Gelibanov)와 페더렌코(Fedorenko), 로신 등은 조약의 두 번째 초안을 기초해서 연명으로 보고했다. 두 번째 초안은 제6조 "양국 간의 우호협력을 강화한다."를 "양국 간의 경제·문화 관계를 공고히 발전시킨다."로 좀 더 구체적으로 바꿨다. 또한 제7조를 "체약국 쌍방은 소중우호합작호조조약에 근거해, 1945년 8월 14일 체결된 중소 대련항 협정과 1945년 8월 14일 체결된 여순항 협정 및 그 부속 문건 전체를 유지하며, 이것이 본 조약과 불가분의 관계에 있음을 선언한다."로 수정했다.[74] 소련 외교부는 1945년의 대련항과 여순항에 대한 협정의 유효성을 더욱 명확히 강조했고, 장춘철도 문제는 교통부에 넘겨 처리하게 했다.

과거 스탈린이 중국에 일본과 평화조약을 체결하면, 여순 해군기지에서 소련군을 철수하겠다고 약속한 점을 고려해, 비신스키는 두 번째 초안을 수

---

71) 安·그로미코, 鮑·波諾馬廖夫主編, 『苏联对外政策史(1945-1980)』 上卷, 韩止文等译, 北京: 中国人民大学出版社, 1989年, 第710-711页.

72) "1947년 11월 27일 불가리아와 유고슬라비아의 우호합작호조조약,"『中华人民共和国外交部档案馆』, 109-00063-02. 이후 『外交部档案馆』이라 약칭함.

73) Edwin W. Martin, *Divided Counsel: The Anglo-American Response to Communist Victory in China*, Lexington, KY: The University Press of Kentucky, 1986, pp.115-117.

74) "1950년 1월 9일 중소우호합작호조조약초안(제2초안)," *АВПРФ*, ф.07, оп.23a, п.18, д.235, л.18 -19.

정하라고 지시했다. 이 지시에 따라 게리바노프 등은 1월 10일 중소조약의 세 번째 초안을 제출했다. 세 번째 초안 제6조에 "상호 간 가능한 모든 경제 원조를 제공한다."는 문구가 추가됐다. 제7조에는 과거 스탈린이 제기한 주장을 반영해 "체약국 쌍방은 현재 여순항과 대련항에 주둔 중인 소련군이 본 조약의 효력이 발효된 후 2~3년 내 철수하는 데 동의하며, 1945년 8월 14일 체결된 여순항과 대련항에 관한 협정은 규정 기한이 만료된 후 새로 수정한다."가 추가됐다.[75] 그러나 이 초안에는 뚜렷한 결함이 있었다. 이미 소련군을 기한보다 빨리 철수하기로 결정했는데, 왜 협정이 만기될 때까지 기다려야 하며, 무슨 이유로 여순항과 대련항에 관한 협정을 20년이 지난 후 다시 체결해야 하는지가 문제였다. 이 모순을 해결하기 위해, 외교부는 또 다시 초안을 수정해 네 번째 초안 제7조에 여순항과 대련항에 관한 협정 기간을 "대일평화협정을 체결한 후"라고 비교적 모호한 표현으로 바꿨다. 다섯 번째 초안은 소련군 "철수"를 "축소 혹은 철수"로 수정했다.[76]

1월 16일 비신스키는 외교부가 최종 확정한 문건(여섯 번째 초안)을 몰로토프에게 제출했다. 초안의 제7조는 "체약국 쌍방은 현재 여순항과 대련항의 소련군이 본 조약이 발효된 후 2~3년 내에 전부 소련 국경 안으로 철수하는 것에 동의하고 철수는 1950년부터 시작한다. 체약국 쌍방은 중국과 소련 사이에 1945년 8월 14일 체결된 '여순항과 대련항에 관한 협정'과 '대련항 협정 의정서'를 '대일평화조약'이 체결된 후 다시 심의한다."라고 규정했다. 이 초안에는 눈에 띄는 변화가 있다. 즉 본문 조약의 명칭을 '소중우호합작호조조약'에서 '소중우호동맹호조조약'(договор о дружбе, союзе и взаимной помощи между СССР и КНР)으로 바꾼 것이다.[77] 1월 22일 스탈린에게 보고

---

75) "1950년 1월 10일 중소우호합작호조조약초안(제3초안)," *АВПРФ*, ф.07, оп.23а, п.18, д.235, л.2 0-25.

76) "1950년 1월 12일 중소우호합작호조조약초안(제4초안)," *АВПРФ*, ф.07, оп.23а, п.18, д.235, л.26-29, 30-34.

77) "1950년 1월 16일 중소 담판에 관하여 소련 외교부가 중국 측에 제출한 소련 측 문건," *АВПРФ*,

하고 소련공산당 중앙위원회의 비준을 거친 후 중국 측에 넘겨진 조약 초안(일곱 번째 초안)에서도 이 명칭이 사용됐다.[78] 소련 측이 조약의 명칭을 최종 확정할 때, 아마도 모택동의 과거 표현법을 고려했을 가능성이 매우 높다. 러시아 당안관 기록을 따르면, 모택동은 1949년 12월 16일 스탈린과 회담에서 "중소 간의 우호동맹호조조약"(договор о дружбе, союзе и взаимной помощи)이라는 표현을 썼다. 1950년 1월 6일 비신스키와 회담할 때도 모택동은 중소 간에 "새로운 우호동맹조약(договор о дружбе и союзе)"을 체결하자고 제안했다.[79] 소련 측이 주목한 것은 모택동이 두 차례 담화에서 모두 "동맹"이라는 용어를 사용했다는 점이다. 반면 소련 외교부에서 기초한 몇 개의 초안에서는 과거 사회주의국가와 체결한 상호조약의 관례에 따라 "동맹"의 어구가 들어가지 않았다. 이것은 그냥 보아 넘길 수 없는 문제이다. 이는 1945년 장개석과 체결한 조약과 비교할 때 한발 후퇴한 것이기 때문이다.

새로운 조약에 구(旧)조약 부분을 유지하기 위해, 소련은 국제관습과 국제조약의 관련 이론에서 법률적 근거를 찾을 필요가 있었다. 소련 외교부의 조약법 전문가 두제네프스키(V. Durgenevskii)가 이에 대한 연구를 진행했다. 그는 1월 13일 비신스키에게 보낸 비망록에서 "1928년 2월 20일 조약에 관한 아바나 협정이나 기타 국제조약의 이론에서 구(旧)조약이 실효된 상황에서 그 내용이 새로운 조약에 흡수되는 문제에 관한 언급이 없다고 보고했다. 그러나 실제 구(旧)조약이 명확히 폐기되거나 취소되지 않은 상황에서 그 내용이 새로운 조약과 병행해 효력을 가지는 예는 드물지 않다고 지적했다. 두세네프스키는 도스안(Dawes) 및 영안(Young案) 계획, 부녀자와 어린

ф.07, оп.23а, п.18, д.235, л.1-4.
[78] "1950년 1월 22일 중소 담판의 결의, 조약 및 의정서에 관한 소련공산당 중앙위원회의 초안," АВПРФ, ф.07, оп.23а, п.18, д.235, л.42-50.
[79] "1949년 12월 16일 스탈린과 모택동의 회담 기록," АПРФ, ф.45, оп.1, д.329, л.9-17; "1950년 1월 6일 비신스키와 모택동의 회담 비망록," АВПРФ, ф.0100, оп.43, п.8, д.302, л.1-5.

이 매매와의 투쟁에 관한 협정, 1890년과 1906년의 중영티베트협정, 그리고 소련이 프랑스, 유고슬라비아와 체결했던 우호호조조약 등의 실례를 열거하면서 "동일한 문제에 대해 이전 조약의 내용과 유사한 내용을 '흡수'한 조약은 구(舊)조약과 병행하여 효력을 가지는 것으로 볼 수 있다. 이때 구(舊)조약이 반드시 효력을 상실한다고 볼 수 없다. 그러나 여러 가지 해석이 나올 수 있기 때문에, 새 조약과 모순되지 않는 구(舊)조약 부분에 대해 보충 설명을 하는 것이 적합하다. 이러한 보충 설명은 새로운 조약 본문에 삽입하거나 의정서 또는 전문적인 각서에 서명하는 방식으로 할 수 있다."고 제안했다.[80] 이런 외교부의 행동은 장춘철도와 대련항 문제를 겨냥한 것이었다. 당시의 국제적 환경에서 중국은 가까운 시일 내에 여순항의 군사기지를 회수하지 않을 뜻을 이미 밝혔기 때문에, 동북아시아에서 소련의 전략적 이익은 주로 장춘철도와 그 종점인 대련항에 대한 통제권에 집중되었다. 따라서 모스크바는 장춘철도와 대련항에 관한 협정의 효력을 유지하기 위해 이 문제를 조약 자체(여순 문제를 포함)와 분리해 단독으로 제기하였다.

소련 외교부는 우선 장춘철도 협정의 처리 원칙을 확정했다. 법률전문가의 건의에 따라 비신스키는 1월 16일 몰로토프에게 「중국 장춘철도 협정 효력 확인에 관한 의정서」와 동일한 내용의 성명 초안을 제출했다. 거기에 "1945년 8월 14일 모스크바에서 체결된 중국 장춘철도 협정에 명시한 기한에 전적으로 근거해, 본 의정서의 유효기간을 확정한다."고 적었다. 동시에 소련은 중국에 중소조약에 서명할 때 '보충 조항' 방식으로 "본 조약을 체결할 때 이전 조약의 중소 양쪽의 채무를 승계하지 않는다."라고 선언할 것을 제안했다.[81]

곧이어 소련 교통부도 장춘철도 및 대련항 협정에 관한 구체적인 수정 건

80) "1950년 1월 13일 두제네프스키가 비신스키 외상에게 보낸 비망록," *АВПРФ*, ф.07, оп.23а, п.18, д.235, л.117-121.
81) "1950년 1월 16일 중소 담판에 관하여 소련 외교부가 중국 측에 제출한 소련 측 문건," *АВПРФ*, ф.07, оп.23а, п.18, д.235, л.5-7.

의와 초안문안을 제출했다. 교통부 부장 베셰프(B. P. Beshev)는 1월 19일
몰로토프에게 제출한 보고에서 다음과 같이 협정을 수정하자고 건의했다.
장춘철도 협정에 대해 첫째, 장춘철도의 자산을 다시 규정한다. 1945년 협정
은 남부 노선(하얼빈-대련)의 공장과 그에 속한, 일본인이 세우거나 개조
한 기업들을 장춘철도의 자산 구성에 포함시키지 않았다. 새로 체결하는 협
정 조항에는 철도의 정상 운영에 필수적인 상술한 기업들을 설립 시기에 관
계없이 모두 중소 공동소유로 편입해야 한다. 둘째, 중소 쌍방이 교대로 담
당하고 있는 철도국의 이사장, 감독 책임자, 국장 및 회계감사 책임자 등과
부책임자는 3년에 한 번씩 교대한다. 그러나 이전까지 이러한 직무는 중소
쌍방의 인사들이 각각 고정적으로 맡았다. 셋째, 장춘철도와 그 부속 기업
및 기관이 필요로 하는 수입 화물에 한 해 관세와 특별세, 그리고 기타 화물
운송 세금을 면제하는 조항을 추가한다. 넷째, 구(旧)협정에서 "장춘철도는
중국 국영철도와 같은 수준의 세금을 중국 정부에 납부한다."는 문구를 "같
은 액수의 세금을 납부한다."로 수정한다.

　대련항 협정의 경우, 첫째, 대련항은 장춘철도의 일부로 편입되지는 않지
만 원협정의 제3조에 항구 책임자는 장춘철도국 국장이 소련인 중에서 선발
해 파견한다고 명시돼 있다. 둘째, 대련항과 대련의 공장을 공동으로 경영
하기 위해 중소 합영의 원동해운공사를 설립하고 공사의 소련 쪽 권한은 소
련 해군부에 위임하기를 건의한다. 베셰프는 보고서 끝에 1945년 이전 남만
철도 관할의 구간을 장춘철도의 자산 구성에 편입하려는 이유는 경제적 이
익을 고려했기 때문이라고 특별히 설명했다. 그는 "이 구간은 매년 막대한
이익을 내고 있고, 1943년의 이윤은 1.63억 루블에 달했다." "1946년 장춘철
도가 정상 운행됐을 때부터 매년 같은 액수의 이익을 얻을 수 있었다." 그리
고 현재 "만주 지역의 공업 회복, 경제발전, 만주와 중국의 기타 지역 간 경
제 교류의 확대로 화물량과 여객 운송이 증가하고 있고, 운송량이 하얼빈-
대련의 남부 구간에서 눈에 띄게 증가하고 있다."고 설명했다.[82] 이는 장춘

철도를 장악하고 그 재산권을 확대하는 것이 소련에 전략적 이익뿐만 아니라, 직접적인 경제 이익까지 줄 수 있음을 보여 준다.

1월 21일 그로미코, 베셰프, 코발레프, 로신 등 6명은 몰로토프, 미코얀, 비신스키에게 그들이 기초한 중국 장춘철도에 관한 소련 각료회의 결의안 초안과 장춘철도에 관한 두 개의 의정서 초안을 제출했다. 그 요점은 다음과 같다. 첫째, 1945년 협정의 유효기간을 그대로 명시한 외교부의 「장춘철도 협정 의정서」 초안을 중소협상의 기초로 한다. 둘째, 1950년 2월부터 장춘철도를 공동으로 경영 및 관리하는 것에 관해 반드시 중국 정부의 합의를 얻어내야 한다. 셋째, 교통부의 건의를 근거로 기초한 「장춘철도 보충의정서」의 각 조항을 확인하고 관련 조항의 수정에 대해 반드시 중국 정부와 합의해야 한다. 넷째, 중국 정부와의 협상에서 장춘철도의 모든 자산을 확정하기 전에 반드시 철도의 고정자산을 중소 공동소유로 할 것을 제안한다. 또 중소 공동소유의 자산으로 전환하는 것을 확정하기 위해 중소 공동위원회의 소련 대표단 구성을 비준한다. 다섯째, 외교부의 비신스키와 교통부의 베셰프에게 상술한 두 개의 의정서 초안을 갖고 중국 정부와 협상할 것을 위임한다.[83]

1월 22일 몰로토프, 미코얀, 비신스키는 각 전문위원회가 기초한 12개 초안을 스탈린에게 보고했다. 거기에는 중소우호동맹호조조약, 여순항과 대련항 협정에 관한 중소의정서, 장춘철도 협정에 관한 중소의정서, 중국에 대한 소련의 차관 제공에 관한 중소 협정, 중소항운주식회사 설립에 관한 의정서, 신장에 중소비철금속 및 희소금속 주식회사를 설립하는 것에 관한 의정서, 신장에 중소석유주식회사를 설립하는 것에 관한 의정서, 중소물물교환과 지불에 관한 의정서, 소련과 신장의 무역에 관한 의정서, 소련 전문

82) "1950년 1월 19일 베셰프가 몰로토프에게 보낸 보고," *ABΠΡΦ*, ф.07, оп.23a, п.20, д.248, л.4-13.
83) "1950년 1월 21일 중국 장춘철도의 결의 및 의정서에 관한 소련 각료회의의 초안," *ABΠΡΦ*, ф.07, оп.23a, п.20, д.248, л.20-28.

가의 비용 지불 조건에 관한 협의서, 소련 기관과 중소합영회사가 공동관리
하는 만주와 요동 지역 내 부동산에 관한 소련 각료회의 결의, 소련 전문가
와 교사의 중국 파견에 관한 소련 각료회의 관한 결의가 포함되어 있다. 소
련공산당 중앙위원회는 즉시 이 초안들을 비준했다.[84]

　소련 측이 최종 확정한 중소조약과 장춘철도, 여순 및 대련에 관한 의정
서 초안은 외교부와 교통부가 상신한 초안과 원칙에서 변화는 없었다. 다만
중소조약 제7조의 내용을 단독 분리하여 「여순항과 대련항 협정에 관한 중
소의정서」를 만들었다. 여기서 특히 주목해야 할 점은 스탈린에게 상신된
12개 초안은 중소가 협상에서 언급할 수 있는 거의 모든 문제를 포함하고
있지만, 여순항 협정과 대련항 협정, 그리고 장춘철도에 관한 협정은 없고
오직 의정서만 있다는 점이다. 그 이유는 무엇일까? 소련의 구상과 희망에
따르면, 구(舊) 장춘철도 협정은 계속 유효하고, 여순항 협정과 대련항 협정
은 대일평화조약이 체결될 때까지 기다린 후 다시 논의하면 될 것이고, 소
련이 제기한 수정이 필요한 부분은 이미 두 협정의 의정서 초안에 잘 반영
돼 있기 때문에 그 문제에 관한 협정의 초안을 다시 기초할 필요가 없었
다.[85] 게다가, 모스크바는 이 세 가지 협정의 구체적인 내용을 다시 토론할
기회를 중국 대표에게 주기를 꺼렸다.

　소련은 이렇게 중소 간의 제2차 담판을 위한 모든 문건의 초안 준비를 마
쳤다. 그 주요 내용은 다음과 같다. 「중소우호동맹호조조약」은 원칙상 중소
동맹 관계를 확정한 것일 뿐, 양쪽의 실제 이익과 관계된 내용은 없다. 장춘
철도 문제에서 새 협정은 1945년 협정과 비교할 때 원래의 30년 유효기간을
그대로 유지할 뿐 아니라, 책임자급 식부를 교대로 맡기로 수정한 것을 제

---

[84] "1950년 1월 22일 중소 담판의 결의, 조약 및 의정서에 관한 소련공산당중앙위원회의 초안," *ABПPФ*, ф.07, оп.23а, п.18, д.235, л.41-50.
[85] 1945년 8월 14일 중소 간에 체결된 「중소우호동맹조약」(서로 왕래한 각서를 포함), 「중국 장춘철도에 관한 협정」, 「대련에 관한 협정」(의정서 포함), 「여순 항구에 관한 협정」(부속문건 포함)은 다음을 참조할 것. 王铁崖编, 『中外旧约章汇编』 第3册, 1962年, 第1327-1337页.

외하고는 자산 확정, 관세와 화물 운송 세금 면제, 철도영업세 납부 등과 같은 수정 조항은 모두 소련의 이익을 보장하는 데 유리한 것들이었다. 여순과 대련 문제에서는, 소련 주둔군이 1950년부터 철수를 시작하여 조약 발효 후 2~3년 내에 철수를 완료한다고 규정한 것 외에 모든 것이 전과 같고, 이 문제 역시 「대일평화조약」 체결을 기다린 후 다시 논의하기로 했다. 이는 중소조약 정식 협상을 시작하기 전 소련이 갖고 있는 모든 구상과 기대를 보여 준다. 이제 스탈린과 소련 지도부는 모택동과 주은래의 반응을 기다리고 있었다.

새 조약을 체결하기 위한 협상을 앞두고 중소 간에 드라마틱한 변화가 있었다. 소련이 협상 방침을 바꾼 것과 마찬가지로 중국이 제의한 방안 역시 애초 교섭을 시작할 때 제안했던 방침에서 완전히 벗어난 것이었다. 중국은 원래 형식상으로는 새로운 조약을 체결해서 1945년의 조약을 대체하지만 실질적으로 구(旧)조약의 구체적인 내용을 유지할 수 있다고 제안했다. 그러나 새로운 조약을 체결한다는 원칙을 확정한 후 중국이 처음에 제출한 협정 문안은 구(旧)조약의 내용과 크게 달랐다. 이는 쌍방의 주권과 경제 이익이 걸린 협상이 시작되자 곧바로 중소 간의 이해 대립이 확연히 드러났기 때문이다.

1950년 1월 20일 주은래가 방대한 규모의 중국 정부 대표단을 이끌고 모스크바에 도착했다. 주은래는 1월 22일 스탈린과 모택동의 제3차 정식 회담에 참석했다. 이 회담에서 모택동과 스탈린은 몇 가지 원칙적인 문제에서 의견 일치를 보았다. 첫째, 중소조약을 수정하여 조약을 다시 체결한다. 둘째, 여순항 협정은 대일평화조약을 체결하기 전까지 유효하며, 이후 소련군은 여순에서 철수할 것을 선언한다. 셋째, 장춘철도 협정이 법률적으로 유효함을 원칙으로 하되, 실제로는 협정의 유효기간을 단축하는 등의 내용으로 수정한다. 넷째, 소련은 대련항에 대한 권리를 포기하고, 중국은 대련항의 문제를 결정한다. 다섯째, 중국은 당초 장춘철도관리위원회의 위원장과 국직을 중국이 맡아야 한다고 주장하였지만, 이후 교대로 맡는 것에 동의했다. 여섯째, 주은래는 장춘철도에 대한 양쪽의 투자 비율을 조정해 중국의 투자 비율을 51%로 높일 것을 제안했지만, 후에 양쪽의 이익을 보장하는 선에서 다시 검토하는 것에 동의했다. 이 밖에도 차관협정과 신강 문제 등을 토론하였으며, 소련 측 미코얀, 비신스키와 중국 측 주은래, 이부춘(李富春)에게 구체적인 협상을 진행하도록 위임했다.[86]

1월 23일, 중소 양측 대표는 회담을 갖고 소련이 제출한 조약 초안을 먼저 토론했다. 1월 24일 모택동과 주은래 등은 소련 측의 초안을 검토한 하고 이를 수정한 초안을 작성했다.[87] 1월 24일 23시 중국 대사관 참사 과보권(戈宝权)이 중국 측의 수정을 거친 「중소우호동맹호조조약」 초안을 소련 외교부 제1동북아국 부국장 커디유코프(I. F. Kurdiukov)에게 전달했다. 쌍방의 초안을 자세히 비교하면, 중국 측이 수정한 초안은 단락 배열을 약간 조정하고 몇 개의 수사를 덧붙인 것 외에는 명칭에서 내용에 이르기까지 소련 측 초안과 별 차이가 없었음을 알 수 있다. 수정 부분은 구체적으로 다음과 같다. 머리말에 "중소 간 우호 관계와 협력을 강화하여, 일본 군국주의의 부활을 막고 일본이 다른 국가들과 연맹하여 다시 침략전쟁을 일으키는 것을 공동으로 저지하기를 바란다."는 구절을 추가하였다. 원초안의 제1항과 제2항을 하나로 합치고, 제4항을 제2항으로 조정했으며, 원초안 제6항의 경제원조에 관한 문구를 분리해 제6항으로 독립시켜 쌍방의 경제 건설에 박차를 가할 것을 강조했다. 중국 측은 국가 안전과 경제 건설 문제를 돋보이게 하려고 했지만, 실질적인 내용에는 큰 변화가 없었다.[88]

---

86) "1950년 1월 22일 스탈린과 모택동의 회담 기록," *АПРФ*, ф.45, оп.1, д.329, л.29-38. Русско-кита йские отношения, Т.V, К.2, с.267-271; 中共中央文献研究室, 中央档案馆编, 『建国以来周恩来文稿』(이후 『周文稿』라 칭함) 第2冊, 北京: 中央文献出版社, 2008年, 第91-95页.

87) 『汪东兴日记』, 第194页.

88) "1950년 1월 24일 중국이 소련에 제출한 중소우호동맹호조조약의 초안," *АВПРФ*, ф.07, оп.23а, п.18, д.235, л.38-40.

일부 중국 학자들은 중소조약의 최초 초안을 중국이 기초했다고 주장했다. 하지만 필자는 세밀한 고증과 분석을 통해 그렇게 주장할 만한 이유는 있지만 그를 뒷받침할 실질적인 근거는 없다는 결론을 내렸다.[89] 어찌됐든 중소조약의 성격 및 원칙에 대해 중소 쌍방은 전혀 갈등하지 않았다. 후에 조약 본문이 두 차례나 수정되긴 했지만, 모두 자구를 교정하거나 조정한 것에 불과했다.[90] 이 점은 쉽게 이해할 수 있다. 왜냐하면 조약에서 서술된 "일본과 그 동맹국의 침략을 방지"하고 "쌍방의 협의와 협력을 강화"한다는 등의 내용은 모두 중소의 공통된 희망이자 요구였기 때문이다. 양쪽의 이해(利害)가 충돌한 곳은 장춘철도, 여순항, 대련항 등의 현실적 문제였다.

쌍방이 첫 번째 접촉을 가진 후 소련은 1월 23일 중국 측에 넘겨준 초안을 기초로 1월 26일 대련항 협정에 관한 초안을 중국 측에 다시 제출했다. 그 주요 내용은 다음과 같다. (1) 중국 정부는 대련항의 일부 부두와 창고를 소련에 임대하는 것에 동의한다. (2) 대련항을 통과하는 모든 소련의 수출입 화물이나 소련이 항구를 위해 제공한 재료와 설비에 대한 모든 관세를 면제한다. (3) 대련의 행정 관리기관은 중국에 속한다. 그러나 항구의 주임이나 부주임의 직무는 중소 양국이 교대로 담당한다. (4) 대일평화조약이 체결되기 전까지 대련항은 여순 해군기지와 마찬가지로 군사관제를 실시한다. (5) 본 협정은 대일평화조약이 발효된 후 다시 심의한다.[91] 1945년 협정과 비교할 때 이번 초안에서는 대련항을 자유항으로 대외에 개방한다는 조항이 없어졌고, 소련에 부두와 창고를 임대한다는 조항과 군사관제 시간을 연장한다는 내용이 추가되었다. 왜 소련이 이때 이 초안을 중국 측에 제안했는지 그

---

89) 沈志华,「关于中苏条约谈判研究中的几个争议问题-再谈冷战史研究中史料的解读与利用」, 『史学月刊』第8期, 2004年, 第57-68页.

90) "1950년 1월 29일 중국 측의 중소우호동맹호조조약 수정 후의 소련 측의 최종 원고," АВПРФ, ф.07, оп.23а, п.18, д.235, л.84-88; "1950년 1월 31일 소련 측의 중소우호동맹호조조약 수정원고에 대한 중국 측의 수정 제안," АВПРФ, ф.07, оп.23а, п.18, д.234, л.8-15.

91) "1950년 1월 26일 대련항 문제에 관한 소련 측의 협정 초안," АВПРФ, ф.07, оп.23а, п.29, д.248, л.35-37.

이유는 알 수 없다. 중요한 것은 이 초안에는 1월 22일 회담에서 확정된 대련 문제는 중국이 처리한다는 원칙이 전혀 반영되어 있지 않았다는 점이다. 이는 자기의 실익이 걸린 가장 중요한 문제에 대해 소련이 얼마나 주도면밀하게 고려하고 있는지를 잘 보여 준다. 소련의 의도는 소련이 대련에서 갖는 이익을 중국 측이 인지하도록 하여 다음 협상에서 중국이 스스로 양보하게 만들기 위해서였다. 그러나 모스크바는 중국 측 대답이 소련이 예상한 것과는 딴판일 것이라고는 꿈에도 생각지 못했다.

중국 측이 협정 문제를 어떻게 연구하고 토론하였는지에 대한 사료는 현재 발견되지 않았다. 그러나 이틀 후인 1월 26일 중국 측은 주은래가 주재하여 기초한 「여순항, 대련항 그리고 중국 장춘철도에 관한 협정」 초안을 소련에 제시했다. 이 초안은 먼저 형식부터 소련 쪽 초안과 달랐다. 중국은 몇 가지 핵심 이익에 관한 문제들을 하나의 통일된 협정에 집중시켰다. 이는 사실상 대일평화조약 체결 후 다시 협정을 심의하자는 소련 측 의견을 거부하고 지금 모든 협정을 재심의하고 모든 문제를 일괄 해결하자는 것이었다. 그 내용에서 양측의 생각 차이는 더 컸다. 여순항, 대련항과 장춘철도의 책임자급 직책을 교대로 맡는 문제에 관해서는 중국 측은 이의를 제기하지 않았다. 그러나 스탈린과 모택동의 회담에서 이미 확정된 대일평화조약 체결 후 소련군의 여순 철수 원칙에 겨냥해 중국 측은 "만일 모종의 원인으로 대일평화조약 체결이 방해를 받고 본 협정의 효력이 발생한 후 3년이 지난 후에도 조약이 체결되지 않을 경우, 소련군은 즉시 여순항 지구에서 철수해야 한다."라는 조항을 추가했다. 중국 측은 소련 측 초안이 전혀 언급하지 않았던, 가장 핵심 문제를 제기한 것이다. 그 중요한 내용은 다음과 같다. 첫째, 소련은 여순항을 해군기지로 조차하는 권리와 대련과 장춘철도의 모든 권리와 권익을 포기한다. 동시에 상술한 권리와 의무를 중화인민공화국에 반환할 것을 선언한다. 둘째, 현재 소련이 대련과 여순항 지역에서 임시로 대리 관리하고 있거나 조차하고 있는 모든 재산을 중국 정부에 인계한

다. 셋째, 대일평화조약이 체결되거나 본 협정의 효력이 발생한 시점으로부
터 3년 후 소련 정부는 장춘철도 및 일체의 부속 재산을 중국에 무상으로
이전한다.[92]

중국 측 초안은 소련군이 여순에서 철군하는 것을 제외하면 소련의 구상
을 거의 모두 뒤엎어 버린 것이다. 이는 스탈린이 꿈에도 생각하지 못한 것
이었다. 소련이 초안에서 전혀 주저하지 않고 구(旧)조약의 내용 유지를 강
조한 것은 모택동이 형식을 중시하고 실제 내용에는 무관심하다고 믿었기
때문이다. 주은래의 초안을 받은 후, 소련 측은 긴급히 그에 대해 연구하고
반복적인 수정 작업을 진행했다. 필자는 러시아 당안 중에서 중국 측 초안
에 대해 서로 다른 내용을 담고 있는 러시아어 수정본 4부를 발견했다. 그중
한 부에는 삭제된 부분이 특히 많았는데, 가위(×) 표시나 밑줄 표시가 아니
면 물음표가 부기되어 있었다. 동시에 중국 측 초안의 거의 모든 내용에 설
명이 적혀 있었으며, 초안의 행간마다 소련 측의 의심과 분노가 나타나 있
었다. 필적이 매우 거칠어 알아보기가 쉽지 않지만, 희미하게나마 "수용할
수 없다." "스탈린은 동의하지 않는다."와 같은 평주(評注)를 볼 수 있다. 나
머지 3부의 수정본은 바뀐 부분이 적고 전혀 손을 대지 않은 것도 있다.[93]
당안에 수정 날짜를 명시하지 않았기 때문에, 초안 내용을 여러 사람이 동
시에 수정하였는지, 번갈아 가며 했는지 알 수 없다.

그러나 스탈린은 결국 양보하기로 결정했다. 1월 28일 소련 측이 사철(師
哲)에게 건넨 수정 원고는 중국 측의 초안과 내용이 매우 유사했다. 다만,
소련 측의 수정 초안에는 여순, 대련 그리고 장춘철도에 대한 소련의 모든
권리와 이익을 포기한다는 내용은 없고, "중국은 1945년 이후 소련이 지출한
여순 항구 복구와 건설 비용을 상환한다."는 조항이 추가되어 있었다. 이를

---

92) "1950년 1월 26일 여순항, 대련 및 장춘철도 협정에 관한 중국 측 초안," *АВПРФ*, ф.07, оп.23а,
п.20, д.248, л.38-42.
93) "1950년 1월 26-27일 중국 측의 여순항, 대련 및 장춘철도 협정과 의정서에 관한 소련 측의
수정 제안 원고," *АВПРФ*, ф.07, оп.23а, п.18, д.235, л.73-84.

제외하면, 소련 측은 여순항에 관한 조항(재산 인도는 포함하지 않음)을 받아드렸고, 대련의 행정권을 중국에 완전 귀속하고 중국 정부가 즉시 대련(여순항은 포함되지 않음)의 모든 재산을 접수한다는 조항도 받아들였다. 특히 주의해야 할 점은 소련 측이「대일평화조약」체결 후, 혹은 1952년 말까지 장춘철도의 권리와 재산 일체를 중국에 무상으로 양도하기로 했다는 점이다. 그러나 소련 측이 동시에 제출한 본 협정 의정서에서는 3개 조항이 추가되었다. 소련이 여순항에서 반입·반출하는 물자와 원료에 대해 모든 세금을 면제하고, 이 물자와 원료에 대한 중국 세관의 검사를 면제하며, 소련 군대와 군용물자는 장춘철도를 이용해 자유롭게 이동하되 철도 이용 비용은 중국 군대의 철도 이용 비용과 같은 가격으로 계산한다.[94]

이후 중국은 평등 원칙을 들어 중국 군대에게도 시베리아 철도를 이용해 이동할 수 있는 동등한 권리를 달라고 제안했다. 하지만 미코얀의 강력한 반대에 부딪혀 주은래는 이를 포기했다. 뿐만 아니라, 중국 측은 장춘철도의 재산권 범위를 확정하는 문제를 토론할 때도 최후에는 타협적 태도를 보였다.[95]

이렇게 해서 중소동맹조약과 그 부속 문건, 즉 장춘철도, 여순항, 대련항에 관한 협정과 의정서, 외몽고 독립과 1945년의 중소조약 폐지에 관한 각서 등 관련된 문건의 기초 작업이 모두 완료되었다. 이에 모택동은 매우 만족해하였고, 그대로 서명할 수 있을 것이라고 생각했다.[96]

---

[94] "1950년 1월 28일 중국 측의 여순항, 대련 및 장춘철도 협정과 의정서 수정안에 대한 소련 측의 최종 원고," *АВПРФ*, ф.07, оп.23а, п.20, д.248, л.74-79. 중국의 문헌에 의하면 1월 27일 주은래와 미코얀은 대련 문제에 관하여 협상을 진행히었다. 이를 통하여 소련 측은 중국 측의 의도를 더욱 깊이 이해하게 되었다. 『周文稿』第2册, 第56-57頁.

[95] "1950년 1월 31일 소련 측의 여순항, 대련 및 장춘철도 협정과 의정서 수정안에 대한 중국 측의 수정 제안 원고," *АВПРФ*, ф.07, оп.23а, п.18, д.234, л.17-22; "1950년 2월 1일, 2일, 3일 비신스키가 스탈린에게 보낸 보고," *АВПРФ*, ф.07, оп.23а, п.18, д.234, л.8-13, 29-34, 50-55; 『周文稿』第2册, 第110-111頁.

[96] 中共中央文献研究室编, 『周恩来年谱(1949-1976)』上卷, 北京: 中央文献出版社, 1997年, 第23-24頁; 『周文稿』第2册, 第68-69頁.

그러나 스탈린이 보기에 이 같은 협상 결과는 소련의 극동 지역 핵심 이익에 중대한 손실을 가져왔다. 장춘철도, 여순항과 대련항은 소련에 매우 중대한 전략적 의의를 갖고 있었다. 러시아가 진정한 강대국이 되려면 반드시 해양에서 우세를 점해야 하는데 러시아는 바다로 통하는 이상적인 출구가 없다는 것이 늘 한계 요인이었다. 때문에 표트르대제 때부터 러시아제국은 발트해안에서 대서양으로, 흑해에서 지중해로 그리고 태평양으로 통하는 해안 출구-항구를 얻기 위하여 노력했다. 러시아는 동해에 블라디보스토크라는 항구가 있었지만, 항구로는 이상적이지 못했다. 이곳은 러시아 중심부에서 멀리 떨어져 있고(극동 지역을 우회), 겨울에는 수면이 얼어 사용이 불편하였을 뿐 아니라, 태평양으로 향하는 모든 소련 선박은 반드시 일본과 조선반도 사이의 대한해협이나 대마도해협을 통과해야 한다는 치명적 약점을 갖고 있었다. 소련의 극동 요지 블라디보스토크는 일본 해군기지에서 450~500해리밖에 떨어져 있지 않다. 일단 전쟁이 발발하면, 일본 해군은 쉽게 소련을 공격할 수 있는 반면, 소련이 함대를 증원하려면 최소한 지구의 절반을 돌아야 했다. 러시아제국이 1904~1905년 러일전쟁에서 패배한 주요 원인도 극동까지 "거리가 너무 멀다."는 점에 있었다. 소련 군인들은 이 문제를 논의할 때마다 항상 러일전쟁 때 러시아 함대가 크론시타트(Kronshtadt)부터 여순까지 원정을 해야 했던 일을 회상하곤 했다.[97] 따라서 일찍이 19세기 말엽부터 러시아제국은 청(清) 정부와 철도를 공동경영하고 여순 지구를 조차하는 방법으로 태평양으로 통하는 출구를 확보했다. 장춘철도의 본명은 중동(中东) 철도이고, 동청(东清) 철도 혹은 동성(东省) 철도로도 불린다. 동서는 만주리(满洲里)부터 수분하(绥芬河)까지, 남북은 하얼빈에서 대련까지 이어져있다. 1896년 러시아제국은 청 정부를 압박해「중러 밀약(中俄密约)」과「중러동성철도공사 공동운영 합동장정(中俄合办东省铁路公司合同章程)」을 체결하고 동북의 철도 부설권과 철도경영권을 획득했다.[98] 중

---

[97] М. В. 扎哈罗夫主编,『结局』, 第49页.

러도승은행(华俄道胜银行, Russo-Chinese Bank)은 4억 루블을 철도건설에 투자했고, 1907년에 전 노선이 개통됐다.[99] 여순항은 세계적으로 우수한 항구이다. 은폐가 용이하고 지세가 험준하며 겨울에도 얼지 않기 때문에 군사적으로 중요한 군항과 해군기지였다. 청국 정부가 1880년 항구를 건설하기 시작한 지 10년 만에 여순항을 완공했고 그 자금으로 약 430만 냥의 백은(白银)이 투입됐다.[100] 1895년 청일해전에서 중국이 패배하면서 요동(辽东)반도를 일본에 강제 할양하였지만, 러시아, 프랑스, 독일의 삼국간섭으로 일본에 백은 3,000만 냥을 지급하고 요동반도를 돌려받았다. 러시아제국은 중국의 위기를 이용해 중국을 보호한다는 구실로 1897년 12월 여순과 대련을 강제로 점령하고, 이듬해 3월 중국을 압박해「여순임차조약(旅顺租地条约)」을 체결했다. 이 조약은 여순항과 대련만(大连湾) 및 부근 해역을 러시아에 25년간 임차하며, 여순항과 대련만 내의 항구 하나를 군항으로 정해, 중러 양국의 군함만이 사용하도록 규정했다.[101]

당시 청국 군함은 이미 존재하지 않았기 때문에, 해군기지는 자연스럽게 러시아가 독점 사용하게 됐다. 1905년 러일전쟁에서 러시아제국이 패배하면서 장춘에서 대련까지의 철도와 그 지선 철도는 일본에 할양됐다. 일본은 이 철도 구간을 남만철도로 개칭하고 여순 군항도 점유하였다. 앞에서 설명한 것같이, 태평양전쟁에서 일본이 항복하자 스탈린은 국민당 정부를 압박해 조약을 체결하고 이 항구를 다시 가져왔다. 1945년 중소협상 과정에서 스탈린은 여순항 조차 문제를 매우 중시하여 직접 1898년 3월 체결된 북경조약보충협의에 첨부된 러시아의 요동반도 조차 때의 지도와 중국 동북 주재 소련군사령부가 조차 구역과 중립 구역 분세선을 표시한 요동반도 지도

98) 王铁崖编,『中外旧约章汇编』第1册, 北京: 三联书店, 1957年, 第650-651, 672-674页.
99) *Кузнецов В.* КВЖД и развитие Маньчжурии//Проблемы дальнего востока, 1990, № 4, с.196-202; 李济棠,『中俄密约和中东铁路的修筑』, 哈尔滨: 黑龙江人民出版社, 1989年, 第175-294页.
100) 杨国宇主编,『当代中国海军』, 北京: 中国社会科学出版社, 1987年, 第79-83页.
101) 王铁崖编,『中外旧约章汇编』第1册, 第741-742页.

를 열람했다.[102] 일본이 항복문서에 서명한 날, 스탈린은 "1904년 러시아의 패배를 설욕하기 위해 우리는 40년이나 기다렸다."고 말했다.[103] 그러나 스탈린은 5년이 채 지나기도 전, 모택동이 자신을 압박해 새 조약을 체결하고 이를 근거로 러시아가 오랫동안 추구했던 태평양으로의 출구를 빼앗아 갈 줄은 상상도 못했을 것이다.

그렇다면 스탈린은 도대체 무엇 때문에 중소협상에서 두 번이나 큰 양보를 하였는가? 중소 양국의 국력만 비교한다면 중국은 러시아에 비해 너무도 허약했다. 모택동의 태도가 아무리 강경하고 고집스럽다 해도, 스탈린은 아마 그를 안중에도 두지 않았을 것이다. 그런데 스탈린의 양보에 실제적인 영향을 미친 것은 국제적 환경, 즉 미국이었다. 어떤 학자가 지적한 것처럼 "미국은 스탈린과 모택동의 협상에서 형체 없는 제3자였다."[104]

일찍이 1948년 하반기부터 미국 정책결정자 그룹에서는 국민당이 국공내전에서 패배할 가능성이 높다고 판단하기 시작했다. 9월 7일 조지 캐넌(G. Kennan)의 주재하에 국무성 정책기획실은 미국의 중국정책에 관한 비망록을 완성했다. 비망록은 소련 지도자가 독립성과 민족주의 사상이 강한 모택동을 불신하고 있다고 분석하고 미국은 이런 불신을 이용하여 중공과 소련을 떼어놓는 전력을 취하는 것이 가능하다고 판단했다. 이에 따라 미국은 경제, 문화 및 정치적 수단을 동원해 소련과 경쟁하고 중국인의 마음을 사로잡아야 한다고 봤다. 그러나 캐넌은 동시에 미국 정부가 중소 관계의 변화에 직접 영향을 미칠 만한 방법을 갖고 있지 않다고 느꼈다.[105] 1949년 2월 28일 국무성은 국가안전보장위원회에 제출한 문건, 즉 NSC 34/2에서 중

---

102) "1945년 7월 3일 포트세로프(Podtserob)가 소련공산당 중앙위원회에 보낸 보고," *ABПРФ*, ф.6, оп.7, п.36, пор.509, л.18. 포트세로프는 소련외교인민위원부 비서장이었다.

103) 『斯大林文选(1934-1952)』, 第438-439頁.

104) Goncharov, Lewis, Xue Litai, *Uncertain Partner*, p.104.

105) PPS 39, Memorandum by the Policy Planning Staff, September 7, 1948, *FRUS, 1948, Vol.8*, pp.146-156.

소동맹이 체결될 가능성이 점점 높아지고 있는 상황을 겨냥해 이에 대한 적극적인 대응 조치들을 제안하였으며, 미국 정부는 두 가지 방침을 취하여 중소 간의 접근을 막아야 한다고 주장했다. 하나는 미국이 중국 내정에 간섭하는 것을 은폐하는 것이고, 또 하나는 각종 정치 · 경제적 수단을 이용하여 중소 간의 충돌을 부축이고 서로 이간질하는 것이라고 설명했다. 이 문건은 3월 3일 트루먼 대통령이 비준한 이후 미국 정부의 중국정책을 지도하는 기본 문건이 됐다.[106]

　종합해보면 이때 중공에 대한 미국의 방침은 여전히 소극적이고 모순되었다. 한편으로 미국 지도부는 중소가 경제적 협력을 강화하는 데에 아무런 반응을 보이지 않았으며 오히려 경제협력국 국장 호프만(P. Hoffman)이 중국 대륙에 지속적으로 경제원조를 제공하자고 건의하자 이를 묵살했다.[107] 다른 한편으로 신중국을 승인하는 문제에서 미국은 자주 중공을 압박하여 외교적인 주도권을 확보하려 하였다.[108] 1949년 여름까지 미국의 중국정책은 소극적이며 일관되지 못 했다고 할 수 있다. 따라서 중공과 모스크바가 가까워지는 것을 막지 못했을 뿐 아니라, 오히려 모택동이 소련일변도 정책을 결심하는 데 어느 정도 기여했다고도 볼 수 있다.

　중화인민공화국 정부의 수립이 선포되고 국민당 정부가 중국 대륙을 떠나 대만으로 이전하면서, 영국과 인도 등은 앞다투어 신중국을 승인하겠다는 뜻을 전달했다. 이에 따라 미국이 받는 내 · 외적 압력도 증가했다. 얼마 지나지 않아 모택동이 소련을 방문했고, 중소동맹의 결성이 눈앞에 닥쳐왔다. 이에 이르자, 미국은 중국정책을 재고할 수밖에 없었다. 12월 23일 대만 문제를 놓고 미국 군부와 국무성은 서로 대립되는 주장을 제출했다. 미 국

106) NSC 34/2, U.S. Policy Toward China, February 28, *1949, FRUS, 1949, Vol.9*, The Far East: China, Washington D.C.: GPO, 1974, pp.491-495.

107) Paper of Mathew Connelly, Box 1, Harry S. Truman Library, 陶文钊, 『中美关系史(1911-1949)』 上卷, 上海: 上海人民出版社, 2004年, 第345页으로부터 재인용.

108) *FRUS, 1949, Vol.9*, pp.12-17, 34, 40.

방부는 제한된 군사원조를 통하여 장개석 정권이 일정한 시간을 끌 수 있도
록 원조하고 상황 변화에 따라 결정할 것을 주장했다. 참모장 연석회의는
국가안전보장회의에 비망록 NSC 37/9을 제출하고 대만의 국민당 정부를 위
해 "적절한 지도와 엄격한 감독"을 받는 군사원조 계획을 세우는 것은 미국
의 안보에도 부합한다고 강조했다. 그러나 국무성은 대만정책 선전에 관한
지시에서 미국은 모든 선전 방법을 이용하여 다음과 같은 그릇된 견해를
타파해야 한다고 주장했다. 첫째, 대만을 보존하면 중국 정부를 구할 수 있
다. 둘째, 미국은 대만에 특별한 관심과 야심을 갖고 있고, 대만에 군사기
지 보유를 원하고 있다. 셋째, 대만을 상실하는 것은 미국 혹은 기타 반공
국가의 이익을 심각하게 침해한다. 넷째, 어쨌든 미국은 대만을 구하기 위
해 행동을 취해야 할 책임과 의무가 있다.[109] 이어 국무차관 버터워트(W.
W. Butterworth)는 애치슨에게 보고한 비망록에서 국민당 정권이 원조증가
를 요구하고 있고 미국이 중국 내전에 직접 개입하기를 희망하는 것에 대해
미국은 매우 신중할 필요가 있다고 강조했다. 그는 일단 장개석이 실패해
공산당이 대만을 점령할 경우, 그 결과는 미국에 매우 불리할 것이기 때문
이라고 설명했다.[110]

12월 29일, 참모장연석회의는 국무성과 직접 회담에서 12월 23일 각자 만
든 문건에 대한 입장을 밝혔다. 참모장연석회의는 "군사적 측면에서 볼 때
대만에서 국민당의 지위가 과거보다 안정되고 견고해졌으므로 상대적으로
저렴한 비용으로 미국의 예상보다 더 오래 대만을 장악할 수 있다. 이 경우
미국은 중국에 영향력을 강화할 수 있고 중국공산당은 대만과 투쟁하거나
대만을 탈취하려고 할 것이기 때문에 동남아 지역으로는 세력을 확대할 수

---

109) NSC 37/9, Possible United States Military Action toward Taiwan Not Involving Major Military
Forces, December 27, 1949, *DNSA, Presidential Directives*, PD00111; 人民出版社编, 『中美关系:
文件和资料选编』, 北京: 北京人民出版社, 1971年, 第227-230页.

110) Memorandum by the Assistant Secretary of State for Far Eastern Affairs (Butterworth) to the
Secretary of State, December 28, 1949, *FRUS, 1949, Vol.9*, pp.461-463.

없을 것이라고 주장했다. 참모장연석회의는 이러한 필요 때문에 대만에 대한 군사원조를 늘리고 군사고문을 파견하여 대만에 주둔시킬 것을 제안했다. 애치슨은 이런 의견에 강하게 반대했다. 국무성은 다음과 같이 생각했다. (1) "현재 공산당이 중국을 사실상 장악하고 있으며, 그렇게 된 주요 원인은 공산당의 무력이 아니라 국민당이 자멸한 반면 공산당은 장기적으로 진행한 토지개혁을 잘 이용했기 때문"임을 반드시 인정해야 한다. (2) 공산주의 사상이 동남아시아 국가로 퍼지는 것을 방지하는 방법은 그 지역 국가들이 내부적으로 안전을 기하도록 도와주고, 그 나라의 경제발전과 인민의 생활수준이 조금이나마 향상되도록 도와야 한다. (3) 참모장연석회의의 건의에 따라 국민당에 대한 군사원조를 증가한다 하더라도, 이는 대만 함락을 1년 정도 늦추는 것에 불과하다. 그러나 대만 원조가 공개적으로 실패하면 미국의 국가 위신은 재차 떨어지고, 중국 인민들의 반미 감정을 불러일으킬 수 있으며, 소련이 유엔에서 미국과 부패한 국민당을 한통속이라고 비난할 수 있는 구실을 제공하게 된다. 게다가, 미국의 안전과 방어에서 대만은 전략적 의의가 그다지 없기 때문에 이러한 대가를 감수할 가치가 없다. (4) 소련의 지배를 받지 않는 중국은 미국에게 "중요한 하나의 자산"이기 때문에 미국 "스스로 소련을 대신해 중국을 위협하는 제국주의 세력이 될 필요가 없다."고 주장했다. 중국 공산당원은 확실한 마르크스주의자로 그들은 소련을 자신의 유일무이한 위대한 동맹국으로 보고 있다. 그러나 "우리는 6개월~12개월 사이의 문제가 아니라 6년~12년 후의 먼 앞날을 내다보아야 한다." 미 국무성은, 소련이 중국 북방 지역에서 몇 개 성(省)을 분리하려는 것 자체가 "중소 간에 발생할 충돌의 씨앗을 필연적으로 내포하고 있다."고 믿었다.[111] 여기서 군인들은 오직 군사적 관점에서 문제를 보고 있었던 반면, 국무성은 정치적 관점에서 문제의 해결을 고려하고 있었음을 알 수 있다.

---

[111] Memorandum of Conversation, by the Secretary of State, December 29, 1949, *FRUS, 1949, Vol.9*, pp.463-467.

논쟁의 결과, 트루먼 대통령은 국무성의 의견을 지지했다. 12월 30일 통과된 국가안전보장회의 문건 제48/2호 「아시아에 관한 미국의 입장」에서 "미국은 반드시 합당한 정치, 경제, 심리적 수단을 동원해 중공과 소련 사이와 중국 내 스탈린주의자와 기타 인사들 간의 갈등을 이용하되, 동시에 내정에 간섭하는 듯한 인상을 주는 것은 피해야 한다."는 미국의 정책을 확정했다. 대만에 관해서는 "대만의 중요성이 군사행동을 취하기에는 부족하다." "미국은 반드시 필리핀, 유구열도 및 일본에서 미국의 전체적인 위상을 강화시키는 데 모든 노력을 다해야 한다."고 지적했다.[112] 미국은 대만 국민당 정권을 희생시키는 것을 미끼로 중공 정권과 관계를 개선하고 중소동맹의 결성을 방해하려 했다.

소통의 통로가 없고 상황이 다급했으므로, 미국은 공개적 성명을 발표하는 형식으로 중공에 자신의 뜻을 전달할 수밖에 없었다. 1950년 1월 5일 트루먼은 기자회견을 열고 미국은 무력으로 현 대만 정세에 간섭할 의도가 없을 뿐 아니라, 중국 내전에 간여하지도 대만의 국민당부대에 군사원조를 제공하지도 하지 않을 것이라고 선언했다. 뒤이어 애치슨의 자세한 설명이 이어졌다. 1월 12일, 애치슨은 내셔널 프레스 클럽의 연설에서 중소 관계를 계속 이간했다. 그는 "현재 아시아의 가장 강력한 역량은 민족주의인데, 이는 미국의 이익 및 전통적 정책과 일치하지만 공산주의와는 근본적으로 모순된다."고 주장했다. 애치슨은 또한 역사적으로 중국의 주권과 이익을 침해한 국가는 미국이 아니라 러시아이며, 현재 소련은 중국 북방의 4개 지역을 탈취하려 하고 있는 반면에 대만과 조선반도는 모두 미국의 태평양 방어선에 포함되지 않는다고 선언했다.[113] 이는 명백히 미국이 중공 정권에 화해의 손을 내민 것이었다. 이를 보는 스탈린은 마음이 매우 조급해졌다.

---

112) Reel 2, NSC 48/2: The Position of the U.S. with Respect to Asia, December 30, 1949, in Paul Kesaris(ed.), *Documents of the National Security Council: 1947-1977(microform)*, pp.111-119.

113) 世界知識出版社編, 『中美关系資料汇編』第二輯, 北京: 世界知識出版社, 1960年, 第10, 11-14, 19-35頁.

1월 17일 주재 소련 대사관은 재차 중소 관계를 이간질하는 미국의 계획을 보고했다. 보고는 "믿을 만한 정보에 따르면 현재 미 제국주의자들은 중국정책에서 중소 관계 문제를 매우 중시하고 있다. 미국은 중국 인민 정부를 승인한 후 무역을 이용하여 중국이 경제적으로 자기에게 의존하도록 만들고, 그 후 중국에 정치적 영향력을 행사할 수 있기를 바라고 있다. 미국은 중국이 소련을 중심으로 하는 사회주의진영에 참여하는 것을 두려워하고 있다."고 지적했다. 보고서는 동시에 "현재 미국은 영국이 중국을 승인한 기회를 틈타 중국과 무역 관계를 발전시킬 전망을 탐색"하고 있으며, 영국인들이 확보한 정보를 이용해, "장래 인민 정부와 관계를 수립하는 다리로 삼고자 한다."라고 강조했다.[114]

스탈린은 가만히 있을 수 없었다. 소련 대사관이 보내온 전보를 받은 당일 그는 몰로토프와 비신스키를 모택동에게 보내 애치슨 연설 전문을 전달하고, 중국이 소련, 몽고인민공화국과 공동으로 이에 대응할 것을 건의하면서, 먼저 중국 정부가 성명을 발표할 것을 요구했다. 모택동은 성명 발표에 동의하면서도 "이러한 성명은 신화통신사에서 발표하는 것이 더욱 좋지 않겠는가?"라고 질문했다. 몰로토프는 즉각 "상황이 미국 국무 장관의 연설에 관계되는 중요한 문제이기 때문에 통신사가 성명을 발표해서는 안 되고 반드시 중화인민공화국 외교부가 발표해야 한다."고 대답했다. 이에 모택동은 동의를 표시하고 "내일 중화인민공화국 외교부가 성명의 초안을 기초하고" 소련의 검토와 수정을 거친 뒤 "성명을 전보로 북경으로 보내 외교부장 대리인 외교부 부부장이 그것을 발표"하도록 하겠다고 대답했다.[115]

하지만, 모택동이 신문총서 시징의 명의로 성명을 발표했다. 그 이유는 아직도 확실히 알 수 없지만, 스탈린은 크게 분노하면서 모택동이 원래 정

---

114) "1950년 1월 17일 비밀전보: 미국의 중소 관계 분열 계획," *АВПРФ*, ф.0100, оп.43, п.315, д.142, л.53-54.
115) "1950년 1월 17일 몰로토프, 비신스키와 모택동의 회담 비망록," *АВПРФ*, ф.07, оп.23a, п.18, д.239, л.1-7.

한 절차를 망쳐버렸다고 질책했다. 이는 스탈린이 이 문제를 매우 중시했음을 잘 보여 준다.[116]

미국은 또한 중소 관계를 이간질하고 동맹조약의 체결을 방해하기 위하여 유언비어를 유포하는 것도 주저하지 않았다. 1월 25일과 2월 11일 국무장관 애치슨은 친히 프랑스 주재 미국대사에게 두 차례나 전보를 보내서 적당한 경로로 다음과 같은 소식을 유포하도록 지시했다. 소련은 진황도(秦皇島), 연대(烟台), 청도(青島) 등 전략적 항구들을 통제하기를 원한다. 모택동은 조약을 위한 회담에서 배제됐고 심지어 연금을 당했다. 모택동, 주은래, 섭영진이 모두 모스크바에 왔으며, 이는 반드시 국내에 어떤 문제가 생겼음을 의미한다. 중소조약의 불평등 조항은 필히 비밀협정에 포함될 것이다.[117] 스탈린이 당시 이 정보들을 반드시 알고 있었다고는 할 수 없다. 그러나 모택동의 소련 방문에 대한 중국 사회의 반응이 이러한 유언비어가 유포될 수 있는 토대가 됐음은 분명하다. 1950년 1월 초 중공 중앙조사부는 소련공산당 중앙위원회에 모택동의 모스크바 방문에 대한 중국 국내의 여론 동향을 보고했다. 보고는 "국내의 많은 인사들이 스탈린이 직접 모스크바 역전에서 모택동을 영접하지 않은 것에 놀라움과 불만을 갖고 있다. 왜냐하면 세계대전 초기 스탈린은 일본 외상을 역전에서 영접한 선례가 있기 때문이다. 일부 인사들은 모택동이 친히 소련에 간 것은 '국가의 위신을 손상'시키는 것이며, 중국이 마치 소련의 '종속국' 같다는 여론이 있다고 전했다.[118] 1월 25일 상해 주재 미국영사 맥코나우(W. P. McConaughy)가 국무성에 보낸 보고에서도 "사회 각처에서 모스크바가 모택동에게 과도한 양보를 요구했다는 소문이 난무하고 있다."고 보고했다.[119] 이후 소련공산당 중앙위원회 정보

116) 師哲, 『在历史巨人身边』, 第454-456页. 사철은, 모택동이 정부 명의로 성명을 발표하지 않은 것은 명백하게 잘못된 기억에서 비롯된 "오해"에 그 이유가 있다고 설명했다.

117) "The Secretary of State to the Embassy in France, January 25, February 11, 1950," FRUS, 1950, Vol.6, East Asia and the Pacific, Washington, D.C.: GPO, 1976, pp.294-296, 308-311.

118) "1950년 1월 1일 중공중앙조사부 제50호 통보," АВПРФ, ф.0100, оп.43, п.32, д.305, л.1-6.

부 보고 또한 모택동의 모스크바 방문 기간 "제국주의 국가의 대변인들과
국민당 특무 분자들이 다방면에서 활동하면서 갖은 방법을 동원해 유언비
어를 유포했다."고 확인했다.[120] 이러한 상황이 스탈린에게 큰 충격을 주었
음은 말할 필요도 없다.

　중국을 소련 주도의 사회주의진영에 가입시키는 것은 스탈린이 아시아를
통제하고 영향력을 확보해서 미국의 전략 안배에 대항하는 수단인 동시에
중소동맹 결성을 위한 기본 출발점이었다. 스탈린은 본래 모택동을 믿지 않
았고, 중공이 티토 노선을 가지 않을까 줄곧 걱정했다. 특히 스탈린은 신중
국과 미국의 관계가 발전할까 의심하고 있었다.[121]

　만일 이번 회담이 실패해 모택동이 빈손으로 북경에 돌아가게 되면, 이는
필연적으로 쌍방의 정치적 관계에 나쁜 영향을 미칠 수밖에 없다. 소련은
당분간 동북의 특권을 지켜낼 수는 있지만, 그 기반은 없는 것이나 마찬가
지다. 그렇게 되면 소련은 중국이 구축한 동방 전선에 의지할 수 없게 될
뿐 아니라 자신이 잃어버린 것을 되찾고자 하는 대국과 이웃하게 되어 이는
소련의 안전에 큰 위협 요소가 된다. 어찌됐든 스탈린은 미국인들의 음모가
실현되게 할 수는 없었다.

　스탈린이 양보할 수밖에 없게 압박하였던 또 다른 원인은 몽고 문제이다.
극동 지역에서 소련의 양대 목표의 하나인 몽고 문제는 이번 중소회담에서 반

---

119) McConaughy to Secretary of State from Shanghai, January 25, 1950, RG 59, Department of State
　　Records, National Archives.

120) "1950년 3월 20일 중소조약에 대한 중국의 반응에 관한 소련공산당중앙위원회 중앙정보부의
　　보고," 『中苏关系俄档复印件』第19卷, 第130-135页.

121) 1948년 12월, 스탈린은 중국에 있던 코발레프를 소환하였다. 그와의 대담에서 스탈린은
　　"유고슬라비아 사건"에 대한 중공의 입장에 관하여 질문하고 중국인들이 누구 편에 설 것인
　　가를 알고 싶다고 물었다. Ковалев И. В. Диалог Сталина с Мао Цзэдуном//Проблемы
　　дальнего востока, 1992, № 1, с.86. S. L.; 후에 찌빈스키는 스탈린이 내전 시기 내내 미국이
　　중국에 직접적인 무장간섭을 하지 않은 것은 중공과 미국 사이에 모종의 묵계가 있었기
　　때문이었다고 의심하였다고 말했다. 章百家, 「新中国的外交方针」, 『国史研究参考资料』第2
　　期, 1993年, 第59页.

드시 처리해야 할 문제 중 하나였다. 논리와 법리상으로 보면, 소련이 1945
년 중소조약 폐지에 동의한 후 외몽고 독립은 자연스럽게 그 근거를 상실했
다.[122] 이에 따라, 이 문제에 대한 신중국 정부의 입장 표명이 요구되었다.

　앞서 설명한 것처럼, 모택동은 몽고의 통일 문제를 재론하지 않겠다고 이
미 약속하였다. 그러나 스탈린은 이 문제를 처리하기 위한 정식 외교회담에
서 중국이 과거의 주장을 되풀이하지 않는다는 확신이 없었다. 그래서 스탈
린은 이 문제에 대해 충분한 사전 준비를 했다. 외교부의 요청에 따라 1950
년 1월 16일 법률전문가 두제네프스키(V. Durgenevskii)는 비신스키에게 보
고서를 제출하고 "1945년 11월 몽고 독립에 관한 국민투표 의정서 본문을
이미 준비하였으며, 당안 관리국과 제1극동국은 독립 승인 비준서와 외교대
표 상호 파견 공동성명 그리고 1946년 2월 14일 작성된 중국 외교부와 몽고
대표 간의 상호 파견 각서를 찾았다."고 보고했다.[123] 그러나 정작 회담에서
중국은 몽고 문제를 전혀 제기하지 않았기 때문에, 소련 측이 준비한 자료
는 모두 쓸모없게 되었다.

　1950년 1월 26일 중국 측이 장춘철도, 여순항 및 대련항 협정에 관한 협정
초안을 소련에 전달하여 소련이 한참 골머리를 앓고 있을 때, 주은래가 돌
연 몽고 문제를 제기했다. 스탈린은 중국 측 의도를 알지 못했기 때문에 중
국이 외몽고 독립 문제 다시 제기할까 하는 걱정에 긴장했다.[124] 그러나 의

---

122) 이러한 상황에 직면하자 대만으로 패주한 '중화민국 정부'의 입장은 매우 난처하였다. 만일
　　중소 사이의 새 조약의 체결로 인하여 1945년 조약의 효력이 상실된다고 인정한다면, 이는
　　중화인민공화국 정부의 조약 체결권을 인정하는 것과 같고, 이로 인해 중화민국의 존재
　　당위성 여부에 법통적인 문제가 발생하게 된다. 하지만 1945년 조약이 계속 유효하다고 인정
　　한다면, 이는 외몽고 상실에 대한 책임을 져야함을 의미하였다. 1952년 2월 유엔총회에서
　　「소련 비난 결의안」이 통과된 후 상황에 다소의 변화가 있었다. 1953년 2월 25일 '중화민국입
　　법원'은 유엔총회의 이 결의안을 근거로 「중소우호동맹조약」의 폐지를 선포하고, '내정부(內
　　政部)'는 외몽고를 다시 중국의 영토로 귀속시키도록 요구했다. 1955년 12월 14일 '행정원장'
　　유홍균(俞鴻鈞)은 입법원에서 행한 보고에서 더욱 명확히 "외몽고는 우리의 영토로 회복되었
　　다."고 선포하였다. 『立法院公報』第16会期 第9期, 1956; 〈www.mofa.gov.tw/webapp/ct.asp〉.
123) "1950년 1월 16일 두제네프스키가 비신스키에게 보낸 서신," *АВПРФ*, ф.07, оп.23а, п.18,
　　д.235, л.123.

외로 중국 측은 1946년 선포한 외몽고 독립을 기정사실로 승인한 것을 제기
하고 이에 대한 상호각서를 교환하는 방식으로 소련의 골칫거리를 해결할
것을 건의했다. 그러나 주은래의 뜻은 중소동맹조약과 중국 측의 장춘철도,
여순항 및 대련항 협정 초안에 따른 협정이 체결된 후 새로운 중소동맹조약
의 한 부분으로 외몽고의 독립을 승인하는 각서를 선포할 것에 동의하는 것
이었다. 뒤이어 주은래는 중국 측이 기초한 몽고 문제에 관한 중소 각서의
초안을 전달했다.[125] 이때서야 스탈린은 1945년 조약의 형식과 내용을 모두
폐기하는 것이 중국 측의 요구임을 알아차렸으며, 몽고 문제는 순조롭게 해
결됐다. 만약 소련이 중국의 조건을 받아들이지 않는다면, 중소동맹의 수립
이 어려워질 뿐만 아니라 몽고 독립 문제까지도 해결되지 않을 수 있었다.
그쯤해서 스탈린은 진지하게 이해득실을 따져보지 않을 수 없었다.

  이 같은 상황에서 스탈린은 어쩔 수 없이 중소동맹조약 중 동북 문제에
관한 소련의 주장을 포기할 수밖에 없었다. 일부 러시아 학자는 스탈린이
중공이 표명한 충성과 우의를 믿었기 때문에 주동적으로 동북 지역에서 소
련의 특권과 전략적 이익을 포기했다고 주장했다.[126] 이러한 견해는 너무
단순하고 표면적인 해석이다. 실제 상황은 이와는 정반대로 전개돼 스탈린
은 중공의 '충성과 우의'에 대해 근본적으로 의심하게 됐다.[127]

---

124) 師哲,『在历史巨人身边』, 第450页.
125) "1950년 1월 31일 중국이 기초한 중소의 몽고 문제에 관한 상호 각서," *АВПРФ*, ф.07, оп.23а, п.18, д.234, л.16.
126) Аблова Н. Е. КВЖД и российской эмиграции в Китае: международные и политическиеаспек ты истории(первая половина ХХ в.), Москва: НП ИД, 2005, с.375-376; Ледовский А. М. Переговоры И. В. Сталина с Мао Цзэдуном, с.42-43.
127) 흐루시초프의 회고에 의하면, 스탈린은 중소회담의 제1차 회담에서 모택동을 접견하고 자신의 생일 연회에서 그에게 친근감을 표시한 이외에 한 번도 모택동에게 반가움을 표시한 적이 없었고, 그에 대하여 높은 평가를 한 적은 더더욱 없었다. Хрущев Н. С. Воспоминания: избранные фрагменты, Москва: Вагриус, 1997, с.342.

3. 현실 이익의 시험에 직면한 중소동맹

1950년 2월 14일 「중소우호동맹호조조약」 및 관련 문건이 공개된 뒤, 중국 대륙은 남녀노소 할 것 없이 모두 이에 환호하였으며, 신문, 라디오 그리고 각종 집회에서 중소조약과 소련에 대한 찬양이 끊이질 않았다.[128] 유소기는 중국 정부가 주최한 경축연회에서 연설하면서, "중소조약의 체결로 중소 양국의 우호 관계에 새로운 시대로 진입하게 됐다."고 지적했다. 그는 모택동에게 "북경호텔의 칵테일파티에 700여 명의 인사들이 참석했고, "9명이 발언했는데 모두 새로운 중소조약을 옹호했으며, 오늘 각지에서 열린 군중 경축대회도 열기가 매우 뜨거웠고, 북경시는 18일 군중경축행진을 개최할 예정"이라고 보고했다.[129] 그러나 모택동의 반응은 매우 냉담했다. 호교목(胡喬木)은 "모택동은 이번 소련 방문에서 큰 정신적 충격을 받았다."고 회고했다. 3월 4일 모택동 일행이 북경으로 돌아간 후, 중공 중앙은 모택동 주석에게 이번 소련 방문 상황을 설명해 달라고 요청했다. 모택동은 말하기 싫어하며 이를 주은래에게 떠넘겼다.[130] 모택동은 실제 여러 차례 당 내에서나 소련인 앞에서 이번 방문에 대해 불만을 표현하곤 하였으며, 주로 자신이 모스크바에서 받은 냉대에 대해 말하곤 했다. 사실 스탈린은 모택동을 냉대할 생각이 결코 없었고, 단지 새로운 조약을 체결하는 문제를 토론하고 싶지 않았기 때문에 모택동과 만나는 것을 최대한 피했다. 모택동도 이 점을 잘 알고 있었다. 모택동의 냉담한 태도는 실상 모종의 우려에서 비롯됐을 가능성이 크다. 즉 비록 이번 방문에서 새로 조약을 체결하긴 했지만, 실제 결과는 중국공산당이 원하는 대로 되지 않았다는 걱정이었다. 모택동은

---

128) 『人民日報』, 1950年 1月 16~25日.

129) 『刘少奇年谱』 下卷, 第244页; 『刘文稿』 第1册, 第427页.

130) 刘中海, 郑惠, 程中原编, 『回忆胡乔木』, 第88页. 현재까지의 중국 지도부 연보에 따르면 주은래 역시 중공 고위층 회의에서 중공 지도부의 소련 방문 상황을 보고하지 않았다. 주은래는 단지 3월 3일 동북국 간부회의와 3월 29일 외교부 간부회의에서만 이에 관하여 보고하였다. 『周恩来年谱(1949-1976)』 上卷, 第26-29页.

중국, 모스크바에 다가가다 : 중소동맹의 형성과 충돌   249 :

중앙인민정부위원회의 조약비준투표회의에서 "중소조약의 체결로 중소 간 우의는 법적으로 공고해졌고, 우리는 믿을 수 있는 동맹국이 하나 생겼다. 이렇게 하여 우리는 안심하고 국내 건설을 진행할 수 있고 앞으로 있을지 모를 제국주의의 침략에 소련과 공동으로 대처할 수 있게 됐다."고 지적했다.[131] 이때 모택동은 실제로는 자기의 발언에 별다른 확신이 없었음이 확실하다. 다른 사람은 모르겠지만, 모택동만은 매우 다음과 같은 상황을 명확하게 인식하고 있었다. 이번 소련 방문에서 그는 "호랑이의 입에서 먹이를 빼앗아(虎口奪食)" 왔고, 스탈린에게 양보를 강요하여 그의 깊은 분노를 산 것이 분명했다. 또한 모택동은 스탈린의 분노가 1949년 초 국공평화회담을 하자는 스탈린의 제안을 단호히 거부한 때보다 훨씬 심각할 것이라고 짐작했다. 모택동의 이러한 우려는 곧장 현실이 됐다.

1월 28일 여순항, 대련항, 장춘철도에 대한 중국 측의 협정 방안을 모스크바가 받아들인 뒤 모스크바와의 외교 협상 분위기가 급격히 달라졌다. 담판 후반부터 소련 대표는 시시콜콜 따지며 강경한 태도를 보였고, 추가 협정을 체결하자고 요구하는 것은 물론 이미 합의한 조항을 수정하고 새로운 조건을 추가할 것을 요구했다. 이런 소련의 태도는 주로 보충협정, 전문가협정, 차관 조건, 환율 확정 문제에서 나타났다.

중국 측 대다수는 보충협정이 소련의 대국주의 경향을 드러내고 중국 주권에 간섭하는 것이라고 느꼈으며, 모택동도 원래 이 협정을 체결하고 싶지 않았지만, 중소 양국의 단결이라는 대국적 차원에서 양보하였다.[132] 실제 정황을 보면 2월 8일 모택동은 소련의 새로운 건의를 이해한 후 자신의 경호원 왕동흥(汪東興)에게 매우 불만스러운 어조로 소련은 동북과 신강에 관심이 있고 얄타협정을 이용해서 꼼수를 부리려고 한다고 말했다.[133] 하지만

---

131) 『毛文稿』第1册, 第290-291页.

132) 师哲, 『在历史巨人身边』, 第446页; 裴坚章主编, 『中华人民共和国外交史(1949-1956)』, 第25页; Heinzig, *The Soviet Union and Communist China*, pp.348-350; 逢先知·金冲及主编, 『毛泽东传 (1949-1976)』, 北京: 中央文献出版社, 2003年, 第49页.

당시 모택동과 주은래 모두 이에 대해 아무런 이의를 제기하지 않았다. 러시아의 당안 기록에 따르면 2월 10일 몰로토프는 중국 대표단에게 새 협정의 초안을 정식으로 전달했으며, 초안 내용에는 "소련 극동 지역, 각 중앙아시아 공화국의 영토, 중국의 동북 지역과 신강 지역 안에 제3국 세력이 진입하는 것을 금지한다."는 규정이 있었다. 2월 11일 주은래는 소련 측에 "모택동이 이 협정 초안에 동의했으며, 이를 "보충협정으로 정하자고 제안하면서 두 곳의 자구를 수정했다.134) 뿐만 아니라, 중국은 2월 12일 회담에서 이 협정을 이용해 신강과 동북의 외국 상인과 목축민을 몰아내고 그 지역의 간첩과 그 혐의자들을 추방할 것을 제안했다.135) 이후 모택동의 발언은 사실보다 일부 과장된 것이다. 모택동은 보충협정이 스탈린의 압력으로 체결된 것이며 소련이 동북과 신강을 그들의 세력권 안으로 편입시키려 했다고 수차례 말했다. 이는 스탈린은 매우 탐욕적이며, 중공을 불신임했음을 설명한다.136) 중국이 동북의 권익을 회수하는 것에 동의한 후 스탈린은 극동 지역에서 손실된 소련의 안전과 이권을 보상받으려 했다. 스탈린이 원래 구상한 범위는 더 컸지만 최후에는 그 범위를 축소하고 대등한 조건을 추가했다.137) 모택동 또한 이를 나쁘지 않게 느끼고 결코 반대 의사를 표시하지 않았다. 이 협정이 "중소 양국에는 물론 기타 민주국가들에게도 유리하다."

---

133) 『汪东兴日记』, 第202页. 소련 측 당사자인 소련 외교부 부부장 카피사(M. S. Kapitsa)는 1992년 인터뷰에서 "모택동은 보충협정에 매우 큰 불만을 가졌다."고 확인하였다. S. Goncharov, J. Lewis and L. Xue, Uncertain Partner, p.123.

134) "1950년 2월 12일 비신스키가 스탈린에게 보낸 보고(부속 문건 포함)," АВПРФ, ф.07, оп.23а, п.18, д.234, л.64-69.

135) "1950년 2월 12일 로신과 주은래의 회담 비망록," АВПРФ, ф.07, оп.23а, п.18, д.234, л.70-74.

136) "1958년 3월 성도회의에서 있었던 모택동의 담화," Roderick Macfaquhar, John K. Fairbank (eds.), Cambridge History of China, Volume 14, The People's Republic, Part I: The Emergence of Revolutionary China, 1949-1965, New York and Oakletgh: Cambridge University Press, 1987, pp.269-270에서 재인용 Кулик Б. Китайская Народная Республика в период становления, 1949-1952гг.//Проблемы дальнего востока, №5, 1994, с.105-106; 吴冷西, 『十年论战』, 第146-147页; 『毛泽东外交文选』, 第323页. 그 밖에도 다음을 참조할 것. S. Goncharov, J. Lewis and L. Xue, Uncertain Partner, p.122.

137) S. Goncharov, J. Lewis and L. Xue Uncertain Partner, p.123.

는 점을 강조하기 위해 중국 측은 보충협정을 포함해 이미 서명된 모든 협
정을 공개하려고 준비하기도 했다.[138] 그러나 소련은 마지막 순간 이 보충
협정을 공개해서는 안 된다고 중국 측에 통보했다.[139] 이는 스탈린이 이 협
정을 제안할 때 숨겨 놓은 목적이 있었음을 시사한다.

1949년 여름 유소기가 소련을 방문했을 때, 중소 양당은 모스크바에서 전
문가협정에 서명했다. 전문가협정은 중국에 와서 근무하는 소련 전문가들
에게 중국의 전문가와 동일한 임금을 지불한다고 규정했다.[140] 소련 각료회
의는 이 문제에 관한 회의를 개최하고 결정을 내렸다.[141] 이를 위해 유소기
는 중소우호협회 창립대회에서 소련의 국제주의 정신을 찬양하고 널리 선
전했다.[142] 1950년 1월 22일 소련 측이 서명을 준비하던 12개 문건에도 전문
가협정이 포함되어 있었고, 이는 정부 간 협정으로 기존 협정을 대신하려는
것일 뿐 내용에는 변화가 없었다.[143] 그러나 1월 30일 소련 각료회의는 돌
연 중국은 중국의 소련 전문가들에게 별도로 보상금을 지불해야 한다는 결
의안을 통과시켰다.[144] 소련은 회담에서 중국 정부가 모든 전문가들에게 매
달 2,000~4,000루블의 보상금을 지급해야 하며 이는 전문가들이 일했던 소
련 기업에 보상금으로 지급될 것이라고 설명했다.[145] 주은래는 "이 비용은
매월 10,000~18,000근의 좁쌀(小米)에 해당하는 것으로 중앙 인민 정부의 주

---

138) "1950년 2월 13일 비신스키와 주은래의 회담 비망록," *АВПРФ*, ф.07, оп.23а, п.18, д.234,
л.75-76.

139) 『毛文稿』第1冊, 第262-263頁; 『周文稿』第2冊, 第74-76頁.

140) 「苏共中与中共中央关于苏联专家在中国之工作条件的协定」(1949年 8月), 『外交部档案馆』,
109-00192-01, 第9-10頁; 『刘文稿』第1冊, 第44頁; 『周文稿』第1冊, 第250頁.

141) *Русско-китайские отношения*, Т.V, К 2, с.547.

142) 「刘少奇在中苏友好协会总会成立大会上的报告」(1949年 10月 5日), 『刘文稿』第1冊, 第82-91頁.

143) "1950년 1월 22일 중소 담판의 결의 조약 및 의정서에 관한 소련공산당 중앙위원회의 초안,"
АВПРФ, ф.07, оп.23а, п.18, д.235, л.41-50.

144) 다음을 참조할 것. "1950년 3월 7일 소련공산당 중앙정치국 결의 제73호 기록," *РЦХИДНИ*,
ф.17, оп.3, д.1080, л.41-42.

145) "1950년 2월 12일 비신스키가 스탈린에게 보낸 보고," *АВПРФ*, ф.07, оп.23а, п.18, д.234,
л.64-69.

석과 부주석은 매달 3,400근, 부장은 2,800근의 좁쌀을 받고 있다."는 것을 강조하며, 소련의 요구를 받아들이기 어렵다고 주장했다. 특히 소련이 이 비용을 외화로 지불하라고 요구하는 것은 건국한 지 얼마 안 되는 신중국이 충족하기 매우 어려운 것이었다.[146] 그러나 소련이 조금도 양보하려 않았기 때문에 모택동과 주은래는 이 문제를 모스크바에서 해결할 수 없었다.

협상 끝에 소련 측은 전문가들의 보상금을 1인당 매월 1,500~3,000루블로 삭감하는 데 동의했다. 그러나 군사고문단과 함께 중국에 온 사병들의 임금을 중국이 지불할 것을 제기하며, 1인당 매월 1,500루블을 소련 정부에 지불하라고 요구했다.[147] 중국대사 왕가상(王稼祥)은 회담에서 소련의 군사고문과 전문가를 따라 중국에 온 사병의 수가 많고 소련에서 그들의 수입은 매달 500~600루블에 불과하다고 지적하고, "현재 중국의 재정 상황으로 볼 때, 1,500루블은 지나치게 높다."고 주장했다. 그러나 그로미코는 중국 측의 의견을 거부했다.[148] 그 후 중국 대표는 소련 각료회의 부주석 미코얀과 다시 논의했지만, 아무런 진전이 없었다. 3월 16일 이부춘 등은 모택동과 중공 중앙에 전보를 보내 소련이 제시한 조건은 유소기가 모스크바를 방문했을 때 들었던 것과 차이가 너무 커서 받아들일 수 없다고 주장했다. 그는 군 사병에 대한 대우를 전문가 및 교수에 대한 문제와 분리해서 재협상할 것을 제안했다. 모택동은 전보를 읽은 후 주은래에게 "다시 논쟁할 필요가 없다. 소련의 요구 조건대로 처리하라."고 지시했다.[149] 후에 소련은 사병의 임금을 1,000루블로 삭감하는 것에 동의했지만, 전문가 보상금을 협상 "이전부터 중국에서 일해 온 모든 소련 전문가에게 적용"할 것을 요구했다.[150] 3월 27일

---

146) "1950년 2월 12일 로신과 주은래의 회담비망록," *АВПРФ*, ф.07, оп.23а, п.18, д.234, л.70-74.
147) 『周文稿』第2册, 第147-148页; "1950년 3월 7일 소련공산당 중앙정치국 결의 제73호 기록 요약," *РЦХИДНИ*, ф.17, оп.3, д.1080, л.41-42.
148) "1950년 3월 8일 그로미코와 왕가상의 회담 비망록," *АВПРФ*, ф.0100, оп.43, п.8, д.302, л.36-40.
149) 『周文稿』第2册, 第153页.
150) "소련공산당 중앙정치국 결의 제73호 기록 요약," *РЦХИДНИ*, ф.17, оп.3, д.1080, л.6; 『周文稿』第2册, 第190页.

중국에 파견되는 소련 전문가의 조건에 관한 협정이 모스크바에서 조인됐
다.151) 이 협정은 소련이 해체되기 이전까지 양측 모두 공개하지 않았는데,
그 이유는 충분히 짐작할 수 있다.

  차관협정의 경우, 소련은 당초에는 차관 제공 조건에 대해 문제를 제기하
지 않았다. 스탈린과 모택동 및 주은래 사이에 진행된 정식 회담에서 이 문
제는 제기되지 않았다. 이때 소련이 제시한 연 1%의 이자 우대 조건에 모택
동은 매우 만족했다.152) 그러나 소련이 어쩔 수 없이 여순항, 대련, 장춘철
도에 관한 중국 측 제안을 받아들인 후 상황은 급변했다. 협상을 한차례 거
친 후 소련은 차관을 제공하는 조건으로 "중국이 사용하지 않는 모든 잉여
텅스텐, 안티몬, 납, 주석을 소련 정부에 제공하라."고 요구했으며, 14년 기
한으로 이들 물자를 초기 4년은 물자 교환의 방식으로, 1955년부터는 차관
에 대한 상환 형식으로 공급하도록 요구했다. 소련이 요구한 수량에 중국인
들은 크게 놀랐다. 소련 측은 "텅스텐은 처음 2년 동안은 매년 8,000톤씩, 다
음 2년은 매년 9,000톤씩, 최후 10년은 매년 10,000톤씩 제공할 것을 요구했
다. 안티몬은 초기 2년은 매년 6,000톤씩, 다음 2년은 매년 7,000톤씩, 마지막
10년은 매년 8,000톤씩 제공할 것을 요구했다. 납은 초기 2년은 매년 7,000톤
씩, 다음 2년은 매년 8,000톤씩, 마지막 10년은 매년 10,000톤씩 제공할 것을
요구했고, 주석은 초기 2년은 매년 5,000톤씩, 다음 2년 동안은 6,000톤씩, 마
지막 10년은 매년 8,000톤씩 제공할 것을 요구했다.153) 주은래는 이 요구에
매우 난처해했다. 당시 중국의 전략물자 매장량은 충분했지만, 채굴과 생산
은 극히 낙후한 실정이었다. 신중국이 수립되기 전 텅스턴의 최고 생산량은

151) 「关于苏联专家在中国工作条件的协定」(1950年 3月), 『外交部档案馆』, 109-00192-01; 『周文稿』
    第2册, 第152页.
152) "1950년 1월 22일 스탈린과 모택동의 회담 기록," АПРФ, ф.45, оп.1, д.329, л.29-38. 당시
    소련이 동유럽 국가에 제공한 차관의 이자는 2%였다.
153) "1950년 1월 31일 차관의정서에 대한 중국 측의 수정 초안"; "1950년 2월 2일 차관의정서에
    관하여 소련 측이 제출한 초안," АВПРФ, ф.07, оп.23a, п.18, д.234, л.23-26, 39-49.

한 때 1,458.3톤에 달했지만, 1949년에는 2,766.58톤에 불과했다. 1936년에서 1948년까지 매년 평균 7,386.6톤을 수출했다. 안티몬은 해방 전 최고 생산량은 22,401톤이었지만, 1949년에는 1,204.77톤에 불과했고, 1937년에서 1947년까지 매년 평균 4,512.7톤을 수출했다. 납은 해방 전 최고 생산량은 11,710톤이었지만, 1949년 생산량은 3,500톤으로 떨어졌고, 1939년에서 1948년까지 매년 평균 3,787.1톤을 수출했다. 마지막으로 주석은 해방 전 최고 생산량이 10,000톤에 달했으며, 남은 일부는 국내에서 사용했다.[154] 소련이 제시한 조건은 중국의 능력으로 감당할 수 없는 수준이었다.

중국은 소련의 요구를 만족시킬 능력이 없었기 때문에 주은래는 납 제공을 면제하고 주석과 안티몬의 요구량을 줄여 달라고 제안했다.[155] 수차례에 걸친 협상 끝에 소련 측은 최종적으로 중국의 제안을 받아들였지만, 소련의 오만한 태도에 모택동은 매우 불쾌해 했다. 이 때문에 중국은 수정한 차관의정서 본문에 "소련이 전략물자 부족(텅스텐, 안티몬, 납, 주석)으로 어려운 상황임을 고려하여, 중화인민공화국 중앙인민 정부는 소련을 돕기로 결정했고, 중국이 재사용하지 않는 텅스텐, 안티몬, 납, 주석 등 잉여 물자 전부를 소련 정부에 공급하는 것에 동의한다."고 특별히 적었다.[156] 중공 중앙정치국은 문건에 대해 토론한 후, 유소기가 모택동에게 전보를 보내 차관의정서의 서두에 적은 "소련 정부를 돕는다."라는 문구는 삭제하는 편이 좋겠다는 의견을 전달했다. 그러나 모택동은 "차관의정서 서두의 문구는 소련이 우리에게 치러야 할 대가이므로 삭제하지 않는 편이 좋다."고 지적하고 이 문구를 계속 유지할 것을 주장했다.[157] 이때 모택동은 실제로 화가 났던 것

154) 中国社会科学院, 中央档案馆编, 『1949-1952年中华人民共和国经济档案资料选编』综合卷, 北京: 中国城市经济社会出版社, 1990年, 第47-49页.
155) '1950년 2월 2일, 3일 비신스키가 스탈린에게 보낸 보고' АВПРФ, ф.07, оп.23а, п.18, д.234, л.29-34, 50-55; 金冲击主编, 『周恩来传』 下卷, 第993-997页.
156) "1950년 1월 31일 차관의정서에 대한 중국 측의 수정 초안," АВПРФ, ф.07, оп.23а, п.18, д.234, л.23-26.
157) 『刘文稿』 第1册, 第404, 407-408页.

으로 보인다.

협상 과정에서 중소 간에 가장 격렬한 논쟁이 오가고 중국 측을 몹시 괴롭힌 문제는 바로 인민폐와 루블화의 교환 비율 문제였다. 이 문제는 양국 사이의 거의 모든 경제 교류의 원가에 영향을 미치기 때문에 쌍방 모두 매우 적극적으로 협상에 임했다. 모택동이 모스크바를 떠난 직후인 1950년 2월 28일 소련 각료회의는 외화에 대한 루블화의 환율 인상을 발표했다. 즉 3월 1일부터 달러를 기본으로 한, 루블과 외화의 고정 환율을 폐지하고 황금을 기초로 기타 외화에 대한 루블의 교환율을 결정했다. 이에 따라 1달러에 5루블 30코페이카(kopec) 하던 환율이 1달러당 4루블로 변경됐다. 그 결과 루블당 대외 구매력은 30% 이상 커졌다.[158] 이는 중소가 환율 문제에 대해 협상하는 데 어려움을 크게 가중시켰다. 3월 5일 무역 협상에서 중국 측 책임자 이부춘과 왕가상은 환율 문제에서 소련이 절대로 양보하려 하지 않는다고 보고했다.[159] 3월 8일 주은래는 환율 문제는 당분간 협상을 보류하라고 지시했다.[160] 3월 18일 중국 측 협상 대표는 수출입 화물의 가격과 환율 문제에서 양쪽의 의견 차가 너무 커 협상을 지속하기 어렵다고 보고하고, 무역 물품 목록이 이미 확정 됐으니 물자 교환 협상은 계속 진행하고 가격 문제는 북경으로 돌아간 후 다시 논의하는 것이 좋겠다고 건의했다.[161] 다음 날 주은래는 중공 중앙을 대신해서 물품 가격 문제는 북경에 돌아온 후 다시 의논하고, 담판 대표는 무역협정, 합작회사협정, 전문가협정 등의 문서에 서명한 후 귀국하라고 지시했다. "그러나 주은래는 소련 측과 환율 문제를 둘러싼 주요 쟁점을 계속 논의하기를 희망하며, 우선 귀하가 입안한

158) *Симагина Н.* Директивы КПСС и советского правительства по хозяйственным вопросам, Том 3, 1946-1952 годы, Москва: Государственное издательство политической литературы, 1958, с.483-484. 다음을 참조할 것. 『人民日報』, 1950年 3月 2日 第1版, 4月 21日 第5版.

159) 「李富春, 王稼祥致毛泽东电」(1950年 3月 5日), 『外交部档案馆』, 109-00019-01.

160) 『周文稿』第2册, 第143-144页.

161) 「李富春, 王稼祥, 伍修权致中央电」(1950年 3月 18日), 『外交部档案馆』, 109-00019-01.

방안을 전보를 보고하라."고 지시했다.[162] 3월 20일에 3개의 합작회사협정은 타결됐지만, 쌍방의 환율은 여전히 결정하지 못했다. 주은래는 루블이 아닌 달러로 합작회사의 자본을 결정할 것을 제안했다.[163] 4월 9일 이부춘 등은 환율 문제의 관한 협상이 장시간 아무런 결과도 얻지 못하자, 일단 환율 문제는 제쳐두고 현물(쌀 등)을 루블로 교환해서 소련은행에 예치한 뒤 이를 수입 물품 대금과 전문가 비용을 지불하는 데 사용하는 방안을 계획했다.[164]

그러나 4월 15일 가서명된 차관협정 의정서는 소련의 요구에 따라 루블을 차관의 결제 단위로 할 것을 규정했다. 이에 따라 소련이 중국에 제공한 3억 달러 차관은 새로 공표된 환율에 따라 12억 루블로 환산됐다.[165] 이 차관은 원래 환율에 따르면 15억 9천 루블로 계산돼야 하지만 새 환율을 적용했기 때문에 중국은 차관을 손에 넣기도 전에 3억 9천만 루블의 손실을 입게 됐다. 4월 19일 서명된 중소무역협정 역시 "루블을 달러나 파운드로 환산할 때 대금 지급일의 소련중앙은행 환율 고시가격에 따라 계산하고, 루블을 황금으로 환산할 때는 루블과 금 함유량에 따른 계산 방식에 따라 계산할 것을 규정하였다.[166] 중국의 화폐제도가 아직 완전하지 않은 상황에서 이 규정으로 소련은 쌍방 무역의 주도권을 장악하게 했다. 양쪽은 수출입 화물의 가격 책정 문제에 대해 3차례나 협상했지만 여전히 합의 도출에 실패했다. 소련 측은 반드시 소련 정부가 공표한 환율에 따라 정할 것을 계속 주장하면서 한 치도 양보하지 않았다.[167] 담판에 참여한 오수권(伍修权)의 회고에

162) 『周文稿』第2册, 第149-150页.

163) 『周文稿』第2册, 第144页. 상호출자 비율 협정 최후에도 여전히 루블화 계산에 따라 체결되었다.

164) "李富春, 王稼祥, 伍修权致中央电, 1950年 4月 9日," 『外交部档案馆』, 109-00019-01.

165) "中苏关于贷款协定的议定书(草案), 1950年 4月 15日," 『外交部档案馆』, 109-00019-01.

166) 中华人民共和国外交部编, 『中华人民共和国条约集(1949-1951)』第一集, 北京: 法律出版社, 1957年, 第47-49页.

167) "王稼祥致中央电, 1950年 5月 9日," 『外交部档案馆』, 109-00019-01.

따르면 경제 협상 과정에서 가장 두드러졌던 갈등과 논쟁은 양국 화폐의
환율을 어떻게 결정하는가는 문제였다. 소련 측은 국제관례를 따르지 않고
쌍방의 주요 상품 판매가에 근거해 각자의 평행 지수 및 양자 간의 차이를
계산하고 이를 환율로 결정하자고 제안하였다. 중국 측 대표는 이에 반대
하며 다른 의견을 제시했다. 그러나 당시 중국이 열세에 처해 있었고 경제
적으로 소련에 원조를 요청하는 입장이었기 때문에 양보하고 타협할 수밖
에 없었다. 결국 불평등한 조건에서 양국 화폐의 환율이 결정됐다.168) 1950
년 4월 19일 양측이 체결한 합의에 따르면 루블과 인민폐의 환율은 1루블
당 관외 지역에서는 7,500원 인민폐, 관내 지역에서는 9,500원 인민폐로 규
정하였다.169)

   손실을 줄이기 위해 1951년 2월 중국은 달러에 대한 인민폐 환율의 절상
을 선포하고 이에 상응해 인민폐와 루블의 환율을 조정할 것을 제안했다.
스탈린은 이에 매우 불쾌해 하며, 주은래에게 직접 문제를 제기했다.170) 이
문제는 잠시 보류됐지만, 중국 정부와 중국 주재 소련 대사관의 계속된 환
율 조정 요청으로 그로미코는 스탈린의 허가를 거치지 않고 소련중앙은행
이 정한 루블과 인민폐의 교환율에 관한 문서를 비준했다. 스탈린은 이에 크
게 대로하여 국가중앙은행 은행장 포포프(Popov)와 재정부장 즈베레프(A. G.
Zverev)를 경고 처분하고, 그로미코를 영국대사로 좌천시켰다.171) 그러나 이

168) 伍修权, 『回忆与怀念』, 第246-247页.
169) "中财委关于统一对苏联及新民主主义国家卢布牌价的决定, 1952年 10月 1日," 『中共党史资料』
   2006年 第4期, 第17-19页.
170) "1951년 2월 24일 로신이 소련 외교부, 재정부와 국가은행에 보낸 선보," 『中苏关系俄档复印
   件』第9卷, 第2067-2070页; "1951년 3월 22일 주은래가 스탈린에게 보낸 편지," РГАСПИ,
   ф.558, оп.11, д.337, л.134-137, Мясников В .С. (под ред.) Китайская народная республика
   в 1950-е годы, Сборник документов, т.2, Друг с союзник нового Китая, Москва: Памятники
   исторической мысли, 2010, с.83-85.
171) "1951년 4월 30일 소련공산당 중앙정치국회의 결의," РЦХИДНИ, ф.17, оп.3, д.1088, л.3;
   Anatoly Dobrynin, In Confidence: Moscow's Ambassador to America's Six Cold War
   Presidents(1962-1986), New York: Times Books, 1995, pp.21-22.

미 일을 돌이킬 수는 없어 스탈린은 중국 측 주장을 받아들였다.[172] 6월 1일 중소 대표는 협정에 서명하고 양국 환율을 1루블당 인민폐 6,754원으로 결정했다.[173] 스탈린이 사망한 후 소련은 진일보한 인민폐의 평가절상에 동의했다. 1953년 9월 22일 양국 화폐의 환율은 1루블당 인민폐 5,000원으로 변경됐다.[174]

앞에서 언급한 사실들은 새로운 중소동맹조약 체결과 동북 문제를 처리하는 과정에서 두 가지 문제에서 중국의 요구에 굴복한 후 스탈린의 태도와 입장에 큰 변화가 생겼음을 보여 준다. 이는 스탈린의 보복 심리라고 봐도 결코 지나치지 않다. 주목해야 할 점은 이로 인해 중국은 경제적 손실을 입었을 뿐 아니라, 중공이 중시하고 준비해 온 문제, 즉 '대만 해방'에도 영향을 미쳤다.

1949년 여름부터 유소기는 대만 공격에 관한 대체적인 계획을 소련공산당중앙위원회에 통보하고 군사원조 제공을 요청했다. 7월 25일 모택동은 유소기를 통해 스탈린에게 보낸 전보에서 "복건성에 대한 군사행동은 금년 10월에 끝날 예정이고, 대만을 공격하기 위한 군사행동은 공군부대가 조직된 후에야 가능하기 때문에, 이 방면에서 소련 측이 원조를 제공해 줄 것"을 요청했다. 모택동은 6개월에서 1년 안에, 모스크바에서 1,000명의 비행사와 300명의 공항 근무요원들을 훈련하여 줄 것과 100~200대의 전투기와 40~70대의 폭격기를 중국에 판매할 것을 구체적으로 요청했다. 이 밖에도 해군

---

172) "1951년 5월 25일 스탈린이 로신에게 보낸 전보," *РГАСПИ*, ф.558, оп.11, д.338, л.90.

173) "关于人民币对于卢布行市协定, 1951年 6月 1日,"『中国与苏联关系文献汇编』, 第293-294页.

174) "关于人民币对于卢布行市的议定书, 1953年 9月 22日,"『外交部档案馆』, 109-00270-01. 1956年 10月 23일 중소 양국은 「비무역협정(非貿易協定)」을 체결하고 양국 간의 비무역 분야 정산에서 중국 측의 이익을 더욱 고려하였다. 1956년 이전에 양국 간 환율의 불합리로 인하여 발생한 중국 측 손실을 보상하기 위하여 소련 측은 1951년에서 1955년 사이 중소 양측의 비무역 분야 지불은 1956년 10월 23일 체결된 「비무역협정(非貿易協定)」의 규정에 따라 정산할 것을 제의했다. 정산 결과 소련은 9910억 루블을 중국 측에 보상하였다. "中国人民银行总行报告, 1953年 11月 21日," "曹菊如向李先念, 陈云的报告, 1957年 7月 4日,"『中共党史资料』 第4期, 2006年 第19-21, 28-29页.

함대 창설을 위한 원조를 요청하면서, 중공은 1950년 하반기에 대만을 공격할 예정이라고 통보했다. 또한 모택동은 스탈린에게 군사전문가와 비행사를 파견해 대만 공격에 참여케 해달라고 요청했다.[175] 코발레프는 "당시 스탈린이 전보를 본 후 대만상륙작전에 직접적으로 공군과 해군을 지원해달라는 요청은 소련이 미국 공군 및 해군과 직접 접촉하는 것을 의미하며, 이는 미국에게 새로운 세계대전을 일으킬 수 있는 구실을 줄 수 있다며 중국의 요구를 즉각 거절"했다고 전했다. 스탈린은 대만 해방 문제를 소련공산당 정치국확대회의에서 토론하도록 제안하고 회의에 고위급 군사지도자와 일부 각료들이 참석토록 했다. 7월 27일 개최된 회의에서 스탈린은 자신의 견해를 재차 주장했다. 스탈린의 발언이 끝났을 때 유소기는 소련 측에 직접적인 군사원조를 제공해달라는 요청한 것을 철회했다.[176] 그러나 소련 측은 야크 전투기 100~200대, 폭격기 40~80대 및 예비 부품과 고성능 폭탄을 판매하는 데 동의했다. 또한, 중국 측을 위한 비행사 훈련에 동의하고 소련에 인원을 보내 훈련하는 대신에 중국에 항공학교를 설립하여 훈련할 것을 제안했다.[177]

이후, 소련은 중국 공군과 해군을 창설하는 데 지원을 점점 확대했다. 9월 19일 소련 각료회의는 국방부가 중국 인민해방군사령부 및 군사학교에 지도 간부, 고문, 교원, 교관 및 기타 근무요원 등 총 915명을 파견하는 것을 책임지라고 결정했다. 그중 공군은 780명, 해군 86명, 포병 21명으로 필요한 모든 비용은 재정부가 소련 각료회의 준비금에서 재정부가 지출하도록 했다. 동시에 중국 공군에 각종 훈련기 334대, 거리 측정기와 자동발사 장치를

---

175) "1949년 7월 25일 모택동이 유소기를 통하여 스탈린에게 보낸 전보," *АПРФ*, ф.45, оп.1, д.328, л.137-140, Русско-китайские отношение, T.V, К.2, с.170-171.

176) Ковалев Диалог Сталина с Мао Цзэдуном//Проблемы дальнего востока, №6, 1991, с.88; S. Goncharov, J. Lewis and L. Xue, *Uncertain Partner*, pp.69-70.

177) 『毛澤東年譜』下卷, 第541頁; 呂黎平, 「赴蘇參与談判援建空军的回忆」, 『军事史林』第1期, 1994年, 第25頁.

갖춘 고사포 360문, 고사기관총 360정과 포탄을 제공했고, 그 금액은 2,650
만 달러에 달했다.[178] 11월 4일 중국항공학교와 고사포단의 설립 및 정상
운영을 보장하기 위해 소련 각료회의는 97명을 공군 고문, 교관 및 군의관
등으로 증원 파견하고, 자동차 500대, 트랙터 12대, 야크-2 비행기 6대, 항공
기엔진 91대 및 기타 보조 설비를 제공하기로 결의하였는데 이는 총 800만
루블에 해당했다. 11월 19일 소련 각료회의는 중국에 전투기, 훈련기 및 수
송기, 항공엔진, 고사포, 기관총 등 1억 258만 루블에 달하는 장비를 더 제공
하기로 결정했다. 두 달 후 각료회의는 세 번째의 결의를 통하여, 중국에 낙
하산 장비, 공항 장비 및 항공유 등 총 1억 663만 루블어치의 장비를 제공하
기로 결정했다.[179] 이를 볼 때 당시 중국 대륙이 방공망을 구축하고 대만
진격을 준비하는 데 소련이 실질적인 도움을 주었음은 분명하다.

　중공 지도부는 10월 금문전역(金门战役)과 11월 등보도전역(登步岛战役)
두 차례 해상전투에서 실패한 후 대만 공격이 결코 쉬운 일이 아니라는 것
을 실감했다. 이에 따라 중공은 진공 계획을 연해 도서 해방과 대만 해방의
두 단계로 나누고 대만 진공 시기를 연기하는 한편, 해군과 공군 창설에 박
차를 가할 것을 강조했다.[180] 모스크바에 도착한 첫날 모택동은 스탈린과
회담할 때 "해군과 공군이 없기 때문에 인민해방군은 대만을 공격하기가 매
우 어렵다."고 토로하고, "소련이 자원비행사나 비밀부대를 파견하여" 중공
이 신속히 대만을 해방할 수 있도록 도와달라고 요청했다. 이에 스탈린은
"지원 방식을 좀 더 주도면밀하게 정할 필요가 있다." "특히 미국인에게 간

178)　"1949년 9월 19일 소련 부장회의 결의 및 부속 문건," *АПРФ*, ф.3, оп.65, д.418, л.413-422,
　　　Русско-китайские отношения, Т.V, К.2, с.182-186; АВПРФ, ф.07, оп.23а, п.236, д.18, л.32-33,
　　　126, *Кулик Б.* Китайская Народная Республика в период становления(1949-1952гг.)//Пробле
　　　мы дальнего востока, №6, 1994, с.75으로부터 재인용.
179)　"1949년 11월 4일 소련부장회의 결의," *АПРФ*, ф.3, оп.65, д.418, л.34-38; "1950년 1월 20일
　　　멘쉬코프(M. A. Men'shikov)가 스탈린에게 보낸 보고," Русско-китайские отношения, Т.V,
　　　К.2, с.212 -214, 344-347.
180)　沈志华, 「中共进攻台湾战役的决策变化及其制约因素(1949-1950)」, 『社会科学研究』 第3期,
　　　2009年, 第34-53页.

섭할 구실을 줘서는 안 된다."며 신중한 태도를 보였다. 스탈린은 또한 "참
모와 교관"은 제공할 수 있다고 밝히고, 낙하산부대를 이용하거나 대만에서
무장봉기를 조직하는 방법을 제안하기도 했다.[181] 이러한 스탈린의 태도는
모택동을 격려하는 작용을 했다. 이틀 후 모택동은 임표에게 전보를 보내
해남도를 공격하는 문제를 상세히 의논하고, 금문전투의 패배를 교훈으로
삼아 해상 전투를 위한 준비에 박차를 가하라고 당부했다.[182] 1950년 1월
10일 모택동은 중공 중앙을 통해 다시 임표에게 전보를 보내, 충분한 준비
를 거쳐 "금년 봄과 여름 내에 해남도 문제를 해결"할 것을 요구하고, 비밀
리에 적 내부에서 "비밀리에 모반 공작을 진행하는 것을" 강화하도록 지시
했다.[183] 1월 11일 모택동은 대만 전역을 총지휘하고 있는 속유(栗裕)에게
전보를 보내 주산군도(舟山群島)와 금문도 공격을 위한 준비 상황을 상세히
보고하라고 지시하고 특히 모반공작을 진행할 것을 강조했다.[184] 모택동은
속유의 보고를 기다리지 않고 급하게 코발레프를 통해 스탈린에게 "3~5일
후 상해 봉쇄를 돌파하는 전투 계획과 대만 점령 계획을 완성할 예정"이며,
방금 공군사령관에 부임한 유아루(刘亚楼)가 모스크바에 도착할 것이라고
전했다. 모택동은 또한 스탈린에게 중국의 소련 군사고문과 무관 일동이 모
스크바로 와서 협상에 참가할 수 있도록 해달라고 요청했다.[185] 2월 4일 모
택동은 또다시 속유에게 모반공작 담당 낙하산 제3단에 정치 훈련을 강화하
고 대만상륙작전을 위한 낙하산부대를 준비하도록 지시했다.[186] 미국의 소

181) "1949년 12월 16일 스탈린과 모택동의 회담 기록," АПРФ, ф.45, оп.1, д.329, л.9-17, Русско-кит
айские отношение, Т.V, К.2, с.229-233.
182) 『毛文稿』第1冊, 第190-191頁.
183) 『毛文稿』第1冊, 第228-229頁.
184) 『毛文稿』第1冊, 第230頁.
185) "1950년 1월 12일 코발레프가 스탈린에게 보낸 보고," АПРФ, ф.3, оп.65, д.364, л.73; Русско-к
итайские отношение, Т.V, К.2, с.261.
186) 『毛文稿』第1冊, 第256頁. 국민당 낙하산부대 제3여단의 봉기 과정은 다음을 참조할 것.
『空軍回忆史料』, 第128-139頁.

극적인 중국정책 역시 중공을 고무시켰다. 1월 5일 트루먼 대통령이 대만 문제에 대한 성명을 발표한 당일 속유는 군사회의석상에서 "미국이 군대를 파견해 국민당을 보호하는 것은 불가능하다. 외교적으로 미국은 이미 대만이 중국의 일부분임을 인정했다. 따라서 미국이 인민해방군이 대만을 공격하여 점령하는 것에 간섭할 이유가 없다. 정치적으로 미국이 중국 내전에 개입할 경우, 영국, 필리핀, 일본 등 동맹국들과 의견의 일치가 어렵다."고 설명했다. 속유는 미국이 최소 5년이 지난 후에야 극동 지역에서 큰 군사 충돌을 일으킬 수 있는 충분한 군대를 동원할 수 있으며, 미국이 당장 대만에 군대를 파견할 수는 없지만 비행기와 대포 및 탱크를 제공할 수는 있다고 분석했다. 1월 27일 회의석상에서 속유는 더욱 강하게 이같이 주장했다.[187] 중소동맹조약의 체결은 중국인들을 더 고무시켰다. 저명한 민주 인사 황염배(黃炎培)는 유소기에게 보낸 서신에서 매우 흥분해 상해를 보위하고 대만을 공격하기 위해 소련 공군에 도움을 요청할 것이라고 주장했다.[188]

그러나 모택동의 모스크바회담 결과와 중소동맹조약이 선포될 즈음, 대만해협의 정세가 중국공산당에게 불리한 방향으로 전개될 줄은 중국인들은 전혀 예상하지 못했다.

우선 연해 도서와 대만을 정복하는 데 필요한 군사물자 공급이 소련에서 어려움에 봉착했다. 모택동과 주은래가 모스크바를 방문하는 동안 양측이 원칙적으로 군사물자를 인도하기로 합의했음에도 불구하고, 소련은 수량도 늘었고 인도 시기도 빨라졌다는 것을 구실로 협상을 연기했고, 소련 고문을 파견하는 일을 자꾸 연기했다. 또한 이미 합의해서 결정한 군사 장비와 물자도 중국이 요구한 날짜에 도착하지 않았다. 중공군이 연해 도서와 대만 진공을 위해 필요한 군사고문, 비행기, 군함과 기타 해군과 공군의 중요장비 모두 약속한 시간에 도착하지 않았다.

---

187) Chen Jian, *China's Road to the Korean War*, p.102.
188) 『刘文稿』第1册, 第427页.

　모택동이 소련을 방문하기 전, 주은래는 1950년 9월에서 10월 사이에 대만 전역이 시작될 것이라고 소련에 통보했다.[189] 그러나 중국의 자금 부족 (1950년도 할당된 차관 금액 6,000만 달러 중에 해·공군 군수품 주문에 불과 2,0000만 달러만이 배정됐다)과 소련의 제공 능력 한계로 주문된 모든 해·공군 군수품은 2년에 나눠 인도될 수밖에 없었다.[190] 대만 공격의 시기도 1951년으로 연기됐다.[191] 그럼에도 불구하고 충분히 준비하기 위해서, 1950년에 군수품 주문을 늘릴 필요가 있었다. 3월 19일 주은래는 모스크바의 이부춘에게 1950년 군수품 주문은 반드시 2,000만 달러를 초과해야 대만 전역을 준비하는 데에 유리하며, 소련으로 수출하는 품목 중 4,000~5,000만 달러를 군사 장비 수입에 사용할 예정임을 통보했다.[192] 3월 22일 주은래는 소련 각료회의 부주석 불가닌에게 직접 전보를 보내, 군사 물품 주문서에 따라 중국의 해군과 공군이 필요로 하는 군사고문과 기자재를 제공하기 위해 소련이 준비하고 있는 것에 감사하는 한편, "대부분의 기자재가 금년 내에 중국에 도착해야 대만 전역을 준비하는 데 사용할 수 있기 때문에" 중국은 대부분의 해군 및 공군 기자재를 1950년에 구입할 계획이라고 알렸다. 주은래는 또한 "중국은 각 항공학교에서 4월 졸업 예정인 84명의 비행사들로 즉시 항공부대를 편성하여 정해(定海) 작전에 투입하려고 준비하고 있으니, 이를 위해 중국 측이 전에 소련에 주문한 전투기 60대, 폭격기 24대 그리고 모든 탄약의 인도 시기를 앞당겨 5월 1일까지 만주리(滿洲里)에 도착하게 해달라고 요구했다.[193]

---

189) "1949년 11월 15일, 12월 5일 로신과 주은래의 회담 비망록," *АВПРФ*, ф.07, оп.22, п.36, д.220, л.57-66; *АВПРФ*, ф 100, оп.36а, п.150, д.4, л.86-87, Русско-китайские отношение, Т.V, К.2, с.220-224, 226.
190) 『周文稿』 第2册, 第137-138頁.
191) 러시아 당안 기록에 의하면 중공은 대만 해방을 위한 전투 개시의 구체적 시간을 1951년 봄과 여름으로 바꾸었다. *АВПРФ*, ф.07, оп.22, д.220, п.36, л.62-63, *Самохин А. В.* Военно-политические планы И. В. Сталина В Корейской войне//Власть и управление на Востоке России, 2010, №3, с.102-103으로부터 재인용.
192) 『周文稿』 第2册, 第149-150頁.

1950년 3월 말 중국공산당은 '선 정해(定海) 공격, 후 금문(金门) 공격 방침'을 결정했다.[194] 동시에 중공 중앙은 이부춘에게 "1950년도 군수품 주문은 이미 확정됐고, 그 금액은 약 8,800만 달러에 달한다. 소련에 대한 수출을 늘리는 방법으로 외화 부족을 해결한다."고 통보했다.[195] 4월 3일 주은래는 이부춘에게 모스크바에 머무르면서 "주문한 군수품을 어떻게 확보하고, 이것을 언제 어떤 방식으로 운송할 것인지 명확하게 한 다음, 이를 전보로 보고하라고 지시했다.[196] 4월 9일 중공 중앙은 이부춘에게 전보를 보내 중국의 소련 고문의 의견을 좇아, 모든 군수품은 두 번으로 나눠 1950년에는 약 8,800만 달러어치 군수품을 인도하고 1951년 1~3월에는 4,500만 달러어치의 군수품을 인도하도록 지시했다. 이 밖에도 공군은 1950년 수입량을 증가시킬 것을 제안하였다. 분기별 주문 물품 목록이 모두 완성되자, 4월 15일 모스크바에 보내졌다.[197]

4월 13일 주은래는 불가닌에게 편지 2통을 불가닌에게 보내 모택동이 2월 11일 서명한 군수품 주문서의 비행기와 탄약, 기자재를 4월까지 인도하고, 2월 15일 모택동이 서명한 주문서의 비행기 42대와 유아루(刘亚楼)가 3월 8일 주문한 포탄 10만 발은 5월 안에 모두 인도해 달라고 요청했다. 동시에 그는 중국 측이 요청한 군사고문도 함께 파견해 달라고 요구했다. 이상의 군수품들은 모두 항공학교에서 비행사를 양성하는 데 급히 필요한 것들이었다. 주은래는 소련 정부에게 중국인민혁명군군사위원회가 1950년 발동할 두 차례의 전역, 즉 6월에는 주산 군도를 그리고 8월에는 금문도를 탈취하는 전역을 발동하기로 결정하였음을 통보하였다. 이를 위해 모택동이 2월 15일에 서명한 주문서 중작전기 84대(폭격기 24대, 전투기 60대)를 5월 전까지 우선 인도해 달라고 요구했다. 이 밖에도 모택동은 편지에 첨부된 주문 목록의 나머지 부분, 즉 비행기 312대는 1950년 12월까지, 비행기 190대는 1951년 2월까지 인도해 달라고 요청했다.

주은래는 중국 정부가 해군이 대만에 대한 군사작전에 참여할 수 있도록 1951년 봄과 여름 사이에 어뢰쾌속정부대, 어뢰소해부대, 함정호위대, 기뢰 항공단과 3개 해안포단을 조직하기로 결정했다고 소련에 통보했다. 주은래 는 이를 위해 소련 측이 주문서에 따라 1950년 4~6월과 1951년 1~3월에 어뢰 쾌속정 36척, 어뢰소해도구 20세트, 함정호위함 16척, 기뢰부설 항공기 36대 및 훈련기, 해안포 112문, 함정장착용포 319문 및 관련 기자재, 연료와 탄약 을 인도해 줄 것을 요청했다. 주은래는 "앞서 언급한 물품들은 대만상륙작 전을 진행하는 데 매우 중요하다." "대만진공작전을 펼치려면 강력하고 우 수한 해군 함대가 있어야 하며, 이로써 해협을 건너 수십만 군대의 상륙과 해상운송의 안전을 보장할 수 있다."고 거듭 강조했다. 이 때문에 주문한 모 든 물품을 "요구한 시간 안에 인도받고 싶다."고 요청했다.[198] 같은 날 모택 동 또한 스탈린에게 편지를 보내 중국이 주문한 군수품을 편지에 첨부한 14 개 주문서에 규정된 기한 내에 인도해 줄 것을 요청했다.[199] 다음 날, 중공 중앙은 이부춘 등에게 모든 군수품 주문서와 모택동이 스탈린에게 보내는 서신과 주은래가 불가닌에게 보내는 편지를 인편으로 모스크바에 보냈으니 왕가상을 전권대표로 지목해 군수품 주문 협상을 전적으로 책임지게 하라 고 지시했다.[200]

그러나 왕가상은 모스크바에서 협상을 순조롭게 진행하지 못했다. 4월 26

---

[198] 『周文稿』第2冊, 第299-300, 301-302頁. 『周文稿』의 4월 13일자 두 문건은 모두 "불가닌에게 보내는 전보"라고 되어 있는데 이는 잘못 기술된 것으로 보인다. 문건의 내용과 관련 문건에 따르면 "불가닌에게 보내는 편지"가 정확하다.

[199] 中共中央文献研究室, 中国人民解放军军事科学院编, 『建国以来毛泽东军事文稿』上卷, 北京: 中央文献出版社, 2010年, 第132頁. 이후에는 『毛军事文稿』이라 칭함. 이 문고에 "스탈린에게 보내는 전보"는 "스탈린에 보내는 편지"의 오기로 보인다.

[200] 『周文稿』第2冊, 第307-308頁.

일과 28일, 왕가상은 두 통의 전보를 연속으로 보내 협상 과정에서 소련이 제기한 의문점들을 보고했다. 5월 6일 주은래는 "하나하나 인내심을 가지고 설명하는 동시에 소련 측에 약속 이행을 촉구하라."고 지시하는 회신을 보냈다. 주은래는 전보에서 소련이 중국 공군 창설에 필요한 205명의 소련 공군을 보내기로 합의한 시기, 이들이 파견될 부서, 그들이 맡을 구체적 직책 등을 자세히 설명했다. 주은래는 또 이 고문들이 이미 소련 군사부의 심사와 인가를 거쳤으며, 현재 항공학교 학생들과 부대원들이 공군 창설에 참여하기 위해 집결 중에 있는데, 소련 고문만 아직 도착하지 않고 있다고 지적했다. 이 밖에도 주은래는, 모택동이 몇 달 전 주문한 탄약은 항공학교 훈련용으로 현재 각 항공학교가 사격 훈련을 할 시기가 다가오는데도 소련의 탄약이 아직 도착하지 않고 있다고 강조했다. 주은래는 왕가상에게 "물품을 신속히 보내라고 독촉하고, 물품이 제때 오지 않으면 교육이 지체되어 작전에도 영향을 미칠 것"이라고 지적했다. 소련 측이 주문품이 계속 증가하는 것에 의혹을 제기하자, 주은래는 전보를 통해 "최근의 새로운 주문서 중 제1안에서 필요한 탄약은 정해(定海) 전역에, 제2안에 필요한 탄약은 금문(金門) 전역에, 제3안에 필요한 탄약은 대만 전역에 각각 쓰일 것이어서 결코 용도가 서로 중복되지 않는다." 해안포 역시 "소련의 해군 고문과 상의하여 결정한 것"이라고 상세히 해명했다.[201]

5월 중순에 정해(定海) 전역이 시작될 예정이었지만, 해·공군이 주문한 군수품은 아직 도착하지 않았다. 5월 13일 주은래는 다시 불가닌에게 전보를 보내 "주산(舟山)군도 점령을 위한 육군의 준비 작업은 6월 내에 전부 끝날 예정이지만, 공군과 해군의 준비 작업은 전적으로 소련에 주문한 공군과 해군의 기자재가 언제 도착하느냐에 달려있다."고 강조했다. 주은래는 8월은 잦은 태풍과 장마가 시작됨으로, 전투는 늦어도 7월 중순에는 개시되어야 한다고 밝혔다. 초빙된 군사고문도 "무기 장비가 도착한 후 그것을 시험

201) 『周文稿』 第2册, 第375-376页.

하고 연습하는 데 시간이 걸리기 때문에 군수품의 운반과 고문의 파견을 서둘러 5월 이전까지는 상해에 도착할 수 있어야 한다."라고 요구하고, "그렇지 못할 경우 군사작전을 시작할 수 없다."고 주장했다.[202]

5월 17일 제3야전군 전적위원회(前敵委員會)는「대만공격작전 승리보장을 위한 몇 가지 제언」문건을 하달하고 부대가 도하상륙작전 준비에 돌입할 것을 확정했다. 해군과 공군부대 또한 부대원 양성과 훈련, 부대 조직 및 장비 구매 작업에 전력을 다했다. 화동군구(华东军区)가 배포한 훈련 원칙은 1950년 7월부터 1951년 3월까지 각 군 병종부대를 나눠 훈련하고, 1951년 4월에서 5월까지 육해공군이 협동상륙공격을 위한 훈련을 실시한 뒤 협동해서 대만을 해방시키도록 한다고 기술하고 있다.[203] 5월 19일 모스크바는 드디어 소련이 해·공군 주문 물품의 운송과 고문 파견에 대한 구체적인 계획을 확정했다고 전했다. 5월 23일 주은래는 이에 다음과 같이 회신했다. "중국 주재 소련 고문과 상의를 거쳐 이 계획에 동의합니다. (중국은) 5일 후 바로 만주리와 수이펀허 지역에서 공군 물자를 받을 수 있습니다. 폭격기는 치치하얼(齐齐哈尔), 하얼빈, 심양, 서주를 거쳐 남경에 도착할 것입니다. 해군에 관련된 문제는 현재 소련 고문이 북경에 있지 않으므로 그가 돌아온 뒤 상의해서 보고하겠습니다."[204]

이렇게 해·공군 군수품 주문에 관한 협상은 1950년 2월에서 5월 말까지 연기된 후에야 비로소 결과를 얻을 수 있었다. 그러나 계속 연기된 후에 겨우 확정된 계획마저도 예정대로 실행되지 않았다. 6월 25일 조선전쟁이 발발할 때까지 대만전투와 연해 도서 해방을 위한 군사행동 개시에 필요한 비행기와 군함 및 주요 설비와 기재는 전혀 중국에 도착하지 않았다. 중국 측 사료에 따르면 중국 공군은 1950년 10월이 되어서야 처음으로 소련 전투기

202)『周文稿』第2册, 第303-306页.
203) 军事科学院军事历史研究部,『抗美援朝战争史』第1卷, 北京: 军事科学出版社, 2000年, 第61页.
204)『周文稿』第2册, 第415-417页.

119대를 소련으로부터 받을 수 있었다. 그러나 이마저도 소련에서 직접 운송된 것이 아니라 상해와 남경 지역에서 방공 임무를 담당했던 소련의 항공 부대가 귀국하면서 중국 측에 판매한 것이다.[205] 해군 장비의 상황은 더 심각했다. 해군 참모장 라순초(罗舜初)의 보고에 따르면 1951년 1월까지도 해군이 주문한 비행기와 해안포는 전혀 도착하지 않았고, 함정 역시 대부분 소련에서 출발하지 않았다.[206] 중국 해군은 4월 중순 소련 측의 통보를 받고 여순 기지에 관련 인사를 파견해서 18척의 어뢰정을 처음으로 넘겨받았다. 그러나 이때 인도받은 어뢰정이 모두 중고품이었음이 나중에 밝혀졌다. 표준 규격에 따르면 어뢰정 엔진은 500시간을 항해한 후 보수하거나 교체해야 한다. 그러나 소련 측이 제공한 어뢰정은 대부분 200~300시간을 항해한 상태였고 심지어 한 척은 무려 436시간을 이미 항해한 상태였다.[207] 이로부터 소련의 비행기와 군함에 의지해 연해 도서와 대만을 해방하는 일은 불가능함이 드러났다. 그나마 다행인 것은 5월 13일부터 주산 군도에서 국민당 군대가 먼저 철수하기 시작해, 19일에 인민해방군은 피 한방울도 흘리지 않고 주산열도를 점령할 수 있었다.[208] 만일 국민당부대가 먼저 철수하지 않았다면, 정해전역은 해·공군의 준비 부족으로 계속 연기됐을 가능성이 매우 높다. 이런 상황에서 조선전쟁이 발발한다면, 장개석은 주산군도를 금문도에 이은 대륙 공격의 또 다른 전초기지로 이용했을 것이다. 이는 중국 최대의 공업 중심지 중 하나인 상해를 계속 괴롭히는 화근이 되었을 것이다.

중국이 요구했던 해·공군 장비들이 제때 도착하지 않은 진짜 이유에 대해서는 뒤에서 토론하기로 하자. 다만 여기에서 말하고자 하는 것은 중소동맹조약의 체결로 중국공산당의 대만 해방에 또 다른 제약 요소가 생겼다는

205) 王定烈主编, 『当代中国空军』, 北京: 中国社会科学出版社, 1989年, 第78页.
206) "1951년 1월 17일 나순초(罗舜初)가 주은래에게 보낸 서신."
207) "1951년 4월 16일 나순초가 주은래에게 보낸 서신."
208) 『周恩来年谱(1949-1976)』上卷, 第39页; 中共江苏省委党史工作办公室编, 『粟裕年谱』, 北京: 当代中国出版社, 2006年, 第496页.

점이다. 또한 중국에 대한 미국의 정책, 특히 대만에 대한 미국의 정책에도 근본적인 변화가 나타났다.

중소가 동맹을 결성하면서 애치슨 주장의 정치적 기반은 이미 사라졌다. 중소조약이 발표된 후 장개석은 "극동아시아에서 미국은 군사 배치를 새로 하지 않을 수 없을 것"이라고 예언했다.[209] 애치슨도 "중소조약은 제국주의 출현을 알리는 위험한 징조 중 하나"라면서 중공 지도부가 중국을 소련에 팔아먹었다고 공개적으로 말했다.[210] 비록 미국 국무성이 기존의 방침에 따라 대만에 관한 정책을 수행하고는 있었지만, 대만에 대한 미국의 새로운 정책은 이미 싹트기 시작했고 점차 발전하고 있었다.

1950년 4월 이후 대만 형세는 더욱 악화되었다. 인민해방군이 4월에 해남 도를, 5월에는 주산군도를 각각 점령하면서 대만의 국민당 정부는 극심한 두려움에 떨며 하루도 지탱하기 힘든 것처럼 보였다. 미국 정부는 대만의 운명에 더 관심을 기울이기 시작했다. 미 국무성은 애치슨 선언이라는 당초 정해진 정책에 따라 대만에서 철수할 준비를 하고 있었다. 5월 17일 스트롱 (R. C. A. Strong) 대만 주재 대리대사는 "본인과 대사관원 모두는 대만의 운명은 이미 결정됐다고 보고 있으며 6월 15일에서 7월 말 사이에 공산당이 대만을 공격하기 시작할 것이라고 판단하고 있다."고 보고했다. 이어 스트롱은 대만의 미국 정부 인원수를 줄이고 대만 거주 미국인들에게 신속히 대만을 떠나도록 경고하고 정밀 기기들도 이전할 것을 건의했다. 스트롱은 "6월 15일 전까지 영국 영사관으로 이전할 모든 문서들을 준비"하는 동시에 "대만에서 철수할 기관의 명단도 확정할 것"이라고 전했다. 5월 26일 국무성은 스트롱 대리대사에게 답장을 보내, 대만 철수 시 취할 조처를 조속한 것과 점진적인 것으로 나누자는 그의 건의에 동의하고, 만일을 대비해 영국과

[209] "장개석 일기(蔣介石日记), 1950年 2月 18日," *Hoover Institution Archives*, University of Stanford.
[210] Dean Acheson, "Crisis in Asia-An Examination of U.S. Policy", Department of State Bulletin, January 23, 1950, S. Goncharov et all., *Uncertain Partner*, p.151으로부터 재인용.

비밀리에 "필요한 모든 계획"을 세우는 것을 위임했다.[211] 그러나 국제 정세
의 변화로 애치슨은 대만정책을 조정하라는 압력을 받았다.[212] 미 군부는
애초부터 정치인들이 대만 문제를 보는 관점에 전혀 개의치 않았으며, 「중
소우호동맹호조조약」이 발표된 뒤에는 더욱 강경한 태도를 보였다. 특히
1950년 4월 국가안전보장회의가 제68호(NSC-68) 문건을 제출하면서, 막 확
정된 백악관의 대만정책은 뿌리부터 흔들리기 시작했다.

　소련의 성공적인 제1차 핵실험 진행에 대한 미국의 반응은 NSC-68호 문건
의 직접적인 배경이 되었다.[213] 1950년 1월 31일, 국가안전보장회의는 트루
먼에게 보고서를 제출하고 "소련이 핵분열 폭탄과 수소폭탄을 제작할 가능
성을 고려해 대통령이 평화 및 전쟁 시기 미국의 목표와 이 목표들이 미국
의 전략계획에 미칠 영향에 대해 다시 검토할 것을 국무 장관과 국방 장관
에게 지시하라"고 건의했다.[214] 그러나 트루먼은 4월 7일 국가안전보장회의
사무총장이 NSC-68호 문건을 최초로 제출했을 때, 이를 즉시 비준하지 않았
다. 트루먼 대통령은 4월 12일 보낸 회신에서 NSC-68호 문건의 기본 관점에
는 찬성하지만 국방 예산을 대폭 늘리자는 요구—국방 예산을 국민총생산
액의 6~7%에서 20%까지 증액—에 대해 의문을 제기했다. 트루먼은 국가안
전보장회의에 NSC-68호 문건이 제안한 행동 요강을 다시 상세히 검토하고,
특히 군비 증가 문제를 재검토하라고 지시했다.[215] 이에 따라 국가안전보장

[211] "The Charge in China (Strong) to the Secretary of State, May 17, 1950," *FRUS, 1950, Vol.6*,
　　pp.340-345.

[212] Gordon H. Chang, *Friends and Enemies: The United States, China, and the Soviet Union,
　　1948-1972*, Redwood City CA: Stanford University Press, 1990, p.74; 资中筠, 何迪编, 『美台关系
　　四十年(1949-1989)』, 北京: 人民出版社, 1991年, 第50-51页.

[213] 소련의 초기 핵 계획과 핵실험에 관한 연구는 다음을 참조할 것. David Holloway, *Stalin
　　and the Bomb: The Soviet Union and Atomic Energy(1939-1956)*, New Haven, London: Yale
　　University Press, 1994; *Михайлов В. Н.*(гла. ред.) Создание первой советской ядерной бомбы,
　　Москва: Энергоатомиздат, 1995.

[214] "Report by the Special Committee of the National Secretary Council to the President, January
　　31, 1950," *FRUS, 1950, Vol.1, National Security Affairs, Foreign Economic Policy*, Washington
　　D.C.: GPO, 1977, pp.513-523.

회의는 NSC-68호가 제안한 계획과 실행 세부 사항을 분석하기 위해 정부의 각 부처로 구성된 특별위원회를 구성했다.[216] 특별위원회는 회의를 소집하고 NSC-68호 문서를 어떻게 수정하고 어떻게 구체적으로 실행할 것인지 토론했다. 특별위원회의 토론에서 1954년에 소련이 전쟁을 일으킬 가능성과 이 경우 미국의 동원 체제의 구체적 사항, 그리고 미국정책의 중점을 전쟁 방지에 둘 것인지 전쟁 대비에 둘 것인지를 둘러싸고 서로 다른 의견이 제출되었다. 특히 국방 예산 문제는 의견을 하나로 통일하기가 어려웠다.[217] 특별위원회는 5월 14일 제4차 회의에서 관련 부서의 최종적인 계획과 평가가 제출되기 전까지 NSC-68호의 경제 부분에 대해 결론을 내리지 않기로 결정했다.[218] 이때까지만 해도 NSC-68호 문건에 대한 토론은 난항을 겪는 것처럼 보였다. 그러나 조선전쟁이 발발하면서 NSC-68호 문건은 백악관의 의사일정에 다시 포함됐고, 특별위원회는 트루먼 대통령의 독려하에 9월 21일 NSC-68/1호 문서를 완성했다. 이 문서는 기본 문건과 부속 문건을 포함하여 총 138쪽에 달했다.[219] 이후, 토론과 수정을 거쳐 트루먼과 국가안전보장회의 위원들은 12월 14일 국가안전보장회의 제75차 회의에서 NSC-68/4호 문서를 최종 통과시켰다.[220]

　조선전쟁은 확실히 NSC-68 문건의 탄생에 산파 역할을 했다고 볼 수 있다. 그러나 이 문건이 조선전쟁이 발발한 후에야 그 역할을 한 것은 아니다.

---

[215] "The President to the Executive Secretary of the National Security Council(Lay), April 12, 1950," *FRUS, 1950*, Vol.1, pp.234-235.

[216] "Memorandum by the Executive Secretary of the National Security Council(Lay) to the Ad Hoc Committee on NSC-68, April 28, 1950," *FRUS, 1950, Vol.1*, pp.293-294

[217] 토론이 상세히 '싱횡은 나음을 참고할 것. *FRUS, 1950, Vol.1*, pp.297-312.

[218] "Memorandum of Conversation, by the Executive Secretary of the National Security Council(Lay), May 12, 1950," *FRUS, 1950, Vol.1*, pp.312-313.

[219] "NSC-68/1: United States Objectives and Programs for National Security, September 21, 1950," *DNSA, Presidential Directives*, PD00178, 00179.

[220] "NSC-68/4: United States Objectives and Programs for National Security, December 14, 1950," *DNSA, Presidential Directives*, PD00167.

정반대로, 대통령과 군부 그리고 국무성의 대다수 관련자들은 국방 예산 증가를 제외한 NSC-68호에서 제기된 기본 원칙과 이념에 찬성하였으며, 이 문건은 미국의 대만정책 조정에 중요하고 결정적인 영향을 미쳤다. NSC-68호는 전후 초기 캐넌(G. Kennan)이 제안한 미국의 국익을 선택적 · 중점적으로 보호하자는 소위 '봉쇄 이론'과 달리, 냉전 발발을 전제로 미국의 근본적 국익의 범주를 확정하고, 소련과 '공산주의 진영의 현실적, 잠재적 위협을 설명한 뒤, 소련과 공산주의 진영에 대한 "전면적이고, 무차별적인 봉쇄"를 미국의 전략으로 제시했다. 즉 전 세계적 범위에서 미국의 안전과 이익을 위협하는 그 어떠한 것에 대해서도 미국은 정치, 경제, 군사적 수단을 포함한 총체적인 봉쇄정책을 실시할 것을 미국의 장기적인 전략으로 제시했다. 이 문건은 군사적 측면에서 봉쇄정책의 수단을 크게 강화했을 뿐만 아니라, 지리적으로 봉쇄의 범위를 전 아시아 및 유럽 대륙으로 확대했다. 또한 NSC-68호는 "중국에서 공산당이 승리한 것과 남아시아 및 동남아시아 기타 지역의 정치 · 경제적 형세는 소련이 이 지역에서 세력을 확장하는 데 디딤돌이 되고 있으며" "이미 아시아 정세가 더욱 악화되고 있는 조짐들이 나타나고 있다."고 진단했다. 또한 "미국은 전략적으로나 정치적으로 소련이 아시아 대륙에서 잠재적인 지배력을 확장하는 것을 받아들일 수 없으며, 미국은 반드시 소련의 확장을 저지해야 하며 자유세계를 보위하는 임무를 담당해야 한다고 주장했다. NSC-68호 문건은 심지어 소련이 미소가 대결 중인 소위 완충지대에서 군사적 모험 행동을 취할 가능성이 높다고 판단했다. 문건은 또한 "자유 진영의 한 지역이라도 소련에 뺏기는 것은 자유주의진영의 모든 전선이 붕괴하는 것을 의미"하므로, 미국은 반드시 소련을 봉쇄해야 한다고 판단했다.[221] 장서광(張曙光) 교수의 지적처럼, NSC-68호는 애초의

[221] "NSC-68, Note by the Executive Secretary to the National Security Council on United States Objectives and Programs for National Security, April 14, 1950," FRUS, 1950, Vol, 1, pp.237-292. NSC-68호 문건의 전면적 분석에 관해서는 다음을 참조할 것. 周桂银,「美国全球遏第战略: NSC68决策分析」,『理解与沟通: 中美文化研究论文集』, 沈宗美主编, 南京: 南京大学出版社,

작성 배경과 관계없이 그 자체로 미국에서 새로운 전략적 사고와 체계가 형성되는 과정을 보여 주고 있다.[222]

'전면적 봉쇄'의 기본 원칙과 이념은 중국과 대만에 대한 미국의 정책을 확정하는 이론과 사상의 기초가 됐다.[223] 논리적으로 국제 정세를 새로이 분석한 것에 기초를 둔 미국의 전체적인 안보 전략은 당연히 대만에 대한 미국의 정책에 영향을 미칠 수밖에 없었다. 예를 들면 1949년 말 트루먼 정부는 NSC-48/2호를 중심으로 하는 대만정책을 확정했다. NSC-48/2호는 '선택적이며 중점적'인 봉쇄정책에 이론적 근거를 뒀고, 애치슨 국무 장관은 중소 분리 전술을 이 전략의 구체적인 실천 방안으로 보았다. 하지만 미국의 전략적 사고가 '전면적 봉쇄'로 전환되면서, 자연스럽게 공산당 통치하의 중국이 워싱턴의 관심 대상이 되었다. 특히 신중국 세력이 대륙에서 해상까지 세력을 확장해 가는 것을 미국은 더 이상 용인할 수 없었다. 신중국과 소련의 동맹 결성으로 공산주의 세력은 아시아에서 유럽대륙까지 하나로 연결되었으며, 미국은 소련으로부터 더 큰 위협을 느끼게 됐다. 이에 따라 NSC-68호에서 제기한 '전면적 봉쇄 전략'의 정치적 기반은 크게 강화됐다. 하지만 새로운 냉전 전략을 수립하면서 미국은 중국에 대한 정책, 특히 대만에 대한 정책을 조정해야 할 필요가 생겼다. 왜냐하면 중국을 봉쇄하는 것이 바로 소련을 봉쇄하는 것이고, 중공의 대만 해방을 저지하는 것은 대만이 소련의 동북아시아 전략의 일부분이 되는 것을 방지하는 것이기 때문이다.

1992年, 第74-102頁; Ernest R. May(ed.), *American Cold War Strategy: Interpreting NSC-68*, Boston, New York: Bedford Books of St. Martin's Press, 1993; 张曙光, 『美国遏第战略与冷战起源再探』, 上海: 上海外语教育出版社, 2007年, 第83-247页.

[222] 张曙光, 『美国遏第战略与冷战起源再探』, 第116, 142页.

[223] NSC-68호에 대한 과거의 연구는 미국의 세계 전략 변경과 이것이 미국의 대중국정책에 미친 영향에 주로 주목하였다. 대만에 대한 미국의 정책 변화와 NSC-68호 문건 사이의 논리 관계에 대한 깊은 연구는 아직 이루어지지 않았다. Gordon H. Chang, *Friends and Enemies*, pp.69-70.

중소동맹조약이 체결된 후, 미국은 중국의 동향을 감시하는 것을 강화했
다. 아시아 지역의 미국 정보기관들로부터 소련 공군기가 중국 연해 공항에
이미 진입했고, 동남 연해 지역에 중공군 1백만 부대가 대만 공격을 준비하
고 있다는 보고가 계속 올라왔다. 이들은 "중공에 대한 소련의 전폭적인 지
원을 볼 때, 국민당 정부가 대만을 성공적으로 방어할 가능성이 매우 적다."
"중국은 인도차이나 반도에서 프랑스와의 투쟁에 대한 지원을 강화하고 있
으며, 동남아시아 각국은 공산당과 친공 세력의 선동 아래 동요하기 시작하
고 있다."고 보고했다. 이 모든 현상은 아시아에서 미국의 이익이 "중공을
이용"한 소련의 "새롭고 강력한 도전"에 직면하고 있음을 의미했다.224) 미소
양국이 전면적인 대결 국면에 돌입하면서 트루먼은 참모장 연석회의의 참
모장 및 각 군 참모총장들과 잦은 회의를 갖기 시작했다. 트루먼은 군사 전
략에 깊은 관심을 보였는데, 이는 워싱턴의 전략 변화에 새로운 동력으로
작용했다. 국무 장관과 군부 수뇌부 역시 정기적으로 참모장연석회의의 작
전지휘실에서 적정(敵情) 분석과 대책 연구에 참여했다.225)

1950년 4월 참모장연석회의는 동남아시아의 전략적 정세에 대한 견해를
제시했다. 회의는 미국의 아시아 전략에서 중국이 갖는 중요성을 강조하면
서 미국은 "결단력 있고 지속적인" 조치를 취해 공산당이 장악한 중국에서
오는 압력을 감소시켜야 한다고 주장했다. 회의는 또 "국민당 군대가 최근
다소 활기를 되찾고 효율이 높아졌다는 증거가 있다."고 주장하기도 했
다.226) 4월부터 6월 사이 국방부 내부에서는 참모장 연석회의의 견해를 지
지하는 의견서가 계속 제출되었고, 트루먼이 1월 5일 성명을 취소하고 모든

224) "Memorandum by the Assistant Secretary of State for Far Eastern Affairs(Rusk) to the Secretary of State, April 26, 1950," FRUS, 1950, Vol.6, pp.333-335; CIA, "Recent Activities of Soviet Military Personnel in China, 21 April 1950," ORE 19-50, Items 84-87, Fiche 19, National Security Archives.
225) Melvyn p. Leffler, A Preponderance of Power: National Security, the Truman Administration, and the Cold War, Redwood City CA: Stanford University Press, 1992, pp.363-364.
226) RG59, 793.00/5-350, National Archives, 资中筠, 何迪编, 『美台关系四十年』, 第45页으로부터 재인용.

역량을 집중해 대만을 사수해야 한다고 주장했다. 그들은 "소련이 이미 공산당 치하의 중국을 안전하게 접수하여 통제하기 시작함으로써 상황이 새롭게 변화했음을 근거로 들었다. 또 일부 의견서는 "미국의 단기 목표는 대만의 저항 능력을 최대한 유지시켜 최대 18개월 이상을 버틸 수 있도록 하여 필리핀과 인도네시아가 방위 능력을 강화할 수 있는 시간을 확보하는 것이며, 장기 목표는 공산당이 대만을 영원히 손에 넣지 못하게 하는 것이다. 이를 위하여 미국은 장기적이고 광범위한 조치를 취해야 하며, 비공산당 세력이 통치하는 대만과, 대만과 인접한 비공산당 국가가 연합해 최종적으로 소비에트가 아닌 중국이 되게 해야 한다."고 역설했다. 의견서는 즉각 실행할 조치를 다음과 같이 건의했다. 즉 중간 및 고위 간부를 대만에 증파하고 대만이 「중국지원법」 잔여 자금으로 함정과 무기를 구매할 수 있도록 하며, 미국 해군의 작전 함정을 대만에 공개적으로 파견하고 미 국무성이 정책 전환의 이유를 설명하고 대만 주재 외교관 수를 늘릴 것을 요구했다. 또한 장기적 목표를 실현하기 위한 조차로 다음을 건의했다. 미국 제7함대를 대만 해협에 주둔시키고, 군사 조사단을 조직해 대만 방위에 필요한 사항을 조사하게 하며, 장개석을 하야시키고 그 후임자를 지지할 방법을 모색하고 충분한 경제 및 군사적 원조를 제공할 것을 건의했다. 또한 일본, 필리핀, 베트남이 대만민주 정부와 안보 조약을 체결토록 하고 반공유격대를 훈련시켜 중국 대륙에 파견하는 것 등을 건의했다.[227] 5월 20일 미국 극동사령부 총사령관 맥아더는 참모장연석회의에서 "대만이 중국공산당에게 점령되는 것은 대만이 소련인의 손에 들어가는 것과 같다. 이 경우 미국의 전체 태평양 주변 방어선이 곧 무너질 것이다."라고 주장했나. 그는 대만을 "대소전략의 이상적 위치에 있는 가라앉지 않는 항공모함"으로 비유했다. 참모장연석회의의 위원장 브레들리(O. N. Bradley)는 맥아더의 견해가 매우 중요하다고

---

227) RG 330, CD6-4-6, *National Archives*, 资中筠 · 何迪编, 『美台关系四十年』, 第45-46页으로부터 재인용.

보고 "대통령에게 보내 직접 친람"할 것을 요청했다.[228]

존슨(L. A. Johnson) 국방부 장관 또한 맥아더의 견해를 지지했다. 5월 25
일 존슨은 트루먼에게 비망록을 전달했다. 이 비망록은 미국의 대만정책 전
환에 관한 매우 중요한 문건이었다. 존슨의 기억을 따르면 이 비망록의 내
용은 다음과 같다. "1949년 12월 29일 국가안전보장회의는 중국국민당이 대
만 방어를 위한 군사행동을 하는 것을 지지하지 않기로 했다. 하지만 이후
상황이 급변했기 때문에, 국방부는 대통령에게 이 문제를 다시 심사숙고하
라고 건의할 책임이 있다. 연초부터 해남도와 상해 부근의 연해 도서가 이
미 공산당의 수중에 들어갔고, 공산당 치하의 중국은 소련과 군사동맹조약
을 체결했으며, 최근 며칠간에 조선 정세는 한층 더 악화됐다. 비록 대만은
미군의 중요한 기지는 아니지만, 일단 적대 국가에 의해 점령되면 일본과
오키나와 그리고 필리핀에서 미국의 지위에 큰 영향을 미칠 수 있으며, 대
만에는 이용가능한 공항이 많기 때문에 적기가 우리의 기지와 교통로에 자
유로이 접근할 수 있다. 이에 국방부는 대만이 적국의 손에 들어가지 않도
록 하기 위해 작년 12월 맥아더에게 대만에 1차 자료를 수집할 조사단을 파
견하라고 건의하였다. 우리는 다시 한번 대통령께 이러한 조처를 할 것을
건의하며, 참모장 연석회의와 맥아더 장군도 이에 동의했다."라고 트루먼
대통령에게 보고했다.[229] 6월 9일 존슨 국방부 장관은 심지어 참모장연석회
의는 미국 군대를 출동시켜 중국이 대만을 공격하는 것을 저지하는 매우 민
감한 문제도 고려해야 한다고 요구했다.[230]

이와 동시에 국무성 특별고문으로 막 초빙된 덜레스(J. F. Dulles) 역시 대

228) MacArthur to Department of the Army, C 56410, May 20, 1950, RG 6, MacArthur Papers, Formosa
folder; Bradley to Johnson, May 31, 1950, RG 218, JCS Records, Formosa(11-8-48), *National
Archives*.

229) Omar N. Bradley, Clay Blair, *A General's Life: an Autobiography by General of the Army*, New
York: Simon and Schuster, 1983, p.533.

230) Dorothy Borg and Waldo Heinriches(eds.), *Uncertain Year: Chinese American Relations, 1947-50*,
New York: Columbia University Press, 1980, p.89.

만정책을 조정할 것을 제안했다. 5월 18일 덜레스는 국무성에 제출한 비망록에서 대만과 대만해협을 중립화하는 방안을 제시했다. 그는 비망록에서 공산당이 중국을 장악하고 중국이 소련과 동맹을 체결하면서 세계 역량의 균형은 이미 깨졌으며, 국제 정세가 소련에게 유리하고 미국에게 불리한 방향으로 흘러가고 있다고 진단했다. 이 상황에서 미국이 미주와 북대서양조약기구(NATO) 국가 이외의 미확정 지역이 소련의 수중에 떨어지는 것을 허용한다면, 일본과 필리핀, 인도네시아와 같은 천연자원이 풍부한 지역에서도 미국은 중대한 재난에 직면할 것이며, 심지어 중동의 원유 지대까지 위기에 처할 수 있다고 경고했다. 이러한 재난이 일어나는 것을 막기 위해, 미국은 신속히 미국의 믿음과 결심을 보여 줄 수 있는 완전히 새로운 강경한 태도를 취해야 한다고 주장했다. 그러나 군부가 줄곧 주장해 온 "무력으로 대만을 보호하는 방안"과는 달리, 덜레스는 "대만의 지위는 일본과의 평화조약 체결 과정에서 확정돼야 하며, 그전까지 미국은 해군 함정을 대만해협에 파견하여 순시할 의무와 필요가 있다."고 강조했다. 그는 특히 "만일 대만이 중립을 선언하면, 이는 대만을 공산당이 점령하지 못하게 하면서도 국민당이 대만을 중국 대륙에 대항하기 위한 군사기지로 이용하는 것도 막을 수 있다. 이 경우 소련이 공개적으로 전쟁을 시작하지 않는 한, 우리는 대만 중립화 결정을 계속 견지할 수 있다."고 설명했다. 애치슨과 아시아 지역 책임자인 딘 러스크(D. Rusk) 국무 차관도 모두 '미 해군을 동원한 대만해협의 중립화' 방안에 찬성했다.231)

사실 덜레스가 대만정책을 전환하자고 주장하기 전 국무성 내에서 대만이 공산당의 공격을 받지 않도록 해야 한다고 적극 주장한 사람은 딘 러스크였다. 그는 1950년 4월부터 6월 사이 미국이 대만정책을 빨리 전환하도록

231) "Memorandum by Dulles, Consultant to the Secretary of State, May 18, 1950," *FRUS, 1950, Vol.1*, pp.314-316; "Extract From a Draft Memorandum by the Assistant Secretary of State for Far Eastern Affairs (Rusk) to the Secretary of State, May 30, 1950," *FRUS, 1950, Vol.6*, pp.349-351.

일련의 행동을 취하고, 군부의 주장에 호응했다. 4월 중순 딘 러스크는 중앙
정보국 중국 정보 평가보고서를 통해 국무 장관의 대만정책에 영향을 주려
고 했다. 그는 애치슨에게 보내는 비망록에서, 중앙정보국의 4월 10일자 정
보 평가 비망록을 눈여겨보라고 요청했다. 그는 비망록에서 "1950년 이전까
지 중공이 대만을 공격할 능력을 갖출 가능성이 매우 높지만, 최신 정보에
따르면 국민당 상황도 일부 호전돼 대만이 공격받는 상황이 벌어질 것이라
고 확신할 수는 없다."고 지적했다. 특히 딘 러스크는 이 점에 관하여 "대만
이 1950년 말까지 중공군에게 점령당할 가능성이 있지만, 국민당 정권이 이
섬에서 더 오래 존속할 가능성도 배제할 수 없다."는 평가보고서의 마지막
부분을 강조했다.[232]

　4월 26일 딘 러스크는 또다시 애치슨에게 비망록을 제출하고, 홍콩과 대
북(台北)에 있는 미국 외교관들의 건의에 관심을 가져줄 것을 요청했다. 그
들은 "미국은 동남아시아 지역에서 중국공산당의 군사력을 분산시키고, 동
남아시아에서 방어 능력을 증강할 시간을 벌기 위해 반드시 국민당 정부를
지원해야 하며, 주둔 중인 군대를 유지해야 한다. 중공은 대만을 공격한 뒤
동남아시아 지역에 전 방위적인 압력을 가할 것으로 예상된다. 미국이 대만
을 잃게 된다면 베트남, 태국, 미얀마를 지키기 데 더 큰 대가를 치러야 할

---

[232] "Memorandum by the Assistant Secretary of State for Far Eastern Affairs (Rusk) to the Secretary
of State, April 17, 1950," FRUS, 1950, Vol.6, p.330. 군부와 국무성의 '매파'의 대만정책에 호응하
기 위하여, 중앙정보국은 3월 16일 「중소동맹조약」의 비밀조항은 "만일 미국이 대만을 보호
하기 위하여 정식으로 출병할 경우 소련은 즉각적으로 참전한다."고 규정하고 있다고 경고
하였지만, "만일 미국이 단지 지원군이나 일본군 또는 대만에 경제·군사원조만을 제공할
경우 이 조항은 이 상황에는 해당되지 않는다."라고 지적하였다. "NLT 85-20, CIA Memorandum,
Official Use, March 16, 1950," DDRS, CK3100251082. 그 후, 딘 러스크가 국무성에 보고한
정보평가서 이외에도, 5월 11일 미 중앙 정보국은 1월부터 4월 중순까지 국민당 인사들의
사기는 매우 높아진 것 같으며 대륙에 대한 공중폭격의 효율성과 해상봉쇄의 지속, 해남도
와 기타 근해 도서에서 공산당의 소규모 공격의 격퇴, 몇몇 국민당 특공대의 대륙 습격
등은 모두 국민당의 군사적 능력이 개선되었음을 보여 준다고 강조하였다; "Intelligence
Memorandum No.292, May 11, 1950," DDRS: CK3100429683. 이 보고서는 군부와 딘 러스크
등의 장개석 정권에 대한 원조 요구에 힘을 실어 주었음은 분명하다.

것이며, 그나마 목표를 실현하는 것도 더 어려워질 것이다."고 건의했다.[233]
이 밖에도, 딘 러스크는 5월 25일 국방부 군사지원국 국장 사무실에서 국무
부 부장관 번스(J. H. Burns)와 군사지원국 국장 레니처(L. L. Lemnitze)와 함
께 국무성－국방부 연석회의를 개최하고 대만 문제를 토론했다. 회의에서
"미국은 현재의 정책 범위 안에서 대만의 국민당 정부에 군사적 원조를 제
공하는 것과 관련된 모든 조처를 해야 한다. 특히 국무성은 대만 국민당 정
부에게 미국 군사 설비를 구매할 수 있는 수출허가증을 발급하고, 국방부는
국민당 정부에 제공한 군사 장비가 대만 방어에 필수적인 물자임을 최대한
보증해야 한다."는 데 만장일치로 동의했다. 또한 국무성과 국방부는 미국
의 정책이 대만이 중공에 저항하는 것을 지지하기 위해 비밀행동을 강화하
는 것을 하락하고 있음을 확인하고, 국무성은 대통령에게 이에 필요한 자금
을 사용하는 것을 허가해 달라고 요청하기로 했다.[234]

그 후 1주일이 채 지나지 않은 5월 30일 딘 러스크는 다시 한번 국무성의
일부 고위 간부들과 회의를 개최하고 대만에 대한 정책을 어떻게 재정립할
것인가를 토론했다. 회의 참석자들은 딘 러스크가 국무 장관과 면담해 새
정책을 입안하고, 장개석에게 대만에 대한 유엔의 신탁통치를 받아들일 것
을 요청했으며 대만에 대한 신탁통치를 실시하기 전까지는 미국 해군이 중
공군의 공격을 받지 않도록 대만을 보호하는 것에 모두 동의했다.[235] 다음
날, 딘 러스크는 수차례 회의에서 제안된 의견들을 포함한 동아시아 신정책
에 관한 상세한 보고서를 제출했다. 딘 러스크는 보고서에서 중소조약 체결

233) "Memorandum by the Assistant Secretary of State for Far Eastern Affairs (Rusk) to the Secretary
of State, April 26, 1950," FRUS, 1950, Vol.6, pp.333-335.

234) "Memorandum by the Special Assistant to the Secretary of Defense for Foreign Military Affairs
and Assistance (Burns) to the Assistant Secretary of State for Far Eastern Affairs (Rusk), 29 May
1950," FRUS, 1950, Vol.6, pp.346-347.

235) "Memorandum by the Deputy Special Assistant for Intelligence (Howe) to Mr. W. Park Armstrong,
Special Assistant to the Secretary of State for Intelligence and Research, 31 May, 1950," FRUS,
1950, Vol.6, pp.347-349.

은 미국이 1월에 선포한 대만정책이 이미 실패했음을 증명하며, 앞으로 미국은 무력을 이용하여 대만을 보호하고 대만을 중립화하는 새로운 정책을 실시해야 한다고 주장했다. 딘 러스크는 우선 장개석을 물러나게 한 후 대만에서 신탁통치를 실시하고, 제7함대를 계속 대만해협에 주둔하게 하자고 건의했다. 딘 러스크는 심지어 대통령 발표문도 기초했는데, 그 내용은 조선전쟁이 발발한 뒤 6월 27일 발표된 트루먼 성명과 매우 유사했다.[236] 딘 러스크의 목표는 하나였다. 즉 중국의 내전에 개입하여 인민해방군이 대만을 점령하는 것을 저지하는 것이다. 이 목적을 달성하기 위하여 딘 러스크는 애치슨에게 6월 초 유엔에 대만 문제를 연구하기 위한 전문위원회를 설치하고 안보리에 선택 가능한 방안을 제출하게 하자고 건의하기까지 했다. 유엔안보리로 하여금 국공 양당에 대만과 중국 대륙에서 전투를 멈출 것을 호소하고, 한편으로 미국은 현재 정책이 허용하는 범위 내에서 국민당 정권을 지원해야 한다고 주장하였다. 딘 러스크는 또한 소련이 이 위원회를 설치하는 안에 거부권을 행사하거나, 공산당 군대가 유엔의 제안을 거부하거나 인접국을 공격한다면, 미국은 군사적 조치를 취하는 것도 고려해야 한다고 제안했다.[237]

종합하면, 애치슨이 원래 주장했던 대만정책은 국방부와 참모연석회의 등 외부의 반대를 받았을 뿐만 아니라, 국무성 내부에서도 덜레스와 딘 러스크의 연합에 의해 배척됐음을 알 수 있다. 또한 애치슨은 국회의 공화당 의원의 반대에 부딪혔으며, 특히 매카시즘이 일어난 후에는 국무성의 중국 정책이 '중국을 상실'하게 된 주된 원인으로 인식되었다.[238] 6월 1일, 여러

236) "Memorandum by the Deputy Special Assistant for Intelligence (Howe) to Mr. W. Park Armstrong, Special Assistant to the Secretary of State for Intelligence and Research, *FRUS, 1950,*" Vol.6, pp.348-351; "Rusk's report of May 31, 1950," RG 59, Department of State Records, *National Archives.*

237) Robert D. Accinelli, *Crisis and Commitment: United States Policy toward Taiwan, 1950-1955*, Chapel Hill: University of North Carolina Press, 1996, p.23.

238) 华庆昭, 『从雅尔塔到板门店-美国与中, 苏, 英: 1945-1953』, 北京: 中国社会科学出版社, 1992年,

방면에서 압력을 받은 애치슨은 존슨 국방부 장관에게 편지를 보내 대만을 지원하라는 군부의 주장에 동의하는 뜻을 밝혔다. 국무성의 동의를 얻자마자 존슨 국방 장관은 국방부의 관련 부서에 제트기와 중대형 탱크를 제외하고 국방부가 사용가능한 자금 범위 내에서, "앞으로 대만이 제기하는 모든 요구"를 충족하게 해주라고 명령했다.[239]

　6월 초순에 이르러 미국은 대만정책을 전환하는 쪽으로 대세가 바뀌었고, 6월 12일 덜레스는 장개석의 워싱턴 대표 고유균(顧維鈞)에게 "국무성이 최근 대만에 대한 태도를 바꿔 대만에 군사원조를 제공하는 것을 재고할 가능성이 있다."고 전했다. 바로 이때, 유명한 반공주의자 맥아더가 다시 한번 애치슨의 대만정책에 치명타를 가했다. 맥아더는 6월 14일 참모장연석회의에 제출한 비망록에서 대만은 알류샨열도에서 필리핀에 이르는 미국의 아시아 방어선에서 극히 중요한 고리라고 강조했다. 만일 대만이 다른 강대국의 통제 속에서 미국과 대치하게 된다면, 미국의 전략 이익은 매우 심각한 위험에 처하게 될 것이라고 주장했다. 그는 전쟁이 발발한 상황에서 미국이 방어선을 지킬 수 있는지는 대만에 미국에 우호적이거나 중립적인 정권이 수립될 수 있는지에 달려있다고 강조했다. 맥아더는 대만을 재차 "침몰하지 않는 항공모함"에 비유하면서, 대만의 귀속 문제를 처리하는 데 신중할 것과 대만의 운명은 미국에 달려있으니 미국은 결연한 조처로써 대만이 공산당의 수중에 떨어지지 않도록 해야 한다고 주장했다.[240] 맥아더는 「대만 보위 의견서」라는 제목의 이 비망록을 동경을 방문 중인 존슨 국방 장관과 브레들리에게 제출하고 그들과 의견을 교환했다. 브레들리는 "대만 지원 문제에서 이 문건은 과거 참모장연석회의가 제시한 논거보다 훨씬 설득력 있는 논거를 제시하고 있다."고 평가했다. 그래서 존슨과 브레들리는 이 문건을

　　　　第243页; 资中筠·何迪编,『美台关系四十年』, 第48页.

[239] "The Secretary of State to the Secretary of Defense(Johnson), June 1, 1950," *FRUS, 1950, Vol.6*, pp.351-352.

[240] "MacArthur Memorandum on Formosa, June 14, 1950," *FRUS, 1950, Vol.7*, pp.161-165.

대통령에게 보고하고, 참모장연석회의의 이름으로 미국의 대만 불간섭 정
책을 조정하고, 국민당에 원조를 제공하자고 건의할 것을 결정했다. 조선전
쟁이 발발하기 하루 전인 6월 24일 존슨과 브래들리는「대만 보위 의견서」
를 가지고 동경에서 미국으로 돌아갔다.[241] 떠나기 전 존슨 국방부 장관은
장개석의 개인 대표에게 미국이 대만에 군사원조를 제공하게 하겠다는 '진
심어린 결심'을 전달했다.[242]

　　백악관에서 본격적인 논의가 시작되기도 전에 신문에 미국의 새로운 대
만정책이 발표되어 "현재 대만정책이 변하고 있다."는 소문이 돌았다.[243] 6
월 25일『뉴욕 헤럴드 트리뷴(The New York Herald Tribune)』지는 연합군 최
고사령부의 의견을 따르면, 미국이 대만 문제에 강경한 태도를 취할 경우
"중국은 아직 미국의 군사력에 맞설 준비가 아직 안 되어 있기 때문에 공산
당이 대만을 침략하지 못하게 할 확률은 90% 이상"이라고 보도했다. 이 신
문은 만약 미국이 강경한 어조로 공개성명을 발표해 대만의 귀속 문제는 반
드시 대일평화조약이 체결된 후에 확정할 수 있다고 밝히고, 대만에 군사대
표단을 파견하고 군사 지원을 제공한다면, "공산당원들은 대만 공격을 시작
할 생각조차 하지 못할 것"이라고 강조했다. 신문은 "또한 일부 관리들은 대
만에 미 항공모함 한 척이 출현하기만 해도 공산당원들은 상당한 기간 동안
대만 공격 시도를 하지 못할 것이다."라고 생각한다고 보도했다.[244]

　　중소동맹조약 체결 이후부터 6월 중순까지 미국의 대만정책은 이미 완전
히 방향을 바꾸었으며 심지어 실현가능한 구체적 방안이 의논되고 있었다.

[241] Bradley, Clay Blair, A General's Life: an Autobiography by General of the Army, p.530. 사실,
국민당 정권이 대만으로 패주한 이후, 트루먼 정부는 각종 형식을 통한 대만에 대한 지원을
곧장 중단하지 않았다. 국가안전보장위원회의 "미국의 원동 지역에 대한 원조 항목 협조"라
는 제목의 NSC61/1호 문건에 의하면 1950년 미국의 대만에 지원한 차관은 1.04억 달러에
달하였다. "NSC61/1, Coordination of U.S. Aid Programs for Far Eastern Areas, May 16, 1950,"
DNSA, Presidential Directives, PD00164.

[242] "장개석 일기(蔣介石日記), 1950年 6月 24日," Hoover Institution Archives, University of Stanford.

[243] 瞿韶华主编,『中华民国史事纪要(1950年)』, 台北: 国史馆, 1994年, 第876-877页.

[244] 11월 28일 오수권의 유엔안보리 연설에서 인용,『中美关系: 文件和资料选编』, 第46-47页.

적절한 기회와 조건만 주어진다면 NSC-68호 문건의 이념과 원칙은 곧바로 실현되어 새로운 대만정책과 방침이 생겨날 수 있었다. 적절한 기회와 조건은 모택동의 대만 공격이 될 수도 있고 김일성의 남한 공격이 될 수도 있고, 중공군이 베트남의 국경을 넘어 프랑스와 투쟁 중인 월남공산당을 지원하는 것이 될 수도 있다. 그리고 6월 25일 조선전쟁의 발발이 그러한 조건이 되었다.

이상에서 중소동맹조약이 체결된 이후 중공의 성공적인 대만 전역을 방해한 외부적 요인 2가지가 발생했음을 알 수 있다. 하나는 소련으로부터, 다른 하나는 미국으로부터 온 것이었다. 그것은 국공 양군의 군사적 역량(주로 해·공군)에 영향을 미쳤으며, 대만해협 정세에도 잠재적인 변화를 가져왔다. 결국 중공의 대만 해방을 저지한 근본적 요인은 바로 중소동맹조약이었다. 조선전쟁은 단지 미국에 새로운 대만정책을 선포의 기회와 구실을 제공했을 뿐, 낙타의 등을 꺾는 마지막 한 오라기의 짚에 불과했다.

그렇다면 조선전쟁은 과연 어떻게 발발한 것일까? 전쟁의 발발과 중소동맹의 수립 사이에 직접적인 관계가 있었을까? 있었다면 그것은 무엇이었는가?

제3장_38선을 넘어서
김일성에게 청신호를 보내기로 한 스탈린

조 선전쟁의 기원 문제에서 과거 수십 년간 학술계에 격렬한 논쟁이
있어 왔다. 첫째는 조선전쟁의 원인에 관하여 '북침설'과 '남침설'에
대한 논쟁이 있었고, 둘째는 전쟁의 성격에 대하여 '국제전' 과 '내전설'에 대
한 논쟁이 있었다.[1]

그러나 이 문제들에 대한 논쟁은 학술계에서 이미 과거의 일이 되었다.
누가 먼저 방아쇠를 당겼든지 상관없이, 즉 조선이 먼저 공격하였든지 혹은
한국이 조선을 공격을 하였든지와 관계없이, 6월 25일 조선인민군이 신속하
고 순조롭게 38선을 돌파한 것은 김일성이 일찍부터 대규모 전쟁을 준비하
였고 실제로 이를 실행하였음을 증명한다. 반대로 한국은 '북진' 의도와 그
동기가 있었다 하더라도, 이에 대한 전혀 준비가 없었고 이를 행동으로 옮
기지도 않았다.

---

[1] 이 방면의 상세한 내용에 대해서는 다음을 참조할 것. Edwards(ed.), *The Korean War, An Annotated Bibliography*; McFarland(ed.), *The Korean War, An Annotated Bibliography*; Matray, "Korea's War at 60."

전쟁의 성격 문제에서, 전쟁 발발 장소와 최초 참전 쌍방의 인원으로만 보면, '내전'이라고 칭할 수 있는 것처럼 보인다. 그러나 조선전쟁의 근본 원인은 조선반도의 분열에 있었고, 조선반도에 두 개의 국가가 동시에 출현한 근본 원인 또한, 냉전의 발발과 미소의 대립에 있었다. 뿐만 아니라, 전쟁의 시작과 그 전개 과정, 그리고 최후 결과까지도 조선 민족 자신이 주도적인 역할을 담당하지 못하였다. 따라서 조선전쟁은 '제한된 국제전쟁'으로 보는 것이 더욱 타당하다.

만일 전쟁의 책임과 이데올로기의 요인을 배제하고 현재의 사료(史料)만으로 판단해보면 위의 결론이 사실상 성립된다고 할 수 있다. 따라서 현재 토론되어야 할 것은 조선전쟁은 어떻게 일어났는가? 스탈린은 언제 어떤 상황에서, 또 무엇을 위해서 김일성에게 조선전쟁에 동의하는 청신호를 보내기로 하였는가 하는 점이다. 이 과정에서 모택동은 과연 어떤 생각을 하였으며, 어떠한 작용을 하였는가 하는 것이 중요한 문제라고 할 수 있다.[2]

1. 조선반도 통일을 위한 김일성의 굳은 의지

조선반도는 역사적으로 장기간에 걸쳐 중국과 의존적 관계를 맺어왔으며, 심지어 얼마간 중국의 식민지도 경험하였다. 제2차 세계대전이 끝날 무렵 조선반도의 독립과 자유에 서광이 비쳤다. 그러나 국제 냉전 구조의 출현은 조선반도를 남북으로 분열시켰으며, 미소 간 동북아 지역에서 주도권 쟁탈전이 발발하고, 그들의 국가이익이 충돌함에 따라 평화적인 방법을 통

---

[2] 한국의 저명한 한국전쟁 연구자 김학준(金学俊)은 동서방의 적대 상태 및 각 공산당 국가의 자료가 지금까지 공개되지 않았기 때문에, "스탈린의 지지하에, 김일성의 전쟁 계획이 제일 중요한 역할을 발휘하였다."고 하더라도, 이 또한 7가지 이상의 가설이 존재한다고 주장하였다. Kobayashi Keiji, "Who Started the Korean War", *The Truth About the Korean War*, Kim Chullbaum(ed.), pp.3-15.

한 민족통일 및 독립의 실현 가능성은 더욱 멀어졌다. 남한의 지도자 이승만과 북한 지도자 김일성은 모두 조선 민족의 통일 완성을 눈앞의 시급한 임무로 여겼으며, 평화적 방법에 따른 통일이 어려워지자 무력에 호소하게 되었다.[3]

처음에는 조선의 소련 군정 당국은 조선에서 무장 조직을 허락하지 않았다. 1945년 10월 12일 소련 제25군사령부는 제7호 명령을 통해서 "조선 내의 모든 무장 조직의 해산"을 명령하고, 사회질서 유지를 위한 "각도 인민위원회가 자체적으로 조직한 경찰"만을 허가하였다.[4] 유격전사 출신 김일성은 무장 역량을 장악할 중요성을 당연히 알고 있었다. 앞에서 서술한 바와 같이, 김일성은 1946년 초 정식으로 조선의 지도자가 되었지만, 이전부터 모스크바의 신임과 지지를 이미 확보하고 있었다. 이때부터 김일성은 군대의 건설을 매우 중요시하였다.

1945년 11월 14일, 소련 연해주 군·구 군사위원회 위원 슈티코프 상장과의 회담에서, 김일성은 소련과 조선 간의 더욱 긴밀한 관계를 수립할 것을 요구하였다. 동시에 김일성은 남북공산당 대표자들의 모스크바 파견, 1,500명의 소련계 한인들의 조선 파견 및 조소 문화교류협회 조직을 요구하였다. 김일성은 각도에 공산당위원회에 청년정치학교를 개설하고, 이 학교에 군사훈련반을 설치할 수 있도록 허가해 줄 것을 슈티코프 장군에게 요청하였다. 슈티코프 장군은 "김일성의 요청 이유는 미국이 서울에 조선인들을 위해 한 곳의 군관학교를 설립하였기 때문"이라고 모스크바에 보고하였다. 김

---

3) 조선인민군이 서울을 점령한 이후, 이승만의 북방 진공 계획에 대한 비밀문건이 발견되었다. 북한은 모스크바의 비준을 받아 이 사실을 공포되었다. "1950년 9월 2일 슈티코프가 비신스키에게 보낸 전문," *АПРФ*, ф.3, оп.65, д.827, л.43-48; "1950년 9월 22일 소비에트연방 공산당 중앙정치국 결의," *АПРФ*, ф.3, оп.65, д.827, л.42. 북한이 공포한 내용은 다음을 참조할 것. 『人民日報』, 1950年 9月 22日, 1950年 9月 24日, 4쪽.

4) *ЦАМОРФ*, ф.379, оп.11034, д.22, л.96-97, *Ки Кван Со Из истории формирования вооруженных сил северной Кореи*(1945-1950)//Проблемы дальнего востока, №6, 2005, с.134으로부터 재인용.

일성은 미국과 같은 한 곳의 군관학교가 아니라, 조선의 각도마다 군관학교
의 설립을 요구하였다. 슈티코프는 김일성의 제안을 적극적으로 지지하였
으며 이러한 학교들이 설립되기를 희망하였다. 그는 교재와 시청각 도구(무
기와 부품 등) 및 강의계획서 수립 등에 있어서, 이들 군관학교에 원조를 제
공할 것에 동의하였다.

　이밖에도 김일성은 일본군으로부터 노획한 군수품 중, 3대의 비행기를 제
공해 줄 것과 이를 이용하여 조선 청년비행사를 양성할 수 있도록 해 줄 것
도 슈티코프 장군에게 요청하였다. 김일성은 조선에 과거 일본군에 복무한
40여 명의 비행사들이 있으며, 그들이 비행교관을 담당할 수 있다고 설명하
였다. 이러한 요구를 받은 슈티코프는 조선공산당이 통제하는 청년기구 내
에 항공지원자협회를 조직할 것을 소련 정부에 건의하였지만, 당시 소련의
기본 정책이 국제 협정을 엄격히 준수하고 미국과의 협력을 통하여 조선 문
제를 해결하는 것이었기 때문에 각도에 청년정치학교 설립 요구에 대해 모
스크바는 긍정적인 답변을 하지 않았다.[5] 바로 이러한 상황에서, 조선에서
활동하는 무장 조직들이 해체되었으며, 중국공산당 지도하의 조선의용군부
대가 조선에 귀국하는 것도 제한을 받았다.

　1937년 중국에서 전면적인 항일 전쟁이 발발한 이후, 장개석과 국민당 정
부의 지지 및 원조하에 중국 내 조선인 항일지사들은 '조선의용대'를 조직하
였다. 1941년 봄 의용대 각 지대는 차례로 황하를 건너, 중국공산당의 지도
를 받고 있는 화북 항일 근거지로 이동하고 중경의 국민당 총사령부의 지도
에서 벗어났다. 동시에, 중국 화북 지역의 각종 조선인 항일 역량들이 점차
로 연합하여 중국공산당의 지도로 귀속되었다. 1941년 1월 태항산의 팔로군
사령부가 위치한 산서(山西)성 동유(桐峪)에서 무정(武亭)을 회장으로 한 '화
북 청년연합회'가 창립되었으며, 곧이어 6월 조선의용대 화북지대가 조직되

5) *ЦАМОРФ*, ф.172, оп.614632, д.23, л.4-5, *Ки Кван Со* Из истории формирования вооруженных сил северной Кореи, с.135.

어 팔로군(八路軍)의 직접적인 지도를 받았다.

　1942년 7월 중공 중앙의 지지를 받은 '화북 청년연합회'는 '조선독립동맹'으로 개칭되었으며, 김두봉(김백연), 최창익(이건우)이 지도자로 선출되었다. 의용대 화북지대는 '조선의용군'으로 확대·개편되고, 총사령관에 무정(武亭), 부사령관에 박효삼(朴孝三)과 박일우(朴一禹)가 각각 선출되었다. 1944년 3월 연안에 조선혁명군정학교가 설립되어 다수의 조선 청년들을 훈련시켰다. 전쟁이 끝나기 직전, 조선독립동맹 주요 간부들이 모두 연안에 집결하였으며 서휘, 윤공흠 등 일부 젊은 간부들도 지도부에 합류하였다.[6]

　소련의 일본에 대한 선전포고 직후인 1945년 8월 11일, 연안의 팔로군 총사령관 주덕(朱德)은 6호 명령을 발표하고, 조선의용군에게 즉각 팔로군과 함께 동북으로 진군하여 일본군과 위군(만주군)을 섬멸하고, 조선 해방을 준비할 것을 명령하였다.[7] 8월 12일, 15일, 18일, 조선독립동맹 본부는 잇달아 3건의 통지문을 발표하고, 일본군 내의 조선인 병사들에게 팔로군과 신사군에게 투항할 것과 조선인들에게 조선의용군에 가입하고 새로운 공화국 조선의 건설을 위하여 투쟁할 것을 호소하였다. 동시에, 동맹 본부는 연안의 조선혁명군정학교는 폐교하고, 모든 인원을 조선의용군에 편입시켰다. 그후 조선독립동맹과 조선의용군 총 300명은 중공 중앙 간부공작단과 함께 동북으로 출발하였다. 11월 초 심양에 도착한 후, 심양 교외의 조선인 마을에 주둔하면서 조선으로 진입할 준비를 하였다. 이때 동북 지역의 소련군은 어떠한 무장부대도 중국에서 조선으로 진입하는 것을 허락하지 말라는 명령을 받았다. 이에 중공 중앙의 동북국의 지시에 따라, 조선의용군은 7개 지대(실제는 4개 지대)로 편성되어 동북의 조선인 밀집 시역에 파견되어서 근거

---

6) 石源华编著, 『中国共产党援助朝鲜独立运动纪事(1921-1945)』, 269-273, 299-340쪽; 刘金质等编, 『中朝中韩关系文件资料汇编』, 727, 801쪽. 조선독립동맹과 의용군 설립 및 활동에 관한 최근 연구는 아래와 같다. 黄龙国, 「朝鲜独立同盟及朝鲜义勇军历史的几个问题」, 『延边大学学报』第39卷 第3期 2006.09, 28-32쪽; 马长林, 「朝鲜义勇队的产生与发展」, 崔凤春, 「朝鲜义勇队内部党派及组织系统沿革」, 『韩国研究论丛』第二十辑, 2009.07, 186-199, 200-222쪽.

7) 『中共中央文件选集』 제15권, 223쪽.

지 건설을 전개하였다.[8] 김두봉, 무정, 최창익, 한빈 등 약 70여 명의 간부들 만이 1945년 12월 초 개인 자격으로 조선에 돌아갔다.[9]

뿐만 아니라, 이미 조선에 들어간 선견 종대도 할 수 없이 중국으로 되돌 아왔다. 항일전쟁 시기에 조선인 한청(韓青)은 중공 기열요(冀热辽)군·구 사령관 이운창(李运昌)의 명령을 받고 심양에서 지하공작을 펼치고 있었다. 1945년 9월 초 기열요 군·구의 증극림(曾克林)부대가 심양에 들어온 후, 한 청은 12개 중대 총 1,500여 명으로 구성된 '조선의용군 선견 종대'를 조직하 였다. 한청과 연안 조선혁명 군정학교 동창인 주연(周然)이 각각 종대 대장 과 정치위원을 담임하였다. 동북소련군이 심양 시내에 이 부대가 주둔하는 것을 허락하지 않았기 때문에, 10월 11일 종대는 심양을 떠나 단동에 도착하 여 남만 지역으로 이동할 준비를 하였다. 이때 신의주 주둔 소련군 사령관 은 연락원을 한청에게 파견하여, 다음 날 압록강 대교 입구에서 만날 것을 약속하였다. 다음 날 소련군의 요청으로 선견 종대는 신의주 시민들의 열렬 한 환영을 받으며 시내로 진입하였다. 그러나 부대가 조선으로 진입한 후, 소련군은 포츠담선언을 이유로 선견 종대의 무장을 해제하였으며, 곧이어 김일성이 사람을 보내 종대의 의견을 물었다. 한청은 조선에서 보인 소련군 의 점령 행위에 대한 불만과 중공에 대한 충성을 분명하게 표명하였다. 한 청은 김일성의 초청을 받아 평양에서 김일성과 회담하였다. 이 회담에서, 그는 의용군 선견 종대는 조선에 남아 군관학교의 간부로 양성되든지, 또는 국경 경비대나 지방 보안대의 임무를 담당할 수 있다고 제안하고, 만일 이 제안이 받아들여지지 않으면 동북으로 돌아갈 것이라고 통보하였다. 이에

8) 石源华编著, 『中国共产党援助朝鲜独立运动纪事』, 389-397쪽. 의용군 각 지대의 이후 활동과 재편성 상황에 대해서는 다음을 참조할 것. 金东吉, 「中国人民解放军中的朝鲜师回朝鲜问题 新探」, 『历史研究』, 2006.06, 103-114쪽; 金景一, 「关于中国军队中朝鲜官兵返回朝鲜的历史考 察」, 『史学集刊』, 2007.03, 52-61쪽.

9) 石源华编著, 『中国共产党援助朝鲜独立运动纪事(1921-1945)』, 394쪽. 또한 어떤 이의 회고에 따르면, 무정은 1,000여 명의 조선족 병사들을 데리고 조선으로 귀국하였다. 曾克林, 『戎马生 涯的回忆』(北京: 解放军出版社, 1992), 252쪽 참조.

김일성은 동북으로 돌아갈 것을 권고하였지만, 소련군 당국은 의용군에게 무장을 해제하고 조선에 계속 남아있으라고 요구하였다. 한청이 강력히 항의하자, 소련군은 의용군이 무기를 휴대하고 동북으로 돌아가는 데에 마지 못해 동의하였으며, 의용군은 11월 5일 심양으로 돌아와 연안으로부터 온 조선의용군 본대와 합류하였다.[10] 그 후 조선의용군은 1949년 여름까지 동북에 남아서 임표의 지휘하에 동북해방전쟁에 참가하였다. 소련 점령군의 반대로 김일성은 조선에서 군대를 조직할 한 차례의 좋은 기회를 놓쳤다.

1946년 2월, 김일성은 '북조선 인민위원회' 위원장에 취임한 후, 소련의 동의를 얻어 88여단의 전우들을 핵심으로 하는 '보안사령부'를 창설하였다. 보안사령부는 최용건이 책임을 졌으며, 그 휘하에 훈련, 항공, 문화, 포병 부서가 조직되었다. 보안사령부는 '민족보위성'의 전신으로, 후에 조선인민군 창설의 기반이 되었다.[11] 김일성은 편지, 회담 혹은 슈티코프와의 개인적인 접촉 기회를 이용하여 여러 차례에 걸쳐 무장부대의 조직을 제안하였다. 우선 1946년 4월 '해양순찰대'를 조직하였으며, 이 부대는 후에 동해 및 서해 해상경비대로 분리되었고 조선 해군의 뿌리가 되었다. 5월 미소공동위원회 제1차 회의가 결렬된 후, 소련은 조선에 준 무장부대 조직을 포함한 정치, 경제적 지원을 강화하기 시작하였다.[12] 5월 21일, 김일성은 소련군 정부 민정 국장 로마넨코 소장에게 서한을 보내 조선에서 경찰 간부 양성을 위한 학교 설립을 허가하고 이 학교에 교관을 파견해 달라고 요청하였다. 이 학교는 명칭만 경찰 간부학교지 실제로는 군관학교였다. 김일성의 학교 설립 요구 및 관련 요청들은 연해주 군·구 군사위원회의 적극적인 지지를 받았

---

[10] 韓青, 『韓青回忆录, 满洲地域朝鲜独立军史』(韩语), 미발간; 金东吉, 「1945年10月朝鲜义勇军先遣纵队回国及其受挫」, 『韩国研究论丛』第二十辑, 2009.07, 257-263쪽; 李运昌, 「忆冀热辽部队挺进东北」, 中共中央党史资料征集委员会编, 『辽沈决战』, 北京: 人民出版社, 1988, 172쪽.

[11] Yu Songchol, "I Made the 'Plan for the First Strike' that Invaded the South on June 25th," *The Truth About the Korean War*, Kim Chullbaum(ed.), pp.150-151.

[12] *Ки Кван Со* Из истории формирования вооруженных сил северной Кореи, с.136.

다. 연해주 군·구 군사위원회는 모스크바에 보낸 보고에서 조선에 지휘관 양성을 위하여 한 개의 군관학교를 설립하고, 철도 보호를 위하여 철도경비대를 조직하고 만주와의 접경지대 보호를 위해 1개 사단의 경비대를 창설하는 것을 허가해 줄 것을 요청하였다. 소련공산당 중앙위원회는 이 요청뿐만 아니라, 북조선 인민위원회에 철도경비대, 국경경비대 및 군관학교에 필요한 무기들을 판매하도록 허가하였다.[13] 그리하여 1946년 8월, 평양 및 여러 도시에 '경찰학교'가 설립되었으며, 불가닌(Bulganin)의 비준을 거쳐 경찰학교에 다수의 군사고문이 파견되었다. 시미얼노프(I. I. Simirnov) 소장을 단장으로 하는 군사고문단은 3명의 장성과 343명의 각급 장교들로 구성되었으며, 주로 조선에 주둔중인 제25군에서 차출되었다.[14]

1946년 7월 이후, 일단의 조선의용군 간부들과 동북 조선 인민 연군(东北民主联军) 중의 조선인 간부들이 연이어 귀국하였다. 비교적 저명인사로서, 조선의용군 부사령 박일우(朴一禹), 길동분성 군구(吉东分省军区) 사령관 강건(姜健, 姜信泰), 연변군 분구(延边军分区) 사령관 김광협(金光侠), 연변 행정전서(延边行政专署) 전원(专员) 임춘추(林春秋), 연변군 분구 제2단 단장 최광(崔光, 崔明锡), 훈춘 보안단(珲春保安团) 참모장 지병학(池炳学) 등이 있으며, 박일우, 강신태, 최광 등은 약간의 사병들과 함께 조선으로 귀국하였다. 이 밖에도 1946년 7월, 동북군정대학동만분교(东北军政大学东满分校) 제2대대가 조선으로 돌아왔다.[15] 평양의 중공 중앙 동북국 대표 주리치(朱理治)의 보고에 따르면, 1947년 6월까지 조선의 혁명을 위하여, 동북 근

---

13) ЦАМОРФ, ф.379, оп.166654, д.1, л.12; АВПРФ, ф.06, оп.8, п.39, д.638, л.93-94, Ки Кван Со Из истории формирования вооруженных сил северной Кореи, с.136.

14) ЦАМОРФ, ф.40, оп.178427, д.90, л.120-121, Ки Кван Со Из истории формирования вооруженных сил северной Кореи, с.139.

15) 金景一,「关于中国军队中朝鲜官兵返回朝鲜的历史考察」,『史学集刊』, 2007-3, 57-58쪽; 徐龙男,「延边籍朝鲜人民军退伍军人采访录」,『冷战国际史研究』第七辑 2008, 267-269쪽; 安龙祯 主编,『延边朝鲜族自治州志』, 北京: 中华书局, 1996, 592-595쪽; 韩俊光, 姚作起,『解放战争时期的东满根据地』, 延吉: 延边人民出版社, 1991, 384쪽.

거지로부터 귀국한 조선인 간부들은 약 500여 명에 달하였다.[16] 중국에서
전투 경험을 쌓은 이들은 조선인민군의 중추적인 역량이 되었으며, 그중에
강건, 김광협 그리고 최광 등은 88여단 출신으로 후에 중국 동북 지역에서
온 자들이었다.

  군사간부가 늘어나고, 미소 대립이 심화하는 상황에서, 조선은 군대의 조
직을 서둘렀다. 1947년 4월 15일 김일성은 제25군 신임 사령관 코로트코
프(G. P. Korotkov)에게 더욱 구체적인 요구를 하였다. 즉 100여 명 규모의
해경 훈련반(海警培训班)을 조직하고, 소련의 해군 군관을 교관으로 파견
해 줄 것과 120명 규모의 조선인 비행사 및 항공기술 인력을 훈련할 수 있는
정치학원 훈련반을 개설하고, 소련으로부터 훈련기를 제공받아 사용할 수
있도록 해 줄 것을 요구하였다. 김일성의 이 요구들은 3개월 후 실현되어,
300명 규모의 해경 학교가 문을 열었다. 곧이어 항공협회 회원 및 정치학원
항공부 졸업생을 중심으로 조선 제1기 정규항공부대가 조직되었다. 7월 22
일, 김일성은 탱크 훈련반(700명)의 조직과 35~40대의 탱크 및 15~20문의 자
동화포 제공 및 1만 명 규모의 보병사단 창설 허가를 요청하였다. 소련 군정
당국은 김일성의 이 요구가 무리한 요구라 생각하고 회답하지 않았다. 그러
나 김일성은 1948년 2월, 경찰 간부학교 졸업생을 중심으로 조선 최초의 육
군사단을 창설하였다. 동년 9월, 조선 내무성 산하 경위여단이 육군사단으로
확대, 개편됨에 따라 1948년 12월 소련군 철군 직전 조선은 1개 보병사단, 1
개 보병여단, 1개 경찰여단, 그리고 1개 항공연대의 무장력을 보유하였다.[17]

  전체적으로 김일성은 무장 역량의 건설을 서둘렀다. 그러나 모스크바는
전국 총선거, 토지개혁과 국유화 조치 등으로 조선의 정치·경제적 상황은
남한보다 훨씬 양호하다고 보았다. 소련은 "미국은 2년여 남짓한 남조선 점

---

[16] "1947년 6월 27일 주리치(朱理治)가 중공 중앙 동북구에 보낸 보고(朱理治给中共中央东北局
的报告)," 『纪念朱理治文集』, 中共河南省委党史研究室编, 北京: 中共党史出版社, 2007, 241쪽.

[17] ЦАМОРФ, ф.379, оп.166654, д.1, л.59-60, 72, Ки Кван Со Из истории формирования вооружен
ных сил северной Кореи, с.137-138, с.138-139.

령 기간 동안에 중요한 정치 · 경제적 문제를 하나도 해결하지 못하였다."고 판단하였다.[18] 이러한 상황에서 소련은 조선에 강력한 무장력을 건설하는 것은 필요하지 않으며, 오히려 미국과의 불필요한 긴장을 유발할 수 있다고 보았다. 소련은 조선에 정규군이 조직되는 것을 허락하였지만, 그 인원과 무기 면에서 김일성의 요구에 훨씬 못 미치는 지원을 하였다. 조선인민군 창설 직전 김일성은 조선의 경찰부대는 29,000여 명에 달하지만 18,000정의 소총만을 보유하고 있으며, 아직도 11,000명의 경찰은 어떠한 종류의 무기도 없고, 해경 간부학교의 기술 장비 또한 매우 부족하다고 불평하였다.[19] 1948년 2월, 조선인민군이 창설될 때, 병력이 20만 명인 것으로 알려졌으나 앞에 서술한 자료를 보면 실제로는 최대 2~3만 명에 불과하였다.[20] 이런 이유로 소련군의 철수 발표에 조선의 지도자들은 환영을 표시하면서도, 내심 불안해하였다.[21]

김일성의 불안에는 이유가 있었다. 38선은 원래 지도상의 하나의 선에 불과할 뿐, 실제 어디가 분계선인지 확실하지 않았다. 조선반도를 옆으로 가로지르는 약 300여 킬로미터에 달하는 분계선은 75개의 작은 하천과 12개의 강을 남북으로 가르고, 181개의 작은 도로, 104개의 마을 도로, 15개의 도(道)급 도로, 8개의 대형 도로 및 6개의 남북을 잇는 철도를 관통한다.[22] 그러나 미소 관계가 악화함에 따라 분계선의 정치적 의의는 날로 커졌으며, 남북 쌍방의 주민들의 자유 왕래 역시 제한을 받았다. 소련군 정부의 통계로는 1946년 11만 명에 달하는, 남북 간의 38선 왕래는 1947년에는 6만 6,000

---

18) "1947년 12월 31일 소련 외교부 제1극동사령부의 조선형세에 관한 보고(苏联外交部第一远东司关于朝鲜局势的报告)," 『朝鲜战争俄档复印件』 第1卷, 90-97쪽.

19) ЦАМОРФ, ф.142, оп.432241с, д.3, л.96-97, Ки Кван Со Из истории формирования вооруженных сил северной Кореи, с.138.

20) 이에 대해서는 『人民日報』, 1948年 2月 20日, 2쪽 참조.

21) ЦАМОРФ, ф.19, оп.560, д.8, л.128, Ки Кван Со Из истории формирования вооруженных сил северной Кореи, с.139.

22) Schnabel, United States Army in the Korean War, pp.10-11.

명, 1948년에는 4만 명으로 감소하였다.[23] 이는 남북 간의 긴장 관계를 나타내는 지표이기도 하다.

　소련군이 철수하자, 이승만은 도발을 시작하였다. 조선이 제공한 정보로는 1949년 1월 15일~25일 사이에 남한의 경찰과 군인들의 38선 무단 월경이 증가했고, 수천 명 규모의 부대들이 38선 지역에 집결하였다. 남쪽 군대가 조선을 공격할 준비를 한다는 소문이 도처에 난무하였다. 그러나 소련대사는 "국내·외 정세가 허락하지 않기 때문에, 현재 남쪽 군대가 공격을 개시할 가능성은 적으며" 38선 지역에 군대를 집결시킨 이유는 "북쪽 군대의 공격을 막고 서울을 보호하기 위한 것"이라 분석하였다.[24]

　슈티코프는 남한이 조선을 공격할 수 없을 것으로 판단했지만, 38선 정세는 갈수록 긴장되었다. 2월 3일 슈티코프 대사는 남쪽 경찰과 군인들이 38선을 잇달아 침범하고 소란을 피운 사실을 보고하면서, "북쪽 영토를 습격하는 사건이 날로 빈번해지고 있다."고 강조하였다.[25] 상황을 더욱 악화시킨 것은 조선 수비부대의 무기가 낡고, 탄약이 부족한 점이었다. 소련 대사관은 38선을 지키는 2개 경비여단에 대해 "일본식(日式) 소총만을 보유하고 있으며, 1정 소총마다 오직 3~10여 발의 총알밖에 없다." 만일 남쪽이 기습할 경우 "저항 능력이 없으며 후퇴밖에 할 수 없다."고 보고하였다. 비록 소련 정부가 무기와 탄약을 조선에 판매하기로 동의하였고, 조선 주재 소련 대사관도 판매 이행을 촉구하였지만, 연해 군구는 조선으로 군수품을 보내지 않았다. 이밖에 소련 정부의 비준을 거쳐 새로이 조직된 1개 보병사단과 1개 보병여단 역시 빈손으로 소련으로부터 무기와 장비들이 도착하기만을 기다리고 있었다. 슈티코프 대사는 "이 문제를 긴급히 처리해 줄 것"을 몰로

23) "1948년 12월 주북한 소련 민정국 3개년 사업총결 보고(정치 부분)," АВПРФ, ф.0480, оп.4, п.14, д.46, л.6; "1948년 12월 주북한 소련 민정국 3개년 사업총결 보고(정치 부분)," АВПРФ, ф.0480, оп.4, п.14, д.46, л.342.
24) "1949년 1월 27일 슈티코프가 몰로토프에게 보낸 전문," АПРФ, ф.3, оп.65, д.3, л.3-5.
25) "1949년 2월 3일 슈티코프가 몰로토프에게 보낸 전문," АПРФ, ф.3, оп.65, д.3, л.8-9.

토프에게 요청하였다.26) 모스크바가 나서서 다음 날, 즉 2월 4일 연해주 군구 사령관 비류조프(S. S. Biriuzov)는 소련 대사관에 소총 탄환 250만 발, 경기관총 탄환 320만 발, 82밀리 박격포 포탄 15,000발, 소총 1,500정, 자동소총 1,200정, 경기관총 400정, 중기관총 100정, 82밀리 박격포 40문을 블라디보스토크로부터 배를 통하여 조선으로 보낼 예정이며, 기타 화물의 운반은 총참모부와 해군 극동사령부의 협조가 필요하다고 통보하였다.27) 하지만 소련의 조치는 문제를 근본적으로 해결하지 못하였다.

소련군 철수는 미국에 무형의 압력이 되었음은 의심할 바 없다. 그러나 1949년 2월 28일, 중앙정보국은 미국 군대는 조선반도에서 즉시 철수할 수 없다고 주장하였다. 비록 남한 군대의 수가 65,000명에 이르지만, 모두가 방금 모집된 신병들로서 그들에 대한 기본적인 군사훈련은 6월 1일이 되어야 끝날 수 있으며, 만일 그전에 미군이 철수하게 되면 민심(民心)이 동요하고 정부에 대한 믿음을 상실하고 실패주의 정서가 만연하게 되어 한국은 혼란에 빠지게 될 것이라고 보았다. 철군 문제에 관하여 미국 중앙정보국은 미국의 군사적 경제적 전략에서 한국의 의의는 크지 않으며, 한국에 주둔 중인 미군을 일본으로 철수하게 되면 주일 미군의 역량을 높이게 되고, 이 경우 소련이 미군의 무능함을 틈타 주일 미군을 직접 공격할 수 있는 가능성을 줄일 수 있다고 분석하였다. 반면에 한국으로부터 미군 철수는 소련의 한국 점령으로 이어지고, 결국에는 한국에 미군을 봉쇄할 수 있는 기지의 건설로 이어질 수 있다고 우려하였다. 동시에 주한 미군의 철수는 동아시아 국가들에게 미국의 연약함을 상징하는 사건이 될 수 있다고 강조하였다. 중앙정보국 보고서는 국방부 정보국의 다른 의견도 첨부하였다. 즉 국방부 정보국은 남한을 붕괴시킬 수 있는 주요 원인은 미군 철수가 아니라 남한 자신의 정치·경제적 요인이며, 미군의 소규모 주둔은 남한의 안정에 심리적

---

26) "1949년 2월 3일 슈티코프가 몰로토프에게 보낸 전문," *АПРФ*, ф.3, оп.65, д.3, л.6-7.

27) "1949년 2월 4일 比留佐夫가 슈티코프에게 보낸 전문,"『朝鮮战争俄档复印件』제1권, 136-137쪽.

인 효과만을 가져올 수 있을 뿐이라고 분석하였다. 또한, 조선 군대가 전쟁에서 승리할 수 있는 절대적인 우세를 확보하고 있지 않기 때문에 단기적인 군사적 모험보다는 장기적으로 남한에 위협을 가할 것으로 예측하면서, 미군 철수가 곧바로 소련의 남한 점령과 이용으로 이어질 것이라고는 보지 않았다. 군사적 측면에서 남한은 동북아시아에 소련을 억제하는 미국의 전초기지 중 하나에 불과하다고 주장하였다.[28]

연구와 토론을 거쳐, 국가안전보장회의는 3월 22일 투르만 대통령에게 한국 문제에 관한 보고서를 제출하였다. 보고서는 주한 미군이 1949년 6월 30일부터 철군을 시작해야 한다고 주장하고, 조선반도에서 장기적인 목표를 실현하기 위해서 미국은 유엔과 한국문제위원회를 활용하여 "한국인과 조선반도의 합법정부가 자유롭고 통일된 한국을 건설하도록 원조하고" 동시에 "대한민국에 지속적으로 정치, 경제, 기술, 군사 및 기타 방면에서 원조를 제공할 것"을 건의하였다. 그중에 군사원조는 "국경의 안전을 보위하고 국내 정세를 통제할 수 있도록 항공특별파견대를 포함한 약 65,000명의 정규군을 훈련할 수 있도록 지원하고", "4,000명의 해안경비대를 훈련해 밀수, 해상 강도, 불법 이민 그리고 적대 세력의 해상 침투를 막도록 하며" 35,000여 명의 경찰 병력에 소형 무기를 제공하여 법을 집행하고 공공질서를 유지할 것을 건의하였다.[29] 미국이 조선반도에서 군사행동을 취할 의도가 전혀 없음은 명백하였다. 오히려 북조선으로부터의 공격과 침투를 우려하고 있었다.

그러나 평양과 모스크바는 정반대로 느끼고 있었다. 미군이 철수하기 전, 스탈린은 "미군은 남조선 군내에 행농의 자유를 주기 위하여, 5월경에 남조선으로부터 철수하여 부근의 일본 도서 지역으로 옮길 예정이며, 유엔위원

---

[28] ORE 3-49, Consequences of US Troop Withdrawal from Korea in Spring, 1949, February 28, 1949, Item 58, Fiche 13, *National Security Archives.*

[29] NSC 8/2, Note by the Executive Secretary on the Position of the United States with Respect to Korea, March 22, 1949, *DNSA, Presidential Directives*, PD00018.

단도 조선을 떠나도록 한 후 4월과 5월경 남조선 병력을 38선 지역에 집결
시켜 6월에 조선을 기습공격한 후, 8월 이전에 조선 군대를 소멸할 것" 예정
이라는 정보 보고를 받았다. 4월 17일 스탈린은 이 정보 보고의 진위를 확인
토록 지시하였다.[30]

4월 20일 소련 정부의 국방부 장관 바실렙스키와 참모장 슈테멘코는 스탈
린에게 이 정보에 대한 평가보고서를 제출하였다.

> 북조선에서 소련군이 철수한 이후, '남한인들'의 38선 규정 위반은 선동적이며
> 빈번해지고 있다. 지난 1개월간 이러한 위반 행위는 더욱 빈번해졌다.
> 올해 1월 1일부터 4월 15일 사이, 38선에서는 총 37건의 규정 위반 사건이 발생
> 하였으며, 그중 24건은 3월 15일부터 4월 15일 사이에 발생하였다.
> 충돌은 경비대 간의 소규모 충돌, 소총, 기관총, 박격포로 무장한 중대 또는 대
> 대 수준의 무력 행위 또는 남조선의 38선 무단 월경으로 나타나고 있다.
> 모든 충돌은 남조선 측에서 먼저 발포함으로써 시작되었다. 동시에 남조선은
> 38선 정세가 혼란한 틈을 이용하여, 3~4월 사이 일부 야전군부대를 38선 부근에
> 집결시켰다. 서울에서 제1보병여단을 개성으로 이동시킨 것이 그 예이다.
> 남조선이 과거보다 대규모 병력을 동원하여 북조선에서 새로운 도발을 할 가
> 능성이 있다. 이러한 상황을 고려하여, 북조선 정부 군사령부는 남조선의 대규모
> 도발에 대비하여 적절한 조처를 하도록 건의하는 것이 바람직하다고 판단된다.[31]

5월 2일 슈티코프 대사는 "북조선을 무력 침공하기 위하여 남조선 당국이
'국방군' 규모를 확대하였다. 정보에 따르면 '국방군' 병력은 올해 1월 1일
53,600명에서 1분기 말에 70,000명으로 확대되었다. 동시에 그들은 특히 기
술 병과, 기계화 병과 및 특종 병과를 중시하여 이 분야 병력이 1~3배 증가
되었다."고 보고하였다. 보고서는 "38선 부근에 집결한 병력이 이미 41,000
명에 달하며, 그중 약 30,000명은 평양 방향으로 집결해 있다고 지적"하면서,
"남조선의 북조선 공격작전계획은 이미 완성되었을 뿐 아니라, 제1여단 대

---

30) "1949년 4월 17일 스탈린이 슈티코프에게 보낸 전문," *АПРФ*, ф.3, оп.65, д.3, л.25.
31) "바실렙스키와 슈테멘코가 스탈린에게 보낸 전문,"『朝鮮战争俄档复印件』제2권, 212-213쪽.

대장급 이상 간부에게 6월에 적극적인 행동이 예정되어 있다는 지시가 이미 하달되었다."라고 강조하고, 남쪽의 특무기관들은 파괴 활동과 테러 행위를 마구 저지르고 있다고 보고하였다.[32]

이러한 국면에 직면한 조선의 군비 상황은 오히려 우려할 만한 것이었다. 4월 20일 슈티코프 대사는 조선인민군의 작전 준비에 중대한 결함이 있음을 스탈린에 보고하였다. 그는 "훈련기와 연료 부족으로 조종사들의 훈련에 지장을 받고 있으며, 7개월간 전체의 10분의 1인 8명의 조종사만이 훈련을 받았으며, 2/3부대의 사단급 지휘기관에 소련의 군사고문이 없고, 오토바이대대에는 작전에 적합한 오토바이가 없다. 1년 전에 조선에 제공하기로 한 대포와 총의 제조 설비가 아직도 전부 도착하지 않았으며, 이 장비들을 설치하고 시험 운영할 기술자들도 아직 오지 않았다. 해안방어 고사포단 조직신청서를 제출한 지 수많은 날이 지났지만 아직까지도 회답이 없다."라고 지적하면서, 하루빨리 "필요한 조처를 하여" 해결해 줄 것을 스탈린에게 직접 건의하였다.

슈티코프의 보고서는 모스크바의 관심을 끌었다. 외교부장 비신스키(A. Vyshinskii)는 페도렌코(N. T. Fedorenko)에게 4월 27일 전까지 슈티코프 보고서에서 제기된 문제들에 대한 실행 방안을 보고하도록 지시하였다.[33] 동시에 스탈린은 다음 날 스미얼노프(I. I. Smirnov) 고문단장을 직위 해제하고, 슈티코프 대사가 조선 주재 소련고문단 단장을 겸임하도록 명령하였다.[34]

스탈린의 지시에 따라 슈티코프 대사는 김일성, 박헌영과의 상의를 거쳐 5월까지 1개 기계화여단을 새로이 조직하고, 여단은 2개 뱅크 난(각 단은 33대의 탱크), 1개 자동화포 대대(16문의 자동화포), 1개 포병대대, 1개 반 탱

---

32) "1949년 5월 2일 슈티코프가 평양에 보낸 전문,"『朝鮮战争俄档复印件』제2권, 230-233쪽.
33) "1949년 4월 20일 슈티코프가 스탈린에게 보낸 전문," *АПРФ*, ф.3, оп.65, д.3, л.26-28.
34) "1949년 4월 21일 바실렙스키가 슈티코프에게 보낸 전문,"『朝鮮战争俄档复印件』제2권, 218쪽.

크포병대대, 1개 오토바이 보병단, 1개 오토바이대대와 약간의 후방 보급부
대로 구성할 것을 결정하였다. 또한, 제1군단 산하에 포병단(24문 대포)과
2개 공병 대대를 새로이 조직하고, 1개 독립 탱크단(33대 탱크)은 원산에 배
치하고, 탱크 교도단을 조직하여 탱크병의 기본 훈련기관이 되도록 하며,
모든 보병사단 내에 1개 자동화포 대대를 배치하도록 하였다. 그뿐만 아니
라 9월 이전에 1개의 혼성항공사단을 편성하고, 이 사단은 각각 43대의 비행
기로 구성되는 2개단(전투여단과 폭격여단)으로 구성하여, 독립항공병 교도
단을 조직하여 훈련기지로 이용할 것을 결정하였다. 새로 조직되는 부대의
전투력을 보장하기 위하여, 김일성은 소련에 야크-10, 야크-9 전투기 각각 30
대, 훈련기 36대, 수송기 2대, 장갑차 57대, 탱크 87대, 자동화포 102문, 반
탱크포 48문, 76밀리 대포 37문, 120밀리 대포 18문, 소총 25,000정, 자동소총
8,000정 그리고 이에 필요한 탄약과 부품을 공급해 주라고 요구하였다.[35] 6
월 4일 모스크바는 김일성의 요구를 완전히 충족시킬 것이라고 회답하였
다.[36]

　　군대조직이 확대되고, 무기와 장비도 보충될 길이 열렸다. 중국에 있던
다수 조선의용군과 과거 소련 88여단에서 훈련받은 간부들이 귀국함에 따
라, 조선인민군의 지휘성원과 간부 부족 현상은 해결되었다. 조선을 가장
괴롭힌 것은 작전 경험이 있는 부대의 부족이었다. 이때 김일성은 중국을
떠올렸다. 국공내전 시기 조선은 중공에 큰 원조를 제공하였다. 사실 김일
성과 중공은 과거에 어떠한 직접적인 관계도 가지고 있지 않았다. 김일성이
소속되었던 동북 항일연군과 중공 중앙은 일찍부터 연락이 두절되었다. 그
러나 김일성은 과거에 동고동락했던 주보중(周保中) 등 항일연군의 중국 측
전우들과 긴밀한 관계를 유지하고 있었다. 이에 중공 중앙 동북국은 여러

35) "1949년 5월 1일 슈티코프가 스탈린에게 보낸 전문,"『朝鮮战争俄档复印件』제2권, 219-229쪽.
36) "1949년 6월 4일 멘쉬코프와 쉐테멘코가 슈티코프와 고로빈에게 보낸 전문," АПРФ, ф.6,
оп.9, д.14, л.57-62. 고로빈은 북한 주재 소련 무역 부(副)대표.

차례 주보중, 팽시로(彭施魯), 왕일지(王一知) 등을 조선에 보내어 지원을
요청하였다.37) 동북내전이 시작된 이후, 동북국은 조선을 거치는 수륙운수
통로 개설과 물자 교류 및 중계 운송의 구상을 조선에 제안하여 조선의 동
의를 얻었다. 1946년 7월 중공 중앙 동북국 반사처(东北局驻朝鲜办事处)가
평양에 설립되고 대외적으로 '평양 이민공사(平壤利民公司)'라 칭하였으며,
문사정(文士禎) 등이 그 주요 책임자를 지냈다. 동북국 반사처는 남포, 신의
주, 만포, 그리고 나진 등 4곳에 지방 분소를 설치하였다. 중국 관내(关内)
지역의 경유 물자와 인원은 남포에, 부상자와 전략물자 이전 및 남만과 북
만 간의 왕래는 주로 신의주와 만포를 통하여 진행되었다. 식량, 소금, 포목,
석탄 등과 같은 대량의 화물 운송은 주로 나진항을 통하여 진행되었다.38)
주리치(朱理治) 등 평양 반사처 대표와 김일성과 최용건 등 조선 지도부는
밀접한 관계를 맺었다. 또한, 이들은 박일우과 무정 등 과거 연안의 전우들
과는 자주 어울려 술을 마시고 과거의 정을 회상하기도 하였다. 심지어 조
선에 주둔 중인 소련군 고위 간부들도 평양 반사처에서 술을 마시고 음식을
먹는 것을 좋아하였으며 깊은 우정을 나누었다.39)

　　조선은 동북국에 대량의 원조를 제공하였다. 첫째, 부상자, 부대원 가족
과 병참 종사자들을 수용하였다. 통화(通化)와 안동(安东)이 국민당에게 점
령된 후, 중공은 약 15,000여 명의 부상자와 그 가족들을 조선으로 피신시
키고 조선의 가정집에 분산 배치하였다(다른 자료는 병참 종사자를 포함한
조선 내로 피신한 인원수가 총 18만 명에 이른다고 주장한다). 둘째, 물자
와 무기 및 장비들을 제공하였다. 1947년 6월까지, 조선은 4차례에 걸쳐 약

37) 필자가 주위[周伟, 주보중(周保中)과 왕일지(王一知)의 딸], 팽월관[彭越关, 팽시로(彭施魯)의
　　아들과 한 인터뷰 기록(2012년 3~5월 북경). 또한 이에 대해서는 中共吉林省委党史研究室编,
　　『周保中将军和他的抗联战友』, 长春: 吉林教育出版社, 1993, 81-84쪽 참조.
38) 作起, 「解放战争时期朝鲜人民对我国的支持」, 政协延边朝鲜族自治州委员会文史资料与学习
　　宣传委员会编, 『在延边这片沃土上』, 北京: 民族出版社, 2006, 217-218쪽.
39) 吳殿尧, 宋霖, 『朱理治传』, 468-470쪽.

800~1,000화물 기차의 물자(주로 군용물자) 약 21만 톤, 1948년에는 30만 톤
의 물자를 동북국에 지원하였다(일부는 물자 교환). 그중 일본군으로부터
노획한 군용물자는 김일성이 중공을 지원하기 위하여 소련군에 먼저 요청
하여 이루어졌다. 셋째, 조선을 통과하는 중공 측 사람들을 접대하였다. 평
양 반사처 설립 이후 9개월간 중공 중앙 동북국의 간부, 일반인이나 군인
등 조선을 경유한 인원은 총 2만 명에 달하였다. 넷째, 물자를 대신 보관해
주고 이전을 도왔다. 중공이 후퇴하면서 조선에 보관했던 약 2만 톤의 물자
는 모두 조선노동당원들이 운반하였다. 조선은 조선을 경유하는 동북국의
물자에 1% 미만의 세금을 징수하였고, 운반비도 비교적 싸게 받았으며 때로
는 이를 면제해 주기도 하였다. 긴급 운수가 필요할 경우, 조선은 심지어 자
신의 객차를 정지시키기까지 하였다. 김일성은 임표(林彪)에게 보낸 편지에
서, 조선은 중공의 요구에 대하여 "최선을 다해 도왔다."고 강조하였다. 주
리지 또한 동북국에 보낸 종결 보고에서 중국혁명을 위한 투쟁에서 조선은
"대 후방"과 "교량"의 역할을 하였으며, 동북국은 "북조선을 후방으로 하여
남만 작전을 지원한다."는 전략 목적을 이루었다고 평가하였다.[40] 그런데
한 가지 지적하자면, 동북내전 시기 조선이 중공을 원조한 것은 김일성보다
는 스탈린의 결정에 따른 것으로 보아야 한다. 그 이유는 매우 간단하다.
앞서 서술한 것과 같이 소련군이 조선에서 철군하기 전, 조선의 자주권은
매우 제한적이었다. 또한 스탈린은 동북아시아에서 주도적 위치를 장악하
려 기도하였고, 중공이 동북에서 거점을 마련하는 것은 스탈린이 그 목적을
실현하기 위한 기본 조건이었다.

어찌되었든 조선은 중공에 큰 도움을 주었다. 이제는 마땅히 중공이 보답
해야 할 때였다. 1949년 4월 말, 김일성은 조선인민군 정치국장 김일(金一)

---

[40] "1947년 6월 27일 朱理治给李富春转东北局的报告", "1948년 8월 24일 朱理治给东北局的政治
报告" 이에 대해서는『纪念朱理治文集』, 239-241, 242-244쪽 참조.; 이에 대해서 作起,「解放战
争时期朝鲜人民对我国的支持」,『在延边这片沃土上』, 政协延边朝鲜族自治州委员会文史资
料与学习宣传委员会编, 218-220쪽 참조.

을 중국에 비밀리에 파견하였다. 김일은 우선 심양에서 고강(高崗)의 주선으로 북경의 중공 중앙과 연락을 취하였다. 김일은 북평(북경)에서 모택동, 주덕 및 주은래 등 지도부를 만나, 중국 인민해방군 내의 조선인사단을 조선으로 귀환하는 문제와 조선반도 정세 및 동방정보국 창립에 관하여 의견을 나누었다. 러시아 당안에는 이 문제에 관한 2건의 문건이 있다. 하나는 슈티코프 대사가 비신스키 외상에게 보내는 김일성의 통보이고, 또 다른 하나는 북경 주재 소련 대표 코발레프가 스탈린에게 보내는 모택동의 통보이다. 그러나 두 문건의 내용은 완전히 일치하지는 않는다.

김일성에 따르면, 모택동은 조선인부대의 전속에 관해 "중국 인민해방군에 3개 조선인사단이 있으며, 그중 2개 사단은 심양과 장춘에 주둔하고 있고 다른 1개 사단은 현재 작전에 참가 중이며" 중국은 "동북에 주둔 중인 2개 사단을 모든 장비와 함께 조선 정부에 언제든지 넘겨줄 수 있도록 준비하고 있으며, 나머지 사단은 전투가 끝난 후에 남쪽으로부터 돌아올 수 있으며, 최소한 1달 이후에 돌아올 수 있다."고 설명하였다. 모택동은 또한, "이 부대들은 모두 정규군이 아니고 군사훈련 수준도 비교적 낮다."고 설명하고, 김일의 이 3개 사단에 필요한 탄약 지원 요청에 대하여, "중국은 탄약을 제조할 수 있고 조선이 필요한 만큼 지원할 수 있다."고 흔쾌히 동의하였다.

모택동과 주덕은 조선반도 정세에 대해 상세히 질문한 뒤, 모택동은 "조선반도에서 언제든지 군사행동이 발생할 수 있다. 김일성은 이러한 상황을 고려하여 만반의 준비를 해야 하며, 전쟁은 속전속결 또는 지구전이 될 수 있다."고 예상하면서, "일본이 남조선 정부를 시원할 가능성이 있으므로 지구전은 북조선에게 유리하지 않다."고 충고하였다. 그러나 "소련이 바로 옆에 있고 동북에 우리가 있어, 필요할 경우에 우리는 조선에 은밀하게 중국 병사를 파견할 수 있고, 우리 모두 머리가 검어서 누구도 구분할 수 없다."고 강조하였다.

동방정보국 창립에 관해서 모택동은 과거 조선 대표단이 모스크바를 방
문할 때, 이에 대해 토론할지와 조선노동당 중앙의 입장에 관하여 물었다.
이에 김일은 "자신은 이 문제에 관해 전혀 알지 못하고 있다."고 대답하였
다. 모택동은 "중국과 인도차이나반도는 지금 전쟁 중에 있고 조선의 정세
또한 긴장된 상황에서, 만일 동방정보국이 창립된다면 군사동맹이 맺어진
것으로 인식될 수 있으므로 동방정보국 창립은 시기상조"라고 주장하였다.
동시에 모택동은 "이 문제를 좀 더 연구해야 하며, 중조 양당 사이에 더욱
긴밀한 관계가 수립되기를 희망"하였다. 주덕은 조선인사단을 조선으로 보
내는 문제에 관해 소련과 논의했는지를 질문하자, 김일은 "노동당 중앙은
이에 관하여 소련과 논의한 것으로 보인다."고 설명하였다.[41]

모택동의 통보에서 동방정보국 창립과 조선인부대의 조선 귀환 및 조선
에 대한 무기 제공 등에 관한 것은 김일성의 설명과 기본적으로 일치한다.
모택동은 "만일 남북한 간에 전쟁이 발발하면, 우리가 할 수 있는 모든 것을
제공할 것이며 특히 조선인사단에 대한 보급과 무기 제공을 약속"하였다.
그러나 조선 정세에 관한 모택동의 설명은 김일성의 설명과 매우 다르다.
이 문제에 관하여 김일성은 간단히 언급만 하였지만, 모택동은 조선의 정세
에 어떻게 대응할 것인지를 주로 다루었다. 모택동의 설명은 다음과 같다.

> 조선 동지들은 미군이 가까운 시일 내에 남조선을 떠날 것으로 생각한다. 그러
> 나 모택동은 일본인들이 와서 미군을 대체할 것을 염려하고 있으며, 남쪽이 일본
> 인들의 도움을 이용하여 북조선을 공격할 수 있다고 생각한다.
> 우리는 이 부대들에 대하여 반격할 것을 권고하였다. 그러나 이때 남조선 군
> 대에 일본군이 있는지 없는지를 고려해야 한다. 만일 일본군이 있다면 신중을 기
> 해야 한다. 적이 우세를 점하고 있을 때, 유리한 조건에서 침략군을 포위 섬멸하
> 기 위해서 일부 지역을 희생하는 한이 있더라도 우선 자신의 군대를 보존하여야
> 한다.
> 우리는 조선의 당, 군대 그리고 인민들에게 사상적 준비를 하여야 한다고 권고

[41] "1949년 5월 15일 슈티코프가 비신스키에게 보낸 전문," *АПРФ*, ф.3, оп.65, д.9, л.51-55.

하였다. 이러한 상황의 출현이 가능하며, 이는 결코 민주 조선의 실패를 의미하는
것이 아니고 단순한 전략의 일환일 뿐이다.

만일 미국인이 떠나고 일본인 역시 오지 않는다 하더라도, 우리는 조선 동지들
에게 남조선을 공격하지 말고 더욱 유리한 형세를 기다려야 한다고 권고하였다.
왜냐하면, 남조선 공격 과정에서 맥아더가 일본부대와 무기를 신속히 조선으로
이동시킬 수 있기 때문이다. 그러나 우리는 주력부대 모두가 양자강 이남으로 이
미 이동하였으므로, 신속하게 강력한 원조를 제공하는 것이 불가능하기 때문이다.

우리는 북조선이 남쪽을 공격하는 행동은 1950년 초 국제 정세가 이러한 행동
을 취하는 데 유리한 정세가 형성된 후에야 가능하다고 생각한다. 일본군이 조선
을 침략하면, 우리는 정예부대를 파견하여 일본군을 섬멸할 것이다.

우리의 행동은 당연히 모스크바와의 의견 조정을 한 후에 취할 것이다.[42]

모택동과 김일성의 통보로부터, 첫째 조선이 남한의 군사적 위협에 처할
경우 모택동은 김일성이 무력으로 반격하는 것을 단호히 지지하고 있음을
알 수 있다. 중국공산당은 혁명 무력을 이용하여 반혁명 무력에 대항하여
정권을 탈취한 경험이 있다. 둘째, 조선이 조선인부대의 귀환을 요청하자
모택동은 지체 없이 이에 동의하였고, 이후 조선과의 관계를 강화할 것을
희망하였다. 모택동은 스탈린으로부터 아시아혁명의 책임을 부여받은 이
후, 조선노동당과의 관계가 불충분하고 느끼고 있었다.[43] 그러나 이때는 중
국 통일의 대업이 아직 완성되지 않았고, 특히 중공은 대만 해방을 위한 전
투준비에 열중하고 있었다. 모택동은 김일성이 남쪽을 먼저 공격하지 않을
까 걱정하였다. 이는 동북아시아 전체의 정세뿐 아니라, 대만 해방을 위한
작전에도 악영향을 미칠 수 있었으며, 조선이 곤란한 상황에 부닥칠 경우
중공은 원조를 제공할 능력도 없었다. 따라서 모택동은 모스크바에 통보할
때, 조선이 남한을 먼저 공격하는 것에 반대하고 있음을 분명히 하였다. 김
일성이 소련대사에게 통보할 때, 모택동의 뜻을 고의로 은폐했는지는 알 수

---

[42] "1949년 5월 18일 코발레프가 스탈린에게 보낸 전문," *АПРФ*, ф.45, оп.1, д.331, л.59-61.
[43] 이 문제에 관한 자세한 논술은 다음을 참조할 것. 沈志华, 「毛泽东与东方情报局-亚洲革命主
导权的转移」, 『华东师范大学学报』, 2011-6, 27-37쪽.

없다. 그러나 몇 개월이 지난 후 김일성이 조선 주재 소련 대리대사 툰킨(G.
I. Tunkin)과 면담할 때, "올봄 조선 대표 김일과의 담화에서, 모택동은 현재
북쪽은 군사행동을 취해서는 안 된다고 말하였다. 그 이유는 첫째 정치적으
로 불리하고, 둘째 중국은 현재 자국 내의 일에 바빠서 조선에 강력한 원조
를 제공할 수 없다."고 말하였다.[44) 김일성의 이 논조와 모택동이 모스크바
에 통보한 내용은 완전히 일치한다. 러시아 학자는 조선전쟁 연구에서 중국
과 조선 양국 간의 통보 내용에 차이점이 있음을 주목하고, 이 차이점이 바
로 중국, 조선, 그리고 소련 간의 미묘한 관계를 나타내는 것이라 주장하였
다.[45)

어쨌든 과거에는 중공군 부내의 조선인 간부 및 사병들이 산발적으로 조
선으로 들어왔지만, 이번에는 정규 부대가 무기와 장비를 휴대하고 조선인
민군에 편입되었다. 작전 경험이 있는 2개 사단의 조선으로 귀환이 조선인
민군의 전투력을 크게 높였음은 틀림없다. 김일성은 중국 인민해방군의 조
선인부대를 7월 초순에 조선으로 귀환시키기로 결정하고, 심양사단은 신의
주에, 장춘사단은 나남에 각각 주둔시켰다.[46) 중공 길림성위원회와 길림성
군구의 지시에 따라서 조선인사단은 병력을 충원하였으며, 연변에서만 약
1,370여 명이 조선인사단에 새로이 참여하였다.[47) 2개 조선인사단에 대하여
중국의 자료는 상세히 설명하고 있다. 즉 심양사단은 제166사단이며, 조선
의용군 제1지대(이홍광지대)로부터 확대·개편되었고, 방호산이 사단장과
정치위원을 겸임하였다. 제166사단의 교육 수준은 비교적 높고, 행동준칙은
매우 엄격하였으며 군사작전에 매우 적극적이었지만 큰 규모의 작전 경험
은 부족하였다. 조선으로 들어간 인원은 10,320명이었다. 장춘사단은 제164

44) "1949년 9월 14일 툰킨이 비신스키에게 보낸 전문," *АВПРФ*, ф.059a, оп.5a, п.11, д.3, л.46-53.
45) *Торкунов и Уфимцев*, Корейская Проблема, с.31-34.
46) "1949년 7월 13일 슈티코프가 비신스키에게 보낸 전문," *АПРФ*, ф.3, оп.65, д.5, л.25-27.
47) 延边朝鲜族自治州档案馆编,「延边地区大事记(1945.8-1949.8)」,『延边文史资料』第2辑 1984-2,
199쪽.

사단이며 조선의용군 제7지대와 제1지대의 일부와 하얼빈 조선의용군 제3
지대가 합쳐져 편성되었다. 이덕산(李德山)이 사단장과 정치위원을 겸하였
다. 이 사단은 소규모 전투와 장춘 포위 작전에 참가하였으며, 대규모의 전
투 경험은 전혀 없었다. 조선에 들어온 제164사단의 실제 인원은 10,821명이
었다.[48]

　김일성이 이때 남한을 선제공격할 의도는 있었지만, 그럴만한 능력이 없
었다. 1949년 중반 미국이 철군할 때 형성된 조선반도의 긴장 국면은 조선
에 대한 이승만의 계속된 공격 위협에 그 주된 원인이 있었다. 6월 18일 슈
티코프 대사는 "남조선의 지도자들은 모두 군사적인 방법을 통하여 국가의
통일 문제를 해결해야 한다."고 믿고 있으며, "다만 공격 시점에 관하여 의
견 차이가 존재할 뿐이다."라고 보고하였다. 슈티코프는 "남조선의 군대와
경찰은 옹진반도에서 여러 차례 38선을 무단 월경하였고, 이는 지금까지도
계속되고 있을 뿐만 아니라 남조선의 군대 역량은 상당히 강화되었다. 남조
선부대는 한때 38선 북방 10킬로 지역까지 침입했지만, 북조선 경비여단의
반격을 받고 38선 이남으로 물러났다. 북조선부대는 전술적으로 중요한 고
지 두 곳을 점령하였으며, 현재 이 고지에서 쌍방 간 전투가 진행되고 있
다."고 보고하였다. 옹진 지구 사건에 관해, 이승만 대통령은 6월 11일 성명
을 발표하고, "현재 공산당 분자들에 대하여 큰 타격을 줄 수 있는 기습을
계획하고 있으며, 앞으로 2~3주 내에 이 계획을 실행할 예정이다."라고 말하
였다.[49] 슈티코프 대사는 7월 13일 비신스키 외상에게, 옹진 지구 포로(국군
18연대 2대대 소속)의 자백을 근거로 "남조선 군대 지휘관들은 7월 이래 여
러 차례에 길쳐 북조선이 남쪽을 공격하려 한다."고 단정적으로 말하면서,
"남조선 군대는 먼저 기선을 제압해야 하며, 북조선을 기습공격하여 8월 15
일(조선 해방일) 전까지 북조선을 점령해야 한다."고 공언하였다고 보고하

48) 中国人民解放军东北军区司令部编, 『东北三年解放战争军事资料』(1949년 10월), 미발간, 76-77쪽.
49) "1949년 6월 18일 슈티코프가 비신스키에게 보낸 전문," АПРФ, ф.3, оп.65, д.3, л.65-67.

였다. 동시에 국군포로들은 "제12연대 임무는 고리산 고지(해주 서쪽 30킬로미터 지역)를 공격하여 점령하는 것이며, 제18연대 임무는 옹진반도를 출발하여 제13연대(현재 정보에 의하면 이 연대는 개성에 배치되어 있다)와 함께 북으로 진격하여 해주를 포위하고, 이 지역의 북쪽 군대를 섬멸하고 1주일 내에 해주를 점령"하는 것이라고 진술하였다고 덧붙였다. 이외에 그는 이승만이 "7월에 북한에 대한 공격을 개시"할 것이라는 정보를 비신스키 외상에게 통보하였다.[50]

이 시기, 조선인민군은 배치 상황은 완전히 방위적이었다. 슈티코프의 보고에 의하면, 조선인민군은 3개 보병사단과 1개 보병여단으로 편성되어 있었으며, 그 배치 상황은 다음과 같다. 1개 사단은 원산에 주둔하면서 원산 방향을 방어하고, 1개 사단은 나남에 주둔하고 있으며 필요할 때 원산 또는 평양으로 이동한다. 나머지 1개 사단은 평양 방향을 방어하기 위하여, 사리원(沙里院), 남천점(南川店), 해주 및 평양 부근에 주둔하고 있다. 또한 1개 보병여단은 진남포(鎭南浦)에 주둔하고 있으며, 남측의 기습공격 방향이 평양인 것에 대비하여 나남의 방어부대를 평양으로 언제든지 이동할 수 있도록 하였다. 또한 보고서는 모든 부대에 무기가 부족하다고 지적하였다. 즉 각 보병사단은 500~1,000여 정의 소총과 기관총이 부족하며, 38선의 경비를 담당하고 있는 2개 여단은 여전히 일제 구식 무기를 사용하고 있으며 탄약도 보충되지 않고 있었다. 기계화여단과 고사포 연대는 병력은 확보되었지만, 필요한 무기와 장비는 아직 갖추지 못하고 있었다. 각 사단의 자동화포 연대와 3개의 해안포병 연대는 집결하여 훈련을 시작하였지만, 무기가 전혀 없었다. 항공부대는 비행사가 부족하고, 인민군은 총 48대의 전투기와 17대의 훈련기를 보유하였지만, 비행이 가능하고 공중전을 수행할 수 있는 비행사는 11명에 불과하였다. 슈티코프 대사는 이 문제들을 즉각적으로 해결해 줄 것도 요구하였다.[51]

---

50) "1949년 7월 13일 슈티코프가 비신스키에게 보낸 전문," *АПРФ*, ф.3, оп.65, д.5, л.25-27.

　　이러한 상황에서 소련 대사관은 "정치적 주도권을 확보"하고 "반동파와 미국이 조선 통일을 방해하는 주 원흉임을 폭로"하기 위하여, 평화공세를 펼칠 것을 모스크바에 건의하였다.[52] 모스크바의 비준을 거쳐, 6월 25일 '조국통일 민주전선' 창립대회를 평양에서 개최하였다. 김일성은 조선노동당 중앙위원회를 대표하여 남북한 평화통일 계획을 발표하였다. 통일계획 발표는 "대회 참가자 사이에 큰 반향과 감동을 일으켰으며" 즉시 "대회 참가자 및 조선 여론의 주의"를 끌었다. 창립대회는 평화통일 호소문과 조국통일 민주전선의 강령을 만장일치로 통과시켰다.[53] 슈티코프 대사는 "미군이 철수하였기 때문에 함흥의 소련 해군기지와 평양의 소련 공군 지휘부를 계속 유지하는 것이 문제가 될 수 있다."고 지적하면서, 해군부대를 함흥기지로부터 철수시키고 일부 전문가 그룹만을 남겨 해군과의 통신 연락을 보장하고, 항구는 필요할 때 소련 해군 함대가 즉시 사용할 수 있도록 할 것을 건의하였다. 그는 조선에서 소련 항공기가 비행하는 것을 보장하기 위하여, 평양에 있는 공군 지휘부의 인원들을 항공회사에 임시로 파견하고 항공기 기술자들과 지상근무자들은 모두 민항기 복장으로 근무하도록 할 것도 제안하였다. 슈티코프의 제안은 모스크바 국방부의 허락을 받았다.[54]

　　이 시기, 미국의 조선정책은 소련과 마찬가지로 순전히 방어적이었다. 1949년 12월 30일 작성된 국가안전보장회의 문건 NSC-48/2는 아시아에서의 미국의 목표와 정책을 설명하였다. NSC-48/2문건에서는 "우리의 단기적 목표는 가능한 한 아시아에서 소련의 힘과 영향력을 억제하거나 감소시켜, 이 지역에서 소련이 미국의 안전을 위협하지 못하게 하는 것이다."라고 규정하였나. 소선반노에 대하여, 미국은 한국 정부를 강화해 소련의 조종하에 있는

51) "1949년 6월 22일 슈티코프가 비신스키에게 보낸 전문," *АПРФ*, ф.3, оп.65, д.3, л.68-75.
52) "1949년 6월 5일 슈티코프가 비신스키에게 보낸 전문," *АПРФ*, ф.45, оп.1, д.346, л.59-63.
53) "1949년 6월 24일 비신스키가 슈티코프에게 보낸 전문," "1949년 6월 28일 슈티코프가 비신스키에게 보낸 전문,"『朝鮮战争俄档复印件』제2권, 270, 271-274쪽.
54) "1949년 7월 2일 슈티코프가 비신스키에게 보낸 전문,"『朝鮮战争俄档复印件』제2권, 275-276쪽.

조선의 위협을 성공적으로 억제하여 한국이 "민주주의의 기초 위에 평화적
으로 통일된 한반도의 핵심"이 되도록 하는 것이라 규정하였다. 만일 소련
과 전쟁이 발발할 경우, 유럽에서는 전략적 공격을 아시아에서는 전략적 방
어를 하는 것이 미국의 기본 전략이었다. 이에 따라, 아시아의 미국 방어선
은 일본으로부터 오키나와를 거쳐 필리핀으로 이어졌다.[55] 바로 이러한 고
려 때문에 미국은 중국의 내전에 간섭하지 않았으며 심지어 대만을 포기하
려 하였고, 같은 이유로 1949년 6월 미국은 남한에서 철수하였다. 우군(牛
軍) 교수가 설명한 것처럼, 이 시기 중국과 한국에서 모든 미군이 철수한 것
은 "아시아에서 미군 감축과 방어를 특징으로 하는 미국의 전략조정 완성"
을 상징하는 사건이었다.[56] 따라서 미국은 조선에 대한 남한의 대규모 공격
을 지지할 수 없었다. 이승만이 38선에서 계속해서 위기 국면을 조성한 목
적은 미국으로부터 더 많은 군사 · 경제적 원조를 얻어내, 조선반도 통일을
위한 실력을 강화하기 위함이었다. 하지만 이승만은 그의 이러한 행동이 김
일성의 군사력과 군사적 수단을 통한 통일의 신념을 동시에 강화할 수 있다
는 점을 미처 생각지 못했다.

김일성은 38선의 긴장 국면을 이용하여 소련으로부터 대량의 현대식 무
기를 획득하였을 뿐 아니라, 중국으로부터 훈련된 부대를 확보하였다. 이때,
김일성이 생각했던 것은 남한의 공격을 어떻게 방어할 것인가가 아니라, 어
떻게 남한의 방어선을 깨트리고 국가통일의 대업을 이룰 것인가였다. 이승
만이 김일성의 평화통일 방안 제안을 거부한 직후인 1949년 8월 12일, 김일
성과 박헌영은 소련대사에게 처음으로 "남한 공격을 위한 준비" 문제를 제
기하였다. 김일성과 박헌영은 "만일 우리가 공격 준비를 하지 않는다면, 조
선 인민들은 이를 이해할 수 없다. 우리는 조선 인민의 신임과 지지를 잃게

---

55) NSC 48/2, The Position of the United States With Respect to Asia, December 30, 1949, *FRUS,
1949, Vol.7, The Far East and Australasia*, Washington, D.C., GPO, 1976, pp.1215-1220.
56) 牛軍, 「战后美国对朝鲜政策的起源」, 『美国研究』, 1991.02, 64쪽.

될 것이며, 조국통일의 위대한 역사적 시기를 놓치게 될 것이다. 조선 인민
을 영원히 지지하고 우리를 도와주는 스탈린 동지는 우리의 이런 감정을 당
연히 이해할 것이다."고 말하였다. 이에 슈티코프 대사는 "1949년 3월 11일
모스크바 회담에서 스탈린 동지가 명확하게 밝힌 입장은 남쪽이 북쪽을 공
격하는 상황에서만 군사행동을 취할 수 있다."는 것이라고 대답하였다. 슈
티코프의 보고에 따르면, 김일성은 "남쪽에 미군이 주둔하는 것 때문에 38
선 문제가 생긴 것이다. 38선은 미군과 소련군이 관할구역을 확정한 선에
지나지 않는다. 미군이 철수함으로써 38선이라는 장애는 이미 존재하지 않
는다. 현재 미국과 소련 모두 조선반도에 대해 어떠한 형식의 관리 감독도
하지 않고 있다. 왜 38선을 아직도 준수해야 하는가?' 김일성은 특히 "반격"
문제에 대해 다시 고려해야 한다고 특별히 강조하였다. 그는 "현재 남한 사
람들은 북한에 대한 전면 공격을 이미 연기하였다. 대신에 그들은 제2차 대
전 전 프랑스의 마지노 방어선과 같은 견고한 방어선을 38선을 따라 구축하
려 한다. 따라서 조선인민군은 반격의 시기까지 기다릴 수 없다."고 주장하
였다. 김일성은 계속해서 "분계선 부근에서 발생한 일련의 충돌은 조선인민
군이 남쪽 군대에 비해 현저하게 우세함을 보여 준다."고 강조하면서, "북조
선 군대는 상대방의 방어 체제를 매우 빨리 파괴할 수 있다."고 주장하였다.
그러나 슈티코프는 3월의 스탈린 입장을 견지하고, 김일성 계획의 실현 가
능성에 회의를 표시하며, 김일성과 박헌영의 현재 상황 판단이 지나치게 낙
관적이며 이상주의적이라고 여겼다. 슈티코프 대사의 대답에, 김일성은 매
우 '의기소침'하였다.[57] 하루가 지난 후 김일성은 남한에 대한 공격 문제를
다시 제기하며 한 건의 자료를 전달하였다. 김일성은, 전쟁은 반드시 치밀
한 준비를 거쳐야 한다는 의견에 동의하고, 일부 지역부터 시작하는 공격계
획을 제안하였다. 즉 서해안 옹진반도 38선 이남의 남측 지역을 점령하는 것

---

57) "1949년 8월 12일 슈티코프가 모스크바에 보낸 전문," *АПРФ*, ф.3, оп.65, д.775, л.102-106,
 Торкунов А. В. Загадочная война, с.30-31.

을 목표로 전투를 시작하고, 만일 이 전투가 성공하면 38선 분계선을 120Km
나 단축할 수 있을 뿐 아니라, 전면적 공격을 위한 전초기지도 확보할 수
있다고 설명하였다.[58]

소련대사의 냉담한 반응을 고려하여 김일성은 9월 3일 자신의 개인 비서
문일(文日)을 대리대사 툰킨(G. I. Tunkin)—이때 슈티코프 대사는 업무 보
고를 위하여 귀국했다—에게 보냈다. 문일은 툰킨 대리대사에게 "남조선이
최근 옹진반도의 38선 이북 지역을 탈취하고 해주의 시멘트 공장을 포격하
려 한다는 믿을 만한 정보를 획득하였다. 이에 남쪽에 대한 군사행동을 취
하여, 옹진반도와 옹진반도 동쪽의 개성 지역까지의 남조선 영토를 점령하
고 방어선을 단축하게 할 수 있도록 허가해 달라."는 김일성의 요구를 전달
하였다. 김일성은 "만일 국제 정세가 허락하면 남쪽을 향해서 계속 진격할
것이며, 그들은 2~3개월 안에 남조선을 점령할 것"이라고 전하였다. 이에 툰
킨 대리대사는 "성급하게 행동하지 말 것과 이 문제에 대하여 어떠한 결론
도 내리지 말 것"을 김일성에게 통보하도록 하였다. 툰킨은 모스크바에 보
낸 보고에서, 8월 15일부터 38선에서 중대한 사건도 발생하지 않았으며, 북
조선은 남조선 군대가 해주시 포격을 명령하는 문서를 획득하였지만, 이 문
서가 말한 포격 일자는 이미 지나갔고 어떠한 사건도 발생하지 않았다고 확
인하였다. 남한의 옹진반도 38선 이북 지역 공격 기도에 관해서는 "오직 남
쪽에서 투항한 자들의 진술"만 있을 뿐이라고 지적하였다.[59]

9월 11일 비신스키 외상은 툰킨에게 가능한 한 빨리 김일성을 만나 "남조
선 군대와 그 인원수, 무기와 무장 및 전투력에 관하여 더욱 자세히 보고할
것"과 "남조선에서의 유격대 활동 상황" "북쪽이 먼저 공격할 경우 여론과
인민들은 이를 어떻게 볼 것인가?" "남쪽 민중들은 북쪽 군대에 어떤 종류의

58) "1949년 8월 14일 슈티코프가 모스크바에 보낸 전문," *АПРФ*, ф.3, оп.65, д.775, л.108-111,
   Торкунов А. В. Загадочная война, с.31-32.
59) "1949년 9월 3일 툰킨이 비신스키에게 보낸 전문," *АПРФ*, ф.3, оп.65, д.775, л.116-119.

실질적 도움을 줄 수 있는가?" "북쪽이 공격을 감행할 경우 미국은 어떠한 조처를 할 것인가에 관한 김일성의 의견" 그리고 "북쪽은 자신의 능력을 어떻게 평가하는가?"에 관하여 보고하라고 지시하였다. 동시에 앞서 말한 상황과 조선 지도자들이 건의한 문제의 현실성 및 합리성에 대한 툰킨 자신의 판단도 보고하라고 지시하였다.[60]

9월 12일과 13일, 툰킨은 김일성과 박헌영을 두 차례 면담한 후, 14일 남조선 군사력에 관한 상세한 내용, 김일성의 생각, 그리고 이 문제에 관한 자신의 판단을 모스크바에 보고하였다. 툰킨은 "김일성은 남조선 군대의 전투력이 강하지 않다고 여기고 있으며" 북쪽의 군대는 "장비(탱크, 대포, 비행기)와 규율, 장교와 사병들의 훈련 자질과 사기 면에서 남쪽 군대보다 모든 면에서 우수하다."고 믿고 있다고 보고하였다. 여론과 인민의 반응에 관해서 김일성은 결론을 내리지 못하고 있으며, "만일 내전이 길어지면 그들은 정치적으로 불리한 위치에 처하게 될 것이며, 현재의 조건에서는 속전속결로 승리할 가능성이 없으므로, 김일성은 전면적 공격을 주장하지 않고 단지 옹진반도와 동쪽의 개성 지역의 남조선 영토를 탈취할 것을 주장한다."고 보고하였다. 동시에 김일성은 북쪽의 군대가 남조선으로 진입할 때 "남조선에서 일련의 봉기가 일어나 주기를" 희망하였으며, 만일 진전이 순조로울 경우, "계속해서 남쪽으로 진격할 수 있다."고 주장하였다. 김일성과 박헌영은 내전이 발생할 경우, 미국은 직접 출병하여 개입할 수 없을 것으로 보았다. 그러나 툰킨 자신의 의견은 이와는 달랐다. 우선 김일성이 계획한 국지성 전쟁은 남북한의 내전으로 이어질 수 있다고 믿었다. 그러나 "남쪽을 상대로 속전속결로 승리하기에는 북쪽의 군대가 충분히 강하지 않으며" "내전이 길어지면 군사적으로도 정치적으로도 북쪽에 불리할 것"으로 여겼다. 따라서 툰킨은 "김일성이 예상하고 있는 국지성 전투를 개시하는 것 역시 적합지 않다."고 결론지었다.[61]

---

[60] "1949년 9월 11일 비신스키가 툰킨에게 보낸 전문," *АПРФ*, ф.3, оп.65, д.775, л.122.

그러나 슈티코프 대사는 이와 다른 판단을 하고 있었다. 그는 9월 15일 스탈린에게 한 보고에서, 김일성의 국지성 전쟁 계획에 찬성을 표하였다. 슈티코프는 먼저 조선 인민은 통일을 원하고 있지만, 평화적인 통일이 이미 불가능한 상황에서 "만일 지금 통일을 위하여 군사적 방법을 사용치 않는다면, 통일 문제는 여러 해 동안 연기될 것이며" 남조선 반동파들은 이 시간을 이용하여 "남쪽의 민주운동을 탄압하고" "북조선 공격을 위한 강력한 군대를 건설할 것이며" "북조선이 수년간 건설한 모든 것을 소멸시킬 것"이라는 조선 지도자들의 기본 생각을 보고서에서 강조하였다. 슈티코프는 남북한 경제와 정치 상황을 상세히 소개하면서, "남조선 정부의 정치적 지위는 굳건하지 않으며" 조선반도의 정세는 북쪽에 유리하다고 주장했다. 하지만 그는 "미국이 (무력) 충돌에 간섭하고 남조선에 적극적인 지원을 제공"할 가능성이 있고, 인민군의 병력과 보유 물자가 남한 군대를 완전히 분쇄하고 남조선을 점령하는 것을 보장할 수 없으므로, 전면적인 공격을 지지하지는 않았다. 그러나 슈티코프 대사는 "조선 남부에 유격전 활동을 발전시키고 이들에게 각종 지원을 제공하고 지도하는 것은 가능하고 적절하며" 형세가 유리하게 흘러가면 "남조선 사람들이 38선상에서 도발하는 것을 이용하여, 그들의 38선 무력화 시도에 대한 응징으로 옹진반도와 개성 지역을 점령하는 것이 가능하다."고 결론지었다. 슈티코프 대사는 남북한 군사력을 비교한 상세한 자료를 첨부하였다.[62]

크렘린은 몰로토프의 지도로 이 문제에 관하여 진지한 논의를 진행하였다. 필자는 김일성에게 어떻게 회신할 것인가에 관하여, 불가닌, 그로미코, 그리고 슈티코프 등이 참여하여 기초한 두 통의 전보 초안을 발견하였다. 9월 23일 몰로토프는 이 초안을 소련공산당 정치국에 보내 정치국원들의 의견을 구했다.[63] 9월 24일 정치국은 결의안을 통과시켰다. 결의안은 현재 아

61) "1949년 9월 14일 툰킨이 비신스키에게 보낸 전문," АПРФ, ф.3, оп.65, д.837, л.94-99.
62) "1949년 9월 15일 슈티코프가 스탈린에게 보낸 보고," АПРФ, ф.3, оп.65, д.776, л.1-21.

시아 정세는 미국에 대항하기에 매우 유리하다고 분석하였다. 첫째, 중국혁명은 미국의 간섭 없이 근본적인 승리를 획득하였다. 둘째, 미국 군대는 조선반도에서 이미 철수하였다. 셋째, 조선 인민들의 혁명 정서는 매우 고양되어 있다. 넷째, 남한 사회의 정치와 경제는 극히 불안정한 상태에 있는 등 유리한 정세가 형성되어 있음을 지적하였다. 그러나 스탈린은 김일성이 조선반도에서 군사행동을 취하는 것을 허락하지 않았다. 정치국 회의의 비준을 거쳐 조선 주재 소련대사에게 보낸 지시의 전문은 다음과 같다.

슈티코프 동지는 김일성과 박헌영을 만나서 다음 사항을 정확하게 전달하도록 한다.

"올해 8월 12일 본인과의 대화 중에 귀하들이 제기한 문제들에 관하여, 본인은 귀하들이 언급한 문제들에 관한 모스크바의 의견을 전달하라는 지시를 받았다.

귀하들이 제기한 조선인민군의 남한을 향한 공격 제안은 군사적 정치적 두 측면에서 진지한 고려가 필요하다.

군사적 측면에서, 인민군은 공격할 준비를 하였다고 할 수 없다. 필요한 준비를 하지 않은 공격은 지구전이 될 수 있다. 이는 적을 패배시킬 수 없을 뿐만 아니라, 정치·경제적으로 북조선을 극히 어려움에 빠뜨릴 수 있다. 이 상황은 당연히 나타나서는 안 된다. 현재 북조선의 무장 역량은 남쪽과 비교할 때, 절대적 우세를 차지하지 못하고 있다. 북조선은 현재 남한을 향한 군사적 공격 준비를 완전히 갖추었다고 할 수 없다. 그러므로 군사적 측면에서 보면, (우리는) 이러한 공격은 허락할 수 없다.

정치적 측면에서도, 귀하들은 남쪽을 공격할 준비가 되어있지 않다. 인민들이 국가의 통일을 염원하고 남조선 인민 또한 반동 체제의 압제로부터 해방되기를 기대하고 있다는 귀하들의 의견에 우리는 당연히 동의한다. 그러나 남쪽 인민 대중을 적극적인 투쟁에 참가시키고, 유격투쟁을 남조선 전체로 확대하며 해방구를 건설하고 인민 봉기를 조직하는 문제에 관하여 지금까지의 성과가 매우 적다. 반동 정권의 기초를 무너뜨리기에 충분한 인민 봉기가 시작되고 진정으로 전개되는 상황에서만, 남한에 대한 군사적 공격이 남조선 반동을 타도하고 전체 조선을 통일된 민주국가로 만드는 데 결정적인 작용을 할 수 있다. 현재 유격 운동을 전개하고 남조선 인민 봉기를 위한 준비가 매우 부족하므로, 귀하들이

---

63) "1949년 9월 23일 몰로토프가 제출한 김일성에게 보내는 답변서 초안," *АПРФ* ф.3, оп.65, д.776, л.33-38, 39-42.

건의한 남한 공격은 정치적 측면에서도 준비가 부족하다는 것을 인정할 수밖에 없다.

　옹진반도와 개성 지역을 탈취하여 북조선의 국경을 서울 부근까지 접근시키는 국지전은 이것이 북조선과 남조선 간의 전쟁으로 이어질 수밖에 없고, 전면전은 앞에서 언급한 것 같이 북조선이 정치적 군사적으로 준비되어 있지 않다.

　이 밖에도 만일 북쪽이 주동적으로 개시한 군사행동이 장기전으로 변하게 되면, 이는 미국인들에게 조선 문제에 각종 방식으로 간섭할 수 있는 구실을 제공할 수 있다.

　이상을 고려하여, 현재 조선 통일의 임무를 쟁취하기 위하여 첫째, 남조선에서 유격투쟁을 전개하고, 해방구를 건설하고 무장봉기를 준비하여 반동 정권을 전복하고 조선 통일의 임무를 성공적으로 해결하고, 둘째 조선인민군을 강화하는 데에 모든 역량을 집중해야 한다.[64]

　10월 4일 평양으로 돌아온 슈티코프 대사는 김일성과 박헌영을 만나 모스크바의 결의문을 전달하였다. 슈티코프는 스탈린에게 보낸 보고에서, "조선 지도자는 마지못해 통보를 받아들였다. 김일성은 나의 말을 듣고 난 후 어쩔 수 없이 단지 '좋습니다.'라고 말하였다." 박헌영은 비교적 명확하게 "이는 정확하다. 우리는 남쪽에서 더욱 광범위한 유격전 운동을 전개해야 한다."고 말하였다고 보고하였다.[65]

　모스크바의 반대에 부딪힌 이후, 김일성은 결코 남한 공격을 포기하지 않았으며 모택동을 찾아 이를 추진하기로 하였다. 러시아 학자의 연구로는 10월 21일 모택동은 스탈린에게 한 통의 전보를 보냈다. 전보의 요지는 조선 동지들은 무력을 통한 남조선 문제 해결을 원하며, 중국 지도부는 그렇게 하지 말 것을 권고하였다는 내용이었다.[66] 앞에서 서술한 것처럼, 모택동은 5월에 중국 문제를 해결한 후 조선의 통일을 도울 것과 공격은 1950년 초가

---

64) "1949년 9월 24일 소비에트연방 공산당 중앙정치국 회의 제71호 기록(초록)," *AПPФ*, ф.3, оп.65, д.776, л.30-32.

65) "1949년 10월 4일 슈티코프가 스탈린에게 보낸 전문," *AПPФ*, ф.43, оп.1, д.346, л.59.

66) 1996년 7월 31일 필자와 리도프스키의 인터뷰 기록. 리도프스키 연구원은 러시아연방 대통령 문서보관소에 자유로이 출입이 가능한 소수의 러시아 학자 중 한 명이다.

될 수 있음을 김일성에게 이미 약속하였다. 김일성이 모택동에게 약속 이행
을 요구했을 가능성이 매우 높다. 1949년 10월 중화인민공화국의 건국이 선
포되었지만 서남 지역 전체는 아직도 국민당의 통제 속에 있었으며, 대만
진공 계획은 금문전역(金門戰役)의 실패로 부득이하게 연기되었다. 이 상황
에서 모택동이 군대를 북쪽으로 돌려 김일성을 도울 마음이 생기겠는가? 혹
은 김일성에게 직접 거절하기가 적당치 않다고 느꼈을 수 있다. 모택동은
이 문제를 스탈린에게 떠넘겼다. 10월 26일 스탈린을 대신하여 몰로토프는
외교부 차관 그로미코의 명의로 모택동에게 회신하는 전보의 초안을 작성
하였다. 이 초안의 전문은 다음과 같다.

> 북경
> 코발료프에게 전달합니다.
> 모택동 동지의 10월 21일 전보에 대한 필리포프 동지의 답변을 모택동 동지에
> 게 전달하기 바랍니다.
>
> "모택동 동지, 우리는 지금 조선인민군이 (아직은) 공격 행동을 해서는 안 된다
> 는 귀하의 의견에 찬성합니다.
> 우리도 조선 친구들에게 그들이 입안한 조선인민군의 남한 공격은 아직은 실
> 행될 수 없다고 지적하였습니다. 왜냐하면, 군사적 혹은 정치적 측면 모두에서 이
> 러한 공격을 위한 충분한 준비가 되어있지 않기 때문입니다.
> 우리가 보기에는 현재 조선통일의 투쟁에서 조선 친구들은 반드시 자신의 역
> 량을 유격전 운동을 전개하고 조선 남부 지역에 해방구를 건립하고 조선인민군을
> 전면적으로 강화하는 데에 두어야 한다고 생각합니다.   필리포프"
> 집행 상황을 전보로 보고할 것
>
> 그로미코[67]

---

[67] *АПРФ*, ф.45, оп.1, д.332, л.47-48, *Ледовский А. М. Сталин*, Мао Цзэдун и корейская война,
 с.92-93. 당안 원본을 열람한 리도프스키의 해석에 따르면, 괄호 안의 '아직은' 스탈린이 첨부
 한 것이었다. 이는 모택동이 원칙상 군사행동을 취하는 것에 반대하지는 않고 다만 진격
 시기에 대해 망설임이 있었다는 것을 스탈린이 알고 있었음을 설명한다.

필자는 러시아에서 비밀해제된 당안 중에서 스탈린이 모택동에게 보내는 전보를 발견하였다. 11월 5일자로 표시된 전보에서 스탈린은 "귀하의 10월 21일 조선 문제에 관한 전보 내용을 고려하여 우리는 귀하의 이 문제에 대한 의견에 동의하며, 동시에 당신의 그러한 정신에 입각하여 조선 친구들에게 우리의 권고를 제안할 것이라는 사실을 통보한다."고 적었다.[68] 스탈린이 이전의 전보를 수정하였든지 혹은 이 전보가 새로운 전보이든지에 관계없이 그들의 출발점은 서로 달랐을지라도, 당시에 스탈린과 모택동 두 사람의 조선 문제에 대한 입장은 완전히 일치하였다. 그뿐만 아니라 스탈린은 38선 부근에서 지속해서 발생하는 군사적 충돌에 대하여 점점 더 걱정하고, 소련대사와 군사고문이 이러한 긴장 국면의 해소를 위해 적극적인 태도를 보이지 않은 점을 신랄하게 비판하였다.

10월 26일 슈티코프 대사에게 보낸 전보에서 그로미코는 '상급'(스탈린)의 지시를 전달하였다. 지시 사항은 "귀하가 중앙의 허가를 받지 않고 북조선에 남조선 사람들에 대한 적극적 행동을 취하도록 제안하는 것을 금지한 바 있다. 과거 이미 계획된 일체의 행동과 38선상에서 발생한 일체의 사건을 즉시 중앙에 보고하도록 귀하에게 지시한 바 있다. 그러나 이러한 지시는 전혀 집행되지 않고 있다. 귀하는 제3경비여단이 대규모 공격 행동을 준비하는 것을 보고하지 않았으며, 우리의 군사고문들이 이 행동에 참여하도록 허용하였다. 귀하는 10월 14일 발생한 전투를 보고하지 않았으며, 우리는 다른 경로를 통하여 4일이 지난 후에야 그 사실을 알게 되었다. 이에 관한 귀하의 보고는 10월 20일이 되어서야 도착하였고, 그나마 국방부 장관이 당신에게 요구해서 이루어진 것이다. 현재 지적된 귀하의 잘못된 행태와 상급 명령을 집행하지 않는 행위를 책임지고 설명해야 것이며, 귀하에게 주어진 지시를 엄격하게 집행할 것"을 슈티코프 대사에게 명령하였다.[69]

---

68) "1949년 11월 5일 그로미코가 코발레프에게 보낸 전문," 『朝鮮战争俄档复印件』 제3권, 375-376쪽.
69) "1949년 10월 26일 그로미코가 슈티코프에게 보낸 전문," *АПРФ*, ф.3, оп.65, д.5, л.103.

10월 31일 슈티코프는 전보를 보내 그간의 경과를 상세히 설명하면서 자신의 잘못에 대하여 변명하였다. 그는 38선 북쪽 고지에서 발생한 이번 충돌을 중시하지 않아 즉시 보고하지 않았다는 잘못만을 인정하였다.[70] 슈티코프의 변명은 스탈린의 더욱 엄중한 질책으로 이어졌다. 11월 20일 그로미코 명의로 보낸 전보에서, 스탈린은 "귀하의 설명에 우리는 전혀 만족할 수 없다. 이는 귀하가 모스크바에서 받은 지시를 집행하지 않고 있음을 증명한다. 귀하는 중앙의 38선 혼란 방지 지시를 엄격하고 철저하게 관철하지 않았으며, 반대로 이를 토론하는 데 참여하여 지시를 전혀 이행하지 않았다."고 비판하였다. 이에 대하여 모스크바는 슈티코프 대사에게 '경고'를 보냈다.[71]

결론적으로 1949년 8월, 김일성은 군사적 수단으로 조선의 통일 문제를 해결하자고 제의하였다. 이에 대해 모스크바와 북경 모두 반대 의견을 견지하였다. 모택동은 김일성에게 명확하게 반대 의견을 제시하지는 않았지만, 스탈린은 김일성과 조선 주재 소련 대사관에 남한을 주동적으로 공격해서는 안 된다는 의견을 반복해서 강조하였다.

그러나 얼마 지나지 않아 스탈린은 태도를 완전히 바꾸었다.

2. 모택동 몰래 새로운 결정을 내린 모스크바

모택동은 모스크바에 도착한 당일, 즉 1949년 12월 16일 곧바로 스탈린과 회담을 진행하였다. 회담이 시작되자마자 양쪽은 선생과 평화 문제에 관하여 의견을 나누었다.

[70] "1949년 10월 31일 슈티코프가 그로미코에게 보낸 전문," *АПРФ*, ф.3, оп.65, д.5, л.104-106.
[71] "1949년 11월 20일 그로미코가 슈티코프에게 보낸 전문," *АПРФ*, ф.3, оп.65, д.9, л.26.

모택동 동지 : 현재 가장 중요한 문제는 평화 보장입니다. 중국은 전쟁 전 경제 수준을 회복하고 전국을 안정시키기 위하여, 3~5년간의 휴식 시간이 필요합니다. 중국이 가장 중요한 문제를 결정하는 것은 미래 평화에 대한 전망에 달려있습니다. 이와 관련하여 중국공산당 중앙위원회는 세계 평화가 어떤 방식으로 얼마나 보장될 수 있는지에 대하여 스탈린 동지의 의견을 구하도록 본인에게 위임하였습니다.

스탈린 동지 : 중국은 평화를 위해 싸우고 있습니다. 소련 또한 평화를 유지하기 위하여 모든 노력을 다하고 있습니다. 소련은 평화를 회복한 지 이미 4년이 지났습니다. 현재 중국에게 직접적인 위협은 존재하지 않습니다. 일본은 아직 스스로 일어설 수 없으므로 전쟁을 준비할 능력이 없습니다. 미국은 전쟁을 부르짖고 있지만, 그 무엇보다도 전쟁을 두려워하고 있습니다. 유럽은 전쟁이라면 공포에 질려 있습니다. 현재 그 누구도 중국을 공격할 수 없습니다. 설마 김일성이 중국을 공격하겠습니까? 평화는 우리의 노력에 달려 있습니다. 만약 우리가 협력한다면 5~10년뿐만 아니라 20년 어쩌면 더 긴 시간의 평화도 보장될 수 있습니다.[72]

이들의 대화로부터 1949년 말까지 조선 문제에 관하여 스탈린과 모택동의 입장은 일치하였다. 그들 모두는 평화 국면의 유지를 바라고 있었다. 그러나 불과 1개월이 지난 후 상황이 변화하였다. 상황 변화는 김일성이 만든 것이었다.

1950년 1월 17일, 조선 외무상 박헌영은 초대 중국 주재 조선대사로 임명된 이주연(李周淵)을 환송하기 위한 소규모 오찬 연회를 개최하였다. 오찬 석상에서 김일성은 남조선 해방 문제를 언급하였다. 그는 중국 해방 사업을 완성한 다음 문제는 남한의 인민들을 해방하는 것이라고 지적하였다. 그는 "남한 인민들은 나를 신임하고 있으며 우리의 군대를 갈망하고 있다. 유격대로는 문제를 해결할 수 없다. 남한 인민들은 우리에게 우수한 부대가 있다는 것을 알고 있다. 나는 요즘 어떻게 조국통일을 이룰 것인가를 고민하느라 잠을 잘 수가 없다. 만일 남조선 인민의 해방과 조국통일이 계속 지연된다면, 나는 나에 대한 조선 인민의 신임을 잃게 될 것이다."고 강조하였다.

김일성은 취기를 빌려, "모스크바에서 스탈린 동지는 나에게 남한을 공격해
서는 안 된다고 말하고, 오직 이승만의 군대가 먼저 공격을 할 경우에만 반
격할 수 있다고 말하였다. 그러나 이승만은 지금까지 공격하지 않고 있어
남조선 인민의 해방과 국가의 통일 사업이 이처럼 지연되고 있다."고 원망
하듯 말하였다. 김일성은 "나는 공산당원이며 규율을 지키는 사람이다. 스
탈린의 지시는 자신에게 있어 규율이며, 자신이 모스크바로 가서 스탈린과
만나 나의 행동을 허락받고 싶다."고 요구하였다. 김일성은 또한, 만일 스탈
린 동지를 만날 수 없다면 모택동이 과거에 중국의 내전이 끝난 후 조선을
돕겠다고 약속하였기 때문에, 자신은 곧바로 북경에 가서 모택동 동지를 만
날 것이라고 말하였다. 흥분 상태의 김일성은 인민군이 3일 이내에 옹진반
도를 점령할 수 있는데, 왜 옹진반도를 공격하는 것을 허락하지 않느냐고
질문하면서, 만일 한 차례 총공세를 펼치면 수일 내에 서울을 점령할 수 있
다고 주장하였다. 슈티코프는 1월 19일 전보에서 사건 경위를 상세하게 보
고하면서, 김일성이 술 취한 것을 핑계로 속마음을 내보인 것이며 소련의
태도를 떠보기 위한 것이라고 보충 설명하였다.[73]

 이 전보를 받고 스탈린은 아무런 반응을 하지 않았다. 그러나 11일이 지
난 1월 30일, 스탈린은 갑자기 슈티코프에게 전보를 보내고, "귀하의 보고는
이미 받았다. 나는 김일성 동지의 불만을 이해한다. 그러나 김일성은, 남한
을 공격하는 것과 같은 중요한 행동은 충분한 준비가 있어야 한다는 것을
이해해야 한다. 이 일은 반드시 치밀하게 준비해야 하며 큰 모험을 해서는
안 된다. 만일 그가 이 문제를 본인과 논의하고자 한다면, 나는 언제든지 그
를 만나 회담을 할 것이다. 이 사실을 김일싱 동지에게 전달하고, 이 문제에
대해 나는 그를 도울 준비를 할 것이다."고 밝혔다.[74] 이 전보는 지금까지

[73] "1950년 1월 19일 슈티코프가 비신스키에게 보낸 전문," *АПРФ*, ф.45, оп.1, д.346, л.62-65.
 다음을 또한 참조할 것. *Волкогонов Д.* Следует ли этого бояться?//Огонёк, 1993, № 26,
 с.28-29.
[74] "1950년 1월 30일 스탈린이 슈티코프에게 보낸 전문," *АПРФ*, ф.45, оп.1, д.346, л.70.

공개된 전보 중에서 김일성의 군사 계획에 스탈린이 최초로 동의를 표시한 전보이다. 따라서 이 문서는 1950년 초 조선반도에 대한 소련의 정책이 이미 변하기 시작했다는 것을 보여 주는 증거이다.

1월 31일 슈티코프 대사는 회신에서, 김일성은 자신이 정확하게 전달한 지시를 듣고 난 후 매우 만족하였으며, 심지어 자신의 귀를 의심하면서 "그렇다면 이 문제로 스탈린 동지와 만날 수 있다는 것인가?" 하고 되물었다. 재차 그렇다는 답변을 들은 김일성은 곧바로 모스크바에 갈 준비를 하겠다고 대답하였다.[75] 그러나 스탈린은 여전히 마음을 놓을 수 없었다. 그리하여 스탈린은 2월 2일 슈티코프에게 보충 지시를 내렸다. 지시의 내용은 다음과 같다. "김일성 동지에게 설명하기를 바람. 현재 상황에서 그가 본인과 논의하려는 이 문제는 반드시 비밀을 유지해야만 한다. 이 사실을 적뿐만 아니라 조선의 기타 지도자와 중국 동지들에게도 비밀로 해야 한다. 모택동과의 회담을 모스크바에서 계속 진행할 예정이며, 우리는 조선의 군사적 능력과 방어 능력을 높이기 위하여, 조선민주주의인민공화국에 대한 원조의 필요성과 가능성에 관하여 의견을 교환할 예정이다."[76] 여기서 몇 가지 설명이 필요하다. 스탈린은 이 문제에 관해서 중국 동지들에게 비밀로 할 것을 지시했는데, 왜 모스크바에서 모택동과 조선 원조를 토의할 것이라고 말하였나? 여기서 말하는 '중국 동지'란 모택동도 포함하는 것인가? 모스크바에서 스탈린은 모택동과 도대체 무엇을 논의하였는가?

실제로 이 문제는 역사학계에서 오랜 기간 논쟁이 되어왔다. 즉 조선전쟁은 1949년 말부터 1950년 초 사이 모스크바에서 스탈린과 모택동 및 김일성이 함께 상의하여 시작한 것이 아닌가? 이 문제는 일찍부터 일부 회고록에서 제기되었다. 예를 들어, 후르시초프는 그의 회고록에서 1949년 말 김일성

75) "1950년 1월 31일 슈티코프가 스탈린에게 보낸 전문," *АПРФ*, ф.45, оп.1, д.346, л.71-72.
76) "1950년 2월 2일 스탈린이 슈티코프에게 보낸 전문," *АПРФ*, ф.45, оп.1, д.347, л.12, *Торкунов А. В. Загадочная война*, с.56.

이 모스크바로 와서 "무력을 이용한 남조선 문제 해결"을 요구하였다고 주장하였다.[77] 당시 외교부에 재직했던 캐피사(M. Katpisa)는 1992년 4월 곤차로프와의 인터뷰에서, 1949년 11~12월 김일성이 중국혁명의 승리에 고무되어 남한 공격계획을 갖고 모스크바에 왔다고 주장하였다.[78] 소련의 군사(軍史) 전문가 볼코고노프(D. A. Volkogonov) 또한 김일성이 1950년 2월 모스크바를 한 차례 방문하였다고 주장하였다.[79] 불과 몇 년 전까지도 일부 학자들은 모택동이 소련을 방문했을 때, 그는 스탈린과 의견을 같이하였으며 중소 간에 김일성의 남조선 공격 문제는 이미 해결되었다고 주장하였다.[80] 그렇다면 실제 상황은 어떠한가?

우선 확실한 것은 1949년 말부터 1950년 초 사이 김일성은 모스크바를 방문하지 않았다는 사실이다. 앞에서의 당안 자료들로부터 스탈린은 1950년 1월에야 김일성과의 면담에 동의하였음을 알 수 있다. 다음의 문건들은 김일성이 1950년 4월에 모스크바에 도착하였음을 보여 준다. 모택동이 모스크바를 방문하였을 때, 중소 지도자가 조선반도 문제를 토론하였는지 또 어떻게 토론하였는지를 둘러싼 상황이 비교적 복잡하며 자세한 분석이 필요하다. 현재까지의 당안 자료들은 모택동이 모스크바 방문 동안 연회와 경축행사에 참가한 것 이외에 1949년 12월 16일, 12월 24일, 1950년 1월 22일 세 차례에 걸쳐 스탈린과 정식 회담을 했음을 보여 준다. 제1차 회담과 제3차 회담 모두 기록이 있으며, 회의 기록에서 조선 문제에 대한 내용은 없다. 12월 24일의 회담은 기록이 없으나, 주요 내용은 아시아 각국 공산당 문제와 관계된 것으로서 조선노동당에 대한 언급이 있었을 것이다.[81] 사철(師哲)에

77) Strobe Talbott(tran. and ed.), *Khrushchev Remembers*, With an Introduction, Commentary and Notes by Edward Crankshaw, London: Andre Doutsch Ltd, 1971, p.367.

78) S. Goncharov, J. Lewis and L. Xue, *Uncertain Partner*, pp.137-138.

79) 이에 대해서는 Kobayashi Keiji, "Who Started the Korean War", pp.3-15 참조.

80) *Данилов А. А., ПыжиковА. В. Рождение сверхдержавы СССР*, с.64; 杨奎松, 「斯大林为什么支持朝鲜战争?」, 沈志华著, 「毛泽东, 斯大林与朝鲜战争」, 『二十一世纪』, 2004.02, 第81期, 141쪽.

81) 자세한 내용은 본 책의 제2장을 참조할 것.

회고에 따르면, 1950년 1월 하순 스탈린과 모택동은 소규모 회담을 하고 애치슨 선언에 대한 대응을 주제로 토론하였지만, 조선 문제는 언급되지 않았다고 한다.[82] 이밖에도 사적 비밀 모임이 있었다. 사적인 비밀 회담에 대해서는 웨스타드 교수가 필자에게 설명해 주었다. 웨스타드(O. A. Westad) 교수는 1990년대 모스크바에서 당안 자료들을 발굴할 때, 많은 관련 당사자들을 인터뷰하였다. 그중에 캐피사는 인터뷰에서 스탈린은 자신의 개인 별장으로 모택동을 두 차례에 걸쳐 비밀리 초대하였으며, 양쪽 모두 기타 수행원을 대동하지 않았고 스탈린은 군사정보 부문의 자신의 친구에게 통역을 맡겼다. 2월 15일 두 번째 사적 회동에서 스탈린과 모택동은 조선 문제를 토론하였지만, 그 구체적인 내용은 알 수 없다.[83] 진겸(陈兼)은 수차례 필자에게 1990년대 초 그가 사철(师哲)을 인터뷰했을 때 들은 말을 소개하였다. 사철에 따르면, 모스크바에서 스탈린은 "모택동에게 김일성은 젊고 매우 용감하며 남한에 대하여 군사행동을 취하기를 원하지만, 그는 지나치게 유리한 요소들만 계산하고 있다."고 말하면서 모택동의 의견을 물었고, 이에 모택동은 "우리는 당연히 김일성을 도와야 한다."라고 대답하였다.[84]

  위의 상황을 고려할 때, 모택동이 소련을 방문했을 때 스탈린과 조선 문제를 토의한 것은 확실하다. ─이는 두 사람 사이에 처음이 아니다─ 그러나 2월 2일자 스탈린 전보와 사철의 회고를 따르면, 사적 회담의 내용은 그들이 이전에 의견을 교환했던 범위를 벗어나지 않았다. 모택동은 후에 미코얀에게 자신은 스탈린에게 조선 상황은 북쪽이 남쪽을 공격하는 것이 아니라 남쪽이 북쪽을 공격하는 것이고, 문제는 북쪽이 주동적으로 언제나 대비가 되어 있어야 한다고 말했다고 회고하였으며, 스탈린도 이에 동의하였다고 말하였다. 모택동은 "후에 스탈린이 단독으로 김일성을 만났으며, 스탈

---

82) 师哲, 『在历史巨人身边』, 455-457쪽.
83) 필자와 웬안리(文安立)의 회담 요록, 1996년 12월.
84) 필자와 천지엔의 회담 요록, 1996-1999년.

린이 김일성의 계획에 동의한 후에야 우리에게 통보하였다."고 말하였다.[85] 모택동이 말한 "우리는 당연히 김일성을 도와야 한다."는 것은 남한의 공격에 대비하는 것을 가리킨다. 다음의 문헌 자료들이 증명하는 상황의 전개로부터 다음과 같은 사실을 알 수 있다. 즉 모택동이 모스크바에 있을 때, 스탈린은 조선 남부를 향한 북한의 군사행동 지지와 김일성의 모스크바 초청에 관해서 그에게 한마디도 언급하지 않았다는 사실이다.

위의 상황과 관계된 하나의 상황은 모택동이 소련을 방문하였을 때 북한, 중국, 소련 3국이 중국 인민해방군 소속 조선인부대의 제2차 귀환을 토론한 점이다. 이는 이때 모택동이 김일성의 침공 계획을 이미 알고 있었으며, 이에 대한 자신의 지지를 표시한 것으로 판단할 수 있는 근거가 된다. 이전에는 섭영진의 회고록에서만 간단히 언급되어 있어서 그 상황을 명확히 알 수 없었다.[86] 하지만 현재는 중국과 러시아의 당안들이 모두 공개되어 전 과정이 명확하게 밝혀졌다.

앞에서 설명했듯이 모택동은 중국의 남부 지역 전투가 끝난 후인 1949년 5월, 제4야전군 소속의 잔여 조선인 병사들을 귀국시키겠다고 김일성에게 약속하였다. 당시 모택동은 이 문제를 임표에게 말한 것 같지는 않다. 이 점은 임표가 조선인부대 문제를 제기한 전보에서 알 수 있다. 1949년 12월 29일, 총참모장 섭영진은 모택동에게 이 문제 처리에 관한 임표 등의 의견을 전달하였다. 그 내용은 다음과 같다. 현재 인민해방군 각 부대에 있는 조선인 관병은 약 1만 6천여 명으로, 그중에 지휘관은 사단장급 2명, 여단장급 5명, 대대장급 87명, 중대장급 598명 및 소대장급 1,400명, 분대장급 1,900여 명이 있다. "그들 모두는 인민해방군 대오 중에서 훈련과 교육을 받았으며, 중국 동지의 원조로 큰 진전을 이루었다. 그중 많은 사람이 우리 군으로부터 작전과 군대 조직, 그리고 정치 공작을 전개하는 경험을 쌓았다. 우리

---

85) "1956년 9월 23일 모택동과 미코얀의 회담 기록".
86) 聶榮臻, 『聶榮臻回忆录』, 北京: 解放军出版社, 1982, 744쪽.

는 그들 중 대부분이 지휘관이 될 수 있다고 생각한다. 우리 군이 남하한
후, 그들 사이에서 약간의 소동이 있었다. 그들 중 일부는 귀국을 요구하기
도 하였지만, 절대다수는 여전히 명령에 복종하고 남쪽으로 진군하였다. 이
제 곧 전쟁은 종결될 예정이다. 조선 인민의 이익을 위해, 우리는 이 훈련받
은 간부들을 조선으로 귀국시켜야 한다고 생각한다.―남기를 원하는 자는
계속 남도록 한다― 중앙에서 그들의 귀국 가능 여부와 조선노동당이 현재
그들의 귀국을 희망하는지를 토론해주기를 바란다. 만약 답변이 긍정적이
면, 우리는 그들을 집중하여 1개 정규 사단 또는 4~5개 정규 여단으로 편성
하여 단기간의 훈련을 거친 후 귀국시킬 예정이다."[87]

1950년 1월 1일 스탈린은 모택동으로부터 받은 정보를 슈티코프 대사에
게 전달하고, 그에게 김일성을 예방하여 임표의 편지에 대한 조선 정부의
태도를 알아볼 것을 지시하였다.[88] 이와 동시에 중국 정부도 조선 주재 무
역대표부 대표 문사정을 통하여 김일성에게 편지를 전달하였다. 편지에서
전쟁이 종료되어 중국 인민해방군 소속 조선인부대가 점차로 할 일이 없어
지고 있으므로, 만일 조선 정부가 원한다면 그들을 돌려줄 수 있다는 뜻을
전하였다. 김일성은 1월 9일 슈티코프 대사에게 중국의 이러한 뜻을 전하면
서, 조선 정부는 이 부대들의 귀국을 원하며 가까운 시일 내에 3명의 대표를
중국으로 파견하여 조선인부대 귀환에 관한 문제들을 중국 정부와 협상할
예정이라고 통보하였다. 김일성은 첫째 중국 군대 내의 조선인 관병을 조선
인민군의 편제에 따라, 중국에서 1개 보병사단과 2개 보병여단으로 개편하
며, 남는 병력은 오토바이여단과 기계화여단으로 보충하고, 둘째, 조선 내의
주둔지가 아직 마련되지 않았으므로 1950년 4월 이전까지 1개의 사단과 2개
여단을 중국에 머무르게 해 줄 것을 중국 정부에 요구할 계획이었다.[89]

---

87) "1949년 12월 29일 섭영진(聶榮臻)이 모택동에게 보낸 전문," *АПРФ*, ф.45, оп.1, д.334, л.8-9,
   Новая и новейшая история, 2005, № 5, c.89-90.
88) "1950년 1월 1일 외교부가 슈티코프에게 보낸 전문," *АПРФ*, ф.45, оп.1, д.346, л.110-111.
89) "1950년 1월 11일 슈티코프가 외교부에 보낸 전문," *АПРФ*, ф.45, оп.1, д.346, л.114-115.

조선 측의 통지를 받은 유소기는 1월 11일 문사정에게 보낸 전보에서, 중국은 조선의 조선인부대 개편 방안과 인도를 위한 대표 파견 제안에 동의하고, 오는 4월 조선인부대에 여름 군복을 입혀 조선으로 귀국시키는 것에 찬성하였다. 같은 날 유소기는 이 상황을 임표에게 통보하였다.[90] 조선인민군 총참모부 작전부장 김광협(金光俠)은 중국에 도착한 후, 조선인부대가 보유 무기와 장비를 모두 가지고 귀국하게 해 줄 것을 추가로 요청하였다. 1월 22일 유소기는 이 요구 사항을 모택동에게 보고하였고, 1월 25일 모택동은 이 요구에 동의하였다. 1월 28일, 유소기는 임표에게 조선의 요구는 모택동 주석의 동의를 얻었으며 최대한 이행할 것을 전보로 지시하였다.[91]

상황의 전체 과정으로 보면, 조선인부대의 귀국과 김일성의 군사행동 계획은 직접적인 관계가 없다. 제2차 조선인부대 귀국은 임표가 먼저 제안한 것이며, 중요한 원인은 이 부대의 조선인 관병들이 귀국을 요구했기 때문이다.[92] 더욱 중요한 것은 조선인부대의 귀국에 관한 모든 것이 결정되었을 때에도, 스탈린은 여전히 김일성의 공격계획에 대하여 동의하지 않았다는 점이다. 따라서 이 사건은 어떤 경우에도 소위 북·중·소 '삼국 공모론'의 증거가 될 수 없다. 물론 무장을 갖추고 장기간의 전쟁으로 단련된 이 부대가 조선전쟁 발발 전에 조선으로 돌아가 인민군의 공격 능력을 크게 강화했음은 의심할 여지가 없다.[93] 그러나 이것은 우연한 시간적 일치였을 뿐이

---

90) 『刘文稿』 제1권, 319-320쪽.

91) 『刘文稿』 제1권, 320-321쪽; "1950년 1월 22일 유소기가 모택동에게 보낸 전문," *АПРФ*, ф.45, оп.1, д.334, л.22.

92) 김경일은 2000년 41명의 귀국한 조선인 관병에 대해 인터뷰를 진행했는데, 참가한 병사들은 딩시 조신 관병들 사이에서 귀국하여 조선혁명을 완수해야 한다는 소리가 높았고 조선으로 귀국하게 허가해 달라고 단체로 요구하는 사건이 발생하였다고 증언하였다. 이에 대해서는 金景一, 「关于中国军队中朝鲜官兵返回朝鲜的历史考察」, 58쪽 참조.

93) 당사자들은 3월 중순 해방군 소속의 조선인 병사 1만 4천 명이 정주에 집결하였고, 독립 15사단으로 개편되어 1개의 단과 1개의 독립된 대대가 되었으며, 3월 20일 독립 15사단은 출발하여 3월 말에 원산에 도착했다. 이 사단은 훗날 인민군 제12사단이 되었다. 나머지 1개의 단은 4월 초에 황해도 송림으로 향했으며, 이후 인민군 제18사단이 되었다. 독립대대는 평양으로 가서 기계화여단에 편입되었다. 김중생, 『조선 의용군의 밀입북과 6·25전쟁』,

며, 김일성이 조선인부대의 귀국을 오랫동안 기다리고 있었을 수는 있지만, 당시 중국인들은 그런 기대를 전혀 알아차리지 못했다.

김일성은 1월 말 스탈린의 태도 표명에 감격하고 의심 없이 행동을 개시하였다. 2월 4일 김일성은 슈티코프와 만나 3가지 요구 사항을 제기하였다. 첫째, 조선 정부는 조선 화폐 20억의 공채를 발행을 준비 중이며, 이 채권을 모스크바에서 인쇄해 달라고 요구하였다. 둘째, 3개 보병사단을 새로 조직하여 인민군을 총 10개 사단으로 증강할 것을 희망하였다. 셋째, 1951년분 차관을 앞당겨 사용하여 신설된 부대가 소련제 무기와 장비를 사는 데 사용할 수 있도록 해달라고 요구하였다.[94] 모스크바의 답변은 매우 신속했다. 2월 9일, 소련 외교부는 조선의 요구를 완전히 만족하게 해 줄 것을 통보하였다.[95] 김일성은 이에 대해 매우 감격하였으며 "스탈린 동지의 원조에 감사의 뜻을 전해 줄 것을 재차 요청"하였다.[96]

조선 군대의 더욱 잘 훈련하기 위하여, 2월 말 소련 국방부는 군사고문단장을 정치 공작 출신 슈티코프에서 작전 경험이 풍부한 바실리에프(N. A. Vasiliev) 중장으로 교체하였다.[97] 그뿐만 아니라 조선에 있는 소련의 군사고문단을 소련 국방부의 소속으로 바꾸고 소련 국방부로부터 직접적인 지도와 감독을 받도록 하였다. 동시에 민족보위성(국방부)과 인민군 총사령부에 소련인 군사고문의 파견에 동의하였다. 이에 따라, 조선인민군 각 군단과 각종 사령부 및 총 병참부, 각 보병사단과 독립 보병여단, 각 보병여단과 포병여단, 교도대, 군관학교 및 경찰 간부학교 등에는 모두 소련 군사고문이 파견되었다. 조선인민군은 소련군의 조직편제에 따라 완전히 재편되었

서울: 明知出版社, 2000, 151-152쪽; 金东吉, 『中国人民解放军中的朝鲜师回朝鲜问题新探』, 109쪽.

94) "1950년 2월 7일 슈티코프가 비신스키에게 보낸 전문," *АПРФ*, ф.45, оп.1, д.346, л.74-75.

95) "1950년 2월 9일 비신스키가 슈티코프에게 보낸 전문," *АПРФ*, ф.45, оп.1, д.346, л.76.

96) "1950년 2월 10일 슈티코프가 비신스키에게 보낸 전문," *АПРФ*, ф.45, оп.1, д.346, л.77.

97) "1950년 2월 23일 슈티코프가 와실렙스키에게 보낸 전문," *АВПРФ*, ф.059a, оп.5a, п.11, д.4, л.148.

으며, 군 간부용 훈련 교육 교재는 모두 소련군의 커리큘럼과 교재가 사용
되었다. 또 작전 훈련에는 소련군의 조칙과 조례가 그대로 사용되었다.[98]

3월 9일, 조선인민군의 작전 능력을 강화하기 위해, 김일성은 소련 정부
에 1950년에 1.2~1.3억 루블 상당의 군사기술 장비를 조선에 제공해 줄 것을
요청하면서, 조선은 소련에 1.38억 루블에 해당하는 황금 9톤과 백은 40톤,
몰리브덴 1.5만 톤을 제공하기로 약속하였다.[99] 3월 18일, 스탈린은 회신에
서 "소련 정부가 조선 측의 요구를 완전히 만족하게 해 줄 것을 결정"하였다
고 통보하였다.[100]

전쟁 준비의 발걸음이 빨라졌지만, 모스크바는 김일성의 전체적인 남한
공격계획을 이해하지 못하였다. 3월 20일 슈티코프는 스탈린의 지시에 따라
김일성과 박헌영을 면담하고, 조선 지도자들의 소련 방문을 논의하였다. 김
일성은 그 자신과 박헌영은 4월 초에 모스크바에 가서 1946년과 같은 방식
의 스탈린과의 비공식 회담을 하기를 원하며, 회담 내용은 국가 통일의 절
차와 방식, 국가 경제발전 계획 및 조선노동당 당내의 일에 관하여 논의하
고 싶다고 밝혔다.[101] 3월 23일 슈티코프는 재차 김일성의 소련 방문 토론
의제에 관한 상세한 목록을 모스크바에 보고하였으며 그 내용은 다음과 같
다. 국가 통일의 방법은 무력적 수단으로 이용하고, 경제문제, 중조 관계(모
택동과 회담, 중국과의 협정 체결 및 중국 거주 조선인 문제), 유럽 공산당
과 노동당 정보국에 관한 문제, 해운주식회사 협정의 재심의(함흥 항의 반

98) 이에 대해서는 *Ки Кван Со Из истории формирования вооруженных сил северной Кореи*, с.140 참조.
99) "1950년 3월 9일 슈디코프가 비신스키에게 보낸 선분," *АВПРФ*, ф.059а, оп.5а, п.11, д.4, л.149-150.
100) "1950년 3월 18일 스탈린이 슈티코프에게 보낸 전문," *АВПРФ*, ф.059а, оп.5а, п.11, д.4, л.142.
101) "1950년 3월 21일 슈티코프가 비신스키에게 보낸 전문," *АПРФ*, ф.45, оп.1, д.346, л.90-91. 문건에서 언급한 "1946년"은 아마도 오해가 있었던 것 같다. 러시아 학자의 연구에 따르면 88여단을 떠난 이후 김일성이 처음으로 소련을 방문한 것은 1947년 10월에 부비강염 수술을 위해 연해변강구 보로실로프시에 간 것인데 그때는 비공식 방문이었다. *АПРФ*, ф.3, оп.65, д.824, л.18, *Почтарев А. Н. Из истории советско-корейских отношений*, с.155-156에서 재인용.

환 요구) 등의 토론 의제가 포함되어 있었다.[102] 모스크바의 긍정적인 회답을 받은 후, 3월 24일 슈티코프 대사는 김일성과 논의를 거쳐 모스크바로 출발할 날짜를 결정하였으며, 전용기나 전용 열차를 제공해 줄 것을 소련에 요청하였다.[103] 3월 29일, 비신스키는 "김일성과 외무상 박헌영은 3월 30일 모스크바를 향하여 평양에서 출발할 예정이며, 조선 주재 소련대사 슈티코프 장군이 그들을 수행하여 4월 8일 모스크바에 도착할 예정"이라고 스탈린에게 보고하였다.[104]

김일성의 비밀방문은 소련에서 전혀 보도되지 않았다.[105] 크렘린궁의 스탈린 집무실 방명록 기록에 따르면, 4월 10일 21시 10분 김일성, 박헌영 그리고 통역관 문일이 슈티코프의 수행으로 스탈린의 집무실에 들어왔다. 김일성과의 면담에는 스탈린, 마린코프, 몰로토프, 그리고 비신스키가 참석하였으며, 회담은 오후 11시에 끝났다.[106] 이는 김일성이 예정한 대로 모스크바에 도착하였음을 의미한다. 이 밖에도 소련 대사관은 "4월 25일 현지 시각 오후 4시 김일성과 박헌영은 보로실로프그라드(Voroshilovgrad)시에서 비행기로 출발하여 함흥(조선)에 도착하였으며 두 사람 모두 기분이 좋은 상태이다."고 보고하였다.[107] 김일성은 보로실로프그라드까지의 여정은 제외하고도, 모스크바에서 약 보름 동안 머물렀다.

4월 10일의 회담에 관한 공개된 러시아 문건들에 따르면, 양측은 조선의 경제계획과 소련의 원조 문제에 관해서만 토론하였다. 우리의 흥미를 끄는

---

[102] "1950년 3월 23일 슈티코프가 스탈린에게 보낸 전문," *АПРФ*, ф.45, оп.1, д.346, л.92-93.
[103] "1950년 3월 24일 슈티코프가 비신스키에게 보낸 전문," *АПРФ*, ф.45, оп.1, д.346, л.94-95.
[104] 이에 대해서는 K. Weathersby, "The Soviet Role", p.441 참조.
[105] 어떤 러시아 학자의 일설에 따르면 김일성은 기차를 타고 극비에 모스크바로 갔다고 한다. 회담은 스탈린의 별장에서 진행되었으며 대단히 성공적이었다고 한다. *Почтарев А. Н. Из истории советско-корейских отношений*, с.156.
[106] 이에 대해서는 沈志华总主编, 『苏联历史档案选编』 제20권, 755쪽 참조.
[107] "1950년 4월 25일 이그나티예프가 비신스키에게 보낸 전문," *АПРФ*, ф.45, оп.1, д.346, л.150. 이그나티예프는 임시로 조선 주재 소련대리(대판)였다.

것은 이 회담에서 김일성이 아시아공산당이나 조선노동당 정보국을 창설하여, 각 당의 행동을 조정할 것을 제안한 점이다. 이에 스탈린은 소련은 단지 중공과 조선노동당만을 파악하고 있을 뿐, 일본, 인도, 필리핀 등의 공산당 상황에 대해서는 잘 파악하지 못하고 있으므로, 이 문제는 심사숙고해야 한다고 주장하였다.[108] 김일성의 소련 방문 동안 스탈린과 몇 차례의 비밀 회담을 진행하였고 회담 내용은 무엇인지에 관해서 현재로서 참고할 만한 어떠한 문건이나 문헌도 발견되지 않았다. 1966년 8월 9일, 소련 외교부가 브레즈네프 등 소련 지도부에 제출한 「조선전쟁 배경에 관한 보고서」에서 스탈린이 "김일성이 1950년 3~4월에 모스크바를 방문하는 동안, 조선이 입안한 방안을 최종 승인을 하였다."고 짧게 한 줄로 기술되어 있다.[109]

1950년 4월 스탈린과 김일성이 한 비밀 회담의 구체적 내용을 보여 주는 자료는 전쟁 계획에 일정 정도 참여하거나 조선전쟁의 정책결정 과정을 이해하고 있는 조선의 일부 고위 관료들의 회고뿐이다. 그들은 조선전쟁 이후에 김일성의 계속된 정치적 숙청을 피해 소련으로 망명하여 은거하였다. 그들은 1980년대 말과 1990년대 초 소련의 정치 해빙기에 잇달아 회고록을 집필하거나 인터뷰를 통하여 그들 자신이 실제 체험한 사실들을 세상에 알렸다. 그중에는 1950년 4월 김일성과 스탈린의 비밀 회담에 관한 내용도 있는데, 그것은 주로 전쟁 초기 김일성의 러시아 통역을 맡았던 문일, 내무성 부상 강상호, 내각 모 부처의 부상 신성길(가명), 부 총참모장 이상조, 총참모부 작전부장 유성철, 조선 노동당 중앙서기 임은 및 인민군 고위간부 정상진 등의 회고이다. 이밖에 소련 외교부의 고위관리 캐피사와 훗날 국방부 군사역사연구소 소장을 역임한 볼코고노프(D. A. Volkogonov)의 회고가 있다. 그들의 회고에 대한 종합적인 대조 작업을 통해서, 김일성과 스탈린이

---

108) "1950년 4월 10일 스탈린과 김일성, 박헌영의 회담 기록(수기)," 『朝鮮战争俄档原文复印件』 제4권, 487-500쪽

109) РЦХИДНИ, ф.5, оп.58, д.266, л.122, 131, K. Weathersby, "The Soviet Role", p.441.

1950년 2월 회담을 했다는 것과 같은 일부 잘못된 회고를 제외하고, 다음과 같은 결론을 내릴 수 있다. 그리고 기본적으로 일치하는 회고는 대략적인 사건 전개 과정을 통하여 검증할 수 있다.[110]

첫째, 군사행동의 정치적 결과에 관한 문제에 대해, 김일성은 전체적 상황은 나쁘지 않으며 남북 모두 통일을 위하여 준비 중이지만, 그가 안심할 수 없는 것은 통일을 위한 결정적인 조처에 대하여 인민들의 반응이 어떠할지 알 수 없는 것이라고 말하였다. 이에 스탈린은 인민은 양 떼와도 같아서 그들은 언제든지 선두의 양만 따라간다고 타이르듯 말하였다. 뒤이어 박헌영은 현재 남한에서는 이승만 정권을 반대하는 저항운동이 전개되고 있다고 열정적으로 설명하였다. 그는 "남한에 있는 20만 명의 공산당원들이 북측의 첫 신호에 맞춰 봉기할 준비를 이미 하고 있으며, 남한 인민들은 토지개혁과 기타 북측에서 시행된 민주개혁을 줄곧 기다리고 있다."고 말하였다. 이때 스탈린의 논조는 1949년 9월 정치국 결의안과는 완전히 상반된다. 당시 소련이 김일성의 국지전 시작 건의를 반대한 이유는 바로 조선 사회의 정치적 반응이 불리하다는 것이었다. 그러나 현재 스탈린은 인민의 반응은 고려할 필요가 없다고 김일성을 설득하고 있다. 박헌영의 논조는 스탈린에게 완전히 영합하는 것이었다. 남한에서 유격대의 활동이 가장 활발하였을 때는 1949년 가을이었다. 당시 유격대는 대도시를 정면으로 공격할 만큼 발전되었으며, 그 병력 규모는 정부군의 일급 부대 사단과 작전할 정도에 이르렀다. 그러나 1950년 봄에 들어서, 남한 내의 유격대 활동은 이미 진압되어 기본적으로 평정을 되찾은 상태였다.[111] 모스크바는 이 사실을 잘 알고 있었다. 4월 26일 조선 주재 소련 무관 키세레프(V. Kiselev)는 남한 유격대

---

110) 다음 인용된 역사 회고를 참조할 것. Kim Chull baum(ed.), *The Truth About the Korean War*, pp.77, 105-106, 152; S. Goncharov, J. Lewis and L. Xue, *Uncertain Partner*, pp.141-145, 151-152; K. Weathersby, "The Soviet Role", p.433.

111) 이에 대한 상세한 내용은 다음을 참조할 것. 日本陆战史研究普及会编, 『朝鲜战争』 상권, 高培等译, 北京: 国防大学出版社, 1990, 4쪽.

상황에 관한 보고를 완성하였다. 5월 6일 그로미코에게 보내진 이 보고서는 1949년 여름 이래 정부군 3만 병력이 투입되어 5,250명의 유격대에 몇 차례에 걸쳐 "엄청난 타격"을 가했다고 지적하고 있다. 평양과 남쪽 유격대 그리고 조선노동당 간의 연락은 이미 끊어졌으며, 산속으로 들어간 군중—일부 당원을 포함—은 "대거 하산하여 투항하였고" 주민들의 "혁명 정서는 점점 떨어지기 시작하였으며" "실망의 정서가 상상하기조차 힘들 정도로 만연되어 있다."고 지적하고 있다.[112] 이는 9월 정치국에서 지적한 군사행동을 시작할 수 있는 조건 중의 하나가 이미 상실되었고, 모스크바는 군사적인 승리에 대한 절대적인 확신이 없었음을 보여 준다. 바로 이러한 상황에서 스탈린이 김일성에게 군사행동을 부추겼다는 것은 그가 또 다른 특별한 목적을 가지고 있음을 추측케 한다.

둘째, 미군의 전쟁 참전 여부와 관련하여, 김일성은 "미국인들은 중소동맹의 무력간섭 위협 때문에 자제할 것"이라고 여겼다. 김일성은 스탈린에게 4가지 이유를 들며, 미국이 참전할 수 없을 것이라고 장담하였다. 첫째, 이 작전은 기습적인 공격으로 3일 내에 승리를 확보할 수 있다. 둘째, 20만 명의 조선 공산당원의 봉기가 있을 것이다. 셋째, 남한 각 도의 유격대가 조선인민군을 지원할 것이다. 넷째, 미국은 참전을 준비할 시간이 없다. 여기에 스탈린이 김일성의 계획을 비준하는 것을 제약하는 중요한 조건이 언급되어 있다. 1949년 모스크바가 조선의 제안을 거부하고, 조선 주재 소련 대사관을 질책했던 중요한 이유는 김일성의 군사행동이 미국의 간섭을 불러일으킬 것이라는 우려였다. 스탈린 역시 김일성의 호언장담에 쉽게 좌우되지 않았다. 김일성을 모스크바로 불러 논의를 진행한다는 사실 자체가, 스탈린이 이 문제에 관하여 이미 심사숙고하였다는 것을 의미한다. 트루먼의 1월 5일 성명과 애치슨의 1월 12일 연설은 스탈린에게 미국이 조선반도 문제에

---

[112] "1950년 5월 6일 이그나티예프가 그로미코에게 보낸 보고," *АВПРФ*, ф.0102, оп.6, п.21, д.48, л.84-108.

대하여 불간섭 태도를 보일 수 있다는 믿음을 주었다. 과거 소련공산당 중
앙위원회의 조선 문제 책임자 타첸코(V. P. Tkachenko)는 1월 12일의 애치슨
연설은 곧바로 모스크바에 보내졌을 뿐 아니라, 스탈린은 이 연설을 자세히
연구하였으며 이는 그의 생각에 중대한 영향을 미쳤다고 회고하였다. 이와
동시에 조선 지도부 사이에 회자되던 "미국인들은 거대한 중국을 잃는 모험
까지 감수하며 국공내전에 간섭하지 않았다. 따라서 조선반도 같은 작은 전
쟁에 더더욱 개입할 리 없다."는 논법이 스탈린에게 영향을 미쳤을 수 있다.
전직 조선인민군 장성은 이 논리가 외부에서 조선으로 들어왔다고 증언하
였다.113) 이 논리의 근원은 모스크바일 수도 있다. 물론 스탈린은 미국인들
의 성명을 쉽게 믿지는 않았다. 그는 더욱 신뢰할 수 있는 증거가 필요하였
으며, 소련 사람들은 이러한 증거들을 확실히 찾아내었다. 1956년 9월 미코
얀은 모택동에게 "조선전쟁이 시작되기 전 우리 정보기관이 적의 전보를 해
독한 것으로는 맥아더가 남·북조선 사이에서 군사 충돌이 일어날 경우에,
미국은 이에 간섭해서는 안 된다는 의견을 워싱턴에 보고하였다."고 설명하
였다.114) 이로써 스탈린의 우려는 해결되었으며, 김일성이 전쟁을 일으키는
데 두 번째 장애 요소도 해결되었다. 그러나 강조해야 할 것은 스탈린에게
미국의 간섭 여부는 조선에서 군사행동을 취하는 데 필수적으로 고려해야
할 조건이었지, 결코 정책결정의 동기는 아니었다는 점이다.

셋째, 조선의 군사행동을 위한 국제 원조 문제에서 스탈린은 소련이 여전
히 조선 문제보다 더 중요한 도전에 직면하였으므로 조선 동지들에 소련의
대규모 원조와 지지를 기대하지 말 것을 강조하였다. 스탈린은 유럽의 사정
이 매우 어려우므로 그의 시간 대부분을 이 문제에 할애하고 있으며, 모택
동은 "동방 문제를 더 자세히 이해하고 있고" "아시아의 모든 혁명운동에서
중국이 현재 제일이므로, 조선 동무들은 마땅히 모택동과 이 문제를 논의해

113) S. Goncharov, J. Lewis and L. Xue *Uncertain Partner*, pp.101, 141-142.
114) "1956년 9월 23일 모택동과 미코얀의 회담 기록".

야 해야 한다."고 역설하였다. 김일성이 모스크바를 떠날 때, 스탈린은 "만일 강력한 저항에 부딪히면 나는 조금도 도울 수 없으므로, 조선은 반드시 모택동에게 모든 도움을 제공해 달라고 요청해야 한다."라고 재차 당부하였다. 스탈린은 전쟁이 순조롭지 않게 진행되거나 미국이 참전하는 상황이 되면, 이를 보완할 조처를 생각한 것이다. 비록 1949년 여름에 베를린 위기—베를린 위기에서 소련은 매우 불명예스럽게 패배하였다—는 이미 지나갔지만, 여전히 공포심이 남아있던 스탈린은 아시아 지역에서 미소 양국의 탱크가 다시 마주하는 것을 원치 않았다. 어쨌든 간에, 소련은 전쟁 밖에 있고자 하였으며 이는 스탈린의 조선전쟁 허가의 최소한의 조건이었다. 그러나 모스크바는 예상 밖의 상황이 발생하여 조선의 군사행동이 실패하게 되면, 소련 극동 지역의 안전이 위협받을 수 있는 점을 고려해야만 하였다. 이때 스탈린은 중국을 생각해냈다. 더군다나 유소기가 비밀리에 소련을 방문했을 때, 스탈린은 아시아혁명은 반드시 중국이 영도해야 한다고 이미 제안하였다. 중대한 시기에 중국이 출병하여 조선을 도울 수 있는지는 중공이 마땅히 져야 할 책임일 뿐 아니라, 모택동의 정치적 충성에 대한 시험이기도 하였다. 스탈린이 행동을 취하기 전에 반드시 모택동의 의견을 구할 것을 거듭 강조한 이유가 바로 여기에 있었다.

1966년 소련 외교부가 제출한 「조선전쟁의 배경에 관한 보고서」에서 스탈린은 김일성이 제출한 다음과 같은 전략적 배치를 비준하고 무기와 장비에 관한 조선의 모든 요구를 만족하게 해 줄 것을 명령하였다.

조선 정부는 3단계로 나누어 그들의 목표를 이룰 것을 예정하였다.

1. 38선 부근에 부대를 집결한다.
2. 남조선을 향해 평화적 통일을 호소한다.
3. 남조선이 평화적 통일 호소를 거절하면 군사행동을 개시한다.

> 스탈린의 명령에 따라, 북조선의 새로운 작전부대 조직을 위한 무기, 장비 요청
> 일체를 최대한 신속히 만족하게 한다.[115]

　회담 후, 스탈린은 즉각 행동을 개시하였다. 조선 민족보위성 무기 담당
국장을 역임했던 장성의 회고를 따르면, 김일성이 모스크바에서 돌아온 후
소련의 "무기들이 대량으로 청진항에 도착하기 시작하였으며 그 수량은 이
전보다 현저히 많아졌다. 이것은 전쟁의 마지막 준비 단계였으며, 무기가
일단 도착하면 곧바로 38선 부근에 배치된 부대들에게 보급되었다."[116] 이
는 앞에서 지적했던, 중국이 대만 공격을 위하여 시급히 필요로 했던 무기
와 장비들이 왜 그렇게 꾸물거리며 제 시간에 도착하지 못했는지에 대한 설
명이 될 수 있다. 동시에 비밀을 유지하기 위해 모스크바와 평양은 그들의
전쟁 준비 정보를 중국에서 온 조선인들에게도 비밀로 하였다. 유성철의 증
언을 따르면, 각종 군사 부문에 종사하는 중국의 연안파 간부들은 "기밀을
유지하기 위하여" 작전계획을 입안하는 자리를 부분적으로 떠났다. 당시 군
수물자 보급을 책임졌던 조선인민군 고급 장교는 전쟁 발발 전 중국인들이
작전 준비에 관한 어떤 중요 정보도 얻지 못하도록 할 특수한 목적으로 모
든 소련의 무기 장비들은 중국의 철도가 아닌, 해로를 통하여 운반하였다고
회고하였다. 또 다른 조선의 퇴직 간부 역시 이러한 주장을 확인하였다.[117]
　공격계획 제정 과정에 대하여, 조선인민군 작전부장 유성철의 회고를 따
르면, 1950년 4월 김일성이 소련으로부터 돌아온 이후 소련은 남한 공격을
동의하는 전보를 보냈으며, 5월부터 조선 주재 소련인들의 전면적인 교체가
시작되어 이전의 군사고문들이 다수의 작전 전문가들로 교체되었다. 소련
고문들은 어떠한 작전명령서도 가지고 오지 않았다. 5월 1일 노동절 경축행

---

115) ЦХСД, ф.5, оп.58, д.266, л.122-131, *Cold War International History Project Bulletin*, Issue 3, Fall 1993, pp.15-17.

116) S. Goncharov, J. Lewis and L. Xue *Uncertain Partner*, p.146.

117) S. Goncharov, J. Lewis and L. Xue *Uncertain Partner*, p.153.

사 후, 소련 고문단은 조선인들이 입안한 남한 공격계획서를 받았지만 곧바로 이 계획서를 부정하고 소련 군사고문단이 다시 공격계획을 작성하기로 하였다. 삼사일 후, 총참모장 강건은 "선제공격 작전계획"으로 명명된 남한 공격계획서를 조선어로 번역할 것을 유성철에게 명령하였으며, 김일성에게도 보내져 그의 서명을 받았다. 유성철에 따르면, 이 계획은 "군사훈련으로 위장하여 남침 준비를 은폐토록 하였으며" 각 진격 부대의 행군 노선과 작전명령, 육해공과 포병 등 각종 병과의 합동작전에 관한 문건과 공병 및 후방 병참 지원에 관한 문건이 포함되어 있었다. 이 공격계획의 구체적인 내용에 대해 유성철은 전선지휘부(前线指挥部)의 통일된 지휘하에 부대는 두 개의 군단으로 편성되었으며, 제1군단은 주력 공격부대로서 제1, 2, 3, 4, 6 보병사단과 제105탱크사단으로 구성되었으며, 사령관에는 김웅(金雄)이 임명되었다. 제1군단의 주공격 방향은 해주-개성-연천-서울 방향이었다. 제2군단은 측면 부대로서 제7, 12보병사단과 기계화여단으로 편성되었으며, 사령관은 무정(武亭) 공격 방향에 대해 춘천-수원으로, 3일 이내에 춘천과 홍천을 지나 서울 남쪽에 도달하여 서울을 남북으로 포위하는 것이었다고 회고하였다.118)

전쟁 준비가 여기까지 진행되었는데도 모택동은 여전히 아무것도 모르고 있었다. 이는 스탈린의 계획에 들어맞지 않았다. 구체적인 군사적 준비와 작전계획을 중국에 알릴 필요는 없지만, 이처럼 중대한 군사행동을 취하기 위해서는 반드시 모택동의 동의가 필요하였다. 그리하여 5월 3일, 스탈린은 모택동에게 보낸 전보에서 "조선 동지들이 모스크바를 왔다 갔으며, 그들과의 회남 결과는 수일 이내에 귀하에게 통보"할 것이라고 알렸다.119) 이후 수일이 지났지만, 모스크바는 진일보한 회담 결과를 통보하지 않았다. 스탈린

---

118) S. Goncharov, J. Lewis and L. Xue *Uncertain Partner*, p.150; Petrov, "Soviet Role in the Korean War Confirmed", pp.63-67; Yu Songchol, "I Made the 'Plan for the First Strike' ", pp.153-154.
119) "1950년 5월 3일 스탈린이 로신 대사에게 보낸 전문," *АПРФ*, ф.45, оп.1, д.331, л.54.

은 고심 끝에 조선인들이 먼저 모택동을 만나도록 결정했을 가능성이 높다. 5월 12일, 김일성은 슈티코프에게 면담을 요청하고, 중국 주재 조선대사 이주연이 3월 말 모택동과 한 면담 내용을 설명하였다. 김일성에 따르면, 모택동과의 면담에서 김일성과 모택동의 회담을 개최하는 문제가 토론되었다. 이주연이 김일성의 중국 방문에 대해 질문하자, 모택동은 "만일 조선이 가까운 시일 내에 남쪽에 대한 군사행동 계획이 있다면, 공식적인 만남을 가져서는 안 되고 이 경우에는 반드시 비공식 방문이어야 한다."고 대답하였다. 모택동은 계속해서 "평화적 방법을 이용해서는 조선반도의 통일을 이룰 수 없다. 조선을 통일하기 위해서는 반드시 무력을 사용해야 한다. 미국인들을 두려워할 필요가 없다. 미국이 이 작은 땅덩어리 위해서, 제3차 대전을 일으키지는 않을 것이다."고 보충 설명하였다. 또한, 김일성은 조선노동당 중앙은 김일성과 모택동의 회담에 관한 문제를 모택동과 논의하라는 지시를 이주연에게 내린 적이 없다고 덧붙였다. 그 후 이주연은 평양으로 소환되어 새로운 지시를 받았다. 5월 10일, 이주연은 새로운 지시를 가지고 북경으로 돌아갔다. 5월 12일, 이주연은 모택동이 김일성의 중국 방문에 동의하였다고 보고하였다. 김일성은 박헌영과 함께 중국을 방문할 것을 결정하고 모택동과 다음과 같은 의제에 관하여 토론할 예정임을 슈티코프 대사에게 통보하였다. 첫째, 무력으로 국가의 통일을 달성하는 계획과 모스크바 회담의 결과를 중국에 통보하고, 둘째, 가까운 시일 내에 중조 무역조약을 체결하는 문제에 관하여 의견을 교환하고, 전국 통일 후에 우호조약을 체결하는 문제를 토론하고, 셋째, 모스크바 회담에서 논의된 기타 문제를 통보하고, 조선노동당과 중국공산당 간의 긴밀한 관계를 수립하는 문제를 토론하며, 넷째, 수풍수력발전소와 중국 국내의 조선인 문제 등과 같은 공동 관심사에 관하여 의견을 교환할 계획이다.

이에 슈티코프 대사는 중국에 어떠한 지원 요구를 할 예정인지 물었다. 이에 김일성은 그가 필요한 모든 것을 소련이 만족하게 해주었으므로, 모택동에게 다른 지원 요청을 하지 않을 것이라고 대답하였다. 마지막으로, 김일성은 작전 준비 문제에 관한 필요한 모든 지시를 총참모장에게 이미 하달하였으며, 작전계획은 이미 초안 작성을 시작하였으며, 6월에 전쟁 개시를 희망한다고 통보하였다. 김일성과 박헌영은 5월 13일 현지 시각 5시 20분 이륙하여 북경으로 떠날 예정이었다.[120)

　여기에서 김일성은 소련 사람에게 거짓말을 하였다. 사실 모택동이 이주연을 면담한 문제에 관하여 일찍이 김일성이 소련을 비밀리에 방문하고 있을 때 모스크바는 통보를 받았지만, 그 내용은 김일성의 설명과 크게 달랐다. 4월 10일, 조선 주재 소련대사 대리 이그나예프는 비신스키 외상에게 전보를 보내 다음과 같이 보고하였다. "조선 내각 부수상 김책은 이주연이 보내온 전보 내용을 통보하였다. 모택동은 3월 말 북경에서 이주연 대사를 면담하고, 이주연의 제안으로 김일성과 모택동이 회담하는 문제를 논의하였다. 모택동은 김일성과의 회담에 동의하고, 4월 말 혹은 5월 초에 만날 것을 제안하였다. 모택동은 만일 조선 통일의 구체적인 계획이 있으면 회담은 반드시 비밀리에 진행하고, 아직 조선 통일의 계획이 없으면 정식 회담을 진행할 수 있다고 말하였다. 회담 일정과 방식 문제에 관하여, 이주연은 김일성이 현재 병 치료 중임을 구실로 구체적인 회답을 하지 않았다. 이주연과 면담에서, 모택동은 제3차 세계대전이 발발하면 조선 역시 참전을 피할 수 없으므로 반드시 조선 군대는 이에 만반의 준비를 하여야 한다고 강조하였다.[121) 김책이 1개월 전에 이주연과 모택동 회담에 관한 상황을 소련에 통보하였음에도 불구하고, 김일성은 왜 또다시 통보하였으며 그 내용에는 큰 자이가 있었을까? 여기서 두 가지에 주목할 필요가 있다. 첫째, 김일성은 자신이 모스크바에 가기 전에 중국 지도자와 먼저 의견을 교환했다는 사실을 스탈린이 알게 하고 싶지 않았다. 이에 따라, 그는 3월 말 이주연이 모택동

120) "1950년 5월 12일 슈티코프가 비신스키에게 보낸 전문," *АПРФ*, ф.45, оп.1, д.346, л.90-94.
121) "1950년 4월 10일 이그나예프가 비신스키에게 보낸 전문," *АПРФ*, ф.45, оп.1, д.346, л.114-115.

과 만나 의견을 나눈 것을 이주연의 독단적인 행동이라고 하였다.—필자는
이주연이 독단적으로 이렇게 중대한 문제를 모택동과 논의하는 것은 절대
불가하다고 판단한다— 둘째, 김일성은 중국 지도부가 그의 계획을 완전히
지지하고 있다는 사실을 스탈린에게 보여 주고자 하였다. 이에 따라, 조선
은 제3차 세계대전의 발발에 대비하여 군사적인 준비를 잘 갖추고 있어야
한다는 모택동의 주의 환기를, 김일성은 모택동이 조선의 군사행동 개시를
지지한다고 바꿔 말하였다.—필자는 모택동이 명백하게 김일성의 계획을
지지했다면, 이주연과 소련 대리대사의 통보 중에 이를 언급하지 않을 수
없다고 판단한다— 당연히 실제로 어떠했는지는 아직도 중국과 조선의 문
건 공개를 기다려야 한다. 그러나 후에 발생한 상황으로 보면, 이 시기 모택
동은 김일성의 공격계획에 찬성치 않았음이 확실하다.

　김일성 일행은 예정대로 5월 13일 베이징에 도착하여, 그 당일 밤 모택동
과 회담을 하였다. 현재까지 이 회담에 관한 문헌 자료도 발견되지 않고 있
으며, 당사자들의 회고 자료만이 있을 뿐이다. 사철(師哲)은 회담에서 김일
성은 2~3개월 안에 전쟁을 문제를 해결할 수 있으며, 중국의 도움은 필요치
않다고 호언장담하였다고 회고하였다. 사철은 당시 모택동은 스탈린이 이
미 김일성과 논의를 하였다는 것을 모르고 있었으며, 김일성은 스탈린의 동
의를 이미 얻었다고 모택동을 압박하였다고 특히 강조하였다.[122] 이에 관한
당안을 이해하고 있는 소련의 고위외교관 역시, 김일성이 북조선의 남쪽에
대한 성공적인 기습공격 가능성을 스탈린이 다시 긍정적으로 고려하였다고
통보할 때, 모택동은 처음에 이를 극히 불신하는 태도를 보였다고 회고하였
다. 이 상황에 대한 캐피사의 회고 역시 이를 간접적으로 증명하고 있다.
그는 당시 모스크바는 중공중앙정치국이 김일성의 전쟁 제안을 반대한다는
것을 알고 있었다고 말했다.[123] 아래에 소개된 로신의 긴급전보는 비록 김

122) Chen Jian, *China's Road to the Korean War*, pp.112, 263.
123) S. Goncharov, J. Lewis and L. Xue *Uncertain Partner*, pp.146-147.

일성의 통보에 보는 앞에서 불신을 나타내고 조선의 전쟁계획을 반대하지는 않았지만,─5월 3일 모택동에 보낸 스탈린의 전보로부터 상황에 변화가 생기고 있다는 것을 느낄 수 있었다─ 모택동은 여전히 스탈린이 갑자기 태도를 완전히 바꾸었으리라고 믿을 수가 없었다. 그리하여 모스크바의 확인이 급히 필요하였다.

> 필리포프 동지에게 즉각 보고할 것.
>
> 금일 5월 13일 23시 30분 주은래가 본직의 거처에 와서 모택동의 위임을 받아 다음과 같은 사항을 전하였다.
>
> 김일성과 조선민주주의인민공화국 외무상 박헌영이 올해 5월 13일 북경에 도착하였다.
> 금일 저녁, 모택동 동지는 그 일행과 만났다. 모택동 동지와 의견을 나누던 중에 조선 동지들은 다음과 같은 필립포프 동지의 지시를 통보하였다. 현재 정세는 과거와 달라, 북조선은 행동을 개시할 수 있다. 그러나 이 문제는 중국 동지와 모택동 동지 본인과 반드시 토론해야 한다.
> 조선 동지들은 북경에 이틀간 체류할 예정이다.
>
> 위의 상황을 고려하여, 모택동 동지는 "이 문제에 대한 필리포프 동지 본인의 설명을 원하고 있으며, 로신 동지가 전해온 필리포프 동지의 지난번 전보에 따르면, 수일 이내에 곧바로 설명을 받을 수 있을 것"이라고 하였다.
>
> 중국 동지가 신속한 회답을 원하고 있다.[124]

스탈린은 일찍부터 이에 대하여 준비를 하였으며, 곧바로 회신하였다. "모택동 동지! 조선 동지들과의 회담에서 필리포프와 그의 친구들은 국제 정세가 이미 변하여, 조선인들의 통일 실현 제안에 동의하였다. 그러나 이 문제는 최종적으로 중국과 조선 동지들이 공동으로 해결해야 한다. 만일 중국

---

124) "1950년 5월 13일 로신이 외교부에 보낸 전문," *АПРФ*, ф.45, оп.1, д.331, л.52-53. 필리포프는 스탈린의 가명이다. 여기에서 언급한 "지난번 전보"는 스탈린의 5월 3일 전보로 볼 수 있다.

동지들이 동의하지 않는다면, 이 문제를 다시 토론하여 결정해야 한다. 회담의 상세한 내용은 조선 동지들이 귀하에게 설명할 것이다."125) 이런 식으로 스탈린은 이미 확정된 사안을 모택동에게 떠넘겨 책임을 전가하였다. 5월 14일 오후 2시 40분, 로신은 스탈린의 회신을 모택동에게 전달하였다. 전보를 읽은 후, 모택동은 곧바로 "조선 동지의 남·북한에 대한 정세 평가에 동의하고, 동시에 그들의 남·북한 능력 비교에도 동의한다."라는 태도를 표시하였다. 모택동은 조선이 통일을 실현한 후, 중국과 조선은 중소조약의 방식에 따라「중조우호동맹조약」을 체결할 수 있음을 지적하면서도, "그러나 중국 정부는 필리포프 동지와 상의한 후에 이 조약의 체결 여부를 최종적으로 결정할 수 있다."는 단서를 붙였다.126) 스탈린은 즉각 전보를 보내 동의를 표하였다.127)

5월 15일 회담에서, 김일성은 조선의 대략적 계획을 설명하였다. 제1단계는 군대의 훈련과 집결을 진행한다. 제2단계는 조선의 평화통일에 관한 남쪽에 제안한다. 제3단계로 남조선이 이 평화통일 제안을 거절하면 군사행동을 개시한다. 모택동은 김일성의 계획에 동의하고, 동시에 인민군은 충분한 준비를 하고 전쟁이 시작되면 속전속결해야 하며, 병력을 집중하여 적의 인적 전력을 섬멸하고, 대도시를 점령하는 데 시간을 허비해서는 안 된다고 강조하였다. 모택동은 일본군의 참전 가능성을 제기하였으나, 김일성은 그럴 가능성은 크지 않지만, 미국의 지지하에 2~3만 명의 일본군이 참전한다 하더라도 전세에 큰 영향을 미칠 수 없다고 주장하였다. 모택동은 일본이 참전하지 않고 미군이 직접 군사적 간섭을 진행할 가능성이 있다고 지적하면서, 이 경우에 중국은 군대를 파견하여 조선을 도울 것이라고 약속하였다.

125) "1950년 5월 14일 스탈린이 모택동에게 보낸 전문," *АПРФ*, ф.45, оп.1, д.331, л.55.
126) "1950년 5월 14일 로신이 스탈린에게 보낸 전문," *РГАСПИ*, ф.558, оп.11, д.334, л.56, *Новая и новейшая история*, №5, 2005, с.94-95.
127) "1950년 5월 16일 스탈린이 모택동에게 보낸 전문," *РГАСПИ*, ф.558, оп.11, д.334, л.57, *Новая и новейшая история*, №5, 2005, с.95.

소련은 미국과의 38선 협정이 있지만, 중국은 그와 유사한 미국과의 의무가 없으므로 조선에 군사원조를 제공하기가 매우 쉽다고 설명하였다. 모택동은 중국이 대만을 점령한 이후에야 중국이 충분한 군사적 원조를 조선에 제공할 수 있기 때문에, 중국의 대만 점령 이후 조선이 남측을 공격하는 것을 고려하였지만, "이미 조선이 공격하기로 하였을 뿐만 아니라, 이일 또한 우리의 공동 과업이기 때문에 중국은 조선이 먼저 행동을 취하는 데 동의"한다고 말하였다. 그리고 모택동은 필요한 원조를 제공할 준비를 시작할 것이라고 김일성에게 통보하였다. 그는 김일성에게 중국 군대의 중조 국경 지역으로의 이동과 무기와 탄약의 제공이 필요한지를 물었다. 김일성은 이 제안에 감사를 표시하였지만 받아들이지는 않았다. 김일성은 미국이 동북아시아 지역에서 전쟁을 치를 준비가 되어 있지 않다고 지적하면서, 그들이 중국에서 싸우지 않고 물러난 것처럼 조선에서도 역시 신중할 것이라고 말했다. 회담이 끝난 후, 오찬 석상에서 김일성은 모택동이 보는 앞에서 소련대사에게 "본인과 모택동 동지의 담판은 매우 순조롭게 진행되었으며, 모택동 동지는 자신과 스탈린 동지가 모스크바에서 논의를 마친 남한 해방에 관한 계획에 전적으로 동의하였다."라고 말하였다.[128]

모택동과 김일성의 이 회담에 관하여, 러시아 학자 리도프스키는 조선 문제에서 모택동은 표리부동하게 모스크바를 농락하였다고 주장하였다. 즉 모택동은 스탈린에게는 김일성의 남침 계획에 동의할 수 없다며 그의 공격 계획을 포기하도록 설득해야 한다고 말해놓고, 조선인들에게는 출병하여 그들을 돕고 싶다고 말하였다고 주장하였다. 리도프스키는 북경과 평양 양쪽의 압력에 스탈린이 "자신의 원래의 입장을 포기"하였다고 주장하였다.[129]

128) *Гончаров С. Н. и т. д. (сост.)* Хронология основных событий кануна и начального периода корейской войны (январь 1949~октябрь 1950 гг.), с.30-31; "1950년 5월 16일 로신이 스탈린에게 보낸 전문," *АПРФ*, ф.45, оп.1, д.331, л.60-61; "1950년 7월 2일 로신이 외교부에 보낸 전문," *АПРФ*, ф.45, оп.1, д.331, л.76-77, *Торкунов А. В.* Загадочная война, с.69-70.

129) *Ледовский А. М.* Сталин, Мао Цзэдун и корейская война, с.93-94.

사모힌(A. V. Samohin)은 역시 모택동의 최후 태도를 확인한 후에야 "스탈린이 최종 결정을 하였다."고 주장하였다.[130) 그러나 다량의 문서와 관련 자료들은 이러한 주장들이 근거 없음을 보여 준다. 비록 모택동이 스탈린이 "중국혁명을 불허"하였던 것을 마음속에 담아두고 있었지만, 김일성 앞에서 조선혁명을 반대하기는 어려웠다. 그러나 모택동이 중국이 통일 대업을 이룬 후 조선이 남쪽에 대한 군사행동을 시작하기를 희망하였음은 확실하며 실제로도 그러하였다. 이 회담의 상황에 대하여, 모택동은 1956년 9월 미코얀과의 회담에서 다음과 같이 말하였다.

> 모택동 : 전쟁 전, 김일성은 박정애(박헌영)와 함께 북경에 와서 스탈린이 (전쟁개시를) 이미 동의하였다고 말하였다. 나는 이상조(이주연)가 나에게 와서 여러 차례 (조선전쟁을 시작하자고) 말할 때, 나는 모두 안 된다고 하였다. 그들이 다시 말하기를 스탈린이 이미 동의하였으므로 중국도 단지 동의만 해주면 되고, 그들은 어떠한 도움도 원치 않는다고 말하였기 때문에 우리는 동의할 수밖에 없었다. (중략)
> 모택동 : 김일성이 (북경에) 와서 스탈린이 이미 동의하였다고 말하였다. 이에 나는 삼국 중 두 나라가 이미 동의하였기 때문에 반대를 고집할 수 없었다. 내가 계속 반대하는 것도 안 되는 것이었다.
> 미코얀 : 맞습니다. 귀하가 반대했어도 안 됐을 것이다.
> 모택동 : 김일성은 우리의 도움이 원치 않다고 말했다. 그는 우리에게 단지 한마디 통보만 하였고, 사실 김일성은 전쟁을 하기로 이미 결정하고 있었다. 나는 전쟁은 안 된다고 말하였다. 이에 김일성은 제국주의자들은 간섭할 수 없을 것이라고 주장하였다. 나는 반드시 제국주의가 간섭할 것을 고려해야 한다고 말하였지만, 김일성은 간섭하지 않을 것이라고 말하였다. 김일성과 박헌영은 스탈린 동지가 제국주의는 간섭할 수 없을 것이라고 말했다고 말하였지만, 나는 그들에게 '제국주의자의 일은 내 마음대로 결정할 수 없다. 나는 그들의 참모장도 아니므로 그들이 무슨 생각을 하는지 알 수 없다.'고 말했다.
> 미코얀 : 그들은 점을 친 것에 지나지 않았습니다.

---

130) *Самохин А. В.* Военно-политические планы, с.104.

　모택동 : 나는 그들에게 두 나라가 이미 찬성했기 때문에 나도 동의할 수밖에
　　　　 없다고 말했다. 우리가 압록강 변에 3개 군단을 배치하려 하는데 이
　　　　 에 찬성하는가 하고 물었을 때, 그들은 무슨 용도로 그리하느냐 반문
　　　　 하였습니다. 이에 나는 그들에게 두 가지 가능성, 즉 제국주의가 간섭
　　　　 하는 경우와 간섭하지 않는 경우가 있다고 설명하였다. 나는 제국주
　　　　 의가 간섭할 가능성이 매우 높다고 말하였다. 만일 제국주의가 간섭
　　　　 하지 않으면 손해될 것이 없다. 만일 제국주의가 간섭하고 38선을 넘
　　　　 지 않는다면 우리는 관여치 않을 것이고, 38선을 넘는다면 우리는 반
　　　　 드시 가서 싸울 것이라고 말하였다. (하략)[131]

　이 대화가 당시 중국과 조선 지도자들의 논의에 대한 원문이라고 말하기
힘들지만, 둘 사이의 대체적인 뜻은 다르지 않다. 모택동은 전쟁 개시를 기
정사실로 받아들이기 힘들었을 것이다. 러시아 당안은 전쟁 발발 직후인 7
월 2일 로신 대사와의 회담에서 주은래가 "북조선 정부는 미국의 무장간섭
가능성을 사전에 고려하지 않았다. 모택동은 1949년 5월과 1950년 5월에 이
점을 이미 예견하였다."고 말하였다고 기술하고 있다.[132] 중국 당안에 따르
면, 모택동은 1950년 10월 1일 중국출병을 요청하는 스탈린의 전보를 받은
후 10월 2일 회신에서 "올해 4월(5월) 김일성 동지가 북경에 왔을 때, 우리는
외국 반동군대의 조선 침략 가능성을 주의해야 한다."고 말하였다고 지적하
면서, 김일성이 모택동의 권고를 무시한 것을 질책하였다.[133] 우리가 할 수
있는 판단과 러시아 학자의 견해는 공교롭게도 정반대이다. 즉 전쟁을 시작
하는 문제에서 김일성과 모택동이 '스탈린'에게 동의하도록 압력을 가한 것

131) "1956년 9월 23일 모택동과 미코얀의 회담 기록".
132) "1950년 7월 2일 로신이 외교부에 보낸 전문," *АПРФ*, ф.45, оп.1, д.331, л.75-77, *Торкунов
　　А. В. Загадочная война*, с.103-104.
133) "1950년 10월 2일 모택동이 스탈린에 보낸 전보." 중국 문헌집에 올라가 있는 이 전보에는
　　앞면의 이 부분이 나와 있지 않다. 이에 대해서는 『毛文稿』제1권, 539-541쪽 참조; 『毛泽东文
　　集』제6권, 97-99쪽; 『毛军事文稿』상권, 226-228쪽. 그러나 필자는 모택동이 직접 작성한
　　문서를 보았는데 앞부분에 확실히 김일성에 대해 원망을 토로하는 부분이 한 단락 있었다.
　　이후 중앙문헌연구실 학자의 저작에서 이 부분이 증명이 되었다. 이에 대해서는 逢先知,
　　李捷, 『毛泽东与抗美援朝』(北京: 中央文献出版社, 2000), 12쪽 참조. 그러나 이 전보는 아직
　　외부에 공개되진 않았다. 자세한 내용은 아래의 문장을 참조.

이 아니라, 김일성과 스탈린이 '모택동'에게 압력을 가한 것이다.

모택동이 동의를 함으로써 서울로 향하는 마지막 방해물이 사라졌다. 5월 29일 김일성은 소련대사에게 "조선에 필요한 무기와 탄약은 기본적으로 이미 도착하였다. 6월 1일 이전에 이것들은 새로이 조직된 부대들에게 분배될 것"이라고 통보하였다. 김일성의 위임을 받아 조선인민군 총참모장이 진격 계획에 대한 원칙적 결정을 내리고, 김일성과 소련 고문단장 바실리예프(N. A. Vasiliev)에게 보고하였다. 육군의 준비 작업은 6월 1일 전에 모두 완료하고, 10개의 보병사단 중 7개 사단은 공격배치를 이미 완료하였다. 기계화여단과 오토바이여단 역시 준비를 완료하였다. 신설된 3개 사단의 훈련은 6월 말까지 완료하여, 제2예비대로 사용할 예정되었다. 해군의 준비 작업은 비교적 늦게 진행되었다. 필요한 군함이 도착하지 않아 모든 승조원들이 훈련을 기다리고 있었다. 슈티코프는 이 함정들이 6월 초에 도착한다고 통보하였다. 곧이어 김일성은 공격 개시 일자에 관하여 말하였다. 그는 공격 시간을 연기할수록 공격계획이 노출될 우려가 있고, 7월은 장마 때문에 공격 작전에 영향이 있을 수 있기 때문에 6월 말에 공격을 개시하길 원하였다. 이를 위해 부대는 6월 8~10일까지 집결을 완료토록 하였다. 슈티코프 대사는 소련 고문들과의 논의를 거친 후, 김일성의 방안에 동의하고 모스크바에 비준을 요청하였다.[134] 6월 1일 그로미코는 "상부는 당신의 건의에 동의하였다."고 회신하였다.[135] 상황을 비교적 잘 알고 있는 조선의 장군은 공격 날짜가 6월 25일로 정해진 것은 소련 고문의 건의에 따른 것이며, 그 이유는 6월 25일은 일요일이기 때문이라고 회고하고, 히틀러가 소련을 기습공격한 일자 또한 일요일이었다고 지적하였다. 김일성은 당연히 이 제안을 받아들였다.[136]

---

134) "1950년 5월 30일 슈티코프가 비신스키에게 보낸 전문," 『朝鮮战争俄档原文复印件』 제4권, 610-613쪽.

135) "1950년 6월 1일 그로미코가 슈티코프에게 보낸 전문," 『朝鮮战争俄档原文复印件』 제4권, 614쪽.

　예정된 계획에 따라, 6월 7일 '조선 조국통일 민주주의 전선' 중앙위원회
는 평화통일 호소문을 발표하였다. 8월 초, 조선반도 전역에서 총선거를 시
행하여 통일된 최고 입법기구를 조직한다. 선거 시행 전에, 남북 양쪽의 각
정당과 사회단체 대표는 선거 준비를 위하여 6월 15일~17일 사이 협상회의
를 개최할 것을 호소하였다. 동시에 중앙위원회는 "이승만과 기타 우익정당
및 정당 인사들은 협상회의에 참가할 수 없으며, "유엔한국위원회"가 간섭
하는 것을 허용할 수 없다고 강조하였다.[137] 6월 8일, 인민군 작전부대는 집
결을 시작하였다.[138] 조선의 모든 철도는 비상근무에 돌입하였으며, 일반인
들의 철도 이용이 금지되었다. 이때부터 남쪽으로 향하는 모든 열차에는 병
사와 대포, 군용 장비들이 가득 실려 있었다. 이와 동시에 소련군 총참모부
역시 조선의 대남공격 작전계획을 확정하였다.[139] 6월 9일과 10일, 인민군
총참모부는 사단장급 이상 지휘관 회의를 개최하고 "대규모 군사훈련"이라
는 제목의 남한을 향해 군사행동을 개시하는 명령을 하달하였다. 11일, 작
전부는 군사회의를 소집하고 구체적인 군대 배치를 결정하였다. 6월 19일
조선 최고인민회의 상임위원회는 남북 양쪽이 공동으로 단일 입법기구를
조직하고, 헌법을 제정하고, 총선거를 하여 정부를 조직할 것을 재차 호소
하였다. 동시에 이승만의 체포와 "유엔 한국위원회"가 즉각 조선에서 철수
할 것을 요구하였다.[140] 김일성은 군사와 정치 두 방면에서 전쟁 시작을 위
한 모든 준비를 마쳤다. 6월 25일, 조선전쟁이 발발하였다. 다음 날, 슈티코
프 대사는 "조선인민군의 군사행동 준비 과정"을 모스크바에 상세히 보고하
였다.

136) S. Goncharov, J. Lewis and L. Xue *Uncertain Partner*, p.154.
137) 『人民日報』, 1950年 6月 10日, 4쪽.
138) Chu Yongbok, "I Translated Attack Orders Composed in Russian", Kim Chullbaum(ed.), *The Truth About the Korean War*, pp.115-117
139) ЦАМОРФ, ф.16, оп.3139, д.53, л.8, *Почтарев А. Н.* Из истории советско-корейских отношений, с.156.
140) 『人民日報』, 1950年 6月 22日, 4쪽.

인민군은 6월 12일 38선 지역으로 집결하기 시작하여 6월 23일 완료하였으며, 이는 총참모부의 계획에 따라 진행되었다. 각 부대의 이동은 매우 조직적으로 이루어졌으며 돌발 상황은 발생하지 않았다.

적 정찰대는 각 부대 병력의 이동을 대체로 발견하였지만, 각 부대의 계획과 행동 개시 시간은 엄격하게 비밀을 유지하였다.

각 사단의 작전계획 수립과 지형 정찰 과정에는 모두 소련 고문이 참가하다.

전투에 관한 모든 준비는 6월 24일 이미 완료되었다. 6월 24일, 각 사단장에게 "Д"와 "Ч"명령이 하달되었다.

각 부대는 모두 민족보위성의 정치 명령을 낭독하였으며, 거기에는 남조선 군대가 38선을 침범하여 군사적 도발을 하였으며, 조선인민군은 반격에 돌입하라는 조선민주주의인민공화국 정부의 명령이 포함되어 있었다.

조선인민군 간부와 사병들은 높은 사기 속에서 반격 명령을 청취하였다.

각 부대는 6월 24일 24시 공격 위치에 배치되었다. 군사행동은 현지 시각(25일) 4시 40분에 개시하였다. 공격 개시 전, 20~40분 정도 포격 준비를 하였으며, 그중에는 목표물 조준과 10여 분의 포격이 포함되어 있다. 그 직후 보병이 신속하게 공격을 개시하였다. 공격이 시작된 지 3시간 후, 일부 부대와 군단은 이미 3~5킬로 정도 진격하였다.

적군은 인민군부대의 공격을 전혀 예상치 못하였다.

적군은 옹진, 개성과 서울로 향하는 몇 개 지점에서만 완강하게 저항하였다. 그러나 비교적 조직적인 저항은 첫날 12시간이 지난 후에 겨우 시작되었다.

전투 첫날, 공격하여 점령한 도시는 옹진, 개성, 송우리(십만 분의 일 지도, 1943년 총참모부 출판)이다.

순천 방향에서 인민군부대는 12킬로 진격하였다.

동부 해안에서는 8킬로로 진격하였다.

첫날 조선민주주의인민공화국 해군의 두 개의 상륙부대가 동해안 연안에 상륙하였다. 제1상륙부대는 강릉에 상륙하였고, 그들은 2개 대대의 해군 상륙부대와 약 1,000명의 유격대원을 포함하고 있다. 제2상륙부대는 울진 지역으로 상륙하였고, 600명의 유격대원을 포함하고 있다.

상륙부대는 6월 25일 5시에 상륙하였으며, 전 과정이 순조롭게 진행되었다.

유격부대는 울진시와 그 주변 지역을 점령하였다.

상륙부대의 상륙 과정에서, 인민군 군함과 남조선 함정 간에 전투가 벌어졌다. 전투 결과 1척의 남측 소해정이 격침되었고 다른 한 척은 포격으로 파괴되었다. 조선민주주의인민공화국 해군은 사상자가 없다.

6월 26일, 인민군부대는 진격을 계속하였으며 계속해서 남조선 영토 안으로 깊숙이 진격하고 있다.

6월 26일 하루 동안, (우측에서 좌측으로) 철저하게 옹진반도와 개성을 소탕하였다. 제6사단은 해협을 건너 김포공항으로 향하는 민간인 거주 지역을 점령하였다.

서울 방향의 제1사단과 제4사단은 문산, 동두천 등의 도시를 점령하였고, 제2사단은 도청 소재지 춘천을 점령하였다.

동해안 일대에서는 부대들의 진격이 여전히 계속되고 있다. 주문진 항구는 이미 공격하여 점령하였다.

홍천 방향으로 이동하는 제12보병사단, 송우리를 넘어 의정부 방향으로 진격 중인 제3보병사단, 그리고 기계화여단은 온종일 연락이 되고 있지 않다.

지금까지의 북조선 작전을 종합적으로 평가하면, 가장 부족한 점은 다음의 몇 가지이다.

1. 작전행동이 개시된 후 부대와 군단사령부가 전진을 시작함에 따라, 각 참모부 간의 상하 간의 연락이 끊겼다. 어떤 사단과도 안정적인 연락이 이루어지지 않아 인민군 총참모부는 첫날부터 전투를 지휘할 수가 없었다.
   군단 소속 각 부대의 지휘관은 상급 참모부와 연락을 시도하지 않았으며, 대대급 이상 지휘부는 상급 참모부의 동의를 거치지 않고 제멋대로 행동하였다. 총참모부는 아직도 동해안에서 작전 중인 여단과 제12보병 사단과 연락이 되지 않고 있다.
2. 조선인민군의 지휘관들은 전투 경험이 없다. 소련 군사고문이 떠난 후, 그들은 조직적인 전투지휘를 하지 못하고 있다. 동시에 전투 중에 대포와 탱크를 효과적으로 이용하지 못하고, 연락체계가 유지되지 못하고 있다.
3. 그러나 우리 군사고문들은, 조선인민군 각 작전부대의 사기가 매우 높고 눈앞의 임무를 완성하고자 하는 의지가 매우 왕성하다고 판단한다.
4. 정치 정서에 있어, 북조선 인민들은 이미 시작된 전투 행동에 대하여 고조된 열정과 조선민주주의인민공화국 정부에 대한 신임, 그리고 조선인민군의 필승에 대한 믿음을 보내고 있다. 6월 26일, 김일성은 조선민주주의인민공화국 정부의 이름으로 '조선 인민에게 고함'을 발표하고, 목전의 국내 정세를 설명하고, 적군을 격파하고 조선의 통일 임무를 이룰 것을 호소하였다.
5. 조선인민군 총사령부는 현재 가 부대의 긱 진두시휘 기관과의 연락을 회복하기 위한 조처를 하고 있다. 이를 위하여, 인민군 전선지휘부는 이미 철원 지역으로 이동하였다. 민족보위상, 총참모장, 그리고 수석 군사고문과 일부 군관들은 조선인민군 전방지휘부로 곧 이동할 예정이다.

남측에 대한 종합적인 결론은 다음과 같다.

군사행동 개시 후 이틀간의 상황은 다음과 같은 사실을 나타낸다.

1. 적은 저항을 하면서 싸우면서 남조선 영토 깊숙이 퇴각하였지만, 남조선 군
   대가 대대적인 투항을 하거나 포로가 되는 상황은 나타나지 않고 있다.
2. 남조선 괴뢰정권은 내륙 깊숙한 지역에서부터 병력을 이동하여 인민군의 진
   격을 저지하려고 하였다.
3. 인민군의 공격 개시 첫날, 남쪽은 큰 혼란에 빠졌다. 남조선 정권과 미국대
   사는 방송에 출연하여 성명을 발표하고, 남한 인민들이 평정을 유지할 것을
   호소하였다. 남조선 군참모총장은 남한 군대가 이미 승리를 거두었다는 거
   짓 소식을 발표하였다.[141]

아직도 일부 역사 당안들이 공개가 이루어지지 않고 여전히 많은 역사적
세부 사실들이 알려지지 않았지만, 현재까지 조선전쟁 발발 과정의 진상은
대체로 밝혀졌다. 이상의 서술된 내용을 보면 조선전쟁의 시작에 가장 중요
한 역할을 한 인물은 스탈린이다. 물론, 조선 민족통일의 완성은 김일성의
숙원이었고, 이를 위하여 그가 계속 노력한 것도 역시 사실이다. 그러나 만
일 스탈린의 동의가 없었다면, 조선은 공격할 용기도 능력도 없었다. 이러
한 관점에서 보면, 이승만과 김일성은 모두 같은 처지에 처해 있었다. 모택
동은 원칙적으로 무력 수단을 써서 통일을 실현하려는 김일성의 계획을 반
대하지 않았지만, 다만 시기에서 중국이 대만 문제를 해결한 이후 김일성의
공격 개시를 돕고자 하였다. 스탈린은 본래 조선이 군사행동을 취하는 데
동의하지 않았으며, 동북아시아에서 소련과 미국의 직접적인 대결 상황이
출현하는 것을 우려하였다. 베를린 위기가 시작되어 소련의 핵심 이익이 직
접 위협받은 것과는 다르게, 1949년까지 아시아의 정치와 군사적 정세는 소
련의 동부 안전에 결코 직접적인 영향을 주지 않았다. 그러나 1950년 1월
말, 스탈린은 돌연 생각을 바꾸어 김일성의 군사 계획에 동의하였을 뿐 아

---

141) "1950년 6월 26일 슈티코프가 자하로프에게 보낸 전문,"『朝鮮战争俄档原文复印件』제4권,
    619, 623쪽. Д와 Ч은 소련 군사조령 중 공격 개시와 군사행동 시간에 대한 암호이다. M.
    V. 자하로프, 소련 국방부 차관.

니라, 심지어 조선의 남조선 공격을 격려하고 김일성에게 전방위적인 지지와 원조를 제공하였다. 스탈린은 왜 그리하였는가? 그 이유는 무엇일까?

3. 스탈린이 전쟁 개시 결정에 동의한 동기

　일반적으로 국제관계사를 연구할 때, 의사결정 동기를 토론하는 것은 필수적이다. 그러나 국제 냉전사 연구에서 사회주의진영의 의사결정 동기에 관한 연구는 매우 까다로운 문제이다. 미국과 서방 진영의 의사결정 동기에 관한 것은 그들의 의사결정 과정이 비교적 투명하고, 문헌 기록이 있을 뿐 아니라 자주 정책결정 참여자들의 일기 혹은 회고록이 다량 출현하여서 그 연구가 비교적 쉽다. 그러나 사회주의진영의 의사결정 과정은 서방의 그것과 완전히 다르다. 일반적으로 사회주의진영의 의사결정은 소위 "수뇌 외교"로서 정책결정에 참여자가 극히 적거나 심지어는 한두 명인 경우도 있다. 특히 의사결정 중에 고위층의 비밀회의와 회담은 자주 문서로 기록되지 경우가 많으며, 회의와 회담 기록이 남아있다 하여도 현재의 국가문서 관리 규정이 규정한 시간까지는 공개되지 않는다. 따라서 의사결정 동기와 그 과정에 관해서 연구자들은 추론에 의지하는 수밖에 없다. 바로 여기에 소련과 중국 등 구사회주의진영 국가의 외교정책결정 동기에 대한 학술적 연구에서 논쟁이 끊이지 않는 이유가 있다. 스탈린이 김일성의 계획에 청신호를 보낸 동기 역시 이와 같은 범주에 속한다.
　스탈린이 조선전쟁 개시에 농의한 섯은 1950년 1월 12일 애치슨이 일본 오키나와 그리고 필리핀으로 이어지는 미국의 태평양 방어선에 대해 연설하였기 때문이라는 주장이 한때 서방에서 유행하였다. 이 경우 조선반도와 대만은 미국의 보호 범위 밖에 있었기 때문이다. 애치슨 연설 반년 후, 조선전쟁이 일어났기 때문에 많은 사람은 애치슨이 김일성에게 청신호를 보낸

준 것이라며 그를 비난하였다.[142]

우선, 애치슨에게 책임을 전가하는 것은 매우 우스꽝스러운 일이다. 애치
슨이 극동 지역 방어선의 개념을 창안한 것도 아니며, 그가 처음 발표한 것
도 아니다. 일찍이 1949년 3월, 맥아더는 동경에서 기자와의 인터뷰에서 "우
리의 방어선은 아시아 해안의 가장자리 섬들을 통과하면서 이루어져 있다.
이 방어선은 필리핀에서 시작해서 주요 군사기지인 오키나와를 포함한 유
구 열도로 이어진 후, 다시 일본으로 방향을 바꾼 후 알류샨열도를 통과하
여 알래스카까지 연결된다."라고 이미 밝힌 적이 있다.[143] 심지어 애치슨의
연설이 세간의 시선을 끌었다 해도 스탈린이 이 공개적인 선언을 믿었다고
볼 수 없다. 앞에서 설명했듯이, 스탈린이 미국이 개입하지 않거나 개입할
수 없을 것이라고 믿게 만든 주요 원인은 애치슨의 연설보다는 소련이 해독
한 미국의 전보와 김일성의 '전격전' 보증이라는 주장이 더욱 설득력이 있
다.[144]

둘째, 필자가 보기에 더욱 중요한 것은 스탈린의 동기를 미국의 태도에
대한 반응으로 해석하는 것은 사실상 목표 자체와 목표 실현의 조건을 혼동
해서 말하는 것과 같다. 스탈린이 조선반도에 대한 정책을 바꾼 것은 확실
히 미국의 태도와 관련이 있다. 스탈린은 이전에 남한에 대한 군사행동이
미국의 개입을 불러오지 않을까 염려하여 조선의 무력 통일 방안을 거듭 제
지하였다. 그러나 스탈린은 미국이 개입하지 않거나 개입할 수 없을 것, 혹

---

[142] 80년대 미국 학자의 견해, 이에 대해서는 W. Stueck, *The Road to Confrontation*, p.161; Dobbs, *The Unwanted Symbol*, pp.180-181. 냉전의 종식 후에도 미국의 일부 학자들은 이러한 견해를 주장하였다. 이에 대해서는 Gaddis, *We Now Know*, p.72 참조.

[143] Dean Acheson, *Present at the Creation, My Years in the State Department*, New York: W.W. Norton & Company, Inc., 1969, p.357. 이외에도 12월 30일의 국가안전위원회 문건(NSC 48/2) 도 이 문제를 제기하였다. 미국은 일본과 유구, 필리핀에 대한 입장을 강화하였으며 그들과의 쌍무적 조약도 강화하였다. *FRUS, 1949, Vol.7*, p.1216.

[144] 서방 학자들은 이미 애치슨의 연설이 조선의 공격계획과 아무런 관계가 없다고 논증하였다. James I. Matray, "Dean Acheson's National Press Club Speech Reexamined", *Journal of Conflict Studies*, Vol.22, No.1, Spring 2002, pp.28-55.

은 이미 개입 위험성이 사라졌거나 크게 줄었다고 판단했기 때문에 김일성의 행동을 허가할 수 있었다. 그러나 조선전쟁에 미군이 참전하는 여부는 스탈린이 정책을 결정하는 조건이었을 뿐 목적이 아니었다는 점을 간과해서는 안 된다. 애치슨은 연설에서 대만 역시 미국의 방어선에 포함되지 않는다고 말하였는데, 스탈린은 왜 중공에 대한 지원을 강화하지 않고 거꾸로 지원을 줄였는가? 김일성의 남한 공격을 원조하는 것에 비하여 중공이 대만을 점령하도록 돕는 것이 스탈린에게는 위험부담이 훨씬 적었으리라는 것에는 의심의 여지가 없다. 대만해협에서 발생한 전쟁은 소련에서 멀리 떨어져 있을 뿐 아니라, 중국 내전의 연장이기 때문에 미국은 더욱 개입할 명분이 없다. 모택동의 대만 해방과 김일성의 남한 공격 모두 소련의 동의와 지원이 필요했다. 중공의 대만 해방을 위한 전투준비는 상대적으로 먼저 시작했을 뿐 아니라, 모스크바로부터 승인 및 지지를 먼저 얻어냈다. 그런데 김일성이 왜 기회를 선점하였는가? 스탈린이 김일성에게 청신호를 보낸 이유는 조선에 대한 동정이 아닌, 그렇게 해야만 하는 이유와 그렇게 함으로써 실현해야 할 자신만의 목표가 있었기 때문이다.

최근 몇 년간 학계에서 위의 관점과는 완전히 반대되는 주장들이 제기되었다. 예를 들어, 스탈린이 조선전쟁에 동의한 이유는 미국을 아시아의 전쟁에 끌어들여 중국과의 충돌을 유도하기 위한 것이었다는 주장이 있다. 이 주장은 오랫동안 역사학자들의 머릿속을 떠돌던 역사적 수수께끼로부터 시작되었다. 즉 소련 대표는 전쟁이 발발했을 때, 왜 안전보장이사회의 회의에 즉시 복귀하지 않았는가?

알려진 바와 같이, 6월 25일 오후(미국 동부 시간) 안전보장이사회에서 미국이 제출한 결의안이 순조롭게 통과되었다. 이 결의안은 "대한민국에 대한 북조선의 무장 침공"을 비난하고, 즉각 전쟁 행위를 중지할 것과 북조선 군대의 38선 이북으로의 철군을 요구하였으며, 유엔의 모든 회원국들에 유엔이 이 결의안을 실행할 수 있도록 지지해 줄 것을 호소하였다. 이 결의안에 근거하여, 미국은 조선전쟁에 대한 군사개입을 결정하였다. 6월 27일 안보리는 북조선의 무장 공격을 격퇴하고 이 지역의 국제 평화와 안전을 회복하기 위하여, 유엔이 책임지고 필요한 모든 원조를 대한민국에 제공할 것을 결의하는 안을 통과시켰다. 7월 7일에는 유엔군 파견 결의안이 통과되었다.145) 유엔에서 위와 같은 결의안이 순조롭게 통과될 수 있었던 이유는 소련 대표가 즉시 안전보장이사회에 복귀하지 않았기 때문이었다. 그러면 스탈린은 왜 이렇게 하였는가? 이 문제를 놓고 학계에서는 오랫동안 무수한 추측이 난무하였다. 즉, 일부 연구자는 이를 소련 외교의 한 차례 실수로 보았으며, 다른 연구자는 모스크바의 의도된 행동이라고 주장하였다. 어떤 학자들은 이를 김일성의 군사 계획이 성공할 것이라는 스탈린의 자신감에서 나온 것이라고 보았으며, 다른 학자들은 이를 스탈린이 조선전쟁 발발과는 아무런 관련이 없다는 증거라고 주장하였다. 또 일부는 유엔이 중화인민공화국의 합법적 지위를 인정하기 전에는 중국과의 함께 행동한다는 중소동맹조약과 관계가 있다고 주장하였다. 다른 일각에서는 모스크바의 그러한 행동은 북경에 대한 불신에서 시작되었으며, 그 목적은 중국과 미국의 대립을 유도하는 것이라고 주장하였다.146)

2005년, 한 러시아 학자는 스탈린 본인이 이 문제에 대해 직접 해명한 중요한 문건을 공개하였다. 이에 따르면, 당시 체코슬로바키아의 대통령 클레멘트 가트왈드는 체코 주재 소련대사와의 대담에서 소련의 이 행동에 의문을 나타내며 "민주 진영이 안보리를 떠날 필요가 없다."고 주장하였다. 이에 스탈린은 1950년 8월 27일 가트왈드에게 보낸 전보에서, 소련이 이렇게 한

---

145) 이에 대해서는 『人民日報』, 1950年 6月 28日, 1950年 7月 7日, 1쪽 참조; Peter Calvocoressi, *Survey of International Affairs, 1949-1950*, London, Oxford University Press, 1953, pp.479-480.

146) 伊豆見元, 「围绕朝鲜战争的中苏对立, 关于苏联缺席联合国安理会的背景」(日文), 『军事研究』, 1975.3, 100쪽; David Horowitz, *From Yalta to Vietnam: American Foreign Policy in the Cold War*, Harmondsworth: Penguin Books Ltd, 1969, p.120; Goncharov, Lewis, and Xue, *Uncertain Partner*, p.161; *Лебедев С. Н. (гла. ред.)* Очерки истории российской веншней разведки, Т.5, 1945-1965 годы, Москва, Международные отношения, 2003, с.388.

이유를 상세히 설명하였다. 전보의 내용은 다음과 같다.

우리는 네 가지 목적에서 유엔안보리를 떠났다. 첫째, 소련과 신중국의 일치단결을 나타내기 위한 것이다. 둘째, 미국의 정책이 터무니없고 어리석다는 점을 강조하기 위함이다. 왜냐하면, 미국은 꼭두각시 국민당 정부를 안보리의 중국 대표로 인정하고, 중국의 진정한 대표가 안보리에 진입하는 것을 허락하지 않고 있다. 셋째, 안보리에 두 강대국이 참석하지 않은 상황에서 이루어진 결정은 불법적임을 굳게 믿고 있기 때문이다. 넷째, 미국의 손발을 자유롭게 해줌으로써 미국이 안보리 내의 다수결을 이용하여 어리석은 짓을 다시 하도록 하게 하여, 미국 정부의 참모습을 세계 여론에 폭로하기 위함이다.

우리는 이 모든 목적을 이미 달성했다고 생각한다.

우리가 안전보장이사회를 떠난 후, 미국은 조선에 대한 군사적 간섭을 시작하였고, 미국 자신의 군사적·도덕적 위엄과 명망이 손상되었다. 현재 정직한 사람들은 미국이 조선반도에서 침략자 역할을 하고 있으며, 자신들이 주장하는 것처럼 군사적으로도 그렇게 강하지 않다고 생각한다. 이 밖에도, 미국의 관심이 유럽에서 동아시아로 옮겨간 것은 명백하다. 국제적 역량의 균형이라는 관점에서 볼 때, 이 모든 것은 우리에게 유리한가? 당연히 유리하다.

만약 미국 정부가 계속해서 동북아시아에 발이 묶여있고, 중국이 조선 해방과 자신의 독립을 위한 투쟁에 개입하게 된다면 어떤 결과가 나올 수 있는가?

우선, 기타 국가들과 마찬가지로 미국 역시 엄청난 무장 역량을 보유한 중국의 상대가 아니다. 미국은 이 전쟁에서 자체적인 능력이 없다. 둘째, 미국은 여기에 발이 묶여 있게 되면, 가까운 시일 내에는 제3차 세계대전을 일으킬 수 없게 된다. 그러면 제3차 세계대전은 오랫동안 연기될 수밖에 없고, 이는 우리에게 유럽에서 사회주의를 공고히 할 수 있는 시간을 준다. 미국과 중국의 투쟁이 아시아와 전 동북아시아 지역에서 혁명을 유발할 것은 말할 필요도 없다. 국제적 역량 균형의 관점에서 보면, 이 모든 것이 우리에게 유리한가? 당연히 그렇다.

소련이 안보리에 참석 여부가 표면적으로 보이는 것처럼 그렇게 간단한 문제가 아닌 것을 보여 준다.

결론적으로 "민주 진영이 안보리를 떠날 필요가 없다."고 말할 이유가 없다. 안보리를 떠나고 안 떠나고는 구체적 상황에 따라 결정해야 한다. 우리는 재차 안보리를 떠날 수도 있고 다시 돌아갈 수도 있다. 이 모든 것은 국제 정세에 의해 결정된다.

혹자는 현재 우리가 왜 안보리로 돌아왔느냐고 질문할 수 있다. 그 이유는 미국 정부의 침략 정책을 계속 폭로하고, 그들이 안보리의 깃발로 자신들의 침략 행

위를 가리는 것을 막기 위해서이다. 현재와 같이 미국이 조선전쟁에 휩쓸려 들어
왔을 때, 안보리가 이러한 목적을 실현하기에 가장 쉽다. 나는 이 점이 너무나 명
백하여 더 설명할 필요도 없다고 생각한다.[147]

　러시아 학자 리도프스키는 이 문건을 공개하면서 다음과 같은 자신의 해
석을 내놓았다. 그 주요 관점은 다음과 같다. 첫째, 스탈린은 조선에 대한
미국의 무장간섭을 예견하고 있었다. 동시에 미국의 무장간섭을 저지하고
싶지 않았다. 그 목적은 "미국이 무장간섭할 수 있는 조건을 의도적으로 만
들어 조선전쟁에 빠져 헤어나지 못하게 하고, 그로 인하여 동북아에서 미국
의 실력을 약화하고, 유럽에서 그 전략적 지위를 훼손시키며, 동시에 새로
운 세계대전의 발발을 지연시키는 것이었다."고 주장하였다. 둘째, 스탈린
은 중공이 능력이 있고 "북조선 군대를 도와 미국의 간섭에 대응"할 의사가
있음을 예견하였다. 왜냐하면, 모스크바가 보기에 모택동은 중국의 안전을
위해 미국이 조선 전체를 장악하도록 절대로 허용치 않을 것이며, 미국이
중국의 동북 국경 지역으로 진입하는 것은 더욱 용납하지 않으리라고 판단
했기 때문이라고 주장하였다.[148] 사모킨(A. V. Samokhin) 역시 스탈린이 조
선전쟁을 시작하기로 한 목적은 미국을 극동아시아의 군사 충돌에 끌어들
여 중국과 미국이 군사적으로 충돌하게 함으로써 아시아에서 미국의 전력
을 소모하게 하기 위함이었다고 주장하였다.[149] 러시아 학자들이 내놓은 스
탈린의 전보에 대한 해석은 설득력이 있다. 스탈린은 사람들이 그렇게 이해
해주기를 바란 것이다. 즉, 모스크바의 이러한 행동은 신중한 고려와 세밀
한 계산을 거친 하나의 책략이며, 그 목적은 미국을 조선전쟁의 늪에 빠뜨
리고 다시 중국의 출병을 유도하여 미국과의 충돌을 유도함으로써 소련이

147) "1950년 8월 27일 스탈린이 가트왈드에게 보낸 전문," РГАСПИ, ф.558, оп.11, д.62, л.71-72, Новая и новейшая история, 2005, №5, с.96-97.
148) Ледовский А. М. Сталин, Мао Цзэдун и корейская война, с.97-98.
149) Самохин А. В. Военно-политические планы И. В. Сталина, с.103-105.

유럽과 국제적인 세력균형에서 유리한 전략적 지위를 점하는 것을 목적으로 하고 있다는 점이다. 그러나 이러한 이해는 정책결정자인 스탈린을 신화로 만드는 것에 불과하다. 이 견해는 1950년 초, 소련이 안전보장이사회에 떠나고, 스탈린이 김일성의 남한 침공 계획에 동의하고, 전쟁 발발 후 안전보장이사회 복귀를 거부한 것까지의 이 모든 것이 스탈린의 미리 정성 들여 설계하고 절차에 따라 계획적으로 진행했다고 본다. 스탈린이 혜안의 눈을 가졌든지 혹은 '음험한 마음'이었든지 간에, 이 모든 것이 스탈린의 손바닥 안에 있었다는 것이다. 그러나 이 논리의 전제와 우리가 이미 알고 있는 역사적 사실 사이에는 일치하지 않는 의문점이 존재한다.

첫째, 사실상 소련이 안보리를 떠난 것은 자신의 의도에 따라 중국과의 동맹 관계를 수립하기 위한 것이었지, 아직 발생하지도 않은 혹은 아직 생각해보지도 않은 조선전쟁에 대한 대응이 아니었다는 점이다. 1949년 12월, 모택동이 소련을 방문한 초기부터 중소 양쪽은 새로운 중소동맹조약 체결 문제를 둘러싸고 각자의 의견을 고집했고, 회담은 교착상태에 빠졌다. 모택동의 고집스러운 태도와 서방 여론의 중소 관계에 대한 수많은 억측으로 인하여 형성된 압력 때문에, 스탈린은 결국 양보를 택했고 새로운 조약 체결에 동의하였다. 이때, 미국의 정책결정자 사이에서 중미 관계를 어떻게 처리할지를 두고 격렬한 논쟁이 벌어졌다. 결과적으로 장개석을 포기하고 중국공산당과 관계 수립을 시도하자는 국무성의 주장이 우세를 점하였다. 1월 5일, 트루먼 대통령은 유명한 대만 문제에 관한 연설에서 대만은 중국의 영토이며, 만일 대만해협에서 군사 충돌이 발생할 경우 이는 순전히 중국의 내전이며 미국은 이에 개입하지 않을 것이라고 발표하였다.[150] 중소 담판이 결정적인 순간에 들어갔을 때, 미국은 공개적으로 모스크바를 자극하였다. 소련은 중국과의 관계를 강화하는 제스처가 필요하였다. 새로운 동맹조약 체결에 동의한 후인 1월 6일, 비신스키 외상은 모택동에게 중국이 "연합국

---
[150] 자세한 내용은 본 책의 제2장을 참조할 것.

안보리에 국민당 대표가 안보리에 계속 남아있는 것은 비합법이며, 마땅히 안보리에서 탈퇴시켜야 한다는 주장의 성명을 제출"해달라고 요청하였다. 그는 동시에 소련 역시 중국의 주장을 지지하는 성명을 발표하고, "국민당 분자가 안보리에 남아 있는 한 소련 대표는 안보리 업무에 참석지 않을 것" 이라고 선언할 것을 모택동에게 통보하였다. 이에 모택동은 즉각적으로 "이 조치에 전적인 동의"를 표시하고 성명의 사본을 안보리 전 회원국에 배포할 수 있다고 응답하였다.[151] 1월 8일, 모택동의 지시에 따라 주은래는 유엔총회 의장 로물로(C. P. Romulo)와 사무총장 트뤼그베 리(T. Lie) 및 안보리 회원국에 보낸 전보에서, "국민당 대표가 안보리에 남아있는 것은 비합법이며, 안보리에서 축출해야 한다."라고 주장하였다.[152] 1월 10일, 소련 대표 말리크는 안보리로부터 국민당 대표 축출을 요구하는 제안을 제출하였으며, 1월 13일 소련의 제안이 부결되자 말리크는 소련의 안보리 탈퇴를 선언하였다. 동시에 말리크는 "소련이 불참한 상황에서 안보리를 통과한 어떤 결의안도 비합법적이며 소련에 대해 어떠한 구속력도 가지지 않는다."라고 지적하였다.[153] 13일 밤, 모택동과 회담에서 비신스키는 유엔안보리에 중국 대표를 파견하여 "이 문제를 구체적 의사일정에 포함하도록 그들에게 압력을 가할 것"을 제안하였다. 이러한 방법이 안보리의 지지를 얻지 못할 수도 있다는 모택동의 우려에 비신스키는 중국이 계속해서 압력을 가하는 것은 "중요한 역사적 의의를 가진다."라고 지적하였다. 그는 소련이 안보리 업무에 참가를 거부하는 것은 "사실상 안보리의 업무 마비로 이어질 것이며" 현재 일부 안보리 회원국들은 이러한 상황이 발생하는 것을 크게 우려하고 있다고 주

---

151) "1950년 1월 6일 비신스키와 모택동의 회담 비망록," *АВПРФ*, ф.0100, оп.43, п.302, д.8, л.1-5, Русско-китайские отношение, Т.V, К.2, с.257-259.

152) 『毛文稿』 제1권, 219-220쪽; 『周恩来年谱(1949-1976)』 상권, 20쪽.

153) 参见刘同舜, 高文凡主编, 『战后世界历史长编(1950-1951)』第六分册, 上海: 上海人民出版社 1980, 455-456쪽; 『人民日报』, 1950年 1月 16日, 1쪽. 마리크 발표 전문, 이에 대해서는 Внешняя политика Советского Союза, Документы и материалы, 1950год, Москва, Государственное издательство политической литературы, 1953, с.288-289 참조.

장하였다.[154] 이로부터 소련의 안보리 탈퇴는 중국 지도부와 충분한 논의를 거친 후 실행되었으며, 그 목적은 일부 학자가 주장하는 것처럼 중국을 국제사회로부터 고립시키는 것이 아니라, 반대로 이렇게 함으로써 스탈린이 중소동맹 관계를 중시하고 있음을 보여 주려고 한 것이다. 소련은 중국이 유엔에 가입할 수 있도록 최선의 노력을 다하였으며, 이로써 국제정치의 힘의 균형이 사회주의진영에 유리하게 되도록 하고자 하였다. 스탈린은 유엔을 마비시키고 중국과의 '동고동락'을 선택했다. 당연히 이러한 스탈린의 행동에 다른 의도가 있을 수 있다. 즉, 모택동이 스탈린의 행동에 감격하여 중소조약에 관한 담판에서 양보를 해주기를 희망했을 수도 있다. 그러나 어찌되었든지 간에, 이때까지만 해도 조선통일의 문제는 아직 모스크바의 의사일정에 포함되어 있지 않았다.

둘째, 1950년 1월 말 스탈린이 김일성의 남한 공격에 동의하고 격려한 전제 조건은 미국이 참전을 무장간섭하지 않거나 할 수 없다는 것이다. 이 문제에 관하여, 앞에서 이미 자세히 기술하였다. 앞에서 언급한 사료에 비추어 보면, 어떠한 경우에도 스탈린이 일찍이 소련 대표가 안보리를 탈퇴할 때 조선전쟁의 시작을 계획하였으며, 스탈린이 김일성의 공격계획에 찬성하였을 때 곧바로 미국이 이 전쟁에 간섭하기를 희망하였다는 주장은 성립될 수가 없다.

셋째, 다음 장에서 또 하나의 기본적인 사실을 서술하겠지만, 미국이 조선전쟁에 출병·참전한 후 얼마 지나지 않아, 모택동은 중국 군대의 조선출병을 주장하였고 심지어 김일성조차 중국군의 참전을 원하여 몇 번이나 모스크바의 의사를 탐색하였다. 그러나 1950년 10월 이전까지 스탈린은 줄곧 침묵으로 일관하였다. 김일성의 운명이 경각에 이르렀을 때에야 스탈린은 중국의 출병을 허락하였다. 따라서 스탈린이 조선전쟁 발발 전에, 중국이 출병

---

154) "1950년 1월 13일 비신스키와 모택동의 회담 비망록," *АПРФ*, ф.3, оп.65, д.364, л.94-97, Русско-китайские отношение в XX веке, с.261-263.

하여 미군과 전쟁하는 것을 계산에 넣고 의도하였다는 주장은 역사적 사실
에 전적으로 어긋나며, 거의 아라비안나이트 수준의 근거 없는 주장이다.

그렇다면 소련 대표는 왜 즉시 안보리에 복귀하지 않았는가? 필자는 실제
상황은 절대 복잡하지 않다고 생각한다. 소련은 단지 상황이 명확해질 때까
지 한발 물러서서 있었을 뿐이었다. 전쟁이 발발한 6월 25일 오후, 모스크바
주재 미국대사 커크(A. G. Kirk)가 워싱턴의 지시에 따라 소련 외교부장 비
신스키에게 긴급 면담을 요청하였지만, "오늘은 일요일이기 때문에 외교부
지도부 모두가 모스크바에 없다."는 회신을 받았을 뿐이었다.[155] 다음 날 유
엔사무총장 트뤼그베 리는 소련 외교부에 보낸 전보에서, 6월 25일에 안보
리 회의가 있었음을 통보하였다.[156] 6월 26일 저녁(미국 시각 6월 27일 정
오), 유엔 주재 소련 대표는 롱아일랜드(Long Island)의 스톡홀름 호텔에서
사적인 오찬 약속이 있었다. 이는 유엔의 소련 대표들이 안보리 불참 기간
안보리 기타 회원국들과의 정치적 관계를 유지하기 위한, 소련 외교관들의
정기적인 사교 활동 중의 하나였다. 당시 트뤼그베 리 사무총장은 미국 대
표 그로스(E. A. Gross)와 소련 대표 말리크의 중간에 자리하고 있었다. 오찬
이 거의 끝나갈 무렵, 트뤼그베 리는 말리크에게 자신과 다른 외교관들은
안보리로 가서 회의해야 하는데, 소련 대표가 참가할 것인지를 물으면서,
"귀국의 이익을 위해서는 귀하가 참석해야 한다."라고 말하였다. 이에 그로
스 미국 대표는 매우 놀라 당황하면서, 탁자 밑에서 발로 트뤼그베 리를 툭
툭 치면서 소련의 참석을 권유하지 말 것을 암시하였다. 왜냐하면, 그는 소
련 대표가 참석하면 틀림없이 거부권을 행사할 것으로 생각했기 때문이었
다. 그러나 이때 말리크는 고개를 저으면서 "아니, 전 가지 않겠습니다."라
고 대답하였다.[157] 6월 27일 온종일, 미국대사는 소련의 외교부장을 만나려

155) FRUS, 1950, Vol.7, p.148.
156) "1950년 6월 26일 트뤼그베 리가 소련 외교부에 보낸 전문," 『朝鮮战争俄档原文复印件』 제4
권, 617-618쪽.
157) Goulden, Korea, The Untold Story of the War, p.87.

고 온갖 시도를 하였으나 끝내 만나지 못하였다. 오후 5시 커크는 소련 외교
부에 사람을 파견하여 미국 정부의 비망록을 전달하고, 소련 정부가 조선
정부에 압력을 행사하여 군사행동을 중지시켜 달라고 요청하였다.158) 6월
29일, 트뤼그베 리 사무총장은 소련에 27일 안보리 결의안을 통보하였다.159)
여기에 이르자, 모스크바는 정식 반응을 보이기 시작했다. 소련 외교부 제1
부부장 그로미코는 당일 미국대사를 접견하고, 조선 사태에 관한 미국 정부
의 비망록에 대한 소련 정부의 성명을 전달하였다. 소련 정부는 성명에서
전쟁 책임은 남조선 당국에 있으며, 소련 정부는 조선 내정불간섭 원칙을
계속해서 지킬 것이며, 미국이 중국의 참석을 거절하였기 때문에 유엔안보
리에 참석할 수 없으며, 그 결과 안보리는 합법적 효력을 가지는 결의를 할
수 없다고 지적하였다.160) 동시에 소련 정부는 모스크바는 유엔안보리 27일
결의안의 접수를 거절한다는 뜻을 트뤼그베 리 사무총장에게 통보하였다.161)
  스탈린은 소련 대표가 안보리에 불참할 때 빚어질 결과를 잘 알고 있었
다. 미코얀의 회고에 따르면, 그가 스탈린에게 말리크를 안보리에 복귀시켜
야 한다고 몇 차례 건의하였으나, 스탈린은 "내가 보기엔 소련 대표는 안보
리 회의에 참석할 이유가 없다."고 대답하였다.162) 스탈린의 이처럼 차분한
반응은 이미 준비가 되어 있는 것으로 볼 수 있지만, 동시에 당황하여 갈팡
질팡하는 것으로도 해석할 수 있다. 문제는, 만일 당시 소련 대표가 안보리
에 참가하였다면 반드시 진퇴양난의 형국에 빠져들었을 것이다. 다시 말해
소련 대표가 거부권을 행사하지 않는 경우(혹은 기권을 행사하는 경우를 포
함하여), 이는 조선과 사회주의진영에 대한 배반을 의미한다. 반대로 거부

158) "Kirk to the Secretary of State, June 27," 1950, *FRUS, 1950, Vol.7*, p.204.
159) Внешняя политика Советского Союза, c.189.
160) *АВПРФ*, ф.07, оп.2, п.51, д.362, л.28; ф.07, оп.23, п.24, д.318, л.12-13, *Севостьянова Г.Н. (под ред.)* Советско-американские отношения, 1949-1952, Документы, Москва, МФД, 2006, c.216-218; 6월 30일의 『이즈베스타야』에는 성명의 전문이 등재되어 있다.
161) Внешняя политика Советского Союза, c.190
162) S. Goncharov, J. Lewis and L. Xue *Uncertain Partner*, p.161.

권을 행사하는 경우, 이는 평양의 배후에는 모스크바가 있다는 것을 인정하
는 것이 되어, 미국 및 세계 여론과의 직접 대결로 이어질 수 있었다. 이 모
든 것은 스탈린이 원하는 것이 아니었다. 따라서 모스크바는 한발 물러서서
상황을 관망하는 태도를 보인 것이다. 이 때문에 소련은 안보리로의 복귀
'요청'(트뤼그베 리)과 '기대'(가트왈드)에 모두 침묵하였다.163) 두 달 후, 소
련은 안보리에 복귀하였다. 모스크바는 소련의 안보리 불참이 기타 유엔 회
원국들의 안보리 결의안 집행에 아무런 영향도 미치지 못했고, 오히려 불참
을 통해 소련 자신이 국제사회에 아무런 역할도 하지 못한다는 사실을 인식
하게 되었다. 어떻게 이해하였든지 간에, 소련 대표가 안보리에 참석하지 않
은 이 사건으로 스탈린이 조선전쟁 발발 전부터 미국의 참전을 원했고 중국
의 참전을 예상했다는 사실은 증명할 수 없다.164) 8월 27일 전보에서 스탈
린은 조선전쟁 발발 전의 견해를 밝힌 것이 아니라 미국의 출병이 기정사실
이 된 이후의 자기 생각을 밝힌 것이다. 이러한 스탈린의 사후 해석은 자신
의 허물을 교묘하게 감추고 남을 기만하려는 목적에서였다. 이 사례는 당안
문건을 맹목적으로 믿어서는 안 된다는 것을 연구자들에게 경고하고 있다.
만일 연구자들이 진일보한 분석을 하지 않고, 당안 자료나 당사자들의 말을
그대로 믿는다면, 그들이 무심코 쳐 놓은 함정에 빠지게 될 것이다.

스탈린의 의사결정에는 일반적인 규칙이 있다. 적지 않은 학자들이 스탈
린의 "국제 정세가 이미 변하였다."는 발언을 양대 진영의 세력균형이 사회
주의진영에 유리해졌음을 지적한 것으로 생각한다. 그 근거로 소련이 원자

---

163) 스탈린은 극히 신중했다. 전쟁 발발 5일 전 소련이 원조한 군함이 조선에 도착했을 때 김일성
    은 10명의 소련인 항해사를 제공해 달라고 요청하였는데 스탈린은 이를 바로 거절하였다.
    ВолкогоновД. Следуетлиэтогобояться, c.29. 공격을 개시했을 때, 스탈린은 조선인민군 전방
    부대에 배치된 소련 고문을 모두 소환하라고 명령하였다. 후르시초프가 의도를 묻자 스탈린
    은 "우리는 적이 우리가 이 일에 참여했음을 알아차릴 수 있는 증거들을 남기고 싶지 않습니
    다."라고 대답하였다. 이에 대해서는 다음을 참조할 것. Kim Chullbaum, *The Truth About
    the Korean War*, pp.25-26; Talbott(ed.), *Khrushchev Remembers*, p.370.
164) 스탈린의 이런 행동들에 대한 기타 해석, 이에 대해서는 S. Goncharov, J. Lewis and L. Xue
    Uncertain Partner, pp.161-162 참조.

탄 개발과 제조에 성공하여 미국의 핵 독점을 무너뜨린 것, 중국혁명이 성
공하여 무력으로 정권을 탈취하는 새로운 길을 연 것과 중소동맹이 체결 되
어 중국이 사회주의진영에 가입한 것을 꼽는다. 이 중에서도 가장 중요한
요인은 중국혁명이 무장투쟁의 방식으로 승리를 거두었고, 이 점이 김일성
을 고무했을 뿐 아니라 스탈린을 자극했다는 것이다. 그리하여 소련공산당
은 중국혁명을 인정하고 지지하기 시작하였으며, 심지어 중국공산당의 경
험을 선전하고 확산시켰다. 이에 대한 주요 근거는 다음과 같다. 소련은 유
소기가 '세계 노동연맹 아시아 오세아니아 노동조합 회의'에서 한 연설을 지
지하고, 심지어『프라우다』에 발표하도록 하였다. 소련은 일본공산당의 "평
화적 정권 탈취" 노선을 비판하고 일본공산당은 미국 점령 당국과 공개적인
투쟁을 전개해야 한다고 고무하였다. 소련은 중공의 정권 탈취 경험을 특별
히 보도하고, 인도 등 국가의 공산당은 중국의 노선을 따라야 한다고 고무
하였다. 일부 연구자들은 위의 사실들을 근거로 스탈린은 냉전 이후 신중하
고 보수적이며 방어적인 정책을 변경하여, 각국 혁명을 고무하고 제국주의
진영에 대한 공격을 시작하였다고 단정하였다. 그리고 이들은 조선전쟁이
그 변화의 시작이라고 주장하였다.[165]

이러한 견해는 이치에 맞는 것처럼 보인다. 논리적일 뿐 아니라 사료적 증
거도 있다. 그러나 자세히 살펴보면 허점이 비교적 많다는 것을 알 수 있다.
가장 중요한 문제는 과연 소련의 냉전 전략이 세계혁명을 시작하여 제국주
의와 '최후의 투쟁'을 진행하는 것이었는가? 그리고 1950년 초에 이르러 스탈
린은 진심으로 중국식 혁명 노선에 찬성하였고, 중공의 무력에 의한 정권 탈
취 경험을 진심으로 선전하고 널리 보급하려 하였는가? 등에 관한 것이다.

---

[165] 이에 대해서는 다음을 참조할 것. *Почтарев А. Н.* Из истории советско-корейских отношени
й, с.156; *Орлов А. С., Гаврилов В. А.* Тайны Корейской войны, с.48-49; *Дроговоз И. Г.*
Необъявленные войны СССР, Минск, Харвест, 2004, с.17-23; *Ледовский А. М.* Сталин, Мао
Цзэдун и корейская война, с.82-94; *Самохин А. В.* Военно-политические планы И. В. Сталин
а, с.103-105; 杨奎松,「斯大林为什么支持朝鲜战争?」,『二十一世纪』2004年 2月号, 第81期,
136-141쪽.

소련의 냉전 전략과 책략에 관해서 이 책의 제1장에서 토론한 것과 같이, 스탈린이 처음에 실행한 방침은 '외선방어, 내선진공'의 원칙이었다. 즉, 미국과 서방에 대하여 보수적이고 방어적인 전략을 취하였으며, 역량을 집중하여 사회주의진영 내부에 대하여 숙청을 진행하고, 사상과 보조를 통일시켜 서방에 맞서 사회주의진영을 안정시키는 것이었다. 스탈린은 당시 국내 무장투쟁을 이끌고 있던 그리스공산당이 코민포름에 참가하는 것을 거부하였다. 또한, 도나우강 유역(이 강은 독일·오스트리아·슬로바키아·헝가리·세르비아·불가리아·루마니아·러시아 지역을 지나간다) 국가들의 공산당과 북유럽의 공산당 대표들이 참가하는 회의를 개최하자는 제안을 받아들이지 않았을 뿐 아니라, 그리스혁명을 지원하는 문제에서 티토가 과격한 행동을 취하자 유고슬라비아를 코민포름에서 축출하였다. 이 모든 것은 소련의 냉전 전략이 공격성을 갖고 있지 않았을 뿐 아니라, 미국과의 직접적 충돌은 피하거나 그 시기를 최대한 늦추려고 하였음을 보여 준다.

스탈린은 유럽 이외의 지역에서도 서방을 과도하게 자극하지 않기를 원하였으며, 이 때문에 소련은 고립무원의 처지에 빠졌다. 예를 들어, 1947년 9월 12일 세계청년민주연맹 주재 소련공산당 중앙위원회 대표 체체티키나(O. Chechetkina)는 동남아 국가들에 대한 자신의 방문에 대해 상세한 보고서를 제출하였다. 그녀는 보고에서 각국 인민들의 반제국주의, 반식민지 투쟁의 열기는 하늘을 찌르고 있으며, 공산당과 청년연맹의 영향도 날이 갈수록 확대되고 있으며, 그들은 소련의 도의적이고 선전적 지지에 이미 만족하지 않고 있으며 "더욱 중요한 일부 원조"를 필요로 하고 있다고 지적하였다. 이에 체체티키나는 동남아시아 각국 공산당 연합조직을 건립할 것을 제안하고, 이들 국가에 원조를 제공하기 위하여 인도네시아 등의 국가에 상설 무역 대표소를 설치할 것을 건의하였다. 그러나 이 보고와 제안은 소련공산당 중앙위원회 대외정책부의 강한 비판을 받았으며, 그녀는 청년연맹 대표의 직위에서 해임되었다. 12월 10일 대외정책부가 소련공산당 중앙서기처에 보낸 보고는, 이런 건의들이 "깊은 사고를 하지 않고" "거의 모두 부적절"
하다고 비판하였다.[166] 1948년 2월, 동남아 청년대표대회가 자카르타에서
개최되었다. 대외정책부는 소련 대표단에 보낸 지시에서 완전히 합법적인
투쟁의 범위 내에서의 동남아시아 청년 반제 투쟁의 임무를 확정하였다. 즉
정치 권리 쟁취, 직업 보장 요구, 사회보장 제공, 토지개혁의 실행, 지주 착
취의 감소, 무상교육 실행, 집회·결사의 자유 보장 등이었다.[167]

　　1948년 4월, 파키스탄과 터키 그리고 이라크공산당은 아랍공산당 대표대
회의 개최를 제안하였지만, 소련공산당 중앙위원회는 "이 경우 공산당원들
에 대한 반대파들의 새로운 탄압을 가져올 수 있고, 베오그라드의 코민포름
과 소련을 왜곡할 수 있는 각종 구실이 될 수 있다."고 지적하면서 제안을
거부하였다.[168] 일부 연구자들의 연구에 따르면, 1948년 6월에 발생한 말레
이시아공산당의 무장봉기는 모스크바의 지시 혹은 원조를 받지 않았으며,
그전까지 말레이시아공산당과 관계를 유지했던 공산당은 중국공산당이었
다.[169] 또 아시아에서 가장 오래되고 영향력이 가장 큰 무장투쟁은 인도차
이나공산당이 지도하는 베트남 혁명이었지만, 여기에도 모스크바는 그림자
도 보이지 않았다. 코민테른이 해체되기 전인 1938년 호찌민이 모스크바를
떠난 이후, 베트남의 혁명가들은 소련공산당으로부터 점점 멀어졌고, 중국
공산당과의 관계는 반대로 점점 더 가까워졌다. 1945년 9월 2일, 베트남민주
공화국 임시정부 수립이 선포되고, 프랑스 주재 소련대사로부터 이에 관한
보고를 받았을 때에도 스탈린은 아무런 반응도 보이지 않았다. 소련 매체에

---

166) RSASPH, f.17, o.128, d.249, l.23-52, Larisa Efimova, "Did the Soviet Union instruct Southeast Asian communists to revolt? New Russian evidence on the Calcutta Youth Conference of February 1948", *Journal of Southeast Asian Studies*, Vol.40, No.3, October 2009, pp.455-463.

167) RSASPH, f.17, op.128, d.432, l.21-24, Larisa Efimova, "Did the Soviet Union instruct Southeast Asian communists to revolt?, pp.463-465.

168) *Адибеков Г. М.* Коминформ и послевоенная Европа, с.80-81.

169) Leon Comber, "The Origins of the Cold Word in Southeast Asia, The Case of the Communist Party of Malaya(1948-1960), A Special Branch Perspective", *ISEAS Working Paper, Politics & Security Series*, No.1(2009), pp.2-10.

베트남의 상황에 관한 보도는, 소련이 베트남민주공화국을 승인한 직후인 1950년부터 『프라우다』와 『이즈베스티야』 등을 통하여 시작되었음이 연구 결과 밝혀졌다.[170)

신뢰할 수 있는 많은 사료는 코민포름 설립 이후 소련의 아시아정책이 경제적으로 낙후한 국가들에 제국주의(그중 중요하게는 미 제국주의)의 압박과 착취에 대항하는 것을 호소하는 원칙적인 수준에 국한되었으며, 결코 그들의 무장봉기를 고무하거나 지지하는 것은 아니었음을 보여 준다. 코민포름과 소련의 외교 관련 선전 자료 중에서 투쟁적인 표현이 크게 증가한 것은 사실이지만, 소련공산당은 각국 아시아 공산당과의 관계를 강화하지도 않았으며 무장폭동을 호소하는 지시를 보낸 적은 더더욱 없었다. 1948년 이후 아시아 각 지역에서 무장봉기들이 일어났던 것은 대부분 주다노프의 보고에서 자극과 고무를 받은 것이지만, 모든 무장폭동은 모스크바와 직접적인 관계가 전혀 없었다.[171)

그리고 또 하나의 중요한 사실이 있다. 중국혁명이 성공을 눈앞에 두고 있을 때, 모택동은 동방정보국 조직을 스탈린에게 재차 제안하였다.[172) 하지만 1949년 5월 26일, 모택동에 보낸 회신에서 스탈린은 다음과 같이 지적하였다. 인민해방군이 인도차이나, 미얀마 그리고 인도 국경에 근접하게 되면, 이들 국가는 물론 심지어 인도네시아와 필리핀까지 혁명의 분위기가 조성될 것이다. 제국주의자들에게 이는 이 지역들을 잃는 것을 의미하기 때문에, 그들은 모든 방법을 동원하여 그 지역을 봉쇄하거나 인민해방군과의 무장 충돌을 일으켜 화남 지역을 자신의 통제 범위 안에 편입시키려 할 것이

---

170) *Огнетов И. А.* Малоизвестные аспекты советско-вьетнамских отношений//Вопросы истории, 2001, №8, с.137.

171) 이에 대해서는 다음을 참조할 것. Larisa Efimova, "Did the Soviet Union instruct Southeast Asian communists to revolt", pp.468-469; Karl Hack and Geoff Wade, "The Origins of the Southeast Asia Cold Word", *Journal of Southeast Asian Studies*, Vol.40, No.3, 2009, pp.441-448.

172) 상세한 배경에 대해서는 沈志华, 『毛泽东与东方情报局』, 27-37쪽 참조.

다. 그뿐만 아니라, 영국과 미국은 남진하는 인민해방군 주력부대의 후방인 청도에 부대를 상륙하게 할 가능성이 있다. 이럴 가능성은 매우 높다. 또한, 영국과 미국은 천진의 당고항(塘沽港)과 같은 다른 항구들을 이용하여 인민 해방군의 후방에 상륙할 가능성이 있다. 이에 스탈린은 "중공은 인도차이나, 미얀마 그리고 인도 국경까지 남진할 준비를 성급하게 서두르지 말고, 현재 남진을 준비 중인 해방군부대 중 2개의 강력한 부대를 차출하여 청도와 천 진으로 이동 배치하여 적의 후방 상륙에 대비"할 것을 제안하였다. 그러면 서, 스탈린은 지금은 공산당 동방정보국을 설립하기에 적절한 시기가 아니 라고 응답하였다.173) 이는 스탈린이 중국혁명의 성공 때문에 아시아혁명의 앞날을 낙관하였다는 것이 결코 사실이 아님을 잘 보여 준다.

그렇다면 몇 개월 후에 중국혁명이 전면적으로 성공했기 때문에 소련의 외교정책이 근본적으로 변했다는 것인가? 많은 사건이 겉보기에는 하나처 럼 보이지만, 자세히 보면 서로 다른 별개의 사건임을 알 수 있다.

예를 들면, 1949년 8월 29일 소련은 원자탄 실험에 성공하여, 미국의 핵 독점을 무너뜨렸을 뿐 아니라 백악관을 일거에 공포와 혼란의 도가니로 몰 아넣었다.174) 그러나 사실 가장 걱정하고 긴장했던 사람은 다름 아닌 스탈 린이었다. 미국의 경우와 마찬가지로 소련이 원자탄 실험을 하였을 때, 소

---

173) "1949년 5월 26일 스탈린이 코발레프에게 보낸 전문," *АПРФ*, ф.45, оп.1, д.331, л.73-75. 1949년 5월 13일 중공 대표 황화는 남아있던 미국대사 스튜어드와 만났을 때, 미군이 청도에 서 철수할 것을 그에게 요구하였다. 스튜어드는 즉각 미국에 이 사실을 보고하였다. 스튜어 드는 비서 부경파를 통해 황화에게 결과를 전달하였는데, 미군은 5월 21일자로 청도에서 철군할 것이고 맥아더 장군이 반대를 하고 있지만 국무성이 이 조치를 견지할 것이라고 하였다. 스튜어드는 덧붙여 청해가 해빙되기 전에 미국 함대는 자빌직으로 떠났으니, 이때 이미 미국 정부는 태도를 밝혔다고 말했다. 黄华, 『亲历的见闻/黃华回忆录』, 北京: 世界知识出版社, 2007, 81-82쪽. 스탈린은 어쩌면 이 사실에 대해서 몰랐을 수도 있다. 그러 나 그의 우려와 근심은 매우 확연해 보였다.
174) 이 문제에 대한 상세한 토론은 다음을 참조할 것. *Батюк В.* План Баруха и СССР//*Институ т Всеобщей Истории РАН* Холодная война, новые подходы, новые документы, Москва, ИВИ РАН, 1995, с.85-98; 赵学功, 「美国对苏联首次核试验成功的反应」, 『历史教学』, 2010-10, 50-52쪽.

련은 어떤 여분의 원자탄도 없었다. 스탈린은 핵실험 성공이 미국을 자극하는 것을 가장 두려워하였으며 사용 가능한 여분의 원자탄도 없는 상태였다. 그래서 9월 23일 미국 신문이 소련의 핵실험 사실을 보도한 후에야 소련도 자신의 핵실험 사실을 『프라우다』를 통하여 발표하였으며, 동시에 소련에 여분의 원자탄이 있다는 허위 보도를 하였다. 소련은 1953년 말이 되어서야 첫 번째 원자탄을 작전부대에 이전 배치하였으며, 1954년 9월 원자탄 사용을 포함한 군사훈련을 처음으로 실시하였다.175) 중소동맹이 건립되고 중국이 사회주의진영에 가입함으로써 소련의 집단적 역량이 배가되어 공산당의 세력이 유럽에서부터 아시아까지 하나로 연결된 것은 사실이다. 그러나 제2장에서 이미 서술하였듯이 동맹조약의 체결은 중소 양국의 안전과 관계 발전을 위한 고리가 되었지만, 중소 양국의 민족 이익의 충돌을 초래하였으며 모택동과 스탈린 두 지도자의 마음 깊은 곳에 의심과 불신 그리고 원한을 심어놓았다. 연구자들이 이 점을 보지 못하고 표면적인 현상에 오도된다면, 이후 중국과 소련 사이에 발생한 각종 상황을 제대로 해석할 수 없다. 중국혁명과 중국공산당에 대한 스탈린의 태도 역시 그러하였다.

먼저, 아시아 - 오세아니아 노동자대회 사건을 살펴보면 다음과 같다. 중화인민공화국 성립이 선포된 직후인 10월 7일, 공산당 정보국 기관지 논설에서, "중국혁명의 승리는 인류 역사에서 하나의 기념비적 사건이자 세계사적 의의가 있으며, 중국 인민과 동·서양의 모든 인민의 운명에 영향을 미치게 될 것이다. 신중국은 식민지와 부속 국가 인민들의 '충실한 친구이자 믿을 수 있는 보루'이다. 중국혁명의 승리는 '세계 노동자 인민의 최후 승리와 공산주의 승리의 도래를 더욱 가속화'할 것이다."라고 강조하였다.176) 이러한 미사여구는 결코 중국혁명이 걸어왔던 길이 어떤 길인지와 같은 실질적

175) Thomas B. Cochran, William M. Arkin, Robert S. Norris, and Jeffrey I. Sands, *Nuclear Weapons Databook*, Volume IV, Soviet Nuclear Weapons, New York, Harper & Row, Ballinger Division, 1989, pp.7-10.
176) 『人民日報』, 1949年 10月 9日, 3쪽.

인 문제를 설명해주지는 못한다. 이틀 전,『프라우다』에 발표된 또 다른 중화인민공화국 건국 축하의 글은, 중국혁명 승리는 10월혁명의 영향과 레닌 −스탈린 사상의 지도 결과이자 농민에 대한 노동자들의 지도적 역할의 결과임을 강조하였음에도 불구하고, 모택동과 중국공산당의 농촌에서부터의 도시 포위 전략, 그리고 무력에 의한 정권탈취의 경험은 전혀 강조하지 않았다.177) 그러나 한 달 후부터 모스크바의 신문 논조가 갑자기 바뀌었다.

11월 16일, 세계노동조합연맹 아시아−오세아니아 대회가 북경에서 개최되었다. 주최자이자 제1차 회의 위원장인 유소기는 대회 개막사에서 중국혁명의 경험을 널리 선전하고, 무장투쟁은 중국 인민 승리의 기본 방침이며, "이 방침은 곧 모택동의 방침"이라고 결론지었다. 그는 이 길은 "많은 식민지와 반식민지 인민들이 독립과 해방을 쟁취하기 위해서 반드시 가야만 하는 길"이라고 강조하였다.178) 유소기의 연설은 소련 대표단을 포함한 많은 국가 대표단의 반발을 샀다. 그들은 이 대회가 노동조합 대회이지 정치적 대회가 아니며, 많은 자본주의국가 대표들이 참석하였기 때문에 이 대회에서 무력으로 정권을 탈취해야 한다는 정치 구호를 제기해서는 안 된다고 주장하였다. 논의를 거쳐 많은 국가의 대표들은 유소기의 연설을 공개적으로 발표하는 것에 반대하였다. 유소기는 이에 강하게 반발하였지만, 결국 다수의 결정에 복종할 것을 약속할 수밖에 없었다. 11월 18일, 중국 대표 유녕(刘宁)은 대회에서 행한 연설에서 무력으로 정권을 탈취하자는 정치 구호는 거론하지 않았다. 이 상황을 알고 난 스탈린은 즉시 소련 대표단 단장 솔로브예프(Solovyov)에게 전보를 보내, "유소기의 연설 내용에 반대한 것은 중대한 정치적 잘못을 범한 것이며, 소련 지도부는 유소기의 연설 내용이 정확하고 시기적절하다고 생각한다고 지적하였다. 스탈린은, 소련은 유소기의 연설 내용에 동의한다고 중국 정부에 즉각 통보하고, 모스크바의 이러한

---

177) Правда, 5 октября 1949г.
178) 『人民日报』, 1949年 11月 17日, 1쪽. 1949年 11月 22日, 1쪽.

입장을 각국 대표단에도 즉시 통지할 것을 솔로브예프에게 명령하였다. 동시에 스탈린은 "모택동 동지에게 나의 이 전보의 뜻을 즉각 설명할 것"도 특별히 지시하였다. 며칠이 지난 11월 21일, 중화전국총공회(中华全国总工会) 부주석 이립삼(李立三)은 중국 노동운동에 관한 보고에서 광범위한 인민 대중의 지지 확보에 대해 언급하면서, 혁명적 무장투쟁의 전개와 공산당 영도는 중국 노동자계급이 혁명을 승리로 이끌 수 있었던 원인이었다고 강조하였다. 다음 날『인민일보』는 이립삼의 보고를 전재하고, 제1면에 6일 전 유소기의 대회 개회사 전문을 게재하였다. 그러나 대회가 끝날 무렵 의견 충돌이 다시 발생하였다. 유소기는 세계노동조합연맹 집행위원회가 기초한 결의문이 무장투쟁 전개 문제를 고의적으로 회피하였다고 주장하면서 이 결의문에 반대하였다. 집행위원회가 건의하여 유소기가 결의문 초안을 재차 기초하였다. 이 초안에서 유소기는 노동조합의 기본 임무는 반동정부에 대한 무장투쟁을 조직하고 지지하는 것이라고 지적하였다. 세계노동조합연맹 위원장 세이한(L. Seilhan)과 집행위원회는 유소기가 작성한 결의안은 근본적으로 실행될 수도 없을 뿐 아니라, 만일 이 결의안을 발표되면 자본주의국가의 모든 세계노동조합연맹 조직들은 활동할 수 없게 되고, 파리에 있는 집행위원회 역시 모스크바로 옮겨가야만 할 것이라고 주장하였다. 중국 대표 역시 집행위원회가 재차 수정한 결의안 내용에 불만이 있었지만, 결국 수정된 결의안에 찬성하였다. 12월 1일, 대회가 폐막하였다.「세계노동조합 보고에 관한 결의안」과「아시아 각국의 노동자와 모든 노동계급에 고함」이라는 제목의 인쇄물에는 무력에 의한 정권 탈취 구호가 들어가지 않았지만, 중국 노동계급의 투쟁 경험, 즉 민족통일전선, 공·농연맹, 제국주의 압박에 대한 무장투쟁 그리고 인민 무장 조직 등을 학습할 것을 간접적으로 제기하였다. 중국 대표는 집행위원회의 세계노동조합연맹 아시아 연락국 조직 제안에 대해서도 처음에는 반대하였지만, 마지막에는 동의하였다. 후에 유소기는 집행위원회가 "연락국의 지도적 역할은 아시아 국가들의 상황을 가장

잘 이해하고 있는 중국 동지들이 맡아야 한다."라고 인정하였기 때문에 이
제안에 동의하였다고 밝혔다. 12월 말, 소련은 유소기에게 대회 개막식에서
행한 연설문 원문과 그가 기초한 결의안 초안의 러시아 번역문을 제공하라
고 요청하였다. 1950년 1월 4일, 『프라우다』는 유소기의 회의 개막사 전문을
게재하였다.[179]

　이것만 보면 스탈린이 중공의 혁명 경험의 보편적 의의로 인정하고, 무장
투쟁을 세계노동조합연맹의 행동 노선으로 정하는 것에 동의한 것처럼 보
인다. 그러나 이것은 결코 스탈린의 진의를 대표하지는 않는다. 그는 부득
이하게 유소기의 연설 내용에 동의한 것이고, 여기에는 다른 의도가 있었
다. 러시아 학자 리도프스키가 이미 밝혔듯이 세계노동조합연맹에서 중공
과 기타 국가들의 대표들 사이에 의견 충돌이 생기자 스탈린은 매우 난처하
였다. 모스크바에서 출발하기 전에 소련노동조합연맹 대표단은 대회에서의
원칙적인 방침과 노선에 관하여 스탈린의 비준을 받았다. 그러나 회의에서
중공이 갑자기 무장투쟁 문제를 제기할 줄은 전혀 예측하지 못하였다. 이에
직면하여, 스탈린은 선택할 수밖에 없었다. 곧 모택동이 소련을 방문할 예
정이었고, 스탈린은 모택동을 난처하게 할 생각이 없었기 때문에 자국 대표
단을 질책할 수밖에 없었다. 20여 일이 지난 후 『프라우다』에 유소기의 연
설 전문을 게재한 것은 모택동을 향한 일종의 정치적 제스처였다. 왜냐하
면, 소련은 동북아시아 지역에서 믿을 수 있는 동맹국이 필요하였기 때문이

[179] "1949년 12월 25일 시바예프와 유소기의 회담 비망록," *АВПРФ*, ф.0100, оп.43, п.302, д.10,
л.18-30; "1950年 1月 关于苏联工会代表团团长索洛维约夫在北京行为的材料," 『中苏关系俄
档原文复印件』第7卷, 1615-1620쪽; 『人民日报』, 1949年 11月 19日, 3쪽, 1949年 11月 22日,
1-2쪽, 1949年 12月 2日, 1-2쪽; Правда, 4 январь 1950 г., 3-й стр. 이에 대해서는 刘宁一,
『历史回忆』, 北京: 人民日报出版社, 1996, 140-144, 374-376쪽 참조. 아시아 연락국은 1952년
정식으로 업무를 개시하였다. 연락국의 주요 업무는 아시아와 오스트레일리아 각국의 상황
및 관련 자료를 수집하고, 아시아 및 오스트레일리아 등의 노동운동과 세계노동조합연맹과
의 관계를 더욱 강화하는 것이었으며, 각국 노동자계급에 유익한 원조를 제공하는 것이었다.
1958년 3월 세계노동조합연맹 집행위원회 제17차 회의에서 아시아 연락국의 해체를 결정하
였다. 『刘少奇文稿』 제2권, 138-139쪽.

다.[180] 자세히 관찰하면, 스탈린은 소련 신문에 유소기의 개막사를 전재하는 것만 동의하였을 뿐, 대회 결의안 논쟁에 관해서는 아무런 견해도 밝히지 않았다. 이는 스탈린이 중공의 의견에 진심으로 동의한 것이 아니라는 것을 말해준다. 그의 태도는 또한 유소기의 연설이 한 국가의 의견에 불과하며, 중국은 오직 아시아 국가의 노동운동에 대해서만 지도 역할을 할 뿐임을 보여 주고 있다. 1월 4일『프라우다』에 유소기의 연설문을 게재한 목적은 리도프스키의 주장이 설득력이 있다. 그러나 스탈린의 이렇게 한 것에는 또 다른 의도가 숨어있다. 그것은 바로 모택동에게 심리적 만족감을 주어, 「장춘철도와 여순 및 대련항에 관한 협정」에 관한 소련의 제안이 곧 개최될 중소회담에서 순조롭게 통과되게 할 목적에서였다.[181]

일본공산당의 평화 노선에 대한 비판 문제를 다시 살펴보기로 한다.

1950년 1월,『프라우다』와 코민포름 기관지는 일본공산당의 "화평연변론"을 비판하는 기사를 전재하였지만, 주요 내용은 일본에서의 미국과 소련의 경쟁에 관한 것이며, 중국혁명이나 중국공산당의 경험과는 직접적인 관련이 없었다. 과거 미국이 38선을 미소의 군사분계선으로 하자고 제안했을 때, 앞장에서 이미 설명한 것과 같이 스탈린은 이를 구실로 소련군이 일본 본토에 상륙할 기회를 얻고자 하였다. 이 사건은 미국의 반대로 좌절되었지만, 스탈린은 이를 늘 마음에 담아두고 있었다. 냉전 발발 이후 일본에서 미소 간의 충돌은 더욱 심화하였으며, 이는 주로 대일 평화조약 체결 문제에서 나타났다. 비록 미국의 정책결정자 사이에서 대일 평화조약 체결 방식과 시기에 대해 서로 다른 의견이 있었지만, 소련에 대한 태도는 눈에 띄게 강경해지고 있었다.[182] 전후 초기, 소련은 언제나 1945년에 합의한 협정의 틀 안

180) *Ледовский А. М.* Сталин, Мао Цзэдун и корейская война, с.82-83.
181) 아시아 오스트레일리아 노조회의 기간 동안 모스크바에서 발생한 사건에 대해서는 본 책의 제2장을 참조할 것.
182) 이에 대해서는 다음을 참조할 것. 崔丕,『美国对日单独媾和政策与日本的抉择』, 미발간; 沈志华,「中苏同盟, 朝鲜战争与对日和约-东亚冷战格局形成的三部曲及其互动关系」,『中国社会

에서 대일 평화협정 문제를 토론할 것을 주장하였다. 소련 극동 지역의 안
전보장과 얄타협정에 따라 스탈린은 여러 차례에 걸쳐 하루빨리 대일 평화
조약을 체결하자는 의사를 밝혔으나, 미국은 이 제안을 무시하였다. 소련은
원래 일본 문제를 주제로 한 토론에서 중국을 소련의 편으로 끌어들일 계획
이었기 때문에, 계속해서 국민정부에 우호적 태도를 견지하였다. 장개석 정
권이 무너짐에 따라, 소련은 더는 도움을 기대할 수 없게 되었다. 일본 문제
에 대해 중공은 한동안 아무런 언급도 하지 않았으므로, 모스크바는 일본공
산당이 미국에 대항하는 것과 같은 일본 내부의 역량에 의존할 수밖에 없었
다. 그러나 이때 일본공산당은 평화노선을 견지하고 미국 점령군과의 협력
을 주장하였다. 이에 스탈린을 매우 초조해 하였으며, 그의 이러한 감정은
코민포름 기관지의 기고문에 일목요연하게 나타나 있다.[183]

코민포름의 기관지에 발표된 글의 내용은 다음과 같다. 우선, 중국혁명
승리 후 미국의 관심은 일본으로 이동하였다. 미국은 갖은 핑계를 대며 대
일 평화조약의 체결을 지연하면서, "미군의 일본 장기 점령을 합법화"하려
고 한다고 주장하였다. 동시에 민주운동, 공산당 그리고 노동조합을 탄압하
고, 일본 경제 통제와 일본 군벌들의 재무장 원조, 미 공군과 해군 기지의
광범위한 건설 등은 모두, 미국이 일본을 "소련과 아시아 각국의 민주운동
을 반대하기 위한 군사적 모험의 주요 기지"로 이용하려는 의도에서라고 주
장하였다. 이 상황에서 일본 인민들은 "반드시 하나의 명확한 행동 강령이
있어야 하며" 단결하여 미 제국주의에 결연한 투쟁을 전개해야 한다고 강조
하였다. 이어서 코민포름 기관지의 글은 일본공산당의 현행 노선을 조목조
목 비판하면서, 노사카 산조(野坂參三) 등 일본공산당 지도부가 "전후 일본
이 평화적 방법으로 사회주의로 갈 수 있는 모든 필요조건을 지니고 있다."
는 것을 증명하려고 기도하고 있으며, 심지어 미군의 점령이 일본의 민주화

科学』, 2005.05, 172-188쪽.
183) 이에 대해서는 *Тихвинский* Вмешательство американской дипломатии, c.6 참조.

실현에 유리하다고 여긴다고 비난하였다. 코민포름의 글은 일본공산당의
"평화적 혁명" 노선을 통렬히 비판한 후, 이런 이론들은 미 제국주의를 미화
시키고 선전하는 것으로 반민주주의이자 반사회주의라고 단언하였다.[184]
　전체 문장에서 중국혁명을 배워야 한다는 것은 하나도 없으며, 중공의 무
력 정권 탈취 경험을 언급한 곳도 없다. 이 문장을, 소련이 중국혁명 노선을
찬성하고 확산해야 한다고 주장하는 예로 볼 이유를 전혀 없다. 본질적으로
스탈린의 불만은 1947년 코민포름 정보국 회의에서 소련공산당이 제안한
새로운 강령을 일본공산당이 이행하지 않고 미국 점령군과의 투쟁을 전개
하지 않으며, 오히려 반대로 평화적 노선을 취하여 협력하는 것에 있었다.
투쟁을 어떻게 전개할 것인가에 관해서 코민포름 회의의 이 문장에서도 명
확한 지시가 없을 뿐 아니라, 최소한의 중공과 같은 무장투쟁을 전개하라는
것도 전혀 언급되지 않았다. 스탈린이 중국공산당에 문장 발표를 요청한 것
은, 노사카 산조가 장기간 연안에 거주하였고 중국과의 관계가 밀접한 것을
고려하여 중국이 그들을 설득할 수 있기를 희망하였기 때문이었다. 그러나
중공이 나선 것은 노사카 산조와 도쿠다 아키이치(德田秋一) 등이 잘못을 인
정토록 하는 데에는 도움을 주었지만, 혁명투쟁은 중국식의 무장폭동이라
는 오해를 불러일으켰다. 동시에 코민포름 기관지에 발표된 문장에 명확한
투쟁 방식에 대한 언급이 없는 것은 상황을 더욱 복잡하게 만들었으며, 일
본공산당 내부에 큰 혼란을 초래하였다. 노사카와 도쿠다는 처음에는 코민
포름의 비판에 동의하지 않았지만, 미야모토 겐지(宮本顯治)와 시가요시오(志
賀義雄) 등은 코민포름의 비판을 수용해야 한다고 주장하였다. 중공이 사설
을 발표한 후, 도쿠다 등도 즉각 생각을 바꾸고 중공의 무력투쟁에 의한 정
권 탈취를 배워야 한다고 생각하였다. 그러나 미야모토 일파는 이에 불만을
품고 새로운 중앙위원회를 조직하였다. 이 때문에 일본공산당은 두 개의 파
벌로 분열되어, 반미 투쟁 역량이 오히려 더욱 약화하였다.[185] 이것은 스탈

184) 『人民日報』, 1950年 1月 11日, 1쪽.

린이 전혀 예상치 못한 결과였다.

　정보국이 문장을 발표하여 인도 또한 중국식 혁명 노선을 가도록 고무한
것도 똑같은 오해에서 비롯되었다. 코민포름 기관지는 1월 27일 발표된「식
민지와 부속국(附属国) 민족해방운동의 거대한 진전」이라는 제목의 사설에
서 중국혁명의 승리와 중공 지도하의 무장투쟁을 높이 평가하고, 베트남, 한
국, 말레이시아, 필리핀 그리고 인도네시아 등의 국가에서 현재 전개되고 있
는 유격 활동과 무장투쟁을 열거하였다. 겉보기에는 중국의 길을 선전하는
것처럼 보이지만, 자세히 문장을 읽어보면 중국 인민의 승리는 레닌과 스탈
린의 "책략과 학설이 이룬 승리의 명확한 증거"라고 결론지어졌다. 결국, 공
(功)은 소련에 우선하여 있다는 것이다. 더욱 중요한 것은 사설에서 인도공
산당의 임무는 "중국과 기타 국가들의 민족해방운동의 경험에 근거하여" 마
땅히 공·농(工農) 연맹을 강화하고 토지개혁을 실행하며, 국가독립을 쟁취
하고 통일전선 등을 조직해야 한다고 매우 모호하게 지적하였지만, 중국혁
명의 노선이 무장투쟁이었음에 관해서는 전혀 언급하지 않았다.186) 이 사설
로 인하여 인도공산당이 중국식 혁명 노선을 가기 시작하였으나, 이는 코민
포름의 지시를 수용한 결과가 아니라 인도공산당의 내부투쟁 때문에 그렇
게 된 것이다.

　인도공산당 내부에는 언제나 격렬한 파벌 투쟁이 존재하고 있었다. 1947
년 9월 코민포름 회의 이후, 라나디브(B. T. Ranadive)를 중심으로 하는 급진
파가 점차 당내에서 우위를 차지하였다. 1948년 2월, 인도공산당은 대표자
대회를 개최하고 합법적 투쟁을 주장하는 조시(P. C. Joshi) 대신 라나디브를
총서기로 선출하고, 인도는 이미 "혁명 폭발" 단계에 진입하였다고 선포하
였다. 원래 라나디브가 받아들인 것은 유고슬라비아의 혁명 이론이었다. 하

185) 曹天禄,『日本共産党的"日本式社会主义"理论与实践』, 北京: 中国社会科学出版社, 2004, 75,
　　76쪽; 日本共産党中央委員会編, 段元培等译,『日本共産党的六十年』, 北京: 人民出版社,
　　1986, 145-148쪽.
186)『人民日報』, 1950年 2月 3日, 1쪽.

지만 1948년 6월, 소련과 유고슬라비아가 분열하여 티토가 비판을 받았고, 인도공산당의 조직적인 폭동이 인도 정부의 진압을 불러일으키자, 라나디브는 압박을 느끼기 시작하였다. 이때, 안드라 지역 공산당 조직이 중공의 혁명 이론을 수용하자고 제기하면서 모택동의 "신민주주의" 이론을 "인도의 지침"으로 삼아야 한다고 주장하였다. 이에 라나디브는 안드라파가 분열을 조장하고 있다고 비판하는 동시에, 중공의 이론과 경험을 공격하였다. 1949년 6월, 소련공산당이 중공을 지지한 소식이 인도공산당에 전해지고, 얼마 후 소련 신문에 유소기의 아시아-오세아니아 노동조합대회 연설문이 게재되자, 라나디브는 상황이 좋지 않음을 느꼈다. 그리하여 코민포름 사설이 발표된 후, 라나디브는 자아비판을 하고 코민포름의 결론을 수용하는 성명을 공개적으로 발표하였다. 그는 자신이 철저하게 변했음을 보여 주기 위하여 모택동과 중공을 찬양했을 뿐만 아니라, 심지어 코민포름 기관지 사설이 전혀 언급하지도 않은 "필요한 국내 조건이 허용되면 인민해방군을 조직해야 한다."라는 주장도 하였다. 결국, 1950년 5월 안드라파의 제1차 "궁정 혁명"에 의해 라다니브는 직무에서 해임되었으며, 안드라 서기처의 주요 인물이었던 라오(C. R. Rao)가 인도공산당의 신임 당서기가 되었다. 라오는 당권을 장악한 후 당내에 보낸 비밀 서신에서 인도공산당의 새 중앙위원회는 중공의 이론과 노선에 전적으로 찬성하며, 모스크바가 "인도를 폭력을 사용할 수 있는 조건이 성숙한 국가로 구분"하였다고 거짓으로 알리고 무장폭동을 즉시 시작할 것이라고 밝혔다. 몇 개월 후, 인도의 농민봉기는 전국으로 확대되었다. 라오의 행동은 당내와 노동조합의 많은 반대와 항의에 부딪혔으며, 조시, 단지(S. A. Dange) 및 고스(A. Ghosh) 등은 모두 라오를 "좌경 모험주의"로 비판·반대하였다.

인도공산당이 분열의 위기에 처하자, 지난 3년간 침묵을 지키던 영국공산당은 코민포름의 지시를 받아 문제 해결의 총대를 메었다. 10월, 영국공산당 정치국은 인도공산당 중앙위원회에 편지를 보내, 인도공산당의 행동 노선이 현실로부터 괴리되었다고 비판하고 트로츠키-티토주의의 독소를 철저히 제거할 것을 요구하였다. 편지에서 영국공산당은 주요 문제의 발단은 인도공산당이 1월호 코민포름 기관지의 사설을 곡해한 것에 있으며, 무장투쟁을 인도공산당의 당면 과제를 오해하였다고 지적하였다. 혁명에서 무장투쟁을 배제할 수는 없지만, 지금은 합법투쟁을 주요하게 전개해야 하며 총선거 참여를 준비해야 한다고 권고하였다. 1951년 1월, 인도공산당은 중앙위원회 전체회의를 개최하고 중앙위원회와 정치국을 개편하고, 라오가 당 대표자 대회 선거 때까지 한시적으로 총서기 직무를 담임하도록 결정하였다. 이후 영국공산당 중앙위원회는 재차 편지를 보내 인도공산당에게 네루 정부와 협력할 것을 요구하였으며, 이렇게 함으로써 네루 정부의 제국주의 진영 이탈을 촉진시키고, 동시에 평화운동의 중요성도 크게 선전하도록 할 것을 권고하였다.[187]

이때에 이르러 스탈린은 진정한 자신의 견해를 밝혔다. 1951년 2월, 스탈린은 인도공산당 대표를 접견하였다. 이 회담에서 스탈린은 선진 자본주의 국가에서 유격전을 진행하는 것은 큰 의미가 없다고 명확하게 지적하였다. 중국인들에게 중국의 혁명 방식은 적합하지만, 인도공산당은 중국 유격대처럼 소련과 같은 의지할 수 있는 우방이 없으므로 인도에는 부적합하다고 지적하였다.[188] 스탈린은 중국의 혁명 방식과 무장투쟁 경험은 보편적 의의가 결코 없으며, 심지어 중국의 폭력 혁명 성공은 소련의 원조 여부에 달려 있었다고 생각하였다.

위의 서술한 사건들을 자세히 고찰해보면, 소련이 중국의 혁명 노선과 무장두생에 의한 성권 날쥐를 지켜세운 것은 한순간의 필요에 의한 것이며, 그마저도 진심이 아니었다는 것을 알 수 있다. 더욱이 스탈린은 중국혁명의

187) Gene D. Overstreet and Marshall Windmiller, *Communism in India*, Berkeley and Los Angeles: University of California Press, 1959, pp.245-305; 『人民日报』, 1950年 3月 13日, 1쪽.
188) "1951년 2월 9일 스탈린과 인도공산당 지도자와의 회담 기록," *РГАСПИ*, ф.558, оп.11, д.310, л.85, 78-79.

성공이 소련공산당의 지도와 원조의 결과라고 보고 있었다. 그래서 그가 진심으로 중공의 경험을 다른 나라로 확산하려고 했는지는 알 수 없다. 표면적으로는 중국혁명에 대한 코민포름 기관지와『프라우다』의 선전은 아시아 국가에 혁명의 폭풍을 몰고 온 것처럼 보이지만, 실제로는 이러한 인과관계는 단지 다음과 같은 두 가지 상황에서만 발생하였다. 첫째, 그러한 선전이 아시아 국가 공산당의 내부투쟁에 이용되어 상대를 성공적으로 타격하는 논거로 활용된 경우, 둘째, 코민포름 기관지 문장이 표면적인 함의를 지나치게 확대하여 해석하고, 이때 소련공산당의 언행을 진실이라고 믿는 경우이다. 결과적으로 당시 아시아에서 발생한 여러 가지 행동 중, 모스크바의 뜻을 따르거나 혹은 모스크바의 비준을 거친 행동은 하나도 없었다.

　이로 미루어 보면, 조선반도에 대한 스탈린의 정책 변화는 매우 예외적이라 할 수 있다. 지금까지의 사료들로 보면, 아시아 국가들의 무장투쟁에서 소련이 실제로 원조를 제공한 나라는 중국과 조선뿐이다. 중국혁명에 관해서 앞에서 설명한 것처럼, 동북 지방에서 은밀하게 지원한 것을 제외하면, 모스크바는 대체로 중국혁명을 차가운 눈으로 바라보고 방관하는 자세를 취하였으며, 중공의 승리가 눈앞에 닥쳤을 때에서야 스탈린은 전면적인 관심을 두고 중국혁명을 원조하기 시작하였다. 조선의 상황은 중국의 그것과 근본적으로 달랐다. 조선에서의 모든 군사행동은 김일성과 스탈린이 공동으로 계획하였으며, 조선의 군대는 모두 소련의 군사고문들이 훈련하였고, 무기와 장비 또한 소련으로부터 받았다. 중국혁명의 승리는 스탈린에게는 예상 밖의 일이었지만, 조선반도에서의 전쟁은 스탈린이 미리 모의한 것이다. 이 전쟁은 김일성의 전쟁이라기보다는 스탈린의 전쟁이라고 부르는 것이 더 정확하다.[189] 그렇다면, 스탈린은 무엇 때문에 이 전쟁의 시작이 필요했던 것일까?

　지금까지의 역사적 사실들은 이 문제에 대하여 두 가지 전제 조건을 제시

---

[189] 중국군의 참전 이후 이 전쟁은 사실상 모택동의 전쟁이었다.―이것은 훗날 생긴 말이다―

하고 있다. 첫째, 스탈린이 조선반도에 대한 정책을 바꾼 시기는 1950년 1월이다. 둘째, 스탈린이 김일성이 행동을 취하는 데 동의한 것은 소련 자신의 필요에 따른 것이다. 따라서 문제는 다음 두 가지로 귀결된다. 즉 스탈린은 한 달도 안 되는 시간 동안 무엇을 잃었으며, 조선반도에서 군사행동을 취함으로써 보상받으려 했던 것은 무엇인가? 사실 제2장에서 토론한 것이 바로 이 문제이다. 여기에서 시간적 고리를 특히 주의해야 한다. 1월 26일, 중국 측은 「여순, 대련항 및 장춘철도에 관한 협정」 초안을 소련 측에 제출하고, 2년 이내에 중국은 동북의 모든 주권을 회수할 것을 통보하였다. 1월 28일, 소련은 중국 측 초안을 수정한 협정 초안을 중국에 전달하고 중국의 요구를 기본적으로 수용하였다. 1월 30일, 스탈린은 김일성에게 전보를 보내 그의 군사 계획에 동의를 표하고 원조 제공 의사를 밝혔다. 이로부터 필자는 한 가지를 추론하였다. 중소동맹조약의 체결로 소련은 태평양으로 통하는 유일한 해로(海路)와 부동항을 상실하였으며, 그 결과 소련은 아시아에서 전략 거점을 잃는 큰 손실을 보았다. 스탈린이 김일성에게 남한 공격에 대해 동의한 것은, 이 군사행동을 통하여 동북아시아에서 소련의 전통적인 전략 근거지(부동항)를 보장 혹은 건설코자 하였기 때문이었다.

이미 앞장에서 서술한 것처럼 여순, 대련항 및 장춘철도는 소련 내륙 지방과 '태평양으로 통하는 출구 및 부동항'과 연결해 줄 수 있어 전략적으로 소련에 매우 중요하다. 그렇다면 조선반도 전체를 통제하면 이 손실을 보상할 수 있는가? 왜 스탈린은 갑자기 요동반도를 조선반도로 대체할 생각을 하였을까? 러시아의 아시아 전략에서 조선의 중요성은 지도를 보면 일목요연하게 알 수 있다. 일찍이 19세기 말부터, 러시아인들은 이 점을 잘 인식하고 있었다. 1897년 11월 11일(러시아력), 태평양으로 통하는 출구를 적극적으로 찾고 있던 외무대신 무라브예프(Murav'ev)는 니콜라이 2세 황제에게 서신을 보내 "줄곧 본인은 앞으로 우리의 자유항으로 요동반도나 조선반도 중 하나를 반드시 선택해야 한다고 생각하였습니다."라고 주장하였으며, 이

에 황제는 "전적으로 정확하다."고 회신하였다.[190] 이는 조선반도가 원래 러
시아제국의 부동항 선택지 중의 하나였음을 보여 준다. 다만 노선의 장단점
을 고려하여 후에 목표가 요동반도로 정해졌을 뿐이다.

　중국의 외교관 또한 조선반도가 지정학적 측면에서 갖는 전략적 의의를
간파하고 있었다. 얄타밀약 안에 소련이 여순항을 조차(租借)한다는 내용이
포함되어 있다는 소식이 전해지자 중국인들은 매우 초조해 하였다. 1945년
4월 11일, 미국 주재 중국대사 고열균(顾维钧)의 추궁에, 얄타회의에 참가했
던 미국 해군 대장 래히(W. D. Leahy)는 소련인은 고의적으로 전쟁이 막바
지에 이르면 일본에 선전포고를 할 것이며, 그 목적은 조차(租借)의 방법을
이용하여 여순과 대련항을 다시 점령하는 것이라고 실토하였다. 고열균은
이에 매우 초조해하면서, 소련의 그러한 행동은 19세기 말 열강들의 요동반
도 쟁탈전의 전철을 다시 밟는 결과를 낳을 것이라고 지적하였다. 이를 저
지하기 위해 고열균은 미국에 "만일 소련이 진정으로 부동항을 원한다면 조
선반도 동북 해안에 일본인이 건설해 놓은 3개의 항구 중 하나를 선택하면
된다. 또한, 그곳들은 중국 동북 지방으로 들어오는 철도들과 연결되어 있
다. 그렇게 하면 소련은 조선반도 동북 해안을 따라 더욱 적합한 해상 통로
를 만들 수 있으며, 이 지역은 소련의 연해 지방 및 블라디보스토크와도 서
로 연결되어 있다."고 특별히 강조하였다.[191]

　대일 선전포고 전, 소련 외교관들 또한 만일 중국이 여순항의 조차(租借)
를 거부할 경우 어떻게 이를 보완할 수 있을 것인가에 대하여 고려하였다.
6월 29일, 소련 외교부 제2극동국의 보고는 조선반도의 전략적 가치가 소련
극동 지역의 안전을 보장하는 데 매우 중요하다고 지적하고, 그 이유로 고
열균의 관점을 거의 반복 제시하였다.[192] 1945년 9월, 미소 양쪽은 38선을

---

[190] 穆拉维约夫致尼古拉二世函, 1897年 11月 11日(俄历)」, 抄录自大连开阜建市档案展览展件,
　　 2011年 9月.

[191] Notes of a Conversation with Admiral Leahy, April 11, 1945, box 77, No.5, V. K. Wellington
　　 Koo Papers, Butler Library, The Columbia University.

분계선으로 하여 조선반도에서 각자의 통제 범위를 확정하였다. 그러나 양쪽 모두 여전히 신탁통치를 통하여 조선의 독립과 통일을 실현코자 하였다. 그러자 소련 외교부는 조선에 대한 신탁통치가 시행되면, "전략 요충지인 부산, 제주, 그리고 인천 세 곳은 반드시 소련 군사 지휘관의 손에서 통제되어야 한다."라고 스탈린에게 계속 건의하였다. 그리고 "만일 조선의 전략적 요충지에 대한 소련의 제의가 반대에 부딪히면, 소련과 중국이 이 지역을 공동으로 관리할 것을 제안할 수 있다."고 지적하였다. 소련 외교부의 또 다른 보고는 "조선에 대한 신탁통치 시행에 관하여 4대국이 협정을 체결할 때, 유엔헌장 제82조의 규정에 따라서 부산, 청진, 제주도 및 인천은 반드시 분배 전략 지역으로 규정해야 하며, 이들 지역은 소련과 중화민국이 공동 사용하는 여순 해군 기지의 안전한 해상교통로 확보에 매우 중요하다." "이들 지역은 반드시 소련 정부의 특별한 군사통제하에 두어야 한다."라고 지적하였다.[193] 당시 체결된 「중소우호동맹조약」은 소련의 동북아시아 전략을 기본적으로 만족하게 하였으며, 후에 미소 간의 냉전이 시작되면서 스탈린의 관심은 유럽에 집중되자 소련은 조선반도에서 미국과 직접적인 충동이 발생하는 것을 원하지도 필요로 하지도 않았다.

앞에서 서술한 것처럼 모택동이 소련을 방문하기 전까지, 스탈린은 기존의 중소조약을 유지하기를 원하였다. 그럴 경우 자연스럽게 동북아시아에서 소련의 기존 이익이 보장될 수 있을 뿐 아니라, 조선반도에서 미국과 충돌을 일으킬 필요가 없게 된다. 그래서 스탈린은 김일성이 38선에서 시비를 일으키는 것을 재차 저지하고, 모택동에게 10~15년간 평화가 유지될 수 있다고 보장하였다. 하지만 스탈린이 동북아시아 지역에서 소련의 전략적 이익이 곧 소실될 것 같다고 느끼기 시작할 때, 조선반도의 전략목표에 대한

---

192) "1945년 6월 29일 주코프와 자부로진의 조선 문제에 대한 보고서," *АВПФ*, ф.0430, оп.2, п.18, д.5, л.1-7.

193) *АВПРФ*, ф.0431I, оп.1, п.52, д.8, л.40-43, 44-45, K. Weathersby, "Soviet Aims in Korea", pp.9-11 로부터 재인용.

통제 문제가 스탈린의 의사일정에 올랐다. 1945년에 체결된 얄타협정에 관해서는 스탈린은 중소동맹조약의 폐기에 동의할 때, 이미 그 문제를 고려하지 않고 있었다. 1월 22일 회담에서 모택동이 중소조약의 개정이 얄타협정의 내용에 영향을 주지 않는지를 질문하자, 스탈린은 "얄타회담은 지옥에나 가라고 하라." "우리는 이것들을 더는 상관하지 않습니다."라고 대답하였다.194) 아마도 이때부터 태평양으로 나가는 출구를 확보할 방안이 스탈린의 머릿속에서 떠오르기 시작했을 것이다.

요동반도를 조선반도로 대체하는 것에 관하여 여기서 반드시 지적해야 할 것이 있다. 대외 정책에서 세력'범위'를 교환하는 방법은 러시아 역사에서 매우 고전적 수법이라는 것이다. 1905년 러일전쟁에서 패전한 후, 러시아제국은 동북아시아정책을 재조정하였다. 소련은 외몽고의 독립을 계획하고, 일본과 타협을 통하여 "조선을 '몽골'과 '교환'하는 계획"을 추진하였다.195) 스탈린이 서방과 세력범위를 교환하거나 피점령국 영토로 소련의 안전 이익을 보장한 전례도 없지 않다. 1944년 10월, 스탈린과 처칠이 발칸반도 문제로 거래한 것은 이미 누구나 아는 것이다. 조선반도에서도 스탈린은 같은 수법을 사용하였다.196) 1945년 8월, 미국이 38선을 경계로 조선반도에 대한 미소의 군사적 통제 범위를 정하자고 건의하였을 때, 스탈린은 흔쾌히 동의하였다. 그 목적은 미국에 조선의 남쪽 영토를 넘겨주는 대가로 38선 이북에 위치한 일본 영토를 점령하는 데 있었다. 물론 맥아더 장군의 강경한 태도에 부딪혀 소련의 시도는 수포로 돌아갔지만, 세력범위 교환을 통해 대외 전략목표를 실현코자 하는 스탈린의 의도와 그 수단은 쉽게 엿볼 수 있다.197)

스탈린은 언제나 심사숙고를 통해 만반의 준비를 하였다. 그는 당연히 군사행동을 취할 때에 발생할 수 있는 두 가지 경우, 즉 순조로운 경우와 그렇

194) "1950년 1월 22일 스탈린과 모택동의 회담 기록, *АПРФ*, ф.45, оп.1, д.329, л.29-38.
195) 列宁语, 中共中央编译局编译, 『列宁全集』 제54권, 北京: 人民出版社, 1990, 777쪽.
196) 자세한 내용은 본 책의 제1장을 참조할 것.
197) 자세한 내용은 본 책의 제1장을 참조할 것.

지 않은 경우의 결과를 생각했을 것이다. 만약 애치슨의 연설이 문자 그대로 이행된다면, 조선반도에서 김일성의 행동은 미국의 이익을 위협하지 않으며, 미군은 개입하지 않는다. 이 경우 전쟁에서 승리하게 되면, 소련은 조선반도 전체를 통제할 수 있게 되고 인천, 부산 혹은 조선 남부의 기타 항구들로 여순과 대련항의 역할을 대체할 수 있게 된다. 교통운수의 경우, 고열균이 말한 것처럼 북조선의 철도는 장춘철도와 연결할 수 있다. 또한 소련과 조선의 철도를 연결하기 위하여, 1949년 3월 양국은 크라스키노와 아오지 사이에 58킬로의 철도를 건설하기로 이미 약속하였다.[198] 전쟁에 실패한다 하더라도, 소련은 여전히 얻는 것이 있었다. 즉 동북아시아에 긴장 국면이 조성되면, 중국은 여순과 대련에 소련 군대가 계속 주둔하기를 요청하게 될 것이고, 중소조약에 따라 소련은 '전쟁 혹은 위기 국면이 발생하면, 소련 군대는 장춘철도를 사용할 수 있다는 권리'를 갖고 있었기 때문이다. 이에 따라, 태평양으로 통하여 철도 노선은 자연히 그리고 계속해서 소련을 위하여 역할을 할 수 있게 된다. 따라서 조선반도에서의 무장충돌의 결과와 관계없이 소련은 동북아시아에서의 전략목표를 만족하게 될 것임을 즉, 부동항과 태평양으로 통하는 항구를 확보하게 될 것임을 스탈린은 예견하고 있었다.

후에 상황의 발전은 스탈린의 예상을 빗나가지 않았다. 조선전쟁이 발발하여 중국은 소련에 장춘철도를 개방하지 않을 수 없었고, 소련군이 여순 기지에 계속 주둔할 것을 소련에 요청하였다. 1950년 7월 11일, 소련 정부의 요구에 따라 중국공산당 중앙위원회는 소련이 군사물자를 운송할 수 있도록 장춘철도와 동북 지역의 영공을 소련에 전면적으로 개방할 것을 결정하였다.[199] 여순항의 반환 날찌기 다가오자, 1952년 9월 중국은 소련 해군의 철수 연기를 자발적으로 요청하였으며, 이에 스탈린은 새로운 협정을 다시

---

198) 이에 대해서는 "1949년 3월 5일 스탈린과 북한 정부 대표단과의 회담 기록," *АПРФ*, ф.45, оп.1, д.346, л.13-23 참조.
199) 『周文稿』 제3권, 31-32쪽.

체결할 것을 요구하였다.[200] 회담을 거쳐 중소 양쪽은 다음과 같이 확정한 각서를 교환하였다. "중화인민공화국은 여순항 협정에 관한 협정 제2조에 규정된 소련군의 철수 기한을 연장하고 중국 여순 해군기지를 중화인민공화국과 일본, 그리고 소련과 일본이 평화조약을 체결할 때까지 공동 이용하자고 소련에 제의하였으며, 소련은 이에 동의하였다."[201] 당시는 1950년의 협정에 근거한 소련 정부의 장춘철도 반환이 임박하였다. 그러나 장춘철도 반환의 공동성명에 서명할 때, 몰로토프는 중국 대표에게 소련 군대의 장춘철도 사용을 허락하는 비밀 비망록이 여전히 유효함을 상기시켰으며, 주은래도 이 점을 확인하였다.[202] 이로써 소련은 태평양으로 나가는 출구와 부동항을 원하는 대로 유지할 수 있었다.

최후의 문제는 스탈린이 조선반도에서의 군사행동을 왜 급히 서둘렀는가 하는 문제이다. 상술한 사료로부터 전쟁 준비는 매우 급하게 이루어졌다. 1950년 상반기 남한 지역의 유격대 활동은 활기를 잃고 있었으며, 신속히 회복될 기미도 없었다. 소련의 무기와 장비들은 막 도착하여, 조선 군대는 아직 사용법을 배우지도 못하였다. 비행사가 부족하여 조선 공군부대는 작전을 수행할 수가 없었다. 조선인민군의 작전 훈련은 단지 몇 개월에 불과하였을 뿐만 아니라, 아직 충분히 완성되지도 못하였다. 이러한 문제들을 김일성과 소련의 군사고문들이 모르고 있을 수 없다. 그럼에도 불구하고 김일성이 공격을 서둘렀던 것은 이해할 수 있다. 그러나 스탈린은 언제나 신중하고 사려가 깊었다. 왜 스탈린은 승리의 확신이 없는 전쟁을 하려고 하였는가? 이에 대하여 합리적인 해석은 오직 하나뿐이다. 스탈린이 중시한

---

[200] "1952년 8월 20일 스탈린과 주은래의 회담 기록, *АПРФ*, ф.45, оп.1, д.329, л.54-72; "1952년 9월 3일 스탈린과 주은래의 회담 기록," *АПРФ*, ф.45, оп.1, д.329, л.75-87.

[201] "1952년 9월 15일 주은래가 비신스키에게 보낸 외교 각서," "1952년 9월 15일 비신스키가 주은래에게 보내는 회신," 『中苏关系俄档原文复印件』 第9卷, 2184, 2185쪽.

[202] "1952년 9월 8일 소중 양국 정부 대표단의 회담 기록," *РГАСПИ*, ф.82, оп.2, д.1258, л.59-64, *Мясников В .С. (под ред.)* Китайская народная республика в 1950-е годы, т.2, с.184-187.

것은 전쟁의 발발 그 자체이지 전쟁의 결과가 아니었다. 승패에 상관없이 소련은 태평양으로 통하는 출구와 부동항을 확보할 수 있었기 때문이다.

결론적으로 스탈린은 중소동맹 체결 과정에서 경제나 민족적 이익의 충돌이 발생했을 때, 소련의 동북아시아 전략 이익에 대하여 치밀하게 그리고 전반적으로 고려하였다. 그러한 생각과 계획의 결과, 소련은 군사·정치적 동맹을 통하여 중국을 모스크바의 동방 집단에 가입시켰을 뿐 아니라, 동북아시아에서 소련의 전략적 지위를 지킬 수 있었다. 이것은 모택동에 대한 스탈린의 보복이라고 아니할 수 없다. 스탈린은 원래 중공이 대만 문제를 우선 해결하는 것을 원조하기로 동의하였으며, 그 후에 조선 문제를 고려하기로 하였다. 그러나 스탈린은 갑자기 김일성을 비밀리에 접견하고 조선반도의 통일 문제를 토론하였다. 스탈린은 중공이 대만을 공격할 예정이라는 점을 까맣게 잊은 것처럼 행동하였다. 이를 주목한 미국 학자 토머스 크리스텐슨은 다른 각도에서 스탈린이 조선전쟁에 동의한 이유를 설명하였는데, 이는 비교적 설득력이 있다. "스탈린이 모택동을 티토주의자 혹은 아시아의 레닌이 될 수도 있다고 의심하였기 때문에, 동아시아 공산주의운동의 방향을 바꾸는 김일성의 노력이 가능하였다."[203]

조선전쟁에서 심각한 전세 역전이 일어났을 때, 모택동과 중공은 가혹한 시련에 직면하게 되었다. 결국에는 아시아의 티토가 될 것이냐, 아니면 소련의 충성스런 친구가 될 것인가? 모든 문제는 하나의 초점, 즉 이처럼 위급한 시기에 중국이 조선에 출병하여 조선을 원조할 수 있을 것인가에 모였다.

---

[203] Thomas J. Christensen, "Worse Than a Monolith, Disorganization and Rivalry with in Asian Communist Alliances and U.S. Containment Challenges, 1949-69", *Asian Security*, Vol.1, No.1, Jan 2005, pp.80-88. 柯庆生, 「东亚社会主义同盟与美国的遏第战略」, 『冷战国际史研究』 2007-봄, 第4辑(2007年 春季号) 33-34쪽. 이 논문 본문 중에서 "아시아의 레닌"이라는 표현을 스튜어트는 비교적 일찍 쓰기 시작하였다고 밝혔으며 그가 1949년 6월 6일 국무 장관에게 쓴 비망록에는 다음과 같이 쓰여 있다. "만약 중소 관계 악화와 양측 사이의 전쟁이 정말로 일어난다면 그 원인 중 가장 큰 원인은 남에 뒤지기 싫어하는 모택동이 아시아의 레닌이 되는 것일 것이다."

제4장__압록강을 건너서
다수의 반대 속에서 조선전쟁 참전을 결정한 모택동

사 회주의 진영에서 볼 때, 초기 조선전쟁 무대에서 주연을 담당했던
인물은 중국과 소련을 돌아다니며 유세(游说)를 펼쳤던 김일성이
다. 그 후에는 긴박하게 전쟁을 준비했던 스탈린이며, 잠깐의 서막이 지난
뒤 주연의 역할을 맡은 사람은 모택동이었다. 중국의 조선전쟁 출병 문제는
전쟁사 연구에서 그 선례를 찾아보기 힘들만큼 많은 의문점이 제시되고 있
으며, 논쟁이 여전히 계속되고 있다. 예를 들면, 모택동은 언제 출병을 결정
하였는가? 김일성과 스탈린은 왜 조선이 극히 어려운 상황에 빠진 후에야
중국에 출병을 요청하였는가? 주은래는 스탈린과의 흑해회담에서 어떤 입
장을 표명하였는가? 왜 중국의 출병 결정은 우여곡절을 겪었는가? 모택동이
다수의 의견을 뒤로 하고 출병을 주장한 이유는 무엇인가? 중국의 조선전쟁
참전은 올바른 선택인가? 등이 문제들이 여전히 학계의 뜨거운 논쟁의 초점
이 되고 있다.

이 문제에 대답하기 위해서, 먼저 역사의 과정을 명확히 이해해야 한다.
과거 중국의 당안 문헌을 볼 수 없었던 외국 학자들은 중국의 기록이 이미

유실 혹은 영원히 봉인될 것이기 때문에, "북경의 출병 결정 과정을 정확히
서술하는 것은 아마도 영원히 불가능할 것"이라는 비관적 견해를 가졌다.[1]
그러나 60년이 지난 오늘, 중국 당안의 기밀해제 및 공개로 상황은 크게 달
라졌으며, 더욱이 러시아의 관련 자료도 지속적으로 공개되고 있다. 현재까
지 공개된 중국과 러시아 당안 문헌과 당사자의 회고록을 자세히 정리 분석
하면, 연구자들은 중국의 조선전쟁 출병에 관한 전후 맥락을 대체적으로 파
악할 수 있다.

1. 중국의 조선전쟁 참전을 재차 저지한 스탈린

조선전쟁 초기에 김일성이 시작한 '전격전(電擊戰)'은 큰 효과가 있었다.
전쟁 발발 3일 만인 6월 28일, 조선인민군은 한국의 수도 서울을 점령하였으
며, 김일성은 조선인민군에게 전보를 보내어 이를 축하하였다.[2] 그러나 조
선전쟁에 대한 미국의 신속하고 강경한 반응은 스탈린과 김일성이 미처 예
상치 못한 점이었다. 실제로 38선의 총성은 NSC 68호 문건이 그 실질적 효
과 나타내도록 촉진시킨 신호탄이었다. 미국 정책결정자들은 실제 무슨 일
이 발생했었는지 명확히 알 수 없었음에도 불구하고, 조선전쟁에 대해 모스
크바가 주도면밀하게 계획한 행동이라 단정하였다. 이러한 군사행동은 대
만해협과 베트남, 미얀마, 말레이시아 지역에서도 발생할 가능성이 높다고
판단하였다. 만일 미국이 단호한 수단으로 대응하지 않는다면, 미국의 동북
아시아 방위선의 연쇄적인 붕괴로 이어질 것으로 보았다. 참모장연석회의
가 "한국, 일본, 유구, 대만, 필리핀 및 동남아시아는 지역만 다를 뿐, 모두
같은 문제를 가지고 있다."고 지적한 것처럼, 이들 국가들은 "상호 의존" 관

---

[1] Hunt, "Beijing and the Korean Crisis", p.454.
[2] 『人民日報』, 1950年 6月 29日, 1쪽.

계에 있었다. 이에 따라, 미국은 "상호 협력적이며, 전면적인 동북아시아정
책이 시급히 필요하였다."3) 이러한 판단과 생각의 바탕하에 백악관이 직접
나서 곧바로 참전 결정을 내린 것은 전혀 이상할 것이 없다.

  조선인민군의 주장에 따르면 미국 공군은 6월 26일부터 전투에 투입되기
시작하였고, 개성과 서울, 평양에 "야만적인 폭격"을 계속해서 퍼부었다.4)
남쪽으로 진격한 조선인민군 지상부대는 한국군의 완강한 저항뿐 아니라
미 공군의 폭격에 직면하였다. 무선 도청 정보에 따르면, 대만은 3개 사단을
파견하여 조선전쟁의 군사작전에 투입할 준비를 하고 있었다.5) 이 보고를
받은 스탈린은 근심하기 시작하였다. 스탈린은 7월 1일 슈티코프 대사에게
보낸 전보에서, 조선인민군의 계속적인 전진 여부와 미국의 폭격에 겁을 먹
지 않았는지에 대하여 물었다. 스탈린은 진격을 계속할 것을 지시하면서,
남조선의 해방이 빨라질수록 외국이 개입할 기회도 그만큼 줄어들 것이라
고 강조하였다. 스탈린은 7월 10일 전까지 조선의 탄약과 기타 군수품 공급
요구를 완전히 충족시켜 주도록 지시하였다.6) 다음 날 소련대사 슈티코프
는 "전쟁 시작 후 며칠 동안 국민들은 일반적으로 높은 정치적 열기를 보였
지만" 미국의 선전 방송과 특히 미국 공군의 대규모 폭격으로 인하여, "국민
들의 정치적 열기는 크게 가라앉았으며" 소수는 "매우 낙담"하여 최후 승리
에 대한 자신감을 상실하였다."고 스탈린에게 보고하였다. 슈티코프는 김일
성, 박헌영, 박일우, 김책, 최용건, 강건 등 지도부는 여전히 진격을 계속해
야 한다고 주장하고 있으나, 김두봉과 홍명희 등 일부 지도부는 조선인민군

---

3) S. Goncharov, J. Lewis and L. Xue Uncertain Partner, p 155-156; Michael Schaller, *The American Occupation of Japan, The Origins of The Cold War in Asia*, New York, Oxford University Press, 1985, pp.283-284.

4) "1950년 6월 30일 슈티코프가 그로미코에게 보낸 전문,"『朝鮮战争俄档复印件』제5권, 639-640쪽.

5) "1950년 7월 1일 쉐테멘코의 보고," *ЦАМОРФ*, ф.16, оп.3139, д.17, л.1-3.『美国对华政策文件集』제1권, 414-416쪽. 장개석은 한국에 지상군을 파견할 수 있도록 요구하였지만, 미국은 이를 완곡하게 거절하였다.

6) "1950년 7월 1일 스탈린이 슈티코프에게 보낸 전문," *АПРФ*, ф.45, оп.1, д.346, л.104.

혼자서 미국에 맞서 싸우는 것은 곤란하며 이 문제에 대하여 소련은 어떤 입장인지 탐문해야 한다고 주장하였다고 보고하였다.[7] 미국의 참전은 조선 인민군에게 중대한 손실을 입혔으며, 그 공격의 첫 대상이 된 것은 공군과 해군이었다. 소련군 총참모부 보고에 따르면, 전쟁이 발발한 며칠 뒤인 7월 3일까지, 조선의 비행기 36대와 함정 5척이 파괴되었다.[8]

7월 4일 슈티코프 대사는 김일성이 '전방부대의 행동 지연과 조직성 결여에 대해 극히 불만족하고 있으며, 그 책임은 민족보위상 최용건에게 있다고 보고 있음'을 스탈린에게 보고하였다. 군부대의 지휘권 문제를 해결하기 위하여, 김일성과 소련대사 및 군사고문단장은 협의를 거쳐, 김일성 자신이 군 최고사령관직을 맡아 전선지휘부(前線指揮部)를 책임지고, 내각 부수상 김책(金策)은 전선사령관, 그리고 강건(姜健)은 총참모장을 맡도록 결정하였다. 조선인민군의 모든 무장부대를 2개 군단으로 개편하고, 민족보위성 부상(副相)인 무정(武亭)을 좌익군단 사령관에, 부총참모장 김웅(金雄)을 우익군단 사령관에 임명하였다. 최용건(崔庸健)은 민족보위상에 유임되어 새로운 부대의 창설과 반－낙하산부대 조직 및 후방 보급 임무를 책임졌다. 슈티코프는 조선인민군의 각 군단에 2명의 소련고문을 파견하고, 군사고문단장 바실리에프가 장교 고문단을 이끌고 조선의 전선지휘부와 함께 서울에 가서 지휘부에 상주하도록 허가해 줄 것을 소련에 요청 하였다.[9] 스탈린은 소련고문단의 파견 요청은 거들떠보지도 않고, 단지 바실리에프는 "평양에 있는 것이 더욱 적합하다."고만 회답하였다.[10]

7월 7일 슈티코프는 스탈린에게, 조선인민군은 전투에서는 용감하지만 사상 준비와 전투 경험이 "다소 부족"하고, 부대의 조직과 관리 부분에서 비교적 큰 실수들이 나타나기 시작하였으며, 각급 지휘부 사이에 정상적 연락

---

7) "1950년 7월 2일 슈티코프가 스탈린에게 보낸 전문," *АПРФ*, ф.45, оп.1, д.346, л.105-107.
8) "1950년 7월 3일 소련군 총참모국 작전관리총국의 보고," *ЦАМОРФ*, ф.16, оп.3139, д.17, л.37.
9) "1950년 7월 4일 슈티코프가 스탈린에게 보낸 전문," *АПРФ*, ф.45, оп.1, д.346, л.136-139.
10) "1950년 7월 6일 스탈린이 슈티코프에게 보낸 전문," *АПРФ*, ф.45, оп.1, д.346, л.140.

이 유지되지 않고, 가끔 1~2일간 각 부대가 어디에서 무엇을 하고 있는지 알 수 없다고 재차 보고하였다. 계속해서 그는 현재 조선의 지도부와 각급 지휘관들은 이미 엄청난 곤란을 겪고 문제의 심각성을 느끼고 있으며, 미국 공군의 집중 폭격과 빈번한 공습은 조선 지도부와 군민(軍民)에게 심각한 두려움과 무거운 심리적 압박을 가하고 있다. 그리고 다수의 지도부가 미군과의 전투에 대하여 두려움을 느끼고 있으며 전쟁의 결과를 걱정하고 있다고 보고하였다. 김두봉(金枓奉)은 거의 매일 소련 정부가 어떤 행동을 취할 계획인지 질문하고 있으며, 박헌영(朴憲永)은 소련에 공군을 출동시켜 조선을 보호해 줄 것과 중국의 군대를 조선에 파견하여 전투에 참가해 줄 것을 요청해야 한다고 주장하였다. 이러한 상황하에서 김일성도 큰 심리적 압박을 느끼고, 소련고문단이 전선지휘부에 있을 수 있도록 허가해 줄 것을 요청하고, 새로이 조직된 군단에 소련 군관을 파견해 주도록 요청하였다. 슈티코프는 스탈린에게 보낸 전보에서 김일성의 제안을 지지하였다.[11]

슈티코프는 모스크바로부터 회답을 기다리지 않고, 재차 스탈린에게 조선 지도부가 또다시 소련 군사고문이 서울에 가서 군사작전 지휘에 참가할 수 있는지에 대하여 문의하여 왔음을 보고하였다. 강건은 만약 소련 고문이 없다면 자신은 부대를 전혀 지휘할 수 없으며, 김일성 또한 소련 고문이 서울에 오지 않는다는 것은 곧 실패와 전선의 붕괴를 의미한다고 주장하였다. 중국 국경을 통한 원조물자 운송 문제가 논의될 때, 김일성은 노골적으로 "평양에 중국 대표가 없기 때문에 국경을 통과하여 원조물자를 운송하는 문제에 관한 협정 체결이 불가능하다."라고 불만을 나타냈다. 슈티코프는 "개전 이래 김일성이 그렇게 마음이 산란해 하고 낙담하는 것은 처음 보았다."고 전문의 마지막에 덧붙였다.[12] 그 후 김일성은 25~35명 정도의 소련 군사

11) "1950년 7월 7일 슈티코프가 스탈린에게 보낸 전문," ЦАМОРФ, ф.5, оп.918795, д.122, л.168-171.
12) "1950년 7월 8일 슈티코프가 스탈린에게 보낸 전문," ЦАМОРФ, ф.5, оп.918795, д.122, л.193-194.

고문을 전선지휘부와 군단사령부에 파견해 줄 것을 스탈린에게 직접 요청
하였다.[13] 이러한 상황에 직면하여, 스탈린은 답전(回电)을 보내지 않을 수
없었고 슈티코프의 의견에 마지못해 동의하였다.

> 소련대사에게
> 귀하의 태도는 옳지 않다. 귀하는 사전에 우리에게 묻지도 않고, 조선 지도부
> 에게 소련 고문의 파견을 승낙하였다.
> 귀하는 소련의 대표이지 조선의 대표가 아님을 명심해야 한다.
> 그들이 요구한 대로 우리의 고문을 파견토록 하고, 그들에게 일반인 복장을 착
> 용하여『프라우다』기자로 위장하여 전선참모부와 군단사령부에 배치토록 한다.
> 귀하는 우리 고문들이 적의 수중에 떨어지지 않도록 귀하 본인이 소련 정부에
> 직접 책임을 진다.[14]

미국의 참전은 중국 지도부의 관심을 불러일으켰다. 모택동은 김일성이
군사행동을 실행할 것을 미리 알고는 있었지만, 이렇게 빨리 행동을 취하리
라고는 예상치 못하였다. 이 밖에도, 전쟁 전 조선은 고의적으로 중국에 정
보를 주지 않았다. 전쟁 발발 후 3일째, 김일성은 대사관 무관 한 명을 모택
동에 파견하여 전황을 통보하였다.[15] 이 때문에 중국은 조선전쟁에 대한 심
리적, 군사적 준비가 부족하였다. 조선전쟁의 발발에도 불구하고 전국적인
국책 사업은 즉각 변경되지 않았다. 6월 30일 중국은 토지개혁법을 반포하
였고, 전국 규모의 군중운동—토지개혁 지지 및 장개석 반대 등—도 활발하
게 전개되었다.[16] 같은 날, 모택동과 주은래는 "1950년 감군에 대한 결정"에
공동 서명하고, 군인 120만 명을 감축하기로 계획하였다.[17] 조선전쟁의 발

13) "1950년 7월 8일 슈티코프가 스탈린에게 보낸 전문," *АПРФ*, ф.45, оп.1, д.346, л.143-144.
14) "1950년 7월 8일 스탈린이 슈티코프에게 보낸 전문,"『朝鮮战争俄档复印件』제5권, 661-663쪽.
15) 조선의 이러한 행동에 모택동은 불만을 토로하였으며, 통역 사철(师哲)에게 "그들은 우리의
인접 국가이지만 전쟁 개시에 관하여 우리와 아무런 상의도 하지 않았으며 겨우 지금에서
통보를 하러 왔다."고 말하였다. 이에 대해서는 李海文,「中共中央究竟何时决定志愿军出国
作战?」,『党的文献』, 1993-5, 85쪽 참조.
16)『人民日报』, 1950年 6月 30日, 2쪽.

발을 이유로 감군을 중지하고 전쟁 준비에 돌입해야 한다고 일부가 주장했음에도 불구하고, 주은래는 "조선전쟁 상황은 총참모부와 외교부가 더욱 주시"하고, "감군 작업은 원래 계획에 따라 진행할 것을" 지시하였다.[18] 심지어 대만 해방을 위한 군사 계획도, 미군 제7함대가 대만해협에 진입하였음에도 불구하고 곧바로 포기하지 않았다. 6월 30일 주은래는 해군사령관 소경광(肖劲光)과의 대화에서, "미국이 대만에서 막고 있기 때문에, 우리의 대만 공격에 어려움이 가중되고 있다. 현재 우리는 외교적으로 미 제국주의의 대만 침략과 중국에 대한 내정 간섭을 비난해야 한다. 군사적으로는 계속해서 육군을 감축시키고 해·공군의 건설을 강화하며, 대만 해방의 시간을 연기해야 한다."라고 지적하였다.[19] 이런 사실들은 조선전쟁 발발 초기 중국의 관심이 아직 조선반도로 옮겨가지 않았음을 보여 준다.

하지만 미국이 전면적으로 조선전쟁에 개입한 이후, 특히 제7함대가 대만해협에 진입한 이후, 중국 지도부는 조선전쟁에 점점 더 관심을 가지기 시작하였으며, 조선민주주의인민공화국에 대하여 강력한 지지를 표명하였다. 전쟁 발발 당시, 조선 주재 중국대사 예지량(倪志亮)은 신병 치료를 위하여 무한(武汉)에 머무르고 있었다. 이에 주은래는 동독 주재 중국 대사관으로 파견 예정이던 시성문(柴成文)을 정무참사로 평양에 파견하여 조선과의 연락을 담당하도록 하였다. 그 후 오랜 기간 시성문은 김일성과 중국의 연락원이 되었다. 시성문 일행이 조선으로 출발하기 전, 주은래는 시성문에게 "현재 미 지상군부대가 이미 참전하였다." "미 제국주의자들은 반드시 더 많은 국가의 출병을 규합할 것이기 때문에, 조선전쟁의 장기화는 피하기 어렵다. 이는 전국(战局)에 영향을 미치는 일련의 복잡한 문제들을 가져올 것이

17) 『周恩来年谱(1949-1976)』 上卷, 49쪽.

18) 雷英夫, 「抗美援朝战争几个重大决策的回忆」, 『党的文献』, 1993.06, 76쪽.

19) 『周恩来年谱(1949-1976)』 상권, 52쪽. 중앙군사위원회는 8월 11일이 대만 해방을 위한 전투를 1952년으로 미루고, 다시 고려해야 한다는 진이(陈毅)의 의견에 동의하였다. 『毛军事文稿』 상권, 181-182쪽.

다." "현재 조선 인민들은 전투의 제일선에 있으며, 우리는 조선 동지들에게 지지를 표해야한다. 우리가 도울 일이 있으면 우리에게 서슴없이 요구하도록 하고, 이에 우리는 최선을 다해야 한다. 양당, 양국 군대 사이의 연락 유지와 변화하는 정세에 대하여 신속히 이해하는 것이 우리 대사관의 주요 임무이다."라고 강조하였다.[20]

7월 상순, 소련 정부는 장춘철도와 중국 영공을 통하여 조선으로 군용물자를 운송할 수 있도록 중국 정부에 허가를 요청하였으며, 중국은 이를 허락하였다. 양측은 "만주리(滿洲里) 또는 수분하(綏芬河)로부터 하얼빈, 장춘 심양을 통하여 여순과 대련으로 가거나, 혹은 안동으로부터 조선으로 직접 운송하는 것은, 모두 사전에 반드시 장춘철도 이사회의 소련 측 부주임 또는 장춘철도 국장을 통하여 여광생(余光生, 동북철도총국 국장)에게 통보하여 열차를 즉시 배치하고, 시기를 놓치지 않도록 하여야 한다."라고 규정하였다. 주은래는 중국 동북에서 노새와 말을 구매하고 군수공업 기술 인력(조선족)을 징용하여 조선으로 귀국토록 해달라는 중국 주재 조선대사의 요청에 최대한 협조할 것을 고강에게 지시하였다. 그 직후, 주은래는 조선족 의사, 간호사, 군수공업 기술자 이외에도 운전사, 광공업 엔지니어 및 기타 기술 요원 등과 같이 "금일 조선이 시급히 필요로 하는 모든 것을 하루빨리 귀국시켜 (전쟁에) 봉사"할 수 있도록 할 것을 고강에게 재차 독촉하였다.[21]

이와 동시에, 중국은 조선에 직접적인 군사원조를 제공하는 문제를 고려하기 시작하였다. 7월 2일 주은래는 소련대사 로신을 접견한 자리에서, 조선반도 정세에 대한 중국 지도부의 판단을 소련 정부에 통보하였다. 주은래는 미군의 상륙을 저지하기 위하여 조선인민군이 더욱 신속하게 남진하여 남쪽 지역의 항구들을 점령하고, 인천에 강력한 수비부대를 배치해야 한다

20) 『周恩來年譜(1949-1976)』 상권, 51쪽.
21) 『周恩來年譜(1949-1976)』 상권, 54쪽. 『周文稿』 제3권, 17-19, 60쪽. 당시 여광생(余光生)은 동북철도총국 국장이었다.

고 주장하였다. 주은래는, 만일 미군이 38선을 넘을 경우, 중국 군대는 지원군의 방식으로 조선인민군 복장으로 미국과 전투를 벌일 것이며, 이를 위해 심양 지역에 3개 군단, 12만 명의 병력을 배치할 것이라고 강조하였다. 동시에 로신에게 주은래는 소련 공군이 이 지역의 부대에게 공중엄호를 제공해 줄 수 있는지에 대하여 물었다. 마지막으로 주은래는 조선 정부가 미군의 무장개입 가능성을 사전에 고려하지 못하였다고 지적하면서, 1949년 5월과 1950년 5월 모택동은 이 점을 예견하였다고 보충 설명하였다.[22] 중국은 실제로, 7월 7일 제1차 국방회의를 개최하고, 4개 군, 3개 포병사단, 총 25만 5천 명으로 동북변방군을 조직할 것을 결정하고, 8월 5일까지 집결을 완료토록 지시하였다.[23] 중국 정부의 정식 결정이 아직 내려지기 전에, 주은래가 이와 같이 로신에게 말한 것은, 군대를 출병하여 조선을 도울 뜻이 모택동에게 이미 있었음을 의미한다. 동북변방군 조직은 형식적인 행동이 아니었다. 동시에 스탈린이 소련 공군을 출동시켜 중국 군대와 함께 조선에 들어가 전쟁에 참여할 의향이 있는지를 스탈린에게 타진한 것이다. "미군이 38선을 넘을 경우"라는 조건은, 로신의 말을 받은 것일 뿐이었다. 당시 모택동의 마음에는 뛰어넘지 못할 경계선이 결코 없었기 때문이다.

　조선전쟁이 발발하기 이전에, 소련 공군은 중국에 이미 주둔하고 있었다. 장개석은 대만으로 퇴각한 이후에도 우세한 공군을 이용하여 끊임없이 항공기를 보내 중국 내륙 지역에 대한 폭격과 공습을 하였다. 그중에서 가장 격렬했던 것은 1950년 2월 6일 상해에 대한 폭격이다. 소련 영사관의 모스크바에 한 보고에 따르면, 당시 17대의 중형 폭격기에 의한 폭격으로 상해 대부분이 정전되었고 물 공급이 중단되었으며, 대부분 기업이 생산을 멈추었다. 상해시 당국과 시민들은 깊은 충격에 빠지고 불안감이 증폭되었으며,

---

22) *Гончаров С. Н. и т. д. (сост.),* Хронология основных событий кануна, с.35-37; *АПРФ*, ф.45, оп.1, д.331, л.75-77, requoted from *Торкунов А. В.* Загадочная война, с.103-104.
23) 『毛军事文稿』 上卷, 158-159쪽.

심지어 일부 기업들은 내륙으로 이전할 것을 결정하였다. 이에 장개석은 매우 기뻐하였으며 고위 군사회의에서 폭격 대상을 확대하도록 지시하고, 폭격 지역을 북경, 천진, 한구, 남경, 청도, 광주 및 기타 도시로 확대하도록 비준하였다. 이 행동을 돕기 위하여 '미국은 국민당의 주산군도(舟山群島)의 다이산(岱山) 공항을 빠른 시일 내에 복구할 것을 결정하였다.'고 소련 영사관은 모스크바에 보고하였다.24) 이때, 모택동은 중소동맹조약 회담을 위하여 모스크바에 체류하고 있었다. 그는 상황 보고를 받은 즉시 스탈린에게 공군 지원을 요청하였다.25) 이에 소련은 바티스키(P. F. Batitski) 소장의 지휘하의 방공집단군을 서주와 상해에 각각 파견하였다. 그것은 제106전투항공사단, 제52고사포병사단, 근위고사탐조등단, 그리고 독립 무선기술대대 등 총 127대의 항공기로 구성되었다. 127대의 항공기는 제트전투기 40대, 피스톤식 전투기 41대, 공격기 26대, 폭격기 10대, 운송기 10대로 이루어졌다. 한 달이 채 되지 않은 3월 7일부터 제1소련 공군부대(제351전투항공사단)가 서주공항에 주둔하고 경계와 순찰 임무를 맡았다. 이후의 공중전에서 소련 공군은 현저한 우세를 차지하였다. 3월 8일부터 8월 1일까지 총 230대가 출격하여 7차례의 공중전을 벌였으며, 소련 공군은 아무런 손실을 입지 않은 채 6대의 장개석 공군기를 격추하였다. 제106전투항공사단은 상해 및 그 부근 지역에 대한 전투 임무를 훌륭히 수행하였으며 이 지역에 침입을 기도하는 모든 적기를 격추하여, 하나의 폭탄도 방위 지역 안에 떨어지지 않도록 하였다. 이로 인하여 지상 고사포부대는 할일이 없을 정도였다.26) 이를 통하여 소련 공군의 역할과 그 위력이 얼마나 대단했는지 짐작할 수 있다.

24) АВПРФ, ф.0100, оп.43, п.313, д.722, л.201-203; АВПРФ, ф.0100, оп.43, п.314, д.138, л.43-47, Кулик Б. Т. США и Тайвань против КНР, 1949-1952, Новые архивные материалы//Новая и новейшая история, 1995, №5, с.32-33.
25) 『刘文稿』 第1卷, 472쪽; 逄先知, 金冲及主编, 『毛泽东传(1949-1976)』, 49쪽.
26) ЦАМОРФ, ф.50 ИАД, оп.152677, д.4, л.3-4, 91, 133-134, Набока В. П. Советские летчики-истребители в Китае в 1950 году//Вопросы истории, 2002, №3, с.139-141.

스탈린은 7월 2일 주은래의 태도에 매우 만족하였다. 그 이유는 중국군을
필요로 하는 시기에 조선을 돕게 하는 것이 스탈린의 전체 계획 중의 한 부
분이었기 때문이다. 스탈린은 즉시 회답하였다. 7월 5일 보낸 답신에서 스
탈린은 "9개 중국사단을 중조 국경 지역으로 즉각 집결시켜, 적이 38선을 넘
을 때 지원군을 조선으로 투입시켜 작전을 진행하는 것은 올바르다고 생각
한다. 소련은 최선을 다하여 이 부대들에게 공중엄호를 제공할 것이다."고
회답하였다.[27] 그 후 중국으로부터 진일보한 소식을 전달받지 못한 스탈린
은 7월 13일 로신 대사를 통하여 주은래와 모택동에게 다음과 같은 내용을
전달토록 하였다. "우리는 중국이 중조 국경 지역에 9개의 사단을 배치하기
로 결정을 하였는지의 여부를 아직 모르고 있다. 만약 중국이 이미 이와 같
은 결정을 하였다면, 우리는 124대의 제트전투기를 갖춘 항공사단을 중국에
제공하여 공중엄호를 제공토록 할 것이다. 우리는 우리 비행사를 중국에 파
견하여 중국 비행사를 두 달에서 세 달 정도 훈련시킨 후, 모든 장비를 중국
비행사에게 넘겨줄 계획이다. 우리의 상해 항공사단도 이렇게 할 예정이
다."[28] 이 두개의 문건은 중국의 조선으로의 출병 준비를 촉진하기 위하여,
스탈린은 중국 공군의 훈련을 돕고 중국에 공군 장비를 제공하는 것 이외에
도, "조선에 진입해 전투를 벌이는" 중국군부대를 위하여 공중엄호를 제공
할 것을 약속하였음을 알 수 있다. 스탈린은 소련 공군이 중국 육군과 어깨
를 나란히 하여 전투에 참여할 것을 약속하였다.[29] 그런데 스탈린이 여기에
서 한 가지 조건을 강조하였음을 주의할 필요가 있는데, 그것은 중국의 출
병 시기(즉 소련 공군의 출동)를 "적이 38선을 넘었을 때"로 못 박은 부분이

27) "1950년 7월 5일 스탈린이 로신에게 보낸 전문," *АПРФ*, ф.45, оп.1, д.334, л.79.
28) "1950년 7월 13일 스탈린이 로신에게 보낸 전문," *АПРФ*, ф.45, оп.1, д.334, л.85.
29) 러시아 학자 대다수는 이 판단에 동의한다. 이에 대해서는 다음을 참조할 것. *Ледовский А. М. Сталин, Мао Цзэдун и корейская война, 1950-1953 годов//Новая и новейшая история*, 2005, №5, с.100-101; Alexandre Y. Mansourov, "Stalin, Mao, Kim, and China's Decision to Enter the Korean War, Sept.16-Oct.15, 1950, New Evidence from the Russian Archives", *CWIHP Bulletin*, Issues 6-7, Winter 1995/1996, p.105.

다. 스탈린이 김일성의 군사행동에 동의한 과정으로 미루어 볼 때, 그는 38
선을 결코 중요하게 보지 않았으며 단지 중국의 출병을 조정하기 위한 빌미
로 간주하였다.

스탈린의 공중엄호 제공 약속은 중국을 고무시켰다. 부대를 대규모로 동
북 지역에 집결함과 동시에, 중국 지도부는 군사작전 준비에 박차를 가하였
다. 7월 12일(혹은 13일) 주은래는 조선 주재 중국 대리대사를 통하여 김일
성에게 중국은 미국의 조선에 대한 간섭을 결코 용납 하지 않을 것이며, 중
국 정부는 이 전쟁에서 할 수 있는 모든 원조를 조선에 제공하도록 준비할
것이며, 필요한 것은 언제든지 말해 달라고 요청하였다. 동시에 주은래는
"십만분의 일, 이십만분의 일, 오십만분의 일의 조선 지도 각 500장씩과 전
선의 상황을 통보해 줄 것"과 "조선인민군 군복 견본을 최대한 빨리 보내줄
것"도 요청하였다. 김일성은 즉시 소련대사에게 이 사실을 알렸다. 소련대
사와의 면담에서 김일성은 미국의 참전, 특히 미국 공군의 공습으로 "조선
의 대도시와 공장들이 파괴되었고 인민군은 지속적으로 폭격을 받고 있으
며, 인민군의 진격도 어려움을 겪고 있다."고 무거운 어조로 말하였다. 김일
성은 "이미 미국 등의 국가들이 이승만 편에서 전쟁에 참가하였으므로, 체
코슬로바키아, 중국 등의 민주국가들도 그들의 군대를 이용하여 조선을 도
와줄 것"을 요청하였다. 이에 대하여 슈티코프는 고의로 회답을 회피하고,
단지 "귀하들의 최우선 임무는 모든 내부 역량을 동원하여 군대를 강화하고
해방구를 공고히 하며, 조선 인민에 대한 영향력을 확보하고 강화하는 것이
다."라고만 말하였다.[30]

7월 19일, 김일성은 소련대사에게 그가 북경으로 파견했던 대표와 모택동
과의 회담 내용을 통보하였다. 조선 전황을 이해하기 위하여 모택동은 주은
래를 조선으로 파견할 생각이었으나, 당시 비행기를 이용하는 데 어려움이

[30] "1950년 7월 15일 슈티코프가 스탈린에게 보낸 전문," ЦАМОРФ, ф.5, оп.918795, д.122, л.303-305.

있어 김일성에게 군사대표를 중국에 보내줄 것을 요청하였다. 중국 정부는 우선 조선의 지원 요청에 동의하였다. 중국은 "소총 3,000정, 이동식 기관총 2,000정, 중기관총 200정, 81밀리미터 박격포 300문과 1,000필의 노새를 조선에 제공하기로 하였으며, 모든 물자는 7월 25일부터 운송을 시작할 것"임을 슈티코프에게 통보하였다. 회담 중에 모택동은 "조선전쟁에 대하여 관심이 많다."고 밝히고, 미국은 장기 참전할 것이며 앞으로 더 많은 병력을 투입시킬 것이라고 판단하였다. 이러한 상황에서 모택동은 전방에 있는 부대를 퇴각시킬 것을 주장하며, 김일성에게 "주력부대의 보존을 위하여 적을 향한 부대의 진격 중지를 명령"할 것을 제안하였다. 모택동은 "김일성과 노동당 중앙위원회가 외국으로부터 원조를 받는 문제를 생각해 본적이 있는지"에 관하여 먼저 자발적으로 질문하고, 이어 조선이 원조를 원한다면 중국은 "자국 군대를 조선으로 파견할 수 있으며, 이를 위하여 이미 4개 군단 32만 명을 준비하였다."고 명확히 밝혔다. 모택동은 8월 1일까지 전쟁 상황을 잘 이해하고 있는 군사대표단을 북경으로 파견해 줄 것을 요청하였으며, 8월 10일 이전까지 중국의 출병이 필요한지에 대한 김일성 자신의 입장을 알려 줄 것도 아울러 요청하였다. 이에 관하여 김일성은 소련대사에게 스탈린의 의견이 어떠한지 물었다. 이에 슈티코프는 현재 이에 대한 스탈린의 태도에 관하여 아는 것이 없다고 회답하였다. 김일성은 실망스러운 어조로 원래 자신은 모택동이 스탈린과 이에 관하여 논의하였다고 생각했으며, 이 결정이 모택동 개인 생각인줄은 미처 예상하지 못하였다고 말하였다. 슈티코프는 재차 자신은 이에 관하여 전혀 알지 못한다고 대답하였다. 전보의 끝머리에서, 슈티코프는 김일성에게 대답해주기 위하여, 모스크바는 중국출병 문제에 관한 태도를 하루빨리 결정해 줄 것을 요청하였다.[31] 그러나 스탈린은 이에 관하여 아무런 회답을 주지 않았다. 스탈린은 김일성과 슈티코프보다

[31] "1950년 7월 20일 슈티코프가 스탈린에게 보낸 전문," ЦАМОРФ, ф.5, оп.918795, д.122, л.352-355.

이 문제에 관하여 더욱 신중한 듯 보였다. 가장 긴박한 상황에 직면하기 전까지 모스크바는 중국군이 전쟁에 개입하는 것을 원치 않았으며, 김일성도 몇 차례의 탐색을 통한 후 이러한 스탈린의 생각을 알게 되었다.

스탈린의 침묵은 우선 전황의 발전과 관계가 있다. 7월 18일 모스크바는 소련 대사관으로부터 조선 정세에 관한 장편의 종합 보고를 받았다. 그 주요 내용은 조선 지도부와 국민들은 이미 전쟁 초기의 공황상태에서 벗어나 승리에 대한 자신감을 회복하였다는 것이었다. 보고서는 처음 미국 공군의 공습을 받았을 때, 조선인들은 소련과 중국의 무장원조가 없으면 미국 무장 간섭자들과 싸워 이길 수 없다고 우려하였다. 그러나 인민군의 남진에 따라, 특히 7월 5일과 11일 미국 부대와의 교전에서 미군에 큰 타격을 입히고 다수의 미국 병사를 포로로 잡은 후부터 "조선인들의 전투 정신이 재차 활기를 찾았다."고 밝혔다. 전선에 자원하는 조선인들의 수가 격증하여 며칠 내로 74만 5천 명의 지원병부대가 조직될 수 있으며, 해방된 도시 특히 서울은 매우 빨리 정상을 회복하고 인민정권을 구성하였으며 전선을 돕기 위하여 자원을 동원하기 시작하였다고 보고하였다. 동시에 인민군의 승리는 남측 지역의 유격대운동에 활기를 불어넣었다. 보고서는 조선 인민들이 최종적 승리에 대한 자신감을 회복하였다고 결론지었다.[32] 8월, 소련 대사관은 모스크바에 동일한 결론을 재차 보고하고, 조선의 간부와 군중은 소련이 공군을 즉시 파견하지 못해 미군의 폭격을 저지하지 못한 것에 대하여 불만을 나타내고 있다고 덧붙였다.[33] 스탈린의 낙관적인 전황 평가는 조선에 직접적인 군사원조를 제공하는 문제의 해결을 서두르지 않았던 이유 중 하나라고 볼 수 있다. 다른 한편으로, 위의 두 편의 전보들과 기타 정치보고들에서 평양의 소련 대사관은 조선에서의 소련의 영향력과 지위에 대해 중점적으

[32] "1950년 7월 18일 슈티코프가 그로미코에게 보낸 전문," *АВПРФ*, ф.0102, оп.6, п.21, д.47, л.29-40.
[33] "1950년 8월(일자는 분명하지 않다) 슈티코프가 그로미코에게 보낸 전문," *АВПРФ*, ф.0102, оп.6, п.21, д.48, л.109-169.

로 보고하였다. 이는 스탈린이 이 문제를 특별히 중요시하고 있음을 보여준다. 모택동의 출병에 대한 다급한 태도가 스탈린의 의심과 염려, 즉 중국의 출병 결과 조선에서 중국의 지위와 영향력이 확대된다면 이는 장기적으로 소련에 불리하다는 의심과 염려를 불러일으켰을 가능성이 크다.

실제로 당시 모택동은 다소 조급한 듯 보였다. 8월 5일 고강에게 보낸 전문에서 그는 8월 내에 동북변방군의 모든 준비 작업을 완료하도록 요구하고, 각 군단(軍)의 사단급 이상 간부회의를 소집하여 부서를 배치하고, "9월 상순 작전에 반드시 준비"하도록 지시하였다.[34] 8월 11일부터 13일까지 개최된 제13병단 군사회의에서 고강은 조선에서의 전투 목적과 그 의의에 대하여 설명하고, 이번 군사행동은 지원군이라는 명의로 조선인민군의 군복을 착용하고 조선인민군의 번호 및 인민군 깃발을 가지고 행해질 것을 주지시켰으며, 주요 간부들에게 조선 이름으로 개명할 것을 지시하였다.[35] 8월 18일 모택동은 재차 고강에게 전보를 보내어 "준비에 더욱 박차를 가하여, 9월 30일 이전까지 모든 참전 준비를 완료하도록" 지시하였다.[36] 중국의 출병제의에 대한 김일성의 회신이 계속 지연되자, 모택동은 다른 통로를 통하여 모스크바에 출병 구상을 전하기로 결정하였다. 8월 19일과 28일, 모택동은 북경에서『모택동 선집』의 편집을 돕고 있던 소련 철학자 유딘(Yudin)과 두 차례에 걸쳐 조선전쟁 전황에 대하여 토론하였다. 모택동은 전쟁 발전의 두 가지 가능성에 대해 말하였다. 첫 번째, 미국이 조선에 있는 현재 병력만을 사용할 경우, 미국은 곧 조선에서 쫓겨나 다시 돌아오지 못하게 될 것이다. 두 번째, 미국이 조선에서 승리를 결심할 경우, 약 30개에서 40개 사단의 증원이 필요하다 이 경우 북조선의 힘만으로는 대적하기 어려우며, 중국의 직접적인 지원이 필요하다. 만일 중국의 직접적인 원조가 있다면 미국의

---

34)『毛军事文稿』上卷, 179-180쪽.
35) "1950년 8월 13일 高岗在沈阳军事会议上的讲话";『抗美援朝战争史』第1卷, 91-92쪽에서 재인용.
36)『毛军事文稿』上卷, 184쪽.

30~40개 사단을 소멸시킬 수 있다. 이 방안이 실현된다면, 제3차 세계대전의 발발은 연기될 것이며, 이는 소련과 중국 모두에게 유리하다.[37] 바로 이 시기, 김일성 또한 재차 중국에 출병 요청 문제를 꺼냈다.

8월 중순 이후, 인민군의 진공은 낙동강 일대에서 강력한 저지에 부딪쳤으며, 김일성은 다시 한 번 초조함과 실망감을 드러냈다. 8월 19일, 김일성의 개인 비서 문일(文日)은 김일성을 대신하여 슈티코프 대사를 만났다. 문일은 전선의 부대가 미항공기의 계속되는 집중적 폭격으로 인하여 엄청난 손실을 입었으며, 제4사단 본부가 폭격을 당하여 사단장이 희생되었으며 사단 사병 중 거의 한 명도 살아 돌아오지 못하였고, 제3사단과 제12사단도 진지(阵地)를 포기하였다고 밝혔다. 문일은 김일성이 병상에서 전황에 대해 크게 걱정하고 깊은 좌절감에 빠졌으며, "김일성은 조선인민군부대에 공중 엄호 제공을 위하여 국제 공군을 파견해 줄 것을 요청하였으며, 만약 그렇지 않으면, 전투 조건은 크게 곤란해질 것"이라고 판단하고 있음을 전했다. 슈티코프는 모스크바로부터 어떠한 지시도 받지 못했기 때문에, 계속해서 대답을 회피하는 수밖에 없었으며, 단지 조선인민군은 "신속히 부대의 병력을 보충하고, 예비 병력을 전투에 투입하여, 최대한 빨리 전진해 나아갈 것"을 건의하였다. 슈티코프는 보고에서 "요즈음 김일성은 정서적으로 압박감을 느끼고 있으며" 인민군이 "전선(前线)을 견지할 수 있을지에 대해 걱정"하고 있다고 보고하였다.[38] 당시 조선인민군 공군은 심각한 손상을 입어 작전을 펼칠 수 없었다. 8월 24일까지, 인민군 공군의 109대 전투기와 폭격기가 파손되었으며, 오직 전투기 36대와 23명의 비행사만이 남아있었다.[39] 국제 공군으로부터의 원조만이 김일성의 유일한 희망처럼 보였으며, 당시 이

---

[37] *Гончаров С. Н. и т. д.(сост.)*, Хронология основных событий кануна, с.45, 47.

[38] "1950년 8월 19일 슈티코프가 비신스키에게 보낸 전문," *ЦАМОРФ*, ф.5, оп.918795, д.122, л.621-623.

[39] "1950년 8월 26일 소련군 총참모부 작전 관리 총국의 보고," *ЦАМОРФ*, ф.16, оп.3139, д.17, л.126.

러한 원조를 제공할 수 있는 능력을 가진 국가는 소련뿐이었다.

7월 13일, 스탈린은 중국 주재 소련대사 로신에게 전문을 보내 2~3개월 안에 중국의 공군부대를 훈련하고 장비를 바꾸도록 지시함으로써, 조선 문제에 있어서 소련 공군부대가 상대적으로 유연한 입장에 처할 수 있도록 계획하였다. 그러나 멀리 있는 물은 가까운 불을 끌 수 없었다. 7월 22일 모택동은 스탈린에게 보낸 답신에서, "동북으로 파견하는 소련 공군사단은 요양과 안산에 주둔시켜, 안동(나중에 단동으로 개명됨) 부근에 위치한 중국 공군과 혼성여단을 구성하여 적기를 몰아내는 합동작전을 수행하여 지상부대에 엄호를 제공하고, 심양, 여순, 안동 지역의 공업지대를 보위하는 문제를 해결할 수 있도록 요청하였다. 모택동은 중국 비행사의 훈련과 부대의 장비 개선 및 2개 소련 항공사단의 모든 장비의 중국 측으로의 이전 작업을 두 차례로 나누어 진행하였으며, 1951년 3월 혹은 4월까지 이 작업을 완료토록 계획하였다. 이 회신이 소련 대사관에 넘겨졌을 때, 모스크바의 소련 국방장관 바실리예프스키는 중국 주재 소련 군사고문단 수석고문 크라소프스키(S. A. Krasovskii)와 바티스키(P. F. Batitskii)에게 상해 지역 소련 공군의 비행기 전부를 최대한 빨리 중국에게 이양할 것을 지시하였다. 소련 측은, 혼성여단을 상해, 남경, 소주 지역에 집중시켜 장비 개선 훈련을 실시하고, 부족한 비행사는 연합항공학교에서 보충받고, 1950년 11월까지 이를 완료할 것을 중국 측에 건의하였다. 중국은 모택동의 허가를 받아 이 제안에 동의하였지만, 동북 소련항공사단의 인계 작업은 1951년 1월에야 시작이 가능하다고 말하였다.[40] 이러한 대화는, 스탈린은 중국 공군이 최대한 빨리 전투력을 갖추어 독자적으로 조선 상공의 한 부분을 담당하기를 원하였지만, 모택동은 소련 공군과 중국 지상군이 함께 전투에 참가해야 한다고 생각하였

[40] "1950년 7월 22일 로신이 스탈린에게 보낸 전문," АПРФ, ф.45, оп.1, д.334, л.88-89; "1950년 8월 28일 바실리예프스키가 불가닌에게 보낸 보고," ЦАМОРФ, ф.16, оп.3139, д.16, л.1-2; 『周文稿』 제3권, 66-67, 90-91쪽. 1950년 2월 소련 무장역량부 군사부로 개칭하였다.

음을 보여 준다.

8월 26일, 김일성은 전화로, 자신이 입수한 정보에 따르면 미국은 인천과 수원 지역에 상륙할 예정이라고 소련대사에게 통보하였다. 김일성은 이 지역의 방위를 강화시키는 조치를 취하는 것을 논의하기 위하여 소련대사와의 면담을 요구하였다. 김일성은 소련이 계속 회피하고 있는 문제를 반복하여 제기하는 것이 그들의 반감을 불러일으킬 것이라고 우려하여, 그들의 의중을 살피기 위하여 문일을 먼저 파견하였다. 당일 밤 소련 대사관에서 문일은 김일성이 "눈앞의 인민군 전선 상황이 너무 어렵기 때문에, 중국 동지들이 군대를 파견하여 조선을 원조하는 문제를 여전히 제안하고 싶어 한다."고 슈티코프에게 말하고, 김일성은 이에 대한 모스크바의 입장을 알기 원하며, 스탈린에게 편지를 보낼 것을 여러 차례 고려하였다고 말하였다. 문일은 또한 김일성이 그 문제를 노동당 정치국에 넘겨 토론하기를 희망하고 있다고 전했다. 문일의 이야기를 듣고, 슈티코프는 단지 "김일성 동지가 현재 과로하고 있으므로 휴식이 필요하다."고만 말하였다. 문일은 슈티코프가 중국군 참전에 관하여 논의할 뜻이 없음을 알아차리고, 재빨리 화제를 바꾸어 이 생각은 단지 본인의 주관적인 판단일 뿐 김일성은 결코 이 문제 토론을 지시한 적이 없다고 강조하였다. 슈티코프는 보고서에서 "근래 김일성은 점점 더 자신의 역량만으로 전쟁에 승리할 수 있을 것이라는 믿음이 없어지고 있다. 이에 따라 중국 군대에 도움을 요청하는 것을 용이하게 하기 위하여, 여러 차례 소련 대사관의 동의를 구하고 있다."고 결론지었다. 그러나 문일을 통하여 소련의 의중을 알아차린 이후 김일성은 이 문제를 다시는 언급하지 않았다.[41]

---

41) "1950년 8월 28일 슈티코프가 비신스키에게 보낸 전문," *ЦАМОРФ*, ф.5, оп.918795, д.127, л.666-669. 시성문이 귀국 시 보고한 상황에 따르면 조선 지도부는 당시 처한 어려움에 대한 예측이 부족했고 군사적 저항에 직면해 낙담하기 시작했다. 그들은 소련과 중국에 의존하려는 생각이 있었다. 또한 중국이 대만 전역을 시작하기를 희망했으며 조선에 비행사를 제공해 줄 것을 먼저 제안하였다. "1950년 9월 8일 모택동이 비준한 시군무(柴军武)의 보고."

　김일성이 언급한 미국의 인천상륙 정보는 중국이 제공한 것이다. 모스크바의 적극적인 진격 주장 방침과는 달리, 중국 지도부는 적군의 후방 차단 가능성에 크게 주목하였다. 모택동은 10월 2일 스탈린에게 보내는 전문에서, "올해 4월, 김일성 동지가 북경에 왔을 때, 우리는 외국 반동 군대가 조선을 침략할 가능성을 심각하게 주의해야 한다고 말하였다. 7월 중·하순과 9월 초순에 우리는 다시 3차례 조선 동지에게 적이 해상을 통하여 인천과 서울로 진격하여 인민군의 후방을 차단할 위험이 있으며, 인민군은 이에 충분한 대비를 하여야 하며, 적당한 시기에 북쪽으로 철수하여 주력을 보존하여 장기전(長期戰)에서 승리를 쟁취하여야 한다."라고 지적하였음을 알렸다.[42] 중국 지도부는 확실히 상황의 위급함을 느끼고 있었다. 8월 19일 총참모장 섭영진(聶榮臻)은 상해 지역 제9병단 4개 군단을 기동부대로 하는 것 이외에, 1개 병단을 전력기동병력으로 예비해야 하며, 제19병단이 가장 적합하다고 건의하였다. 이에 모택동은 "제2선 병력의 배치를 고려"할 것을 지시하였다.[43] 8월 26일, 동북변방군 준비작전회의에서 주은래는 최초에 조직된 변방군은 "만일의 경우를 위하여 대비할 것이며" 현재 전쟁이 장기화되고 있고 조선에 대한 출병은 "곧장 현실이 될 것"이므로 마땅히 "충분히 준비하여 곧장 승리할 수 있도록" 하여야 한다고 강조하였다.[44] 모택동은 거듭 조선에 상황을 통보하면서, 자신의 경험에 비추어 승리를 위해서는 반드시 중국 군대의 원조에 기대어야 한다고 김일성에게 말하였다. 김일성 또한 이를 이유로 중국의 출병 문제를 모스크바에 제안하였다.

　스탈린은 이 문제를 더 이상 방치하고 무시할 수 없었다. 그는 김일성의 국제 원조 제공 요청을 거절하였다. 8월 28일, 스탈린은 슈디코프 내사를 통하여 김일성에게 보낸 전문에서, "소련공산당(联共) 중앙위원회는 외국 군

42) 逄先知·李捷,『毛泽东与抗美援朝』, 12-13쪽에서 재인용
43)『毛军事文稿』上卷, 185쪽.
44)『周恩来军事文选』第4卷, 43-50쪽.

대가 곧 조선에서 쫓겨나갈 것을 믿어 의심치 않으며" "외국 간섭자들과의
투쟁에서 연속적인 승리를 얻지 못했다고 불안해 할 필요는 없다. 승리는
때로는 좌절과 함께 올 수 있으며, 심지어는 부분적인 패배도 있을 수 있다.
이런 전쟁에서는 연이은 승리는 기대할 수 없다. 러시아도 1919년 영국, 프
랑스, 미국의 무장간섭을 받았으며 현재 조선의 상황보다 어려움이 훨씬 많
았다."고 김일성을 위로하였다. 스탈린은 마지막으로 "만약 필요하다면, 우
리는 조선에 전투기와 폭격기를 제공하겠다."고 약속하였다. 스탈린의 의견
을 직접 접한 김일성은 "매우 기뻐하였으며 여러 차례 감사를 표시하였다."
김일성은 스탈린의 이 편지는 매우 중요하며, 조선노동당 정치국원들에게
마땅히 전달하여야 한다고 강조하였다. 김일성은 "몇몇 정치국원들은 감정
상 문제가 있기 때문에 이 서신의 내용을 이해하는 것이 그들에게 큰 도움
이 될 것"이라고 설명하였다.[45] 8월 31일, 김일성은 스탈린에게 감정이 충만
한 편지를 보내었다. 김일성은 편지에서 "존경하는 스승님, 우리는 당신의
높으신 가르침에 매우 감사드립니다. 조선 인민 투쟁의 결정적인 시기에,
우리는 당신으로부터 거대한 지원을 받았습니다."라고 썼다.[46] 스탈린의 입
장을 완전히 알게된 이후, 김일성은 중국이 출병하여 조선을 원조하는 문제
를 더 이상 거론하지 않았으며, 모든 희망을 모스크바에게 걸었다.

　이와 반대로, 중국의 작전 준비는 점점 더 적극적이었다. 8월 하순부터
9월 초까지, 주은래는 중앙군사위원회 관련 부서회의를 여러 차례 소집하
여, 동북 변방군의 강화에 관하여 논의하고, "변방군 강화에 관한 계획"(이하
"계획"이라 약칭)을 기초하였다. 이 "계획"은 변방군을 점차로 11개군 36개
사단으로 강화하고, 제1선, 제2선, 제3선 등 총 3선으로 부대를 나누고, 특종
병부대와 후방부대를 합쳐 총 70만 병력으로 조직할 것을 결정하였다. 제1
선은 5개 군단, 15개 사단으로 이미 동북에 배치된 제13병단 4개 군단 이외

45) "1950년 8월 30일 슈티코프가 스탈린에게 보낸 전문," *АПРФ*, ф.45, оп.1, д.347, л.12-13.
46) "1950년 8월 31일 슈티코프가 스탈린에게 보낸 전문," *АПРФ*, ф.45, оп.1, д.347, л.14-15.

에, 중남군구로부터 제50군을 뽑아 동북으로 집결시키도록 하였다. 제2선은 3개 군단 12개 사단으로, 화동군구로부터 제9병단을 뽑아 10월 말까지 제남(济南) - 서주(徐州) 일대에 집결하도록 결정하였다. 제3선 부대는 3개 군단 9개 사단으로, 서북군구로부터 제19병단을 뽑아 연말까지 집결토록 하였다. "계획"은 변방군 병력 보충, 보병사단의 무기 조정 및 탄약 보충과 후방사업 등에 관하여 상세히 규정하였다.[47] 그러나 전세가 악화될수록 스탈린은 더욱 신중해졌다. 스탈린은 조선에 즉각적인 항공지원을 제공하지 않았으며, 이미 확정된 중국군에 대한 공중엄호 제공 임무도 중단시켰다. 8월 28일, 바실리예프스키는 "8월 10일 소련 제151전투항공사단은 이미 심양, 요양, 안산 등지에서 마지막 배치 임무를 완료하였다."고 보고하고, 8월 27일의 있었던 중국 동북 지역의 주민 거주지와 기차역에 대한 미국 공군의 폭격과 기총소사(扫射) 사실을 고려하여, 동북 지역에 배치된 제151전투항공사단이 동북 변방군(제13병단)에게 공중엄호를 제공해 주는 전투 임무를 수행하는 것을 허가해 달라고 요청하였다. 바실리예프스키는 또한 벨로프(P. D. Belov)에게 하달할 명령 초안을 비준해 줄 것을 요청하였다. 명령 초안은 다음과 같다.

1. 중국 비행사 재훈련 임무의 완수와 동시에, 금년 9월 1일부터 제151전투항공사단은 지상의 방공고사포부대와 협력하에 통화(通化), 철영(铁岭), 요양(辽阳)과 안동(安东) 지역의 인민해방군 제13병단부대에게 공중엄호를 제공한다.
2. 공중엄호 임무 수행 과정에서 제151전투항공사단 항공기는 조선민주주의인민공화국 국경을 넘어서는 안 된다.
3. 안동의 제13병단사령부와 함께 인민해방군 방공고사포부대와의 합동작전 계획을 세성한다. 이 사단의 공중엄호 행동 계획은 반드시 심양 주재 소련 영사관의 가장 빠른 외교우편 경로를 통하여 소련군 총참모부에 전달되어야 한다.
4. 공중전과 관련된 활동 보고서는 반드시 매일 20시 이전에 직통전화의 비밀 암호를 통하여 소련군 총참모장에게 보고되어야 한다.

---

47) 『周恩来年谱(1949-1976)』 上卷, 73-74쪽; 『周文稿』 第3卷, 247-248쪽.

다음 날, 내각 부장회의의 부주석 불가닌(N. A. Bulganin)은 이 문서 상단에 "바실리예프스키에게 되돌려 줄 것"이라는 지시만 내렸다.[48] 8월 31일, 바실리예프스키는 재차 보고서를 제출하고, "제151전투항공사단이 중국비행사를 훈련시키는 것과 동시에, 이 지역의 인민해방군에게 공중엄호를 제공하는 명령이 필요한지"에 관하여 질의하고, 이 임무는 소련 정부의 결정에 의해 제기된 것이라고 설명하였다. 이에 대하여, 불가닌은 보고서의 이 질문들을 펜으로 지워버렸다.[49] 불가닌이 이렇게 한 것은 스탈린의 허가 또는 지시를 받아서였을 가능성이 높다.

뿐만 아니라, 스탈린은 심양 지역에 소련 공군병력을 여순에 배치하여 여순의 소련 해군기지의 역량을 강화시키기로 결정하였다. 9월 13일 소련공산당 중앙위원회 정치국의 결정에 따라, 소련 국방부는 1951년 2월 1일 제151전투항공사단은 심양 지구에서 중국 비행사에 대한 재훈련을 마친 뒤, 2개 단과 지휘부를 여순 기지로 이전토록 명령하고, 10월 6일 블라디보스토크로부터 전출되어온 제303항공사단 제177단과 1개 항공기계대대와 함께 새로운 미그-15전투항공사단을 조직할 것을 명령하였다.[50] 중국 내의 소련 공군의 이동 명령은 9월 4일 여순 기지에서 훈련 중이던 소련 폭격기를 미국 공군이 공격하여 격추한 사건과 밀접한 관계가 있다.[51] 이는 스탈린이 여순항을 극히 중요시하고 있으며, 중국 군대에 대한 공중엄호 제공은 소련 공군의 임무에서 이미 배제되었음을 보여 준다. 그러나 급변하는 조선의 전쟁

---

48) "1950년 8월 28일 바실리예프스키가 불가닌에게 보낸 보고," ЦАМОРФ, ф.16, оп.3139, д.16, л.1-2.

49) "1950년 8월 31일 바실리예프스키가 불가닌에게 보낸 보고," ЦАМОРФ, ф.16, оп.3139, д.16, л.4-5.

50) "1950년 9월 13일 바실리예프스키가 스탈린에게 보낸 보고," ЦАМОРФ, ф.16, оп.3139, д.16, л.170-171.

51) Внешняя политика Советского Союза, Документы и материалы, 1950год, Москва, Государств енное издательство политической литературы, 1953, с.214-216; I. F. Stone, *The Hidden History of the Korean War, 1950-1951*, MV, Little, Brown Company(Canada) Limited, 1988, pp.136-138.

정세는 스탈린의 이러한 계획을 헝클어 놓았다.

9월 14일부터 18일까지 스탈린은 계속해서 전황 보고를 받았다. 인천에 미국 군대가 상륙하여 전쟁 정세에 중대한 변화가 발생하였다. 소련 총참모부의 보고에 따르면, 9월 13일부터 미군은 인천 지역에 소규모의 정찰을 위한 상륙을 하였으나, 전선(前线)의 전황에는 아직 변화가 발생하지 않았다. 9월 15일, 미군은 약 150척의 함선과 7만여 병력을 동원하여 함포사격과 공군의 엄호하에 인천 지역에서 상륙을 시작하였으며, 상륙작전의 주력은 미 제10군이었다. 인민군은 당시 1개의 해군육전단과 2개의 해안수비대대가 인천을 방어하고 있었다. 도로와 통신이 모두 두절되어 인천과 서울 지역의 부대 재배치 상황은 정확히 알 수 없었다. 상륙 성공 후, 미군은 서울을 향하여 진격을 시작하였고, 인민군의 방어선은 이미 무너졌다. 동시에 남부전선의 한미연합군은 맹렬한 반격을 시작하여 성공을 거두었다. 9월 17일 미군 상륙부대는 이미 한강을 도하하여, 서울 교외에서 격전을 벌이고 있다. 미국 공군의 맹렬한 폭격과 공습으로 인하여, 중조 국경부터 전방까지의 철도와 교량이 모두 파괴되었고, 교통은 이미 마비되었다.52)

급작스러운 전세 변화에 대하여, 중국 지도부의 반응은 매우 신속하였다. 9월 18일, 주은래는 로신 대사와 군사고문 코토브(kotov)와 콘노브(Konnov)를 접견하였다. 주은래는 우선 매우 불만스러운 어조로, 조선은 군사정보를 중국에 제공하는 경우가 매우 적다고 지적하고, "중국은 조선 정세를 관찰하기 위하여 군사기술 간부를 조선으로 보내려고 하였으나, 지금까지도 평양으로부터 아무런 답변을 받지 못하고 있다. 중국은 조선인민군의 작전계획을 전혀 모르고 있으며, 진정의 실제 상황에 대해서도 이해하지 못하고 있다. 조선 정부의 발표에 따르면, 만일 조선의 예비부대(10만 명)의 병력이

52) "1950년 9월 14, 15, 16, 17일 소련군 참모총장 대리 마란긴이 스탈린에게 보내는 보고"; "1950년 9월 18일 몰로토프가 스탈린에게 보낸 보고," ЦАМОРФ, ф.16, оп.3139, д.17, л.156-157, 158, 159-160, 161-162, 163-164. 마란긴은 소련군 참모총장 대리.

충분치 않다면, 마땅히 주력부대를 북으로 철수하여 기습부대를 조직하고, 결전의 시기에 사용해야 한다."라고 강조하였다. 또한 그는 모택동 이름으로 소련 정부에 더욱 정확한 정보를 제공해 줄 것을 요청하였다. 마지막으로, 주은래는 의도적으로 장기적이고 대규모적인 전쟁 준비가 되어있지 않기 때문에, 현재 서방국가들은 소련과 중국이 조선에서의 군사 충돌에 참여하는 것을 매우 우려하고 있다고 지적하였다. 그는 "마땅히 이러한 공포 심리를 이용하여 우리의 의도를 증명할 수 있는 절차를 밟아가야 한다. 남쪽의 중국 군대를 동북으로 이동시키는 것만으로도 영국과 미국에 불안감을 조성하기에 충분하다."고 밝혔다. 주은래는 이러한 의견을 최대한 빨리 모스크바에 통보하고 회답해 줄 것을 요청하였다.[53] 20일, 모스크바는 답변을 통하여 조선 정부가 군사정보를 곧바로 제공하지 않은 것은 잘못된 것이며, 이는 그들이 젊고 경험이 없기 때문이라고 지적하였다. 중국 측 제안에 대하여 소련 또한 조선인민군 주력부대를 곧바로 북쪽으로 철수시켜, 서울 방어선을 구축하는 것에 동의를 표하였다. 그러나 스탈린은 주은래가 제기한 중국출병 문제에 대해서는 아무런 언급도 하지 않았다.[54] 9월 21일, 유소기는 재차 로신 대사에게 중국 지도부가 "중국혁명은 아직 끝나지 않았다."고 생각하고 있으며, "미 제국주의와의 전투는 최종 승리를 앞당길 것이다."고 주장하였다. 그는 중국군의 사기가 매우 높으며, 만일 미국이 조선에서 우세를 차지하면 중국은 조선 동지를 도와야 할 의무가 있다."고 말하였다.[55]

주은래는 모스크바에 조선 원조 문제를 제기하는 한편으로 조선 측의 의견을 물었다. 9월 19일 주은래는 중국 주재 조선대사 이주연을 접견하고, 전날 로신 대사에게 했던 것과 같은 내용을 전달하였다. 그는 미군의 인천상

53) "1950년 9월 18일 로신이 스탈린에게 보낸 전문," *АПРФ*, ф.45, оп.1, д.331, л.123-126, *Торкунов А. В. Загадочная война*, с.106-108.

54) "1950년 9월 20일 그로미코가 로신에게 보낸 전문," 『朝鮮戰爭俄檔復印件』 第6卷, 841-847쪽.

55) "1950년 9월 22일 로신이 스탈린에게 보낸 전문," *АПРФ*, ф.45, оп.1, д.331, л.133-135, *Торкунов А. В. Загадочная война*, с.109-111.

류 이후 "조선 정부의 중국 정부에 대하여 무슨 요구가 있는지"를 문의하였
다. 이주연은 당일 받은, "조선 인민은 장기전을 준비하고 있다."는 김일성
의 말을 전하면서 이 밖에 조선으로부터 소식은 전혀 없다고 전했다.[56] 9월
20일 김일성은 소련대사에게 주은래와 대화 내용을 전달하면서, 만일 적이
후방에 상륙하면 중국이 자신의 군대를 이용하여 조선을 돕기로 중조 간에
약속이 있었다고 설명했다. 이어서 김일성은 슈티코프에게 중국 측에 어떻
게 회답해야 하는지를 물었다. 이에 슈티코프는 "말해 줄 만한 것이 없다."
고 대답하였다. 김일성은 즉시 중국 군인은 매우 우수하고 전투경험도 많지
만, 많은 미국 항공기의 지속적인 폭격하에서 그들이 어떻게 할지 말하기
어렵다."고 말하였다. 배석한 조선인들 모두 "중국 군대가 조선에 참전하더
라도, 공군의 엄호가 제공되지 않는다면 전투는 여전히 매우 어려울 것"이
라고 말하였다. 외무상 박헌영은 "중국이 조선의 전쟁에 참전하기를 원한
다."라고 명확히 표시하였다. 그러나 슈티코프는 모스크바로부터 어떠한 지
시도 받지 못했기 때문에 이에 대하여 아무런 대답도 할 수 없었다.[57]

　9월 21일, 조선노동당 정치국은 주은래의 제안에 어떻게 회답할 것인지를
토론하였다. 박헌영, 김두봉, 박일우는 조선 혼자의 힘만으로는 미국을 이
길 수 없음이 명확해졌으므로, 중국 정부에 군대를 조선으로 파견해 줄 것
을 요청해야 한다고 주장하였다. 그러나 김일성은 "우리는 수가 많고, 자신
의 역량을 이용하여 모든 것을 할 수 있다고 생각한다. 우리가 필요로 하는
무기는 현재 소련이 제공해 주었는데 우리가 무엇 때문에 중국에게 도움을
요청해야 하는가?"라고 반문하였다. 동시에 김일성은 "소련과 중국은 절대
로 미국이 조선을 완전히 점령하는 것을 허락할 수 없다."라고 믿고 있다고
말하였다. 마지막으로, 김일성은 "중국 정부에 군사원조를 요청하는 결의는

56) "1950년 9월 21일 로신이 스탈린에게 보낸 전문," АПРФ, ф.45, оп.1, д.331, л.131, *Торкунов А. В. Загадочная война*, с.109.
57) "1950년 9월 21일 슈티코프가 그로미코에게 보낸 전문," *ЦАМОРФ*, ф.5, оп.918795, д.125, л.86-88.

잠시 보류하고, 먼저 스탈린 동지에게 편지를 보내 중국 군대의 원조를 요청하는 문제에 대해 자문을 구할 것" 건의하였다. 김일성은 "만일 소련에게 물어보지 않고 독단적으로 중군 군대에게 도움을 요청한다면, 소련은 군사고문과 무기를 조선에 원조하였는데 부족했다는 것이냐며 원망할 수 있다."고 강조하였다. 김일성은 또한, 우리가 새로운 부대를 신속히 조직한다면 중국 원조를 굳이 받을 필요가 없다고도 주장하였다. 회의에서는 어떠한 결의도 통과되지 않았다.[58] 김일성은 소련의 원조에 한 가닥 희망을 가졌다.

미군의 인천상륙 직후, 스탈린은 잠시 소련 공군을 출동시켜 평양을 보호할 의지를 가지고 있었다. 9월 21일 스탈린의 지시에 따라 비실리예프스키 국방부 장관은 제147항공사단 제84단의 40대 야크-9 항공기를 평양 보호를 위하여 파견할 수 있고, 항공단은 2일 안에 도착할 수 있지만, 전면적인 전투준비를 위해서는 8일에서 10일 정도가 소요된다고 보고하였다.[59] 이틀 후 바실리예프스키는 제32폭격항공사단의 제304단을 파견하기로 변경하였으며, "10월 3일부터 304단은 평양 보위 임무의 전투를 시작할 수 있다고 보고하였다. 그러나 바실리예프스키는 보고서의 마지막에 "공중전에서 모든 전투지휘는 무선을 통하여 러시아어로 진행될 것이기 때문에, 제1차 공중전이후 우리 비행사가 평양을 보위하기 위한 전투에 참여하였다는 사실을 미국이 알게 될 것이다."고 보충 설명하였다.[60] 국방부 장관 바실리예프스키의 이 말은 스탈린의 주의를 환기시켰다. 급변하는 조선 정세는 스탈린으로 하여금 새로운 대책을 강구할 수밖에 없게 하였다. 결과적으로 김일성이 가장 필요로 하는 시기에 소련 전투기는 평양 상공에 나타나지 않았다.

9월 27일, 스탈린은 전선으로부터 온 보고를 받았다. "현재 형세는 매우 심각하며, 제공권을 완전히 장악한 미국 공군의 지원하에 인천에 상륙한 미

---

58) "1950년 9월 22일 슈티코프가 그로미코에게 보낸 전보," *ЦАМОРФ*, ф.5, оп.918795, д.125, л.89-91.
59) "1950년 9월 21일 바실리예프스키가 스탈린에게 보낸 보고," *АПРФ*, ф.3, оп.65, д.827, л.79-80.
60) "1950년 9월 23일 바실리예프스키가 스탈린에게 보낸 보고," *АПРФ*, ф.3, оп.65, д.827, л.81-82.

군부대와 부산의 반격부대는 이미 인민군 주력을 포위하였다. 인민군은 중대한 손실을 입었으며 거의 모든 탱크와 대포가 파괴되었다. 부대는 체계가 무너지고 제대로 된 지휘가 이루어지지 않고 있다. 또한 통신이 자주 두절되고 탄약과 연료가 부족하며, 몇몇 사단은 이미 완전히 연락이 두절되었다."라고 보고하였다.[61] 스탈린은 소련대사와 군사고문이 적시에 정확한 철수 명령을 내리지 않아 7일 동안의 시간을 허비하였다고 크게 비판하고, 전략과 전술 응용에도 심각한 문제가 있다고 지적했다. 스탈린은 현재 최우선 임무는 모든 전선에서 철수하여 서울 일대에 새로운 방어선을 구축하는 것이라고 강조하였다. 마지막으로 "한 명의 군사고문도 포로가 되는 일이 없도록 할 것"을 거듭 강조하였다.[62]

그러나 이틀 후, 전세는 더욱 악화되었다. 29일 슈티코프는 인민군 2개 군단의 퇴각은 차단되었으며, 부대 기강이 해이해지고 병사들의 사기가 땅에 떨어져 조직적인 행동을 기대할 수 없다고 보고하였다. 서울은 이미 점령당하였고, 38선 일대에 방어부대는 하나도 없었다. 북조선 내부의 반동세력들은 이미 고개를 들기 시작하였고, 북조선의 정치 정세도 매우 복잡하였다. 김일성은 만약 적이 38선을 넘어온다면 효과적인 대항을 할 수 없다고 판단하였다. 이에 조선노동당 정치국은 토론을 거쳐, 스탈린에게 공군 원조를 요청하는 결의안을 통과시켰다. 동시에 모택동에게도 구원을 요청하는 내용의 편지를 보냈다.[63]

9월 30일, 스탈린은 김일성과 박헌영 연명의 지원 요청 편지를 받았다. 그들은 먼저 조선의 위급한 상황을 설명하고, 만일 현재의 불리한 상황이 계속되면 미국의 침략은 최종적으로 성공을 거둘 것이라고 지적하였다. 그들은 "우리는 직면한 어려움을 극복할 자신이 있으며, 절대로 조선이 미 제국

[61] "1950년 9월 27일 마트베예브가 스탈린에게 보낸 전문," *АПРФ*, ф.3, оп.65, д.827, л.103-106.
[62] "1950년 9월 27일, 스탈린이 마트베예브와 슈티코프에게 보낸 지시문," *АПРФ*, ф.3, оп.65, д.827, л.90-93.
[63] "1950년 9월 29일 슈티코프가 그로미코에게 보낸 전문," *АПРФ*, ф.45, оп.1, д.347, л.46-49.

주의의 식민지와 군사기지가 되도록 허용치 않을 것이다. 인민의 독립과 민주 그리고 행복을 위하여 우리는 마지막 피 한 방울이 다할 때까지 투쟁할 것이다."라는 의지를 밝혔다. 마지막으로 김일성은 "만약 적이 우리가 계획한 조치들을 실행할 시간을 주지 않거나, 우리의 극히 심각한 상황을 이용하여 북조선으로 빠르게 진격을 한다면, 우리의 힘만으로는 적을 막을 수 없다." 따라서 "우리는 소련에게 특별한 원조를 제공해 줄 것을 요청할 수밖에 없다. 적이 38선을 넘으면, 우리는 소련의 직접적 군사원조를 시급히 필요로 하게 될 것이다. 만일 소련이 모종의 이유 때문에 이를 이행할 수 없게 될 경우, 중국과 기타 인민민주국가들이 국제적인 지원부대를 조직하여 우리의 투쟁에 군사원조를 제공토록 해야 한다."고 요청하였다.[64]

상황이 여기에 이르자, 모스크바는 움직일 수밖에 없었다. 앞의 3장에서, 스탈린이 조선전쟁 개시에 동의한 주된 이유는 아시아에서의 소련의 전략적 이익에 대한 고려에서 비롯되었다고 추론하였다. 이 점에서 보면, 스탈린은 남조선에서 전세가 순조롭든지 곤란을 당하든지에 관계없이, 이 시기에 중국이 끼어드는 것을 원치 않았음을 짐작할 수 있다. 모스크바가 조선의 국면을 통제하고 있을 때, 조선이 승리를 거두게 될 경우 소련은 자연스럽게 부동항과 태평양으로의 출구를 재차 확보할 수 있게 된다. 만일 군사행동이 조선 남쪽 지역에서 방해를 받게 된다 하더라도, 동북아시아의 긴장국면을 이용해 요동반도의 군사기지를 이용할 수 있다. 이와 반대로 중국의 몇 십만 군대가 이 전쟁에 개입하게 되면, 승리한다 하더라도 조선반도에 대한 소련의 통제권을 보장하기 어렵다. 그러나 현재 상황은 38선이 무너지고, 조선반도 전체가 미국의 세력범위에 들어 갈 수 있다. 그 결과 소련의 동부 지역의 안전에 직접적 위협이 될 수 있었다. 이러한 결과를 피하기 위하여, 스탈린은 동시에 두 가지 조치를 취하였다. 첫째, 평화회담을 통하여 38선이 계속해서 분계선 역할을 할 수 있도록 하기 위해 미국과의 접촉을

---

[64] "1950년 9월 30일 슈티코프가 그로미코에게 보낸 전문," *АПРФ*, ф.45, оп.1, д.347, л.41-45.

시작하였다. 둘째, 무력으로 38선 이북 지역의 안전을 보장하기 위하여 중국이 출병하여 조선을 원조할 것을 요청하였다.

전쟁 발발 이후, 유엔은 평양의 군사적 도발을 비난하는 동시에 정전을 위한 담판을 호소하였다. 먼저 인도가 나서 중재를 시도하였으나 아무런 성과를 거두지 못하였다.[65] 영국 정부도 소련에 조선인민군이 38선 이북으로 철수하도록 설득하기를 희망하였고, 평화회담을 통한 조선 문제 해결을 제안하였다. 스탈린은 영국의 이러한 요구를 "후안무치"하다고 비난하고, 중국과 조선 양국 정부에게 영국의 이와 같은 제안을 단호하게 거절해야 한다고 통보하였다.[66] 인민군이 순조롭게 남진할 때, 소련은 당연히 정전에 관한 어떠한 제안에도 귀를 기울이지 않았다. 그러나 조선인민군이 붕괴되기 시작하면서 스탈린은 평화 담판을 위한 길을 모색하기 시작하였다. 9월 26일 유엔 주재 소련대사 마리크의 동의를 거쳐, 부대사 차라프킨(S. Tsarapkin)과 미국 기업가 랭커스터(Lankaster) 사이에 사적 회담을 가졌다. 소련 정보기관의 조사 자료에 의하면, 랭커스터는 뉴욕은행의 부총재이며 소련에 우호적인 인물로서 미소 관계의 개선을 줄곧 주장하였다. 중요한 것은 랭커스터는 미 국무성 지도부와 밀접한 관계를 가지고 있었다. 랭커스터는 회담에서 만일 소련 대표가 미 국무성 대표와 만나 조선 문제를 논의할 의향이 있다면, 자신의 집에서 비공식 예비회담을 주선하겠다고 제안하였다. 당시 뉴욕의 제5차 유엔총회 참석 중인 외교부장 비신스키(A. Vyshinskii)는 이를 즉시 모스크바에 보고하였다.[67] 보고 전문을 받은 당일, 소련공산당 정치국은 "차라프킨이 책임지고 랭커스터에게 다음과 같이 통지하기 바란다. 마리크 대사는 랭커스터의 제안에 동의하며, 에치슨의 보좌관 혹은 미국의 내사급 관리와 회담하기를 원한다. 마리크는 국무성 대표의 의견을 청취하고, 만약

65) Calvocoressi, *Survey of International Affairs, 1949-1950*, pp.510-513.
66) "1950년 7월 13일 스탈린이 로신에게 보낸 전문," *АПРФ*, ф.45, оп.1, д.334, л.85; "1950년 7월 13일 스탈린이 슈티코프에게 보내는 전문," *АПРФ*, ф.45, оп.1, д.346, л.149-150.
67) "1950년 9월 27일 비신스키가 그로미코에게 보낸 전문," *АПРФ*, ф.3, оп.65, д.827, л.86-87.

미국이 조선 문제의 평화적 해결을 위하여 전향적인 태도를 명확히 한다면,
회담에서 제기될 수 있는 문제를 고려하여 다음 만남에서 회답하겠다고 그
에게 알릴 것"을 내용으로 하는 결의문을 통과시켰다.[68] 당시의 미소 간 접
촉 결과가 어떠한지는 현재까지 밝혀진 사료로는 설명이 불가능하다. 그러
나 랭커스터의 제안에 대한 모스크바의 신속한 반응은 스탈린이 곤경에서
벗어나기 위하여 또는 최소한 퇴로를 확보하기 위하여 평화회담을 급히 모
색하였음을 나타내준다.[69]

물론 스탈린이 비교적 주동적으로 취했던 것은 중국의 출병을 독려하여
북조선이 적의 수중에 떨어지지 않도록 것이었다. 스탈린은 이를 일찍부터
고려하고 있었다. 헝가리 노동인민당 총서기 라코시는 "미군의 인천상륙 며
칠 후, 스탈린은 이미 필요한 계획—즉, 중국 지원군부대의 전투 투입—을
이미 결정하였다고 말했다."고 회고하였다.[70] 9월 30일 불가닌의 한 통의 전
문이 이와 관련된 실마리를 제공한다. 9월 26일, 스탈린이 조선으로 파견한
소련 군사대표 마트베에프는 조선에 도착한 3,400대의 차량을 운전할 기사
가 부족하며, 이 문제의 해결을 위하여 "조선으로 1,500명 이상의 운전기사
를 보내줄 것을 중국 동지에게 요청토록 김일성에게 제안해도 좋은지"에 관
하여 모스크바에 의견을 물었다. 이에 대하여 모스크바는 계속 회답을 하지
않다가, 4일 후에야 불가닌은 마트베에프에게 "귀하는 김일성에게 그와 같
이 제안할 수 있다. 그러나 이 제안은 모스크바의 생각이라고는 말하지 말

[68] "1950년 9월 27일 소련공산당 정치국 결의문," *АПРФ*, ф.3, оп.65, д.827, л.84-85.

[69] 1950년 10월 1일 소련공산당 중앙정치국은 결의안을 통과시켰으며, 비신스키에게 "현재 상황
에서 대표단은 우리가 원래 제시했던 '군사행동을 멈추고 조선으로부터 외국군을 철수시키
는 것에 대한 요구'을 보충하기 위해, 조선 문제의 평화적 해결에 대한 새로운 건의를 제안해
야 한다는 전보를 보내었다. 소련의 새로운 건의는 "유엔의 주된 임무는 평화적 수단과 국제
법 및 공평원칙에 의거하여 공동의 평화를 파괴할 수도 있는 분쟁을 해결하는 것"으로부터
출발한다고 되어있다. 『朝鮮戰爭俄檔案復印件』 제6권, 891-895쪽. 소련이 유엔에 제출한 "새로
운 평화건설에 관한 건의"에 대한 내용은 『人民日報』, 1950年 10月 5日, 1, 4쪽을 참조.

[70] *Ракоши М.* Людям свойственно ошибаться, Из воспоминаний М. Ракоши//Исторический
Архив, № 4, 1997, с.3-63; 『苏联历史档案选编』 第26卷, 304쪽에서 재인용.

라"고 강조하였다.[71] 10월 1일 스탈린은 슈티코프와 마트베에프에게 김일성이 제기한 군사력 파견 요청 문제에 관하여 "가장 받아들일 수 있는 원조 형식은 지원군을 파견하는 것이며, 이 문제에 관해서는 우리는 먼저 중국 동지들과도 협상을 진행해야 한다."고 통보하였다.[72]

같은 날, 스탈린은 북경에 다음과 같은 전문을 보냈다.

> 모택동 혹은 주은래에게 즉시 전달할 것
> 현재 본인은 모스크바로부터 멀리 떨어진 곳에서 휴가를 보내고 있어, 조선 정세에 대하여 깊이 알지 못합니다. 그러나 오늘 모스크바로부터의 보고를 통하여 조선 동지들이 어려움에 처한 사실을 알았습니다.
> 일찍이 9월 16일 모스크바는 조선 동지들에게 미국인의 인천상륙의 의의는 결코 작은 일이 아니라고 환기시켰습니다. 그 목적은 조선의 제1, 제2 군단과 북부 후방 간의 연계를 차단하는 데 있습니다. 또한 모스크바는 남쪽에서 최소한 4개 사단을 신속히 철수시켜, 서울 이북과 동부에 방어선을 구축해야 하며, 그 후 순차적으로 남쪽의 대부분의 부대를 북으로 철수시켜 38선을 방어해야 한다고 지적하였습니다. 그러나 제1, 제2 군단사령부는 북쪽으로 부대를 철수하라는 김일성의 명령을 집행하지 않아, 미국인들에게 부대가 차단당하고 포위당하였습니다. 현재 서울 지역에는 저항할 수 있는 어떠한 부대도 없으며, 38선으로 통하는 길은 무방비 상태입니다.
> 목전의 정세를 고려하여, 만일 중국이 조선에 원군을 제공할 수 있다면, 5개 또는 6개 사단만이라도 즉시 38선을 향해 출동하여, 조선 동지들이 귀하 부대의 엄호하에서 38선 이북에서 예비 역량을 조직토록 하여야 합니다. 중국 부대는 지원군의 신분으로 파견될 수 있습니다. 당연히 중국 지휘관에 의하여 지휘되어야 합니다.
> 본인은 조선 동지들과 이 문제를 논의하지 않았으며, 앞으로도 그럴 생각이 없습니다. 그러나 본인은 그들이 이 사실을 알게 되면 매우 기뻐할 것을 의심치 않습니다.
> 그럼 귀하의 답변을 기다리겠습니다.[73]

---

[71] "1950년 9월 26일 마트베예프가 스탈린에게 부내는 전문"; "1950년 9월 30일 불가닌이 마트베에프에게 보낸 전문," *АПРФ*, ф.3, оп.65, д.827, л.101, 103-106. 사실 스탈린이 회답하기 전 김일성은 이미 중국 측에 요청을 제기했었다. 9월 29일 주은래는 예지량에게 전보를 보내어 김일성에게 "조선을 위해 수백 명의 조선 국적 기사를 모집하는 것을 동의한다."고 전달하도록 했다. 이에 대해서는 『周文稿』第3卷, 345쪽 참조.

[72] "1950년 10월 1일 스탈린이 슈티코프와 마트베에프에게 보낸 전문," 『朝鮮战争俄档复印件』第7卷, 900-901쪽.

[73] "1950년 10월 1일 스탈린이 로신에게 보낸 전문," *АПРФ*, ф.45, оп.1, д.334, л.97-98.

같은 날 저녁, 김일성은 평양 주재 중국대사 예지량(倪志亮)에게 자신과 박헌영이 모택동에게 보내는 연명서신을 전달하였다. 서신은 조선 정세가 현재 극히 위험하고 긴급한 상황임을 설명한 후 다음과 같이 말하였다.

> 친애하는 모택동 동지에게
> 우리는 여하한 난관에 봉착하더라도 그것을 극복하면서 조선을 미 제국주의자들의 식민지와 군사기지로 내놓지 않을 것 입니다.
> 우리의 독립, 민주와 인민의 행복을 위하여서는 최후의 피 한방울까지도 아끼지 않고 싸울 것을 우리는 굳게 결심하고 있습니다. 우리는 전력을 다하여 새 사단들을 많이 조직 훈련하며 남반부에 있는 10여 만의 인민군부대들을 작전상 유리한 일정한 지역에 수습, 집결하고, 또한 전 인민을 총무장하여서까지 장기전을 계속할 모든 대책들을 강구, 실시할 예정입니다.
> 그러한 적들이 금일 우리가 처하여 있는 엄중하고 위급한 형편을 이용하며 우리에게 시간 여유를 주지 않고 계속 진공하여 38도선을 침공하게 되는 때에는 우리의 자체의 힘으로는 이 위기를 극복할 가능성이 없습니다. 그러므로 우리는 당신의 특별한 원조를 요구하지 않을 수 없게 됩니다. 즉 적군이 38도선 이북을 침공하게 될 때에는 약속한 바와 같이 중국 인민군의 직접 출동이 절대로 필요하게 됩니다.[74]

전쟁이 가장 위급한 고비에 들어가자, 조선 정부를 구하고 소련의 동아시아 안전을 보위해야 한다는 책임은 모택동과 중국공산당의 어깨 위에 놓이게 되었다.

2. 우여곡절의 중국의 조선전쟁 참전 결정 과정

군사적 관점에서 보면, 1950년 10월 전까지 중국군은 두 차례 출병에 유리한 기회가 있었다. 조선인민군이 남쪽을 향하여 진격할 때, 중국 지도부

---

[74] "1950년 10월 1일 김일성, 박헌영이 모택동에게 보낸 편지," 抗美援朝战争展览展件, 抄录自中国军事博物馆, 2000년 9월.

는 미군의 후방 기습 가능성을 정확하게 예측하였고, 출병하여 원조하려 하였다. 만일 이때 스탈린이 중국의 출병을 허락하여, 중부 동서 해안선상에 몇 개 군단(軍团)을 미리 배치하였다면 인천상륙작전은 절대로 성공할 수 없었을 것이다. 미군의 인천상륙 이후, 조선인민군이 북으로 패퇴하기 시작할 무렵, 중국 지도부는 재차 출병을 적극적으로 요구하였다. 이때 미국은 38선을 돌파하여 북조선을 공격에 대해 할 것인지 망설이고 있었다. 비록 유리한 전세가 백악관으로 하여금 맥아더 사령관의 적극적인 북진 주장을 받아들이게 하였지만, 9월 27일의 참모장 연석회의의 명령은 전방부대의 군사행동에 여전히 조건을 달고 있었다. 즉 만일 조선에 소련 또는 중국 군대가 출현하거나, 소련 혹은 중국이 출병 준비에 대한 성명을 발표하면, 미군은 조선에서 군사행동을 취하지 않는다는 것이었다.[75] 만일 이때 스탈린이 중국의 출병에 동의하여, 38선 부근에 몇 개의 군단을 배치하였다면 미군은 38선에서 진격을 중지했을 가능성이 크다. 그러나 두 차례의 기회를 모두 놓치고 말았다. 스탈린이 중국에 출병을 요구하였을 때에 유엔군은 이미 38선을 넘기 시작하였고, 조선은 이에 반격 혹은 저항할 힘이 없었다. 중국출병에 유리한 군사적 조건은 더 이상 존재하지 않았다. 바로 이 같은 판단에 의하여 맥아더는 트루먼에게 중국 군대가 조선에 출현하는 일은 절대 없을 것이라고 보장하였다.[76]

그렇다면 스탈린이 모택동에게 중국군의 출병을 요청한 이후, 중국 지도부는 처음에 어떠한 반응을 하였는가? 이 문제와 관련하여 과거 국제학계에서 한 차례의 논쟁이 있었다. 1950년 10월 2일 모택동이 중국의 출병과 관련하여 스탈린에게 보낸 **두 통**의 전보가 발견되있는데, 이것이 논쟁의 원인이

---

[75] "JCS message 92801 sent to MacArthur, 27 September 1950," *Harry S. Truman Papers, Staff Member and Korean War Files*, Box 13, Truman Library; 迪安·艾奇逊, 上海『国际问题资料』, 编辑组等 译, 『艾奇逊回忆录』, 上海: 上海译文出版社, 1978, 307-308쪽에서 재인용.

[76] 1950년 10월 15일 트루먼과 맥아더가 웨이크 섬에서 회담한 내용에 대해서는 다음을 참조할 것. Papers of DA, Memoranda of Conversation, Box 67, Truman Library.

되었다. 이 두 통의 전보는 중소 관계와 조선전쟁사를 연구하는 각국 학자들의 매우 큰 관심을 불러일으켰다.

1987년 중국에서 출판된 『건국 이래 모택동 문고(建国以来毛泽东文稿)』에서 10월 2일 모택동이 스탈린에게 보낸 전보가 정식으로 공개되었다. 이 전보는 중국의 지원군이 조선에 들어가 작전할 것임을 명확하게 밝혔고, 조선출병 부대의 인원과 출병 일시, 초기의 작전 방안에 관하여 설명하고 있다. 이후 수년간 역사학자들은 이 문건을 연구에 광범하게 인용하였으며, 중국은 10월 2일 출병에 동의하였고 최소한 모택동 본인은 조선전쟁에 참전을 결정하였다고 보편적으로 여겨왔다.[77] 1995년 12월 워싱턴에서 개최된 냉전 문제에 관한 학술토론회에서, 러시아 학자는 러시아 연방 대통령 문서보관소에 소장되어 있던 모택동이 스탈린에게 보낸 또 다른 10월 2일자 전보를 공개하였다. 이 전보에서 모택동은 몇 가지 이유를 나열하여 중국은 당분간 조선전쟁에 참전할 수 없음을 설명하며 스탈린의 참전요청을 거절하였다. 미국의 몇몇 신문은 즉시 이 소식을 보도하였다.[78]

1996년 1월 홍콩에서 열린 '아시아에서의 냉전' 국제학술토론회에서 이 문제는 재차 학자들의 뜨거운 논쟁의 주제가 되었다. 러시아 학자는 러시아 문서를 근거로, 모택동의 전보는 조선출병에 대한 중국 지도부의 "망설임과 자신감 결여"를 나타낸 것이며 "중국의 입장이 뜻밖에도 바뀌었다."고 주장하였다. 동시에 중국이 공개한 문서의 진실성에 의문을 제기하였다. 같은 날짜, 그러나 완전히 상반된 내용의 러시아와 중국에서 공개된 두 전보를 대조하면서, 러시아 학자들은 러시아의 문건은 절대로 "정교하게 만들어진 위조품"이 아니라고 주장하였다. 동시에 그들은 중국이 공개한 문건은 "믿

---

77) 如师哲, 『在历史巨人身边』, 493-494쪽; 『聂荣臻回忆录』, 736쪽; Chen Jian, *China's Road to the Korean War*, p.175.

78) 당시 미국의 천지엔 교수는 이 상황을 필자에게 통보하고, 미국신문을 보내 주며 이 사실을 명확히 규명하는 데 도움이 되기를 희망하였다. 필자는 중공중앙문헌연구실을 두 차례 방문하여 이에 대해 조사하였다.

을 수 없거나, 정확하지 않거나, 혹은 소련에 발송되지 않았거나, 날짜가 잘 못된 것"이라고 주장하였다. 심지어 "중국 당국이 그들의 생각하는 이데올 로기와 정치적 생각에 더욱 부합하는 역사적 견해를 보이기 위하여, 문서 내용을 개조 또는 왜곡"했을 가능성을 배제할 수 없다고 주장하였다. 또한 일부 학자들은 이를 확대해석하여, 러시아 당안의 공개로 "정부가 비준한 중국 측 문헌과 이후 중국 학자들의 저서에 인용된 1950년 10월 2일부터 14 일까지의 모택동 전보의 신빙성과 진실 여부"에 문제를 제기하였다. 이들은 "모택동의 조선전쟁 참전 결정에 관한 중국의 문헌은 매우 조심스럽게 다루 어야 한다."고 경고하였다.[79]

중국출병에 관해서는 이미 많은 연구와 논저가 있다. 여기에서는 10월 2 일 전보 문제를 특별히 토론하고자 한다. 그 이유는 이 문제에 관한 토론이 중국이 조선출병을 결정한 시간, 내용 및 과정을 정확히 이해하는 데 매우 중요하기 때문이다.

겉으로 보기에 두 통의 전보는 확실히 내용이 상호 모순되며, 심지어 완 전히 대조된다. 또한 중국과 러시아의 당안 중 각각 자신들이 공개한 문건 만 존재한다.[80] 그러나 이 두 통 전보가 실제로 존재하는 것 또한 사실이다. 문서의 비교를 통하여, 러시아가 공개한 전보의 내용과 러시아 당안관이 소 장하고 있는 같은 시기의 다른 문건의 논리와 사용된 용어가 일치한다. 이 는 러시아가 공개한 문건이 결코 위조된 것이 아님을 보여 준다. 중국이 공 개한 전보의 경우, 필자가『건국 이래 모택동 문고(建国以来毛泽东文稿)』편 집장 김충급(金冲及) 선생을 통하여 알아본 결과, 모택동의 친필 전보가 확 실히 존재하였으며, 후에 필자 또한 덩안에서 원문을 확인하였다. 비록 후

---

79) Mansourov, "stalin, Mao, Kim, and China's Decision", pp.95, 107-108; Bajanov, "Assessing the Politics of the Korean War", p.89.

80) 필자는 중국의 관련 부서에 문의하여 중국 당안관에는 러시아가 공개한 전보가 존재하지 않는다는 사실을 알게 되었다. 1996년 1월의 홍콩학술회의 기간 동안 러시아 학자들은 필자 에게 러시아 당안관에도 중국이 공개한 전보가 존재하지 않는다는 사실을 알려주었다.

에 발표될 때 일부분이 삭제되었으나, 삭제된 부분은 주로 김일성의 섣부른 전쟁 시작에 대한 모택동의 원망과 중국이 필요한 소련 원조의 무기 명세서로서 러시아가 공개한 전보 내용과는 관계없는 부분들이다. 그리고 중국이 발표한 부분의 내용은 원문과 한자도 다르지 않았다. 결론적으로 중국이 공개한 문건 또한 실제로 존재한다. 조선전쟁이 가장 긴박한 국면으로 들어서는 시기에 모택동을 비롯한 중국 지도부가 출병 문제를 어떻게 바라보았고, 어떤 결정을 어떻게 내렸는지를 명확하게 이해하기 위해서는, 두 통의 전보에 대하여 세심한 연구와 분석이 필요하다. 설명의 편리를 위하여 두 편의 공개된 전보의 주요 내용을 비교해 보고자 한다.

중국이 공개한 전보는 모택동이 직접 스탈린에게 친필로 쓴 것이며 그 내용은 다음과 같다.

1. 우리는 지원군의 이름으로 일부분의 군대를 조선 경내로 파견하여, 미국과 그의 앞잡이 이승만 군대와 작전(作戰)하여 조선 동지를 원조하기로 결정하였습니다. 우리는 이렇게 하는 것이 필요하다고 생각합니다. 왜냐하면, 조선 전체가 미국인들에게 점령당하도록 하면, 조선의 혁명 역량은 근본적 실패를 당하게 되며, 미국 침략자는 더욱 창궐(猖獗)하게 되어, 동방 전체에 불리하기 때문입니다.

2. 중국 군대를 조선에 출동시켜 미국인과 작전을 벌이기로 결정한 이상, 우리는 다음의 두 가지 문제를 고려해야 합니다. 첫째, 문제를 해결할 수 있어야 합니다. 즉, 조선 내의 미국 및 기타 국가의 침략군을 섬멸, 몰아내기 위하여 준비하여야 합니다. 둘째, (비록 우리는 지원군 이름을 사용하지만) 중국 군대가 조선에서 미국 군대와 싸우기로 한 이상, 미국이 중국과의 전쟁 상태에 들어간다고 선포할 경우에 대비하여야 합니다. 즉 미국이 최소한 공군을 사용하여 중국의 많은 대도시와 공업기지를 폭격하고, 해군을 이용하여 중국 연해지대를 공격해 올 가능성에 대비하여야 합니다.

3. 우리가 생각하는 제일 불리한 상황은 중국 군대가 조선에서 미군을 대량으로 섬멸하지 못하고 양군이 대치하여 교착상태에 빠지고, 동시에 미국이 중국과의 공개적인 전쟁 상태로 진입하여 중국이 현재 이미 시작한 경제 건설 계획이 수포로 돌아가, 우리에 대하여 민족 자산계급과 기타 부분 인민들이 불만을 일으키는 것입니다. (그들은 전쟁을 매우 두려워하고 있습니다)

4. 현재 상황에서 우리는 앞서 남만주로 이동하였던 12개의 사단을 10월 15일 부터 출동시켜 북조선의 적당한 지역(반드시 38선일 필요는 없다)에 배치하 여, 한편으로 38선 이북으로 진공하는 적과 작전을 진행할 예정입니다. 처음 에는 방어선만을 공격하여 소규모 적을 섬멸하고 각 방면의 상황을 더욱 정 확히 파악하고자 합니다. 다른 한편으로, 소련의 무기 도착을 기다리고, 아 군이 무장을 완료한 후 조선 동지들과 함께 반격을 실행하여 미국 침략군을 섬멸하여야 합니다.

5. 적은 제공권(第空权)을 장악하고 있으며, 훈련을 시작한 우리 공군은 1951년 2월이 되어서야 300대 비행기로 작전에 참여할 수 있습니다.[81]

러시아가 공개한 전보는 로신 대사가 10월 3일 스탈린에게 보낸 것이며, 그중에 10월 2일 스탈린에게 보내는 모택동의 구술 내용이 포함되어 있다. 전보 내용은 다음과 같다.

1950년 10월 1일 보낸 전보는 잘 받았습니다. 우리는 원래 적이 38선 이북을 공격해 올 시, 몇 개 사단의 지원군을 북조선에 파견시켜 조선 동지를 도울 계획 이었습니다. 그러나 심사숙고를 거친 후, 현재 우리는 이러한 행동이 극히 심각한 결과를 초래할 수 있다고 생각합니다.

첫째, 몇 개 사단 병력을 파견하는 것으로는 조선 문제의 해결이 어렵습니다 (우리 부대의 장비는 매우 낙후하며 미국 군대와의 작전에서 군사적 승리의 확신 이 없습니다). 적군이 우리를 패퇴시킬 수 있습니다.

둘째, 가장 큰 가능성은 이것이 미국과 중국 간의 공개적인 전쟁으로 이어져, 그 결과 소련 또한 전쟁에 끌려 들어오게 될 수 있습니다. 이는 문제를 매우 심각 하게 만들 것입니다.

중공 중앙의 많은 동지들은 이 문제에 대하여 신중해야 한다고 생각합니다.

물론, 우리가 군대를 파견하여 지원하지 않으면 이는 지금 어려운 상황에 처해 있는 조선 동지들에게는 극히 불리한 것이며, 우리 자신도 매우 안타깝게 생각 합 니다. 그러나 만약 우리가 몇 개 사단을 출동하고, 그 후 적에게 쫓겨서 놀아오게 되면, 이는 미국과 중국 간의 공개적인 충돌이 발생하게 됩니다. 그리하면 우리의 모든 평화 회복 계획은 전부 수포로 돌아가게 될 것이며, 국내의 많은 사람들의 불만을 일으키게 될 것입니다. (전쟁이 인민들에게 남긴 상처는 아직 치료되지 않 았으며, 인민들은 평화를 필요로 합니다.)

81) 『毛文稿』 제1권, 539-540쪽.

따라서 자제하는 것이 현재로서는 최선입니다. 당분간 출병치 않고 동시에 적극 힘을 키워야 합니다. 이렇게 하는 것이, 적과의 작전에서의 승리에 있어 더욱 유리합니다.

당분간의 패배로 인하여, 조선은 마땅히 투쟁 방식을 바꾸어 유격전을 진행하여야 합니다.

우리는 중앙 각 부문 책임자 동지들이 모두 참석하는 당중앙회의를 개최할 것입니다. 이 문제에 관하여 최종적인 결정은 아직 이루어지지 않았으며, 이는 우리의 초보 전보로써 귀하와 상의하길 원합니다. 귀하께서 동의하면 우리는 주은래와 임표 동지를 귀하의 휴양지로 즉시 파견하여, 이 문제를 귀하와 토론하고 중국과 조선의 정세를 보고토록 준비하겠습니다.

로신 대사는 모택동의 답장을 전달한 뒤, 자신의 의견을 첨부하였다. 이러한 로신의 견해가 스탈린의 판단에 중대한 영향을 미쳤을 가능성이 크다. 로신은 다음과 같이 전하였다.

1. 제 견해로는, 모택동의 답신은 조선 문제에 관하여 중국 지도부가 초기 입장을 바꾼 것을 증명합니다. 이번 답신은 과거 모택동과 유딘, 코토브(kotov)와 콘노브(Konnov), 그리고 유소기와 본인과의 담화(본인은 이를 이미 보고 하였습니다) 중에 밝혔던 입장과는 모순됩니다. 그들은 담화 중에서 중국 인민해방군은 조선 인민을 돕기로 결심하였다고 말하였습니다. 해방군의 사기가 높고, 만일 필요하다면 미군이 일본군보다 약하기 때문에 그들은 미군을 패배시킬 능력이 있다고 밝혔습니다.

2. 중국 정부는 조선에 5~6개, 심지어는 더 많은 전투력을 지닌 사단을 파견할 수 있습니다. 물론, 이 중국 군대는 대전차 무기와 대포 등의 장비가 필요합니다.
우리는 현재 중국이 입장을 바꾼 이유를 파악할 수 없습니다. 현재로서 영향을 미친 요인으로서는 국제 정세와 조선 상황의 악화, 영·미 집단이 네루를 통하여 중국인이 자제하여 재난을 피하도록 호소한 것에 대한 영향이 있을 수 있다고 생각합니다.[82]

---

82) "1950년 10월 3일 로신이 스탈린에게 보낸 전문," *АПРФ*, ф.45, оп.1, д.334, л.105-106. 유딘은 당시 북경에서 『모택동선집』을 편집 중이었다. 코노브(konov)와 콘노브(konnov) 중국 주재 소련 군사고문들이다.

중국 당안에 러시아가 공개한 이 전보가 없는 이유는 비교적 쉽게 이해될
수 있다. 전보의 원문 형식으로부터, 이 전보는 모택동이 직접 발송한 것이
아니라 로신이 스탈린에게 보낸 것임을 알 수 있다. 그러므로 이는 모택동
이 소련 대사 로신과의 대화 중에 회답한 내용을 로신이 정리하여 소련 대
사관에서 보낸 것이라고 단정할 수 있다. 그렇기 때문에 중국 당안관에는
이 문서가 없는 것이다.

　그렇다면 러시아 당안관에는 왜 중국이 공개한 전보가 없는 것일까? 중국
이 공개한 전보는 당시 스탈린에게 보내지지 않았을 가능성이 크다고 판단
된다. 필자가 관련 부서에서 조사한 바에 따르면, 이 전보 원문에는 전보를
발송한 시간과 전보 발송자의 서명 기록이 없다. 반대로 10월 2일 당일 모택
동이 고강과 등화에게 보낸 전보에는 전보 발송 시간(새벽 2시)과 양상곤
(楊尙昆)의 발송 기록이 있다. 이러한 차이는 단지 전보가 발송되지 않았음
을 판단케 하는 근거일 뿐이다.[83] 그렇다면 모택동이 왜 이미 작성한 전보
를 발송하지 않고 로신과 또 다른 내용에 대하여 논의하였는가가 중요한 문
제이다.

　모택동 자신이 기초한 전보를 보내지 않은 주된 원인은 당시 중국 지도부
내부에 의견 불일치가 있었기 때문이다. 모택동 본인은 오랜 시간 이 문제
에 대하여 심사숙고하고, 몇 차례 조선에의 출병에 대한 자신의 생각을 밝
혔다. 특히 미국의 인천상륙 이후, 모택동은 출병에 대하여 결심한 것으로
보였다. 그러나 현재까지 공개된 자료는, 중국 지도부가 10월 1일 전까지 정
식회의에서 이 문제에 대하여 토론한 적이 없음을 보여 준다. 실제로 모택
동과 주은래를 제외한 중국의 다수 지도자들은 출병에 대하여 다른 의견을

[83] 1997년 1월 필자는 홍콩회의에서 이러한 견해를 밝혔으며 뒤이어 관련 논문을 발표했다. 이에 대해서는 다음을 참조할 것. 沈志华, 「毛泽东派兵入朝作战的决心-就10月2日电报答俄国学者质疑」, 『国外中共党史研究动态』, 1996-2, 7-12쪽; 영문 발표는 Cold War International History Project Bulletin, Issues 8-9, Winter 1996/1997, pp.237-242; 2010년 출판된 『建国以来毛泽东军事文稿』上卷(226-228쪽)에 "이 전보는 발송되지 않았다."는 전보에 대한 주석이 있다.

가지고 있었다.

10월 1일, 스탈린의 출병 요청 전보를 받은 모택동은 당일 밤 내내 중앙서기처 긴급회의를 소집하고 조선 정세와 대책을 토론하였다고 전해진다. 이 회의에는 모택동, 주덕, 유소기, 주은래—임필시(林弼时)는 당시 병으로 인하여 참석하지 못했음—가 참석하였다. 회의에서 출병 여부에 대하여 지도부 내부에 의견 차이가 발생했으나, 주은래의 지지로 모택동의 출병 의견이 우세를 점하였다. 회의는 다음 날 북경의 고위 군사지휘부가 참가하는 중앙서기처 확대회의를 개최하여 그 문제를 다시 토론할 것을 결정하였다.[84] 회의 후, 모택동은 고강에게 긴급전보를 보내 북경회의에 참석하도록 지시하고, 동북변방군은 준비를 갖추고 언제든지 출병할 수 있도록 할 것을 명령하였다.[85] 바로 이러한 상황에서, 10월 2일 모택동은 출병에 동의하는 전보의 초안을 기초하였다.

그렇다면 모택동은 왜 당시 작성한 전보를 보내지 않고, 반대로 소련대사에게 당분간 출병하지 않을 것이라는 의사를 밝혔을까? 문제는 당일 개최된 중앙서기처 확대회의에서 발생하였다. 현재까지의 중국 사료(史料)와 당사자의 회고에 의하면, 10월 2일 오후 중남해(中南海) 이년당(頤年堂)에서 열린 회의에서, 모택동은 회의 참석자들에게 출병에 대한 각자의 견해를 밝히도록 요청하고 조선출병의 각 방면의 조건, 특히 불리한 조건을 나열하였다. 그 결과, 다수의 참석자가 출병 문제에 신중을 기할 것을 주장하였다. 또한 회의는 4일 정치국 확대회의를 개최하여 이 문제를 토론할 것도 결정하였다. 이에 모택동은 주은래에게 전용기를 급히 서안(西安)에 보내서 팽덕회가 북경의 회의에 참석할 수 있도록 하라고 지시하였다.[86] 바로 이러한

84) Chen Jian, China's Road to the Korean War, p.173. 천지엔 교수는 이 책을 집필하는 과정에서 중국 측 당사자과 관련자들을 인터뷰하였다. 본문에 서술된 내용은 그가 군부 인사와의 인터뷰를 통하여 밝힌 내용이다. 필자는 여러 방법을 통하여 천지엔 교수의 서술을 증명하였으며, 이 밖에 중국 국방대학 서염(徐焰) 교수도 관련자들과의 인터뷰를 통하여 동일한 사실을 입증할 수 있었다고 필자에게 알려주었다.
85) 『毛文稿』第1卷, 540쪽.

상황에서, 모택동은 10월 2일 회의 후 로신 대사에게 앞의 전보에서 언급한
내용을 전하였다. 모택동이 말한 "중공 중앙의 많은 동지들이 이 문제에 대
하여 신중해야 한다고 생각합니다."라는 것은, 사실상 중국 지도부의 내부
에서 출병 문제에 관하여 의견 차이가 있다는 것을 암시하고 있는 것이다.
모택동과 로신 사이의 대화 내용은 10월 2일 확대회의 토론의 결과이다.

모택동이 당분간 출병치 않겠다는 것은 당시의 로신과 스탈린 그리고 이
후 러시아 학자들이 주장하는 것처럼, 중국이 조선에 대한 출병 원조를 망
설이고 결정하지 못하고 있었기 때문이 아니었다. "조선 문제에 있어서 중
국 지도부가 초기 입장"을 바꾸었는지의 여부는 두 통의 전보 내용을 비교
하고, 이를 전후한 모택동의 언행과 연결시켜 분석해야만 한다.

우선, 당시 상황에서 중국의 출병은 극히 곤란하였다. 10월 4일 중남해에
서 개최된 정치국 확대회의 상황에 관한 서술은, 대부분 자료가 일치한다.
즉 당시 회의에서 여전히 의견 차이가 존재하였다. 회의에서 다수가 출병을
반대하였으며 각종 출병의 어려움에 대하여 열거하였다. "부득이하지 않는
이상, 이 전쟁을 하지 않는 것이 가장 좋다."라는 것이 회의 참석자 다수의
의견이었다.[87]

모택동 또한 조선출병을 주장하였지만 망설임이 없었던 것은 아니었다.
모택동은 중국이 조선전쟁에 개입한 이후 당면하게 될 어려움을 잘 알고 있
었으며, 이 점은 출병을 반대 혹은 잠정 반대하는 이유와 기본적으로 같았
다. 20여 년의 전쟁과 내전을 거친 중화인민공화국이 당면한 문제는 침체된
경제 상황이었다. 인플레이션이 급격히 늘어났고 실업률이 급증하였으며
기업이 가동률은 저하되었고 農業재해 상황 또한 심각히였다. 이 밖에 운송

86) 王焰等编,『彭德怀传』, 400쪽;『聂荣臻回忆录』, 585-586쪽; 苏维民,「杨尚昆谈抗美援朝战争」,
『百年潮』, 2009년 4期, 11쪽; 雷英夫,『在最高统帅部当参谋·雷英夫将军回忆录』(南昌: 百花洲
文艺出版社, 1997), 156-157쪽.

87) 师哲,『在历史巨人身边』, 494쪽; 王焰等编,『彭德怀传』, 401-402쪽;『聂荣臻回忆录』, 735쪽;
팽덕회(彭德怀)가 10월 14일 항미원조 동원 대회에서 한 연설 내용을 참조할 것, 彭德怀传记
编写组,『彭德怀军事文选』(北京: 中央文献出版社, 1988), 320-321쪽.

시스템이 큰 피해를 입었다. 공업 생산량은 전쟁 전 최고 기록의 30%밖에 도달하지 못했고, 경공업 및 농업도 전쟁 전 생산량의 70%밖에 되지 못했다.[88] 1949년에는 전국적으로 수재가 발생하여 12,795만 무(畝, 1무는 666.7 제곱미터)의 농경지가 피해를 입었으며, 정부의 구호에 전적으로 의존하는 이재민은 약 700만 명에 달했다. 호남성의 주민 25%의 식량이 바닥나자, 3월 5일 중국공산당 호남성위원회는 기근에 대처하는 긴급지시를 내릴 수밖에 없었다. 1950년 공업 설비의 평균 가동률이 45%밖에 되지 않았고, 그중에 밀가루 제조업은 35%, 고무공업은 30%, 방직업 30%밖에 되지 못했고, 견직 물업은 35%가 채 되지 못하였다. 생산 감소로 인하여 실업이 급증하였다. 특히 중국의 공업 중심지 상해는 경제봉쇄와 장개석 공군의 맹렬한 폭격으로 인하여 실업이 가장 심각하였다. 1950년 4월 14일 중공 중앙이 발표한 실업노동자 구제대책에 나온 불완전한 통계에 따르면, 당시 3개월 동안 상해에서는 약 12만 명의 새로운 실업노동자가 발생하였다. 실업노동자들의 생활은 극히 곤란하였으며, 극심한 생활고로 자살하는 사건이 연이어 발생하였다. 동시에 중국공산당에 대한 불만 정서가 발생하기 시작하였으며, 미국과 장개석의 간첩들은 기회를 틈타 유언비어를 퍼트리고 국민들의 불만에 부채질을 하였다. 만일 이 문제들을 잘못 처리할 경우, 상해 등 대도시에서의 중국공산당의 사업은 극심한 어려움에 빠질 수 있었고 "심지어 도시에서 인민정권의 기반이 흔들릴 수 있었다."[89]

이러한 상황하에서, 중국이 출병하여 세계 최강국 미국과 전쟁을 할 경우, 그 어려움은 확실히 가능하기 어려웠다. 그러므로 중국과 러시아가 공개한 두 통의 전보를 자세히 비교해 보면, 모택동이 당분간 출병치 않기로 한 이유를 발견할 수 있다. 즉 중국군 장비의 열악함, 미국과의 공개적인 충돌이 초래할 기존 문제의 확대, 신중국 경제 회복 사업의 피해로 인하여 발

---

[88] 彭敏主编, 『当代中国的基本建设』 上卷, 北京: 中国社会科学出版社, 1989, 4-5쪽.
[89] 『1949-1952년中华人民共和国经济档案资料选编』 综合卷, 29, 28, 65, 23쪽.

생할 국민들의 불만 정서 등은 모택동의 첫 번째 전보에서 문제 제기 방식만 달랐을 뿐 간접적으로 언급되어있다. 첫 번째 전보에서, 이후 전쟁 국면에 대한 모택동의 우려(양군이 대치하여 교착상태에 빠지는 것)에서부터 초기 전투 전술(오직 방어전만을 펼침)에 이르기까지, 참전 후 처하게 될 어려움에 대한 모택동의 고민을 보여 준다. 이 밖에도 모택동은 두 번째 전보에서 "중공 중앙의 많은 동지들" 역시 이 점을 걱정을 하고 있음을 암시하였다. 그러나, 이는 모택동이 결코 조선출병에 대한 결심을 바꾼 것을 나타내는 것도, 더욱이 이 문제에 관하여 결정을 망설인 것도 아니다.(비록 다수의 중국 지도자들이 망설였다 하여도) 두 편의 전보를 자세히 비교 분석한 결과, 모택동은 두 번째 전보에서 자신의 목표를 바꾼 것이 아니라 목표를 실현하는 책략을 바꾼 것에 지나지 않는다는 것을 알 수 있다. 모택동은 스탈린의 요구에 직접 즉시 동의하는 것이 아니라 간접적이고 우회적인 방식을 취하였다. 이러한 방식을 통하여 필요한 원조를 제공할 것을 소련에게 요청하는 것과 같은, 중국군이 조선에 들어가 작전하는 조건을 제시할 수 있었다. 모택동 본인은 여전히 출병을 주장하는 입장이었기 때문에, 그는 스탈린에게 "이 문제에 관하여 최종적인 결정은 아직 이루어지지 않았다."는 점과 중앙회의를 소집하여 계속 토론할 것임을 특별히 상기시키고, 주은래와 임표를 소련에 파견하여 이 문제에 대해 상의할 것을 요구하였다. 물론 미군이 38선을 넘지 않는다면 중국출병은 필요 없었다. 따라서 10월 3일 새벽, 주은래는 중국 주재 인도대사 파니카(K. M. Panikkar)를 급히 접견하고, 인도를 통하여 미국에게 다음과 같이 경고하였다. 만일 한국 군대가 아닌 미국 군대가 38선을 넘을 경우 중국은 "관여할 것이다."[90] 동시에 중국 자신은 출병 준비를 하여야 했다.

　모택동은 우선 중국 지도부 내의 통일된 인식이 필요하였다. 따라서 그는 재차 고위급 회담을 소집하여 토론을 진행하였으며, 설득을 위하여 한 차례

---

[90] 『周恩来外交文选』, 25-27쪽.

의 노력을 기울였다. 이 과정에서 팽덕회는 중요한 역할을 담당하였다. 사실상 출병부대는 계속해서 적극적으로 준비 중이었지만, 누가 지휘할 것인가는 10월 2일 서기처 회의가 열리기 전까지도 최종 결정이 내려지지 않았다. 회의 후, 모택동은 주은래에게 전용기를 보내 팽덕회를 북경으로 불러 회의에 참석토록 할 것을 지시하였으며, 당연히 팽덕회는 출병부대의 사령관으로 내정되었다. 이에 따라 팽덕회의 견해는 결정적인 역할을 하였다.

일기불순으로 팽덕회가 탑승한 비행기는 10월 4일에 북경에 도착하였다. 당일 오후 팽덕회는 정치국 확대회의에 서둘러 도착하였고, "매우 심상치 않은 회의장 분위기"와 정치국원들의 의견이 크게 갈라진 것을 감지하였다. 팽덕회는 본래 경제발전에 관한 토론으로 생각하고, 이를 위하여 서북건설과 관련된 자료와 설계도를 많이 준비하였다. 그러나 회의장에 도착한 후, 조선출병에 관한 문제임을 알고 아무런 발언도 하지 않았다. 회의 후, 팽덕회는 중공 중앙 반공청(中共中央办公厅) 주임 양상곤(杨尚昆)과 저녁 식사를 함께하면서 조선전쟁 발발 전후의 상황에 대하여 알게 되었다. 팽덕회는 모택동이 자신을 북경으로 부른 이유를 알게 되었고, 이에 대한 생각으로 잠을 이루지 못하였다. 다음 날 아침, 등소평은 모택동의 지시로 팽덕회와 함께 중남해로 갔다. 이 자리에서 모택동이 조선출병에 관한 팽덕회의 의견을 묻자, 팽덕회는 출병에 찬성하였다. 모택동은 또한 누가 부대의 사령관으로 적합한지를 물었다. 팽덕회는 당중앙이 이미 임표 동지를 보내기로 결정한 것이 아니냐고 되물었다. 모택동은 임표의 상황을 설명한 후 "우리는 이 일의 책임을 귀하가 짊어져야 한다고 생각하며, 귀하는 이에 대해 마음의 준비가 되었는가?"라고 물었다. 팽덕회는 짧은 침묵이 흐른 후, 당 중앙의 결정에 따를 것을 밝혔으며, 모택동은 "나는 이제 안심할 수 있다. 현재 미군은 이미 길을 나누어 38선을 향하여 공격해 오는 상황이며 우리는 가능한 한 빨리 출병하여 주도권을 잡아야 하며, 오늘 오후 정치국 회의가 계속해서 열릴 것이다. 귀하는 의견을 밝혀주길 바란다."라고 요청하였다.91) 따라서 팽덕회는 5일 오후 정치국 회의에서 "파괴되면 다시 건설하고" "늦게 싸우는 것은 빨리 싸우는 것만 못하다."라며 격앙된 어조로 자신의 의견을 피력하였다. 정치국 회의가 끝난 후, 모택동은 팽덕회에게 "10일간의 출병 준비 기간을 줄 것이며 잠정적인 출병 예정일은 10월 15일이다."라고 말했다.[92]

회의 기간 중에도 출병 준비는 결코 중지되지 않았다. 10월 4일과 5일 주은래는 연이어 평양의 중국대사 예지량(倪志亮)에게 전보를 보내어 평양과 원산에서부터 38선 지역 일대의 상황을 조사하고, 조선전쟁 쌍방의 상황을 수집하도록 지시하였다.[93] 결과적으로 10월 5일 오후, 정치국 회의에서 중국 지도부는 첫 번째로 조선출병에 관한 정식 결정을 내렸다.

조선출병의 문제에 있어, 중국 학계와 사회에서 오랫동안 한 가지 '견해'가 전해져 왔다. 이는 모택동이 원래 임표를 사령관으로 원하였지만, 임표가 출병을 반대하고 병을 핑계로 출병하지 않으려 하자, 이후 팽덕회를 사령관으로 임명했다는 것이다. 필자는 이에 관한 문헌을 열람하고 이를 잘 알고 있는 인사들과의 인터뷰를 통하여, 이러한 견해에 납득하기 어려운 부분이 있음을 발견하였다. 이 문제는 임표 개인에 대한 역사적 평가와 관련되었을 뿐만 아니라, 조선출병에 대한 모택동과 중공 중앙의 전략 결정 과정과 관련되어 있다. 사령관 결정은 그 과정의 중요한 한 부분이며, 따라서 역사의 진상을 더욱 심도 있게 밝힐 필요가 있다.

현재 필자는 임표가 "병을 핑계로 출병하지 않았다."라는 견해에 대하여, 어떠한 문헌증거도 존재하지 않으며, 단지 일련의 당사자들의 회고로부터 나온 주장이라고 생각한다.[94] 대체적인 상황은 아래와 같다.

---

91) 王焰等编, 『彭德怀传』, 401-403쪽. 그중 모택동과 팽덕회의 대화는 다음으로부터 인용 되었다. "1984년 7월 20일 양상곤(楊尚昆)의 인터뷰 기록."

92) 彭德怀, 『彭德怀自述』, 北京: 人民出版社, 1981, 258쪽; 王焰等编, 『彭德怀传』, 403쪽.

93) 『周文稿』 第3卷, 385-386, 389쪽.

94) 진정한 역사 연구에서 기실문학(纪实文学) 작품 및 사료의 출처가 밝혀지지 않은 연구 서적의 주장은 증명되지 않는다. 따라서 필자는 이러한 자료들은 연구에 이용되어서는 안 된다고 생각한다.

이 문제를 최초로 언급한 자료는 1982년 출판된 『섭영진 회고록』이다. 회고록에서 섭영진은 "임표는 출병을 반대하였다. 모택동 동지는 원래 지원군을 지휘할 사람으로 임표를 결정하였지만, 임표는 이를 두려워하여 병을 핑계로 가려지 않았다. 과거 우리는 함께 일을 하였지만 그 정도로 두려워하는 모습을 본 적이 없다."고 말하였다.[95] 당시 섭영진은 중국 인민해방군의 총참모장 대리였으므로, 그의 회고는 권위와 영향력을 가진다.[96]

1989년 10월 장희(張希)는 논문에서 "10월 2일 이년당(頤年堂)에서 중앙서기처 회의가 개최되었으며, 모택동은 출병을 주장하였다. '누구를 사령관으로 할 것인가'라는 문제가 제기되었을 때, 모택동은 원래 속유(粟裕)로 정하였지만 그는 병으로 청도에서 휴양하고 있다고 다소 다급하게 말하였다. 후에 상무위원들과 상의하여 임표를 사령관으로 하는 것을 고려하였지만, 임표는 중미 양국 간의 군사력 차이가 현저하여, 무모한 출병은 스스로의 무덤을 팔수 있으며 그 결과는 상상할 수조차 없다고 보았다. 그는 또한 자신이 병이 있어 빛, 바람 그리고 소리를 두려워한다고 말하였다. 이에 따라 회의에서 팽덕회를 지휘관으로 결정하였다."고 서술하였다.[97] 장희는 당시 총참모부 군훈련부 참모였으므로 직접적 당사자는 아니며, 그의 주장은 본인이 직접 경험한 것은 아니다.

1993년에 출판된 『팽덕회전』의 주장도 이와 대부분 동일하다. 즉 "10월 2일 오후, 중공 중앙서기처는 이년당에서 회의를 개최하였다. 모택동은 회의에서 출병하여 조선을 원조하는 것은 화급을 다투는 문제이며, 원래 임표가 군을 이끌고 조선에 들어가도록 예정하였지만 임표는 출병에 별로 찬성치 않았으며, 병을 이유로 모택동의 제안을 거절하였다. 이에 중앙서기처는 팽

95) 『聶榮臻回忆录』, 586쪽.
96) 일부 연구자들은 이 견해를 차용한다. 徐焰, 『一次较量』(1998년 增订本), 36-37쪽.
97) 张希, 「彭德怀受命率师抗美援朝的前前后后」, 『中共党史资料』第31辑 1989.10, 125-127쪽.

덕회를 사령관으로 변경하였다."고 서술하고 있다.[98] 이 책의 집필에 참여한 저자들은 팽덕회의 곁에서 일한 참모와 비서들이다. 그리하여 대다수 중요 연구 저서에서 모두 이들의 주장이 인용되었다.[99]

1994년 출판된 뇌영부(雷英夫)의 회고록에서는, "1950년 8월부터 9월 사이 모택동은 임표가 군을 이끌고 출정할 것을 고려하였지만, 임표는 거듭 병을 핑계로 조선에 가기를 완강하게 거절하였으며, 병 치료를 위하여 소련으로 보내 줄 것을 요구하였다. 10월 6일, 중공 중앙은 출병을 이미 결정하였지만, 임표는 군사위원회 상무위원회 회의에서 여전히 출병을 반대하며 '출병하되 싸우지는 않는다(出而不战)' 방침을 제안하였고, 그의 제안은 주은래의 맹렬한 비난을 받았다."고 서술하였다.[100] 뇌영부는 당시 총참모부 작전참모로서 직접적인 당사자이다. 따라서 그의 주장 역시 많은 연구자들의 관심을 받았다.[101]

1996년 출판된 오신천(吳信泉, 제39군 군단장)의 회고록에서는, 1950년 10월 9일 심양의 고위간부회의에서 고강의 연설 내용이 기술되어 있다. 고강은 "조선출병에 관하여 중앙에는 다른 의견이 있었다. 나 역시 다른 생각이 있지만 중앙이 이미 출병을 결정하였으므로 우리는 이를 결연히 집행하여야 한다."고 말하였다. 그에 따르면 팽덕회 사령관 역시 "하루 빨리 출전해야한다."고 하였다. 모택동은 임표가 제4야전군을 잘 알고 있어 조선에 가게 할 생각이었으나, 임표는 병이 있어 병 치료를 위하여 소련에 가야 하였다."고 기술하고 있다.[102] 이 주장에 따르면 모택동은 임표를 사령관으로 고려

---

98) 王焰等编,『彭德怀传』, 400쪽. 필자가 알고 있는 바에 따르면, 이 책의 편집조는 이 문제를 토론할 때, 단지 들은 것들을 회고하였을 뿐, 직접 경험한 사람은 아무도 없었다.

99) 如见逄先知, 李捷,『毛泽东与抗美援朝』, 14쪽; 逄先知, 金冲及主编,『毛泽东传(1949-1976)』, 114쪽.

100) 雷英夫,「抗美援朝几个重大决策的回忆」(续一),『党的文献』, 1994-1, 27쪽.

101) 이러한 주장을 채용한 중요 저서로는 다음과 같다. 金冲及主编,『周恩来传』하권, 1017-1018쪽; 徐焰,『毛泽东与抗美援朝战争』, 101쪽. 그러나 뇌영부의 회고록에 의문을 품은 저자도 있다. 이에 대해서는 卢建东,「对雷英夫有关抗美援朝回忆若干问题的质疑」,『党的文献』, 2001.02, 81-85쪽 참조.

하였지만, 그가 병이 있어 팽덕회를 임시로 선택하였음을 알 수 있다.

구술 사료(史料)의 가장 큰 문제는 정확성을 보장할 수 없다는 점이다. 잘못된 기억, 감정의 변화, 정치적 입장 및 인간관계 등 다수의 요인들이 당사자의 회고에 영향을 미치기 때문이다. 따라서 구술사료 인용에 있어 연구자는 반드시 고증(考证)을 거쳐야 한다. 특히 일련의 중대한 문제에 있어서는 반드시 그에 상응하는 문헌과 자료를 찾아 검증을 해야 하며, 한 사람의 회고 자료를 유일한 증거로 사용해서는 안 된다. "임표가 병을 이유로 출정하지 않았다."는 문제도 이와 같다. 이 문제는, 초기에 모택동이 임표를 지휘관으로 결정하였는가? 임표의 건강 상태로는 군대를 끌고 조선에 가서 작전을 할 수 없었는가? 임표는 출병을 반대하였는가? 임표는 사령관으로 출병을 거절하였는가? 등 여러 가지 중요한 문제들과 관련되어 있다.

현재까지 출간된 문헌 자료를 보면, 중공 중앙이 처음에 조선에 출병할 사령관으로 결정한 인물은 임표가 아니고 속유(粟裕)이다. 조선전쟁 발발 이후, 미국은 즉각적으로 군사적 개입을 하였다. 발생할 수 있는 긴급 상황에 대비하기 위하여, 1950년 7월 2일 중공 중앙과 모택동은 본인은 동북 변방군 조직을 결정하였으며, 이 사실을 주은래를 통하여 소련대사에게 통보하였다.[103] 중공 중앙이 동북 변방군 조직을 정식으로 결정하기 전인 7월 7일, 대만 전역(台湾战役)의 준비를 총지휘하던 속유에게 동북 변방군의 책임을 맡기기로 이미 확정하였다. 7월 6일 밤, 모택동은 속유에게 전보를 보내었다. 그는 전보에서 "현재 속유 동지에게 위탁하여 집행하여야 할 중요한 임무가 있습니다. 7월 16일 전까지 제3야전군 업무 처리를 완료하고, 7월 18일에 북경에 와서 임무를 받기 바랍니다. 북경에 올 때 수행비서와 참모

102) 吳信泉, 『三十九軍在朝鮮』, 沈阳: 辽宁人民出版社, 1996, 17-18쪽.
103) "1950년 7월 2일 로신이 모스크바에 보낸 전문," *АПРФ*, ф.45, оп.1, д.331, л.75-77, *Торкунов А. В. Загадочная война*, с.103-104에서 재인용.

몇 명을 대동할 수 있습니다."라고 덧붙였다.[104] 현재까지 이 전보에 대한 속유의 답신은 발견되지 않았지만, 그는 병을 이유로 북경행을 거절하였다. 이에 모택동은 7월 10일 재차 전보를 보내어, "귀하의 전보는 받았습니다. 병이 있으면 마땅히 휴양을 하고 늦게 올 수 있습니다. 그러나 8월 상순까지는 북경에 도착하기 바랍니다. 만일 그때 건강이 좋아지면 임무를 맡고 건강이 좋지 않으면 계속 휴양할 수 있습니다."라고 회답하였다.[105] 7월 14일 속유는 고혈압이 재발하였을 뿐만 아니라, 위장병과 메니에르 증후군(Meniere's disease) 치료를 위하여 청도에 갔다. 이 때문에 속유는 동북 변방군 사령관으로 다른 인물로 임명하는 것을 고려해 줄 것을 중공 중앙에 요청하였다.[106] 7월 17일 모택동은 군사위원회의 이름으로 화동국(华东局)에 보낸 전보에서, "모 주석은 이전 전보에서 속유 동지가 8월 상순까지 북경에 와서, 상황에 따라 북경에서 휴양 혹은 임무를 맡아 주길 요청하였습니다. 하지만 지금 속유 동지가 이미 청도에서 휴양하고 있는 것은 매우 잘한 것입니다. 속유 동지는 8월 상순에 건강 상태를 보고하기 바랍니다. 만일 병이 위중할 경우 북경으로 오지 말고 청도에서 계속 휴양하기 바랍니다. 만일 병이 완쾌되면 북경으로 돌아오기를 바랍니다."라고 지시하였다.[107]

　7월 22일 주은래와 섭영진(聂荣臻)은 모택동에게 다음과 같이 보고하였다. "동북 변방군은 8월 상순까지 모두 정해진 지점에 도착할 예정이며, 소련은 8월 3일 전까지 소련 공군 제트기사단이 모두 지정된 위치에 도착하도록 명령하였습니다. 이 부대들이 도착한 후 이들에 대한 통일된 지휘와 보급이 이루어져야 합니다. 그러나 동북변방군의 지휘기관은 현재 어려움이

---

104) 『毛军事文稿』 상권, 157쪽. 다음 날 개최된 국방 문제회의에서 동북 변방군 조직을 결정하고, 8월 5일 전까지 중조 변경 지역에 집결토록 하였으며 속유(粟裕)를 사령관 겸 정치위원으로 임명하였다. 『毛军事文稿』 上卷, 159쪽.

105) 『毛军事文稿』 上卷, 160쪽.

106) 『粟裕年谱』, 499-500쪽.

107) 『毛军事文稿』 上卷, 160쪽.

있습니다. 속유는 아직 휴양 중이며 소경광(蕭勁光)과 소화(蕭华)는 현재 북경을 떠나기 어려운 상황입니다. 따라서 우선 동북군관구 사령관 고강이 변방군을 통일적으로 지휘하고, 보급을 처리하며, 속유 등이 도착한 후 변방군사령부를 다시 조직하는 안을 허가해 주십시오."라고 요청하였다. 다음날, 모택동은 이 제안에 동의하였다.[108) 8월 5일 모택동은 고강에게 전보를 보내어, "9월 상순까지 전투준비를 마치고, 고강 동지는 책임지고 군사회의를 소집하여 작전의 목표, 의의, 대략적인 방향을 주지시키고, 소경광과 등화, 소화 모두에게 이번 회의에 참석하도록 통지해야 한다."고 지시하였다.[109) 이에 앞서, 8월 1일 속유는 나서경(罗瑞卿)을 통하여 모택동에게 보낸 편지에서, 자신의 병은 호전되지 않았으니, 중공 중앙은 그에게 장기 휴식을 허락해 주기를 요청하였다. 8월 8일 모택동은 속유에게 "새로운 임무는 그다지 긴박하지 않으며 귀하는 병이 완쾌될 때까지 안심하고 휴양해도 좋으며, 혹은 북경에 와서 휴양해도 괜찮다."고 회답하였다.[110)

모택동과 속유 간에 왕래한 전보를 통하여 알 수 있듯이, 동북변방군의 조직을 결정했을 때, 모택동이 우선 속유에게 지휘를 맡기려고 하였으나 속유는 병을 이유로 사양하였다. 7월 6일 모택동의 통지를 받았을 때, 속유는 대만 전역을 위해 적극적으로 준비 중이었으며, 병으로 휴양 중이 아니었다. 7월 14일 속유가 청도에서 휴양을 결정한 이유는 두 가지일 가능성이 높다. 즉, 그의 병세가 갑자기 악화되었거나, 그가 새로운 임무를 받는 데 많은 어려움을 느꼈다. 후자와 관련해서 필자는 속유가 결코 전쟁을 두려워했다고 생각하지 않는다. 왜냐하면 대만을 공격하는 것이 조선출병에 비하여 결코 용이하지 않기 때문이다. 그보다는 제3야전군의 지휘관으로서 제4야전군의 부대를 지휘하길 원하지 않았거나, 혹은 지휘할 수 없다고 생각했

108)『周文稿』第3卷, 80-81쪽;『毛军事文稿』상권, 171쪽.
109)『毛军事文稿』上卷, 179-180쪽.
110) 1950년 12월, 속유는 치료를 위하여 소련을 방문하였다.『粟裕年谱』, 500, 502쪽; 粟裕文选编辑组,『粟裕文选』第3卷, 北京: 军事科学出版社, 2004, 53-54쪽.

기 때문이다. 이 문제는 대만 공격을 준비하는 과정에서 이미 나타난다. 1950년 6월 상순 중공 7차 삼중전회(三中全会) 기간, 속유는 대만 해방을 위한 준비 상황과 작전 방안을 보고할 때, 대만 해방은 이미 전국 모든 군대의 중대한 전략 행동이 되었으므로 중앙군사위원회가 직접 대만 공격을 지휘할 것을 제안하였다. 그러나 모택동은 대만 공격은 여전히 속유가 책임져야 한다고 선포하였다.[111] 6월 23일 속유는 모택동과 중앙군사위원회에 보내는 보고서에서 재차 사직을 요청하였고 그 이유를 암시했다. 속유는 보고서에서 "현재 대만 공격에 동원 가능한 병력은 제3야전군과 화동부대 약 50만 명입니다. 그중 전투부대는 30~38만 명이 채 되지 않으며 이는 적군과 비교했을 때 우세를 점하지 못합니다. 따라서 기타 야전군에서 3~4개 군을 뽑아 예비대로 삼아야 하며, 군사위원회가 이를 직접 지휘하거나 유백승과 임표, 두 동지 중 한 명이 통솔해야 합니다. 그 이유는 본인의 능력에 한계가 있어 이 중책을 감당할 수가 없으며, 다른 여러 구체적인 실제 문제는 군사위원회가 아니면 실행될 수 없습니다."라고 설명하였다.[112] 다른 야전군부대를 예비대로 지휘하는 것조차 불편하게 생각했던 속유가 어떻게 몇 명의 비서와 참모진만을 데리고 다른 부대를 직접 지휘하려 하였겠는가?

이 문제는 속유뿐만 아니라, 모택동도 생각할 수 있는 문제였다. 당시 전군전략예비대는 임표 지휘하의 제4야전군 제13병단밖에 없었는데, 모택동은 이를 속유가 지휘하도록 결정한 것이다. 이는 모택동이 처음부터 임표를 조선출병의 지휘관으로 임명할 생각이 없었음을 설명해준다. 심지어, 모택동이 속유를 지휘관으로 결정할 때 임표의 의견을 구했을 가능성도 있다.[113] 이때 조선출병을 준비하던 부대는 제13병단뿐이었고, 병단사령부 지휘계통은 이미 완비된 상태였다. 그러므로 모택동은 당시 "새로운 임무가

---

111) 『粟裕年谱』, 497-498쪽.
112) 『粟裕文选』 第3卷, 44-52쪽.
113) 임표가 중국군 참전 정책에 참여한 상황에 대한 내용은 아래의 문장을 참조.

그다지 긴박하지 않다.”고 본 것이다. 8월 4일 모택동은 제19병단 감군 작업에 관한 보고를 비준 회람한 후, 그들의 경험을 전군에 확산시킬 가치가 있다고 생각하였다.[114] 그러나 8월 중순에 이르러 조선의 전황이 교착상태에 빠지고, 미군이 언제든지 인민군의 측후(側后)에 상륙할 수 있게 되면서 상황이 매우 긴박해졌다. 중공군은 최대한 빨리 모든 출정 준비를 마쳐야만 하였다. 따라서 8월 18일 모택동은 “9월 말까지 모든 출병 작전의 준비를 반드시 완료”하라는 지시를 내렸다.[115] 이와 동시에, 제2예비대 조직 작업 또한 시작되었다. 상황이 이에 이르자, 중공 중앙은 반드시 병단급을 넘어 모든 출정부대를 제어할 수 있는 지휘 체계를 구축해야만 하였다. 8월 19일 섭영진은 2선 병력 배치 문제를 제기하고, 상해 지역의 제9병단을 기동부대로 하는 것 외에, 제19병단을 제남(济南) 또는 정주(郑州)에 집결시켜 조선 출병의 제2예비대로 할 것을 건의하였다. 제19병단은 제1야전군에 속하였으므로, 모택동은 중국 서북 지역의 정무를 주관하는 팽덕회에게 전보를 보내 그의 의견을 구하였다.[116] 8월 27일 모택동은 팽덕회에게 재차 전보를 보내어 “시국에 대처하기 위하여 12개 군을 기동부대(이미 4개 군은 편성 완료)로 반드시 배치해야 하지만, 이 문제는 9월 말에 다시 결정할 수 있다. 그때에 귀하는 북경에 와서 이 문제를 논의하기 바란다.”라고 전하였다.[117] 모택동이 조선출병 문제에 관하여 팽덕회와 의논을 하였는지, 또는 이 두 통의 전보 외에 또 다른 전보가 존재하는지는 현재로서는 알 수 없다. 그러나 이 두 통의 전보는, 원래 정해놓은 조선 파견부대 총지휘관 속유가 여전히 병상에 있고, 팽덕회 지휘하의 제1야전군의 부대가 제2예비대로 결정된 상황에서 모택동은 일찍부터 팽덕회를 출병의 지휘관으로 생각했을 가능성이 있음을 설명해 준다. 만일 속유와 유백승이 임표의 부대를 지휘하면 조

114) 『毛军事文稿』 上卷, 178쪽.
115) 『毛军事文稿』 上卷, 184쪽.
116) 『毛军事文稿』 上卷, 185쪽.
117) 『毛军事文稿』 上卷, 195쪽.

정에 어려운 문제가 발생할 수 있었다. 따라서 중앙군사위원회 부주석이며
과거 팔로군과 인민해방군의 부사령관을 역임한 팽덕회가 사령관으로서 가
장 적합한 인선이 될 것이다. 당시 총참모부 작전부의 참모 왕아지(王亚志)
에 따르면, 당시 중공의 고위 지휘관 중에서 다수 병단의 연합 전투를 지휘
할 수 있는 인물은 팽덕회, 임표, 유백승, 서향전, 속유, 진경 등 6명뿐이었으
며, 그중에 임표, 속유 그리고 서향전은 병상에 있었고 유백승은 이미 육군
대학 설립 책임자로 내정된 상태였으며, 진경은 명을 받아 베트남에 가서
호찌민(胡志明)의 전투를 돕고 있었다. 그러므로 당시 조선출병 사령관으로
가능한 인물은 팽덕회뿐이었다.[118]

　　앞서 언급한 사료로부터 1950년 9월까지 모택동은 임표를 조선출병 사령
관으로 파견할 생각이 없었음을 알 수 있다. 그렇다면, 10월 초 소련과 조선
이 중국에게 즉시 출병을 요구하는 긴박한 상황하에서, 모택동은 임표를 사
령관으로 임명할 생각이 있었는가? 홍학지(洪学智, 당시 지원군 부사령관)
와 두평(杜平, 당시 지원군 총 정치부장) 모두 팽덕회가 그들에게 "원래는
임표를 조선에 보내려고 하였으나 그는 병이 있어 소련에 가서 병을 치료해
야 한다."는 모택동의 말을 전하였다고 밝혔다.[119] 오랜 시간 모택동의 경호
를 맡았던 엽자용(叶子龙) 역시 모택동이 직접 그에게 "임표가 자신은 건강
이 안 좋아 소련으로 가서 치료를 해야 한다고 말하였으며, 가장 결정적인
순간에는 역시 팽덕회다!"라고 말했음을 회고하였다.[120] 모택동이 원래 어
떻게 말하였는지, 팽덕회가 임표의 부하들을 처음 만난 자리에서 임표에 대
하여 험담을 하였는지 현재로서는 판단할 수 없다. 중요한 것은 임표의 병
세는 과연 어떠했으며, 과연 군을 이끌고 조선으로 출병하여 작전을 할 수

---

118) "필자의 왕아지(王亚志) 인터뷰 기록(2006년 5월)." 왕아지 선생은 팽덕회를 수행하여 조선에
　　들어갔으며, 후에 주은래의 군사 담당 비서를 역임하였다. 만년에는 조선전쟁과 중국군사사
　　연구에 종사하였다.
119) 洪学智, 『抗美援朝战争回忆』, 19쪽; 杜平, 『在志愿军总部』, 20쪽.
120) 叶子龙, 『叶子龙回忆录』, 温卫东整理, 北京: 中央文献出版社, 2000, 195-196쪽.

없는 정도였는지, 모택동이 이 상황에 대해 알고 있었는지, 또는 잠깐이라
도 임표에게 사령관직을 맡길 것을 고려했었는지 등의 문제이다.

　임표의 병세와 치료 상황에 관해서 임표의 기사 초성서(楚成瑞)와 비서
관광렬(关光烈)의 비교적 상세한 회고가 있다. "임표는 일찍부터 신경쇠약
과 불면증에 시달리고 있었으며, 항일전쟁 시기에 국민당 병사의 오인 사격
으로 총알이 뼈 사이에 박히는 부상을 당하여, 후에 소련으로 가 치료를 받
고 총알을 빼냈으나 후유증이 남았다. 해방전쟁 시기 임표는 과로로 인하여
병세가 더욱 악화되었고 불면증과 두통이 심해졌다. 남하작전이 종료되기
도 전에 그는 부득이 무한으로 돌아가 치료를 받아야만 했으며, 1950년 3월
당중앙의 허락을 받고 북경으로 돌아와 치료를 받았다. 이때 병세가 재발하
였을 뿐만 아니라, 지병이 호전되지 않은 상태에서 새로운 병을 얻어서 추
위와 물, 빛 바람을 무서워하고 두통, 요통 그리고 불면증에 시달렸다." 또한
"아침부터 밤까지 안정을 찾지 못하고 계속해서 몸을 움직였으며 밤이 되면
이 증상은 더욱 심해졌다." 빛을 무서워했기 때문에 임표의 방은 세 겹의
커튼을 쳤으며, 낮에 방에 들어갈 때에는 손전등을 켜야만 했다. 바람을 무
서워하여 그의 딸이 그를 위하여 춤을 출 때면 실외에서 추었으며 임표는
유리창 건너에서 이를 지켜보곤 했다. 임표는 평소 잠을 이루지 못했으며
흔들리는 환경에서는 오히려 잠을 잘 수 있었다. 이 때문에 초성서는 임표
가 더 잠을 잘 수 있도록 그를 자주 차에 태우고 자갈길을 오랜 시간 돌곤
하였다. 치료받는 기간 동안 주은래, 팽덕회, 나영환, 그리고 황극성 등이
자주 병문안을 왔으며, 주은래는 매달 한두 번 들렀다. 모택동 또한 임표에
대하여 큰 관심을 가졌다. 임표가 방문할 때마다 모택동은 직접 그를 문까
지 배웅하였다.[121] 임표가 걸린 이상한 병은 당시 중국의 의료 수준으로는
치료가 불가능하여 여러 차례 소련에 도움을 요청하였다. 필자가 본 소련

121) 蔣霞,「我给林彪治"怪病"-访离休老战士楚成瑞」,『南方周末』, 2000년 11월 23일; 관광렬(关光烈) 구술, 지택후(迟泽厚) 정리,「关光烈谈林彪」,『南方周末』, 2012년 2월 16일.

당안에 따르면, 일찍이 1947년 9월 고강은 하얼빈 주재 소련 영사관에, 신경 전문의와 심장 혈관 전문가를 보내어 임표의 병세를 진단해 줄 것을 요청했다.[122] 1948년 11월 소련 외교부 부부장 구세프(F. Gusev)는 재차 소련공산당 중앙위원회 서기 쿠즈네초프(A. A. Kuznetsov)에게 임표의 병을 치료할 의사의 파견을 요청하였다.[123]

이와 같은 상황은 임표가 당시 실제로 병을 앓고 있었으며, 그 병세가 심각하고 희귀하여 중국 내의 전장이라도 직접 나가 작전을 지휘할 수 없는 지경이었음을 설명해주고 있다. 이러한 상황하에서 그가 어떻게 조선에 나가 전쟁을 지휘할 수 있었겠는가? 모택동과 주은래 등 중공 중앙 지도자들은 이 상황을 잘 알고 있었다. 1950년 9월 3일 모택동은 고강에게 보낸 답신에서 동북변방군사령부 조직에 대하여 언급하며, "임표와 속유 모두 병을 앓고 있다."고 말했다.[124] 10월 2일 밤 소련대사와의 회담 말미에서 모택동은 "주은래와 임표를 즉시 소련으로 파견하여 스탈린과 출병 문제에 관하여 협상할 준비를 하고 있다."고 말하였다.[125] 사실상 임표가 소련에 가는 것은 소련에 병을 치료하기 위해 가는 김에 전쟁 문제에 관하여 토론하는 것을 말한다. 규정에 따르면, 각국 지도자들이 소련에 와 치료를 받거나 휴양을 할 때 소련 최고 지도층의 허가를 받아야 하였으며, 일련의 출국 수속을 거쳐야 했다. 따라서 임표가 소련에 가 치료를 받는 것은 일찍부터 준비되어 있던 것이며, 모택동이 이를 모를 수가 없었다. 이에 따라 모택동이 10월 초 임표에게 조선으로 가 전투를 지휘하도록 급히 제안했다고 보기는 어렵다.

---

[122] "1947년 10월 25일 巴拉诺夫呈苏斯洛夫的请示," АПРФ, ф.39, оп.1, д.31, л.8, Русско-китайски е отношения в XX веке, Т.V, К.2, с.510. L. 巴拉诺夫, 时任联共(布) 中央办公厅副主任.
[123] "1948년 11월 26일 古谢夫致库兹涅佐夫函," АВПРФ, ф.3, оп.65, д.582, л.145, Русско-китайски е отношения в XX веке, Т.V, К.1, с.484-485.
[124] 『毛军事文稿』 상권, 198-199쪽.
[125] "1950년 10월 3일 로신이 스탈린에게 보낸 전문," АПРФ, ф.45, оп.1, д.334, л.105-106. 당시 유딘은 조선에서 모택동 문집을 편집 중이었다. 코노브(konov)와 콘노브(konnov) 모두 중국 주재 소련 대사관의 직원이었다.

앞에서 인용한 직접 당사자 양상곤은 회고록에서 10월 5일 모택동은 팽덕회
와의 대화 중에 "임표의 상황에 대해 말하였다."고 기술하고 있다. 이는 임
표가 병에 있어 군을 통솔해 출정할 수 없다는 것을 지적하는 것이다.

  인용한 모든 구술사료 중에서 필자는 오신천이 서술한 고강의 대화, 즉
"초기 모택동은 임표를 사령관으로 생각하였으나 임표의 병세가 깊어 치료
를 위하여 소련으로 가야 했기 때문에 다른 사람을 파견할 수밖에 없었다."
라는 주장이 비교적 신빙성이 있다고 생각한다. 조선출병에 대해서 임표가
동의하지 않고 심지어 완강히 반대했을 가능성이 높다. 임표는 용병에 있어
언제나 신중하였으며 모험을 원치 않았으며 승리의 확신이 없는 전쟁은 한
번도 한 적이 없었다. 따라서 군사적 상황이 불리한 때에 임표가 중공군의
참전을 주장하지 않는 것은 자연스러운 일이라 할 수 있다. 서성문(柴成文)
은 필자에게 1950년 9월 초 그가 업무 보고를 위하여 귀국하였을 때 임표로
부터 직접 호출을 받고 그와 나누었던 이야기를 해주었다. 서성문의 회상에
따르면, 당시 임표는 "만일 전세가 역전되면, 우리는 출병치 않고 그들(조선
인민군)이 산으로 들어가 유격전을 하는 것은 가능한가?"에 관하여 집중적
으로 질문하였다.126) 이 점으로부터 임표가 전황이 역전될 때를 일찍부터
대비하였으며 출병을 주장하는 입장도 아니었음을 알 수 있다. 그러나 지적
해야 할 것은 당시 출병을 반대한 사람이 절대 임표 한 사람뿐만이 아니었
다는 사실이다. 중앙의 다수 지도자들도 의견도 그러하였다. 모택동 또한
당시 중국 지도자 중에서 오직 1.5명(주은래를 지칭)만이 출병을 주장했다
고 밝혔다.127) 심지어 팽덕회도 처음에는 출병에 대하여 의견을 달리하였
다. 팽덕회는 모택동이 처음 그의 견해를 구했을 때 "소련은 완전히 발을
뺏으며 우리의 장비는 너무 차이가 심하고, 조선이 망하게 놔둘 수밖에 없

---

126) "필자의 시성문(柴成文) 인터뷰 기록, 2000년 9월 12일."
127) 사철(師哲)은 천지엔과의 인터뷰에서 모택동의 이 발언에 대해 언급하였다. China's road
to the Korean War, p.281.

는 것으로 인해 마음이 매우 괴롭다."고 말하였다.[128] 이 밖에도 그 당시 모택동은 '군사민주'를 중시하여 모두에게 출병의 불리한 요인에 대하여 나열하도록 하였다. 이러한 상황에서 임표가 출병하지 않는 이유에 대하여 말하는 것은 하등 이상할 것이 없다. 중요한 문제는 임표 자신이 출병을 주장하지는 않았지만 전쟁의 진행에 대하여 무관심하지 않았다는 것이다. 임표는 모택동이 이미 결정하거나 제안한 희망에 대해서 적극적으로 지지하였다. 관련된 회고 사료에 의하면, 동북변방군을 조직할 때 모택동은 임표의 의견을 물었으며, 그는 제4야전군 제13병단이 주력부대로서 가장 적합하지만, 대병단(큰 병단)을 지휘, 작전하는 문제에 있어서 제13병단의 사령관 황용승(黄永胜)보다 제15병단 사령관 등화(邓华)가 더 적합하기 때문에 두 병단의 사령부를 교체할 것을 건의하였다. 모택동은 임표의 건의를 받아들였다.[129] 이 밖에도 임표가 중요한 정책결정에 참여하였던 증거들이 있다. 동북변방군의 사령관이 계속 정해지지 않았기 때문에 제13병단사령부의 보고서는 종종 과거 사령관인 임표에게 보내지고, 그를 통하여 군사위원회에 전달되었다. 9월 4일 임표는 부대의 전쟁 준비 상황에 관한 등화, 뇌전주(赖传珠) 등의 보고서를 모택동에게 전달하고, "보고서에서 제기된 병참보급 장비 등의 문제를 군사위원회에서 결정 및 해결해 주길 바란다."라고 덧붙였다. 26일 모택동은 "섭영진 동지가 읽어 보고 상황에 따라 처리할 것"을 지시하였다.[130] 이 밖에도 미군의 인천상륙 이후, 임표는 제4야전군 2국(기술정찰국) 국장 팽부구(彭富九)와 정치위원 전강(钱江)을 무한으로부터 북경으로 긴급 호출하여 "조선전쟁의 전황이 매우 불안하다. 중앙은 현재 출병

---

128) 이에 대해서는 王亚志, 「毛泽东决心出兵朝鲜前后的一些情况」, 『党的文献』, 1995-6, 87쪽 참조.
129) 필자의 왕아지(王亚志) 인터뷰 기록(2006년 5월). 두핑(杜平)은 이 생각은 나영환(罗荣桓)이 생각해 낸 것이라고 회고하였다.(杜平, 『在志愿军总部』, 7쪽). 그러나 필자는 왕아지(王亚志)의 회고가 비교적 믿을 수 있다고 판단한다.
130) "1950년 8월 31일 등홍해(邓洪解)가 임표에게 보낸 보고," "1950년 9월 4일 임표가 모택동에게 보낸 편지."

하여 조선을 돕는 문제를 토론하고 있으며 나에게 조선에 가도록 할 수 있다."고 말하고, 그들에게 제4야전군 2국을 위주로 기술정찰부대를 구성하여 자신과 함께 조선에 가서 일할 준비를 할 것을 지시하였다. 임표는 "현재 당중앙에서 토론 중이니 준비를 잘해야 하며 당분간은 다른 사람에게 말하지 말 것"을 당부하였다.131) 이는 이때 임표가 병단을 이끌고 출정 준비와 안배를 하고 있었음을 보여 준다. 이 상황에서 만일 모택동이 임표를 사령관으로 결정했다면 그는 과연 거절할 수 있었을까? 임표가 속으로는 원치 않았다 하더라도, 모택동에 대하여 잘 알고 있는 임표로서는 이를 행동으로 나타낸다는 것은 불가능하다. 또 다른 시각에서 보면, 당시 모택동은 임표의 의견을 매우 존중하였다. 즉 10월 2일 밤, 모택동이 소련대사에게 조선으로 하여금 '유격전의 진행'을 준비하도록 제안한 것은 임표의 의견을 따랐을 가능성이 높다. 이러한 점들을 고려해보면, 임표가 10월 6일 회의에서 "출이부전"(出而不战, 병력을 이동시켜 참전위협만 하고 실제로는 참전하지 않는 것 - 역자 주)이라고 한 것은 결코 그가 전쟁을 두려워해서가 아니라 자신의 의견을 적극적으로 피력한 것일 뿐이다. 후에 상황에 변화가 생겨 스탈린이 공군의 출동을 미루고, 모택동 또한 중국 인민지원군의 출병 방침을 수정한 것은 임표의 이와 같은 전략을 채용한 것이다.

사소한 문제의 고증을 포함하여, 역사 연구는 결과적으로 역사 사실을 밝혀내는 것이다. 그렇지 않으면, 어떻게 정확하고 객관적인 역사를 서술할 수 있겠는가? 앞서의 토론으로부터 중국의 조선출병의 초기 결정 과정은 복잡하였으며, 모택동이 결심하는 것 또한 그렇게 용이하지 않았음을 알 수 있다. 임표가 "병을 핑계로 출병을 거부"하고, 팽덕회가 "자진해서 출병하겠다고 나서는 것"이 어떻게 그렇게 간단하겠는가?

---

131) 팽부구(彭富九)는 "조선전쟁이 발발한 후, 나와 전강(钱江) 동지는 제4야전군의 일부 동지들을 이끌고 북경으로 돌아왔다……"고 회고하였다. 彭富九, 「我所经历的军旅篮球运动」, 『百年潮』, 2009-4, 44쪽. 필자는 이것을 단서로 하여 팽(彭)의 가족들을 인터뷰하였다(2012년 4월).

중국 지도부가 조선 파병 문제를 토론하고 준비하는 동안, 스탈린은 한편
으로는 계속해서 중국의 출병을 독려하면서, 다른 한편으로는 조선으로부
터 철수하는 문제를 고려하기 시작하였다.

1950년 10월 5일, 스탈린이 모택동에게 보낸 전보는 다음과 같다.

북경

소련대사에게
모택동에게 전달할 것

귀하의 답신은 받았습니다.

본인이 귀하에게 5~6개 사단 지원군의 파견 문제를 제안한 것은, 중국 동지들
이 과거에 여러 차례 "만일 적이 38선을 넘어 진격해 올 경우 몇 개 군단을 즉시
파병하여 조선 동지를 지원하도록 준비를 할 것"이라고 성명하였음을 본인이 잘
알고 있기 때문입니다. 그러므로 본인은 중국 동지들이 조선에 출병할 준비를 하
는 것은, 조선이 미국과 미래의 군국주의 일본이 중국을 반대하기 위한 군사기지
로 전락하는 것을 막기 위한 것으로 이해하고 있습니다. 이는 중국과 매우 밀접한
이해관계가 있습니다.

본인이 귀하에게 최대가 아니라 최소한 5~6개 사단을 조선으로 파병해야 한다
고 요청한 것은 국제 정세에 대한 아래의 몇 가지 생각에서 비롯된 것입니다.

1. 만일 조선 전황이 알려진 것과 같다면, 현재 미국은 대규모 전쟁을 진행할
   준비가 되어있지 않습니다.
2. 군국주의 세력이 아직 원기를 회복하지 못하였기 때문에, 일본은 미국에 군
   사원조를 제공할 능력이 없습니다.
3. 이 점을 고려하여, 미국은 조선 문제에 있어서 배후에 소련을 동맹국으로
   둔 중국에 양보를 할 수밖에 없게 될 것이며 조선 문제의 해결을 위한 중재
   조건을 받아들일 수밖에 없습니다. 이러한 조건들은 조건에 조선에 유리할
   뿐만 아니라, 적들이 조선을 그들의 군사기지로 변하게 할 수 없습니다.
4. 동일한 이유로 인하여 미국은 최후에는 대만을 포기하게 될 수밖에 없으며,
   일본 반동파와 단독으로 평화조약을 체결하는 것을 거부하게 될 것이며, 일
   본 군국주의 활동의 부활과 일본을 극동아시아에서 미국의 발판으로 만들려
   는 기도를 포기하게 될 것입니다.

이 때문에, 만일 중국이 진지하게 미국과 대결하지 않고 사람들이 믿을 수 있

게 자신의 역량을 보여 주지 않으며 오직 소극적으로 기다리기만 하면, 중국은 결코 이러한 양보를 얻지 못할 것입니다. 중국은 이 모든 양보를 얻지 못할 뿐만 아니라 대만마저도 얻지 못할 것이며, 미국은 대만을 틀어쥐고 군사기지로 할 것입니다. 미국의 이렇게 하는 것은 이미 승리할 가망이 없는 장개석을 위한 것이 아니고, 미국 자신 혹은 장래의 군국주의 일본을 위한 것입니다.

당연히 본인은, 미국이 세계대전을 위한 준비를 하지 않았지만 여전히 체면을 위해서 세계대전에 끌려 들어오게 될 수 있다고 보고 있습니다. 이렇게 되면 자연히 중국도 전쟁에 끌려 들어가며, 소련 또한 동시에 전쟁에 끌려 들어가게 됩니다. 왜냐하면 소련은 중국과 상호원조조약을 맺었기 때문입니다. 그렇다면 우리는 이를 두려워해야 합니까? 본인은 그렇게 생각하지 않습니다. 왜냐하면 우리의 연합된 역량은 미국과 영국의 그것보다 더 크기 때문입니다. 독일은 현재 미국에게 어떠한 도움도 줄 수 없고, 유럽의 기타 자본주의국가들은 더더욱 중요한 군사적 역량이 될 수 없습니다. 만약 (미국과의) 전쟁을 피할 수 없다면 몇 년 후보다는 지금 싸워야 합니다. 그때가 되면 일본 군국주의가 부활하여 미국의 동맹국이 되고, 이승만이 조선반도 전체를 지배하고 있는 상황이 되어서 미국과 일본은 이미 대륙에 교두보를 갖게 될 것입니다.

이상은 귀하에게 최소 5-6개 사단의 파병을 제안하는 이유로 삼았던 국제 정세와 전망에 관해 본인이 고려한 상황입니다.

귀하의 회신 중에서 중국의 국내 상황에 대하여 언급하였습니다. 이 점은 본인으로서는 새로운 상황입니다. 귀하께서는 조선전쟁으로 인하여 새로운 전쟁이 발생하게 될 상황하에서, 중국 국내는 평화를 갈망하기 때문에 내부에서 엄청난 불만이 나타날 수 있다고 확언하였습니다. 이에 대하여 본인은 이렇게 이해합니다. 중국 연합정부의 일부를 구성하고 있는 자산계급 당파는, 전쟁이 발생할 상황하에서 국내의 불만 정서를 이용하여 중국공산당과 지도부를 반대하도록 할 것이다. 당연히 귀하께서 그 누구보다도 중국 국내 정세를 잘 이해합니다. 따라서 중국 국내 정세의 이러한 어려움의 극복 여부는 오직 중국 동지들이 결정해야 할 문제입니다.

주은래와 임표 동지를 본인에게 파견하여 일을 처리하는 것에 관해서 본인은 매우 기쁘게 그들을 환영하고 그들과 대화를 나눌 것입니다.

경의를 표합니다.
필리포프132)

---

132) "1950년 10월 5일 스탈린이 모택동에게 보낸 전문," 『朝鮮戰爭俄檔復印件』 제7권, 909-916쪽. 여기에 스탈린이 10월 4일에 작성한 원고도 포함되어 있다. 둘의 내용은 대부분 동일하나, 수정 후 문서의 어조가 더욱 강경하다.

  양상곤의 회고에 따르면, 10월 5일 오후 정치국 확대회의에서 있었던 팽
덕회의 발언 이후, 모택동은 참가자들을 설득시키기 위하여 중국, 소련, 그
리고 조선 세 나라를 삼두마차에 비유하였다. 그는 "이 마차는 세 마리의
말이 끌고 있으며 두 마리 말은 앞을 향하여 달리고자 하는데 나머지 한 마
리가 무슨 방법이 있겠는가?"라고 말하였다. 모택동이 말하고 있는 도중에
사철(師哲)이 소련공산당 중앙위원회 대표인 코발레프를 수행하여 모택동을
찾았다. 모택동은 풍택원(丰泽园)에서 소련에서 온 코발레프를 접견한 뒤 다
시 회의장으로 돌아와, "여러분 보십시오. 아니나 다를까, 두 마리 말(소련
과 조선) 모두가 마차를 끌어야 한다는데 우리만 마차를 끌지 않으려 한다
면 어떻게 되겠습니까?"라고 반문하였다. 모택동의 발언 이후 회의는 즉시
조선출병을 의결하였다.[133]

  그러나 모택동은 중국의 참전 결정을 모스크바에 곧바로 통보하지 않았
다. 스탈린은 로신 대사로부터 모택동의 10월 2일자 답변을 전달받은 뒤, 모
택동처럼 감정을 삭이지 못하고 곧장 조선의 소련 인원을 귀환시키기로 결
정하였다.

  이보다 앞선 9월 30일, 그로미코는 스탈린에게 "슈티코프가 조선에 있는
소련 전문가들의 철수를 위하여 협상할 수 있는 권한과 조선에 주재하는 소
련 기관과 협상하여 일부 소련 근무자를 철수시킬 수 있는 권한을 부여해
줄 것을 요청하였음"을 보고하였다. 이에 대하여 소련 외교부는 원칙적으로
동의하였으나, 소련 전문가들의 철수에 관한 구체적인 문제는 조선 정부가
결정하도록 지시하였다. 동시에 슈티코프 대사에게 "조선에 소련 전문가의
철수를 제안할 때 대사 개인의 의견을 말해서는 안 된다."고 강조히였다. 조
선 주재 소련기관 주재원의 철수 문제는 "이전의 절차에 따라서, 즉 소련 외
교부와 소련의 유관 부서 및 관련 기관 간의 협의를 통하여 해결되어야 한
다."고 지적하였다.[134]

---

133) 苏维民, 「杨尚昆谈抗美援朝战争」, 『百年潮』, 2009-4, 12쪽.

그러나 10월 5일, 소련공산당 중앙정치국은 정식 결의를 통하여 조선의 소련 전문가와 조선 주재 소련기관 주재원들을 무조건 소련으로 철수하도록 비준하였다.[135] 10월 5일 당일, 슈티코프는 재차 전보를 보내어 소련계 조선인의 가족, 소련 항공사 대표처 인원, 그리고 필요시 모든 소련 공민을 조선으로부터 철수시키는 문제를 제기하였다. 이에 대하여 모스크바는 철수와 관련된 전권을 소련대사에게 부여하겠다고 회신하였다. "조선 영토로부터 소련계 조선인의 가족 철수 문제는 소련대사가 현지에서 상황에 따라 결정하며, 항공사 대표처 인원과 소련 군사고문단의 가족은 조선으로부터 반드시 철수토록 하고, 필요시 소련계 조선인을 포함한 모든 소련인을 중국 내로 철수한다는 대사의 제안에 동의한다."[136]

한편 김일성은 최악의 상황을 염두에 두고, 자신과 박헌영 연명의 출병요청서를 휴대한 내무상 박일우(장일두)를 중국에 파견하였다. 박일우는 10월 2일 심양에 도착한 후, 다음 날 비행기로 북경에 도착하였다.[137] 그러나 이 때, 중공 중앙은 잠정적으로 출병하지 않는다는 결정을 내렸다. 모택동은 두 차례 박일우를 접견하고 십여 시간에 걸쳐 대화를 나누었다. 모택동은 "중국은 최선을 다해 조선을 원조할 수 있으나 군대 파병만은 할 수 없다. 그 이유는 중국출병은 소련을 이 전쟁에 끌어들이게 될 것이고, 이는 제3차 세계대전을 유발할 수 있다. 비록 중국군은 병력은 많으나 현대화된 무기 장비가 없으며 더욱이 공군과 해군도 없다."라고 박일우에게 설명하였다. 또한, 모택동은 조선인들에게 중국 동북 지역을 근거지로 빌려서 유격전을 펼칠 것을 제안하였다. 조선으로 돌아간 박일우는 10월 6일 조선노동당 정

[134] "1950년 9월 30일 그로미코가 스탈린에 보낸 보고," АПРФ, ф.3, оп.65, д.827, л.123-125.
[135] "1950년 10월 5일 소비에트연방 공산당 중앙정치국 회의 제78호 기록(초록)," АПРФ, ф.3, оп.65, д.827, л.121-122.
[136] "1950년 10월 6일 바실리예프스키와 그로미코가 스탈린에게 보낸 보고," АПРФ, ф.3, оп.65, д.827, л.126-127.
[137] 『周文稿』 3册, 380쪽.

치국 회의에서, 북경 방문 결과를 보고하였다. 정치국 회의는 "외부의 무력
지원이 없는 상황하에서 산간 지역에서 유격전을 진행하고, 다른 한편으로
는 중국에서 새 군단을 조직하여 나중에 반격할 준비를 한다."라고 결정하였
다. 하지만 평양은 박일우가 말한 상황을 모스크바에 통보하지 않았다.[138]
김일성은 단지 그의 개인 비서 문일을 소련대사에게 파견하여, "조선은 이
미 전쟁에서 패배하였다. 만일 외부의 지원이 없으면 국가 전체를 잃을 것
이다. 마지막 남은 길은 산간 지역에서 유격전을 펼치고, 동시에 향후 반격
을 위하여 새로운 부대를 조직하는 것이다. 김일성은 소련이 조선을 위하여
1,500명의 비행사와 기타 전문 장교를 양성해 줄 것을 희망하고 있다."고 피
력하였다.[139]

　10월 6일 밤 10시 30분, 로신 대사는 모택동에게 스탈린의 전보(앞에 서술
한 10월 5일자 전보-역자 주)를 전달하였다. 이때 중국은 출병 결정을 이미
하였으며 이 기회를 이용하여 중국이 원하는 조건들을 소련에 제시하였다.
로신은 모택동이 "스탈린의 국제 정세와 향후 전망에 관한 분석에 전적으로
동의하였으며, 소련과 함께 미국을 반대하는 투쟁을 진행하는 것에 흥분을
감추지 못하였다."라고 보고하였다. 동시에 모택동은 "지금 미국과 개전하
는 것이지만 조선에 급히 출동하여 전투를 하는 것은 불합리하며, 마땅히
미군을 북조선에 분산시킨 후 각개격파하여야 한다고 주장"하였다. 이 밖에
도 모택동은 "중국은 준비가 필요하며, 중국군의 무기 장비는 매우 열악한
상황이며, 중공군은 탱크를 없고 대포도 부족하며 다른 기술병과의 전문 인
원과 운수 수단이 부족한 상태이다. 그중 가장 심각한 문제는 중국에는 공
군이 없기 때문에 중국 대도시아 공업 중심지를 보호할 수 없을 뿐만 아니
라, 조선에 출병한 지상군에 공중엄호를 제공할 수 없다. 이러한 상황에서

138) "1950년 10월 7일 마트베예프가 스탈린에게 보낸 전문," *ЦАМОРФ*, ф.5, оп.918795, д.121,
　　л.705-706.
139) "1950년 10월 6일 슈티코프가 그로미코에게 보낸 전문," *ЦАМОРФ*, ф.5, оп.918795, д.124,
　　л.89-90.

참전하게 되면, 미국이 폭격할 경우 중국 국내는 필히 혼란에 빠지게 될 것이다. 이 밖에도 중국은 현재 필요한 무기 장비와 탄약을 구매할 자금이 없으며, 이 모든 문제에서 소련의 도움이 필요하다. 따라서 주은래와 임표를 소련으로 파견하여 스탈린에게 직접 보고토록 하겠다."고 모택동은 말하였다.[140] 10월 8일, 스탈린은 이러한 상황을 김일성에게 통보하였다. 스탈린은 자신이 모택동에게 보낸 10월 5일자 전보 내용을 김일성에게 전달하면서, 중국 지도자들이 "출병 결정을 망설이고 있을 때" 소련의 의견이 출병에 결정적인 역할을 했음을 강조하였다. 또한 스탈린은 모택동의 대표와 상세한 토론이 필요하기 때문에, 중국군이 "지금 바로 출병하는 것이 아니라 시간이 좀 더 지난 뒤 출병하게 될 것"이라고 밝혔다.[141]

　사실상 10월 8일 아침 6시, 김일성은 중국 대사관으로부터 암호 전보를 전달 받았다. 전보에서 모택동은 중국이 출병할 예정이며 팽덕회를 사령관으로 임명하였으니, 심양으로 대표를 파견하여 관련 문제를 상의하고 전선 상황을 설명해 줄 것을 김일성에게 요청하였다. 김일성은 지체 없이 조선에 들어올 중국 부대에 대하여 안배를 하고, 박일우에게 당일 밤 심양으로 떠나도록 지시하였다.[142] 슈티코프의 보고에 따르면, 중국출병 소식을 들은 후 김일성은 "현재 우리의 전도는 매우 밝다."고 느꼈고, 박헌영에게 '우리는 반드시 확실한 조치를 취하여 전선(前线)을 강화하고 후방부대 조직에 박차를 가하여야 한다.'고 말하였다.[143]

　10월 8일, 모택동은 중국 인민지원군을 조직하는 명령을 내리고, 팽덕회를 사령관 겸 정치위원으로 임명하고 제13병단 소속 4개 군과 국경포병사령부 및 소속 3개 포병사단을 이끌고 출동 대기할 것을 그에게 명령하였다.

140) "1950년 10월 7일 로신이 스탈린에게 보낸 전문," 『朝鮮战争俄档复印件』 第7卷, 920-922쪽.
141) "1950년 10월 8일 스탈린이 김일성에게 보낸 전문," АПРФ, ф.45, оп.1, д.347, л.65-67.
142) "1950년 10월 8일 슈티코프가 스탈린에게 보낸 전문," "1950년 10월 8일 马特维耶夫가 스탈린에게 보낸 전문," ЦАМОРФ, ф.5, оп.918795, д.121, л.711, 712-713; 『毛军事文稿』 上卷, 237쪽.
143) "1950년 10월 8일 슈티코프가 스탈린에게 보낸 전문," ЦАМОРФ, ф.5, оп.918795, д.121, л.720.

병참 보급 사업은 모두 고강이 책임지도록 하였다.[144] 이로써 모든 준비가
다 되었으나 중요한 것 하나가 부족하였다. 그것은 소련의 무기 장비와 공
군 지원이었다. 10월 8일 밤 10시 30분, 모택동은 스탈린에게 보내는 전보 한
통을 소련대사에게 전하였다. 전보에서 모택동은 먼저 "우리 당중앙위원회
는 회의에서 귀하의 의견에 만장일치로 동의하였다."고 밝히고, 팽덕회를
지원군의 사령관 겸 정치위원으로, 고강을 병참 보급 책임자로 임명하였으
며 부대는 대략 10월 15일 전에 조선에 들어가기 시작할 것임을 알렸다. 마
지막으로 모택동은 주은래와 임표가 이미 아침 비행기로 소련으로 떠났으며,
그들의 임무는 비밀로 해 줄 것을 스탈린에게 요청하였다.[145]

주은래와 임표의 비밀 임무는 이전의 약속을 구체적으로 이행해 줄 것을
스탈린에게 요구하는 것이었다. 스탈린의 이전 약속이란 중국군에게 무기
장비와 공군 지원을 제공하는 것이다. 이 또한 중국이 조선에 출병하여 미
군과 작전 하는 유일한 조건이었다. 앞에서 언급한 두 통의 10월 2일자 모택
동의 전보에서도 명확히 나타나듯, 모택동이 조기 출병을 결심하게 된 이유
는 출전하면 반드시 승리할 뿐만 아니라 필히 신속한 승리를 거두는 것에
있었다. 이렇게 된다면 중국의 걱정과 고난은 모두 해결될 수 있었다. 또한
중국군이 조선전쟁에서 신속한 승리를 거두려면, 반드시 동맹국 소련이 필
요한 대량의 군사 지원을 해야 하며 특히 공군 지원을 보장받아야 만하였
다.[146]

중국군의 지도부는 지원군이 출국하여 전쟁을 수행하기 위해서는 소련
공군의 지원이 필수적이라고 더욱 분명히 주장하였다. 제13병단이 집결된

---

144) 『毛文稿』 1册, 543-545쪽.

145) "1950년 10월 8일 모택동이 스탈린에 보내는 전보," *РГАСПИ*, ф.558, оп.11, д.334, л.132,
转引自 Новая и новейшая история, 2005, № 5, с.107-108.

146) 중국이 공개한 10월 2일자 모택동의 전보 중 발표되지 않은 부분은 모택동이 스탈린에게
탱크와 중포, 경중 무기 및 수천 대의 트럭을 포함한 대량의 군사 장비를 중국 측에 제공하고
중공군이 조선에 진입했을 시 공군 원조의 제공을 요청하는 내용이다.

후인 8월 31일, 등화(邓华), 홍학지(洪学智), 해방(解放) 등은 그들이 구상한 조선에서의 전투 방침은 "속전속결"이며, 이를 위해 소련 공군의 원조를 받아 "대규모 공군과 합동작전을 최대한 조직"해야 하며 이는 "이 방침 실현의 가장 중요한 수단"이라고 임표에게 보고하였다. 이 보고에서 그들은 만일 공군의 조건과 준비가 성숙되지 않으면, "출병 시기를 연기하는 것이 유리하다."고 주장하였다.[147]

이러한 결정적인 문제에서 중국은 소련과 명확하고 구체적인 합의에 아직 도달하지 못했기 때문에 모택동은 스탈린의 요구에 직접 대답하지 않고, 주은래와 임표가 소련으로 떠난 이후에 중국의 결정을 소련에 정식으로 통보하였다. 만일 스탈린이 중국의 출병 여부가 중소동맹의 검증이라고 생각하였다면, 모택동은 소련이 전쟁에 필요한 군사원조를 보장하는 여부가 중소동맹의 더 큰 검증이라고 보았다.

흑해 휴양지에서 있었던 주은래와 스탈린의 회담 상황에 대하여 서로 다른 여러 가지 주장이 있다.[148] 이는 이 회담과 관련된 정식 문건과 기록이 줄곧 공개되지 않아, 많은 연구자들이 당사자들의 회고에 근거해 당시 상황을 서술했기 때문이다.[149] 이 회담에 관계된 중요한 문제는 주은래가 소련

---

[147] 邓洪解,『关于边防军作战准备情况问题给林彪的报告』, 1950년 8월 31일; 编写组编,『志愿军一任参谋长解方将军(1908-1984)』, 北京: 军事科学出版社, 1997, 89-98쪽. 杜平在回忆录中也提到了这份报告, 不过, 他的回忆说该报告是写给朱德的, 杜平,『在志愿军总部』, 22쪽, 显然是记忆有误.

[148] 예를 들면 회담 개최 시간에 대하여 서로 다른 주장이 존재한다. 사철은 회담이 10일과 11일에 개최되었다고 회고하였으며, 러시아 학자 페더렌코는 비망록에 근거하여 9일과 10일에 개최되었다고 주장하였다. 심지어 주은래의 출발 시점 또한 의견이 엇갈린다. 10월 6일이라는 주장과 10월 8일이라는 주장이 있다. 중공중앙문헌연구실이 편집한『주은래 연표』는 주은래가 10월 8일에 출발했으며 10일에 모스크바에 도착, 11일 오후 흑해에서 스탈린과 회담한 후 12일 모스크바로 돌아왔다고 단정하였다.

[149] 이전까지 중국에서 발표된 것은 주은래의 통역 사철과 그의 기밀 비서 강일민의 회고가 있었다. 1996년 10월 필자는 뉴욕에서 러시아 학자 만수로프와의 면담에서 그가 스탈린의 통역 페더렌코를 인터뷰 하였으며, 페더렌코는 스탈린과 주은래 회담 후 비망록을 작성하였고 곧 공개할 것이라는 소식을 들었다. 그러나 오늘까지도 여전히 그 비망록은 공개되지 않고 있다.

에 가서 스탈린과 회담을 한 목적과 그 회담의 결과이다.

　주은래와 임표가 소련에 가서 담판을 한 목적은 무엇인가? 이에 대한 당사자들의 회고에 큰 차이가 존재하기 때문에, 연구자들 사이에서도 완전히 다른 견해가 존재한다. 그중 첫 번째 주장은 주은래의 통역 사철(师哲)의 회고에 따른 것으로, 주은래가 북경을 출발하기 전 중공중앙정치국은 일치된 의견에 도달하지 못하여 주은래는 출병치 않는다는 의견을 가지고 모스크바로 떠났다. 하지만 이후에 "국내 다수의 주장이 그래도 출병"이라는 모택동의 전보를 받고 나서 그가 스탈린과 군사 지원 문제에 대해 논의하였다는 주장이다.150) 두 번째 주장은 강일민(康一民, 주은래의 기밀비서)의 회고에 따른 것으로, 주은래의 소련 방문의 목적은 중국의 출병 결정을 소련에게 알리고 중국 인민지원군의 무장을 소련식 무기 장비로 바꾸고 소련 공군의 출동 및 인민지원군과의 공동작전을 논의하는 것이 목적이라는 주장이다.151) 이 밖에 러시아 학자 만수로프는 페더렌코의 회고에 근거하여, "주은래와 임표는 중국이 조선 문제에 개입할 수도 개입해서도 안 된다는 생각을 가지고 스탈린을 만났다."고 주장하였다.152) 첫 번째 주장의 근거는, 주은래가 스탈린과의 회담에서 먼저 중국이 출병하지 않는 이유를 꺼내 놓은 점이다. 이 점에 있어서 사철과 페더렌코의 회고가 일치한다. 두 번째 주장은, 주은래의 소련 방문의 최종 결과가 중국출병과 소련군의 군사원조 제공에 관한 합의라는 것을 그 근거로 하고 있다. 세 번째 주장은 주로 중국은 출병할 수 없다는 주은래 자신의 인식에 그 근거를 두고 있다. 이 회고들은 모두 오차와 모호한 부분들이 있다. 이 문제에 관하여 주은래 자신은 출병하는 것과 출병 하지 않는 것, 두 가지 견해를 가지고 소련에 갔으며 그 주요 목적은 소련이 공군을 출동시켜 중국 군대가 조선에서 작전을 하는 것을 지원

150) 李海文,『中共中央究竟何时决定志愿军出国作战?』, 85-88쪽.
151) 见熊华源,「抗美援朝战争前夕周恩来秘密访苏」,『党的文献』, 1994-3, 83쪽; 张希,「中国人民志愿军入朝前夕突然暂停的经过」,『党史研究资料』, 1993-1, 3쪽.
152) 이에 대해서는 Mansourov, "Stalin, Mao, Kim, and China's Decision", p.103 참조.

토록 하기 위한 것이었다고 후에 여러 차례에 걸쳐 밝혔다.[153)

　최근 비밀해제된 당안 덕분에 많은 문제들이 이미 명확해졌다. 앞에서 설명했듯이 주은래가 출국하기 전에 중국 지도부는 이미 출병 원칙을 세웠을 뿐만 아니라 이에 대한 구체적인 준비도 이루어졌으며, 이를 소련과 조선에 정식으로 통보하였다. 그렇다면 주은래는 왜 출병한다와 출병하지 않는다는 두 가지의 의견을 가지고 갔다고 말하였으며, 회담에서 중국이 출병할 수 없는 이유를 먼저 설명하였는가? 이는 주은래가 소련으로 출발하기 전에 모택동과 스탈린과의 담판 원칙을 상의하여 결정하였기 때문이다. 즉, 소련이 무기 장비와 공군을 원조한다는 조건을 만족시키면 중국은 출병하고, 만약 그렇지 않으면 출병하지 않는다는 것이다. 주은래가 회담에서 중국출병의 어려움을 먼저 강조한 것은 일종의 담판의 수단과 기교일 뿐이며, 그 목적은 소련 정부가 더 많은 무기 장비를 제공하고 공군을 출동시켜 인민지원군의 조선에서의 군사작전을 지원하도록 소련 정부가 보장토록 하는 데에 있었다. 러시아 학자는 주은래가 "중공 중앙 안에서 출병을 반대하는 주요 인물"이며, "그는 자신의 스탈린 방문을 조선전쟁에 중국이 참전하는 것을 저지하고, 김일성 정권을 구원하는 부담을 모두 스탈린에게 떠넘기기 위한 마지막 기회로 보았다."고 주장하였다.[154) 그러나 이 주장은 아무런 근거가 없다. 비록 초기에 중국 지도부 내에서 조선출병에 대하여 이견이 있었지만, 10월 5일 정치국 회의에서 조선에 출병하여 전쟁을 지원하기로 방침을 확정한 후에는 의견 통일을 이미 이루었다. 또한 앞서 설명한 바와 같이 주은래 본인은 줄곧 출병을 찬성하였으며, 회의에서 출병할 것을 몇 차례에 걸쳐 제안한 바 있다. 정치국 회의에서 출병을 확정한 이후, 주은래는 더욱 결연하게 이 결정을 집행하였다. 10월 6일, 자신이 주재하는 출병 준비에 관

153) "1960년 7월 31일 周恩来在中央工作会议上的讲话"; 力平, 『开国总理周恩来』, 北京: 中共中央党校出版社, 1994, 252쪽에서 재인용. "1970년 10월 10일 모택동 주은래와 김일성과의 대화록," 『毛军事文稿』 하권, 372-374쪽.
154) 이에 대해서는 Mansourov, "stalin, Mao, Kim, and China's Decision", pp.102, 103 참조.

한 군사위원회 회의에서 주은래는 "우리는 싸우고 싶지 않지만 적들이 강요하고 있습니다. 적들은 거의 압록강에 다가오고 있습니다. 우리는 (조선이) 죽는 것을 보고만 있을 수 없습니다. 이것은 조선을 돕는 동시에 우리 자신을 보위하는 것입니다. 입술이 없으면 이가 시리지 않습니까!"라며 군사위원들을 계속해서 설득하였다.[155]

중소 지도부 간의 회담에서 어떤 결과에 도달하였는지에 대하여 과거에는 당안 자료의 부족으로 인해 서로 다른 주장이 있었다.

강일민의 회고에 따르면, "스탈린은 우선 중국의 10개 사단의 무장을 약속하고 공군을 동북 안동 일대와 연해 지역 대도시에 파견하여 주둔시키며 방비할 것에 동의하였다. 따라서 중소 양국은 회담 중에 '항미원조' 문제에 대하여 일치된 의견에 이르렀으며 회담은 매우 순조롭게 진행되었다." 이 주장은 일부 연구 저서에서 채용되었다.[156] 만수로프는 페더렌코의 회고에 근거하여 스탈린과 주은래의 회담은 이틀간 지속되었으나 최후까지 양측 모두가 동의하는 결정에 도달하지 못했다고 주장하였다. 주은래는 "새 훈령을 위하여 북경과 연락이 필요하다."고만 말하였다. 만수로프는 스탈린이 회담 중에 중국군에 공중엄호를 제공해 달라는 주은래의 요청에 "조금도 망설임 없이" 약속하였으며, "단 한 차례도 그가 모택동에 한, 중국 인민지원군에 대한 공군엄호 제공 약속을 어긴 적이 없다."라고 강하게 주장하였다.[157]

그러나 많은 증거들은 스탈린과 주은래의 회담의 결과가 첫째, 소련 공군은 당분간 출동하지 않고, 둘째, 중소 모두 당분간 출병하지 않으며, 셋째, 조선에서 최대한 빨리 철수하도록 한다는 것을 보여 준다.

사철(师哲)은 회고록에서 스탈린이 "중국은 일정 수의 병력을 출동시키

---

155) 徐焰, 『一次较量』, 24쪽; 力平, 『开国总理周恩来』, 250쪽.

156) 강일민(康一民)의 회고, 이에 대해서는 다음을 참조할 것. 齐德学, 『朝鲜战争决策内幕』, 62-63쪽, 裵坚章主编, 『中华人民共和国外交史(1949-1956)』, 30쪽; 杨凤安, 王天成, 『驾驭朝鲜战争的人』, 北京: 中共中央党校出版社, 1993, 99쪽.

157) Mansourov, "Stalin, Mao, Kim, and China's Decision", pp.103, 105.

고" 소련은 "무기 장비를 공급"하며 "일정한 규모의 공군을 출동시켜 중국군
에게 엄호를 제공"할 것을 제안하였지만, 그 범위는 "후방과 최전방에만 국
한되며 적의 깊숙한 후방은 포함되지 않을 것"이라고 말하였다고 주장하였
다. 회담은 "시기를 놓치지 말고 조기에 철수 준비를 하도록" 조선 동지에게
통보하고, "(중국군이) 출병하지 않는 것에 대한 준비와 계획을 즉각 취할
것"을 결정하였다.158)

흐루시초프는 "회담을 마친 후 스탈린은, 주은래가 모택동의 명을 받아서
당시 북조선 군대가 이미 전면적으로 궤멸된 상황에서 중국군이 마땅히 출
병하여 미국과 남조선 부대의 계속되는 전진을 제지해야 하는지에 관하여
스탈린에게 의견을 구하러 왔다. 회담 초부터 스탈린과 주은래 모두 중국의
개입이 득이 될 것이 없다고 생각하였다. 그러나 주은래가 귀국하기 전, 중
국은 중국이 마땅히 조선에 적극적인 원조를 제공해야 한다고 결정하였으
며, 중국 군대는 당시 국경 지대에 이미 집결해 있었다."고 회고하였다.159)

이해문(李海文)과 장희(張希)는 스탈린과 주은래가 회담이 끝난 휘당일 밤
(11일 7시)] 중공 중앙에 연명의 전보를 보내어 회담 결과를 통보하였다고 주
장하였다. 스탈린과 주은래의 연명 전보는 현재 소련 공군이 아직 준비가 되
지 않아 당분간 출동할 수 없기 때문에, 중소 모두 당분간 출병하지 않으며,
김일성에게 압록강 이북으로 철수토록 할 것을 결정하였다고 주장하였다. 이
해문과 장희는 11일 모택동에게 보낸 전보에서 스탈린과 주은래가 "소련 공군
은 2개월 혹은 2개월 반 이후에야 출동하여 조선에서의 중국 인민지원군의
작전을 지원할 수 있다."고 말한 것을 그들 주장의 주요 근거로 삼았다.160)

158) 师哲,『在历史巨人身边』, 497-498, 500쪽.
159) Хрушев Н. Правда о корейской войне//Проблемы дальнего востока, 1990, №6, с.105-107.
160) 이에 대해서는 다음을 참조할 것. 李海文,『中共中央究竟何时决定志愿军出国作战?』, 88쪽;
张希,『中国人民志愿军入朝前夕"突然暂停"的经过』, 3쪽. 필자는 이해문과 장희와의 대화를
통해 당시 중국 당안 중에 스탈린과 주은래의 11일자 연명 전보는 발견되지 않았으나 모택동
이 주은래에게 보낸 13일자 전보에서 이러한 내용이 서술되었음을 알게 되었다.

이 밖에 모택동과 주은래는 이후의 담화 중에 이 문제에 관하여 언급하였다. 모택동은 "우리는 단지 소련의 공군 지원을 원하였는데, 그들은 이마저도 하지 않았다."고 말하였다. 주은래 또한 "우리의 출병은 그들이 공군으로 우리를 지원하는 것을 필요로 한다."고 말하고, "우리는 공군 지원 가능 여부를 물었지만, 스탈린은 동요하며 중국이 출병에 어려움이 있으니 출병하지 않는 것도 괜찮으며 조선을 잃어 버린다하더라도 우리는 여전히 사회주의국가이며 중국도 여전히 존재할 수 있다."고 하였으며, "소련이 단지 공군을 보내기만 하면 우리는 바로 출병할 수 있지만 공군이 없다면 곤란하다고 말하자 스탈린은 공군을 파견할 수 없다."고 대답했다고 밝혔다.[161]

이상의 상황으로부터, 중소 지도자의 흑해 회담의 초기 결론은 '소련 공군은 중국 군대와 동시에 출동할 수 없었고, 이 때문에 중국 또한 군대를 조선에 파견하여 작전할 수 없다. 동시에 김일성에게 북조선으로부터 철수할 것은 제안한다.'는 것으로 보인다. 이 결과 또한 주은래와 스탈린이 공동으로 승인한 것임을 알 수 있다.

2005년 러시아의 잡지에 중요한 당안 자료 한편이 소개되었다. 이 당안 자료는 1950년 10월 11일 스탈린과 주은래가 모택동에게 연명으로 보낸 전보이다. 이 문건은 앞에서의 판단이 정확하다는 것을 증명하였다.

북경 주재 소련대사는 모택동 동지에게 즉시 전달하기 바랍니다.
귀국 대표는 오늘 소련에 도착하였으며, 소련공산당 지도자 동지와 귀국 대표는 귀국이 이미 알고 있는 그 문제들에 대하여 함께 토론하였습니다.
우리는 서로의 의견을 교환한 후 아래와 같은 상황을 분명히 하였습니다.

1. 파병 예정인 중국 지원군은 준비가 잘 되어 있지 않고, 장비가 낙후하며, 대포가 부족하고 탱크가 없습니다. 엄호 임무를 맡은 항공 병단은 최소 2개월 후에야 도착할 수 있으며, 상기의 군대를 무장하고 훈련하는 데 최소한 6개월이 소요됩니다.

---

[161] "1970년 10월 10일 모택동 주은래와 김일성과의 대화록,"『毛军事文稿』下卷, 372-374쪽; 力平, 『开国总理周恩来』, 252쪽.

2. 만일 한 달 이내에 우수한 장비로 무장한 상당수의 부대를 직접 보내 지원하
지 않을 경우, 38선 이북의 조선인민군은 버틸 수 없게 되어, 조선은 미국에
게 점령당하게 될 것입니다.

3. 이 때문에, 조선을 위하여 일정한 수준의 지원군은 반년 후에나 투입이 가능
합니다. 즉 조선이 미국에게 점령당한 후, 조선이 더 이상 지원군이 필요로
하지 않을 때가 되어서야 (중국 인민지원군이) 투입될 수 있습니다.

위와 같은 원인과 중국 참전으로 인해 중국 국내에 발생할 불리한 점들에 대한
주은래의 보고에 근거해 우리는 아래와 같은 결정을 내렸습니다.

1. 비록 국제 정세가 유리하지만, 현재 중국군은 잘 준비되어 있지 않은 상태이
다. 따라서 불리한 국면에 빠지는 것을 피하기 위하여 조선 국경을 넘지 않
는다.

2. 만일 부대가 이미 국경을 넘었을 경우, 조선 깊이 들어가지 말고 중국 국경
부근 일대의 산간 지역에 주둔하도록 한다.

3. 조선군 일부는 평양과 원산 이북의 산간 지역에서 방어선을 구축하고, 또
다른 일부 부대는 적 후방에 참투하여 유격전을 벌이도록 한다.

4. 징집한 조선인 중 우수한 자와 장교들을 은밀히 여러 조로 나누어 만주로
이동시켜 만주에서 조선인사단을 편성하도록 한다.

5. 빠른 시일 내에 평양과 북조선의 산간 지역 남쪽의 기타 중요 거점에 대하여
소개(疏開)를 실시한다.

중국 군대를 새로이 무장시키는 데 사용할 탱크, 대포, 비행기 등 중국 동지의
요구를 소련 정부는 충분히 만족시킬 것입니다.
귀하의 결정을 기다리겠습니다.
서명 : 필리포프, 주은래[162]

이 전보는 스탈린의 뜻에 따라 작성된 것임을 알 수 있다. 전보는 행간
모두에서 책임을 중국인에게 전가하고 있다. 스탈린이 이렇게 한 데에는 그
만한 이유가 있다. 전황이 악화되고 유엔군이 계속해서 북진함에 따라, 조
선인민군과 민간인 그리고 정부 기관 간부 모두 사기가 떨어지고 의기소침
하여 미래에 대한 자신감을 잃었다. 김일(金一)을 포함한 지도부 간부와 일

---

[162] "1950년 10월 11일 스탈린, 주은래가 모택동에게 보낸 전문," *РГАСПИ*, ф.558, оп.11, д.334,
л.134-135, 转引自 *Новая и новейшая история*, 2005, №5, с.108-109.

반 간부들 모두 소련에 대하여 불만과 원한이 있었다. 그들은 소련 고문들을 차갑게 대하였으며 심지어 자신들이 원하는 것은 고문과 건의가 아니라 실질적인 지원이라며 거칠게 주장하고 있었다.[163] 무기 장비가 반년 후에 도착하는 것과 중국의 내부적 어려움이, 스탈린과 주은래가 당분간 출병을 하지 않기로 결정을 내리게 된 결정적인 원인은 결코 아니다. 왜냐하면 10월 5일 출병을 결정하고 출병 날짜를 15일로 정할 때, 이러한 상황들을 이미 고려하였기 때문이다. 모택동이 중요하게 기대하였던 것은 소련 공군이 합동작전을 전개하는 것이었으며, 그는 스탈린이 공군 지원 제공을 거절하리라곤 전혀 예상하지 못하였다. 이것이 바로 문제의 핵심이다. 아래에서 토론되겠지만, 그때 소련 공군은 모든 출동 준비를 완료하고 있었다. 스탈린이 소위 중국출병 2달 후 소련 공군이 출동하겠다고 말한 것은 회담이 시작되고 며칠이 지난 후에야 출병 결정을 내린 모택동의 '망설임'에 다소 의심을 품었으며, 중국출병이 예상한 군사적 목적을 달성할 수 있을지 여부에 대하여 확신이 없었기 때문이다. 다른 한편으로는, 일부 학자들이 주장하는 것처럼 미군이 38선을 넘은 다음 날인 10월 8일, 미국 제트전투기 2대가 소련 연해 지역 수하야(Sukhaya)시 부근의 공항을 습격하였다. 스탈린은 이를 미국이 소련에 보내는 경고로 간주하였으며 더욱 신중한 태도로 변하였다.[164] 러시아의 새로운 당안 자료들은 이 사건에 대한 소련의 반응과 모든 행위가 이러한 주장이 옳다는 점을 뒷받침한다.

　조선전쟁에 개입한 이후, 미국 군용기는 극동아시아 지역의 소련 영공을 수차례에 걸쳐 침범하였다. 미 공군의 일련의 도발 행위에 대하여 모스크바

---

163) "1950년 10월 13일 슈티코프가 그로미코에게 보낸 전문," *ЦАМОРФ*, ф.5, оп.918795, д.124, л.136-140.

164) Jon Hallidy, "Air Operation in Korea, The Soviet Side of the Story", Williams, William J.(ed.), *A Revolutionary War, Korea and the Transformation of the Postwar World*, Chicago, Imprint Publlcations, 1993, pp.149-170; Park Mun Su, "Stalin's Foreign Policy and The Korean War", pp.341-381.

는 계속해서 침묵하였다. 9월 4일 여순 기지를 이륙하여 훈련 비행 중이던 소련 폭격기(폭탄 또는 어뢰를 장착하지 않았다) 1대가 11대의 미군 전투기의 공격을 받아 격추되었다. 이에 소련은 미국에 항의하였으나, 소련 폭격기를 격추시킨 비행기는 유엔의 명을 받을 것이므로 미국은 소련의 항의를 받아들일 수 없다는 이유를 들어 소련의 항의를 일축하였다.[165] 소련 외교부에서 항의 각서를 준비하기 전에 신중을 기하기 위하여, 소련공산당 중앙위원회는 국경 수비군이 소련 국가안전부와 해군 총참모부에 제출한 보고에 대하여 "재차 사실을 확인"할 것을 요구하였다.[166] 10월 4일 국경수비군 관리총국 국장 스탁하노프(Stakhanov)는 상세한 조사보고서를 제출하고 외교부가 준비 중에 있는 항의 각서 내용은 합리적이라고 확인하였다.[167] 그러나 이 확인 보고를 받은 후에도 소련 외교부는 새로운 항의를 제기하지 않았다. 왜냐하면 이때는 미군의 38선 돌파가 임박해 있었으며, 스탈린 또한 중국에 출병을 독촉하던 매우 민감한 시기였기 때문이다. 모스크바가 미소 간의 충돌을 격화시키길 원치 않았음을 알 수 있다.

소련의 거듭된 양보에도 불구하고, 10월 7일 유엔총회는 유엔군이 조선 전체를 점령토록 허가하는 결의안을 통과시켰으며, 미군은 이를 근거로 당일 38선을 넘어 북조선으로 진입을 시작하였다. 더욱이 10월 8일 오후 4시, 미국 F-80전투기 2대가 소련 연해주 영공에 침입하여 저공으로 비행하였으며, 수하야강 지역으로부터 약 100킬로미터 떨어진 군용 공항에 기총 소사를 가하였다. 이에 대한 소련은 반응은 지극히 평정하였다. 즉 소련 비행기가 하늘에서 적기와 대치하지 않았을 뿐만 아니라 지상의 기관총과 고사포

165) Внешняя политика Советского Союза, Документы и материалы, 1950год, с.214-216; Stone, *The Hidden History of the Korean War*, pp.136-138.

166) *АВПРФ*, ф.0129, оп.34, п.231, д.56, л.65, *Севостьянова Г. Н. (под ред.)* Советско-американск ие отношения, 1949-1952, Москва, МФД, 2006, с.268

167) *АВПРФ*, ф.0129, оп.34, п.231, д.56, л.71-73, *Севостьянова Г. Н. (под. ред.)* Советско-америка нские отношения, с.268-270.

들을 사용하여 반격하지도 않았다.[168]

10월 9일 22시 45분이 되어서야, 그로미코는 소련 주재 미국대사 커크 (Kirk)에게 전화를 걸어 두 시간 뒤에 면담을 할 것을 요청하고 각서를 전달할 것임을 전하였다. 커크 대사는 자신이 감기에 걸려 침대에 누워서 휴식중이라고 밝혔으며, 결국 그로미코는 23시 30분에 공사급 참사관 바보우어 (Barbour)와의 접견에 동의할 수밖에 없었다.[169] 바보우어와의 면담에서 그로미코는 항의 각서를 낭독하였지만, 바보우어 참사관은 현재 조선 지역에서는 오직 유엔군만 행동을 전개하고 있으므로 소련은 이 문제를 유엔을 향하여 제기해야 한다고 말하고 항의 각서의 접수를 거절하였다. 이에 대하여 그로미코는 소련 공항에 도발적인 기총소사를 가한 것은 미 공군 소속 비행기라고 강조하였지만, 이 미국인은 여전히 각서의 접수를 거절하였다. 속수무책 상황하에서, 소련 외교부는 각서를 미국 대사관으로 부치는 수밖에 없었다. 10월 10일 미국 대사관은 외교 우편을 통하여 각서를 어떠한 첨부서 또는 설명문도 없이 반송하였다. 사실 미국에 의해 반송된 이 각서는 용어가 간결하고 온화했을 뿐 아니라 "소련 공항을 습격한 죄인의 엄중 처벌과 유사한 도발의 재발 방지를 위하여 필요한 조치를 취해 줄 것을 미국 정부가 보장"할 것을 요구하는 소련 정부의 입장이 담겨져 있을 뿐이었다.[170]

사실 미 공군이 취한 행동은 명백히 도발적인 것이다. 저공비행하는 미국의 비행사가 소련 공항의 표지를 못 봤을 리 없으며, 소련의 태도를 시험해 보기 위한 행동이었을 가능성이 크다. 미군이 38선을 넘은 이후, 만일 모스크바가 강경한 입장을 취하고자 하였다면, 이번 미 공군기의 기총소사 사건

168) Севостьянова Г. Н.(под ред.) Советско-американские отношения, с.277-279; Stone, *The Hidden History of the Korean War*, pp.135-137.

169) Kirk to the Secretary of State, October 10, 1950, *FRUS*, 1950, Vol.7, p.917.

170) АВПРФ, ф.07, оп.23, п.32, д.27, л.54-56, Севостьянова Г. Н.(под ред.) Советско-американск ие отношения, с.277-279. 심지어 미국 대사관까지도 "소련의 항의 각서의 어투가 상대적으로 온화"하며, 이는 미국의 "협박" 정책의 결과라고 단정적으로 평가하였다. *FRUS*, 1950, Vol.4, pp.1260-1261, 1264; Vol.7, pp.920-921.

을 이용하여 미국에게 경고할 수 있었으며, 심지어 이를 소련이 조선전쟁에 군사적으로 개입하는 구실로 삼을 수도 있었다. 그러나 모스크바가 연약하고 신중한 태도를 취한 것은, 스탈린이 치욕을 참을지언정 이 중요한 시기에 미국과의 대결을 원치 않았음을 보여 준다. 10월 19일, 미국은 소련 공항에 사격을 가한 사실을 인정하고, 이는 "항공 관제사의 실수와 잘못된 계산의 결과"라고 설명하였다. 또한 "이 비행기의 관제사는 이미 파면되었으며, 실수를 저지른 두 명의 비행사에 대해서는 합당한 징계 처분을 내렸다."고 소련에 통보하였다. 미국 정부는 이 밖에도 "소련이 입은 모든 재산상 피해를 보상하는 데 사용할 자금의 제공을 준비"할 것이라고 밝혔다. 이에 대하여 소련은 미국의 기총 사격으로 큰 피해를 입었음에도 불구하고 그 어떠한 반응도 보이지 않았다.[171]

이를 통하여 미국 군대가 아직 38선을 넘지 않았을 때 스탈린은 중국의 출병을 적극 부추기면서 소련 공군을 출동시켜 협조할 것임을 밝혔으며, 이는 중국군을 이용해 미군의 전진을 저지하기 위한 것이라는 사실을 추측할 수 있다. 그러나 미군이 이미 38선을 넘어 계속해서 진격하는 동시에 소련을 향하여 도발 행동을 가하고, 중국이 출병에 있어서 망설이면서 결정하지 못하자 스탈린은 자신감을 상실하였다. 이 때문에 스탈린은 중국 군대의 선 출병을 제안하면서, 소련 공군의 출동은 두 달 후의 상황을 보고 다시 결정하기로 한 것이다.

그러나 중국으로서는 소련이 공군을 조선으로 출동시켜 중국 지상군과 합동으로 전투를 벌일 것인지의 여부가 출병 결정의 관건이었다. 당시 중국은 진정한 의미의 공군을 보유하고 있지 않았기 때문에, 일단 미국과의 전투가 시작되면 공군은 소련에게 전적으로 의존할 수밖에 없었기 때문이다.[172] 출병을 결정한 후, 중국군 지도부는 공군의 필요성을 더욱 절박하게

---

[171] *АВПРФ*, ф.0129, оп.34, п.56, д.231, л.82, *Севостьянова Г.Н.(под ред.)* Советско-американски е отношения, с.279-280; Schnabel, *United States Army in the Korean War*, pp.200-201.

느꼈다. 10월 9일 팽덕회가 주재한 인민지원군 군단장급 이상의 간부회의에서, 참가자 다수는 회의가 끝날 때까지 이 문제를 특히 제기하였다. 팽덕회와 고강은 모택동에게 급히 전보를 보내어, "우리 군이 출병하여 작전을 수행할 때, 군사위원회는 몇 대의 전투기와 폭격기를 보내어 엄호를 제공할 수 있으며 언제 출동할 수 있고 누가 지휘 책임을 맡을 것입니까?"라고 물었다. 중국 인민지원군 총사령부의 많은 지도자들 또한 공군의 협동작전이 없는 상황에서 출병하는 것은 득보다 손해가 크며, 심지어 "2~3개월 내 새로운 장비가 확실히 보장된다면(특히 공군이 출동할 수 있다면) 원래 계획대로 출병토록 하고, 그렇지 않다면 출동 시기를 늦추자는 의견에 대하여 고려할 가치가 있다."고 건의하였다.[173)]

　이때, 모택동과 팽덕회는 군의 작전 배치를 긴박하게 진행하고 있었다. 10월 9일, 팽덕회와 고강은 "군단장급 이상의 간부회의에서 비록 출동 준비가 불충분하지만 15일 두 개 군단을 먼저 출동시킬 것"을 결정하였으며, "각 군단 모두 수송수단과 대전차 무기, 고사포 무기가 부족한" 상황을 알리고, "공군이 언제 출동할지에 관하여 속히 알려줄 것"을 요청하는 전보를 보냈다. 또 다음 날 10일, 재차 전보를 보내어 "비록 인민지원군이 각 분야에서 출동 준비는 모두 충분치 않지만, 미 공군의 압록강대교 폭격으로 참전의 시기를 잃어버릴 수 있다는 우려 때문에 중국군 모두가 동시에 출동하여 강남(江南, 압록강 남쪽을 의미)에서 집결하기로 결정하였다."고 알렸다. 11일

172) 당시 소련의 극동 공군력은 매우 강력하였다. 7월 1일자 미국 참모총장 연석회의에 따르면, 전투기 2,200대, 공격기 600대, 경폭격기 1,100대, 폭격기 600대, 수송기 500대, 정찰기 300대 등 항공기 5,300대를 보유하고 있었다. 이 밖에도 해군이 보유한 항공기는 전투기 550대, 수송기 80대, 경폭격기 350대, 정찰기 170대이다. Paul Kesaris(ed.), Records of the Joint Chiefs of Staff, PartⅡ, 1946-1953, The Far East, Washington, D.C., A Microfilm Project of University Publications of America, Inc., №9, 1979. 반면에, 최근에 편성된 중국 공군 제4사단은 1950년 10월 말에야 심양에 주둔하였으며, 12월 21일 안동의 랑두(浪头) 공군기지 진입하여 소련 공군과 함께 훈련을 실시하였다. 1951년 1월 21일이 되어서, 몇 대의 중국 공군기가 제1차 공중전에 참가할 수 있었다. 이에 대해서는 『空军回忆史料』, 245-249쪽 참조.
173) 王焰等编, 『彭德怀传』, 404쪽; 杜平, 『在志愿军总部』, 41쪽.

모택동은 회신을 보내, 4개의 군단과 3개의 포병사단을 동시에 출동시켜 기회를 기다려 적을 섬멸시키는 작전에 동의를 표하면서, 고사포부대는 전선을 향하여 상해로부터 이미 출발하였지만 "당분간 공군은 출동할 수 없다."고 밝혔다. 12일 모택동은 제2예비대 제9병단에게 북상을 앞당겨 동북으로 직행하도록 명령하였다.[174) 같은 날, 슈티코프는 박일우가 이미 심양에서 돌아갔으며, 15일 중국군은 세 방향에서 북중 국경선을 넘어 20일까지 예정된 지역에 집결할 것임을 스탈린에 보고하였다.[175)

　중국군의 무장을 갖추고 출발을 기다리고 있던 모택동은 스탈린과 주은래가 연명으로 보내온 전보가 북조선을 포기하고, 이에 대한 "귀하의 결정을 기다리겠습니다."가 전보의 마지막 줄일 것이라고는 전혀 예상치 못하였다. 스탈린은 또다시 공을 모택동에게 넘긴 것이다. 10월 12일 오후 3시 30분, 모택동은 전보를 읽은 후 즉시 스탈린과 주은래의 결정에 동의를 표하였다. 당일 저녁 10시 12분, 모택동은 스탈린에게 재차 전보를 보내어 "이미 중군군의 조선 진입 계획의 집행을 중지하도록 명령하였다."고 통보하였다.[176) 모택동의 전보를 받은 뒤, 스탈린은 즉시 슈티코프와 바실리예프(N. A. Vasiliev)에게 전보를 보내어, 11일자 스탈린과 주은래의 연명 전보 내용을 김일성에게 전달하도록 지시하면서, 이번 회의에서 결정에 모택동 동지가 동의하였음을 특별히 지적하였다.[177)

　슈티코프는 스탈린의 지시에 따라 13일 김일성과 박헌영을 면담하고 스탈린의 전보를 그들에게 낭독하였다. "김일성과 박헌영은 전보의 내용을 듣

174) 『毛軍事文稿』上卷, 242-243, 246쪽.
175) "1950년 10월 12일 슈티코프가 스탈린에게 보낸 전문," ЦАМОРФ, ф.5, оп.918795, д.121, л.735-736.
176) "1950년 10월 12일 로신이 스탈린에게 보낸 전문," "1950년 10월 12일 모택동이 스탈린에게 보낸 전문』, РГАСПИ, ф.558, оп.11, д.334, л.140, 141, Новая и новейшая история, № 5, 2005, с.109에서 재인용.
177) "1950년 10월 12일 스탈린이 슈티코프에게 보낸 전문," РГАСПИ, ф.558, оп.11, д.334, л.142-144, Новая и новейшая история, № 5, 2005, с.110에서 재인용.

고 의외라고 느꼈으며" "김일성은 그들로서는 이 결정을 받아들이기 매우 어렵지만 이미 이러한 제안이 있는 이상 이에 따라 집행할 것"이라고 말하였다. 김일성은 이미 입안된 철수 계획의 이행에 도움을 줄 것을 소련에 요청하고, 당일 밤 철수 준비를 하였다.[178]

   김일성과 스탈린이 절망하고 있던 때에, 중국은 또다시 새로운 결정을 내렸다. 모택동이 스탈린에게 중국이 출병치 않는 것에 동의하고 조선 진입을 중지하라는 명령을 내린 것은 다소간의 고려 후에 이루어진 것이다. 사실상 그가 스탈린에게 정식 답변을 보내기 전에 내린 명령은, "10월 9일의 명령은 당분간 실행하지 않는다. 동북 지역의 각 부대는 계속해서 원위치에서 정돈과 훈련을 계속 진행하며, 당분간 출동하지 않는다." 제9병단은 "여전히 원위치에서 정돈과 훈련을 하며" 동시에 "간부와 민주 인사들에 대하여 새로운 설명을 하지 말 것을 당부"하였다. 이와 동시에, 팽덕회와 고강에게 북경으로 상경하여 상의할 것을 지시하였다.[179] 모택동이 이와 같이 여지를 남겨둔 것은 소련 공군이 당분간 출동하지 않는 상황하에서 첫째, 모택동 자신은 여전히 출병을 선호하고 있으며, 둘째, 중국의 군사지휘관들이 출병을 계속 견지하는지에 관하여 확신하고 있지 않았음을 보여 준다.

   10월 13일 정오, 팽덕회와 고강이 북경에 도착하였다. 당일 오후, 모택동은 이년당에서 중앙정치국 긴급회의를 소집하고, 출병할 경우와 출병치 않을 경우의 이해득실에 관하여 다시금 토론을 진행하였다. 모택동은 결연히 출병을 주장했으며, 비록 미국과 전쟁 개시 초기에는 소련 공군이 조선에 진입이 불가능하지만, 스탈린이 중국 영토에 대한 공중 보호와 대량의 군사 상비 제공을 이미 약속하였나고 팽덕회와 다른 참석자들을 실득하였다. 회의는 최후에 "당분간 소련 공군의 지원이 없고 미군의 대거 북진이 진행되

---

178) "1950년 10월 14일 슈티코프가 스탈린에게 보낸 전문, *АПРФ*, ф.45, оп.1, д.335, л.3. 김일성의 철수 준비에 관한 상세한 설명은 다음을 참조할 것, Mansourov, "Stalin, Mao, Kim, and China's Decision", p.104.
179) 『毛軍事文稿』 상권, 247, 248쪽.

고 있는 상황에서 아무리 큰 어려움이 있더라도, 반드시 즉각 출병하여 조선을 지원해야 한다."라고 결정하였다. 14일 모택동과 팽덕회, 고강은 인민지원군의 출병 후의 작전 방안에 대하여 상세히 연구하였다.[180]

회의 후, 밤 9시 모택동은 로신 대사를 접견하고 "중공 중앙은 필리포프 동지의 최근 전보와 본인의 결정에 관하여 재차 토론하였으며, 우리의 지도부 동지들은 마땅히 조선을 도와야 한다고 생각한다."라고 전하였다. 모택동은 "우리 동지들은 이전에 국제 정세 문제와 소련의 군사 지원 문제 그리고 공중엄호 제공 문제에 대해 명확히 알지 못하였기 때문에 출병 결심을 할 수 없었다. 현재는 이러한 모든 문제가 이미 명확해졌다." "현재 중국 부대를 조선에 보내는 것이 유리하며, 중국은 조선에 부대를 파견시켜야 할 의무가 있다. 우선 9개 사단으로 구성된 제1진을 파견한다. 비록 그들 장비가 열악하지만 이승만 부대와는 싸울 수 있다. 이 기간 동안, 중국 동지들은 제2예비대를 준비토록 노력할 것이다."라고 지적하였다. 모택동은 특히 "중요한 문제는 우리를 엄호할 공군이 필히 있어야 한다는 것이다. 우리는 소련 공군이 최단 시간 내에 도착하길 바라며, 절대로 2달을 넘겨서는 안 된다."고 강조하였다. 그는 계속해서 중국 정부는 현재 소련이 제공하는 군사 장비에 현금을 지불할 능력이 없으며, "임대 방식으로 군사 장비들을 제공해 주길 희망"한다고 밝혔다. 이를 위하여 주은래는 "반드시 필리포프 동지와 이 문제를 다시 논의해야 한다."고 말하였다.[181] 전보에서 언급한 "본인의 결정"이라는 것은 모택동 본인이 출병에 대한 결심에 변화가 없다는 것을 스탈린에게 알리고자 하는 것이었음이 분명하다.

180) 王焰等编,『彭德怀传』, 405-406쪽; Chen Jian, *China's Road to the Korean War*, pp.201-202. 천지엔이 인용한 자료에 따르면, 팽덕회는 소련이 공중 지원을 제공할 수 없다는 것에 매우 분노하였으며, 지원군 사령관직을 사임 의사를 밝혔다. 그러나 이러한 주장은 확인된 적이 없다. 회의 기록이 없기 때문에 토론의 상세한 내용은 여전히 알 수가 없다.
181) "1950년 10월 13일 로신이 스탈린에게 보낸 전문(No.2406)," *АПРФ*, ф.45, оп.1, д.335, л.1-2; "1950년 10월 13일 로신이 스탈린에게 보낸 전문(No.2408)," *РГАСПИ*, ф.558, оп.11, д.334, л.145, Новая и новейшая история, 2005, №5, с.110-111.

　스탈린은 중국 지도부의 이 일방적 결정을 전혀 예상치 못하였다. 로신 대사의 첫 번째 전보를 받은 뒤, 스탈린은 즉시 슈티코프에게 전보를 보내 김일성에게 "우리는 지금 막 모택동의 전보를 받았습니다. 모택동은 전보에서 중공 중앙은 조선의 상황에 대하여 재차 토론하였으며, 중국 군대는 무기 장비가 매우 부족함에도 불구하고, 조선 동지에게 군사 지원을 하기로 결정하였습니다. 본인은 이 문제에 관한 모택동의 상세한 통보를 기다리고 있습니다. 중국 동지들의 이 새로운 결정을 고려하여, 어제 귀하에게 보낸 전보에서 말한 북조선에서의 소개와 조선 군대의 북쪽으로의 철수 집행은 잠시 연기하길 바랍니다."라고 통보하였다.[182] 로신의 계속된 전보를 받은 후, 스탈린은 14일 재차 김일성에게 전보를 보내어 "이전에 귀하에게 통보했던 중소 지도자 회담에서의 제안은 취소합니다. 중국 군대의 출동과 관련된 구체적인 문제는 귀하는 중국 동지들과 함께 공동으로 결정해야 합니다."라고 강조하였다.[183]

　로신 대사와 담화를 마친 후, 밤 10시 모택동은 주은래에게 보내는 전보를 기초하였다. 모택동은 전보에서 "팽덕회, 고강 및 기타 정치국 동지들과 토론한 결과 우리 군이 조선에 출병하는 것이 그래도 유리하다는 의견 일치를 이루었습니다." 초기에는 오직 한국군과 전투를 하고, 원산에서 평양까지의 북쪽 지역에 근거지를 만들어, 조선 인민의 사기를 진작시키고 조선인민군을 다시 조직하도록 하며, 소련의 공군 지원이 도착하고 소련의 무기 장비를 받은 후에 미군에 대하여 재차 공격토록 할 것입니다. 모택동은 계속해서 "우리가 앞에서 언급한 적극적인 정책을 취하는 것은 중국, 조선, 아시아, 그리고 전 세계에 모두 극히 유리합니다. 반대로 우리가 출병하지 않아 적군이 압록강에 이르게 되면, 국내와 국제의 반동 세력의 기세가 등등해지고, 이는 모두에게 불리합니다."라고 설명하였다. 모택동은 "마땅히 참

182) "1950년 10월 13일 스탈린이 김일성에게 보낸 전문," *АПРФ*, ф.45, оп.1, д.347, л.75.
183) "1950년 10월 14일 스탈린이 김일성에게 보낸 전문," *АПРФ*, ф.45, оп.1, д.347, л.77.

전해야 하며 반드시 참전해야 합니다. 참전의 이익은 극히 크며 참전치 않으면 그 손해 또한 극히 큽니다."라고 결론지었다. 모택동은 주은래에게 모스크바에 며칠 더 머물면서, 차관 형식으로 소련 무기를 구입하는 것과 소련 공군이 제시간에 출동하는 문제에 대하여 상의하도록 하였다.[184]

14일 새벽, 모택동은 진의(陳毅)에게 전보를 보냈다. 그는 전보에서 제9병단은 계속해서 이전의 계획에 따라 집결하고 동북으로의 이동 명령을 기다릴 것과, 고사포단은 즉시 동북으로 출발하도록 지시하였다.[185] 동시에 주은래에게 재차 전보를 보내어, 지원군이 조선에 진입한 후 평양−원산 이북의 산간 지역에 방어 체계를 조직함으로써 적으로 하여금 "다소간 우려토록 하여 계속해서 전진하는 것을 멈추도록 하며" 이를 이용하여 "소련 장비를 훈련할 시간을 확보하고 소련 공군의 도착을 기다린 뒤 재차 공격을 개시한다."라고 설명하였다. 모택동은 이 일의 관건은 "소련이 확실하게 두 달 내에 최전선에 공군 지원과 후방 각 대도시에 공군 엄호를 제공하는 여부" 및 "소련이 임대 형식으로 군사 장비를 제공하는 여부"라고 지적하였다.[186] 14일 밤, 모택동은 재차 주은래에게 지원군이 조선에서 펼칠 작전 방침을 스탈린에 통보토록 지시하였다. 즉 "전군 26만 명이 10월 19일 동시에 출동하여 10일 내에 도강을 완료하고, 남쪽으로 진군하여 덕천(德川)과 영원(宁远) 이남 지역에 진지 공사를 한 후 공중과 지상 모두에서 적군을 압도할 수 있는 우세한 조건을 갖춘 6개월 후에, 공격을 다시 시작하도록 한다. 이렇게 하여 중국 국방선을 압록강으로부터 덕천과 영원 및 그 이남 지역으로 변경시킬 수 있으며, 이렇게 하는 것은 가능하며 중국에 이익이 된다."[187] 미국과 한국 군대가 평양 공격 준비를 이미 완료했다는 소식을 들은 후인 15일 새벽, 모택동은 고강과 팽덕회에게 전보를 보내서 두 개 군

184) 『毛军事文稿』 상권, 252-253쪽.
185) 『毛军事文稿』 상권, 255쪽.
186) 『毛军事文稿』 상권, 256-257쪽.
187) 『毛军事文稿』 상권, 258-259쪽.

단을 17일과 18일에 각각 도강하도록 한 후, 덕천 지역에 가서 진지 공사를
할 것을 명령하였다.[188] 같은 날, 모택동은 주은래에게 소련의 1개 항공사
단을 북경으로 파견하여 "수도를 공중방어"해 줄 것을 소련에 제기하도록
지시하였다.[189]

　이 전보들을 자세히 읽어보면, 모택동의 소위 "출이부전(出而不战), 출병
은 하되 싸우지 않는다."는 전략은 다음과 같은 두 가지 전제 조건을 가지고
있음을 알 수 있다. 첫째, 적의 북진 속도가 비교적 느리거나, 혹은 북진을
멈추어(미군이 스스로 머뭇거리고 인민군이 저지에 의하여) 중국 인민지원
군에게 원조를 기다릴 시간과 공간을 제공하고, 둘째, 2달 후 소련 공군이
참전하고 6개월 후 소련의 군사 장비가 도착한 후에야 지원군이 반격을 시
작할 수 있다는 것이다. 이렇게 되면 전선을 중조 국경 지역에서 멀리 떨어
진 곳으로 밀어낼 수 있게 되어서 "항미원조(抗美援朝), 보가위국(保家卫国)"
의 목적을 달성하게 된다. 그러나 이 두 가지 조건에는 곧 중대한 변화가
발생하였다.

　모택동의 13일자 전보를 받았을 때, 주은래는 이미 흑해에서 모스크바로
돌아왔다. 주은래는 모택동의 전보를 즉시 러시아어로 번역하여 소련 측에
넘기고, 당일 밤 몰로토프와 만나 무기 공급 문제에 관하여 상의하였다. 담
화 중에 주은래는 소련의 의견을 물었으며, 이에 몰로토프는 그가 결정할
수 없으며 이 모든 것은 스탈린이 가부를 결정한다고 밝혔다.[190] 스탈린의
답변은 현재까지 발견되지 않았지만, 주은래 편지에 근거해 보면 스탈린이
초기에 중국의 요구를 만족시켰음을 판단할 수 있다. 14일 주은래가 보낸
편지의 전체 문장은 다음과 같다.

---

[188] 『毛军事文稿』 상권, 263쪽.
[189] 『毛军事文稿』 상권, 264쪽. 1950년 2~3월 상해 지역의 공중엄호를 위하여 중국에 파견된
바티스키 공군사단은 10월 중순 상급의 인사이동에 따라 귀국하였다. 그들의 장비는 소중
양국 정부의 협의된 가격으로 중국에 팔았다. 王定烈主编, 『当代中国空军』, 78쪽.
[190] 『周恩来年谱(1949-1976)』 上卷, 86쪽; 师哲, 『在历史巨人身边』, 502쪽.

스탈린 동지

모택동 동지의 10월 13일 본인에게 보내온 전보와 귀하의 14일 답변에 근거하여, 본인은 다음과 같은 문제를 제기합니다. 귀하의 지시를 구합니다.

1. 16개 소련 지원군 제트전투기 비행단을 출동시킨 후, 계속해서 폭격기를 조선까지 출동시켜 중국군과 합동작전을 할 수 있습니까?
2. 소련 정부는 조선에 공군을 지원하여 조선에서 작전하는 것 이외에, 중국 연해의 각 대도시에 주둔하는 방공 공군을 더 많이 파견할 수 있습니까?
3. 위의 1, 2 두 가지 외에 중국 정부는 기타 종류의 비행기와 그 부품 기자재를 구매하여 중국 공군을 무장해야 할 필요가 있습니다. 이에 대한 주문서는 본인이 북경으로 돌아간 뒤, 재차 전보로 통지하겠습니다.
4. 제트기가 착륙할 수 비행장 건설에 속도를 가하기 위하여, 중국 정부는 소련 정부에 4세트의 공항에 깔 강판 설비의 제공을 바랍니다.
5. 비행기와 탱크, 포 및 해군 기재 이외에 중국 정부는 소련 정부에 차량, 중요 공병 기자재 및 기타 병기 기자재, 공업 방면의 신용 구매를 허가해 주시기를 바랍니다.
6. 소련 정부는 우선 5,000대의 트럭을 제공하는 것을 포함하여 반년 내에 15,000대의 각종 차량을 제공해 줄 수 있습니까?
7. 중국 인민해방군은 지원군의 형식으로 조선에 진입하여 작전을 합니다. 조선인민군과 합동작전을 벌일 경우 쌍방의 군 지휘 관계 문제는 어떻게 해결해야 합니까?
8. 소련 공군이 조선의 작전에 참가할 때, 중국 지원군과의 지휘 관계는 어떻게 해결해야 합니까?

이 밖에 중국 정부의 각종 대포 및 그 부품 기자재에 관한 첫 번째 주문서를 첨부합니다. 비준해 주시기를 바랍니다.
이에 특히 감사를 드립니다.
볼세비키 당에 경의를 표합니다[191]

　　그러나 스탈린의 답변은 주은래를 경악하게 하였다. 주은래의 편지를 받은 후 스탈린은 몰로토프에게 "소련 공군은 오직 중국 국내의 방어만을 위하여 파견되며, 두 달 또는 두 달 반 이후에도 조선에 들어가 작전을 할 준비는 하고 있지 않다."라고 주은래에게 전하도록 하였다.[192] 이는 중국 군대

191) 『周文稿』第3卷, 404-405쪽.

가 조선에서 군사행동을 할 때, 소련 공군으로부터의 도움을 받는 기대를
하지 말라고 중국 지도부에 통보한 것과 다름없다. 스탈린은 왜 다시 생각
을 바꾼 것일까? 현재까지 밝혀진 사료로는 정확한 판단이 어렵다. 필자는
스탈린이 중국의 의도와 능력에 대해 어느 정도 의심을 품었던 것이 원인이
었을 가능성이 크다고 추측한다. 1949년 국공 평화회담 중재 문제의 논쟁으
로부터 1950년 초기 중소조약 담판에서의 힘겨루기까지, 모택동은 두 차례
에 걸쳐 스탈린에게 양보를 강요하였다. 이는 모택동이 모스크바의 지휘를
기꺼이 따를 것인가? 중국공산당은 사회주의진영의 충실한 일원이 될 수 있
을 것인가? 모택동이 진심으로 조선에 출병한다 하더라도 미국 군대에 항거
할 능력이 있을 것인가?' 등의 문제에 대해 스탈린이 의심할 수 있었을 것이
다. 왜냐하면 이때 스탈린은 설상가상의 소식을 접하였기 때문이다. 10월
13일 오전, 소련의 해군 총참모장 거로푸코(G. Golovko)는 스탈린에게 "오늘
아침 함흥 해역에서 미국의 전투함 1척, 중형 항공모함 3척, 항공모함 호위
함 2척, 중형 순양함, 순양함 3척, 구축함 12척과 소해정(扫雷舰)분대 및 수
륙양용부대가 발견되었으며, 동시에 "함흥은 공중과 해상으로부터 맹렬한
공습을 받았다."고 보고하였다.[193] 함흥은 북조선의 평양－원산의 동해안
위쪽에 위치한 곳이기 때문에, 미군이 다시 원산상륙작전을 실시하여 압록
강으로 진격할 것이며, 북조선은 이미 방어 능력을 완전히 상실하였음을 스
탈린은 쉽게 짐작할 수 있었다. 이러한 상황에서, 만일 장비가 열악한 중국
군대가 미국을 저지할 수 없다면, 소련 공군이 참전하는 것은 제 무덤을 스
스로 파는 것과 다름이 없었다. 따라서 스탈린은 신중하게 행동할 수밖에
없었다.

　주은래가 전해온 소식은 중국 지도부 얼굴에 찬물을 끼얹은 것과 같았다.
그러나 모택동의 결심은 결코 이로 인하여 흔들리지 않았다. 그는 17일 팽

---

192) 『周恩来年谱(1949-1976)』上卷, 87쪽; 『毛军事文稿』 下卷, 372-374쪽.
193) "1950년 10월 13일 거로푸코가 스탈린에게 보낸 전문," *АПРФ*, ф.3, оп.65, д.827, л.139.

덕회 및 고강에게 전보를 보내어 한편으로는 "19일 부대가 출동하도록 준비할 것과 내일(18일) 다시 정식 명령이 있을 것", 다른 한편으로는 그들에게 북경으로 돌아와 논의토록 할 것을 지시하였다.[194] 18일 회의 상황에 대해서는 아직까지 어떠한 문헌 기록도 발견되지 않고 있다. 그러나 그 결과는 매우 명확하다. 즉, 중국 인민지원군이 원래 계획에 따라 행동하는 것이다.[195] 팽덕회의 회고에 따르면, 모택동은 회의에서 "현재 적군은 이미 평양을 포위하였으며 다시 며칠이 지나면 압록강까지 진격할 것이다. 아무리 큰 어려움이 있더라도 인민지원군이 도강하여 조선을 지원하는 것은 다시는 변하지 않으며, 출동 시기 또한 더 이상 늦출 수 없으며 원래의 계획대로 도강한다. 미국을 이기지 못한다 하더라도 우리는 싸워야 한다. 그(스탈린)는 우리에게 언제나 빚이 있다. 우리가 언제든지 싸우기를 원하면 곧바로 다시 싸울 수 있다."라고 결연히 말하였다.[196] 회의가 끝난 후 당일 밤(18일 밤) 모택동은 등화에게 "4개 군단과 3개 포병사단을 예정된 계획에 따라 19일 밤부터 안동과 집안(輯安) 두 곳에서 비밀리 도강을 시작하여 밤에 움직이고 낮에는 멈추어 은밀하게 전진할 것을 명령하였다.[197]

바로 이렇게 중국 인민지원군의 첫 부대가 조선 땅에 첫 발을 디뎠으며, 10월 25일 '항미원조전쟁'의 첫 번째 전투 포성이 울렸다.

---

194) 『毛軍事文稿』 上卷, 265쪽.

195) 이번 회의에 관하여 현재 유일하게 볼 수 있는 사료는 고강이 말한 내용이다. 1950년 10월 25일, 로신은 모스크바에 보낸 전보에서 고강이 심양에 돌아간 후, 심양 총영사 리도프스키에게 조선출병에 관한 중공중앙정치국 내부의 논쟁에 관하여 말하였다. 고강이 말한 바에 따르면, 주은래는 회의에서 출병을 반대하였으며 "결정적 시기에 고강은 팽덕회와 함께 모택동에게 신속히 출병할 것을 건의하였다." *АПРФ*, ф.45, оп.1, д.335, л.80-81, *Торкунов А. В. Загадочная война*, с.119.

196) 王焰等編, 『彭德懷傳』, 47쪽; "1955년 2월 8일 고강 문제에 관한 팽덕회의 담화," 팽덕회 비서실장 왕염(王焰)의 수기. 이는 아직 출판되지 않았다.

197) 『毛軍事文稿』 上卷, 266쪽.

3. 모택동의 참전 결정에 관한 심층적 고찰

중국의 조선출병 문제에 관하여, 오랜 기간 연구자들 사이에 의견이 분분하였다. 우선 기본적 역사적 사실에 관한 인식, 즉 중국출병이 주동적인 것인지, 아니면 피동적인 것인지에 대한 문제이다. 이 점에 관하여 상호 대립되는 두 가지 극단적인 주장이 존재한다. 하나는 중국출병은 전적으로 모택동이 주동적으로 요구한 것이며, 스탈린은 전쟁 확대의 위험을 무릅쓰고 중국의 주장에 마지못해 동의했다는 주장이다. 러시아의 저명한 군사 역사가 볼코고노프(D. A. Volkogonov)는 이 주장의 대표적인 학자이다.[198] 또 다른 주장은 중국에게 출병하여 조선을 원조토록 한 것은 스탈린이며, 모택동은 스탈린의 압력하에, 동시에 중국의 안전이 위협받았을 경우에 지원군을 파견하기로 결정했다는 주장이다. 1966년 8월, 조선전쟁의 배경에 관한 소련 외교부 보고는 이것을 주장하였다.[199] 당안과 문헌이 전혀 공개되지 않은 상황에서, 연구자들이 부분적인 사실에 근거하여 이러한 판단을 한 것은 이해할 만하다. 그러나 20여 년이 지나 중국과 소련의 당안과 문헌이 끊임없이 공개되고 있는 오늘날에 이 주장들은 지나치게 단순한 주장이다.

중국출병 과정에 대해 앞에서 서술한 것처럼, 미국의 개입 이후 중국의 조선 지원 문제는 크게 두 시기로 나누어진다. 즉, 초기 모택동은 중국출병을 적극 주장하였으며 여러 차례에 걸쳐 직간접적으로 모스크바에 중국출병을 제안하였으나, 스탈린은 줄곧 회피하는 태도를 취하여 군사적으로 승리할 수 있는 유리한 시기를 놓치고 말았다. 후에 조선인민군이 패하고 유엔군이 38선을 돌파하자, 김일성과 스탈린은 중국에 즉시 출병해 줄 것을

198) 德·沃尔科格诺夫 지음, 张祖武等译,『胜利与悲剧: 斯大林的政治肖像』第2卷, 北京: 世界知识出版社, 1990, 541쪽.
199) "1966년 8월 9일 조선전쟁의 배경에 관한 소련 정부 보고서," ЦХСД, ф.5, оп.58, д.266, л.122-131; republished in Cold War International History Project Bulletin, Issue 3, Fall 1993, pp.15-17.

요구하였다. 조건이 불리한 상황에서도 모택동은 여전히 출병을 강력히 주장하였으나 중국의 다수 지도자들은 신중할 것을 주장하였다. 전황이 점점 악화되고 소련이 점차 물러섬에 따라, 모택동은 실제로 대내·외에서 압박을 느꼈으나, 조선출병 결정은 최후까지 변함이 없었다. 이 때문에 스탈린이 중국의 출병을 모택동에게 압박하였는지 혹은 모택동이 출병을 동의해 줄 것을 소련에게 압박하였는지는 한마디로 말하기 어렵다. 마찬가지로, 이와 같이 복잡한 상황에서 모택동의 참전 결정의 동기에 대한 분석 역시 매우 어려운 일이다.

　중국출병의 원인 또는 동기에 관하여 과거 연구자들은 제각기 다른 주장을 하고 있으며, 각자 근거를 가지고 있다.[200] 그러나 각각의 주장은 크게 '안전설'과 '혁명설'의 두 가지 관점으로 귀결된다. 소위 '안전설'은 유엔군의, 압록강으로의 진격이 중국의 국가 안전에 심각한 위협이 되었으므로, 중국 국경 지역의 안정과 안전을 위하여 중국은 조선전쟁에 개입하였으며 전선(战线)을 북중 국경선으로부터 멀리 떨어진 지역으로 밀어냈다는 주장이다. 이 주장은 미국 학자 알렌 파이팅(Allen Whiting)이 1960년대에 그의 저서에서 최초로 제기하였다.[201] 소위 '혁명설'은, 중국이 불가피하게 조선전쟁에 개입하게 된 것은 모택동의 '혁명 학설'과 '혁명 정신'에서 비롯되었다는 것이다. 미국의 조선 점령은 중국혁명 승리의 성과를 직접 위협할 뿐만 아니라, 아시아혁명의 성공에 부정적 영향을 미치고, '중앙 왕조(中央王朝)'로서의 중국의 세계적 지위에 손상을 줄 수 있기 때문에 중국이 개입하였다고 주장하고 있다. 이 주장은 주로 미국계 중국인 학자들에 의하여 주장되었으며, 천지엔(Chen Jian)은 이 주장의 대표적인 학자이다.[202] 필자 역시 과거

[200] 이 방면에 최근의 소개는 다음 논문을 참조할 것. Matray, "Korea's War at 60"; Xia Yafeng, "The Study of Cold War International History in China".

[201] Whiting, *China Crosses the Yalu*, 以及 Spurr, *Enter the Dragon*; Hao and Zhai, "China's Decision to Enter the Korean War"; Hunt, "Beijing and the Korean Crisis"; Christensen, "Threats, Assurances, and the Last Chance for Peace".

이 문제에 관한 토론에 참여하여, 모택동의 출병 결정에 영향을 미친 세 가지 요인에 관하여 토론한 바 있다. 즉, 대만 문제로부터 야기된 미국에 대항하는 혁명 정서, 중소 간 국제 분업 협약에 따른 사회주의진영의 책임과 의무의 이행, 국가 안전과 '주권 완정(完整)'이 위협받는 것에 대한 우려 등 세 가지 요인이다. 그러나 현재 이 분석은 여전히 정확하지 못하다.[203] 중국의 조선출병 과정은 대단히 복잡하고 중국 지도자들이 직면한 전장의 상황과 외부 환경 역시 변화무쌍하고 가지각색이었기 때문에, 모택동의 출병에 대한 생각 역시 단순하지 않고 계속 바뀌었다. 동시에, 모택동의 출병 이유에 대한 다양한 설명 중에 각기 다른 장소와 상황에 따라 일부는 그의 내심을 드러내는 것이고, 일부는 다른 지도자들을 설득하기 위한 것임을 반드시 구분하여 이해해야 한다. 모택동 결정의 동기를 분석할 때, 연구자들은 이 점을 최대한 구별해서 다루어야 한다.

　모택동과 중국 지도부의 출병 문제 토론 과정에 대한 본서의 서술로부터 출병 결정의 객관적 조건과 이러한 조건 아래 형성된 정책목표는 여러 차례에 걸쳐 변화가 있었으며, 크게 여섯 단계로 나누어진다.

　제1단계 : 조선전쟁이 발발하기 전, 중국 인민해방군은 대만 공격을 위한 전투준비를 적극적으로 하는 중이었다. 1950년 5월 14일, 모택동은 남한의 해방과 통일을 위하여 조선반도에서 군사행동을 취하겠다는 김일성의 계획에 스탈린이 이미 동의하였음을 알게 되었다. 이데올로기와 원칙에 있어서 모택동은 북조선이 무력 수단을 통하여 통일을 실행하는 방침에 대하여 결코 반대하지 않았다. 왜냐하면 이는 중국공산당이 무력으로 정권을 탈취한 경험에 완전히 부합하였기 때문이다. 그러나 모택동은 김일성이 중국 통일, 즉 대만을 해방시킨 이후 행동을 취하기를 원하였다. 그러나 스탈린이 이미

---

202) 이에 대해서는 다음을 참조할 것. Chen Jian, *China's Road to the Korean War*; Zhang Shuguang, *Mao's Military Romanticism*; Sheng, *Battling Western Imperialism*.

203) 이에 대해서는 沈志华, 「中国出兵朝鲜决策的是非成败」, 『二十一世纪』, 2000-10 참조.

결정을 내린 이상, 모택동은 어쩔 수 없이 이 기정사실을 받아들이고 원조 제공의 뜻을 밝혔다. 이때, 김일성은 득의양양하고 자신감에 충만하여, 중국으로부터 그 어떠한 도움도 필요치 않다고 밝혔다. 이에 모택동은 그저 김일성에게 일본 군국주의와 미국 제국주의의 간섭을 경계해야 한다고 경고하는 데 그쳤다.

제2단계 : 1950년 6월 25일 전쟁 발발한 후, 미국은 출병하여 참전하였으며 유엔의 승인하에 다국적 부대가 조직되었다. 이에 중국 지도부는 즉시 동북변방군을 조직할 것을 결정하고 만일의 상황에 대비하였다. 조선인민군이 계속해서 남진하는 과정에서, 모택동은 수차례에 걸쳐 모스크바와 평양에게 적의 척후(側后) 상륙에 대비할 것을 권고하는 동시에, 중국은 군대를 조선군으로 위장하여 비밀리에 참전하여 후방 해안선의 방어를 도울 수 있다고 밝혔다. 김일성은 이를 받아들일 의사가 있었지만, 스탈린은 시종일관 이를 허락하지 않았다. 이 때문에 중국출병에 가장 적합한 시기를 놓치고 말았다.

제3단계 : 1950년 9월 15일 미군이 인천상륙에 성공하여 조선인민군의 퇴로가 차단되고 주력부대가 포위되면서 전세가 역전되었다. 중국 정부는 소련과 조선 지도부 모두에게 긴급 출병 의사를 전달하였지만, 그 목표는 인민군이 북쪽으로 철수하는 동시에 조선 정부가 38선에 방어선을 구축하는 것을 도와 적군이 계속 북진하는 것을 저지하는 데 있었다. 출병의 형식에 있어, 주은래는 구체적으로 설명하지 않고 "중국 군대"가 도움을 제공할 수 있다고만 말하였다. 스탈린은 조선인민군 주력부대 모두가 철수하여 38선을 방어해야 한다고 주장하고, 중국의 출병 허가 요청에 대해서는 무시하였다. 만약 이때 중국이 출병하였다면, 38선을 원상태로 유지하는 것에는 큰 어려움이 없었을 것이며, 지원군 이름으로 출병하였다면 군사적 목적을 달성할 수 있었을 뿐만 아니라 미국의 보복을 불러일으키지도 않았을 것이다.

제4단계 : 1950년 10월 1일, 조선인민군 주력은 이미 붕괴되었고, 38선 일대는 무인 방어 상태에 처하였고, 유엔군은 38선을 넘어 북진하기 시작하였다. 스탈린과 김일성은 동시에 중국에 즉각 출병하여 직접적인 군사 지원을 제공할 것을 요구하였다. 중국 지도자 다수는 출병의 유리한 시기는 이미 지났다고 여기고 출병에 관하여 신중할 것을 주장하였다. 모택동은 기타 중국 지도부를 설득하여 지원군을 조직할 것과 15일에 조선으로 파병할 것을 결정하였다. 소련이 현대식 무기 장비를 제공하고 소련 공군이 합동전투를 벌인다는 조건하에서 유엔군에 대항하도록 하였다. 이때, 스탈린과 모택동 모두 중소가 연합하여 미군에 대항한다면 미 제국주의에 승리할 수 있다고 믿었다. 현재 판단해 보면 둘은 최소한 유엔군의 북진을 저지할 수는 있었다고 판단한 것으로 보인다. 모택동은 주은래를 파견하여 스탈린과 만나 소련의 원조 제공에 관한 구체적인 사항을 논의하도록 하였다.

제5단계 : 1950년 10월 11일, 유엔군은 북쪽으로 신속하게 진격하였고, 미국 군대 역시 이미 38선을 넘었다. 동시에 미군 항공기는 소련 국경 지역의 공군기지를 습격하였다. 중소 지도자 회담에서 스탈린은 두 달이 지난 후에 소련 공군이 출동할 수 있다고 밝혔고, 주은래는 중소 양국의 동시 출병을 견지하였다. 쌍방 담판의 결과는 조선을 포기하고 김일성에게 중국 동북에 망명정부를 수립토록 하였다. 모택동은 처음에 이 결정에 동의하였지만, 후에 다시 정치국 확대회의를 소집하여 지원군을 19일에 출동시켜 평양에서 원산 일선의 이북 지역에 진지를 구축하고, 소련 장비와 공군이 도착한 후 재차 공격을 개시할 것을 결정하였다. 그 후 전황이 급박해지면서 모택동은 부대 출동을 17일로 앞당겼다. 중국인들은 이러한 "출병은 하되 전투는 하지 않는다."는 작전 방침을 통하여 전선을 북중 국경 지역에서 멀리 떨어진 곳으로 이동시킬 수 있다고 판단하였다.

제6단계 : 1950년 10월 18일, 조선은 방어 능력을 완전히 상실하였으며, 대량의 미국 군함이 38선 이북의 함흥 지역 해상에서 발견되면서 상황은 더욱 급박해졌다. 스탈린은 몰로토프에게 2달 후 소련 공군이 출동하여도 중

국 영공 보호만을 도울 수 있으며 결코 도선에 진입하여 인민지원군과 합동
전투를 벌일 수 없다고 주은래에게 통보토록 명령하였다. 이에 모택동은 팽
덕회를 재차 북경으로 소환하여 긴급협의를 가지고, 인민지원군의 모든 부
대를 원래의 계획대로 19일에 도강(渡江)시키기로 최종적으로 결정했다. 이
상황에서 중국군은 열악한 장비의 육군에만 의존한 채 해군과 공군력 모두
우세를 점한 유엔군과 단독으로 전투를 벌일 수밖에 없었으며, 승리 혹은
적의 진군을 늦출 수 있을지의 여부는 아무것도 자신할 수 없었다.

　이를 통하여, 짧은 몇 달 동안 전세와 소련의 태도의 기복에 따라 출병
결정의 외부적 환경과 조건 역시 끊임없이 변해 왔음을 알 수 있다. 이러한
상황에서, 정책결정자들은 시기와 정세를 잘 살펴 수시로 정책목표를 조정
하였다. 따라서 정책결정의 동기는 자연히 여러 가지를 고려하여야만 하였
다.204) 현재까지의 각종 사료를 통하여 조선출병에 관한 모택동과 주은래
등 중국 지도부의 언행과 행동을 종합적으로 분석해 보면, 중국의 출병 결
정 동기는 크게 4가지이며, 앞에서 서술한 정세 발전의 각 단계에서 서로
다르게 나타났을 뿐이다.

　첫째, 국제 분업 정신에 따라 사회주의진영을 위한 책임을 담당하였다.

　1947년 9월, 유럽 9개국 공산당 회의에서 공산당과 노동당 정보국(코민
포름) 성립이 선포된 후, 아시아 대륙에서 중국공산당이 동방 정보국을 건
립할 것이라는 소문이 돌았다. 1949년 초에 중국혁명 승리의 서광(曙光)이
비치면서, 스탈린이 과거 중국 문제에 대해 관망하는 태도를 바꾸어 중국
공산당의 신정권 수립을 지지하였을 때, 모택동은 아시아공산당 정보국
조직 문제를 정식으로 제안하였다. 1949년 여름 유소기가 모스크바를 비
밀리에 방문 했을 때, 중소 양당은 국제 혁명운동에서 분업에 관한 공통된
인식에 합의하였다. 스탈린은 중국이 향후 식민지와 반식민지 국가의 민

---

204) 바로 이러한 상황 때문에, 일부 미국 학자들은 모택동의 참전 결정 동기가 분명하지 않다고
　　주장한다. Hunt, "Beijing and the Korean Crisis", p.466.

족민주혁명운동에 대한 지원을 일부 담당할 것을 희망하였다. 스탈린은
중국공산당이 "마땅히 동아시아 각국의 혁명 이행의 책임을 담당해야 한
다."고 여겼다. 모택동의 희망대로 즉시 북경에서 아시아 각국 공산당 지
도자들이 중국공산당 혁명의 경험을 학습하도록 하였으며, 후에 다시 마
르크스－레닌 학원의 분원이 설립되었다. 이렇게 중국공산당은 주동적으
로 아시아 각국의 공산당을 지도하고 원조하는 책임을 맡았다.[205] 중공
중앙은 아시아의 혁명을 돕는 것은 하나의 책임일 뿐만 아니라 자신의 안
전을 위해서도 필요하다고 보았다. 유소기는 "우리의 혁명 승리 이후, 가
능한 모든 방법을 이용하여 아시아 각국의 피압박 민족 공산당을 원조하
고 인민의 해방을 쟁취하는 것은, 중국공산당과 인민의 피할 수 없는 국제
적 책임이며, 동시에 국제 범위 내에서 중국혁명의 승리를 공고히 하는 가
장 중요한 방법 중의 하나이다." 따라서 "각국 공산당과 혁명 단체 구성원
을 열정으로 대하여야 하며, 형제적 원조를 제공해 주어야 한다. 또한 그
들을 격려하고 그들 의견을 허심탄회하게 청취하고 그들에게 중국혁명의
경험을 상세하게 설명하고 그들이 제기한 문제에 대하여 세심하게 답변하
고, 그들의 앞에서 냉담하고 거만한 태도를 취해선 안 된다."고 지적하였
다.[206]

　　그러나 비록 스탈린이 모택동에게 아시아혁명의 지도 책임을 맡겼다 할
지라도 조선은 예외였다. 앞서 말했듯이, 김일성은 소련이 선택하고 배양한
지도자이며 스탈린의 말과 계획에 절대적으로 복종하였다. 스탈린은 조선
을 동북아시아 안보의 관문으로서 줄곧 자신의 손에서 놓지 않았다. 예를
들면, 신중국 건국 이후 조선의 중국과의 수교 여부 및 시기에 관하여 김일
성은 스탈린의 동의를 거쳤다.[207] 또한 조중 간 동맹조약 체결 여부 및 시기

205) 이에 대해서는 沈志華, 「毛泽东与东方情报局」, 『华东师范大学学报』, 2011-6, 27-37쪽 참조.
206) 『刘少奇年谱(1898-1969)』 하권, 245쪽.
207) "1949년 10월 3일 스탈린이 슈티코프에게 보낸 전문," АПРФ, ф.45, оп.1, д.346, л.58.

에 관하여 김일성은 스탈린의 의견을 따랐다.[208] 조선혁명이 중국의 지원과 지지를 필요로 할 때, 모택동은 일종의 회피할 수 없는 사명감을 자연스럽게 가졌다. 사실 1949년 5월, 김일성이 중국 인민해방군 내의 조선인 부대의 귀환을 요구하였을 때, 모택동은 망설임도 없이 그의 요구를 들어주었다. 후에 스탈린이 먼저 김일성의 군사행동에 동의하였을 때, 모택동은 그다지 원치 않았지만 지원 제공 의사를 밝혔다. 지금 보면, 아시아혁명의 지도자로서의 마음이 이런 부분에서 발휘되었음을 보여 준다.

조선 정권의 존망이 위협을 받고 있는 상황에서 중국이 수수방관하면 사회주의진영 내부에서 신중국의 지위와 마르크스-레닌 정당으로서의 중국 공산당의 이미지는 여지없이 막대한 손상을 입게 될 것이 분명하였다. 다른 각도에서 보면, 조선에 출병하는 것만이 중국이 아시아혁명의 주도권을 완전히 장악할 수 있다. 10월 4일의 정치국 확대회의에서 모택동은 "귀하들의 의견들은 모두 일리가 있습니다. 그러나 다른 사람이 위기에 처했을 때, 우리가 옆에서 단지 보고만 있는 것은 어떻게 말하든 마음이 불편합니다."라고 설명하였다. 이에 대하여 팽덕회는 "소련을 중심으로 하는 사회주의진영이 자본주의 진영보다 훨씬 강대하다고 말합니다. 만약 우리가 출병하여 조선을 돕지 않는다면, 어떻게 우리의 강대함을 나타낼 수 있겠습니까? 식민지와 반식민지 인민들의 제국주의에 대한 반대와 침략을 반대하는 민족민주혁명을 격려하기 위해서도, 출병해야만 합니다. 또한 사회주의진영의 위력을 확대시키기 위해서도 출병해야 합니다."라고 주장하였다.[209] 이 말들의 함의는 매우 명확하다. 이 밖에도, 출병 결정 과정에서 천지엔(Chen Jian)이 말한 모택동 마음속 깊은 곳에 "중앙 왕조(Central Kingdom)"의 생각이 자리 잡고 있음을 발견할 수 있다. 모택동 사전(辭典)에서의 동방정보국과 아

---

[208] "1950년 5월 14일 로신이 스탈린에게 보낸 전문," *ГРАСПИ*, ф.558, оп.11, д.334, л.56; "1950년 5월 16일 비신스키가 로신에게 보낸 전문," *РГАСПИ*, ф.558, оп.11, д.334, л.57.

[209] 彭德怀, 『彭德怀自述』, 57-58쪽.

시아 사회주의진영은 많은 부분에서 중앙 왕조 개념이 현대사회와 혁명의 시대에서 또 다른 방식으로 표현되었을 뿐이다. 모택동은 위인의 기백뿐만 아니라 지도자의 욕망도 있었다. 비록 말에서는 잘 드러나지 않지만, 모택동의 머릿속에는 이 생각이 줄곧 떠나지 않았다.

둘째, 대만 문제로 인하여 촉발된 미국에 대항하는 혁명 정서이다.

조선인민군이 38선을 넘은 행동을 세계적 범위에서 공산당 국가의 전면적인 공격 개시의 서막으로, 심지어는 제3차 세계대전의 시작으로 잘못 판단한 미국의 반응은 신속하고 매우 강력하였다. 그러나 중국인이 크게 놀랐던 것은, 미국이 조선전쟁에 대한 첫 반응이 대만의 지위는 미정(未定)이라고 발표하고, 제7함대를 대만해협에 파견한 것이다. 조선전쟁이 발발한 후 트루먼은 우선 북조선이 아닌 중국을 미국의 대결 상대로 인식하였다. 이에 대하여, 모택동은 격렬한 반응을 하였다. 조선전쟁의 갑작스런 발발에 대하여 신문에 보도한 것 이외에, 중국 정부는 처음 며칠 동안 아무런 공식 선언 또는 성명을 발표하지 않았다는 점을 알아야 한다. 그러나 대만해협에 대한 미국의 무장 군사행동에 대해서 중국은 엄중한 항의를 즉시 제기하였다. 27일 모택동의 담화, 28일 주은래의 성명, 29일『인민일보』의 사설, 그리고 각 민주당파의 성명 등, 모두 공격의 화살을 미국의 대만에 대한 군사행동에 집중시켰다. 7월 중순까지 전국적 항의운동은 모두 대만 문제를 조선 문제보다 우선시하였다.[210]

모택동이 "중국 내정불간섭에 관한 모든 국제협의"를 파기하였다고 분노하며 미국을 비난하였을 때, 그는 실제로 마음속의 미국에 대한 원한을 나타내었다.[211] 국공내전이 시작된 이후, 미국은 최소한 형식적으로는 내정불산섭의 입장을 유지하였으며, 중국혁명이 전면적인 승리를 거두었을 때, 중국과 소련을 이간질시키기 위하여 트루먼은 1월 5일 연설에서 미국이 대만

---

210) 이에 대해서는 1950년 6월 26-30일과 7월 15일의『人民日報』를 참조.
211) 이에 대해서는『毛文稿』제1권, 423쪽 참조.

을 포기하겠다고 선언하였다. 마찬가지로, 중국공산당은 비록 "소련일변도 (苏联一边倒)" 방침을 선포하고 소련과 정치동맹을 결성하였지만, 결코 서방 국가와의 관계를 단절시키지도 않았고 또한 미국에 대항하는 그 어떤 특수 한 외교 행동도 취할 마음이 없었다. 신정권의 안정 유지와 국제 관계에서 주도적 지위를 위해서라도 모택동은 미국과 교섭할 외교적 여지를 남겨 두 어야 하였다. 그러나 대만해협에 대한 미국의 군사행동은 중국 통일의 대업 완성이라는 모택동의 염원을 산산조각으로 만들었으며, 완성 직전의 대만 해방의 계획을 수포로 만들었다. 모택동에게 있어서, 대만 해방은 그의 인 생 전반기 중 중화 민족을 위한 마지막 대사(大事)였다.[212] 미국의 대만에 대한 행동은 모택동의 눈에 중국에 대한 선전포고와 같았다. 이는 단지 미 국 제7함대의 침략이 대만 해방의 전역을 군사적으로 저지했기 때문만이 아 니었고, 더 심각한 점은 "대만 지위 미정론(台湾地位未定论)"이 법률적으로 중국 통일의 합법성을 빼앗는 것을 의미하기 때문이다. 모택동은 실제 분노 하였고 마음속에 혁명 열정과 호전적 투지가 다시금 끓어올랐다. 비록 서방 학자들이 중국의 출병 원인을 분석할 때 지적하는 것처럼, 미국인들은 그들 이 압록강을 향하여 진격할 때 중국이 느낄 위협을 과소평가하였다.[213] 미 국에 대한 중국 지도부의 증오심과 미국의 도전을 받아들이려는 결심은 일 찍이 트루먼이 대만에 대한 새로운 정책을 선포했을 때 형성되었다. 8월 4 일 정치국회의에서 모택동은 "만약 미 제국주의가 승리하면 그들은 곧장 의 기양양해져 곧바로 우리에게 위협이 된다. 조선을 돕지 않을 수 없고, 반드 시 도와야만 한다. 지원군 형식으로 시기는 물론 선택해야 하며, 우리는 준 비를 하지 않을 수 없다."고 지적하였다.[214] 이때부터 모택동의 마음속에는 미국인과의 전쟁은 이미 시작되었다.

---

212) 오수권(伍修权) 대표의 유엔안보리에서의 발언을 참조: 『人民日报』, 1950年 11月 30日, 1쪽.
213) Jervis, "The Impact of the Korean War on the Cold War", pp.566-570.
214) 薄一波, 『若干重大决策与事件的回顾』상권, 43쪽.

7월 초까지 모택동은 자신의 공격 역량을 대만과 조선 두 곳 중에 어디에 둘 것인지에 대하여 최종적인 결정을 내리지 못하였지만, 다음 세 가지 사실만은 매우 분명하였다. 첫째, 이 두 곳으로부터의 도전 또는 위협 모두 미국으로부터 온 것이라는 점, 둘째, 모택동은 이미 미국의 도전에 응전하기로 결심했다는 점, 셋째, 우세한 병력을 집중시켜 섬멸전을 진행한다는 모택동의 일관된 전략 사상에 따라 그는 반드시 대만과 조선 두 곳 중에 선택을 해야 한다는 점이다. 따라서 후에 모택동이 조선 전장에서 미국과 승부를 겨루기로 결정한 최초 기원은 대만 문제와 관련해서 미국에 의해 촉발된 혁명 정서에 있다는 결론을 내릴 수 있다. 앞에서 서술한 바와 같이 유소기가 "중국의 혁명은 아직 완성되지 않았다."라고 소련 대사에게 밝힌 것은, 중국 지도자의 정책결정 중의 혁명적 요소를 의미하는 것이다. 미국을 패배시키고 혁명을 완성하는 것, 이것이 대외적으로 제국주의에 대항하는 것이든지 혹은 대내적으로는 사회주의 정권을 공고히 하는 것이든지 간에 상관없이, 이때 모택동의 추진 동력은 모두 혁명적 정서로 귀결된다고 할 수 있다. 혁명의 구호는 선전에 유리하고 사람의 마음을 움직일 수 있지만, 이러한 선택의 조건은 출병하여 반드시 승리하여야 한다는 데 있다. 만일 군사적 승리의 확신이 없고 혁명의 용기와 열정에만 의존해서는 문제를 해결할 수 없다. 미국이 인천상륙작전을 실행하기 이전에 모택동이 수차례에 걸쳐 중국의 비밀 참전을 주장했던 것도 이러한 고려에서 비롯된 것이다.

셋째, 중국 국경의 안전과 주권 완정의 위협에 대한 우려이다.

전황의 역전이 이미 발생한 상황에서, 군사적으로 완승하겠다는 생각은 약해졌다. 반대로 이때는 중국 자신의 안전 문제가 이미 두드러지기 시작하였다.

현재의 역사 사료는 유엔군이 압록강을 향하여 진격을 하고 있을 때, 미국은 중국을 침범할 어떠한 의도도 가지고 있지 않았음을 보여 주고 있다. 유엔군이 연달아 패배하고 있던 8월 25일, 미국 국가안전보장회의가 제정한

문서(NSC 73/4)는 전쟁은 반드시 조선 영토 범위 내로 제한되어야 한다고
규정하였다. 중공 부대가 조직적으로 조선전쟁에 공개 투입되거나 대만, 팽
호열도(澎湖列島) 또는 베트남을 공격하든지 간에, 미국 군대는 공산당 중
국과의 전면적인 전쟁에 휘말려서는 안 된다고 규정하였다.[215] 이를 위하
여, 미국 정부는 맥아더 장군의 중국에 대한 봉쇄와 폭격 제안을 수차례에
걸쳐 거부하였다.[216] 1950년 8월~9월 사이의 안동(단동) 지역에 대한 미 항
공기의 기총소사와 폭격은 우발적인 사건일 가능성이 크다. 당시 안동시 당
서기 고양(高揚)은 필자와의 인터뷰에서 "중국의 출병 전, 안동시에 떨어진
폭탄은 고작 한두 개였다."고 증언하였다.[217] 단동시의 당안 자료 기록에 의
하면, 1950년 11월 이전 미국 비행기는 단지 우연하게 안동시에 습격을 하였
으며, 그 후 특히 1952년 이후부터 미국의 공습이 빈번해졌다.[218] 안동과 신
의주를 가로지르는 압록강 대교는 단지 조선 국경 내의 반쪽 부분만 폭격으
로 파괴되었는데, 이는 당시 미국의 의도, 즉 중국을 침범할 의사가 없다는
점을 설명해 준다. 그러나 당시 전쟁의 불길이 번지고 있는 상황에서, 맥아
더가 압록강을 넘어 공격해야 한다며 주장하고 미 항공기가 중국 동북 변경
의 도시를 습격하여 교란하는 분위기에서 중국 지도부가 전쟁이 중국으로
확대될지에 대해 우려한 것 또한 매우 현실적이라 할 수 있다.[219] 주은래는
"당시 우리는 정부 성명을 통하여 미국이 38선을 넘어 압록강에 가까이 오
지 말도록 경고하였다. 만약 그렇지 않으면, 중국은 관여치 않을 수 없다.

215) *FRUS, 1950, Vol. 7*, pp.383-389.

216) Dean Acheson, *Present at the Creation, My Years in the State Department*, New York, W.W.
Norton & Company, Inc., 1969, pp.514-517.

217) 필자의 고양(高揚) 인터뷰 기록, 1997년4월.

218) 丹东市档案馆, 6-1-1951-139, 16-17, 32, 38-41쪽.

219) 1986년 9월~10월 사이, 코헨(Cohen) 교수가 한염용(韩念龙) 황화(黄华) 등 중국 외교관들을
인터뷰하였을 때, 중국 외교관들은 중국군의 조선전쟁 개입 원인은 미국 항공기가 만주를
폭격하고 미국의 지상부대가 압록강까지 공격해 왔기 때문이라고 주장하였다. W. I. Cohen,
"Conversation with Chinese Friends: Zhou Enlai's Associates Reflect on Chinese-American
Relations in the 1940s and the Korean War", *Diplomatic History*, 1987, Vol.11, No.3, p.288.

그러나 미국은 이를 듣지 않고 계속해서 압록강까지 진격해와 우리를 구석으로 몰아넣어 '항미원조전쟁'을 할 수밖에 없었다."라고 당시 역사를 회고하였다.[220]

　지정학적으로 중국 국경 안전에 대한 우려 이외에, 모택동은 중국의 주권 완정이 위협받는 것에 대해 깊이 고려를 했을 가능성이 크다. 문제는 만일 흑해 회의의 결과에 따라 조선이 중국 동북 지역에 망명정부를 세우고 그 잔여 부대를 동북으로 철수하여 제정비하고, 이로 인하여 만일 전화(戰火)가 중국 국내까지 번지게 되면 스탈린은 중소동맹조약에 따라 수십만의 소련 극동군을 동북에 파병하여 중국군의 작전을 지원할 가능성이 극히 크다는 데 있다. 10월 5일 모택동에게 보낸 전보에서 스탈린은 이러한 뜻을 실제로 밝혔다. 모택동은 1945년 스탈린이 대일전투를 구실로 동북에 출병한 후, 장개석에게 중국 주권을 훼손하는 굴욕적인 조약을 강요한 사실을 잊지 않고 있었다. 모택동은 신중국 지도부가 동북 문제에 관하여 힘든 협상 과정을 통하여 스탈린에게 기한 내에 장춘철도와 여순, 대련을 반환하는 협정을 체결하도록 압박하였다는 것을 더더욱 잊지 않고 있었다. 이외에도 모택동이 동북의 명운을 고려할 때 "동북왕(東北王)" 고강과 모스크바의 특수 관계 또한 큰 걱정이었을 수 있다.[221] 전쟁이 일단 중국 국내로 확대되고 소련이 재차 동북 지역으로 출병하게 되면, 전쟁의 승패에 상관없이 중국은 동북의 주권을 침해받지 않는 것을 보장할 수 없는 결과에 필연적으로 이르게 된다. 이 문제 해결의 유일한 방법은 당연히 조선전쟁이 중국 국내로 확대되지 않도록 하는 것뿐이었다. 물론, 국가 안전과 주권에 관한 모택동의 생각은 스탈린이 전보에서 언급했던 대만과 일본 문제 등 더 많은 내용을 포함

---

220) 『周恩來外交文選』, 328쪽.

221) 고강이 중국 동북을 한 개의 소련 공화국으로 만들겠다고 실제로 말했는지의 여부와 상관없이, 이 소문 자체와 고강과 소련 간의 밀접한 관계는 모택동의 고민거리였다. Ковалев И. В. Диалог Сталина с Мао Цзэдуном//Проблемы дальнего востока, 1991, № 6, 1992, № 1; 李海文, 「科瓦廖夫回忆的不确之处-师哲访谈录」, 『国史研究参考资料』, 1993-1.

하고 있을 수 있다.

위에 언급한 문제들을 고려하여, 모택동은 남쪽으로의 '국경선' 이동과 적을 국경 밖에서 막는 방침을 제시했다. 이미 위에서 언급한 제4단계, 제5단계 시기의 중국 지도부의 전술 방침으로부터 이러한 목적, 즉 중국 국경 지역의 안전과 주권을 보호하는 목적이 주도적으로 작용하고 있음을 알 수 있다. 그러나 이러한 사고는 동시에 한계를 가지고 있다. 즉 군사적으로 유엔군의 진격을 저지할 수 있는 확신이 있을 경우에만 전화(战火)를 중국 국경에서 멀리 떨어지게 한다는 목표를 달성할 수 있다. 초기에 중국 지도부 다수가 출병을 반대한 이유는 바로 이러한 확신이 없었기 때문이었다. 모택동이 소련의 공군 출동과 현대식 무기 장비 제공의 보장을 출병 조건으로 내세웠을 때에야, 모두가 모택동의 출병 주장에 동의하였다. 그러나 스탈린이 소련 공군은 중국 인민지원군과 합동작전을 할 수 없다는 의견을 밝힌 후에, 이러한 출병 보장 조건은 이미 사라졌고 출병 작전의 전망 또한 매우 암담해졌다. 반대로 초기 전투에서 불리하여 미군에 의하여 격퇴당하게 되면 스스로 무덤을 파는 격이 되어 국경 안전에 더욱 불리한 국면을 초래할 수 있게 된다.[222] 이때 모택동은 "설사 미국과 싸워 이기지 못한다 해도 싸워야 한다."고 주장하였다.[223] 이 경우에는 당연히 '국경선'을 남쪽으로 이동하는 것은 이미 주요 고려 사항이 아니다. 이는 국경 안전과 중국 주권의 보장 이외에 모택동이 심층적으로 고려하는 점이 있었음을 의미한다.

넷째, 중국공산당 정권의 안정을 보장하기 위하여 중국은 중소동맹 관계를 지켜야 하였다.

<hr>

[222] 실제로 중국은 출병 후 최악의 상황에 대한 계획을 세웠다. 1950년 11월 초, 중공 중앙은 약 10만 명에 달하는 중앙 부서 간부 및 그 가족들을 제1차로 장신점(长辛店)에서 석가장(石家庄)까지의 평한선(平汉线) 서쪽으로 피난시키고 서안(西安)을 수도로 예정하였다. 11월 하순에 이르자 일부 공장과 물자들은 태원 석가장 서안 등지로 이전을 시작하였으며, 이로 인하여 큰 혼란이 발생하였다. 『周文稿』 제3권, 477-481, 523-527쪽.

[223] 王焰等编,『彭德怀传』, 47쪽; "1955년 2월 8일 고강 문제에 관한 팽덕회의 담화," 팽덕회 비서실 실장 왕염(王焰)의 수기, 미발간.

　중국공산당은 오랜 전란을 통하여 피폐하고 빈곤하며 낙후한 국가를 방금 수립하였다. 국내적으로는 인민은 도탄에 빠져 있고, 모든 것을 새로이 건설해야 하였으며, 대외적으로는 제국주의의 적대와 압박에 시달렸고, 더욱이 장개석은 호시탐탐 대륙을 노리고 있었다. 따라서 신생 정권을 공고히 하는 것이 당연히 중국공산당의 제일 중요한 임무였다. 그러므로 모택동은 전국의 정권 쟁취는 단지 대장정의 첫걸음을 시작한 것일 뿐이라고 자주 말하였다. 중국공산당은 농민을 조직하여 토지개혁을 실시하고, 무장투쟁을 발동하며 사회 여론을 부추기는 데 뛰어났다. 그러나 경제 건설과 도시 관리에 관하여 그 어떤 경험도 없었으며, 국제 무대에 오른 적은 더더욱 없었다. 이에 따라 내부적인 경제발전과 사회 안정, 대외적으로 국제적 투쟁을 전개하고 제국주의의 침략을 저지하는 데에 신중국은 사회주의국가 소련의 원조가 필수적이었다. 이것이 바로 모택동이 소련과 동맹을 맺은 정치적 배경이었으며, 신생 정권을 공고히 할 수 있는 기본 조건이었다.

　그러나 중국의 민족적 이익과 국가주권을 옹호하고, 전 국민 앞에서 중국공산당의 집권당으로서의 높은 이미지를 구축하기 위해서, 모택동은 소련과 동맹을 맺기 위한 담판에서 부득이하게 스탈린과 강력한 투쟁을 전개할 수밖에 없었다. 앞장에서 서술한 바와 같이, 스탈린은 할 수 없이 중대한 양보를 하였지만, 동시에 모택동과 신생 중국에 대해 엄청난 의심과 우려를 가지게 되었다. 스탈린은 초기에 중국의 출병을 저지하였고, 후에는 소련 공군 출동 문제에 있어서 재차 주춤하였다. 스탈린이 그렇게 한 가장 중요한 원인은 바로 모택동과 중공에 대한 불신이었다. 그는 모택동의 진정한 의도에 대하여 반복해서 세심하게 따져보고 신중히 대책을 취하였다. 이 점에 관하여 다른 이들은 잘 알지 못할 수 있지만, 모택동은 마음속으로 잘 알고 있었다. 그는 국공 담판과 중소동맹조약 문제에 있어서 이미 두 차례나 스탈린과 부딪쳤다. 만일 이때 그가 다시 모스크바의 염원을 뒤로하고 조선출병을 거절한다면 이는 스탈린의 신임을 철저히 잃게 되는 것을 의미하였다. 후에 모택동은 스탈린이 자신을 아시아의 티토로 여겼다고 자주 언급하였는데, 이는 자신에 대한 스탈린의 생각을 스스로 잘 이해하고 있다는 것을 설명해 주며 최소한 모택동 자신이 그렇게 생각하고 있었음을 보여 준다.

　그리하여 스탈린이 소련은 중국군과 조선에서의 합동전투를 위하여 공군을 파견할 수 없다고 명확히 밝힌 결정적 순간에 모택동은 명운을 건 선택에 직면하였다. 그러나 그는 오직 출병을 선택할 수밖에 없었다. 그렇지 않으면, 체결한 지 얼마 되지 않은 중소동맹조약은 한 장의 휴지가 되어 신중국이 원하는 경제원조와 안전 보장 역시 예정대로 이루어질 수 없게 되기 때문이다. 이미 미국과의 관계가 철저히 악화된 지금, 또다시 소련의 미움을 사게 된다면 그 결과는 필히 성립된 지 얼마 되지 않은 정권에 막대한 위협을 초래하게 될 수 있다. 모택동은 당내에서 "삼두마차(세 마리의 말이 끄는 마차)" 고사를 반복하곤 하였다. 이는 다수를 설득하면서도 형세 예측에 대한 그의 실제 생각이었다. 이때 모택동이 "미국을 이기지 못한다 하더라도 싸워야 한다."고 말한 것은, 그가 고려한 것이 군사적 결과가 아니라 신정권의 생존 문제였음을 설명해준다. 이러한 조건하에서의 출병의 결과에 대하여, 모택동은 오직 스탈린이 중소동맹조약의 의무를 이행하는 것에 희망을 걸 수밖에 없었다. 만약 이를 도박이라고 한다면 모택동은 이 도박에서 이긴 것이다.[224]

　종합해 보면, 당시 유행한 '항미원조(抗美援朝), 보가위국(保家卫国)' 구호는 출병에 관한 모택동의 모든 고려를 적절하게 반영하고 있다. 즉 사회주의진영에 대한 국제주의 책임의 이행, 미 제국주의를 직접적인 적수로 간주하는 혁명 정서, 신중국의 안전과 주권 보호를 위한 최고 지도자로서의 의

---

[224] 1956년 3월 31일 모택동은 유딘 중국 주재 소련대사와의 담화에서, 스탈린은 중국공산당을 믿지 않았으며 모택동을 티토와 같은 인물로 간주하였고, 지원군이 출병한 후에야 스탈린의 태도에 변화가 있었다고 여러 가지 사례를 들어 설명하였다. *РГАНИ*, ф.5, оп.30, д.163, л.88-99.

식, 그리고 중소동맹 유지를 위한 심층적 고려, 이 4가지 요소가 모택동이
출병을 결정하게 된 기본적 동기와 목적이 되었다. 대외 전략을 결정하는
데 있어서 국가이익을 최고의 원칙으로 한다면, 이러한 모택동의 고려는 그
자신과 중국공산당, 더 나아가 중국의 전체 민족과 국가 모두에 대하여 적
합한 것이었다. 그리고 이는 최종적으로 미국의 38선 돌파에 대한 합리적
반응으로 구체화 되었다. 동시에 미국의 38선 돌파에 대해 재난을 초래한
제1차 행동으로 간주하는 것은, 중국의 조선전쟁 개입결정에 대한 합리적인
판단이다.225) 왜냐하면 유엔군이 실제 38선을 넘어 압록강으로 접근해 온
이상, 미국이 중국에 대하여 위협하지 않을 것을 보증하거나, 중국과의 완
충 지역을 설치할 것을 제안하거나, 반대로 폭격을 확대하고 심지어 핵무기
로 중국을 위협한다 하더라도 이 모든 것은 모택동의 출병 결심을 막기에는
부족하였다.

---

225) 비록 선견지명이 부족한 미국 정부의 행동에 관하여 서로 다른 해석이 존재하지만, 다수
서방 학자들의 만일 미국이 38선에서 멈추었다면 북경의 개입은 피할 수 있었으며, 전쟁은
1950년 가을에 끝날 수 있었다는 데에 의견을 일치한다. W. Stueck, *The Road to Confrontation*,
pp. 254-255.

제5장_격상된 중소 관계
전쟁 중에 공고히 발전된 중소동맹

모 택동은 최후에 중국의 조선출병을 결정하여, 중소동맹 형성 초기에 나타난 위기를 해결하고 소련과의 관계에서 주도권을 확보하였다. 비록 중소 간의 의견 대립과 모순이 여전히 존재하였지만, 중국의 조선출병 이후 중요한 부분에서는 이미 협조와 협력이 중소동맹 관계 중의 주류가 되었다.

앞에서 설명한 바와 같이, 스탈린은 과거 모택동과 중국혁명에 의심을 계속 품고 있었으며, 모택동은 진정한 마르크스-레닌주의자가 아니라고 여기고, 중국이 "티토식" 노선을 걷지 않을까 우려하며 소련과의 동맹 결성에 다른 의도가 있다고 의심하였다. 스탈린의 이러한 생각은 중국의 조선출병 여부 문제에 있어서 두드러지게 나타났다. 그 결과, 지극히 어려운 상황하에서—소련 공군이 출동하여 중국 군대와 합동작전을 할 수 없는 것이 특히 두드러진 어려움— 모택동은 결연히 중국 인민지원군을 조선에 파견하기로 결정하였으며, 이는 스탈린의 인식에 중대한 영향을 미쳤다. 이 점에 관하여 중국 지도자들은 깊은 체험을 가지고 있다. 주은래는 "스탈린은 '항미원조'전쟁이 시작된 이후에야 중국에 대한 태도를 바꾸었다."고 회고하였다.[1] 모택동 또한, "스탈린이 어느 정도 중국공산당을 믿게 만든 중요한 원인"은 "조선전쟁이 발발한 후 중국 인민지원군의 출병 개입"이라고 여겼다.[2] 어찌 되었든 동맹국으로서 중소 간의 진정한 협력은 중국의 조선출병 이후부터 이루어졌다. 전쟁 기간 동안 중소 쌍방은 믿음과 이해가 깊어졌으며, 최소한 스탈린과 모택동 간에는 그러하였다. 볼고고노프(D. Volkogonov)가 지적한 바와 같이, "조선전쟁은 스탈린의 모택동에 대한 믿음을 강화시켰으며, 이에 따라 소련과 중화인민공화국 사이의 관계 역시 강화되었다.[3]

1. 북조선 상공에서 공중전을 벌인 소련 공군

비록 소련은 소련 항공기가 압록강을 넘을 수 없다고 중국에 구두로 통보하였지만, 스탈린은 참전 준비를 결코 게을리 하지 않았으며, 그 규모 또한 중국의 영공 보호 수준을 훨씬 초과하였다. 중국이 단신으로 참전을 결정하였을 때, 소련군 또한 긴박하게 부대를 재편하고 집결하기 시작하였다. 중국 동북에 이미 배치된 제151전투비행사단 외에, 국방부의 명령에 의하여 10월 14일부터 소련 공군은 제144, 제17, 제328, 제20 전투비행사단을 연이어 조직하고, 중국으로 파견할 준비를 서둘렀다. 10월 19일, 즉 중국이 조선으로 출병하던 당일 바실리예프스키(A. M. Vasilevskii)는 중국에 파견될 공군과 탱크사단의 준비 상황과 구체적인 시간을 보고하였다. 그 내용은 다음과 같다. 11월 3일 전까지 제151전투비행사단을 두 개의 새로운 사단으로 확대 편성하고, 11월 28일 이전까지 새로 조직된 4개의 전투비행항공사단을 심양

---

[1] 人民出版社,『周恩來選集』下卷, 北京, 1980, 第302頁.

[2] *Григорьев, Зазерская* Мао Цзэдун о китайской политике Коминтерна, с.107.

[3] 沃爾科格諾夫,『勝利與悲劇』제2권, 第541頁.

으로 배치시키고, 12월 15일까지 전투태세를 완비한다. 11월 30일 전까지 각 군구에서 10개의 탱크여단을 차출하여 심양에 배치한다. 12월 1일 전까지 새로 편성한 3개의 전폭기 항공단을 심양으로 배치하며, 소련군 총참모부가 부대의 편성과 배치 등에 관한 책임을 진다. 10월 24일, 즉 중국 인민지원군이 조선에서 제1차 전역의 포성이 울리기 하루 전날, 각 공군사단과 탱크여단의 편성이 완료되었고 계획에 따라 중국으로 이동하기 시작하였다.[4]

비록 이미 충분한 준비를 갖추었지만, 소련 공군은 줄곧 작전명령은 받지 않았다. 당시 중국 주재 소련 군사고문 크라트코프(Kratkov)는 인터뷰에서 당시 스탈린은 모택동을 여전히 신임하지 않았으며, 공군부대에 작전명령을 하달하는 것을 줄곧 연기하면서 중국군의 전투가 실제로 시작될 때까지 기다렸다고 증언하였다.[5] 10월 25일, 조선에 출병한 중국 인민지원군이 유엔군과 조우하여 "항미원조"전쟁의 첫 포성이 울린 후에야 스탈린은 중국공산당이 민족주의자와 "친미분자(亲美分子)"가 아니라는 것을 믿게 되었다.[6] 이에 따라, 10월 29일 중국의 소련 군사고문은 모스크바가 소련 공군의 "안동 영공 방어"에 이미 동의하였으며, 중조 국경을 넘어 비행하는 것을 허가하였음을 주은래에게 통보하였다. 동시에 작전반경을 축소하기 위하여 소련 공군은 10일 후 심양의 소련 공군기지를 안동으로 이전할 것을 약속하였다.[7] 11월 1일, 소련 공군은 처음으로 압록강 상공에서 작전에 투입되었다. 이날 벨로프(P. D. Belov) 항공사단의 미그-15기가 심양과 안산 두 비행장으로부터 각 8차례 출격하였고, 안동과 신의주 상공에서 미국 F-82전투기 2대

---

4) "1950년 10월 28일, 30일 중국 동부 지역에서의 소련군 집합 상황에 대한 바실렙스키의 보고와 1950년 10월 19일 신설된 공군부대의 중국 파견에 대한 보고," ЦАМОРФ, ф.16, оп.3139, д.16, лл.15-18, 54, 174.

5) Viktor M. Gobarev, "Soviet Policy Toward China: Developing Nuclear Weapons 1949-1969", The Journal of Slavic Military Studies, Vol.12, No.4, December 1999, pp.13-14.

6) 이 점에 대해서 모택동과 주은래는 모두 직접 경험하여 잘 알고 있었다. АВПРФ, ф.0100, оп.50а, п.423, д.1, л.19, Кулик Б. Т. Советско-китайский раскол, с.95, 人民出版社, 『周恩來選集』 下卷, 北京, 1980, 第302頁.

7) 中共中央文獻出版社, 『建國以來周恩來文稿』 第3冊, 北京, 2008, 第427頁.

를 격추시키고 고사포로 미군 전투기 2대를 격추시켰으며, 소련 공군은 어떠한 손실도 입지 않았다.[8] 11월 1일부터 12일까지의 몇 차례 전투에서 소련 공군은 2대의 B-29 전략폭격기를 포함하여 총 21대의 미국 항공기를 격추시켰다.[9]

11월 2일 소련군 참모총장 쉬테멘코는 스탈린에게 인민지원군 각 부대의 전투 상황과 승전 소식 및 제2예비대(제9병단)의 3개 군단이 동북으로 이동할 것임을 상세히 보고하였다.[10] 11월 6일, 유엔군의 막대한 피해와 인민지원군의 순조로운 진격에 대하여 자세히 보고하였다. 이는 스탈린의 자신감을 더욱 북돋게 하였다. 11월 15일 스탈린은 벨로프사단에 120대의 미그-15 전투기를 증파하고 최고군사지휘부(즉 제64전투항공군단)를 설치할 것임을 중국에 통보하였으며, 안동 부근에 비행장 하나를 더 건설할 것을 제안하였다. 11월 20일, 소련 각료회의는 중국에 제2차 공군부대를 파견하기로 결정하였다.[11]

계획에 따라, 이미 중국에 주둔하고 있는 제151전투비행사단과 안산에 새로 조직된 제19전투비행사단 이외에, 1950년 11월부터 1952년 4월까지 소련은 11개의 전투비행사단을 추가로 파견하였다. 즉 제17, 20, 28, 50, 65, 144, 297, 303, 309, 324, 328 사단과 2개 전투기사단(제186, 646 사단), 2개 폭격기사단(제12, 162 사단)이 파견되어, 동북 지방과 북경, 상해, 청도, 광주 등 주요 도시 주변에 배치되었다. 제64전투항공군단 지휘부를 더하여, 중국의 소련 공군부대는 장교 4,340명(이 중 5명은 장성급), 하사관 6,531명, 일반 사병

8) "1950년 11월 2일 자하로프가 스탈린에게 보낸 전문," АПРФ, ф.45, оп.1, д.335, лл.71-72.
9) "1950년 11월 13일 쉬테멘코가 스탈린에게 보낸 보고," ЦАМОРФ, ф.16, оп.3139, д.18, л.25-26.
10) "1950년 11월 2일과 6일 쉬테멘코가 스탈린에게 보낸 보고," ЦАМОРФ, ф.16, оп.3139, д.18, лл.4-5, 12-13.
11) 中共中央文獻出版社, 『周恩來年譜(1947-1976)』上卷, 97쪽, 『建國以來周恩來文稿』第3册, 第498頁, "1950년 11월 15일 모택동이 스탈린에게 보낸 전문," АПРФ, ф.45, оп.1, д.335, л.116; "1950년 11월 20일 소련장관회의 결정," ЦАМОРФ, ф.16, оп.3139, д.16, лл.167-169.

5,944명 등 총 16,815명에 달하였다. 이 밖에도 소련은 중국에 군사고문을 대량으로 증파할 것을 계획하고 있었다. 소련 참모부 제2국의 12월 초 보고에 따르면, 중국에서 임무를 수행할 군사고문은 398명(이 중 17명은 장군)이었고, 군사교관은 979명(하사관 391명 포함)이었다. 이 계획에 따라 소련의 제2차 파견부대는 936대의 항공기를 보유하였고, 그중 921대는 전투기였다. 중국 공군을 조직하기 위하여 소련은 협정에 따라 717대의 비행기(전투기 220대 포함)를 중국에 넘겨주었다. 이 밖에도 제28전투기사단은 중국의 비행사들이 훈련을 마친 후, 26사단의 미그-15제트식 전투기 62대를 중국 공군에 이양하였다.[12]

   1951년 1월 9일 제64전투항공군단 보고는, 소련 공군이 전투에 투입된 이후 처음 두 달간의 상황을 자세히 보여 주고 있다. 작전 임무를 수행한 부대는 1950년 8월 11일 심양과 안산, 요양 비행장에 배치된 제151사단과 11월 1일 요양비행장에 배치된 제28사단, 11월 20일 상해에서 안산으로 이전 배치된 제50사단 등 총 6개의 전투기 비행단이었고, 각 단은 30대의 미그-15 전투기를 보유하고 있었다. 11월 27일, 이 3개 사단은 제64전투항공군단으로 합병되었다. 전투 지역에 근접하기 위하여 12월 3일과 25일 제50사단의 두 개의 단은 각각 안동비행장으로 이전 되었으며, 9월 3일부터 각 부대는 일일 전투 일정을 시작하였다. 소련 공군의 최초 임무는 중국에 대한 미국 공군의 공습과 정찰을 방지하는 것이었으며, 특히 압록강 대교와 안동발전소의 안전을 확보하는 것이었다. 그리하여 모든 소련 전투기들은 압록강을 넘을 수 없도록 규정하였다. 그러나 이 규정은 실제 작전에 있어서 매우 불리하게 작용하였고 이를 지키기가 힘들다는 점이 고려되어, 11월 6일 작전

---

[12] "1950년 11월 30일 소련군 총참모부 작전관리총국이 작성한 중국 파견 공군부대의 상황에 대한 보고," ЦАМОРФ, ф.16, оп.3139, д.56, л.231. "1950년 11월 30일 중국 파견 공군 및 무기장비 발송에 대한 쉐테멘코의 보고," "1950년 12월 2일 중국과 조선에 파견되어 임무를 수행 중인 인원에 대한 소련군 총참모부 2국의 상황 보고," "1950년 12월 4일 중국에 파견된 공군부대와 장비에 대한 소련 공군참모부의 상황 보고," ЦАМОРФ, ф.16, оп.3139, д.16, лл.181-183, 133-134, 130-132.

수행 시에는 북조선의 영공에 전투기의 진입을 허용하는 명령이 내려졌다. 12월 3일, 안동을 기지로 하는 제50사단은 진일보한 새 임무, 즉 "북조선의 중국 지원군 후방을 엄호"토록 하며, 특히 압록강부터 청천강까지의 교통선을 보호하는 임무를 부여받았다. 이외에 이 부대와 후속 각 사단들에게 또 하나의 중요한 임무, 즉 중국 공군의 조직과 훈련을 돕는 임무가 부여되었다. 소련 공군의 지원하에 중국 공군의 전투기부대가 12월 12일 창설되었으며, 이 부대는 창설 즉시 소련 공군의 비행사의 인솔 아래 실전 훈련에 투입되었다. 두 달간의 전투 과정에서, 소련 공군 3개 사단은 총 1,079차례 출격하여 B-29전략폭격기 12대를 포함하여 총 68대의 적기를 격추하였다. 이에 비해 소련 공군은 9대의 비행기가 파손되었으며, 7명의 비행사가 희생되었을 뿐이었다. 소련 비행기가 날아올라 작전을 수행한 전 기간 동안, 미국 항공기는 중국 영토 내의 목표물과 안동대교, 발전소 등에 다시 접근하지 못하였다. 그러나 당시 중국은 중조 변경 지역에 단 하나의 비행장만을 보유하고 있어 소련군의 주둔에 제한이 있고, 레이더와 통신설비 등이 부족하였기 때문에 북조선 내의 중국 인민지원군 후방 교통선은 효과적인 보호를 받을 수 없었다.[13] 소련 공군이 압록강 상공에서만 작전 임무를 수행하는 것으로는 중국 군대의 물자와 병력 보급을 보장할 수 없었다. 중국과 조선 부대의 후방 교통운수선을 엄호하기 위하여, 소련과의 상의를 거쳐 1951년 1월 10일부터 소련 공군 두 개 사단을 출동시켜 집안-강계, 안동-안주의 두 철도운수선을 엄호하여 병참 보급의 안전을 보장토록 하였다. 안동 지역에서의 소련 공군의 작전 수행은 "전투기의 작전 기동성을 극대화시켰으며, 동시에 북조선 안주 이북 지역에서 적 공군의 활동을 감소시켰다." 여기에, 1951년 봄부터 중국 공군이 공중작전에 투입되자 조선 후방과 인민지원군

---

[13] "1951년 1월 9일 제64전투항공군단이 작성한 1950년 11월-12월 공중전에 대한 상황 보고와 단신," *ЦАМОРФ*, ф.64. иак, оп.173543, д.95, лл.138-139, 139-147; "1951년 1월 16일 클라소프스키의 제64전투항공군단의 1951년 작전과 훈련 계획에 대한 보고," *ЦАМОРФ*, ф.64.иак, оп.173543, д.67, лл.1-6.

의 보급선은 더욱 안전해졌다.[14]

그러나 중국 인민지원군의 승리로 전황이 남쪽으로 확장됨에 따라, 소련 공군의 작전반경을 남쪽으로 확장해야 한다는 요구가 일어났다. 제3차 전역 시기 중조연합군은 이미 38선을 넘어 남하하였지만, 소련 공군은 그 기지가 중국에 있는 이유로 비행 거리에 제약을 받아 더 이상 남하하지 못하였다. 이에 중조연합군의 강계와 안주 이남 지역의 물자 운송과 부대 이동은 적기의 위협에 완전히 노출되었다. 1951년 초 중조연합군이 부대의 정돈과 휴식을 막 시작하였을 때, 유엔군의 대규모 반격이 개시되었다. 지상부대와의 합동작전을 위하여, 미국극동공군사령부는 중조연합군의 후방 전략목표들에 대한 폭격을 결정하였다. 북조선 지역을 11개 구역으로 나누고, 172개의 폭격 목표를 정하였다. 그중에 45개의 철도 교량과 12개의 도로 교량, 13개의 터널, 39개의 철도 교통의 중심지와 63개의 물자 저장소가 포함되어 있었다. 안동-신의주는 가장 중요한 A구역으로 분류되었으며, 하루 평균 12~24차례 B-29폭격기의 폭격 목표가 되었다.[15] 소련군의 통계에 따르면, 1951년 4월 미국 공군은 1,416차례 출격(폭격기 420차례, 전투기 996차례)하였으며, 5월에는 3,500차례 비행을 실행하였고, 그중 폭격기는 300차례(주간 230차례, 야간 70차례) 출격하였다. 전투기는 주로 제트식 전투기였으며 3,200차례 출격하였다. 미국 공군의 주요 공격 방향은 안주 지역의 선착장과 평양에 건설 중인 비행장, 안주와 평양 등지의 도로와 철도, 그리고 평양 이남 지역의 기타 목표들이었다. 폭격기는 B-29와 B-26이었으며 주로 소형 편대 혹은 단독으로 임무를 수행하였고, 비행고도는 3천에서 4천 미터였다.[16]

---

[14] 軍事科學出版社, 『中國人民志願軍抗美援朝戰爭史』, 北京, 1988, 第94頁, "1951년 2월 23일 주은래가 스탈린에게 보낸 전문," *АПРФ*, ф.45, оп.1, д.337, л.62-65, "1951년 6월 15일 클라소프스키가 스탈린에게 보낸 전문," *АПРФ*, ф.45, оп.1, д.339, л.61-63, "1951년 10월 비에로프의 제64전투항공군단의 작전 상황에 대한 보고(초록)," *ЦАМОРФ*, ф.64.иак, оп.173543, д.73, лл.22-69.

[15] 이에 대해서는 ОрловА. С. СоветскаяавиациявКорейскойвойне 1950-1953гг.//Новаяиновейша яистория, № 4, 1998, с.138-139를 참조.

이러한 상황하에서 이미 수백 킬로로 늘어난 중조연합군의 후방 보급선은 심각한 타격을 입어, "병력과 탄약 식량들은 전혀 보급이 되지 않았고" 심지어 중국 인민지원군 전사들은 "맨발로 눈길을 행군하기에 이르렀다."[17] 적 항공기에 의하여 심각한 타격을 입은 후방 병참 보급 문제의 해결을 위하여, 1951년 2월 24일 섭영진과 팽덕회는 중국의 소련 군사고문 단장 자하로프(M. V. Zakharov)에게 두 개의 공군사단을 조선 내로 출동시켜 38선 이북의 교통선을 보호해 줄 것을 요청하였다. 자하로프가 거절하자, 팽덕회는 매우 불만을 나타냈으며, 26일과 28일 주은래와 함께 모택동을 찾아 상의하고 이를 스탈린에게 직접 요청하기로 결정하였다.[18] 3월 1일 모택동은 스탈린에게 전보를 보내어 "현재 조선 작전의 어려움은 적군의 화력이 여전히 강하다는 점입니다. 우리의 운수 능력은 약하고 3할에서 4할에 해당하는 물자가 폭격으로 파괴된 가운데, 적군은 점차로 보충되어 6월 말까지 6~7만의 병력이 조선에 도착할 것으로 보입니다. 하지만 우리는 공군의 엄호가 없습니다." 모택동은 계속해서 중국은 10개 항공여단을 조선에 파견할 수 있지만, 조선에는 이용할 수 있는 비행장이 하나도 없다고 설명하면서 "만약 믿을 만한 공군의 엄호가 없다."면 비행장 건설공사를 진행할 수 없다고 주장하였다. 소련 공군은 이전에 중조 국경 인근 지대의 영공에서만 작전을 수행하였으며, 조선반도의 남쪽 깊숙이 진입한다는 것이 스탈린에게 매우 어려운 문제라는 사실을 모택동은 잘 알고 있었다. 따라서 모택동은 "팽덕회 동지의 의견은 소련 공군이 평양-원산선과 그 북쪽 지역의 비행장 엄호 임무를 담당해 주는 것과 동시에, 소련 공군이 현재 중국 내 주둔지로부터 조선 지역 내의 비행장으로 이동하는 것이 최선"이라고 매우 조심스럽게 건의하였다. 그는 "만일 이와 같은 조치를 취하지 않으면, 조선 내에 위치한 비

---

16) 1951년 5월 연합공군부대의 작전에 대한 보고," ЦАМОРФ, ф.35, оп.173543сс, д.69, лл.45-46.
17) "1951년 1월 27일 팽덕회와 김일성이 모택동에게 보낸 전문," 王焰主編, 『彭德懷年譜』, 第469頁, "1951년 1월 31일 팽덕회가 모택동에게 보낸 전문," 『彭德懷軍事文選』, 第372頁.
18) 王焰主編, 『彭德懷年譜』, 第480頁.

행장들은 건설될 수 없으며, 중국 공군은 조선에서 작전을 수행할 수 없는 동시에, 탱크와 포의 이동 역시 큰 차질을 빚게 될 것이다. 그러나 이 문제의 해결은 반드시 전체적인 국제 형세에 따라 결정되어야 하며, 우리도 현재로서는 이러한 행동의 가능 여부를 알 수 없다."고 덧붙였다.19)

이 요청에 대하여, 스탈린은 과거처럼 주저하지 않고 즉시 모택동에게 회신을 보냈다. 스탈린은 회신에서 "만약 귀하가 안동 지역에 2개 중국 공군사단을 주둔시켜 현지의 발전소와 교통선을 엄호할 수 있다면, 우리는 중국과 조선의 후방 엄호를 위하여 벨로프 장군 휘하의 제151, 324 두 개 전투비행사단의 기지를 조선 내로 이전하는 것에 대해 동의합니다. 만일 조선인들이 이미 하나의 강판 활주로가 있다면, 우리는 소련으로부터 다시 두 개의 강판 활주로를 제공해 줄 수 있습니다." 스탈린은 계속해서 "만일 귀하가 동의한다면 우리는 비행장 엄호를 위하여 고사포와 고사포 포탄을 제공할 수 있습니다."라고 주동적으로 제안하였다. 3월 15일 스탈린은 자하로프를 통하여 모택동과 주은래에게, "앞의 전보에서 벨로프 부대 기지를 조선의 중국부대 후방으로 이전해 달라는 귀하의 건의는 받아들여졌습니다." 이외에 "곧 시작될 중요한 전투 때문에 귀하는 필히 최대한 많은 전투기를 최전선에 배치해야 합니다. 그러므로 원래 안동 엄호를 위한 2개의 중국 전투기사단의 전방 배치를 용이하게 하기 위하여, 우리는 대형 전투기사단을 재편성하여 안동으로 보낼 것을 결정하였습니다."라고 전하였다. 이에 모택동은 "깊은 감사를 표하였다."20) 이 상황들은 소련 공군 사용에 대한 스탈린의 생각이 중국의 참전 이전과 비교하면 확실히 근본적으로 바뀌었음을 보여 준다. 만일 모택동과 중국 군대에 대한 믿음과 신뢰감이 없다면, 이러한 결정을 내리지 않았을 것이다.

19) 人民出版社,『周恩來軍事文選』第4卷, 第164頁. 이에 대해서는 "1951년 3월 1일 모택동이 스탈린에 보내는 전보," АПРФ, ф.45, оп.1, д.337, лл.78-82를 참조.
20) "1951년 3월 3일, 3월 15일 스탈린이 모택동에게 보내는 전보, 1951년 3월 18일 모택동이 스탈린에게 보내는 전보," АПРФ, ф.45, оп.1, д.337, л.89, 118, 126.

이후에 조선 내의 비행장 건설 사업이 미국 폭격기의 폭격에 의하여 무산되면서 소련 공군부대는 조선에 진주할 수 없게 되었다.[21] 그러나 중조 국경 지대인 묘구(庙沟), 대보(大堡) 및 대고산(大孤山)에 3개의 새로운 비행장이 건설되면서, 대량의 소련 공군이 계속해서 중조연합군의 후방 엄호를 위한 전투에 참여하였다. 이에 따라 비행장 혹은 공중에서 작전을 수행하는 제64항공군단의 전투기 수가 기존의 2~3개 항공단에서 4~5개 항공단으로 늘어났다.[22] 1951년 8월에 개성 정전 담판이 결렬된 이후, 미국은 다시 대규모 폭격을 재개하였다. 8월 18일부터 미 공군은 조선의 주요 교통 요충지에 대한 융단폭격을 개시하였다. 8월 상반기 미국 공군의 출격 횟수는 일일 평균 174차례였으며, 후반기에는 248차례로 늘어났다.[23] 충분한 준비를 거쳐, 9월 1일부터 소련 공군은 반격을 시작하였다. 9월 19일 공중전에서 소련 미그 전투기는 미국의 사브르(佩刀) 3대와 전투폭격기 3대를 격추시켰다. 10월 23일 전투에서는 B-29 폭격기 8대가 F-86기 34대와 F-84기 55대의 엄호를 받고 있었음에도 불구하고 그중 3대를 격추하였다. 10월 24일 34대의 항공기가 순천대교를 폭격하고 있을 때, 40대의 미그기가 대응에 나서 F-84기 1대와 B-29기 1대를 격추시켰다. 10월 30일 전투준비 상태의 미그-15기 56대 중 44대가 B-29폭격기 21대와 호위 전투기 200대로 구성된 미군기 편대에 심각한 타격을 입혔다. 이 전투에서 B-29폭격기 12대와 F-84기 4대가 격추되었다. 소련 공군의 활약으로 미국은 이 지역에서 설정한 공격목표에 대하여 효과적인 폭격을 할 수 없었고, 단지 평양 지역의 목표를 폭격하는 데 집중

---

[21] 이후 인민지원군 공군 또한 중국의 비행장에서 이륙하여 조선 상공에서 작전을 펼쳤다. 1951년 12월 중앙군사위원회는 조선 지역 내 비행장에 진주할 계획을 포기하였다. 이에 대해서는 王定烈, 『當代中國空軍』, 第141頁과 第205頁을 참조.

[22] "1951년 7월 25일 제303항공사단 전술회의에서 노보프의 발언(초록)," ЦАМОРФ, ф.64.иак, оп.1735 43, д.100, л.168, 170, 172, "1951년 10월 노보프의 제64전투항공군단 작전 정황 보고(초록)," ЦАМОРФ, ф.64.иак, оп.173543, д.73, л.22-69.

[23] "1951년 10월 18일 연합공군의 1951년 8월 전투에 대한 보고," ЦАМОРФ, ф.35, оп.173543сс, д.69, лл.253-254.

할 수밖에 없었다. 결국, 미 극동 공군은 B-29전략폭격기의 조선 서북 지역
에 대한 주간 폭격을 금지하는 명령을 하달할 수밖에 없었다. 이 상황은 전
쟁이 끝날 때까지 계속되었다.[24] 전체적으로 조선 영공에서의 소련 전투기
들의 군사행동은 상당한 효과를 거두었으며, 압록강 대교 엄호의 임무를 완
수하였고 중조연합군의 운수보급선에 대하여 일정한 보장 역할을 하였다.
비행거리의 제약으로 인하여 조선 중부와 동부의 비행장과 교통선에 대한
폭격과 습격을 저지할 수 없었지만, 압록강에서 청천강에 이르는 상공에서
는 제64항공군단이 확연한 우세를 점하였으며, "미그-15기는 미 공군 비행사
들에게 있어 점점 더 공포의 대상이 되었다."[25] 이것이 후에 자주 입에 오르
내리는 미국 조종사들의 간담을 서늘하게 만들었던 유명한 "미그 지대"이
다.

　중요한 것은 조선에서 소련 공군의 작전은 자주 모스크바로부터 제약을
받았다는 것이다. 이러한 제약은 심리적 혹은 작전 전술의 발휘에 있어서
소련 공군 조종사들에게 장애가 되었다. 즉 어떤 항공기도 소련 영토에서
이륙하여 작전에 투입되는 것이 엄격히 금지되었으며, 기체에 일체의 자신
의 표지를 금하였다.—일부는 중국 비행기로 위장하였으며, 일부는 조선비
행기의 색깔을 칠하였다— 모든 조종사에게 중국 군복을 착용토록 하였으
며, 조선 작전에 투입되었다는 사실을 누설하지 않겠다는 각서를 쓰고 선서
토록 하였다. 소련 조종사들은 비행 중에 대화할 때, 그 어떤 때에도 러시아
어 사용을 금지하였다. 가장 중요한 것은 소련 공군 조종사가 절대로 포로
가 되어서는 안 되었다. 이에 따라 소련 전투기의 유엔군 통제 구역 혹은 전선
인접 지역 상공 비행을 엄금하였고, 황해(서해-역자 주) 상공에서의 교전
도 금지되었다. 동시에 비록 1951년 전선은 이미 38선 부근에서 고착되었지
만 미그기가 평양-원산선을 넘어 남쪽으로 적기를 추격하는 것, 즉 북위

24) *Орлов А .С.* Советская авиация в Корейской войне, c.130-131, 139-140.
25) *Орлов А. С.* Советская авиация в Корейской войне, c.131.

39도 남쪽으로의 비행은 엄격히 금지되었다.[26] 벨로프 장군의 주장에 따르면, 이런 제약적인 규정은 미그기가 그 자체의 우수한 성능을 충분히 발휘하지 못하도록 제약하였지만, 이 규정들은 "우리의 교전 원칙이었으며 반드시 지켜야 하였다."고 회고하였다.[27] 이는 스탈린이 중국 주재 소련 군사고문 단장에게 내린 지시, 즉 "절대 필요한 것"은 "중국인은 전방에서 오직 중국 자신의 공군에만 의지하여야 한다."는 것에서도 명확하게 드러난다.[28]

제64항공군단의 보고에 따르면, 1951년 4~5월 연합군과의 가장 격렬한 전투가 벌어지고 있던 시기, 중조연합군은 "공군 지원이 없고 우세한 병력을 내세운 적의 공세로 인하여 후퇴할 수밖에 없었다." 또한 적의 공중타격을 피하기 위하여 공격은 "대부분의 야간과 기상이 악화된 상황에서 이루어졌다."고 밝히고 있다.[29] 당시 공중전에 참가하였던 소련 군인들은 모두, "소련 공군은 조선 및 중국의 지상부대들과 어떠한 합동작전도 진행한 적이 없으며" 심지어 소련 군사고문들을 통해서도 합동작전을 진행한 적이 없다고 강조하였다. 상호 연계 부족으로 조선의 고사포가 소련 비행기를 향해 발포하고, 소련 조종사가 중국 비행기를 격추시키는 사건도 일어났다. 이외에도 작전 중에 소련 공군은 지상부대와의 합동작전에 필요한 폭격기를 출동시킨 적이 없었으며 이러한 준비를 해본 적도 없었다. 제64항공군단 사령관 로보프(G. A. Lobov)는 인터뷰에서, "우리는 폭격기가 없었으며 과거 미국 군함에 폭격을 해본 폭격기가 단 한 대도 없었다. 그 이유는 "그것은 우리의 임무가 아니었기 때문"이라고 인정하였다.[30] 중국 측의 자료 역시, 지상군

26) Hallidy, "Air Operation in Korea", p.154; *Орлов А. С.* Советская авиация в Корейской войне, с.133, 146.

27) "1951년 9월 제64전투항공군단 전술회의에서 비에노프의 경험 결산(초록)," *ЦАМОРФ*, ф.64. иак, оп.174045, д.49, лл.38-41.

28) "1951년 6월 13일 스탈린이 클라소프스키에게 보낸 전문," АПРФ, ф.45, оп.1, д.339, л.47. 규정에 따라, 평양-원산선 이남과 동서 해안선 이외 영공 지역은 중조연합군의 작전 지역이었다.

29) "1951년(정확한 일시 불명) 제64전투항공군단의 1951년 4~5월 전역에 대한 작전 평가," *ЦАМО РФ*, ф.35, оп.173543сс, д.99, лл.245-251.

부대의 상륙작전을 지원하기 위하여 서해안 대화도(大和島) 지역의 한미 정
보기지에 한 차례의 폭격을 하였는데, 이는 중국 공군 제8사단이 단독으로
수행하였다고 입증하고 있다.—중국 공군 내의 소련고문은 전투 시작 전에
이미 귀국하였다[31]— 그러나 반드시 지적해야 할 것은 비행 숙련도의 문제
때문에 중조연합군 공군이 최전방에서 직접 교전하는 경우는 매우 적었으
며, 날씨가 양호한 때에만 지상부대와 합동작전을 수행할 수 있었다. 그들
은 "기상이 악화된 조건에서는 작전을 전혀 수행할 수 없었다."[32] 1951년 12
월, 중국 중앙군사위원회는 이러한 실질적 상황을 반영하여, 중국 인민지원
군 공군의 임무에서 지상군을 직접 지원하는 합동작전을 다시는 강조하지
않고, 청천강 이북 지대의 부분적인 제공권을 장악하여 주요 교통운송선과
군사 및 공업 목표를 중점적으로 보호하여 간접적으로 지상군을 지원하는
것으로 공군의 임무를 변경하였다.[33]

　스탈린이 우려했던 것은 당연히 소련 공군의 참전 사실이 밝혀진 이후 미
소 간의 갈등이 격화되는 것이었다. 스탈린은 소련 사람이 조선전쟁에 참가
하였다는 것을 알 수 있는 어떠한 흔적도 남기지 않기를 희망하였다. 1951
년 2월『동북일보』에 중국의 군관학교와 항공학교에서 소련 교관이 수업한
사실이 보도된 이후, 중국공산당 동북국 선전부는 "이러한 것은 선전되어서
는 안 된다. 오늘 이후 우리 군사학교 내의 소련 전문가에 대한 것은 일률적
으로 보도를 금지한다."고 특별히 통지하였다.[34] 주목할 것은 모스크바와
마찬가지로 워싱턴 역시 같은 우려를 하고 있었다는 것이다. 따라서 미국은

<hr />

[30] Hallidy, "Air Operation Korea," pp.154, 161. 곤차로프 등이 진행한 인터뷰는 이 점을 증명하였
　　다. 이에 대해서는 Goncharov, Lewis and xue, Uncertain Partner, pp.199-200를 참조.
[31] 이에 대해서는『공군회의사료』, 第309頁를 참조.
[32] "1951년 8월 연합공군의 1951년 7월 작전 보고," ЦАМОРФ, ф.20571, оп.174045сс, д.188,
　　л.73-74. 1952년 말에 이르러, 인민지원군 공군의 700여 명의 조종사들 중 28명만이 야간 기상
　　조건하에서도 작전할 수 있는 기술을 보유하고 있었다. 王定烈,『當代中國空軍』, 第190頁.
[33] 王定烈,『當代中國空軍』, 第205-206頁.
[34] "1951년 2월 19일 동북국 선전부의 통지," 河北省檔案館, 당안 번호: 686-1-17.

소련과 마찬가지로 소련 공군의 참전 사실을 비밀로 하였다. 사실 미국 공군은 일찍부터 그들의 진정한 공중전 상대가 조선도 중국도 아니라는 사실을 알고 있었다. 미국 조종사들은 공중전 당시 유럽인의 얼굴을 보았을 뿐만 아니라, 무선 통화 중에 러시아어를 들었다. 이러한 사실이 보고된 후, 미국 정부는 소련 정부에 보복 행동을 취하도록 여론을 자극하고 이로 인하여 전쟁이 확대되는 것을 피하기 위하여 이 사실을 봉쇄하고 침묵을 유지해야 한다고 생각하였다. 소련의 참전 소식 공표 여부에 관한 미 정책기관 내의 논쟁에서, 미 국무성 정책기획실 실장 폴 니츠(P. H. Nitze)가 이 사실을 비밀에 부치도록 한 건의가 논쟁의 결론이 되었다. 후에 니츠는 "만약 우리가 진상을 발표하였다면 대중은 우리에게 이에 상응하는 행동을 요구했을 것이다. 그럴 경우, 우리가 할 수 있는 일은 단지 전쟁을 확대하여 소련과의 충돌을 심화시키는 것뿐이었다."라고 토로하였다. 이에 따라 아이젠하워 정부 역시 이 사실을 "방치해 둔 채 사용하지 않았다." 왜냐하면 만일 "알려지면 러시아와의 개전이라는 거대한 압력이 형성될 것"이기 때문이었다.[35] 워싱턴과 모스크바의 이러한 묵계 때문에, 조선전쟁에 소련 공군이 참전한 역사적 사실은 40년 동안이나 침묵 속에 있을 수 있었다.

전체 조선전쟁 시기, 소련 공군은 부대 교체 등을 통하여 총 10개 항공사단과 4개 고사포사단이 참전하였다. 참전한 공군의 총 인원은 7만 2천 명이었으며, 참전 인원수가 가장 많았을 때(1952년)는 2만 6천 명에 달하였다. 실제 전투를 위하여 64,300차례 출격하였으며, 비행기가 공중에 체류한 시간은 49,449시간, 공중전은 1,872차례, 격추된 적기는 1,106대, 소련 측 손실은 조종사 120명과 전투기 335대였다. 고사포사단은 적기 153대를 격추하였으며, 68명이 전사하고 고사포 6문과 탐조등 1대가 파괴되었다. 이 밖에도 작전에 투입된 중조연합공군은 총 10개 항공사단(중국 7개, 조선 3개)이었

---

35) *Орлов А. С.* Советская авиация в Корейской войне, с.133, 146; Halliday, "Air Operation in Korea," pp.159-160.

으며, 22,300차례 출격하였다. 공중전 366차례, 격추된 적기는 271대, 사망자 126명, 손실된 비행기는 231대였다.[36] 이로부터 조선전쟁 공중전에서 소련 군은 결코 간과할 수 없는 중요한 역할을 하였음을 알 수 있다.

2. 전쟁 시기 중국에 대한 소련의 전면적인 원조

중국의 조선출병에 있어 최대 어려움은 국력이 쇠약하다는 것에 있었다. 오랜 기간 동안의 전쟁으로 인하여 백성은 도탄에 빠지고 만신창이가 된 상태에서 전쟁을 수행하면서 경제를 회복시켜야 하는 등 어려움이 산적해 있었다. 중국의 참전은 어떤 의미에서 소련이 극동 전략목표와 이익에 실현하는 데 대한 지원과 지지임을 스탈린은 잘 알고 있었다. 이에 따라 어쨌든 간에 소련은 전쟁에서 고군분투하는 중국군에게 원조를 제공해야 할 의무가 있었고 스탈린은 확실히 그렇게 하였다.

무엇보다도 무기 장비 면에서 보면, 중국 혼자서 이 같은 현대식 전쟁에 대응한다는 것은 불가능하였다. 탄약 조달과 같은 임무조차도 중국 혼자서는 완성할 수 없었다. 예를 들어, 1951년 1분기 조선전쟁의 전장에서 필요한 탄약은 약 14,100여 톤이었지만, 국내 군수공업 생산량은 총 1,500여 톤밖에 되지 못하였다.[37] 스탈린은 전장에서의 중국 군대의 요구를 기본적으로 만족시켰으며, 특히 정전 담판 시작 전에 중국의 요구를 모두 들어주었다. 러시아 당안 문서에는 이에 관한 상황이 잘 나타나 있다.

조선에서 중국 인민지원군의 전투가 시작되 후 얼마 지나지 않아, 모택동은 소련에 쾌속 어뢰정, 장갑함, 구잠정(驅潛艇), 해안포 등 해군 무기 장비

[36] "1953년 11월 3일 소련군 총참모부 작전관리국의 소련 공군과 중조 공군의 연합작전 정황 결산 보고," ЦАМОРФ, ф.16, оп.3139, д.157, лл.280-283. Орлов А. С. Советская авиация в Корейской войне, с.145; Halliday, "Air Operation in Korea", pp.149-150 참조.
[37] 『聶榮臻懷憶錄』, 第757-758頁.

의 제공을 요청하였으며, 동시에 해군사령관 소경광(肖勁光)이 모스크바에
날아가 협상하도록 계획하였다. 이에 스탈린은 다음 날 전보를 보내어 동의
를 표하였다.38) 11월 17일, 주은래는 스탈린에게 "새로운 전역이 곧 시작됩
니다." 그러나 "압록강 철교는 매일 적기로부터 폭격을 받고 있습니다."라는
내용의 전보를 보냈다. 그는 눈앞의 위급한 상황을 해결하기 위하여 요동반
도에 주둔하고 있는 소련 부대로부터 약 500대의 차량을 뽑아 즉각 전방으
로 배치할 필요가 있다고 스탈린에게 요구하였다. 스탈린은 당일 즉시 "신
속히 차량을 귀측에 인계하기 위하여(제가 말하는 것은 신차입니다), 이미
군사령부에 여순에 이미 배치되어 있는 차량을 제공하는 것이 아니라 만주
리(滿洲里)에서 새 차량을 인계하라고 지시하였습니다. 11월 20일, 140대의
차량을 중국 대표에게 인계하고, 11월 25일과 26일에는 355대의 차량을 전
달할 예정입니다. 나머지 차량은 금년 12월 5일 전까지 최대한 빨리 제공될
것입니다. 만주리역에서 1,000대의 차량이 더 제공될 것입니다."라고 회답하
였다.39) 또한 스탈린은 조직 중인 중국 공군집단군을 위하여 15명의 소련
군사고문을 파견해 달라는 주은래의 요청을 즉각 수용하였다.40) 중국 인민
지원군 공군의 작전 능력 제고를 위하여 스탈린은 스스로 중국에 다량의 최
신 비행기를 무상으로 제공하겠다고 제의하였다. 1951년 5월 22일, 스탈린
은 모택동에게 보낸 전보에서 "이전에 중국에 지원한 10개 전투항공사단 중
에, 6개 사단의 장비는 이미 낙후된 미그-9 전투기입니다. 중국 전투항공사
단을 더욱 강력한 전투력을 가진 전투사단으로 만들기 위하여 소련 정부는
8월 초순 전까지 무상으로 372대의 최첨단 미그-15기를 중국에 제공할 것입

38) "1950년 10월 28일 로시친이 스탈린에게 보낸 전문, 1950년 10월 29일 스탈린이 모택동에게
　　보낸 전문," *АПРФ*, ф.45, оп.1, д.334, лл.62-63, 64.
39) "1950년 11월 17일 주은래가 스탈린에게 보낸 전문, 스탈린이 주은래에게 보낸 전문," *АПРФ*,
　　ф.45, оп.1, д.335, лл.122-123, 124.
40) "1951년 2월 12일 주은래가 스탈린에게 보낸 전문," "1951년 2월 16일 스탈린이 주은래에게
　　보낸 전문," *АПРФ*, ф.45, оп.1, д.337, лл.58-59, 60.

니다. 현재의 미그-9기는 계속 중국에 남겨 중국 조종사들이 훈련용으로 사용토록 할 것입니다."라고 통보하였다.[41] 이때부터, 중국 공군의 조직은 초기 단계부터 최첨단 미그-15 제트전투기를 주요한 작전 능력으로 보유하게 되었다.[42] 스탈린의 이러한 조치는 동맹국으로서 소련의 성의를 나타내는 것이었으며, 모택동은 이에 매우 감격하였다. 양국의 두 지도자 사이의 전보 내용으로부터 중소 양국 간의 동맹 우호 관계는 상호 지원과 합작 과정 중에 크게 강화되었음을 알 수 있다.

조선전쟁 기간 동안, 중국군은 전면적인 무장 현대화를 실현하였다. 그중 소련군 무장 장비 편제에 따라 무장을 개선하거나 새로이 조직된 부대는 다음과 같다. 원 106개 육군사단 중 56개 사단, 6개의 탱크사단과 독립탱크여단, 101개(37밀리) 독립고사포대대, 5개의 야전고사포사단과 1개 도시방어고사포사단, 2개의 로켓포사단, 14개 곡사포사단, 2개의 대전차포사단, 33개의 고사포여단, 4개의 탐조등단, 9개 레이더단과 독립레이더대대, 28개 공병

---

[41] "1951년 5월 22일 스탈린이 모택동에게 보낸 전문," *АПРФ*, ф.45, оп.1, д.338, л.87.

[42] 중국의 자료에 따르면, 소련이 중국 공군에 제공한 비행기의 수량은 다음과 같다. 1950년 1월, 공군사령관 유아루(劉亞樓)는 소련 정부와 각종 비행기 586대의 구매 계약을 하였다. 당시 계약한 수량은 라-9 전투기 280대, 도-2 폭격기 198대, 훈련기와 정찰기 108대이다. 후에 정세의 변화로 인하여, 중국은 중국에 파견된 소련 공군의 비행기를 인도받았다. 1950년 2월부터 3월 소련 바지스키 중장은 공군부대를 이끌고 상해, 남경, 서주에 도착하여 방공 임무를 수행하였다. 10월 바지스키는 명을 받고 귀국하고 장비는 중국에게 판매하였으며, 그 수량은 각종 비행기 119대로 미그-15 제트전투기가 38대, 라-11 전투기 39대, 도-2 폭격기 9대, 일-10 공격기 25대, 연습기 8대로 구성되어 있었다. 이 비행기들로 최초로 창설된 중국 공군을 무장하였으며, 그 부대가 6월 19일 남경에서 창설된 공군 제4혼성여단이다. 1950년 8월 소련 공군 벨로프사단(151사단)은 중국 동북에 도착하여 방공의 임무를 수행하게 되었다. 후에 같은 방식으로 이 사단의 장비들은 중국 공군에게 인계되었다. 인계된 장비는 미그-15 제트전투기 122대와 훈련기와 정찰기 16대였다. 이 비행기들은 중국에서 두 번째로 창설된 공군부대를 무장하였다. 1950년 10월과 12월, 소련 공군 13개의 공군사단 중에 9개 사단은 미그-15, 미그-9 제트전투기사단이었으며, 1개의 라-9 전투기사단, 2개의 일-10 공격기사단, 1개의 도-2 폭격기사단은 각각 중국의 동북, 화북, 화동, 중남 지역에 파견되어 방공 임무를 수행하고 중국 공군부대의 훈련을 담당하였다. 후에 중국 공군은 유상으로 그중 12개 사단의 장비를 인계받아 이를 토대로 제3, 4 공군부대를 창설하게 된다. 이후 중국 공군부대의 장비는 보통 소련으로부터의 수입과 내부 조정, 교환 방식으로 해결되었다. 王定烈, 『當代中國空軍』, 第78-79頁.

여단, 10개 철도사단 및 통신 및 화생방부대 등이다. 1954년 초에 중국은 28개 공군사단과 5개의 독립비행단을 창설하였으며, 소련으로부터 무상 공여 혹은 구매한 총 3000여 대의 항공기를 보유하였다. 해군 건설에 있어서는 자금과 기술의 문제로 인하여 양측의 담판이 더디게 진행되었다. 중소 간의 최초의 해군협정, 즉 1953년 6월 4일 조인된「해군장비 공급과 중국의 군함 제조에 관한 기술제공협정」(「6·4협정」) 체결 시, 조선전쟁은 이미 막바지에 접어들었다. 소련이 제공한 무기 장비들은 모두가 최첨단은 아니었다. 심지어 일부는 제2차 세계대전 기간 동안 미국의 무기대여법에 의하여 제공된 잔여 장비들도 있었지만 중국에게는 이것들도 모두 현대 무기였으며, 소련은 당시 중국에게 군사원조를 해 줄 수 있었던 유일한 국가였다.[43] 이런 원조들은 중국군이 조선전쟁에 참여해서 얻어낸 성과이며, 이후 중국군 현대화에 중요한 역할을 하였다.

조선전쟁 기간, 중국의 경제 회복과 건설에 대한 소련의 원조는 가뭄에 단비와도 같은 작용을 하였다. 연이은 전쟁으로 중국 경제는 파탄 지경에 이르렀다. 중국공산당이 정권을 잡은 후, 가장 먼저 직면하게 된 것은 바로 재정적 궁핍이었다. 중공 중앙의 내부 통계자료에 따르면, 1949년 예산 지출은 20억 은원(銀元)이었으며 그중 군사 부문 지출이 큰 비중을 차지하였다. 군사 부문 지출은 1948년 70~89%, 1949년에는 50% 이상을 점하였다. 이에 비하여, 수입은 15억 은원으로 5억 은원의 적자를 기록하였다.[44] 상황이 약간 호전되었을 때, 조선전쟁에 참전하게 됨으로써 중국 경제의 어려움은 더욱 가중되었다. 주은래가 스탈린에게 통보한 바에 따르면, 1950년 군비 지출이 전체 예산의 44%를 차지하였고 1951년에는 52%에 달하였다.[45] 미국 등

---

43) 이상의 자료는 대부분 필자가 2001년 6월~9월 수차례 왕아지를 인터뷰한 기록을 바탕으로 정리한 것이다. 이에 대해서는 王亞志, 沈志華, 李丹慧 整理,『彭德懷軍事參謀的回憶: 1950年代中蘇軍事關係見證』, 上海: 復旦大學出版社, 2009, 第28-66頁를 참조.

44) "1950년 2월 13일 중공 문건『중국의 경제형세에 관하여』에 대한 안드레예프의 논평," РГАСПИ, ф.17, оп.137, д.407, лл.51-53, Мясников В. С.(под ред.) Китайская народная республика в 1950-е годы, т.2, с.35.

서방국가들의 금수 및 봉쇄 조치는 중국 경제에 큰 피해를 주어, 1950년 말
부터 1951년 7월 사이에만 원자재와 기자재 수입 가격이 평균 배 이상 올랐
으며, 어떤 품목은 4배까지 오르기도 하였다. 동시에 상품 수출은 대폭으로
감소되어 중국 토산품 수출이 1950년의 4억 달러에 비하여 1951년에는 2.3
억 달러로 감소되었다. 영국, 프랑스, 독일 등의 유럽 국가와의 무역 총액은
역대 최고 수준의 10%에도 미치지 못하였다.[46] 아시아 각국과의 수출입 무
역 또한 큰 어려움에 처하였다. 1951년 7월 5일, 유소기가 제1차 보고에서
인정한 것처럼 중국 경제는 아직은 진정한 자립을 이룰 수 없었다.[47] 그러
므로 소련의 원조에 의존하는 수밖에 없었으며, 소련 역시 모든 방면에서
중국에 원조를 확실히 제공하였다.

　우선, 소련은 중국의 경제 회복에 시급히 필요한 공업 원료와 설비들을
수출을 통하여 제공하였다. 1950~1952년 소련은 94.3만 톤의 강재(당시 중
국 철강 생산량의 약 40%)와 100만 톤의 석유와 휘발유(이 시기 중국의 석유
및 휘발유 생산량은 28.7만 톤을 넘지 않았다)를 포함한 총 150만 톤의 석유
상품을 중국에 수출하였다. 1950년 소련이 중국에 수출한 공업 설비는 1.653
억 루블, 1952년에는 6.94억 루블로 3.2배 증가하였다. 그중에 플랜트 수출
은 지속적으로 증가하여 중국에 새로운 기업이 건립되거나 구(舊)기업이 재
가동할 수 있도록 하였다.[48]

　중국의 현대 공업 기본 건설의 핵심은, 조선전쟁 시기 소련이 원조한 중

45) "1952년 9월 3일 스탈린과 주은래의 담화 기록," *АПРФ*, ф.45, оп.1, д.329, лл.75-87.이 통계는
　　중국 당안의 통계자료와 다소간의 차이가 있다. 담화 기록과 중국 당안에는 각각 38.19%와
　　45.64%로 기록되어 있다. 中國社會科學院, 中央檔案館編,『1953-1957年中華人民共和國經濟
　　檔案資料選編』, 綜合卷(北京: 中國物資出版社, 2000), 第872, 891頁.
46) 中國社會科學院, 中央檔案館編,『1949-1952年中華人民共和國經濟檔案資料選編』, 綜合卷, 北
　　京: 中國物資出版社, 1994, 第461-462頁.
47) 中央財經領導小組辦公室編,『中國經濟發展五十年大事記』, 北京: 人民出版社, 中共中央黨校
　　出版社, 1999, 第35頁.
48) *Мясников В. С. (под ред.)* Китайская народная республика в 1950-е годы, Сборник документов,
　　т.1, Взгляд советских и китайских ученых, Москва: Памятники исторической мысли, 2009, с.8.

요 프로젝트로부터 시작되었다. 즉, 자주 회자되는 156개의 중점 사업 중 제
1차 50개가 조선전쟁 기간 시작되었다. 1950년 2월, 중소 수뇌회담 결과 중
국의 경제 회복에 시급히 필요한 석탄, 전력, 철강, 비철금속, 화학공업, 기
계, 및 군수공업 부문의 50개 중점 사업에 대하여 소련 정부가 지원할 것을
합의하였다. 진행 과정에서 상황 변화로 인하여 그중 1개가 취소되고, 2개
는 합병되어 건설 사업은 실제적으로 47개였다. 그중 에너지자원 관련은 21
개로 전체의 44.7%를 차지하였고, 기존 공장의 개조 및 확장 사업은 22개로
전체의 46.8%를 차지하였다. 중국 동북에의 건설 사업은 36개로 전체의
76.6%를 점하였다.[49] 이로부터 중점 사업들은 생산력을 회복시키고 공업화
에 기초를 다지는 성격을 가지고 있음을 알 수 있다. 설계 작업의 진전과 조
선전쟁의 전황이 점차로 완화됨에 따라, 이 사업들은 경제 회복 시기(1950
~1952년) 들어서 계속해서 첫 삽을 뜨고 공사를 착공하기 시작하였다. 플랜
트 수입의 완료 시점으로 보면, 이 중점 사업들은 단계별로 완성하고 생산
에 들어갔다. 1953년 3월 11일 국가통계국 통계 보고에 의하면, 1950~1953년
중소 간 체결된 산업 플랜트 설비수입 계약은 6억 8,394만 루블에 달하였고
3년간 누적 실제 수입량은 4억 6974만 루블이었다. 즉 68.7%의 계약이 완료
되었다. 이 중에 수입 계약을 완전하게 완료한 기업은 무순(抚顺) 발전소(1
기), 부신(阜新) 발전소(1기), 서안(西安) 발전소(1기), 정주(郑州) 발전소, 우
루무치(乌鲁木齐) 발전소, 풍만(丰满) 수력발전소(1기와 2기), 중경(重庆) 발
전소, 심양(沈阳) 풍력공구공장 등 8개 중점 사업이었으며, 80% 이상 완료한
기업은 안산제철회사, 무순알루미늄제철소(1기), 하얼빈계량기 절삭공구 공
장, 심양기계 제일 공장, 푸라이기(富拉尔基) 발전소(1기), 태원발전소(1기),
대련화학공장 등이 있다.[50] 이러한 중점 사업들이 건설되어 생산이 이루어

49) 彭敏, 『當代中國的基本建設』 上卷, 北京: 當代中國出版社, 1989, 第14-15頁.
50) 中國社會科學院, 中央檔案館 主編, 『1953-1957年中華人民共和國經濟檔案資料選編』, 固定投
    產與建築業卷, 北京: 中國物資出版社, 1998, 第386-387頁.

지기까지 상당한 시일이 걸렸지만, 1952년 전국 고정자산은 총 59억 원(중국 위안)의 실질 증가가 이루어 졌으며, 그중 에너지와 원자재 등 주요 상품의 생산능력이 크게 제고되었다. 즉, 전력 22.2만 킬로와트, 석탄 채굴 1563.7만 톤/년, 무쇠 76.4만 톤/년, 강괴 55.8만 톤/년, 강재 33.6만 톤/년이 생산되었다.51) 이를 통하여 중국의 국민경제 회복과 미래 공업화 건설에 있어서 소련의 지원하에 완성된 중점 사업들의 중요성을 짐작할 수 있다.

이 밖에도 소련은 중국 정부에 의해 제기된 기타의 일부 사업들에 대하여 원조를 제공하여 건설을 완성하였다. 예를 들어 1951년 1월 중공업 부부장 하장공(何长工)과 단자준(段子俊), 심홍(沈鸿) 등 3인은 명을 받아 모스크바에서 중국 항공공업 발전 계획에 대한 소련의 긴급 지원에 관하여 담판을 가졌다. 소련은 이를 매우 중시하고, 비신스키를 대표로 하는 7인의 위원회를 구성하여 중국 측과 담판을 벌였다. 한 달이 넘는 담판을 거쳐 소련은 중국이 3,000대의 엔진과 600대의 비행기 정비 능력을 가진 정비 제조 공장을 건설할 수 있도록 원조하는 것에 동의하였다. 1951년 1,500대의 엔진과 300대 비행기를 대대적으로 정비할 수 하도록 하며, 중국에서 정비 제조 공장 설계를 진행하고 최대한 빨리 전문가를 중국에 보내어 사업을 진행토록 하자는 중국 의견에 동의하였다. 중국에 있어서 항공공업의 긴박성을 고려하여, 소련이 중국의 항공공업건설을 지원하는 협의는 스탈린에게 즉시 보고되어 3시간 만에 비준을 완료하였다. 이러한 토대 위에서 1951년 4월 중국 정부는 항공공업건설에 관한 결정을 내렸다.52)

156개 중점 사업에서 제2차 사업은 중국 경제발전 제1차 5개년계획이 제정되면서 시작되었다. 중국의 모든 경제 건설 방침은 소련 방식으로 건선하

---

51) 中國社會科學院, 中央檔案館 主編,『1953-1957年中華人民共和國經濟檔案資料選編』, 基本建設投資與建築業卷, 北京: 中國城市經濟社會出版社, 1989, 第266, 268頁.

52) 中共中央文獻出版社,『周恩來年譜(1947-1976)』上卷, 第112, 131-132頁, "1951년 1월 10일 비신스키와 하장공 담화 기록," АВПРФ, ф.0100, оп.44, п.322, д.11, лл.1-3, 朱元石 主編,『共和國要事口述史』, 長沙: 湖南人民出版社, 1999, 第295-307頁.

는 것을 목표로 하였으며, 그 핵심은 경제 회복의 기초 위에 국유 경제를
주체로 하는 계획경제체제를 만드는 것이었다. 일찍이 1951년 2월 중공중앙
정치국 확대회의에서 주은래는 대규모 계획경제 건설 준비를 진행하기 위
한 구상을 제안하였다. 회의는 주은래의 제안을 받아들여 주은래, 진운(陳
云), 박일파(薄一波), 이부춘(李富春), 섭영진(聶榮臻), 송소문(宋劭文) 등 6인
으로 소조를 만들어, 제1차 5개년계획의 영도소조를 구성하였다.[53] 1952년
8월, 주은래의 주재하에 「3년 이래 중국 국내 주요 정황과 금후 5년 건설
방침의 보고 개요」와 「중국 경제 현황 및 5년 건설의 주요 임무」의 초안이
만들어졌다. 이 문건들은 향후 5년 경제 건설 방침을 제시하였으며, 그 기본
임무는 국가 공업화의 기초를 다지고, 농업을 발전시키며, 국방을 강화하고,
인민의 물질생활과 문화 수준을 점진적으로 제고하는 동시에, 중국 경제의
사회주의적 발전을 보장하는 것이었다. 5개년건설의 중요 내용은 중공업으
로서, 특히 철강, 석탄, 전력, 석유, 기기 제조, 비행기, 탱크, 트랙터, 선박,
차량 제조, 군사공업, 비철금속, 기초 화학공업 발전을 주 내용으로 하며, 중
공업 발전을 방해하지 않는 범위에서 인적, 물적 자원을 기타 경제 부문의
발전에 사용하도록 하였다. 공업건설의 속도는 매년 20% 성장이 가능도록
하였으며, 안전 지향적 성향을 반대하면서 실질을 벗어나는 모험주의 경향
역시 방지해야 한다고 강조하였다. 우선 현재의 공업 기초 위에서 발전을
도모하며, 중국의 후방에 새로운 공업기지 건설을 준비하고 시작하도록 하
였다. 공업건설은 반드시 소련의 선진적인 통일 기술표준을 채택토록 하고,
소련 전문가들의 지도와 기술 원조에 의존토록 하였다.[54]

계획경제에 대한 어떠한 경험도 없을 뿐만 아니라, 소련의 기술과 설비
표준을 사용하였기 때문에 제1차 경제계획 방안을 제정할 때 자연스럽게 소

53) 中共中央文獻出版社, 『周恩來年譜(1947-1976)』 上卷, 第130-131頁.
54) 金冲及, 『周恩來傳』 下卷, 第1070-1071頁, 中共中央文獻出版社, 『周恩來年譜(1947-1976)』 上
卷, 第254-255頁.

련의 도움을 요청하였다. 1952년 8월 15일 주은래는 친히 중국 정부 대표단을 이끌고 소련 방문에 나섰다. 8월 23일과 28일, 주은래는 「3년 이래 중국 국내 주요 정황과 금후 5년 건설 방침의 보고 개요」와 「중국 경제 현황 및 5년 건설의 주요 임무」, 「중국 국방군 5년 건설계획의 개요」 문서의 러시아어 번역본을 소련 정부 대표단과 스탈린에게 각각 전달하였다. 양측은 소련 당정 지도부가 이 문서들을 열람한 후, 중국 정부 대표단이 스탈린과 회담을 진행하기로 약속하였다.[55]

9월 3일, 주은래와의 회담에서 스탈린은 중국의 5개년계획에 대하여 다음과 같은 의견을 제시하였다. 첫째, 스탈린은 「계획」에서 규정한 20% 공업발전 성장률은 지나치게 높으며, 마땅히 여지를 남겨야 한다고 제안하였다. 이에 주은래는 지난 3년의 경험은 중국은 자신의 역량을 지나치게 낮게 평가하였음을 증명하였다고 설명하였다. 그러나 스탈린 먼저 총 성장률은 15%로 정하고, 연 계획 성장률은 20%로 할 것을 충고하였다. 둘째, 스탈린은 「계획」 안에 군사공업이 들어가 있지 않으며, 모든 물자 공급 문제에 대한 총체적인 설명이 결여되었다고 지적하였다. 주은래는 스탈린이 군사공업 투자비율이 전체 공업 투자에서 12~13% 점하는 것을 수용하였기 때문에, 중국은 이 비율에 의거하여 모든 물품 공급 신청서를 편성할 것이라고 설명하였다. 셋째, 스탈린은 「계획」에 소련의 원조가 필요한 항목의 구체적 숫자가 없으며, 소련 측 연구에 따르면 이 「계획」에 대한 소련의 답변은 최소한 2개월의 시간이 필요하다고 지적하였다. 쌍방은 상의를 거쳐, 주은래는 먼저 귀국하고 이부춘은 소련에 계속 머물며 구체적인 계획을 협상한다는 데에 스탈린이 동의하였다.[56]

1952년 10월 유소기는 중국공산당 대표단을 이끌고 소련공산당 제19차 대표대회에 참가하였다. 이때 소련 국가계획위원회 위원장 사브로프(M. Z.

---

55) 中共中央文獻出版社, 『周恩來年譜(1947-1976)』上卷, 第256-257頁.

56) "1952年 9月 3日 스탈린과 주은래의 회담 기록," *AПРФ*, ф.45, оп.1, д.329, лл.75-87.

Saburov)는 유소기, 이부춘과 5개년계획 문제에 관하여 토론하고, 몇 가지 중요한 건설적인 의견을 제기하였다. 사브로프는 국민경제 건설 계획의 성장속도 18%는 달성하기 어려우며, 11~12%로 수정할 것을 건의하였다. 또 소련의 공업 설비 제공 문제에 관하여 사브로프는 요구가 너무 많은 것은 바람직하지 않으며, 비록 소련이 설비들을 제공할 수 있지만 기술발전이 매우 빠르다는 점을 고려하여 충분한 자금을 비축하여 최신 설비를 구매해야 한다고 지적하였다. 소련 전문가의 중국 파견에 있어서, 사브로프는 파견 전문가가 너무 많은 것은 불가능하며, 소련 전문가가 모든 책임을 져서는 더더욱 안 된다고 지적하였다. 그는 중국은 더 많은 유학생과 엔지니어를 소련에 파견하여 배우고 실습하여 점진적으로 중국 자체의 기술 인력을 가지도록 해야 한다고 밝혔다. 중국「계획」에 대한 충분한 연구를 진행한 후, 소련은 1953년 2월 사브로프를 대표로 대표단을 조직하여 중국 측 대표와 회담을 진행하였으며, 각 그룹별로 중국의 5개년계획 방안을 연구하고 구체적인 수정 의견을 제안하였다.[57]

중국 지도부는 소련의 수정 제안을 매우 중시하였다. 1953년 2월 14일, 주은래는 중공 중앙의 이름으로 이부춘에게 전보를 보냈다. 그는 전보에서 소련의 제1차 5개년계획안에 대한 제안은 매우 귀중한 것이며, 중국은 이를 중시해야 한다고 강조하였다. 중국의 객관적 현실과 소련의 제안에 근거하여, 5개년계획은 확실한 기초 위에 실행되어야 하며, 공업 총생산의 연 증가율을 낮추는 것은 올바른 것이다. 따라서 본 전보에서 지적한 원칙과 소련과의 협상 진행에 근거하여 중국이 초기에 정한 5개년계획 개요를 수정할 것을 지시하였다. 2월 17일과 23일 주은래는 주덕과 시중쉰(习仲勋), 증산(曾山), 가탁부(贾拓夫) 및 유관 부서의 부장, 국가계획위원회 위원 및 각국

57) 李越然,『外交舞臺上的新中國領袖』, 北京: 外語教學與硏究出版社, 1994, 第39-40頁, 李越然, 『我國同蘇聯商談第一個五年計劃情況的回憶』, 外交部外交史編輯室,『新中國外交風雲』, 第二輯, 北京: 世界知識出版社, 1991, 第17-18頁.

(各局) 국장들을 소집하여 회의를 개최하고, 소련 국가계획위원회의 중국 5개년계획에 대한 제안을 토론하였다. 회의는 먼저 소련의 제안은 제1차 5개년계획 수립에 큰 도움이 되었으며, 5개년계획의 공업 생산 성장률을 13.5~15%로 낮추고 연평균 약 20% 성장을 쟁취하여 5개년계획을 앞당겨 완성하기로 하였다. 그 후, 주은래는 즉시 회의의 결정을 모스크바에 통보하였다.58)

1953년 5월 18일, 주은래와 고강은 쿠즈네조프(V. V. Kuznetsov) 대사가 보내온 소련 국가계획위원회의, 중국 제1차 5개년계획의 임무에 관한 공식 의견서를 받고 이를 곧바로 모택동과 중앙 지도부 인사들에게 보고하였다. 소련의 공식 의견서는 중국 경제발전의 기본 방침은 정확하다고 평가하고, 경제 회복 시기 중국이 이룩한 거대한 경제적 성취를 긍정적으로 평가하였다. 동시에 중국 정부가 정한 전체 공업 부문의 연평균 20.4% 성장률과 국영 및 개인 공업 성장률 24%는 모두 과도하게 높다고 지적하였다. 공업발전 속도가 과도하게 높을 경우, 자원과 숙련 간부의 효율적 이용이 불가능해져 5개년계획의 중요 임무를 완성할 수 없다고 강조하였다. 소련은 1953년부터 1957년까지 공업 생산 성장률을 20.4%에서 14~15%으로 조정할 것을 건의하였다. 이 밖에도 의견서는 대규모의 공업발전은 반드시 민수용 생필품을 대량 생산하는 수공업의 발전과 균형을 이루어야 한다고 밝혔다. 중국은 풍부한 노동력과 경험 있는 수공업자가 많아 수공업 발전에 유리한 조건을 갖추고 있다. 이 점은 5개년계획안에 반드시 고려되어야 한다고 지적하였다. 또 국가는 반드시 수공업의 발전을 유도하고 원료를 공급하며 수공업 협동화를 이루어, 수공업 발전을 보장해야 한다고 밝혔다. 이견서는 5개년계획은 특히 농업 문제에 주의해야 하며, 이의 가장 중요한 임무 중 하나는 식량을 도시민에게 공급하고 공업에 필요한 농업 원료를 제공하는 것이며, 특히 날

58) 中共中央文獻出版社, 『周恩來年譜(1947-1976)』 上卷, 第284-285頁. 주은래의 회신은 「黨的文獻」 1999-05, 第3-4頁.

로 발전하는 공업의 수요에 부응하기 위하여 경제 작물 생산의 확대에 주의
를 기울일 것을 강조하였다. 의견서는 중국의 초안에는 국가 재정과 금융
문제에 대한 필요한 설명이 없고, 5개년계획의 완성은 대규모의 공업건설을
진행하는 동시에 노동 인민의 생활수준을 제고하여야 하며, 이를 위해서는
관련된 재정과 금융 방면의 조치들을 반드시 규정해야 한다고 제안하였다.
이외에 초안에는 제1차 5개년계획 수행에 필요한 간부의 양성 문제에 관해
서도 충분한 설명이 없다고 지적하였다. 소련의 경험에 의하면 국가 공업화
의 가장 어려운 문제 중 하나가 바로 다수의 숙련된 간부를 양성하는 것이
며, 노동 인민 중에서 지식분자를 양성해 내기 위해서는 반드시 숙련된 간
부와 기술 인력을 양성하는 전문적인 계획이 있어야 한다고 주장하였다. 다
음 날 중공 중앙은 소련의 의견서를 토론을 거쳐 통과시켰다. 20일 중공 중
앙은 모스크바에 회신하고, 이부춘에게 중공 중앙의 의견을 전화로 통보하
였다.[59] 이렇게 됨으로써 제1차 5개년계획은 마침내 원칙적으로 확정되었
다.[60]

「1.5」(제1차 5개년계획의 약칭－역자 주) 계획의 기초 위에서, 중국은 전
면적인 공업화 건설을 시작하였으며, 당연히 소련의 원조와는 밀접한 관계
가 있었다. 유소기는 북경의 「중소우호동맹호조조약」 3주년 경축대회에서,
"금년부터 중국은 이미 대규모의 계획 건설의 시기에 진입하였습니다. 우리
국가의 건설 사업을 잘하기 위하여 우리는 반드시 소련을 배워야 합니다.
소련의 선진 경험을 겸허하게 배우고 활용하는 것을 우리나라의 건설 사업

59) 「蘇聯國家計劃委員會關於中華人民共和國五年計劃任務的意見書」, 『中共黨史資料』, 總第69
輯(1999年 3月), 第1-4頁. 본 문건의 제공자 진석(陳夕)은 필자에게, 중공 중앙이 소련 의견서
를 받고 이를 처리하는 대체적 상황에 대해 설명해주었다.
60) 이후, 「1.5」 계획의 편제 작업은 반복 토론을 거쳐서, 여러 방안들이 제기되었다. 1954년
11월, 모택동, 유소기, 주은래, 이부춘 등은 광주(广州)에서 20일 동안 「1.5」 계획 초안 초고를
심사하고 수정하였다. 1955년 2월에 「1.5」 계획 초안 작업이 완료되었다. 동년 3월 중국공산
당 전국대표회의에서 이 초안이 통과되었으며 7월 5일 제1회 전국인민대표대회 제1차 회의
에서 「중화인민공화국 국민경제의 제1차 5개년계획」이 정식으로 통과되었다. 이에 대해서는
金冲及, 『周恩來傳』 下卷, 第1086頁을 참조.

의 최우선 과제의 하나로 간주"해야 한다고 강조하였다.[61]

1952년 8~9월, 주은래는 정부 대표단을 이끌고 모스크바를 방문하여 1953년부터 시작되는 제1차 5개년계획과 중국 공업화 문제에 관하여 소련 정부와 토론하였다. 원칙이 확정된 이후에도, 이부춘 등은 계속 소련에 남아 8개월 동안 소련 원조의 구체적인 사항들을 소련 측과 조율하였다. 소련 정부는 주은래가 제출한 제1차 5개년계획의 중점 공업 사업에 관하여 꼼꼼하게 연구한 후, 중국 스스로 해결할 수 있는 부분 혹은 지질 자원이 분명치 않은 부분과 5개년계획 기간 안에 착수할 수 없는 사업을 제외하고 중국 정부의 요구에 동의하였으며, 심지어 반드시 해야 하지만 중국이 미처 생각하지 못한 일부 사업 항목을 첨가시키기도 하였다. 양측은 1953년~1959년 사이, 소련이 중국에 91개의 기업을 새로이 설립하고 개조하는 사업을 지원하기로 확정하였다.

1953년 5월 15일, 이부춘과 미코얀은 각각 양국 정부를 대표하여 중국 국민경제발전을 위한 소련의 원조 협정에 서명하였다. 원조 협정에 확정된 소련의 지원 건설 항목은 다음과 같다. 연 강철 생산량 120~150만 톤의 철강연합회사 2곳, 연간 주석 3만 톤, 알루미늄 1.5만 톤, 몰리브덴 1만 톤, 텅스텐 3만 톤, 바나듐과 티타늄 정광 13만 톤 생산 규모의 비철금속회사 8곳, 매년 석탄 1,990만 톤을 채굴할 수 있는 8개의 탄광 갱도와 석탄연합공장 1곳, 연간 총 450만 톤의 석탄 정련 능력을 가진 석탄 정련 공장 3곳, 연 100만 톤 원유 처리 능력을 가진 원유 정제 공장 1곳, 매년 제련, 광산, 석유설비 7.5만 톤, 금속절삭선반 3.6만 톤, 트럭 6만 대, 트랙터 1.5만 대, 베어링 1,000만 개를 생산능력을 가진 기계 제조 공장 32곳, 매년 36만 킬로와트(60만 킬로와트까지 확대 가능) 전력을 생산하는 발전기, 기타 무전기 및 전자제품을 생산하는 동력기기 및 전력기기 제조 공장 16곳, 3곳의 연 18만 톤 질소비료 생산 공장과 1.5만 톤의 합성 고무 생산능력을 가진 공장 등 화학공장 7곳,

[61] 『劉少奇年譜』 下卷, 第308頁.

매년 41.3만 킬로와트 발전량의 화력발전소 10곳, 의약공업회사 2곳, 식품공
업회사 1곳 등 총 91개의 사업이었다. 동시에, 중국의 35개 국방공업 기업의
설계 완성과 설비 공급을 돕고 각종 기술적 원조를 제공하기로 합의하였다.
이에 대한 대가로 중국은 1959년 전까지 소련에 텅스텐 16만 톤, 주석 11만
톤, 안티몬 3만 톤, 몰리브덴 3.5만 톤, 고무 9만 톤 및 상당량의 농수산품을
소련에 제공하기로 하였다. 이부춘은 현재 건설 중인 50개 사업 항목을 포
함하여 141개의 기업의 설립되고, 1959년에 중국의 공업 능력은 대대적으로
성장하여, 흑색제련, 비철금속, 석탄, 전력, 석유, 기계 제조, 엔진 제조, 화학
공업 방면에서 지금보다 두 배 이상의 생산능력을 가지게 되고, 중국은 자
신의 자동차와 트랙터 공업을 가지게 되며, 철강, 석탄, 전력과 석유 등 주요
공업 생산품은 소련의 1차 5개년계획 때의 수준까지 도달할 것이며, 1937년
일본의 수준을 접근 혹은 초과할 것이라고 보고하였다.[62]

　　당시 소련공산당 19차 당대회에서 이미 제5차 5개년계획 요강이 통과되
었지만 중국의 건설과 기업 개조를 위하여 소련은 계획을 조장하고, 생산과
인원 배치를 조정해야만 하였다. 예를 들어 많은 기술 전문가들을 중국에
파견하는 것 외에도, 단지 국내 설계기관에만 3만 명의 인력을 충원해야 하
였다.[63] 이 밖에도 공장 부지 선택, 설계 기초자료 수집, 설계 진행(소련 측
이 70~80% 책임), 설비 공급(소련이 50~70% 책임), 기술 자료의 무상 제공으
로부터 건축과 기계설비 설치 및 생산 가동과 정상 운전까지 소련은 전반적
인 기술 원조를 제공하였다.[64] 결론적으로 주은래가 소련 정부에 제출한 비

62) 中國社會科學院 中央檔案館 主編,『1953-1957年中華人民共和國經濟檔案資料選編』, 固定投
　　産與建築業卷, 北京: 中國物資出版社, 1998, 第332-364頁. 상술한 희귀 금속 공급량은 1950년
　　협의에서 규정된 수치도 포함하고 있다. 이외에 필자는 각주에서 인용한 책의 편집자인
　　동지개(董志凱)와의 대담에서 상술한 91개의 사업 항목과 35개의 군수공업 기업이 부분적으
　　로 중첩된다는 사실을 알 수 있었다. 소련의 스탈린 시기 중국 지원 사업에 관한 상세한
　　통계는 다음을 참조할 것. "1954년 9월 25일 소련국가계획 위원회의 중국 경제원조에 관한
　　보고," РГАЭ, ф.4372, оп.11, д.1865, лл.1-8, Мясников В. С.(под ред.) Китайская народная
　　республика в 1950-е годы, т.2, с.249-255.
63) 袁寶華,「赴蘇聯談判的日日夜夜」,『當代中國史研究』, 1996-1, 第25頁.

망록 회신에서 밝힌 바와 같이, 중국의 91개의 새로운 기업들과 현재 개조
가 진행 중인 50개의 기업들에 대한 원조, 그리고 기타 방면에서의 중국의
경제발전에 대한 소련의 원조는 중국 인민들로 하여금 "점차로 자신의 강력
한 중공업과 국방공업을 건설하게 하였고, 이는 중국 공업화와 사회주의 발
전에 중대한 작용"을 하였다.[65]

　덧붙여서 1950년 중소협정에 의거하여, 소련이 중국에 인도한 기업과 자
산에 관하여 서술하고자 한다. 비록 이러한 기업과 자산의 중국으로의 이전
은 조선전쟁과는 직접적 관련이 없지만, 중국의 경제 회복과 발전에 상당한
영향을 미쳤다. 1950년, 소련 정부는 대련의 소련 조차지 및 관리 구역 내의
재산과 소련의 경제기구들이 일본인 소유자로부터 압수한 재산, 과거 북경
병영(兵營)의 모든 부동산을 중국에 무상으로 반환하였다. 그것은 47개의
공장과 11개의 극장, 188개의 주택, 33개의 창고, 23개의 부동산 등을 포함하
여 총 302곳에 달한다. 중국에 이전한 재산은 협정이 체결될 당시의 소련
측의 목록에 비하여 18곳이 더 많았다. 뿐만 아니라 소련은 중국에게 인도
하기 전에 이후의 정상 가동을 위한 중요한 준비까지 해주었다. 예를 들어,
중소 공동 운영의 원동전업공사(远东电业公司)는 부속 공장이 12개에서 21
개로 늘어났으며, 노동자 수는 4.5배 증가하였다. 생산 품종 또한 원래의 열
가지에서 수백 가지로 증가하였다. 일부 기계공장의 설비는 공장 건설 초기
에 비하여 200% 증가하였고 생산 총액은 439%나 증가하였다. 대련정비 제
조 공장의 생산율은 전후 초기에 비해 36배 높아졌다. 중국 건설에 특히 유
익한 것은 이 기업들이 대량의 중국 기술 인재들을 양성했다는 사실이다. 위
에서 언급했던 3개 공장에서 배출해낸 기술 인력만 4,650여 명에 달하였다.[66]

64) 中國社會科學院 中央檔案館 主編,『1953-1957年中華人民共和國經濟檔案資料選編』, 固定投
　産與建築業卷, 北京: 中國物資出版社, 1998, 第359-364頁.
65) 中共中央文獻出版社,『周恩來年譜(1947-1976)』上卷, 第302頁.
66) 中國社會科學院 中央檔案館 主編,『1949-1952年中華人民共和國經濟檔案資料選編』, 工商體
　第卷, 北京: 中國社會科學文獻出版社, 1993, 第133-135頁.

중국 경제 건설에서 빼놓을 수 없는 것이 과학기술 자료이다. 소련은 주로 두 가지 통로, 즉 도서 자료 교환과 설비수입 계약 방식을 통하여 이 자료들을 제공하였다.

1949년 소피아경제상호원조회의(코메콘회의) 제2차 회의에서, 회원국 간의 과학기술 자료 무상 교환 원칙을 확정하였다. 중국은 이 회의의 회원국이 아니었지만, 소련은 이 원칙에 입각하여 도서의 교환 방식으로 중국에 대량의 과학기술 정보와 문헌을 제공하였다. 소련은 소련과학원 도서관, 과학기술정보연구소, 사회과학기초도서관이 이에 상응하는 중국 기관들에 대량의 기초과학기술 정보 자료와 도서, 그리고 잡지 등을 제공토록 하였다. 1950년 9월 29일, 소련과학원 주석단은 소련과학원도서관의 책임하에 "1951년의 국제 도서 교환 계획을 새로이 심사하고, 그 목적은 인민민주국가의 과학 기관에 기증 서적의 양을 대폭 늘리는 데 있으며, 그중에 중화인민공화국과의 도서 교류를 특별히 중시하고 있다."고 지시하면서, "인민민주국가들과의 도서 교류를 진행함에 있어서 상대에 같은 양의 도서를 요구하지 않도록" 할 것을 강조하였다. 소련은 1952년 결정을 통하여, 1953년부터 대등 원칙을 따르지 않고, 인민민주국가들에게 매년 25%씩 더 많은 과학 서적을 보내기로 결정하였다. 이에 따라, 소련과학원 도서관은 중국에게 보내는 서적 수량을 크게 늘렸다. 1950년부터 1953년까지, 소련이 중국에게 기증한 도서는 120,842질로, 이는 중국이 소련에 기증한 도서의 5배에 달하였다. 소련의 과학 출판물을 기증받은 중국 기관은 300곳이었으며, 그중 31곳은 대형 도서관이었다.[67]

소련이 지원하는 사업 항목, 혹은 중국이 특별히 요청한 프로젝트와 설비에 관계된 기술 자료는 쌍방의 대외수출입회사를 통하여 중국에 제공되었다. 중국은 소련이 제공한 과학기술 문건의 운반비와 복사비만을 부담하였

---

67) *Филатов Л. В.* Научно-техническое сотрудничество между СССР и КНР(1949-1966)//Информ ационный Бюллетень Советско-Китайские Отношения, 1995, № 65, с.7-8.

다. 이 비용마저도 모두 지불해야 되는 것은 아니었다. 그러나 1953년 5월 15일 서명된 「중소경제합작협정」에서 최초로 중국에 기술 문건의 무상 제공 원칙을 독립 조항으로 확정하였다.[68] 소련 측은 중국 측이 제기한 요구를 언제나 만족시켰다. 예를 들어 제1차 5개년계획의 편성 작업을 위하여 주은래는 몰로토프에게 편지를 보내, 소련 정부가 중국 정부에게 다음과 같은 기술 자료를 계속 제공해 주기를 희망하였다. 즉 국가표준, 전(全) 소련 표준, 임시 기술 조건 및 각 기업의 제조 규격, 광산, 공장, 학교, 병원 건설에 관한 일반적 설계, 공업 및 교통 기업의 기술 조작 규정, 기기 제조 설계도와 선진 기업의 원재료, 전력, 연료 소비의 기술 경제 기준량 등의 자료를 요청하였다. 이틀 후, 몰로토프는 중국의 요구에 동의하였다.[69] 1950년부터 1953년 기간, 소련이 중소 양국 정부 간의 과학기술협정에 근거하여 중국에 제공한 과학 문헌과 기술 자료는 총 2,928건에 이른다.[70]

중국에 대한 소련의 물자 및 기술 원조는 대부분 중국에 파견된 소련 전문가들을 통하여 이루어졌다. 중국 당안 자료에 의하면, 1950년부터 1953년까지 경제 건설 사업을 돕기 위하여 중국에 온 소련 전문가는 총 1,093명이었으며, 1953년 말까지 741명이 귀국하였음에도 불구하고 중국에 여전히 체류하면서 각 공장과 광산에서 근무하는 소련 전문가는 342명에 달하였다.— 중공업 분야는 159명, 연료공업 분야는 103명, 제1기계공업 부분은 52명이었다[71]— 소련의 관련 자료에 따르면, 중국에 파견된 소련의 고급전문가는 1951년 557명, 1952년 258명, 1953년 395명이었다.[72] 1950년 통계를 포함하지 않는 이 통계에 따르면 중국에 파견된 전문가는 이미 1,210명에 달하였다.

[68] Филатов Л. В. Научно-техническое сотрудничество между СССР и КНР, с.7-8.
[69] "1952년 9월 6일 주은래가 몰로토프에게 보낸 전문," 『黨的文獻』, 中共中央文獻出版社, 1999.05, 第3頁; 『周恩來年譜(1947-1976)』上卷, 第258頁.
[70] Филатов Л. В. Научно-техническое сотрудничество между СССР и КНР, с.102.
[71] 中國社會科學院 中央檔案館 主編, 『1953-1957年中華人民共和國經濟檔案資料選編』, 固定投産與建築業卷, 第386-388頁.
[72] Филатов Л. В. Научно-техническое сотрудничество между СССР и КНР, с.11.

중국 주재 전문가들의 근무 상황의 복잡성(즉 기한 완료에 따른 귀국자 및 계속 초빙된 전문가와 새로이 초빙된 전문가 사이의 교차)과 계산 표준의 차이(고급 고문, 기술 전문가, 교사 그리고 일반 노동자 간의 구분)를 고려하면, 위에서의 통계에 차이가 있을 수 있다. 대체적인 확인된 것에 따르면, 조선전쟁 기간 중국에 파견된 소련의 경제 기술전문가(교사는 포함하지 않음)는 최소 1,100명 이상이었고, 같은 시기 중국에서 근무하는 인원은 대략 250명에서 480명 정도를 유지하였다. 소련 전문가 파견이 가장 많았던 때는 1951년과 1953년으로 두 차례 소련의 중국에 대한 중점 사업 원조가 확정된 이후이다.

소련 전문가는 중국 경제의 회복과 발전에 매우 중요한 역할을 하였다. 경제 건설 초기 단계에서 중국이 제일 먼저 부족하다고 느낀 것은 설계 능력이었다. 제1차 소련 원조 건설 사업에 부응하기 위해 1950년 2월 모택동과 주은래가 소련을 방문하였을 때, 1차적으로 16개 소련 설계 소조를 초빙하였다. 조선전쟁 발발 후, 동북 지역 공업기지 건설을 위하여 중국 정부는 3개 설계 소조를 재차 초빙하였다. 1951년에는 제3번째 설계 소조가 초빙되었다. 1951년 여름까지 소련은 설계 소조 42개를 중국에 파견하였으며, 그중 30개는 동북 지역에 파견되었다.[73] 「1.5」계획의 집행을 위하여, 중국재정위원회는 소련 정부에 5개의 종합전문가 그룹을 1952년 하반기까지 중국에 파견하여 전국 규모의 계획과 배치 및 설계 작업을 진행해 줄 것을 요청하였다. 그들의 임무는 전국적 전기 공급 계획, 전국 철강 광업의 발전에 대한 청사진과 생산 품목 확정, 현재의 전국 기계 제조 공업의 조정과 신설 공장에 대한 계획, 전국 선박공업 공장과 철도 기차 차량 제조 공장의 조정과 확장 및 새 계획 등을 확정하는 것이었다. 동시에, 6곳의 지질탐사에서도 소련의 원조가 필요하였다.[74] 소련은 중국 측의 설계 요청을 모두 받아들였

---

73) 彭敏, 『當代中國的基本建設』上卷, 第14-15頁.
74) 『1949-1952年中華人民共和國經濟檔案資料匯編』, 基本建設投資與建築業卷, 第369, 374頁.

다. 이부춘과 송소문(宋邵文)의 보고에 따르면, 1952년 말 석탄 광산 설계 항목 담판 과정에서 소련은 중국의 설계 요구를 가능한 범위 안에서 모두 수용하였으며, 지질 자료가 완비되지 않았지만 이 또한 "마지못해 설계를 승낙하였다."[75]

중국 경제 건설을 위한 소련 전문가들의 견해와 조언은 커다란 도움이 되었다. 예를 들어 과거 중국은 석유 자원이 없는 국가로 여겨졌으나 소련 전문가가 석유 생성의 원리 및 중국 지층 구조를 주변 국가와 비교한 후, "중국은 유전 보유 국가의 중간에 위치하고 있어, 중국 지하에 석유 자원이 풍부하다."고 지적하였다. 동시에 소련 전문가들은 선진 석유탐사 방법을 전수하였으며, 저압 유전 석유 채굴 문제도 해결하였다. 소련 전문가의 도움으로, 3년간 중국 석유공업의 노동생산성은 3배나 높아졌으며, 1952년 석유 생산량은 신중국 이전 최고 생산량의 19.66%를 초과하여 중국의 석유공업의 초석을 다졌다.

전력공업 부분에서 소련 전문가는 부신(阜新) 발전소에 발전기를 설치하는 과정에서 16가지의 선진 시공법을 도입하여, 1대의 보일러를 설치하여 25,000명의 인력을 절감하는 결과를 얻었고, 터빈 발전기의 기초공사 기간을 5분의 4로 단축시켰다. 모든 설비 설치 공사는 한 달을 앞당겨 완공하였고, 60억 원(구 인민폐)의 원가를 절감하였으며, 품질은 소련의 선진표준에 완전히 부합하여 모택동과 고강의 찬사를 받았다.[76] 석탄공업 방면에서 중국 석탄관리총국은 국내의 얇은 석탄층이 이미 모두 채굴된 것으로 생각하였다. 때문에 기술 조건의 제약으로 더 깊은 석탄층을 채굴하고 채굴 범위를 확대할 수밖에 없다고 보고, 1957년 이전까지 120곳을 폐광할 예정이었다. 그러나 소련 전문가의 연구를 통하여 대부분의 석탄 갱도들은 재건·확

75) 中國社會科學院, 中央檔案館 主編,『1949-1952年中華人民共和國經濟檔案資料選編』, 工業卷, 北京: 中國物資出版社, 1996, 第784-785頁.
76)『人民日報』, 1953年 4月 10日 第2版, 1952年 12月 15日 第2版.

대되었으며, 1952년 전국 석탄 생산량은 작년 대비 60% 증가하였다. 더욱 중요한 것은 광산 수명이 대부분 20~40년 연장되었다는 것이다.

소련 전문가의 건의에 따라, 모든 광산은 소련의 신식 채굴기법을 채용하여 탄층이 깊은 곳의 채굴 효율을 20~30%나 높였다. 철강공업 부분에서, 소련 전문가의 지도하에 단 1년 안에 각지의 용광로는 평균적으로 원래의 설계 능력을 초과하였다. 그중 석경산(石景山) 250톤 용광로에서는 376톤의 철을 생산하였으며, 태원의 50톤의 용광로는 106톤을 생산하는 신기록을 세웠다. 태원의 평로는 소련 전문가의 건의를 받아들여 열장법과 취풍용련법(금속을 정련하는 데 바람을 쐬는 공정 – 역자 주)의 방식을 채용하여 10시간 42분의 제련 시간을 4시간 54분으로 단축시켰다. 천진 평로에서는 소련 전문가의 열수법(熱修法)을 도입하여 평로 수리 시간을 180시간에서 60시간으로 단축하여, 효율을 두 배로 올렸다. 중경의 한 제철소에서는 방치한 지 10년이 넘는 철도 레일 압연 생산설비를 소련 전문가들의 도움으로 다시 가동하게 된 것은 물론, 중국에서 처음으로 중형 철도 레일을 압연 생산하는 데에 성공하여 사천성 인민들의 40년 숙원 사업이었던 성도 – 중경 구간의 철로 공사를 시작할 수 있게 하였다. 임업 방면에서 소련 전문가가 제안한 신식 목재유벌(流筏)법을 채용하여 유벌 손실을 기존 10%에서 1.37%로 감소시켰다. 또한 소련의 임업 분야 조사방법은 동북의 삼림 조사기간을 기존의 25년에서 5년으로 크게 단축시켰다. 또한 농업 방면에서 소련 전문가들은 심경(深耕), 밀식(密植), 윤작(轮作), 합리적 관개, 비료 이용 등 선진 경험을 소개하여 중국의 농작 기술을 발전시키는 데 큰 공헌을 하였다. 북경 쌍교국영농장(双桥国营农场)은 소련 전문가의 직접적인 지도하에 면화 밀식을 시행하여 농지당 생산량을 두 배로 높였다. 공업과 광업 기업의 경영관리 분야 또한 소련 전문가들의 도움으로 크게 개선되었다. 생산계획을 제정하고 생산책임제를 정하며, 통계보고서를 간략화하고 경제채산제 등 각종 업무 분야에서 소련 전문가들은 귀중한 조언을 제공하였으며, 실제로 양호

한 효과를 거두었다. 이외에 소련 전문가들은 강의 등의 방식을 통하여 중
국에 경험과 기술을 전수하였으며, 실제 작업을 통하여 다수의 기술 인력들
을 양성하였다. 실례로 1952년 동북의 간부 양성 계획은 3만 명으로, 그중
핵심 지도 간부 대부분은 소련 전문가를 통하여 배양되었다.[77]

　생산기술 방면에서 중국 각 부문의 공예기술을 개선하고 효율을 제고하
며 원가를 줄이고 생산을 늘리는 데 있어 소련 전문가들의 공헌은 헤아릴
수 없을 정도였다. 예를 들어, 석경산(石景山) 발전소의 대형 안전사고는
1949년 113차례에서 1951년 단 2차례로 크게 감소하였다. 또 본계(本溪) 제
철소의 저인철(低磷铁)의 합격률은 3개월 만에 16%에서 88.5%로 높아졌고,
무순 광무국 제철소 분공장의 강괴 합격률 또한 95.3%로 제고되어 이전의
표준 합격률 15%를 초과하였다. 1952년 신강을 제외한 전국의 원유 생산량
은 이전 최고 수준을 19.66%를 초과하였다. 옥문(玉门)과 오소(乌苏)에서 양
질의 유전이 발견되었으며 노군묘(老君庙) 옛 유전 또한 재가동되었다. 부
신발전소의 모든 설비 설치는 계획보다 1개월 앞당겨 완공되었으며, 60억
원(구 위안화)의 원가가 절약되었다. 산서 훈허(浑河)강 저수지 건설 사업의
설계 저수량은 2.25배 증가하여 2000억 원(구 위안화)이 절약되었다. 이러한
사례는 이외에도 많다.[78]

　소련 전문가들은 중국에 신기술 전수뿐만이 아니라 중국 기업의 관리능
력을 제고하는 데 큰 역할을 담당하였다. 신중국 성립 초기, 각 공장과 광업
소의 노동 기율은 느슨하고 제도가 불완전하며 노동력의 관리는 혼란스러
웠다.[79] 이러한 상황을 개선하기 위하여, 소련 전문가 소조는 즉각적인 제

77) 中國社會科學院, 中央檔案館 主編, 『1949-1952年中華人民共和國經濟檔案資料選編』, 工業卷,
　　北京: 中國物資出版社, 1996, 第753-776頁, 『人民日報』, 1951年 2月 15日 第2版, 1952年 1月
　　20日 第4版.
78) 『人民日報』, 1951年 11月 4日 第4版, 1950年 10月 6日 第1版, 中國社會科學院 中央檔案館
　　主編, 『1949-1952年中華人民共和國經濟檔案資料選編』, 工業卷, 北京: 中國物資出版社, 1996,
　　第753-776頁.
79) 천진, 무한, 정주 등지에 대한 상황 보고에 대해서는 中國社會科學院, 中央檔案館 主編,

도의 정돈과 개선이 필요하다고 보고, 1954년 1월 중공 중앙에 노동부와 전
국총공회 그리고 기타 유관 단체와의 협조하에 이 문제를 해결해야 한다고
건의하였다.[80] 반년 후, 정무원은 전국총공회의 건의로 제정된「국영기업
내부 노동규칙강요」를 반포하고 이「강요」에 근거하여 각 기업은 관리부서
의 책임하에 노동 규칙을 제정토록 하였다.[81] 동북 인민 정부 재정부가 초
빙한 소련 전문가 체프로프(Cheprov)는 심양과 여순, 대련, 길림 등 대도시
의 예산편성과 기업 재무관리의 강화 등 각 성(省), 시(市)의 실질 문제 해결
을 위하여 공헌하였으며, 영도 기관의 재정 관리 제도에 관하여 건설적인
건의를 하였다. 재정부는 정무원에 그를 1년 더 동북에 체류시키면서, 이 기
간 동안 간부들을 조직하여 학습을 심화시키고 수준을 높여 업무를 감당할
수 있도록 하였다.[82]

　구(旧)중국의 공업관리는 대체적으로 수공업 수준에 머물러 있었다. 예를
들어, 전력계통은 설비의 점검 수리와 운영은 대부분 숙련자의 경험과 전수
에 의존하고, 통일되고 과학적인 조작 체계가 없었다. 1949년 9월 석경산발
전소 6호기에서 큰 사고가 발생, 북경 전역이 정전이 되어 소련 전문가에
도움을 요청하였다. 설비 복구 과정에서 소련 전문가는 정기적인 점검 수
리, 관리체제 개혁 설비 개선 및 발전기 출력 회복 등 방면에서 많은 건설적
인 제안을 하였으며, 더욱 중요한 것은 발전소의 운행 규정 세트를 작성하
고 모든 노동자들에게 이 규정을 따르도록 하여 기업관리 수준을 근본적으

『1953-1957年中華人民共和國經濟檔案資料選編』, 勞動工資與職工保險福利卷, 北京: 中國物
　　資出版社, 1998, 第321-332頁을 참조.

[80] TsKhSD, f.5, op.28, roll.5104, no.138(January-October 1954)는 Deborah Kaple, "Soviet Advisors
　　in China in the 1950s," Odd Arne Westad(ed.), Brothers in Arms: The Rise and Fall of the
　　Sino-Soviet Alliance(1945-1963), Redwood City CA: Stanford University Press, 1998, pp.122-123에
　　서 재인용.

[81] 中國社會科學院, 中央檔案館 主編, 『1953-1957年中華人民共和國經濟檔案資料選編』, 勞動工
　　資與職工保險福利卷, 北京: 中國物資出版社, 1998, 第316-321頁.

[82] "1951년 1월 7일 동북 인민 정부 재정부가 소련 전문가의 1년 체류 연장을 요청하는 보고,"
　　遼寧省檔案館, 당안 번호: ZA31/2/429.

로 향상시켰다. 이를 위하여, 중앙연료공업부는 이 규정을 전형으로 삼아 규정을 인쇄하여 전국의 모든 발전소에 보냈다.[83] 1950년 소련 전문가들은 동북전기회사의 경제채산제와 각종 전기공급 안전규정과 기구를 만드는 것을 도왔다.[84] 소련 전문가들이 중국 전력의 체계적이고 과학적인 관리체제의 확립의 기초를 닦았다고 할 수 있다. 금속공업의 관리체계 역시 소련 전문가들에 의하여 시작되었다. 1951년 1월, 소련 전문가들은 안산제철회사 관리체계에 대하여 전체 개편 건의안을 제안하였다.[85] 동시에 소련 전문가들은 동북의 많은 기업들을 도와 직급별 계획체계를 건립하고 표준양식 사용과 생산책임제 확정 그리고 택트시스템(컨베이어 시스템의 한 종류) 실시를 추진하여 생산의 과학적 관리를 강화하고, 생산효율을 제고하였다.[86]

　과학기술 부문의 인재 부족 문제를 근본적으로 해결하기 위한 방법은 자신의 기술 인력을 양성하는 것이지만, 신중국 초기에 인재 부족 문제 역시 매우 시급한 문제였다. 중국 전문가 양성을 돕기 위한 소련의 원조는, 주로 중국 유학생을 받아들이고 가르쳐 기술 간부들을 연수시키는 두 가지 통로로 이루어졌다. 1951년 8월, 주은래의 건의에 따라 모택동은 스탈린에게 금후 대규모 경제 건설의 수요를 맞추기 위하여 중국의 기술 인력을 양성해 줄 것을 희망하고, 375명의 학생과 88명의 간부를 소련으로 파견 학습 및 연수할 수 있도록 요청하였다.[87] 중소 양국은 1951년 12월 6일 소련에서 중국 공민의 생산기술 실천 진행 조건에 관한 협정을 체결하였으며, 1952년 9월 1일 소련고등교육기관에서의 중국 공민 유학에 관한 협정에 서명하였다. 두 개의 협정에서 소련은 비교적 우호적인 조건을 부여하였다. 소련 공

83) 薛啓宇 主編, 『中共北京石景山發展總廠歷史大事(1948-1995)』, (北京: 中共北京石景山發展總廠黨史征編辦公室, 1999) 미출간, 第202頁.
84) 『人民日報』, 1952年 12月 15日 第2版.
85) "1951년 1월 13일 안산철강공사가 동북 인민 정부 공업부에 보낸 안산 철강공사 관리기구 편성에 대한 소련 전문가들의 의견에 대한 보고," 鞍山鋼鐵公司檔案館, 당안 번호: 500/2.1/9.
86) 『人民日報』, 1951年 2月 15日 第2版.
87) 『周恩來年譜(1947-1976)』 上卷, 第165頁.

장과 광업회사에서 연수하는 중국 기술 인력 간부들은 소련 전문가와 교사에 대한 강의료와 약간의 실습비만 지불하였으며, 그 액수는 실습 지도자 임금의 10~20% 정도에 불과하였다. 소련에서 공부하는 중국의 대학생과 대학원생을 위해 중국 정부는 교과서 비용과 공동 사용 비용 이외에도, 소련 정부에 50%의 학습 보조금을 지불해야 했다.[88] 중국의 관련 당안 자료에 따르면, 1952년 중앙과 동북계획위원회의 재직 간부 273명, 교육부 및 각 경제 부문 소속 고등교육기관의 287명이 각각 선발되어 소련으로 파견되어 유학하였다. 같은 해 소련에 파견되어 연수한 기술 간부는 중앙 9개부와 위원회 174명, 동북공업부 소속 각 기업의 560명이었다. 1953년 교육부는 1,100명의 유학생을 소련으로 파견할 계획이었으며, 그중 재정 관련만 650명에 달하였다. 유학생을 파견 계획 이외에, 중앙재정위원회는 500~600명 실습생 선발을 계획하였다. 이외에 중국기술수출입회사와 소련기술수출입회사 간에 서명된 협정에 따라, 과학기술 원조 제공 형식으로 소련은 144명의 중국 전문가에게 소련에서 생산기술을 연수할 수 있도록 하였다. 중국 유학생과 연구생의 전공은 대부분 중공업과 연료공업 계통에 집중되었다. 예를 들어, 1952년 중앙 각 부처에서 파견한 연수생 중 64.4%가 이에 해당하였으며, 1952년의 재정 부분 유학생 중 58.6%가 그러하였다.[89] 이 밖에도, 소련과학원 및 그 산하기관에서 유학 중인 중국 연구생은 1952년 11명, 1953년에는 13명에 달하였다.[90] 중국 인민해방군 또한 다수의 유학생을 소련에 파견하였다. 통계에 따르면, 1951년 소련에 유학한 군사간부는 89명이었다. 1952년에는 109명을 파견하였으며 그중에 해군(군함) 63명, 공군(엔지니어) 30명, 대련러시아어학교 10명, 위생학교에서 6명이었다. 1953년 원계획은 200명이었으나

88) *Филатов Л. В.* Научно-техническое сотрудничество между СССР и КНР, с.9.
89) 中國社會科學院, 中央檔案館 主編, 『1949-1952年中華人民共和國經濟檔案資料選編』, 工業卷, 北京: 中國物資出版社, 1996, 第787-791頁, *Филатов Л. В.* Научно-техническое сотрудничество между СССР и КНР, с.11. 이 중 백분율은 필자가 계산하여 제공한 수치임을 밝힌다.
90) *Филатов Л. В.* Научно-техническое сотрудничество между СССР и КНР, с.11.

실지로 98명을 파견하였다. 즉 해군 55명, 지도측량병 10명, 위생병 8명, 장갑병 7명, 포병 6명, 통신병 6명, 공군(비행) 6명으로 구성되어 있었다.[91] 결론적으로, 1954년 초까지 소련고등교육기관에서 유학한 중국 학생은 총 1,252명이며, 이들은 12개의 도시, 102개의 학교에 분산되었다. 계획에 따르면, 하반기에는 학생 수가 1,500명으로 증가 예정이었다.[92] 이외에 소련 원조하에 만들어진 중국인민대학 또한 이미 개교하였으며, 중국을 위하여 수많은 간부를 배양하였다.[93]

　종합적으로, 1950년부터 1953년까지 중소는 군사와 외교 영역에서 전면적인 협력을 하였을 뿐만 아니라, 경제 영역의 협력 관계 또한 전면적인 발전을 이루었다. 이 모든 것은 중국이 조선에 출병 원조한 것의 기초 위에서 시작되었다. 이 관점에서 본다면, 조선전쟁에서 나타난 중국의 국제주의 정신은 사회주의진영에서 이에 상응하는 보답을 받았다. 소련의 중국에 대한 대규모 경제원조와 이 기초 위에서 중국 경제 건설의 회복과 발전은 이 시기 중소동맹의 경제적 배경이 되었다.

3. 중조 갈등에서 스탈린의 중국 '일변도'

　모택동이 무슨 이유로 출병하였든지 간에, 1950년 10월 19일 중국의 출병은 위기에 처한 김일성과 그 정권을 구하였고, 동시에 중국이 소련 영도하의 사회주의진영의 최전선에 있게 하였음은 의심할 바 없다. 그 후 오랜 기간 "중조 양국의 인민과 군대가 어깨를 나란히 하고, 미국 제국주의의 침략에 항서하고 사회주의의 동방 전선을 보위하기 위하여 싸웠다."고 전 사회

---

[91]　肖向榮工作筆記, 미출간.
[92]　『建國以來劉少奇文稿』第6冊, 第114-115頁.
[93]　1950년 중국인민대학 재학생은(주로 간부 연수생) 정규반 1,565명, 단기반 1,083명, 예비반 270명이었다.

주의진영에서 오랜 시간 동안 미담으로 전해졌다. 조선전쟁 전 모택동은 조선과는 당분간 「중소우호동맹조약」과 같은 조약을 체결하지 않을 것을 결정하였지만, 조선전쟁에서 실제로 발휘된 중국의 역할은 법률적 의미의 동맹국을 훨씬 뛰어넘는 것이었다.[94] 현재까지도 중국에서 중조 관계에 대해 이야기할 때, 자주 사람들 입에 오르내리는 말이 "순망치한(脣亡相依)"의 관계 혹은 "선혈로 뭉친 우의"이다. 대다수의 중국인들은 줄곧 중조 우의는 하늘과 땅처럼 영원하며, 양국의 동맹은 난공불락이라고 생각하여 왔다. 그러나 러시아와 중국의 역사 당안이 끊임없이 공개되면서, 연구자들은 조선전쟁 시기 중조 양국 인민들이 확실히 깊은 우의를 맺은 것은 사실이지만 실질적인 동맹국으로서 양국 고위층 간의 여러 가지 첨예한 모순과 의견 차이가 있었으며, 일련의 전략적 결정과 각자 이익에 관계되는 중대한 문제에 있어서 양측 모두 서로 다른 생각을 가졌으며 심지어는 완전히 대립된 주장도 있었음이 밝혀졌다. 특히 이 모든 충돌과 모순 중에서 스탈린이 시종일관 중국의 입장을 지지하였다는 점은 유의할 만하다. 이 현상은 조선출병의 두 가지 결과, 즉 중국이 조선 문제에 있어서 어느 정도 발언권과 주도권을 획득하였다는 것과 전쟁 중 중소동맹 관계가 새로운 국면으로 승격되었다는 사실을 반영한다.

1) 중조연합군 지휘권 문제

중국 군대가 조선에 진입하여 조선인민군과 어깨를 나란히 하고 작전을 벌였다. 이때 가장 먼저 부딪친 문제는 군대의 지휘권 귀속 문제였다. 이는

---

[94] 모택동은 스탈린에게 조선 통일 후에 동맹조약을 체결할 것을 제안하였다. 이에 대하여 스탈린은 동의를 표시하였다. 모택동은 스탈린에게 조선이 통일된 이후에 중조 간의 동맹조약을 다시 체결하겠다고 의견을 표명한 적이 있다. 이에 대하여 스탈린은 동의를 표하였다. "1950년 5월 14일, 로시친이 스탈린에게 보낸 전문," "1950년 5월 16일 비신스키가 로시친에게 보낸 전문," *РГАСПИ*, ф.558, оп.11, д.334, л.56, 57.

또한 군사동맹을 결성한 양측이 반드시 해결해야 할 문제이기도 하였다. 이 문제로 인하여 중국과 조선 사이에 심각한 갈등이 발생하였다.

1950년 10월, 주은래가 소련에 가서 스탈린과 무기 장비 및 공군 지원에 대한 문제를 논의할 때, 중조 양국은 중국출병의 구체적인 사항에 대하여 이미 상의하기 시작하였다. 그러나 당시 상황이 긴박하였기 때문에, 양측은 출병 이후의 지휘, 통신, 보급, 운송 등의 일련의 문제에 관하여 미처 토의를 진행하지 못하였으며 합의는 더더욱 이룰 수 없었다. 10월 8일 모택동은 김일성에게 전보를 보내 중국은 이미 출병을 결정하였음을 통보하고, 조선 내무상 박일우를 심양으로 보내어 지원군의 조선 진입에 관한 구체적인 사항에 대하여 상의할 것을 요청하였다. 당일 저녁 박일우는 심양에 도착했으나, 지원군의 조선 진입에 관한 구체적인 사항에 대해서는 말하지 않고 단지 김일성의 지시에 따라 미국이 계속 병력을 증강하고 있는 상황에서 중국 부대의 즉각 출동을 독촉하였다. 후방 보급 문제에 관해서 지원군이 조선으로 진입한 후 일률적으로 조선 화폐를 사용할 것을 제안하고, 이후에 비율에 따라 이를 상환할 것과 지원군이 사용하는 모든 장작은 일괄적으로 현지 정부로부터 구매하며 시장가격에 따라 제공할 것을 주장하였다. 또한 박일우는 현재 김일성은 이미 평양 이북의 덕천(德川)으로 이동하였으며, 김일성은 인민지원군의 사령부 역시 그곳에 설치하길 희망한다고 전하였다. 이는 당시 조선 지도부가 사실상 중조 군대의 지휘통일 문제에 대하여 이미 고려하고 있었음을 보여 준다. 시성문(柴成文)의 관찰에 따르면, 김일성의 초기 생각은 비교적 간단하였다. 즉 적정이 긴박한 상황에서 중국이 군대를 출동시켜 조선을 일정 시간 받쳐주길 바랐다. 이렇게 되면 중국 인민지원군의 지휘권을 조선 지도자가 자연스럽게 장악할 것이라고 여겼다. 중국이 수십만의 군대를 나누어 조선에 파견하여 작전할 것이라는 계획을 알고 난 후, 김일성은 상황의 중대함을 감지하고 그가 직접 중국 군대를 지휘하는 방안을 직접 제시하기 어려운 상황임을 알게 되었

다. 때문에 김일성은 양국의 사령부가 한곳에 위치하도록 제안할 수밖에 없었다.[95]

펑더화는 지원군의 사령관으로서 이와는 다른 고려를 하고 있었다. 먼저 10월 1일, 스탈린에게 중국출병을 건의하는 전보에서 지원군은 "당연히 중국의 지휘관에 의하여 통솔"되어야 한다고 명확하게 표시하였다.[96] 다음으로 조선에서 보고 들은 바에 근거하여, 펑더화는 조선인들의 부대 지휘 능력에 대하여 크게 염려하였다. 그가 중앙군사위원회에 보낸 전보에 그의 우려가 잘 나타나있다. 펑더화는 "조선노동당의 징병제도는 문제가 대단히 심각하며, 16세에서 45세의 남자는 전부 군대에 징발됩니다. 징발노동자 가족에 대해 아무도 관심을 갖고 있지 않으며, 일반 인민들은 먹을 것이 없습니다." "군사 지휘는 매우 수준이 낮으며, 19일 평양 사수의 명령을 하달하여 결과적으로 3만여 명 정도가 후퇴하지 못하였습니다." 조선 측은 "인민군 내에서 당의 공작과 정치 공작을 전개하는 데 동의하였지만, 정치위원 제도를 건립하는 것에는 동의하지 않고 있습니다."라고 보고하였다. 이후에 부대 지휘권 문제에 대하여 논할 때 펑더화는 시성문에게 "나는 중조 양국 인민과 수십만의 사병에 대해 책임을 져야 한다!"고 강조하였다.[97] 그러므로 펑더화 입장에서는 중국 군대의 지휘권을 조선에 넘겨 줄 생각은 전혀 없었다. 다만 이때 조선인민군의 지휘권에 관해 중국 측이 제기하기가 적당치 않았다. 그 이유는 첫째, 조선의 의향을 몰랐으며, 둘째, 인민군 주력부대는 이미 붕괴되어 새로이 조직되는 인민군 병단은 중국 국내에서 훈련 중이어서 군사행동에 직접 참여할 수 없었기 때문이었다.[98] 따라서 10월 21일 펑

95) "1950년 10월 8일 모택동이 김일성에 보낸 전문," "1950년 10월 10일 펑더화가 모택동에게 보낸 전문," 필자의 시성문 인터뷰, 출처가 명기되지 않은 당안 문건은 필자가 민간을 통하여 수집한 사료이다.
96) "1950년 10월 1일 스탈린이 로시친에게 보낸 전문," *AПРФ*, ф.45, оп.1, д.334, лл.97-98. 유의할 것은 이 전보가 오직 북경으로만 보내졌으며, 평양은 이에 대한 정황을 모르고 있었다는 점이다.
97) "1950년 10월 25일 펑더화가 모택동에게 보낸 전문," 필자와 시성문의 인터뷰 기록.

덕회와 김일성이 대유동(大楡洞)에서 처음으로 만났을 때, 양측 모두 지휘
통일 문제를 제기하지 않았다.[99] 그러나 모택동은 중국 인민지원군사령부
를 구성하는 데 있어 반드시 인민군 동지들이 참여해야 한다고 강조하였으
며, 박일우를 인민지원군 부사령관 겸 부정치위원으로 임명할 것을 제안하
였다.[100] 10월 25일, 중공 중앙은 정식으로 박일우를 지원군 부사령관 겸 부
정치위원 및 당위원회 부서기로 임명하였다.[101]

전황 발전에 따라, 양군의 지휘통일의 문제는 점차로 의제에 포함되었
다. 제1차 전역 기간, 팽덕회는 중조 간의 협조 부족, 즉 언어가 통하지 않
고 조선 지형에 낯설며, 조선노동당과 정부, 군, 민 철수로 인하여 도로가
막혀 "인민지원군 행군 작전이 어려움을 겪고 있다."고 누차 보고하였
다.[102] 특히 인민군이 지원군을 향한 오인 사격 사건이 여러 차례 발생하였
다. 예를 들면, 11월 4일 지원군 제39군단이 박천(博川)의 동남쪽에서 미군
제24사단을 포위 공격할 때, 명을 받고 순천을 향하여 진격하는 인민군 탱
크사단의 오인 공격을 받아 포위된 적이 탈출하였다. 물자 공급과 교통 운
송 부분에서도 통일된 협조 지휘가 없어서 혼란한 국면이 나타났다.[103] 이
때문에 팽덕회는 북경에 위탁하여 중국 주재 조선 대사관을 통해 김일성에
게 군사작전 중의 조중 협조 문제를 제기하도록 하고, 인민군 총사령부가
지원군 총사령부에 가까운 곳으로 이전하기를 희망하였다. 11월 7일 팽덕
회는 재차 박일우에게 김일성을 면담하고 군사행동과 관련된 몇 가지 문제
를 논의해 줄 것을 요청하였다. 그러나 논의 결과는 매우 실망스러웠다. 즉

98) 협의에 따라, 10월 30일까지 조선인민군 9개 보병사단과 특수 병과 등 총 11만 7,000명이
   중국 동북 경내로 추퇴하여 재편과 훈련을 신행하였다. 이에 대해서는 "1950년 10월 31일
   슈티코프가 자하로프에게 보낸 전문," АПРФ, ф.45, оп.1, д.347, лл.81-83을 참조.
99) 필자와 시성문의 인터뷰.
100) 軍事科學出版社,『毛澤東軍事文稿』上卷, 北京, 2010, 第287, 291頁.
101) 王焰主編,『彭德懷年譜』, 第445頁.
102) "1950년 10월 25일, 11월 2일 팽덕회가 모택동에게 보낸 전문."
103) 軍事科學院軍事歷史研究部,『抗美援朝戰爭史』第2卷, 北京: 軍事科學出版社, 2000, 第167頁.

김일성은 참모만을 파견하여 통신 연락과 정보교환을 할 것을 견지하였고, 양국의 군사사령부를 서로 가까이 설치하는 것에 동의하지 않았으며 연합의 형식을 취하는 것에는 더더욱 반대하였다.[104] 이 시기 팽덕회는 중앙군사위원회를 통하여 김일성에게, "인민군 제6사단은 아직도 6,200명이 있으며, 인민지원군 제125사단과 이미 합류하였다. 이 사단이 당지에 남아 지원군과 합동작전을 희망"하는 뜻을 전하였다. 그러나 김일성은 이 사단을 다른 곳으로 이전하였다. 후에 인민군 제7사단 5,000명이 제125사단과 합류하였으며, 이때 팽덕회는 재차 이 사단을 남겨줄 것을 제안하였지만, 김일성은 이에 대하여 회답을 하지 않았다. 이 밖에도, 조선 측과 조선 주재 소련 군사고문단은 팽덕회가 제안한 수십 킬로 후퇴 매복의 제2차 전역 방침에 대하여 반대하고, 지원군이 청천강 이남을 향하여 적을 계속 추격해야 한다고 주장하였다.[105]

김일성은 조선의 주권과 존엄성을 고려하여, 조선인민군의 지휘권을 넘겨주기를 원치 않았으며, 이 점은 이해될 수 있다. 그러나 수십만 조선 군대를 방금 잃은 후, 또다시 수십만의 중국 지원군을 지휘하려는 김일성의 행동은 이해하기 힘들다. 현재까지 발견된 사료에 따르면 김일성이 이런 환상을 가진 것은 모스크바의 입장을 이해하지 못하였고 중국인의 일부 표현을 오해하였기 때문이다. 상대방을 미혹시키고 미국을 자극하지 않기 위하여, 중국 정부는 조선에 진입한 중국 군대의 비공식적인 성격을 매우 강조하였다. 따라서 부대 지휘권에 대한 문제를 공개적으로 논의할 때 중국은 특히 신중한 태도를 보였다.[106] 제1차 전역이 시작되기 전, 모택동은 팽덕회에게 각 부대의 정탐 요원을 파견할 때 "모두 인민군으로 위장하여야 하며, 적을

---

104) 이에 대해서는 필자와 시성문의 인터뷰 기록, 『抗美援朝戰爭史』第2卷, 第167頁, "1950년 11월 11일 팽덕회가 모택동에게 보낸 전문," 王焰主編, 『彭德懷年譜』, 第449頁.
105) "1950년 11월 9일 팽덕회가 군사위원회에 보낸 전문을 다시 김일성에게 발신한 전문," "1950년 11월 18일 팽덕회가 모택동에게 보낸 전문."
106) 軍事科學出版社, 『毛澤東軍事文稿』上卷, 北京, 2010, 第280-282頁.

미혹시키기 위해 중국 인민지원군이라 칭하지 않도록" 할 것을 강조하였다.
제1차 전역이 끝나갈 때, 팽덕회는 장래 조선 문제가 어떤 방식으로 해결
되든지 간에 조선 인민의 이익을 보장하기 위해 중국이 반드시 참여해야하
기 때문에, 금후 조선인민군과 중국 인민지원군은 공동 보도를 해야 할 것
같다고 모택동에게 보고하였다.[107] 11월 5일 모택동은 "현재 연합사령부의
명의로 전황 보도를 발표하는 것은 적절하지 않으며, 대외적으로 지원군이
라 칭하지 않도록" 회신하면서, 총정치부가 발간하는『지원군보(志愿军报)』
는 "조선인민군 총사령부 허가를 받은 출판물임을 명시"토록 지시하였다.[108]
중국군과 유엔군의 개전 소식이 전해진 후, 김일성은 지원군의 참전 사실을
공개하여 인민군의 사기를 북돋아 주길 희망하였다. 11월 7일 모택동은 김
일성이 연설 중에 "중국 인민지원군이 조선인민군의 통일된 지휘하에 인민
군과 함께 침략자에 대항한다."고 말하는 것에 동의하였으나, 더 이상의 언
급은 적절치 않다고 지적하였다. 주은래 또한 회신에서 "중국 지원군"이 아
닌 "중국 인민지원군"임을 특별히 강조하였다. 11월 12일, 주은래는 전보에
서 재차 김일성의 연설 어휘를 "중국 인민지원부대가 조선인민군 총사령부
의 지휘 아래 작전에 참가하였다."라고 반드시 수정해야 함을 강조하였
다.[109] 이같이 적을 미혹하는 중국 측의 어법이 김일성으로 하여금 오해를
하도록 하였음이 분명하다.

사실 중국 지도부는 군대 지휘를 조선에 넘길 생각은 전혀 없었으며, 중
조 양국의 연합 행동과 통일된 지휘를 요구하였다. 동시에 중국 지도부는
이미 조선과 교섭에 어려움을 느끼고, 소련이 나서서 협조해 주기를 희망하
였다. 11월 11일 팽덕회는 모택동에게 보낸 전보에서 김일성과 슈티코프, 팽
덕회로 3인 소조를 구성하여 작전과 관련된 지휘 및 군사정책 등의 문제를

107) "1950년 11월 3일 팽덕회가 모택동에게 보낸 전문."
108) 軍事科學出版社,『毛澤東軍事文稿』上卷, 北京, 2010, 第337, 341頁.
109) 中共中央文獻出版社,『建國以來周恩來文稿』第3冊, 2008, 第473, 491頁.

책임지고 결정하도록 제안하였다.[110] 11월 13일, 정무원 정무위원 이부춘 (李富春)은 동북을 보름 동안 시찰한 후 한 보고에서 "조선에서 지원군의 작전은 현지 인민의 지지를 받지 못하고 있을 뿐 아니라, 조선 우군의 진정한 협력도 얻지 못하고 있습니다. 현재 방침, 정책 및 조직 등의 부분에서 조선 인민군은 모두 합리적 안배가 되어있지 않고 있습니다. 이것은 근본적인 문제입니다. 현재 팽덕회와 고강이 이미 이 문제 해결을 위하여 손을 쓰기 시작하였지만, 문제가 너무 많아서 한 번에 모두를 해결할 수 없습니다. 때문에 조선 사무와 작전 문제의 정상적인 해결을 위하여, 소련과 중국, 조선 3자가 참가하는 위원회를 조직하도록 소련의 동의를 구할 것을 건의합니다." 라고 썼다. 이부춘은 "만일 강력한 상설 연합 기구가 없다면 문제 해결이 어렵다."고 보았다.[111]

모택동 또한 이 문제를 의식하고 있었다. 11월 12일 모택동은 팽덕회에 전보를 보내, 한편으로 "조선 동지와 협의할 때 그 방식을 주의하고, 마땅히 다음과 같은 심리적 준비를 하여야 한다. 즉 조선과의 논쟁과 갈등은 매우 오랜 기간 있어 왔다. 전투에서 수많은 승리를 한 후, 중국 동지의 의견이 사실상 정확하였음이 여러 차례 증명된 후에야 조선 동지들의 동의와 신뢰를 얻을 수 있다."고 권고하였다. 동시에 모택동은 이 문제를 스탈린에게 건의할 필요가 있다고 제기하였다.[112] 11월 13일 스탈린에게 보내는 전보에서, 모택동은 팽덕회와 이부춘의 건의 사항을 전달하였다. 즉, "김일성과 슈티코프 동지가 전방(前方)에 상주할 수 있길 희망하고, 김일성, 슈티코프, 그리고 팽덕회 세 사람으로 3인 소조를 구성하여 군의 편성, 작전, 최전선과 적 후방 그리고 작전과 관련된 많은 정책을 책임지고 결정토록 하고, 피차간 의견 일치를 이루어 전쟁 진행을 순조롭게 하는 데 도움이 될 수 있길

---

110) "1950년 11월 11일 팽덕회가 모택동에게 보낸 전문,"『抗美援朝戰爭史』第2卷, 北京: 軍事科學出版社, 2000, 第167頁; 王焰主編,『彭德懷年譜』, 第449頁.
111) "1950년 11월 13일 이부춘이 모택동, 주은래에게 보낸 보고."
112) 軍事科學出版社,『毛澤東軍事文稿』上卷, 北京, 2010, 第348頁.

희망합니다. 우리는 이 제의에 동의하며 특별히 전보를 보내 귀하의 지시를 얻고자 합니다. 만약 이 제안이 실행가능 하다고 생각하시면, 귀하께서 슈티코프와 김일성 동지에게 제안하는 것이 타당하다고 생각"한다고 지적하였다. 모택동은 특히 "현재 중요한 문제는 조선에서 조선, 소련, 그리고 중국 3국의 지도부가 굳게 단결하여 모든 군사 정치 정책에 대하여 일치된 의견을 도출하고, 조선인민군과 중국 인민지원군이 전투에서 효율적으로 협력하며, 귀하의 제안에 따라 상당수의 조선 군대와 중국 지원군이 함께 혼합편성(조선인민군의 편제는 유지한다)하는 것입니다. 만일 이렇게 할 수만 있다면 우리는 승리를 확신할 수 있습니다."고 강조하였다.[113]

모택동의 제의에 따라 중국, 소련, 그리고 조선 3국은 회담을 개최하였다.[114] 회담에서 해결해야 할 핵심 의제는 군대 지휘권의 귀속 문제였다. 11월 15일, 김일성과 슈티코프는 인민지원군 총사령부로의 초대에 응하였고 고강도 심양에서 지원군 총사령부로 서둘러 도착하였다. 회담이 시작되자, 성격이 직설적인 팽덕회가 먼저 양국 군대는 반드시 통일된 지휘하에 있어야 한다고 주장하였다. 잠시 후 고강은 조선반도 지역은 협소하기 때문에 전투에서 통일된 지휘가 없으면 안 된다고 설명하였다. 슈티코프는 중국 측이 통일된 지휘를 하는 것이 마땅하다고 명확하게 주장하였다. 그는 인민군이 최고의 소련 장비를 가지고도 전쟁에서 패배하였다고 비판하면서 중국 인민지원군은 낙후한 무기 장비로 대수의 적을 소멸시켰다고 찬양하였다. 따라서 중국 측 지휘의 정확성에 어떤 의심의 여지도 없다고 강조하였다. 그러나 김일성은 발언에서 인민군 상황에 대해서만 소개하고 지휘권과 유관 정책 문제에 대해서는 입을 다물었다. 정세가 급한 상황에서, 팽덕회는 솔직하게 직접적으로 자신의 생각을 피력하였다. 즉 김일성과 슈티코프 그

113) 『抗美援朝戰爭史』 第2卷, 北京: 軍事科學出版社, 2000, 第167-168頁;『周恩來軍事活動紀事』 下卷, 第162-163頁.

114) 中共中央文獻出版社,『建國以來周恩來文稿』 第3冊, 北京, 2008, 第475-476頁.

리고 자신이 하나의 3인 소조를 구성하여 군사 문제에 대한 협상을 진행하고 통일된 지휘를 책임질 것을 제안하였다. 이 제안에 대하여 김일성은 여전히 가부도 말하지 않았으며, 슈티코프 또한 모스크바의 지시가 내려지지 않은 상태에서 어떠한 태도도 취할 수 없었다. 때문에 회담은 제2차 전역이 끝난 후, 회의를 개최하여 다시 토론할 것을 결정할 수밖에 없었다.[115] 슈티코프 대사는 회담 상황을 모스크바에 상세히 보고하였다. 그는 보고에서 특히 "김일성은 고의적으로 중조 군대 작전 중의 종속 관계 문제에 관하여 발언을 회피하였으며, 팽덕회와 고강 모두 양측 군대 지휘 기관이 협력 방식을 반드시 고려해야 함을 강조하였고, 김일성과 슈티코프, 팽덕회 세 사람이 자주 만날 수 있기를 희망하였다."고 강조하였다. 그는 보고서의 말미에 "자신은 부대의 작전행동은 반드시 하나의 통일된 지휘 기관에 의하여 이루어져야 한다."고 밝혔다.[116]

17일 모택동은 팽덕회와 고강에게 보낸 전보에서, 16일 스탈린은 13일 모택동 전보에 대한 답신에서, 중국 동지가 통일된 지휘를 하는 것을 전적으로 지지하며 이 내용을 이미 김일성과 슈티코프에게 전보로 보냈다고 전하였다. 또한 중국의 소련 군사고문 단장 자하로프도 통일된 지휘를 찬성하였다고 전하였다. 모택동은 팽덕회에게 이에 대한 김일성의 반응을 관찰하도록 지시하였다.[117] 같은 날, 모택동은 신문총서 서장(新闻总署署长) 호교목(胡乔木)에게 "조선전쟁과 관련된 신문 보도에서 인민군만 언급하고 지원군을 언급하지 않아서는 안 된다. 또한 타스(TASS)사의 일부 중요하지 않은 소식을 게재해서는 안 되며 직접 취재할 것을 지시"하였다.[118] 이와

---

115) 필자와 시성문의 인터뷰,『抗美援朝戰爭史』第2卷, 北京: 軍事科學出版社, 2000, 第167頁,
  "1950년 11월 18일 팽덕회가 모택동에게 보낸 전문".
116) "1950년 11월 17일 슈티코프가 그로미코에게 보낸 전문," *ЦАМОРФ*, ф.5, оп.918795, д.118,
  лл.50-59.
117) 『周恩來軍事文選』第4卷, 第100頁,『周恩來軍事活動紀事』下卷, 第164頁.
118) 『毛澤東軍事文稿』上卷, 北京, 2010, 第352頁.

동시에, 평양 역시 모스크바의 의견을 받았다. 11월 21일 슈티코프는 김일성에게 소련 국방부 부장의 명령에 따라, 조선 주재 소련 군사고문 바실리예프(N. A. Vasiliev) 장군은 소련으로 소환 귀국하였으며, 그를 대신한 군사고문 단장에 라주바예프(V. N. Razuvaev) 중장이 임명되었다고 통보하였다. 군사고문 사무와 관련된 모든 문제는 라주바예프 장군이 전적으로 책임지며, 슈티코프 자신은 군사 문제에 그 어떠한 관여도 없을 것임도 알렸다. 짧은 침묵이 흐른 뒤, 김일성은 "그러면 나도 총사령관직에서 물러나야겠군요!"라고 말하였다.[119] 3일 후, 김일성이 슈티코프에게 "자신은 중국이 도대체 무엇을 원하는지 모르겠으며, 자신은 통일사령부의 설치를 반대한 적이 없으며, 중국인 또한 이에 대해 긍정적인 의견을 제안한 적이 없다. 보아하니, 모택동은 자신을 전혀 이해하지 못하고 있다."고 원망하듯 말하였다.[120] 11월 29일 조선노동당은 정치위원회 회의를 개최하고, 모스크바로부터 온 전보에 관해 토론하고, 조선인민군 총참모장 김웅(金雄)을 중조연합군 부사령관으로 임명하고, 김일성을 북경으로 파견하여 모택동과 회담할 것을 결정하였다.[121] 김일성은 스탈린에게 보내는 전보에서, "우리는 지휘통일 문제에 관한 귀하의 결정은 정확하고 시기적절하다고 생각합니다. 또한, 우리는 연합사령부의 최고사령관은 당연히 중국인이 맡아야 하며 부사령관 직책은 조선이 맡아야 한다고 생각합니다. 후방 예비부대의 동원, 훈련과 관계된 문제의 협상과 기타 일련의 문제들을 해결하기 위해서, 본인은 1950년 12월 2일에 북경으로 가서 모택동 동지와 회담을 가질 예정입니다." "공산당원으로서 그리고 귀하의 충실한 추종자로서, 우리는 이미 귀

---

119) "1950년 11월 22일 슈티코프가 쉐테멘코에게 보낸 전문," *ЦАМОРФ*, ф.5, оп.918795, д.124, лл.308 -310. 이후 조선 주재 소련대사는 슈티코프에서 라주바예프로 변경되었다.

120) "1950년 11월 24일 슈티코프가 그로미코에게 보낸 전문," *ЦАМОРФ*, ф.5, оп.918795, д.124, лл.326-329.

121) "1950년 12월 1일 슈티코프가 그로미코에게 보낸 전문," *ЦАМОРФ*, ф.5, оп.918795, д.124, лл.480-481.

하의 지시와 의견을 우리 자신의 금후 행동 강령으로 삼았습니다."라고 말하였다.[122]

　12월 3일의 북경회담에서, 김일성은 스탈린이 전보에서 중조 군대는 지휘가 통일되어야 하며, 중국 지원군이 경험이 있기 때문에 중국 동지가 책임자 직책을 맡고, 조선 동지가 부책임자를 맡을 것을 지시했으며, 조선노동당 정치위원회회의에서 이에 이미 동의하였다고 통보하였다. 이어서 모택동은 중국은 팽덕회를 사령관 겸 정치위원으로 추천함을 밝혔으며, 김일성은 김웅을 부사령관, 박일우를 부정치위원으로 제안하였다. 또한 이후의 연합 명령은 팽덕회, 김웅, 박일우 세 사람의 서명으로, 인민지원군 단독에 대한 명령은 이전과 같은 서명에 의하도록 확정하였다. 연합사령부 창설 이후, 작전 문제와 전방의 모든 활동에 관한 것은 연합사령부의 지휘에 귀속되었고, 후방 동원, 훈련, 군정, 경비 등 사무는 조선 정부가 직접 관할토록 하였다. 그러나 연합사령부는 후방에 요구 혹은 건의를 제안할 수 있도록 하였다. 연합사령부의 산하에는 여전히 지원군사령부와 인민군 참모부의 두 기구가 있었으며 업무는 한곳에 모여서 처리하였다. 연합사령부의 창설은 대외적으로 공개되지 않았으며 내부적으로만 통용되었다. 철도운송과 정비 업무 또한 연합사령부 지휘에 귀속되었다. 회담 후 주은래는 「중조연합지휘부 창설에 관한 중조 양측의 협의」를 기초하였다.[123] 김일성이 라주바예프에게 보낸 통보에 따르면, 회담에서 모택동은 조선노동당은 중앙전원회의를 소집하여 이전에 범한 과오에 대한 비판을 하도록 제안하였으며, 김일성도 이에 동의하였다.[124]

[122] "1950년 12월 1일 김일성이 스탈린에게 보낸 전문," ЦАМОРФ, ф.5, оп.918795, д.124, л л.499-501.
[123] 『周恩來軍事活動紀事』下卷, 第168-169頁;『周恩來軍事文選』第4卷, 第122-123頁;『建國以來周恩來文庫』第3冊, 第611-612頁.
[124] "1950년 12월 5일 라주바예프가 그로미코에게 보낸 전문," ЦАМОРФ, ф.5, оп.918795, д.124, л.553.

중조연합사령부가 정식으로 창설되기 전에, 인민지원군사령부는 지휘권을 이미 접수하였다. 12월 6일 모택동은 팽덕회에게 보낸 전보에서, "서부전선에서의 지원군 주력 행동과 중조 군대의 합동 전투 문제에 관하여, 방호산 군단은 신속하게 남조선으로 출동해야 하며 원산 방면으로 가서는 안 된다. 조선인민군 제3군단은 풍산(丰山)으로 가서는 안 되며, 송시윤(宋時轮)의 지휘하에 북청(北青)과 함흥(咸兴)을 습격해야 한다. 강계(江界)와 정주(定州)에 있는 두 군단이 지원군사령부의 지휘를 받아 지원군 작전에 협력하도록 김일성에게 요청하여야 한다."고 지시하였다.[125] 김일성은 조선으로 돌아온 후 12월 7일 팽덕회와 구체적인 사항에 대해 재차 논의하였으며, "대화는 매우 원만하게 진행되었다." 양측은 수일 내에 연합사령부를 구성토록 결정하고, 김일성은 향후 군사지휘에 대하여 다시는 직접적으로 관여치 않을 것을 약속하였다. 또한 김일성은 중국 측의 제안을 받아들여, 인민군 제3군단에 대한 이전의 명령을 취소하고 지원군 제9병단 사령관 송시윤의 지휘에 따르도록 명령하였다.[126] 이에 팽덕회는 매우 만족하였으며, "인민군의 용감하고 완강한 정신과 엄격한 소련식 군사 관리 제도는 배울 가치가 있다."고 재차 지적하고, "제9병단 간부들에게 배우는 자세로 인민군 제3군단의 상황을 이해"할 것과 "실제 상황에 따라 기회를 엿보아 중국 건군 중의 각종 정치 공작과 지방 공작의 경험을 소개"하도록 하였다. 동시에 만약 그것이 조선의 원래 제도와 모순이 있으면 "절대로 강요해선 안 된다."고 강조하였다.[127] 그러나 모택동은 여전히 조선인의 감정을 상하게 할까 염려하였다. 그는 연합지휘부 직권조례 초안을 다시는 작성하지 말 것을 지시하면서, 이는 "양국 관계뿐만 아니라 국제 관계에 있어서 더더욱 불리"하다고 말

125) 軍事科學出版社,『毛澤東軍事文稿』上卷, 北京, 2010, 第399-400頁.
126) 필자와 시성문의 인터뷰, "1950년 12월 6일 모택동이 팽덕회에게 보낸 전문," "1950년 12월 7일 팽덕회가 모택동에게 보낸 전문,"『彭德懷年譜』, 王焰主編, 第453頁.
127) "1950년 12월 13일, 16일, 19일 팽덕회가 제9병단에 보낸 전문," 王焰主編,『彭德懷年譜』, 第465頁.

하였다. 모택동은 중조연합지휘부는 실질적으로 조직된 기구일 뿐, 대외적으로 공개할 수 없고 내부적으로도 군부와 독립사단사령부에 단지 명령을 하달할 뿐이라고 강조하였다.[128]

1951년 4월 15일까지, 중국에서 훈련 받은 조선인민군부대가 귀국하면서 조선인민군은 총 7개 작전 군단으로 확대되었다. 그중 4개 군단은 연합사령부의 지휘하에, 3개 군단은 조선인민군 총사령관의 직접 지휘하에 배속되었다.[129] 지상군부대뿐만 아니라, 공중 작전에서도 공동 행동이 요구되었다. 중국 군대가 출병하여 승리를 거둔 후, 스탈린은 소련 공군의 참전을 결정하였다. 1951년 1월 초, 자하로프는 가까운 시일 내에 소련 공군 2개 사단이 조선에 진입하여 집안(輯安)에서 강계까지 그리고 안동에서 안주까지의 두 개의 전선을 엄호할 것이라고 통보하였다. 이 밖에도 4월 초, 중국 공군 5개 사단과 조선 공군 3개 사단이 참전할 예정이었다. 이에 따라, 소련의 군사고문의 동의하에 중국은 통일된 공군 지휘부를 창설할 필요성을 제기하였다. 그 후 중조 간의 협의를 거쳐, 3월 중조연합사령부 조직 원칙을 참조하여 중조공군 연합집단군 사령부가 창설되었다. 그러나 정치적인 원인과 언어 소통의 어려움 등의 문제로 소련 공군은 연합사령부에 참여하지 않았다.[130]

이때까지, 모스크바의 관여하에 중조 양군의 통일된 지휘 문제는 연합 기구를 조직하는 방식으로 해결되었다. 미국이 유엔군 부대를 통일적으로 지휘하는 것이 이치에 맞고 당연한 것이라 말한다면, 중조 양국 군대의 연합작전과 지휘통일 문제는 한때 진퇴양난의 처지에 빠졌다고 할 수 있다. 조선에게 이 문제는 국가주권과 존엄성의 문제로서 군대 지휘권을 내놓는 것

128) "1950년 12월 8일 모택동이 지원군 보낸 전문".

129) 「1951년 4월 15일(이후) 조선인민군 각 군단의 상황에 대한 보고」, 『朝鮮戰爭: 俄國檔案館的解密文件』, 中卷, 沈志華編, 第748-750頁. 1952년 7월 6일, 김일성은 지원군사령부에 서신을 보내, 조선 노동당중앙정치위원회는 김웅을 민족보위상 부상으로 이동하고, 최용건이 부사령관을 담당하며, 김광협은 인민군 전선사령부 사령관으로 임명되었음을 통보하였다. 『抗美援朝戰爭史』 第3卷, 北京: 軍事科學出版社, 2000, 第269頁.

130) 이에 대해서는 본 책의 제5장의 3절을 참조.

은 민족 감정상 받아들이기 어려웠다. 그러나 중국이 중요하게 고려했던 것은 전쟁의 승패 문제였다. 군사적 실력 또는 전투 경험에서 보더라도 중국은 절대적인 우위를 점했다. 전장의 형세와 현실적 이익 등에서 이해득실을 따져 군사 지휘권을 중국 지원군 손에 집중하는 것은 피할 수 없는 결과였다. 스탈린은 중국의 손을 들어주는 선택을 할 수밖에 없었고, 이 또한 중국과 동맹을 맺을 때 김일성이 반드시 직면하게 될 사실이었다.

2) 계속 남하하여 작전하는 문제

지원군이 38선을 돌파한 이후, 중조 간에 두 번째 심각한 충돌이 발생하였다. 문제의 초점은 중조연합군의 계속적인 남하 여부에 있었다. 조선인민군이 순조롭게 남쪽으로 진격하고 있을 때, 모택동은 김일성의 개인 대표인 이상조(李相朝)와 한 차례 장시간에 걸친 대화를 가졌다. 모택동은 조선 인민은 매우 강력한 적을 마주하고 있으며, 이 점을 언제나 명심해야 한다고 강조하였다. 인민군은 오직 전진만을 생각할 뿐 후방 수비는 매우 취약하며, 적이 후방에 상륙하여 인민군의 교통선을 차단할 가능성이 매우 높다고 지적하였다. 모택동은 조선 지도부가 이러한 위험성을 인식하고 반드시 병력을 집중하여 전략적 후퇴를 하여야 한다고 경고하였다. 이상조는 이 의견을 김일성에게 전달하였지만, 김일성은 귀담아 듣지 않았을 뿐 아니라 오히려 이상조에게 이러한 상황을 그 누구에게도 알리지 말 것을 경고하였다.[131]

지원군이 두 차례 전역을 성공적으로 끝마쳤을 때, 전선은 38선 부근으로 이동하였다. 전쟁 사령관으로서 팽덕회는 전장의 실지 상황을 고려하여 부대를 재정비할 것을 요구하였다. 12월 8일 팽덕회는 모택동에게 전보를 보

131) "1956년 10월 12일 이상조가 조선노동당 중앙에 보내는 서신," РГАНИ, ф.5, оп.28, д.410, лл.233-295.

내어, "38선 북쪽 수십 리에서 작전을 멈추고 적이 38선을 점령토록 한 후, 내년에 전투를 재개할 때 적의 주력을 섬멸해야 한다."고 보고하였다.132) 팽덕회는 승리 때문에 조선 당정과 군민의 사기가 높아졌지만 신속한 승리를 맹목으로 낙관하는 정서가 모든 부문에서 만연하고 있다고 보고하였다. 또한 "소련대사는 미군이 빨리 도망할 것이며, 우리 군은 진격을 서둘러야 한다고 말하였습니다. 그러나 이는 소련대사의 의견일 뿐 아니라, 조선노동당 중앙위원회 다수 동지들의 요구이기도 합니다." 그러나 팽덕회 자신은 "조선전쟁은 여전히 상당히 장기적이고 힘든 전쟁이 될 것이며, 적군은 공격에서 방어로 전환하고 전선은 짧아지고 병력이 집중되며 정면이 협소해지고 자연적으로 종심(縱深)이 강화되어, 연합 병종(兵種) 작전에 유리할 것"으로 생각하였다. "적의 사기가 비교적 이전보다 떨어졌지만, 현재 약 26만 병력을 여전히 가지고 있어 조선에서 즉각 철수하지 않을 것"으로 분석하고 "우리 군은 반드시 완만한 진격 방침을 취해야 한다."고 주장하였다.133) 주은래도 같은 의견을 가지고 있었다. 그는 서울에 대한 재공격을 내년 3월로 연기할 것을 제안하면서, 서울 지역에서 기회를 보아 적을 섬멸하는 것이 불가능할 경우에는 적이 서울을 고수 또는 포기하든지 관계없이 일정 기간 재정비하여야 한다고 주장하였다.134) 그러나 국제정치 방면의 이유 때문에 모택동은 지원군에게 제3차 전역을 즉시 발동하여 38선을 돌파할 것을 명령하였다.135) 그러나 군사 전술에 있어서, 모택동은 팽덕회가 제기한 전쟁의 장기화 예상과 완만한 진격의 전략 배치 방침에 찬성하고, 38선을 넘어 한차례 전투를 치른 뒤 군대를 철수하고 인민군을 포함한 모든 주력부대를 수십 킬로미터 후퇴하여 재정비한다는 데에 동의하였다.136)

132) 軍事科學出版社, 『毛澤東軍事文稿』上卷, 第408-409頁.
133) "1950년 12월 19일 팽덕회가 모택동에게 보낸 전문," 『彭德懷年譜』, 王焰主編, 第456頁.
134) 中共中央文獻出版社, 『建國以來周恩來文庫』第3冊, 北京, 2008, 第615-617, 625-626頁.
135) 軍事科學出版社, 『毛澤東軍事文稿』上卷, 北京, 2010, 第408-409頁.
136) 軍事科學出版社 中央文獻出版社, 『毛澤東軍事文集』第6卷, 北京, 1993, 第245-246, 249-250頁.

1951년 1월 3일, 팽덕회는 김일성에게 전보를 보내 "방어선이 무너진 후, 적들이 신속하게 퇴각하여 전과가 크지 않고 3,000여 명을 포로로 하는 데 그쳤다. 만일 적이 계속해서 남쪽으로 퇴각하면, 수원까지만 적을 뒤쫓고 거기에서 명령을 기다리도록 합니다. 이 전역은 서울, 인천, 수원, 이천 등지를 점령한 이후 즉시 진격을 멈추고, 재정비와 보충 준비를 하도록 해야 합니다. 만약 적이 강력한 군대로 서울을 방어하면, 각종 조건이 아직 갖추어지지 않았기 때문에 우리는 잠시 강공을 펼치지 않도록 해야 한다."고 통보하였다.[137] 모택동 또한 이 같은 결정을 스탈린에게 전하였다.[138] 전황은 팽덕회가 예상한 대로 전개되었으며, 제3차 전역은 38선을 돌파하고 서울을 점령하였지만, 유엔군이 주동적으로 철수하였기 때문에 중조연합군은 일부 지역을 점령한 것 외에 유엔군 작전부대에 별다른 손실을 입히지 못하였다. 팽덕회는 이때 지원군의 전력이 쇠약해진 것을 고려하는[139] 동시에, "적이 일찍이 견고한 진지를 구축한 낙동강까지 아군을 깊숙이 유인하여 공격할 음모"를 의심하였다. 이에 그는 1월 8일 부대의 진공을 멈추고 전군을 재정비하도록 명령하였다.[140] 이 같은 팽덕회의 행동은 조선 측의 강한 불만과 반대를 불러일으켰다.

제3차 전역이 시작되기 전에, 김일성은 소련 고문단장에게 지원군의 전투 진전이 느리다고 불만을 토로하였다. "예를 들어, 12월 5일~12월 12일 사이 중국 군대는 움직이지 않고 7일간이나 휴식하였으며, 38선을 돌파하기 전까지 중국 군대는 계속 국부적인 전투만을 해왔으며, 38선이 돌파한 후에는

137) 『彭德懷軍事文選』, 第383頁, "1951년 1월 3일 팽덕회가 김일성에게 보낸 전보," 『彭德懷年譜』, 干焰主編, 第464頁.
138) "1951년 1월 4일 모택동이 스탈린에게 보낸 전문," АПРФ, ф.3, оп.1, д.336, лл.81-82.
139) 지원군 당위원회 보고에 따르면 당시 부대의 "병력과 보급 상태가 매우 열악하고 병력의 체력이 고갈되었으며, 재정비와 운송 보급을 개선하지 않으며 작전을 지속하기가 힘들다."고 하였다. "1951년 1월 8일 지원군 당위원회가 중공 중앙에 보낸 전문," 이에 대해서는, 楊鳳安, 王天成, 『駕馭朝鮮戰爭的人』, 第222頁.
140) 彭德懷, 『彭德懷自述』(내부 인쇄본), 미발간, 第350頁.

일정 시간 공격을 중단하려 한다. 만일 적이 38선을 넘지 않는다면 중국군
의 전투 중단은 계속 발생할 것"이라고 주장하였다.[141] 서울 진격을 위한 포
성이 울린 직후인 1월 2일,『노동신문』은 며칠 전 노동당 중앙위원회 제3차
상임위원회에서의 김일성의 보고를 보도하였다. 김일성은 노동당과 조선
인민은 38선을 다시 긋는 것에 대하여 "용인할 수 없으며 좌시할 수 없다."
고 보고하였다. 따라서 현재의 군사적 임무는 38선을 넘어 도주한 적에 향
하여 "적극적으로 추격전을 전개하고" "결정적인 전투"를 조직하는 것이라
고 주장하였다.[142] 과거 작전 실패의 교훈과 압력 때문에, 김일성은 38선 돌
파 후 2달간 군대를 재정비하는 계획에 동의하였다. 그러나 그는 내심 신속
한 승리를 주장하였지만, 의견을 발표할 때에는 비교적 전술적으로 임하여
신임 소련대사 라주바예프와 외무상 박헌영을 앞에 내세웠다. 팽덕회가 공
격 중지를 명령한 당일 날, 김일성은 시성문에게 부대 휴식이 너무 길어서
는 좋지 않으며 한 달 정도면 충분하다고 말하였다. 김일성은 계속해서 만
일 시간이 길어지면 하천과 논의 얼음이 녹아서 부대의 이동에 어려움이 늘
어나고, 적들은 장비를 보충하고 숨을 돌릴 여유를 갖기 위하여 시간을 오
랫동안 끌려고 기도할 것이라고 주장하였다. 김일성은 또한 팽덕회에게 달
려가 그와 면담하려 하였다. 팽덕회는 김일성의 의견을 모택동에게 즉시 전
보로 보고하면서도, 부대의 재정비와 보충 입장을 견지하였다.[143] 1월 9일
오전, 중국 주재 소련 군사고문 단장 자하로프는 조선에서의 부대가 전진을
이미 중지한 것을 알고 이에 반대하였다. 그는 승리한 군대가 적군을 추격
하지 않고 승리의 성과를 확대하지 않는 군대는 세상 어느 곳에도 없다고

---

141) 1950년 12월 13일 라주바예프가 비실리예프스키에게 보낸 전문, *ЦАМОРФ*, ф.5, оп.918795,
д.124, лл.667-668.

142) 新華社編,『內部參考』, 1951年 2月 12日 第21期, 第21-61頁.

143) 필자와 시성문의 인터뷰, "1951년 1월 8일 팽덕회가 모택동에게 보낸 전문," "1951년 1월
8일 시성문이 팽덕회에게 보낸 전문," 王焰主編,『彭德懷年譜』, 第465-466頁, "1950년 12월
31일 라주바예프가 바실리에프스키에게 보낸 전문," *ЦАМОРФ*, ф.5, оп.918795, д.121, л
л.879-881.

불만을 표시하였다. 동시에 이 결정은 적에게 한숨 돌릴 시간을 주고 전투기회를 놓치는 실수를 범하게 될 것이라고 지적하였다. 대리 총참모장 섭영진이 인내심을 가지고 자하로프에게 상황을 설명하였지만, 그는 여전히 자신의 의견을 굽히지 않았다.[144] 같은 날, 스탈린은 전보를 보내 중국에 대한 국제사회의 비난을 피하기 위하여 중국 인민지원군은 38선 이북과 그 동서 해안을 통제하고, 인민군으로 하여금 계속 남진하여 적을 추격토록 할 것을 건의하였다. 모택동은 즉시 이 전보를 팽덕회에게 보냈다.[145]

1월 10일 밤, 시성문은 김일성과 함께 팽덕회 사령부로 왔다. 김일성과의 회담에서 팽덕회는 우선 전장의 실제 상황을 분석하였다. 3차례 전역을 치르면서, 지원군은 9만 명(동상자와 소수의 도망병 4만 명을 포함하여)의 병력손실을 입었으며, 운송이 곤란하고 보급이 열악하며, 체력 소모가 너무 심하였으며, 전투 단위 부대의 인원이 부족하다. 이 때문에 재정비와 시급히 필요하며 충분한 준비를 통하여 다음 전역에서 더 많은 적을 소멸시켜야 한다고 주장하였다. 김일성은 재정비의 필요성에는 동의하였으나, 그 기간을 최대한 단축시켜야 하며, 우선 3개 군단을 출동시켜 남으로 진격하도록 하고, 나머지 군은 한 달간 휴식하면서 재정비할 것을 제안하였다. 팽덕회는 현재 출동하면 적이 재차 몇 개 지역을 포기하도록 압박할 수는 있지만, 너무 빨리 적의 주력을 부산의 협소한 지역으로 압박하여 몰아붙이는 것은 적을 분할시켜 포위 섬멸시키는 데 불리하다고 주장하였다. 김일성은 적을 소멸시킬 수 없다 하더라도 영토를 확대하는 것 또한 매우 중요하다고 변론하였다. 이에 팽덕회는 영토를 확장하는 것은 우선 적군을 소멸시키는 것만 못하며 적군을 소멸시키면 영토는 자연히 얻게 된다고 주장하였다. 그러나 김일성은 지금 영토를 더 점령하고 인구를 늘리는 것은 정전 후에 있을 선거에 유리하다고 끝까지 주장하였다. 팽덕회는 이런 것들을 고려할 필요가

144) 王亞志, 「抗美援朝戰爭中的彭德懷, 聶榮臻」, 『軍事史林』 第1期, 1994年, 第11頁.
145) 王焰主編, 『彭德懷年譜』, 第465頁.

없으며, 현재의 중심 임무는 많은 전투에서 승리하여 적을 소멸시키는 것이라고 주장하였다. 양측의 의견 충돌이 계속되자, 팽덕회는 9일 모택동이 보내온 전보를 김일성에게 주었다. 김일성이 말한 것은 개인 의견이 아니며 조선노동당 정치국 전체 의견이었기 때문에, 그는 박헌영에게 전화하여 당일 밤 급히 팽덕회 사령부로 조치하였다.[146]

1월 11일 팽덕회는 모택동으로부터 급전을 받았다. 군 재정비 시간을 단축하자는 김일성의 주장에 대하여, 모택동은 스탈린의 전보를 바탕으로 다음과 같이 제안하였다. 즉 "인민군 제1, 2, 3, 5 군단을 모두 한강 이남의 제1선에 배치하고, 인민지원군은 인천과 한강 이북으로 철수시켜 2~3개월 재정비하며, 인천과 서울의 방어는 인민지원군이 맡도록 한다. 현재 동북 지역에서 훈련 중인 인민군은 신병을 보충하도록 한다. 만일 김일성이 보충과 재정비할 필요가 없다고 생각하면 곧바로 진격시킬 수 있으며, 인민군이 전진하여 적을 격파하는 데 동의하며 조선 정부 스스로 이를 직접 지휘할 수 있다. 인민지원군은 인천, 서울 및 38선 이북 지역의 방어를 맡도록 할 것"임을 김일성에게 통보하였다. 그날 밤 팽덕회와 김일성, 박헌영은 재차 회담을 개최하고 더욱 격렬한 논쟁을 벌였다. 김일성과 박헌영은 스탈린이 말한 인민군의 단독 진격은 현재 정세에 부합하고 미군을 조선에서 퇴출시키는 데 유리하다고 여겼다. 박헌영은 최근의 일부 보도와 소련이 제공한 정보를 근거로, 미군은 반드시 조선에서 물러날 것이지만 우리 군이 그들을 추격하지 않는다면 미국이 구실을 찾아 물러나지 않을 것이라고 단정적으로 말하였다. 이에 팽덕회는 "우리가 추격하지 않으면 미국은 자동적으로 물러날 것이며, 이는 미국이 철수하는 데 좋은 구실이 될 것"이라고 반박하였다. 박헌영은 "추격하지 않으면 물러나지 않을 것이며 미국 자산계급의 내부 모순을 이용"해야 한다고 주장하였다. 팽덕회는 "미군 몇 개 사단이 재차 소멸된 후에야 모순이 더욱 심해질 것이며, 우리에게 유리한 조건이 될

146) 필자와 시성문의 인터뷰, "1951년 1월 10-11일 팽덕회와 김일성의 회담 기요."

것이다. 그러나 지원군은 오직 재정비한 후에만 다시 전투"를 할 수 있다고 강조하였다. 이때 김일성이 끼어들어, 보름 내에 지원군 3개 군단을 계속 남진시키고, 기타 부대들은 한 달간 재정비한 후 공격을 개시하자는 주장을 다시 꺼내들었다. 팽덕회는 참지 못하고 격앙된 목소리로 "당신들 생각은 잘못되었으며 그것은 단지 당신들 희망 사항일 뿐이다. 당신들은 과거에 미국은 절대로 출병하지 않을 것이라 말하고, 만일 미국이 출병할 경우에 어떻게 할 것인지에 대해서는 아무런 준비도 하지 않고 있다. 지금 또 미군이 반드시 조선에서 물러갈 것이라 주장하면서 미군이 물러나지 않을 경우 어떻게 할 것인지에 대해서는 생각하고 있지 않고 있다. 당신들이 단지 빠른 승리만 원할 뿐 구체적인 준비는 하지 않고 있으며, 그 결과로 전쟁은 연장될 수밖에 없다. 당신들이 전쟁 승리를 운에 맡기고 인민의 사업을 가지고 도박을 한다면, 전쟁은 다시 실패할 수밖에 없다. 인민지원군 재정비와 보충은 2개월이 필요하다. 단 하루도 적을 수 없으며, 아마 3개월이 걸릴지도 모른다. 상당한 준비가 없으면 1개 사단도 남진할 수 없다. 나는 당신들의 적을 경시하는 잘못된 견해를 단호히 반대한다. 만약 당신들이 나 팽덕회가 이 자리에 적합하지 않다고 생각한다면 파면하고 재판에 넘기거나 목을 베어도 좋다."고 목소리 높여 말하였다. 이어서 팽덕회는 모택동이 보내온 전보에 근거하여, "인천에서 양양(襄阳)까지의 이북 지역과 모든 해안선의 경계와 후방 교통 유지는 인민지원군이 책임진다. 동시에 인민군 4개 군단 약 12만 명 병력은 이미 2달간 휴식 기간을 가졌으니 지휘권을 조선에 돌려줄 터이니 원대로 계속해서 남진토록 할 것"을 김일성에게 통보하였다. 그는 또한 "만일 당신들이 예상한 것처럼 미군이 조선에서 물러난다면, 나는 응당 조선 해방의 만세를 부르며 축하할 것이다. 그러나 미군이 물러나지 않으면, 인민지원군은 예정된 계획에 따라 남진하여 전투를 할 것이다."고 말하였다. 이러한 상황하에서 김일성은 부득이 인민군은 아직 준비가 부족하고 원기 또한 회복되지 않아서 단독으로 진격할 수 없다고 말하면서, 빠른

승리의 정서가 있었음을 인정하며 지원군의 2개월 재정비에 마지못해 동의
했다. 마지막으로 쌍방은 1월 24일 양국 군대 고위 간부 연석회의를 개최하
여 경험을 교류하고 생각을 통일할 것을 결정하였다.[147]

스탈린은 군사 지휘에 있어서 중조 간의 논쟁이 있었음을 알고 난 후 보
낸 전보에서, "중국 지원군의 영도는 정확하며" "진리가 팽덕회 동지의 손에
있음을 의심치 않는다."라며 열악한 장비를 가지고 세계 최강 대국 미 제국
주의를 물리친 팽덕회는 당대의 천재적 군사가라고 칭찬하였다. 또한 스탈
린은 소련대사가 군대 사무를 모른다며 비판하고 팽덕회의 지휘에 간섭치
못하도록 하였다.[148] 이때, 모택동 또한 김일성을 더욱 압박하였다. 1월 14
일 김일성에게 보낸 전보에서 모택동은 "최근 2~3개월 내 중국 지원군과 조
선 군대는 극심한 어려움을 극복해야 하며 버겁고 극히 어려운 과업들을 완
성해야 한다. 구체적으로 훈련을 받은 신병을 부대에 보충하고 노병들의 경
험을 배우도록 해야 한다. 부대의 무기 장비를 강화하고 철도를 복구해야
하며 보급과 탄약을 준비해야 한다. 동시에 운송과 후방 보급 업무도 개선
해야 한다. 이 과업들을 완성한 후에야 최후 승리를 보장할 수 있다."고 설
명하였다. 모택동은 계속해서 적이 계속 저항할 준비를 하고 있는 상황에
서, "우리는 반드시 충분히 준비해야만 전쟁을 계속할 수 있으며, 그렇지 않
으면 우리는 조선 군대가 1950년 6월에서 9월 사이 범했던 과오를 다시 범
하게 된다." "중조 양국 동지들은 반드시 인내심을 가지고 필요한 준비를 해
야 한다."고 지적하였다. 다음 날 모택동은 이 전보를 스탈린에게 보냈다.[149]
그리하여 1월 16~18일 사이 개최된 팽덕회와의 회담에서 김일성은 조선인
민군의 단독 남진은 확실히 위험성이 있으며, 조선노동당 정치국은 토론을

---

147) 션즈화의 사성문 인터뷰 기록, 「1951년 1월 10-11일 팽덕회와 김일성 회담 기요」, 『彭德懷年
譜』, 王焰主編, 第466頁.

148) 王焰主編, 『彭德懷年譜』, 第461頁, 洪學智, 『抗美援朝戰爭回憶』, 第111-112頁, 王亞志, 「抗美
援朝戰爭中的彭德懷, 聶榮臻」, 第11頁.

149) "1951년 1월 15일 모택동이 스탈린에게 보내는 전문," АПРФ, ф.45, оп.1, д.337, лл.1-3.

거쳐 중국 측이 제기한 2개월 기간을 이용하여 재정비를 진행한다는 제안은 정확하다고 생각한다고 말하였다.[150]

김일성은 북경과 모스크바의 압력에 어쩔 수 없이 재정비 주장에 동의하였지만, 의심과 불만을 그의 마음속 깊은 곳에 숨기고 있었다. 조선 주재 소련대사는 후에, "미국인이 조선에서 철수를 준비하고 있을 때, 중국인들은 반대로 수원을 떠나 38선으로 되돌아갔다. 그들은 대규모 공격작전을 포기하고, 잘 준비되지 않은 부대를 여러 차례 파견하여 공격작전에 참가시킴으로써 38선 부근에서 휴전을 원하고 있음을 명확히 하였다. 조선인들은 중국이 처한 어려움을 잘 알고 있었지만, 이 모든 것은 조선 지도자들 사이에 중국의 위신을 크게 떨어트렸다."고 보고하였다.[151] 전쟁이 끝난 직후까지, 줄곧 노동당 내에서는 "1951년 초 무장간섭자가 패배하고 있을 때, 중국의 지원군은 조선을 철저히 해방시키길 원치 않은 것 같다."는 소문이 있었다.[152] 이것들은 이 사건이 김일성에게 큰 충격을 주었음을 보여 준다.

군사적 관점에서 보면, 팽덕회의 주장은 당연히 실사구시적이며 충분한 근거에 따른 것이다. 반면에 조선 지도부의 주장은 일방적인 희망일 뿐이며 막무가내식이었으며, 정치적인 이유 혹은 다른 원인으로부터 영향을 받았다. 그러나 여기서 보충 설명 하고자 하는 것은 중조 간의 이러한 갈등이 단지 군사 책략 방면에서의 서로 다른 주장에 불과하며, 총체적 전략 방침에서 북경은 평양 및 모스크바와 주장이 일치했다는 점이다. 세 나라 모두 군사적 수단 또는 군사적 압력을 통하여 유엔군을 조선반도에서 몰아내고, 조선 문제를 철저히 해결하고자 하였다. 그러나 이 과정에서 모택동과 김일성은 모두 1951년 1월 유엔정치위원회가 제안한 정전 담판의 결의안을 진지

[150] "1951년 1월 19일 팽덕회가 모택동에게 보낸 전문," *АПРФ*, ф.45, оп.1, п.337, лл.37-40.
[151] "1951년 9월 10일 라주바예프가 모스크바에 보낸 전문,"『朝鮮戰爭俄檔復印件』第12卷, 第1592-1598頁.
[152] "1955년 4월 페더렌코가 소련공산당 중앙위에 보낸 보고," *ЦХСД*, ф.5, оп.28, д.314, л.48.

하게 고려하지 않았다. 이로 인하여 둘은 전쟁을 더 일찍 끝낼 유리한 기회를 놓쳤고, 중국은 정치, 외교, 그리고 군사적으로 극히 피동적인 국면에 처하게 되었다.[153]

3) 철도관리권에 관한 문제

지원군이 세 차례 전역에서 연달아 승리하여 전선이 남쪽으로 이동함에 따라, 중조 군대의 후방 보급선은 점점 더 길어졌다. 이때, 후방 보급 보장 문제의 중요성은 더욱 부각되었다. 이와 동시에, 조선의 경제 건설은 전쟁으로 지장을 받아 1950년 말에는 "공업 생산이 이미 완전히 중단"되었다. 국민경제의 정상 운영을 회복하고 보장하기 위하여, 중조연합군이 38선을 돌파한 후 조선 정부는 곧바로 "1951년 제1분기 국민경제의 회복 및 발전 계획" 등 일련의 결정을 하였다. 특히 1951년 2월 22일, "전시 철도 과업 개선에 관한 결정"에서 "공업과 농업생산의 회복을 위한 국민경제 운수보장"에서 철도의 임무를 제시하였다.[154] 그리하여, 철도운송과 철도 관리체제를 어떻게 보장하는가의 문제에서 중조 간에 모순과 충돌이 발생하였다.

조선은 전쟁으로 극심하게 파괴되고 자원이 부족하여, 조선에서 작전 중인 중국 인민지원군은 당지에서 물자 공급을 받을 수 없었다. 또한 미군의 우수한 장비와 빠른 기동성으로 인하여, 적으로부터 필요한 물자를 노획할 수도 없었다. 이 때문에, 물자와 장비는 기본적으로 중국 국내로부터 운송되었다. 그러나 조선은 산지가 많고 운송 거리가 길며 도로 상황이 매우 열악할 뿐만 아니라, 지원군의 차량이 부족하고 적이 밤낮으로 폭격을 하여

---

153) 이에 대해서는 沈志華, 「試論1951年初中國拒絕聯合國停火議案的決策」, 『外交評論』, 2010, 第4期, 第125-146頁.

154) "1951년 5월 1일 라주바예브가 조린에게 보낸 조사 보고," 『朝鮮戰爭俄檔復印件』 第9卷, 第1178-1195頁.

손실이 극히 크고, 도로 운송능력이 매우 부족하였다.[155] 일찍이 1950년 10월 말~11월 초 사이, 팽덕회는 동북국(东北局)에 철도운송을 강화할 것과 통일된 지휘 기관을 조직할 것을 요구하였으며, 중공 중앙에 철도병을 조선에 파견하여 철도 정비 능력을 향상시킬 것을 건의하였다.[156] 11월 4일 철도부 부장 등대원(滕代远)이 주은래에게 보낸 전보에서 "현재 조선의 철도운수 업무 능력이 매우 떨어지고 인원 또한 불완전하며, 많은 군대 보급품이 운송되지 않고 있다."고 보고하였다. 그는 동북철도국의 "동북철도국에서 일부 간부를 뽑아 2개 분국으로 나누어 철도운송을 직접 장악"하자는 건의에 동의를 표하였다. 주은래는 이를 즉시 비준하고 전화를 통하여 일 처리의 독촉을 명령하였다.[157] 11월 6일, 철도 병단 및 철도 직원과 노무자로 구성된 조선지원대대가 조선으로 들어가서 조선인민군 철도응급복구부대 및 철도 노무자들과 함께 철도 복구 업무를 수행하였다.[158]

철도운수 관리의 개선, 중조 쌍방의 운수 임무의 협조, 그 전선 보급과 부상자의 신속한 이송의 확보를 위하여, 11월 16일 고강과의 회담에서 팽덕회는 중조 철도연합 지휘기구의 설치를 제안하였다.[159] 이 문제의 해결을 위하여 중국 측은 인원을 연이어 조선으로 파견하고 대사관의 안배를 거쳐 조선 측 관계자들과 여러 차례 회의를 하였지만, 모두 아무런 결과를 얻지 못하였다. 12월 3일, 김일성이 직접 북경에서 중국 지도부와 교섭을 거친 후 원칙적인 합의에 도달할 수 있었다.[160] 12월 9일, 중앙군사위원회는 류거영(刘居英)을 동북군구 철도군 운수사령관으로, 여광생(余光生)을 정치위원으로, 엽임(叶林)을 부사령관으로 임명하였다. 동시에 류치중(刘致中)을 조선

155) 1951년 시원군의 운송 차량의 손실률은 무려 84.6%에 달했다.『抗美援朝戰爭後勤經驗總結: 專業勤務』下冊, 第140頁.
156) 張明遠, 「風雪戰勤–憶抗美援朝戰爭的後勤保障」, 『當代中國史研究』, 2000, 第6期, 第34頁.
157) 『建國以來周恩來文稿』第3冊, 第452頁.
158) 抗美援朝戰爭後勤經驗總結: 專業勤務 下冊, 第6頁.
159) 王焰主編, 『彭德懷年譜』, 第449頁; 張明遠, 『風雪戰勤』, 第29頁.
160) 필자와 시성문의 인터뷰.

군 우리(隅里) 군운관리국(軍運管理局) 국장으로, 류진동(刘震东)을 정주(定州) 군운관리국 국장으로 임명하였다. 중앙군사위원회는 또한 조선 내의 모든 군운관리국에 반드시 1인의 조선 동지를 국장으로 임명하여 중국인 국장과 공동으로 모든 것을 처리하고 책임질 것을 지시하였다. 19일 중앙군사위원회는 동북 철도운수의 전 구간에 걸쳐 군사관제를 실시하도록 통지했다.[161] 12월 말에 이르러, 중국 측은 동북군구 철도운수사령부(후에 동북군구 군사운송사령부로 개칭)를 조직하여, 전방 지원 운송의 조직과 철도의 응급 수리를 책임지도록 하였다. 동시에 임시로 조선철도 군사관리국을 설치하고 중조 양측이 공동관리토록 하여 역량을 충실히 하였다.[162] 1951년 1월 22일부터 30일까지, 심양에서 동북군구(东北军区) 후방 보급 회의가 개최되어, 지원군 후방 보급 문제가 전문적으로 토론되었다. 주은래와 섭영진 등 군사지도자들이 특별히 심양에 와서 회의에 참가하였다. 회의에서 주은래는 무너지거나 파괴되지 않는 강철 같은 강력한 운수 노선을 건설하는 임무를 제시하였다.[163] 갖은 노력을 통하여 구성과 정주 이북의 총 연장 384킬로의 중단된 철도운송이 재개되었으며, 1951년 1월에는 2,944대의 열차가 중국에서 조선으로 인계되어 운송되었다. 이는 전달에 비하여 44% 증가한 수량이었으며, 4월에는 군사관제국 관할 내의 1,391킬로미터 선로 중 1,321킬로미터의 선로가 개통되었다.[164]

철도 노선이 대부분 복구 개통되었지만, 후방 보급의 근본적 모순은 결코 해소되지 않았다. 중국과 조선이 각자 자신의 영토 내의 철도를 관리하였기 때문에 협조가 어려웠고, 안전 보위 문제에 있어서 중대한 허점이 있었다.

161) 『建國以來周恩來文稿』 第3册, 第618, 675-676頁.
162) 『抗美援朝戰爭後勤經驗總結: 專業勤務』 下册, 第6頁.
163) 『抗美援朝戰爭後勤經驗總結: 基本經驗』, 北京: 金盾出版社, 1987, 第41-42頁; 張明遠, 『風雪戰勤』, 第34頁.
164) 『抗美援朝戰爭後勤經驗總結: 資料選編(鐵路運輸類)』 下册, 北京: 解放軍出版社, 1988, 第273, 282, 285頁.

예를 들면, 중조 간의 철도신호 체계가 통일되지 않았으며, 설상가상으로 활발한 적 스파이 활동으로 운송 정보가 자주 유출되어 철도운송과 창고 비축물자가 극심한 피해를 입었다. 당시 공급 물자 중 60~70%의 양만 전선으로 운반되었으며, 나머지는 도중에 모두 파괴 되었다.[165) 적의 폭격으로 인한 손실 이외에, 가장 심각한 문제는 철도운송 내부의 관리 혼란과 통일된 배차가 이루어지지 않는다는 것이었다. 각 부서와 각 단위 간의 이해가 부족하였으며, 서로 각자의 중요성만 강조하여 열차, 노선, 배차 시간을 놓고 갈등과 충돌이 자주 발생하였다. 자주 발생한 문제는 서둘러 운반되는 물자는 군에서 급하게 필요한 물자가 아니고, 짐을 내릴 사람이 없었다는 점이다. 또한 시급한 물자는 산 터널에 막혀 이송이 원활하지 않아 후방에 큰 어려움을 주었다. 이에 따라 열차 운행 시간이 일반적으로 크게 길어졌고, 희천 이북의 터널은 심하게 막혔다(예로 1950년 12월 말 산 터널 속에 있었던 화물열차는 329대에 달하였다).[166) 철도군사관제국이 성립되었지만 양측이 공동으로 관리하였다. 그러나 중조 간에는 여전히 큰 갈등이 존재하였다. 관리 방침에 있어서 군사관제 방식을 취해야 하는지 혹은 단지 군사대표제만을 실행해야 할지에 관하여 아직도 확정하지 못하였다. 운송능력의 분배 원칙에 있어서, 군수물자를 우선시할지, 아니면 민수용과 경제 건설 물자 위주로 운반할지에 관해서 중조 간에 논쟁이 있었다. 기구 조직이 매우 부실하였으며, 인원 또한 사상과 정서가 안정되지 않았으며, 철도운송 상태는 여전히 매우 곤란하였다. 운송 문제에 관하여 팽덕회는 모택동에게 "빨리 해결할 방법이 없다면 필히 전쟁은 계속될 것이다."라고 불만을 표시하였다.[167) 각 부분이 협조하도록 하는 것, 통일된 배차와 지휘 체계가 동일된 철도운송 시스템을 구축하는 것, 또 이를 통하여 철도운송의 안전과 원

---

165) 張明遠, 『我的回憶』, 北京: 中共黨史出版社, 2004, 第370頁.
166) 『抗美援朝戰爭後勤經驗總結: 資料選編(鐵路運輸類)』 下冊, 北京: 解放軍出版社, 1988, 第283-284頁; 張明遠, 『風雪戰勤』, 第33頁.
167) 『抗美援朝戰爭後勤經驗總結: 專業勤務』 下冊, 第6, 3-4頁.

활함을 보장하는 문제는 이미 눈앞에 시급한 문제였다.

중조연합철도운송사령부의 창설에 관한 문제는, 일찍이 12월 김일성이 북경을 방문했을 때, 기본 원칙이 결정되었다. 김일성이 조선으로 돌아온 후 시성문에게 "이전에 철도운송의 군사관제 문제에 관하여 중국 동지들과 우리는 수차례 논의를 하였다. 우리 측의 일부 동지들은 군사적인 승리가 없으면 어떤 것도 논할 수 없다는 이치를 이해하지 있다."고 말하면서, "이 일은 북경에서 이미 합의하였다. 고강 동지에게 그가 위탁한 철도 관련 인원들을 보내 처리하도록 전해 줄 것"을 부탁하였다.[168] 그러나 구체적인 담판 과정에서 어려움이 거듭되었고, 조선 측의 저항은 막대하였다.

1951년 2월 19일, 중국 측 협상 대표 엽임(叶林, 동북교통부 부장), 장명원(张明远, 동북후근사령부 부사령관), 그리고 팽민(彭敏, 철도병 간부)은 "협상에서 조선 측이 자주 문제에 대한 생각이 주도면밀하지 않고 제기한 의견에 앞뒤 모순이 있지만, 그들의 생각은 명확하다. 첫째, "중조 양측의 운송량이 조선 철도의 운송능력을 초과하는 상황하에서 조선 측은 중국이 요구한 '군수물자 수송 우선 원칙'을 반대하고 조선 경제 회복에 대한 고려를 비교적 우선시한다. 박헌영은 경제는 곧 정치이기 때문에 이 문제는 김일성과 고강이 직접 해결하는 것이 가장 좋다고 강조하였다. 둘째, 조선 측은 조선 교통성(交通省)이 철도 관리에 참여할 수 있도록 요구하였다. 비록 연합군 운사령부(联合军运司令部)의 창설에 동의하고, 중국이 사령관을 조선 측이 부사령관을 맡아 중조연합사령부의 지도를 받기로 하였지만, 조선은 반드시 교통성과 함께 업무를 처리할 것과 중국 역시 조선의 군사교통국과 유사한 기구를 만들 것을 건의하였다. 셋째, 철도 관리 기구 문제에 있어서 군사관제 실시를 반대하였다. 박헌영은 조선 원래의 각 철도관리국을 회복시키고, 이미 구성된 '임시철로군관국(临时铁路军管局)'을 정주관리국(定州管理局)으로 개칭하도록 제안하였다."고 보고하였다.[169]

---

168) 필자와 시성문의 인터뷰.

3월 중순까지, 양측은 철도 관리 기본원칙 방면에서 여전히 비교적 큰 의견 차이를 가지고 있었다. 군사관제와 철도 행정의 통일은 전시 철도운송 효율 제고에 효과적인 방법일 뿐 아니라, 철도군사관제국은 중조 양국이 공동으로 군사관제를 실시하기 위한 구체적 조직이었다. 조선 측은 이에 대해 직접 반대하기가 곤란하자, 자체적으로 군사 교통국을 창설하여 철도를 통제하고 원래의 철도관리국이 관할하던 업무를 맡도록 하였다(교통성 21호 명령). 이는 사실상 군사관제국을 약화시키고 그 기능을 제한하여 군사관제국이 권한을 온전히 행사할 수 없도록 하였다. 신속한 합의를 이루기 위하여 주은래는 타협을 하였다. 즉 "중조연합사 지휘 아래, 연합군사관제사령부를 설치하여 철도 수리와 배차를 통일시키는 것"을 견지하는 이외에, "전쟁 기간 조선 교통상이 조선 철도 행정을 관할할 필요가 있다."고 동의하였다. 중국의 이 양보안에 대하여 김일성은 기본적으로 동의하였다. 그러나 중국 대표와 조선 교통상 박의완이 구체적인 담판을 진행할 때, 조선 측은 다음과 같은 진일보한 요구를 하였다. 즉 "철도 행정을 조선 교통성 지도하에 두는 것 이외에, 군사관제국은 계획 제정만을 책임지도록 하며 그 기능 또한 철도운송에 대한 검사와 감독에만 국한되어야 한다. 동시에 철도의 응급복구 작업을 위한 연합기구를 따로 조직하여 교통성의 지도를 받도록 할 것"을 요구하였다. 이는 사실상 이미 조직된 중조연합군사관제 기구를 무력화하는 것과 같은 것이다. 담판 과정에서 나타난 조선 측의 일관성 없는 태도를 고려하면, 쌍방의 기본 인식에 매우 큰 차이가 존재함을 알 수 있다. 중국 측 대표는 문제의 복잡성과 사안의 중대성을 깊이 깨닫고, 양측이 설사 서면 합의를 이룬다 하더라도 실제 상황을 바꾸기가 어렵다고 생각하였다. 이에 따라, "명망 높은 유능한 간부를 다시 파견하여 천천히 담판할 것"을 요청하였다. 팽덕회 역시 어쩔 수 없이 교통성의 의견을 김일성에게 전달하고 쌍방 정부가 나서 해결할 것을 요구하면서, 조선 측은 "숫자대로 군

169) "1951년 2월 19일 엽검영, 장문천, 팽덕회가 고강에게 보낸 전문."

사물자 수송의 완성을 보장할 것과 철도 관리와 운송의 구체적인 방법을 확정"해 줄 것을 요청하였다.[170)

뒤이어 조선 측이 제시한 3가지 원칙, 즉 "조선 교통성에 철도 행정을 귀속시키고, 연합군운사령부(联合军运司令部)를 창설하여 중국 측이 사령관을, 조선 측이 부사령관을 맡으며, 통일된 철도병단사령부(중국 측이 말한 응급복구사령부)를 조직하여 중국이 책임자를, 조선이 부책임자를 맡는 것"에 대하여 고강은 5가지 의견을 제안하였다. "첫째, 조선 철도에 대하여 군사관제를 실행하면서 군사대표제를 실행한다. 즉 연합군운사령부 산하에 각급 군사대표를 설치하고 중국이 정(正)직을 조선은 부(副)직을 맡고, 군사대표는 군사물자 수송 일체에 관한 최후 결정권을 행사하도록 한다. 둘째, 연합군운사령부를 심양에 두도록 하고, 조선교통성에 전권대표를 주재시켜 군사물자 운송의 집행을 감독하도록 한다. 셋째, 조선은 연합군운사령부와 전권대표 및 각급 군사대표 간의 원활한 전화 연락을 보장한다. 응급복구사령부를 조직하고 연합군운사령부의 지휘를 받도록 하며, 이 기구는 동시에 조선교통상과 연합군운사령부 지도를 받는다. 다섯째, 조선에 주재하는 중국 철도 관련 직원 및 노무자들은 조선 철도국의 지휘를 받으며, 그들의 정치 공작 업무는 중국 군사대표의 직접적인 지도를 받는다." 엽임, 장명원, 그리고 팽민은 이를 근거로 조선교통상과 재차 담판을 진행하였다. 조선 측은 응급복구사령부 지휘권 귀속 문제에 관하여 분명한 태도를 표하지 않은 것 이외에는 고강의 5가지 제안에 기본적으로 동의하였지만, 조선교통성의 소속철도관리국에 대한 관할권 행사에 동의해 줄 것을 요구하였다. 운송 문제에 관하여, 조선 측은 원칙적으로 모든 열차의 개통에 동의하고, 연합군운사령부가 군용물자와 국민경제 필요 물자의 운송 비율을 심사하여 결정하도록 하였다. 교통성과 소속관리국에 대해서는, 조선 측은 중국이 사람을

---

170) "1951년 3월 15일 엽검영, 장문천, 팽덕회가 고강에게 보낸 전문," "1951년 3월 22일 팽덕회가 고강과 주은래에게 보낸 전문."

파견하여 부(副)책임자를 맡도록 요청하였다. 양측은 협상 기록을 정리 서명한 후, 각자 정부에 비준을 상신하기로 결정하였다. 상황을 숙지한 주은래는 중국 대표에게 가능한 한 기록에 응급복구사령부 지휘권 관련 내용을 집어넣도록 지시하는 한편, 엽임, 장명원, 그리고 팽민 3인의 협상 기록 서명에 동의하고 기록 전문을 북경으로 가지고 올 것을 지시하였다.[171] 바로 이때, 모스크바의 견해가 도착하여 국면을 전환시켰다.

협상 당사자 장명원의 회고에 의하면, 중조회담에서 팽팽히 맞섰던 문제는 연합군운사령부 지휘권 귀속 문제였다. 당시 조선의 철로와 대부분의 기관차가 파괴되어 운행되는 열차 대부분은 중국으로부터 들어온 것이었으며, 선로 응급복구 및 물자가 운송되는 부대, 기관사와 승무원들 대부분이 중국인 중심이었다. 심지어 선로보수 기자재와 조선 노무자들에 대한 부분적인 보급까지도 중국이 책임지고 있었다. 이와 같은 실제 상황으로부터 보면, 조선 측이 철도운송의 정상적 운행을 지휘하고 조정하는 것이 매우 어려웠다. 따라서 중국 측은 전쟁 기간 중조 철도연합운송을 반드시 중국이 주도해야 한다고 주장하였다. 그러나 조선과 조선 주재 소련 고문은 철도운송의 관리는 국가주권과 관련된 문제이기 때문에, 반드시 조선이 주도해야 한다고 주장하였다. 이에 대하여 주은래는 문제의 근원은 평양이 아니라 모스크바에 있으며, 합리적 해결을 구하기 위하여 소련과 협상이 필요하다고 지적하였다.[172]

주은래가 중국 대표로 하여금 담판 기록에 서명토록 지시한 3월 25일, 스탈린은 소련의 최종 입장을 전보로 보내왔다. 스탈린은 "방금 심양 주재 소련 총영사 리도프스키(A. Lidovski)가 '적절히 철도권리부대를 조직하고 군수물자를 전선으로 수송하기 위해서는 반드시 조선의 중국사령부가 조선 철도를 관리해야 한다.'는 고강 동지의 견해를 보고하였습니다. 리도프스키

171) "1951년 3월 25일 주은래가 고강과 팽덕회에게 보낸 전문."
172) 張明遠, 『風雪戰勤』, 第34頁.

의 보고에 따르면, 김일성 수상은 이를 지지하였지만 조선의 다른 부장들이 이렇게 하면 조선의 주권이 훼손된다고 주장하며 반대하는 듯합니다. 만약 우리와 소련공산당 중앙위원회 견해가 필요하다면 우리는 고강 동지의 의견에 전적으로 찬성한다고 귀하에게 말씀 드립니다. 해방전쟁의 순조로운 진행을 위하여 고강의 의견이 반드시 채택되어야 합니다. 결론적으로 우리는 조선의 이익을 위해서도 중국과 조선 간에 더욱 밀접한 관계가 이루어져야 한다."라고 강조하였다.[173] 이에 주은래는 즉시 고강과 팽덕회에게 스탈린의 전보를 보내고, "연합 철도응급복구사령부가 연합사령부 또는 운송사령부의 지휘를 받도록 계속 노력할 것과, 더 나아가 조선철도관리국이 군사관제의 직접 관리를 받도록 조선 측에 제안"할 것을 지시하였다. 동시에 주은래는 중국 측 대표에게 서명을 잠시 연기할 것과 정부가 직접 나서 조선 교통상을 심양으로 초청하여 다시 논의할 것임을 통보하였다.[174]

그 후의 담판 과정에서 중국의 태도는 강경해지기 시작하였다. 1951년 4월 16일, 주은래는 예지량 대사에게 전보를 보내어 김일성에게 "전쟁의 필요에 부응하기 위하여 조선 철도는 즉각 통일된 군사관제하에 놓여야 한다고 제의"하고, "중조연합사령부 휘하에 중조연합의 군운사령부를 조직하여 조선 철도의 관리, 운송, 복구 및 보호 업무를 통일"해야 한다고 강조하였다.[175] 스탈린이 명확한 태도를 밝힌 상태에서, 김일성은 중국 측에 양보할 수밖에 없었다. 5월 4일 중조 양국 정부는 북경에서 「조선철도전시군사관제에 관한 협정(关于朝鲜铁路战时军事管第的协议)」을 체결하고 관리 체계, 기구 조직, 운송능력 배분 문제 등 중요한 문제들에 관하여 명확히 규정하였다. 합의 정신에 따라서 7월 안주(安州)에서 조선철도군사관리총국(朝鲜铁道军事管理总局)을 창설하였다. 류거영(刘居英)을 국장 겸 정치위원으로, 조

---

[173] "1951년 3월 25일 스탈린이 모택동에게 보낸 전문," 沈志華編,『朝鮮戰爭: 俄國檔案館的解密文件』, 第724-725頁.

[174] "1951년 3월 25일 주은래가 고강과 팽덕회에게 보낸 전문."

[175] 『周恩來軍事活動紀事』下卷, 第204頁.

선과 중국 양측에서 각각 1인을 부국장으로 임명하고, 조선 전구(朝鮮战区)의 철도운수의 관리, 조직 및 운행을 통일하였다. 군사관리총국은 희천(熙川), 정주(定州), 신성천(新成川), 평양(平壤) 및 고원(高原) 5곳에 분국을 설치하였으며, 노무자를 포함한 조선 지원 총 인원은 12,000여 명에 달하였다. 8월 1일, 심양에서 중조연합철도운송사령부(中朝联合铁道运输司令部, 약칭 연운사(联运司)가 창설되어 중조연합사령부의 직접적 지휘를 받았으며, 동북군구부사령관 하진연(贺晋年)은 사령관을, 장명원(张明远)은 정치위원직을 겸임하였다. 같은 해 11월, 안주(安州)에서 연운사(联运司)의 전방 파견 기구인 전방철도운수사령부(前方铁道运输司令部)가 창설되어, 류거영이 사령관 겸 정치위원으로, 중조 양측에서 각 1명이 부사령관으로 임명되었으며, 군사관리총국과 협조하고, 응급복구 지휘부와 철도 고사포 지휘부를 지도하도록 하였다. 철도 병단은 4개 사단과 3개 단(团)으로 확대되었으며, 조선지원공정총대(援朝工程总队) 인원을 합하여 총 5,2000여 명에 달하였다. 이때부터 통일된 조직과 지도하에서, 철도운수부대와 응급복구부대 및 고사포부대가 긴밀히 협력하고 협동하여 행동하기 시작하였으며, "집중에는 집중으로, 기동에는 기동으로(以集中对集中, 以机动对机动)"의 작전 방침을 실행하여 철도 수송의 효율을 크게 제고하였다.[176]

　철도 관할권은 중국과 조선 간에 벌어졌던 논쟁에서 유일하게 조선의 내정 및 주권에 관련된 문제였다. 1959년 팽덕회가 비판을 받았을 때, 그는 이 문제를 회피하지 않았다. 그러나 팽덕회가 강조하였다시피 조선 철도에 대한 군사관제의 실시는 당시의 전시 상황에서 피할 수 없었으며, 중국은 정전협정이 체결된 직후 조신 측에 관리권을 즉시 반환하였다.[177] 그러나 모스크바의 관여하에 이루어진 이러한 중국의 강압적 행동은 김일성 마음에

---

176) 『抗美援朝戰爭後勤經驗總結: 專業勤務』下册, 第6-7頁, 『抗美援朝戰爭後勤經驗總結: 基本經驗』, 第66-67頁.
177) 彭德懷, 『彭德懷自述』, 第352頁.

심리적 상처를 남겼다.

4) 정전 담판 원칙에 관한 문제

조선전쟁은 3년 동안 계속되었다. 그러나 1951년 7월부터 전쟁이 끝날 때까지, 전투와 담판을 반복하면서 절반 이상의 시간이 정전 담판 과정으로 소모되었다. 2년이 넘는 시간 동안, 중조 양국은 정전 담판 원칙의 문제에 있어서 의견 차이가 끊이지 않았으며 논쟁이 그치지 않았다.

제5차 전역 이후, 중국은 마침내 전쟁을 계속하는 것이 어렵다는 것을 깨달았다. 1951년 5월 하순, 모택동은 중공 중앙 회의를 주재하고 "싸우면서 담판을 진행하며, 담판을 통하여 문제를 해결한다는 방침"을 결정하였다.[178] 그러나 김일성은 여전히 신속한 승리를 주장하며, 모택동의 전쟁 장기화 계획에 반대하고, 6월 말에서 7월 중순까지 중조연합군은 재차 한차례의 총공격을 개시할 것을 요구하였다. 이에 모택동은 6월 3일 김일성을 북경으로 불러 이에 관하여 논의하였다. 논의를 거쳐, 김일성은 6월에서 7월 사이에 공격을 시작하지 않는다는 것에 동의하였지만, 준비를 거쳐 8월에 한차례 반격을 가할 것을 요구하였다.[179] 모택동은 부득이 스탈린에게 김일성과 고강을 면담하도록 요청하면서, 소련에서 요양 중인 임표가 면담에 참석토록 해 줄 것을 희망하였다. 스탈린의 동의를 거쳐, 6월 10일 김일성과 고강은 소련이 보내온 전용기로 모스크바에 도착하였다.[180] 스탈린은 정전 협상에 관한 중국의 견해를 자세히 질문한 뒤 이에 동의하고, 모택동에게 전보를 보내 "우리는 지금 정전하는 것은 좋은 일이라고 생각"한다고 통보하였다.[181] 이에 김일성은 더 이상 자신의 의견을 고집할 수 없었고, 이때부

178) 『聶榮臻回憶錄』, 第741-742頁.
179) "1951년 5월 30일 김일성이 팽덕회에게 보낸 전문," "1951년 6월 11일 모택동이 팽덕회에게 보낸 전문."
180) "1951년 6월 5일, 9일 모택동이 스탈린에게 보낸 전문," AПРФ, ф.45, оп.1, д.339, л.23, 28-29.

터 조선전쟁은 싸우면서 담판하는(边谈边打) 단계로 접어들었다.[182]

　소련대사 라주바예프의 관찰에 의하면, "조선 지도자들은 공개적 혹은 직접적으로 표현하지는 않았지만 정전협상에 대하여 경계심을 가지고 있었다." 조선으로 돌아온 이후, 김일성은 매우 낙담하였으며, 1951년 6월 23일 유엔 소련 대표 말리크의 정전협상을 호소하는 발언은 "중국이 정전을 달성하고 조선을 원조하는 책임으로부터 빠져나오려는 가장 확실한 표시"라고 여겼다. 심지어 말리크의 성명 발표 뒤 며칠 동안, 조선의 신문과 기타 선전기관 매체 모두 말리크의 성명에 관하여 "상세한 분석도 하지 않았고 이에 대한 어떠한 평론도 없었다." 비록 조선 지도부가 후에 "군사 및 정치적으로 정전협정 체결의 필요성을 인식"하였지만, 중국 대표단[주요 책임자는 이극농(李克农)]이 정전협정을 체결하기 위하여 미국에 과도하게 관대하고 양보하였다고 생각하였다. 동시에 중국 대표단이 협상 과정에서 조선 대표의 의견에 충분하게 귀 기울이지 않는다고 불만을 나타냈다. 특히 7월 27일 모택동이 만약 미국이 현재 전선을 휴전선으로 고집할 경우 중국은 양보할 수 있다고 김일성에게 통보하였을 때, 김일성은 극도의 불만을 나타냈다. 그는 모택동에게 "이는 조선에 엄청난 정치적 타격을 주기 때문에 이 같은 양보는 불가능합니다."라고 회신하였다. 심지어 김일성은 박헌영에게 "이러한 양보를 하느니, 차라리 중국인의 도움 없이 전쟁을 계속하고 싶다."고 토로하였다. 후에 미국 대표가 휴전선 문제에 있어 과도한 요구를 하고 중립지대 설정을 위한 담판에서 도발을 한 것을 이유로 중국이 강경한 태도를 취하기 시작하자, 조선 지도부의 감정이 다소 호전되었다. 그러나 라주바예프 대사는 "최근 몇 개월 시이 조신인의 중국인에 대한 태도가 현저히

181) "1951년 6월 13일 스탈린이 모택동에게 보낸 전문," *АПРФ*, ф.45, оп.1, д.339, л.31-32.
182) 정전 담판에 대한 상세한 과정에 대해서는 柴成文, 趙勇田, 『板門店談判』, 北京: 解放軍出版社, 1992를 참조. 중국의 의사결정에 대한 연구로는 牛軍, 「抗美援朝戰爭中的停戰談判決策研究」, 『上海行政學院學報』, 2005, 第1期, 第35-47頁를 참조. 미국의 의사결정에 관한 연구로는 鄧峰, 「追求覇權: 杜魯門政府對朝鮮停戰談判的政策」, 『中共黨史研究』, 2009, 第4期, 第34-45頁를 참조.

냉담해졌으며, 조선인들은 소련에 의존 방침이 더욱 확고"해졌음을 감지하였다.[183]

그러나 중조 쌍방의 담판 태도는 곧 바로 대립각을 세우기 시작하였다. 1952년 하반기, 전황은 기본적으로 실력의 평행을 이루었지만 판문점 정전 담판은 교착상태에 빠졌다. 초기에 모택동이 가장 쉽게 해결될 수 있다고 믿었던 전쟁포로 문제에서 교착상태에 빠졌다.[184] 이때, 모택동은 전쟁의 지속을 주장하였고 미국과의 정전 담판 문제에서 전혀 양보하지 않았다. 그러나 조선은 미국의 정전 조건을 받아들여 하루빨리 정전협정이 체결되기를 희망하였다. 스탈린은 미국과 대치하는 세계 전략을 고려하여 재차 모택동의 입장을 지지하였다.

1952년 2월, 판문점 담판 합의가 이루어졌으며 그 내용은 다음과 같다. 정전협정 체결 후 90일 내에 관련 국가의 정치회의를 개최하여 조선 문제를 해결한다. 그러나 기타 의사일정, 특히 전쟁포로 문제에 관해서는 아직도 논쟁이 존재한다." 이때 조선 측은 담판이 빨리 끝내기를 주장하였으며, 김일성은 모택동에게 직접 "전쟁을 계속하는 것을 원하지 않는다."고 밝혔다.[185] 라주바예프는 모스크바에 "김일성이 남일(南日)과 협상이 교착상태에 빠진 원인을 토론할 때, 정전협정 체결을 건의하여야 하며 해결되지 못한 모든 문제를 정치회의로 넘겨 연구해야 한다는 의견을 밝혔다. 김일성은 미국의 공군이 계속해서 조선민주주의인민공화국에 엄청난 손실을 입히고 있기 때문에 담판이 연기되는 것은 불리하다고 여기고 있다. 그는 전쟁포로 문제에 대해 계속해서 논쟁해야 하는 합리성을 찾아볼 수 없다고 생각한다. 그 이유는 이 논쟁이 지금 더 큰 손실로 이어지기 때문이다."라는 김일성의

---

[183] "1951년 9월 10일 라주바예프가 모스크바에 보낸 전문," 『朝鮮戰爭俄檔復印件』第12卷, 第1592-1598頁.

[184] 모택동은 최소 1951년 11월까지는 전쟁포로 문제에 관하여 합의를 이루기 어렵다고 보았다. "1951년 11월 14일 모택동이 스탈린에게 보낸 전문," *АПРФ*, ф.45, оп.1, д.342, лл.16-19.

[185] "1952년 2월 8일 모택동이 스탈린에게 보낸 전문," *АПРФ*, ф.45, оп.1, д.342, лл.81-83.

의견을 보고하였다. 또한 김일성은 중국 지원군의 대다수 포로는 모두 과거 장개석 군대의 사람이어서 정치적으로 신뢰할 수 없다고 보았다. 따라서 "그들을 위하여 투쟁하는 것은 특별한 의의가 없다."고 주장했다. "김일성은 남일에게 이 문제에 대한 중국의 태도를 명백히 이해할 것과 이극농의 이름 으로 전쟁포로 문제에서 양보할 것을 건의"하라고 지시하였다. 라주바예프 는 중국 지도부가 "조선전쟁이 종결됨에 따라 소련 군사 장비의 공급이 감 소 또는 중단되는 것을 우려"하고 있으며, 문제를 성급하게 해결하는 것은 "거꾸로 중조 양측의 역량을 약화시키는 결과를 초래할 것이며, 이극농은 만일 국제사회 여론의 여론 역량을 발동하지 않거나 장기 투쟁의 준비를 하 지 않는다면, 미국이 양보하지 않을 것이라고 보고 있다. 모택동 동지 또한 담판의 전망을 이와 같이 판단하고 있다. 모택동은 이극농에게 '중도에 포 기하지 않고 입장을 굳게 견지하면 귀하들은 주도권(主動權)을 쥐게 되고 적을 양보하도록 압박하게 될 것입니다. 담판에서 이와 같은 목표를 실현하 기 위해서, 귀하들은 몇 개월간 대결 준비를 하여야만 한다.'고 지시하였다." 라고 전했다.[186]

5월 2일, 정전협상 5개 사항 중 4개 사항은 완전한 합의를 이루었다. 그러 나 4번째 사항, 즉 전쟁포로 처리 문제에서 미국은 "송환을 스스로 원하는 경우에만 송환하는 원칙(自願遣返)"을 제기하였고, 중국은 모든 포로의 송 환 원칙을 견지하였다. 이로 인하여 담판은 다시 교착상태에 빠졌다. 조선 지도부는 5월 전에 미국과 정전협정을 체결하고, 이를 토대로 1952년 하반 기의 경제 과제와 정치적 업무를 계획하려고 하였으나, 전쟁포로 문제로 인 한 논쟁이 정전협정 체결의 연기로 이어질 것이라고는 전혀 예상치 못하였 다. 이러한 결과는 "조선 지도부를 크게 실망하게 하였다." 김일성은 중국 동지가 전쟁포로 문제를 양보하여 정전협정이 체결되기를 바랐다.[187] 이러

---

[186] "1952년 1분기 라주바예프의 업무 보고," *Волохова А.*, Переговоры о перемирии в Корее, 1951-1953гг.//Проблемы дальнего востока, № 2, 2000, с.104에서 재인용.

한 조선 측 의견을 충분히 고려하여 7월 3일 중조 대표단은 새로운 제안을
하였다. 즉 "비조선 국적의 모든 포로는 전부 송환하되, 모든 조선 국적 포
로를 송환할 필요가 없다는 의견에 동의한다." "거주지가 상대방 영토인 조
선 국적 포로는 반드시 상대방 영토 지역으로 송환해야 한다. 또한, 군에 징
집되기 전 포로로 잡힌 곳이 거주지인 조선 국적 포로는 모두 원지역에 남
아서 석방되어 각자 집으로 돌아가도록 한다."고 제안하였다.[188] 그러나 미
국은 중조 양국의 양보안(모든 포로의 송환을 요구하지 않는 것을 포함)을
무시하고, 7월 13일 총 83,000명(포로로 잡힌 인민군의 80%와 중국 인민지원
군 포로의 32%를 포함한 인원)의 포로 송환을 제안하였다. 동시에 미국은
이 숫자는 최종적이며 더 이상의 조정은 불가하다고 덧붙였다.[189] 최후통첩
에 직면하여 중국과 조선 간에 갈등이 재차 발생하였다.

이에 대하여, 중국 지도부의 태도는 매우 단호하였다. 모택동은 7월 15일
김일성에게 보낸 전보에서, 적의 무차별 폭격하에서 진정한 양보가 없고 유
인적이고 도발적인 제안을 받아들이는 것은 중국과 조선에 정치 군사적으
로 극히 불리하다고 강조하였다. 물론 전쟁을 지속하는 것은 조선 인민과
지원군에게 더 많은 손실을 입힐 것이지만, 중조 인민은 싸울수록 더욱 강
해질 것이며, 전 세계 평화 애호 인민들의 침략전쟁 반대를 더욱 고무하고
전 세계 평화 보위 운동의 발전을 촉진시킬 것이라고 주장하였다. 모택동은
전쟁이 계속됨으로써 미국의 주된 역량은 아시아에서 지속적으로 손실을
입게 되고 소련의 건설은 강화될 것이며, 이는 각국 인민 혁명운동의 발전
에 영향을 미칠 것이고 이로 인하여 세계대전의 발발을 연기시킬 수 있다고

---

187) "1952년 2분기 라주바예프의 업무 보고," *Волохова А.*, Переговоры о перемирии в Koree, с.104에서 재인용.
188) "1952년 7월 7일 비신스키가 몰로토프에게 보낸 전문,"『朝鮮戰爭俄檔復印件』第14卷, 第1876-1880頁.
189) 『周恩來年谱(1949-1976)』上卷, 第249-250頁. 정전 담판에 대한 미국의 태도 변화 및 원인에 대해서 아래 자료를 참고하길 바람. 沈志華,「對日和約與朝鮮停戰談判」,『史學月刊』, 2006, 第1期, 第66-75頁.

지적하였다. 그는 중국 인민은 조선 인민의 어려움 해결에 최선을 다할 것을 약속하였다. 결론적으로 "현재의 상황하에서 적의 이 방안을 받아들이는 것은 스스로의 존엄과 위엄을 깎아내리는 것"이라고 지적하였다. 마지막으로 모택동은 의도적으로 중국 측 견해와 방침은 스탈린의 의견을 구한 후에 평양에 알리는 것이라고 김일성에게 전하였다.[190] 같은 날 모택동은 스탈린에게 전보를 보내어, 중국은 "적의 도발적이고 유인적인 제안"을 단호하게 거부하고 전쟁 확대를 준비할 것이며, 이에 대하여 김일성 동지는 다른 견해를 가지고 있다."고 통보하였다.[191] 김일성은 7월 16일 모택동에게 보낸 답신에서 모택동의 현 정세에 대한 분석에 찬성하고 중국의 지원 약속에 감사함을 표시하였다.[192] 하지만 같은 날 스탈린에게 보내는 전보에서 김일성은 소극적 방어 방침 때문에 적의 폭격은 조선의 도시와 시민들에게 막대한 피해를 입히고 있으며, 이런 정세하에서 중국이 적의 조건을 받아들이기를 거부하고 있다고 원망하였다. 비록 그는 모택동의 의견에는 찬성하였지만, 여전히 하루빨리 정전협정이 이루어지길 희망하였다. 김일성은 "우리는 반드시 정전협정의 신속한 체결과 휴전의 실행, 그리고 제네바협정에 근거하여 포로 송환이 이루어지도록 최대한 노력하여여 한다."고 주장하면서, 이러한 요구는 전 세계 평화 애호 인민들의 지지를 받을 것이며 우리를 피동적 국면에서 벗어나도록 할 것이라고 주장하였다.[193]

　정전 담판 중의 포로 문제에 관하여 중조는 서로 다른 입장을 견지하였다. 중조 양국은 정치적 이유 외에도 다른 실질적인 이유가 있었다. 즉 중조 쌍방의 전쟁포로 정책이 완전히 달랐다. 국내 전쟁의 전통적인 포로 처리에 영향을 받고 국제 투쟁의 경험이 부족했기 때문에, 중국 측은 처음에는 포

190) 『周恩來軍事文選』第4卷, 第289-290頁.

191) 『周恩來軍事活動紀事』下卷, 第280頁.

192) "1952년 7월 18일 모택동이 스탈린에게 보낸 전문," *АПРФ*, ф.45, оп.1, д.343, л.72-75. 모택동은 이 전보에서 7월 16일자 김일성의 회신을 첨부했다.

193) "1952년 7월 17일 라주바예프가 스탈린에게 보낸 전문," *АПРФ*, ф.45, оп.1 д.348, л.65-68.

로를 억류할 생각을 하지 않았다. 1950년 11월 17일, 팽덕회는 군사위원회에 보낸 전보에서 적의 군심을 동요시키기 위하여 전역 발동 전에 100여 명의 포로를 석방할 계획임을 보고하였다. 18일 모택동은 회답에서 "전쟁포로 일부를 석방하는 것은 매우 옳다. 금후 전쟁포로는 수시로 석방하고, 이에 대해서는 승인을 구할 필요가 없다."고 통보하였다.[194] 이에 따라 중국 측이 확보한 전쟁포로 숫자는 감소하게 되었다. 이 밖에도 1951년 11월, 중조 양국은 전쟁포로 관리의 편리를 위하여, 이후의 한국군 포로는 인민군에 인계하고, 기타 국가의 전쟁포로는 인민지원군에게 인계하여 관리하도록 결정하였다.[195] 이렇게 되어, 중국 측이 실제로 관리하는 포로는 매우 적었으며, 담판의 밑천이 별로 없었다. 이 또한 중국이 "모든 포로의 송환"을 주장하는 원인 중의 하나였다. 반면에, 조선 측은 전후 경제 건설에 필요한 노동력을 확보하기 위하여 암중 다수의 포로를 억류하였다. 소련대사를 역임한 수달레프(S. Suzdalev)는 "조선 동지는 다수의 남조선 포로를 억류하여 조선에서 각종 육체노동에 종사하도록 하는 것이 비교적 옳다고 생각하고 있으며, 자신의 고향으로 돌아가길 바라는 포로들의 희망은 전혀 고려하지 않고 있다."고 보고하였다. 조선 측은 13,094명의 이승만 군대의 포로를 억류하고, 그중 6,430명은 인민군에서 복무시키고, 나머지 인원은 내무부와 철도부에서 각종 노동에 종사하도록 하였다. 이 밖에도 전쟁 초기 남조선 지역에서 '징병'되어 인민군에 입대한 42,262명(북조선은 이들이 전쟁포로가 아니라고 주장하였다)을 억류하였다.[196] 이러한 상황하에서, 조선 지도부는 떳떳하게 "모든 포로의 송환"의 원칙을 견지할 수 없었다.

이 문제 역시, 모스크바에 의해서 최종적으로 해결되었다. 1952년 7월 15일 모택동은 스탈린에게 보낸 전보에서, 미국 측이 제시한 방안은 "양측의

---

194) 王焰主編, 『彭德懷年譜』, 第449頁.
195) 이에 대해서는 『周恩來軍事活動紀事』 下卷, 第242頁를 참조.
196) *Волохова А*, Переговоры о перемирии в Корее, с.106, 108.

비율이 극히 맞지 않으며, 적은 이를 이용하여 중조 인민의 전투단결에 대한 이간질을 시도"하고 있으며 "적의 압력에 굴복하면 우리에게 극히 불리하다."고 주장하며, 담판을 깨는 한이 있더라도 절대로 양보해서는 안 된다고 주장하였다. 그는 "이 문제는 정치 문제이기 때문에, 중조 양국뿐만 아니라, 혁명 진영 전체에 영향을 준다."고 강조하였다. 다음 날 스탈린은 답신에서, "귀하가 평화협정 담판에서 견지한 입장은 전적으로 정확하다."고 통보하였다.[197]

그 후 8월, 주은래는 소련을 방문하여 스탈린과 여러 차례 회담을 가졌다. 도중에 소련을 방문한 김일성, 박헌영, 팽덕회도 중도 회의에 참석했다. 중국 경제 건설에 관한 문제 이외에, 스탈린과 주은래의 회담의 중점은 금후 전쟁 중에 취해야 할 전략 방침을 정하는 것이었다. 주은래는 전장에서의 중조연합군의 역량을 소개하면서, "현재 우리는 충분한 자신이 있으며, 더 오랜 기간 전쟁을 진행할 수 있다. 또한 견고한 갱도가 이미 완성되었으므로 미국의 폭격을 견딜 수 있다."고 설명하였다. 전쟁포로 문제에 관하여 스탈린은 우선 "미국인들은 자신의 주장에 따라 전쟁포로 문제를 해결하길 원한다. 그러나 국제법에 따르면 각 교전국들은 반드시 범죄자를 제외한 모든 포로를 송환해야 한다."고 주장하였다. 스탈린은 전쟁포로 문제에 대한 모택동의 견해가 무엇인지를 물었다. 즉 양보할 것인지 아니면 자신의 주장을 견지할 것인지를 물었다. 이에, 주은래는 이 문제에 대한 중조 양국 간의 견해 차이를 간략하게 소개하면서, "모든 포로를 반드시 송환해야 한다."는 모택동의 주장을 설명하였다. 주은래는 "조선 측은 매일 발생하는 인명 손실이 논쟁이 되는 포로의 숫자를 초과하므로 전쟁을 지속하는 것은 불리하며, 정전은 미국에 불리하다고 생각한다. 그러나 모택동은 전쟁을 하는 것이 우리들에게 유리하다고 생각합니다. 왜냐하면, 이는 미국의 제3차 대전 준비

---

[197] 『周恩來年譜(1947-1976)』上卷, 第250頁; "1952년 7월 16일 스탈린이 모택동에게 보낸 전문," *АПРФ*, ф.45, оп.1, д.343, л.69.

를 망쳐버리게 할 수 있기 때문입니다."고 역설하였다. 이에 스탈린은 즉시 긍정적으로 "모택동은 옳습니다. 이번 전쟁으로 미국의 원기를 상하였습니다. 조선은 전쟁 과정에서 희생한 것 외에 그 어떤 것도 잃은 것이 없습니다. 미국은 이번 전쟁이 그들에게 불리하기 때문에 반드시 전쟁을 끝내야 한다고 생각합니다. 특히 그들이 소련군이 중국에 계속 주둔하는 것을 알고 나서는 더욱 그렇습니다. 필요한 것은 끈기와 인내심입니다."이라고 말했다. 스탈린은 중국 지도부의 신경을 더욱 자극하는 문제를 제기하였다. 그는 주은래에게 "미국에 반드시 강경한 태도를 취해야 합니다. 중국 동지는 이번 전쟁에서 미국이 지지 않으면 중국은 대만을 영원히 되찾을 수 없음을 알아야 한다."고 주의를 환기시켰다. 전쟁포로 문제의 구체적인 해결 방법에 관하여, 주은래는 만일 미국인들이 부분적인 양보를 할 경우 다음과 같은 방안에 따라 담판을 진행할 것임을 밝혔다. 첫째, 미국이 여전히 포로의 부분적 송환을 주장할 경우, 같은 비율의 미국과 한국의 포로를 억류할 것임을 선언한다. 둘째, 전쟁포로 문제를 중립국(예를 들면 인도)에 이관하여 중재토록 한다. 셋째, 먼저 정전협정을 체결하고, 전쟁포로 문제는 이후 해결에 맡긴다. 회담에서 스탈린은 첫 번째 방안을 선호하였고, 주은래는 두 번째 방안에 대해서 중점적으로 언급하였다. 그러나 그들 모두가 찬성한 전제는 먼저 모든 포로를 전부 송환하고, 미국이 먼저 양보하도록 요구하며, 미국의 협박에 절대 물러서지 않는다는 것이었다.[198]

평양 설득에는 여전히 모스크바가 나섰다. 9월 4일 김일성과의 회담에서, 스탈린은 정전 담판에서 중조 간 의견 차이가 있는지를 물었다. 이에 김일성은 "우리들 사이에서 원칙적인 의견 대립은 없으며, 우리는 중국 동지들이 제안한 방안에 동의합니다. 그러나 조선 인민은 현재 심각한 곤경에 처해 있기 때문에 우리는 하루빨리 정전협정이 체결되기를 더욱 희망합니다."

198) "1952년 8월 20일, 9월 19일 스탈린과 주은래가 회담 기록," *АПРФ*, ф.45, оп.1, д.329, лл.54-72, 75-87.

라고 대답하였다. 이에 스탈린은 즉시 "우리는 여기에서 이 문제를 중국 대표단과 토론하였으며, 전쟁포로 문제에 관한 미국의 제안에 동의하지 않으며 자신의 조건을 견지하기로 결정하였다. 만일 미국이 20%의 중조 포로를 송환하지 않으면 그들의 포로 20% 역시 송환하지 않으며, 그들이 중조 포로를 억류하지 않을 때까지 그렇게 하기로 한다."고 김일성에게 설명하였다. 스탈린은 최후에 긍정적인 어투로 "이것이 바로 이 문제에 대한 우리의 입장"이라고 마무리하였다.[199] 그러나 미국 담판 대표는 어떠한 양보도 하지 않았다. 오히려 10월 8일 담판의 무기한 휴회를 선언하였다. 그 후, 전쟁포로 교환 문제는 유엔으로 이관하여 토론하기 시작하였다. 1952년 11월 10일, 유엔에서 소련 대표는 조선 문제 해결을 위한 새로운 방안을 제안하였으며, 이어 24일 추가 보충 제안을 하였다. 11월 28일, 주은래는 중국 정부를 대표하여 소련의 제안과 건의를 전적으로 지지하는 성명을 발표하였다. 즉 우선 정전을 실현하고 모든 포로의 송환 문제는 이후에 다시 토론할 것을 주장하며, "모든 전쟁포로의 송환 문제는 반드시 제네바협정의 원칙과 국제적인 포로 처리 관례에 따라 해결되어야 하며, 이는 불변의 원칙이다."라고 강조하였다.[200] 이후, 스탈린 사망 전까지 김일성은 다시는 즉각 정전 요청을 하지 않았으며, 조선 경제 회복을 위하여 소련으로부터 더 많은 지원을 받는 문제에 더 많은 관심을 기울였다.

정전 담판 문제에 있어서 김일성의 고려 사항은 조선의 실질이익, 즉 전쟁 승리의 가능성이 사라진 상황에서 현재 상태를 유지하는 전제 조건하에서 하루빨리 전쟁을 끝내고 경제를 회복시켜, 북조선 지역에 대한 통치를 공고히 하는 것이었다 그러나 무택동은 아시아혁명의 지도 책임 때문에 필히 대치 중인 양대 진영의 전체 상황과 동북아, 더 나아가 아시아 전체에서

---

199) "1952년 9월 4일 스탈린과 김일성, 팽덕회의 회담 기록,"『朝鮮戰爭俄檔復印件』第15卷, 第 1932-1943頁.

200) 주은래는 소련의 건의를 지지하는 성명을 발표하였다. 1952년 11월 28일, 外交部檔案館, 당안 번호: 113-00118-01, 第3-5頁.

의 사회주의진영의 안전과 이익에 눈을 돌릴 수밖에 없었다. 그렇기 때문에, 중조 간에 의견 대립이 발생하였을 때, 모택동은 매번 스탈린의 지지를 얻을 수 있었다.

5) 정전협정 조인 문제

1953년 봄부터 여름 사이, 정전협정의 즉각적인 체결 여부에 관하여 중조 간에 한차례의 의견 대립이 발생하였다. 이는 조선전쟁 시기 양측의 마지막 논쟁이었다. 그러나 이때 소련의 새로운 지도부는 김일성의 제안에 전적으로 찬성하였다. 스탈린 사후, 소련의 대외 정책과 전쟁 방침에 변화가 발생하였고 이 때문에 정전협상의 진전이 촉진되었다. 그러나 이승만은 정전을 원하지 않았으며, 독단적으로 포로를 석방으로써 정전협정 서명을 무산시켰다. 이에 중국은 한 차례 전역을 발동하여, 이를 기회로 더욱 유리한 정전 조건을 쟁취해야 한다고 주장하였다. 반면에 조선 측은 정전협정의 즉시 체결을 주장하고, 이승만의 포로 석방 행위를 더 이상 추궁할 필요가 없다고 강조하였다. 팽덕회는 김일성의 주장을 무시하고, 모택동의 지지하에 자신의 희망대로 한차례의 진지 돌파 전투를 수행하여 성공을 거두었다.[201]

1952년 말, 유엔이 전쟁포로 교환 방안에 대하여 논쟁이 한창일 때 중국 지도부의 관심은 전쟁 확대 위협에 어떻게 대처할지에 쏠려있었다. 11월 24일, 총참모부 작전부는 팽덕회에 제출한 보고서에서 현재 미국은 대통령 선거와 시기적 이유로 "조선에 대한 정책은 큰 변화가 있을 수 없다." 그러나 신임 대통령 취임 후에는 모종의 군사적 행동을 취할 가능성이 있다고 예상하였다. 12월 4일, 인민지원군 사령관 대리 등화(당시 팽덕회는 병으로 귀국하였다)는 모택동에게 제출한 서면 보고에서, "공화당 집권 후 미국의 조선

---

201) 彭德懷, 『彭德懷自述』, 第352頁.

정책은 더욱 강경하고 급진적으로 변할 가능성이 있으며, 군인 출신 아이젠하워 대통령은 취임 이후 전쟁의 적극적 준비를 선언할 것으로 예상되며, 댈러스의 국무 장관 임명은 미국이 극동 정책을 적극적으로 추진할 가능성을 의미한다. 군을 직접 지휘하는 클라크와 반 플리트 등 인사들 역시 병력 증원을 요청하고 있으며, 후방 지역 상륙에 큰 흥미를 가지고 있다."고 보고하였다. 모택동은 이 분석에 동의하고 등화 접견 시, 인민지원군은 반드시 적이 서해안에 상륙한다는 관점에서 적이 한강으로부터 청천강 사이에 상륙한다는 것에 근거하여 대응 방침을 세울 것을 강조하였다. 모택동은 상륙 준비가 봄 혹은 조금 일찍 시작될 수 있다고 보았다. 이때, 총참모부는 소련으로부터 재차 통보를 받았다. 소련은 통보에서 "미군은 1953년 2월 조선반도에서 대규모 공세를 개시할 예정이며, 북조선 전역을 점령하고 압록강까지 진군할 것"이라고 중국에 통보하였다. 소련은 통보에서 주일 미군 참모부가 북조선 동서해안의 지도를 요구하고 있으며, 반 플리트 장군이 조선에서의 유엔군 이동과 4~5개 사단의 증원을 미국에 요청하였다고 전하였다. 이러한 정보는 중국으로 하여금 전쟁 준비의 결심을 더욱 굳히게 하였다. 12월 9일 모택동은 등화에게 전보를 보내, "적은 청천강과 한강 사이에 상륙을 결정한 것으로 보이며, 이에 적극적으로 준비할 것과, 적과 적의 상륙작전을 분쇄할 수 있도록 시급히 준비"할 것을 지시하였다. 같은 날 팽덕회는 회의를 소집하여 적의 척후 상륙과 각종 준비 사항에 관하여 논의하고, 조선의 철도건설과 개선, 새로운 병력 동원, 요동과 산동반도의 방어 등에 관한 구체적인 배치 사항들을 모택동에게 보고하였다. 12월 11일, 모택동은 배치 사항들을 승인하면서 "철저히 접건하고 임무를 빈드시 완수하라"고 시시하였다. 총참모부는 즉시 인민지원군에게 "극히 주의하고 아군 후방에 상륙하는 적을 격파할 준비를 강화하며, 임무를 반드시 완수할 것"과 "특히 청천강과 한강－청천강－압록강 일선을 주의"할 것을 지시하였다.[202] 중국은 "이

202) 『抗美援朝戰爭史』第3卷, 第345-348頁; 『建國以來毛澤東文稿』第3冊, 第638-639, 632, 640-641頁.

번 전투의 승전 여부가 조선전쟁 승패의 관건"이며, "척후에서 상륙을 감행"
하는 적에게 승리하는 것만이 미국의 최후 실패 국면을 확정할 수 있다."고
보았다."[203]

　이 같은 상황하에서, 중국 지도부는 전쟁의 장기화에 대한 준비를 하였
다. 12월 11일, 주은래는 국제 형세에 관한 보고에서, 조선 전장에서 "우린
계속 투쟁을 하여야 합니다. 이 전선에서 미 제국주의가 손을 떼도록 싸워
야 합니다. 1년이 좋고 2년도 좋습니다. 언젠가는 미국이 손을 떼도록 싸워
야 합니다."라고 밝혔다. 12월 12일 주은래는 재차 정무원회의 석상에서 "비
록 현재 우리는 이미 적을 저지하고 적을 크게 살상하였지만, 아직은 그들
이 정전이 불가피하다고 느낄 정도까지 타격을 가하지는 못하였습니다. 미
국이 담판을 깨뜨린 이유가 바로 여기에 있습니다. 따라서 내년의 항미원조
투쟁은 더욱 강화되어야 하며, "싸우면서 안정시키고, 한편으로 건설한다."
는 방침을 계속 이행하고, 이는 미국이 손을 뗄 때까지 계속"되어야 한다고
역설하였다.[204] 팽덕회 역시 부대를 향하여 "조선전쟁은 내년부터 확대될
것이며, 우리의 방침은 한편으로 싸우고 한편으로 건설하는 것이다."라고
선언하였다.[205] 유엔군 전선부대의 대대적 증강에 직면하여[206] 중국은 정
전 담판에 이미 흥미를 잃고 정전 담판 대표단 인원을 축소하였을 뿐만 아
니라, 전쟁포로 문제의 토의를 위한 인도와의 만남도 계획하지 않았다.[207]
1953년 1월 하순까지, 인민지원군의 전장 배치 조정은 기본적으로 완료되었
으며, 부대 이동 외에 국내에서 징집된 신병을 포함하여 25만 명의 병력을

---

[203] 『毛澤東軍事文集』第6卷, 第331-332頁.

[204] 『周恩來軍事文選』第4卷, 第305頁; 『周恩來年譜(1947-1976)』上卷, 第272-273頁.

[205] 王焰主編, 『彭德懷年譜』, 第538頁.

[206] 1953년 1월 미국은 부서를 재조정하여 전방에 12개의 한국군사단과 8개 사단의 연합군부대
　를 배치하였다. 총 인원은 76.8만여 명에 달했다. Matthew B. Ridgway, *The Korean War*,
　New York: Doubleday & Company, Inc, 1967, p.218.

[207] 『周恩來年譜(1949-1976)』上卷, 第279頁; 『建國以來毛澤東文稿』第4冊, 北京: 中央文獻出版
　社, 1990, 第31頁.

조선으로 증파하였다. 또한 조선반도 동해안과 서해안에 최전선부터 후방까지 진지 공사를 진행하고, 새 철도를 신설하고 기존 철로를 개선하였으며 새로운 도로를 건설하고 넓히는 등의 조치를 취하였다. 이를 위하여 모택동은 소련에 1953년 조선 전장에서 필요한 일체의 군수용품과 군수공업 생산 원자재를 공급해 줄 것을 요구하였다.[208]

스탈린은 모택동과 주은래가 여러 차례 강조한 바와 같이, 중국이 어느 정도 소련을 위해 싸우고 세계혁명을 위해 싸우고 있다는 점을 잘 알고 있었다.[209] 따라서 소련은 중국의 요구를 들어줄 의무가 있었다. 그러나 스탈린의 국제 정세에 관한 견해는 다소 중국과 달랐다. 스탈린은 12월 27일 회신에서, 1953년 봄 미국이 공세를 시작할 것이라는 견해는 트루먼 정부 군인들의 계획일 뿐이며, 아이젠하워 대통령 취임 후에 변할 가능성이 매우 높다고 주장하였다. 그럼에도 불구하고 스탈린은 모택동이 취한 준비 조치들을 지지하였다. 1953년 1~4월까지 624문의 각종 대포와 235.5만 발의 각종 탄약 제공 요구에 대해서 1953년에 소련은 중국에 20개 사단의 무기와 탄약을 공급할 계획이며, 그중에는 1,320문의 대포와 80만 발의 포탄이 포함되어 있기 때문에 추가 공급 요구는 소련의 공급 능력을 초과한다고 밝혔다. 그러나 중국 측이 말한 상황을 고려하여, 스탈린은 1953년 332문의 대포와 60만 발 포탄의 추가 제공을 약속하였다.[210] 1월 4일 모택동은 소련의 추가 공급 수량에 동의하면서, 무기는 반드시 1~4월 사이에 제공되어야 하며 소련이 말한 1년 동안에 걸쳐 제공되어서는 안 된다고 밝혔다. 이에 1월 15일 스탈린은 회신을 통하여 모택동의 요구에 동의하면서, 20개 사단의 장비 제

208) 『抗美援朝戰爭史』第3卷, 第359頁, "1952년 12월 17일 모택동이 스탈린에게 보낸 전문," *АПРФ*, ф.45, оп.1, д.343, лл.105-114.

209) 모택동이 이전에 인용했던 전보의 내용뿐만 아니라 주은래 역시 평화 민주주의 진영의 우두머리인 소련은 전쟁에 참전하지 않으면서 자신의 역량을 활용해 평화 체제를 건설하고 스스로 자강불식하여 더 이상 적이 없을 정도로 역량을 제고해야 한다고 언급한 적이 있다. 『周恩來軍事文選』第4卷, 第296頁.

210) "1952년 12월 27일 스탈린이 모택동에게 보낸 전문," *АПРФ*, ф.45, оп.1, д.343, лл.115-116.

공은 5월부터 시작될 것이라고 통보하였다.211) 동시에 모택동은 중국은 해군을 조선 작전에 투입할 예정이며, 때문에 2월에 즉시 18척의 어뢰쾌속정과 60문의 해안포, 103대의 항공기 공급을 요청하였다. 스탈린은 중국의 해군 파견 결정에 동의하고 모택동의 요청을 어느 정도 수용하였으며(18척 어뢰정, 34문의 해안포와 83대의 전투기), 3명의 해군항공대 군사고문을 추가로 파견하였다.212) 전후 소련의 경제 능력을 고려하면, 스탈린이 중국 측의 요구를 기꺼이 만족 시켜준 것은 최선을 다한 것이라고 볼 수 있다. 물론, 그 이유는 소련과 중국의 기본 이익과 방침의 일치한 데서 비롯된다. 스탈린에게 있어서 가장 유리한 국면은 전쟁을 하지 않으면서 정전도 하지 않는 국면이었다. 즉 소련이 전쟁에 끌려 들어가는 것을 방지하기 위하여 전쟁이 확대되지 않으면서도, 미국을 조선 전장에 장기간 묶어 두기 위하여 정전이 실현되지 않는 상황이었다.

화전 양면 준비 중에, 모택동의 책략은 조건만 유리하다면 상대방이 양보할 때까지 전쟁을 계속한다는 것이었다. 소련이 적시에 제공한 대규모 원조는 중국의 자신감을 더욱 강화시켰다. 1953년 초, 조선에서 중국의 군사력은 병력과 장비, 훈련, 갱도 공사와 교통, 그리고 탄약과 군량미 비축에 이르기까지 조선전쟁에 개입한 이후 가장 최적의 상황이었다.213) 조선 지도부가 '전쟁 계속'의 결과를 점점 더 견디기 힘들어 '정전 필요'를 더 희망하던 시기에, 중국 인민지원군은 "결심이 굳고, 자신감 넘치고 사기가 충만"하여 최후의 승리를 위한 "결정적인 전투"를 준비하고 있었다.214) 바로 이러한 상황하

211) "1953년 1월 12일 바실리예프스키와 소코로프스키가 스탈린에게 보낸 보고," 『스탈린이 모택동에게 보내는 전보』, 1953年 1月 15日, *АПРФ*, ф.45, оп.1, д.343, лл.133-135, 137.

212) "1953년 1월 7일 모택동이 스탈린에게 보낸 전문," "1953년 1월 27일 스탈린이 모택동에게 보낸 전문," *АПРФ*, ф.45, оп.1, д.343, лл.125-128, 139.

213) 이에 대해서는 『抗美援朝戰爭史』 第3卷, 第358-372頁을 참조.

214) "1953년 1분기 수즈달레프의 업무 보고," *АВПРФ*, ф.Референтура по Корее, оп.9, п.46, д.14, л.40-69, *Вольхова А.* Некоторые архивные материалы о корейской войне, 1950-1953//Проблемы дальнего востока, №4, 1999, с.129에서 재인용; 『抗美援朝战争史』 第3卷, 第358页.

에서, 미국 아이젠하워 신정부가 제창한 "방장출롱(放蔣出笼, 대륙의 대만 공격은 저지하면서 대만의 대륙 공격은 허가하는 것 – 역자 주)" 정책과 중국 봉쇄 등과 같은 위협 정책 등을 겨냥하여, 모택동은 2월 7일 "미 제국주의자들이 손을 떼고 중조 인민이 완전한 승리를 거둘 때까지" 중국은 전쟁을 계속할 준비를 할 것이라고 결연하게 회답하였다.[215]

평화 담판 문제에 관해서 모택동과 주은래는 교관화(乔冠华) 등의 2월 19일 정세 분석에 동의하고, "움직이는 것은 기다리는 것만 못하다. 현재 상태를 미국이 타협을 원하고 행동을 취할 때까지 끌고 간다."고 결론지었다. 또한, 모택동은 미국인들이 또다시 소련을 찾아 직접 나서줄 것을 요구할 가능성이 크다고 예상하였다.[216] 1953년 2월 22일, 미국 측 클라크의 부상병을 먼저 교환하자는 제안에 대하여, 인민지원군 담판 대표 정국옥(郑国钰)은 회신 여부에 관하여 지시를 요청하였다. 미국의 행동이 양보의 뜻이 있는지 혹은 유엔총회 회의를 앞두고 취한 정치적 수법인지 일시적으로 판단할 수 없었을 뿐 아니라, 전황이 중조 양국에 유리하게 전개되어 미국이 포로 문제에서 다소 양보할 가능성이 있었기 때문에 모택동은 시간을 두고 지켜본 뒤 결정하기로 하였다.[217] 그러나 미국의 양보를 압박하기 위하여 중국의 적극적인 전투준비가 한창일 때,[218] 스탈린이 사망하였고 모스크바는 조선 문제에 대한 입장을 즉각 변경하였다.

1952년 12월 25일, 스탈린은 미국 기자와의 인터뷰에서 소련은 미국과의 협력과 정상급 회담 개최에 동의한다고 밝히면서 "소련의 관심은 조선전쟁을 끝내는 것이다."라고 언급한 바 있었다.[219] 만일 이것만 보고, 스탈린이

215) 『毛澤東軍事文集』 第6卷, 第341頁.
216) 柴成文, 趙勇田, 『板門店談判』, 第256頁.
217) 『抗美援朝戰爭史』 第3卷, 第380頁.
218) 2월 24일 팽덕회는 군사훈련부가 조선전쟁에 참전하는 부대에게 실시한 3개월의 전투훈련 계획을 보고하는 자리에서 "전쟁에 참전하는 신병은 반드시 80%의 군사훈련과 20%의 정치훈련을 기본으로 해야 한다."고 지시하였다. 王焰主編, 『彭德懷年譜』, 第544頁.
219) 『人民日報』, 1952年 12月 26日 第1版.

먼저 주동적으로 조선전쟁을 끝내길 원하였다고 단정 짓는 것은 매우 단편적이다. 이는 모스크바가 전쟁이 더 이상 확대되는 것은 바라지 않는다는 사실을 반영하는 한편, 스탈린이 모택동의 강경한 입장을 여전히 지지하고 있음을 보여 준다.

스탈린은 미국이 새로운 행동을 취하는 것을 두려워하지 않았다. 이 시기 스탈린은 "미국의 군부 지도자들이 조선에서 원자탄을 사용할 가능성을 믿지 않는다. 그들은 만일 원자탄을 사용하고도 진정한 절대적 우위를 점하지 못할 경우, 폭격이 미국의 명예를 손상시킬 것을 우려하고 있다. 이 밖에도 이렇게 할 경우, 미국의 산더미 같은 핵무기는 그 효용 가치를 잃게 될 것"이라는 새로운 정보를 입수하고 있었다.[220] 미국 기자와 인터뷰 후, 얼마 지나지 않은 1953년 2월 17일, 스탈린이 인도대사 메논(K. Menon)을 접견할 때, 인도가 조선에서 진행하고 있는 중재 노력에 전혀 관심이 없다고 명확히 밝혔다. 또한 그때 메논 대사는 스탈린이 한 장의 종이 위에 대충 한 무리의 늑대를 되는대로 그리고 나서, 농민들이 반드시 이 늑대들을 죽여야 한다고 쉴 새 없이 재잘거리는 것을 보고 불길한 징조를 예감하였다.[221] 2월 28일 스탈린은 마린코프, 베리야, 흐루시초프, 그리고 불가닌을 자신의 별장으로 초치하였다. 조선의 군사 형세에 관하여 불가닌의 설명이 끝난 후 스탈린은 조선 문제가 이미 무승부 국면으로 접어들었다고 재차 확신하고, 다음 날 몰로도프에게 중국인과 조선인에게 "결국 마지막에는 군사행동 중지에 동의하겠지만, 담판 진행 중에도 완강하게 싸울 것을" 건의하도록 지시하였다.[222] 다음 날 오전, 사람들은 스탈린이 이미 중풍으로 쓰러져 혼수상태에

[220] "1953년 1월 31일 정보위원회가 스탈린에게 보낸 비망록," *АВПРФ*, ф.0595, оп.6, п.13, д.769, л.223, V. Zubok and C. Pleshakov, *Inside the Kremlin's Cold War: From Stalin to Khrushev*, p.76에서 재인용.

[221] 이에 대해서는 Vojtech Mastny, *The Cold War and Soviet Insecurity*, p.166을 참조.

[222] 德‧沃爾科格諾夫,『勝利與悲劇: 斯大林的政治肖像』第二卷, 張祖武等譯, 北京: 世界知識出版社, 1990, 第632頁.

빠진 것을 발견하였다.[223] 그러나 스탈린의 지시는 여전히 집행되었다. 비신스키는 3월 2일 유엔총회 정치위원회 회의상에서 행한 연설에서 클라크의 제안에 응답하지 않고, 소련은 1952년 12월 2일 제의한 건의안을 여전히 견지한다고 표명하였다. 즉, 조선에서 교전 중인 쌍방은 즉각 싸움을 멈추고, 유엔총회는 직접 당사국과 기타 국가들이 참가하는 평화적 해결을 위한 "조선 문제 위원회" 구성하고, 위원회는 쌍방의 모든 포로를 즉각 송환하기 위하여 최대한 협조하는 것을 포함하여 조선 문제 해결을 위한 즉각적인 조치를 취하는 책임을 지도록 하였다.[224] 이는 스탈린이 그의 생애 마지막 순간까지도 조선반도 문제에 관한 기본적인 견해와 입장을 바꾸지 않았음을 보여 준다.

그러나 모스크바의 새 주인들은 서둘러 스탈린의 정책을 조정하기 시작하였다. 이 갑작스러운 변화에는 당연히 그 배경이 있다. 스탈린 말년의 대내·외 정책은 소련을 극도의 긴장 상태에 처하도록 하였다. 이는 당시 소련의 국제 관계 및 국내 사회생활 방면뿐 아니라, 스탈린 신변에서도 발생하였다. 심지어 몰로토프와 베리야와 같이 오랜 기간 스탈린 좌우의 핵심 인물조차도 자신의 지위와 생명에 위협을 느꼈다.[225] 이로 인하여 불안과 불만이 소련 권력의 중심에 팽배하였으며, 사람들은 자유롭게 숨 쉴 수 있는 그날을 매우 고대하였다. 1953년 3월 1일, 스탈린의 중풍이 재발하였다. 크렘린의 실권자들은 스탈린이 다시 건강을 회복할 수 없다는 사실을 확인하였을 때, 3월 5일 저녁 긴급히 소련공산당 중앙위, 소련 각 부처 부장회의,

---

[223] 스탈린 사망의 미스터리에 대해서는 근래 러시아 학자들의 새로운 자료와 논증이 있었다. 이에 대해서는 *Медведев Ж. А.* Загадка смерти Сталина//Вопросы истории, 2000, №1, с.83-91을 참조.

[224] 『人民日報』, 1953年 3月 5日 第1版.

[225] 러시아 학자들의 논문에 다방면의 당안 자료들이 사용되어 있다. 이에 대해서는 *Безыменский Л.* Завещание Сталина?//Новое время, №14, 1998, с.38; *Зубкова Е.* Кадровая политика и чистки в КПСС, 1949-1953//Свободная мысль, №3, 1999, с.117-127, №4, с.96-110, №6, с.112-120; *Медведев Ж. А.* Секретный наследник Сталина//Вопросы истории, №7, 1999, с.92-102을 참조.

소련 최고 소비에트 주석단 연석회의를 소집하였다. 회의의 주요 내용은 소련공산당과 국가의 새로운 지도부를 확정하고, 당과 국가의 조직 기구 조정 및 주요 부서의 지도부 임명이었다. 주목할 것은 몇 개월 전, 소련공산당 19차 대회에서 지도부 조정안이 무효화되고 과거의 제도가 완전히 부활하였다는 점이다. 새로 임명된 명단에서, 스탈린은 여전히 소련공산당 중앙주석단의 구성원에 포함되었고, 심지어 제일 먼저 호명되었지만 그 외의 모든 직책에서 해임되었다.[226] 스탈린이 임종할 즈음 이러한 결의가 이루어졌으며, 이는 스탈린 후계자들 간의 투쟁의 결과이며 더 나아가 모스크바의 새 정책 실행의 서곡을 의미하였다. 어떤 목적에서든지 간에 소련의 새 지도부는 모두 적극적으로 심지어는 앞다투어 대내외 정책을 전면적으로 전환하고자 하였다. 베리야는 자신의 관할하에 있는 내무부에서 똑같이 개혁을 추진하였다.[227] 국내 정책의 농업 문제, 우크라이나 민족 문제 그리고 대외 정책 중에서 동유럽 및 독일 문제, 터키, 그리스, 이스라엘, 유고슬라비아, 핀란드 및 오스트리아와의 관계된 일련의 문제에서 새로운 정책의 붐이 일어났다. 이 모든 변화들 중에서 가장 먼저 변화의 표적이 되고 가장 많은 주목을 받았던 것은 당연히 조선전쟁을 끝내는 것에 관한 입장 변화였다.

과거 일부 저작에서 아이젠하워가 트루먼 대통령이 만든 속박으로부터 벗어나기를 시도할 것이라고 예상한 모택동이 탐색을 한 후, 조선 측과의 상의를 거쳐 정전 담판의 즉시 회복을 건의하여 정전이 실현될 수 있었다고 주장하였다.[228] 혹은 모스크바가 후계자 쟁탈전에 빠져 다른 것을 돌볼 겨를이 없는 상황하에서 모택동이 주동적으로 외교를 펼친 결과라고 주장하

---

226) "1953년 3월 5일 소련공산당 중앙위와 소련장관회의, 소련 최고 소비에트 주석단 연석회의의 회의 기록," *АПРФ*, ф.2, оп.2, д.196, лл.1-7, Источник, №1, 1994, с.107-111에서 재인용.

227) 소련 내무부 개혁 상황과 관련된 당안 문헌 沈志華主編,『蘇聯歷史檔案選編』第26卷, 第378-434頁을 참조.

228) 韓念龍主編,『當代中國外交』, 北京: 中國社會科學出版社, 1988, 第49頁. 모택동은 과거 이러한 말을 한 적이 있다. 그러나 그것은 소련의 새 지도부와 의견을 교환한 이후에 발생한 일이다.

였다.[229] 이 밖에도 일부에서는 미국의 핵무기 사용 위협이 중국이 정전에 동의하도록 만든 중요한 원인이라고 보았다.[230] 그러나 이러한 주장 모두 최근 공개된 당안 자료들에 의하여 그 의미가 퇴색되었다. 새로운 사료들은 모스크바가 새로운 방안을 제안하였으며, 그 후 이 방침에 대한 북경의 동의 여부가 조선 정전 문제가 교착 국면을 벗어나는 관건이었음을 증명하고 있다.

스탈린 사후, 보수적이라고 일려진 몰로토프가 조선 문제를 다시 제기하리라고는 아무도 예상하지 못하였다. 몰로토프는 그가 재기용되어 외교부로 돌아와 첫 번째로 한 일에 대해 "조선인들이 우리에게 강요한 이 전쟁이 더 이상 필요 없는 상황이었기" 때문에, 조선전쟁의 종전에 대한 건의였다고 회고하였다. 이 밖에 베리야 역시 조선 문제에 있어서 "적극적인 태도를 보였다."[231] 모스크바가 정책을 수정한 이유는 스탈린의 낙관적인 태도와는 다르게 새로운 소련 지도부는 많은 정보들을 평가한 기초 위에 미국이 취할 대결적 조치 중에 "최악의 상황"을 염두에 두었기 때문이었다.[232] 그러나 결정을 내리기 전, 소련은 어떤 동맹국의 의견도 구하지 않았다.

주은래가 스탈린 "특별조문사절단"으로 소련을 방문하기 전 작성한 "대표단 소련 방문 임무 개요"에는 확실히 소련공산당 지도부와 조선전쟁 문제를 토론하는 내용이 포함되어 있었다.[233] 그러나 이후 중소 지도부 간의 회담

[229] Roderick Macfaquhar, John K. Fairbank(eds.), *Cambridge History of China, Volume 14, The People's Republic, Part 1: The Emergence of Revolutionary China, 1949-1965*, NewYork and Oakletgh: Cambridge University Press, 1987, pp.280-281.

[230] 이러한 견해에 대한 최근의 반응, Conrad Crane, "To Avert Impending Disaster: American Military Plans to Use Atomic Weapons During the Korean War," *The Journal of Strategic Studies*, Vol.23, №2, June 2000, pp.84-85를 참조.

[231] Albert Resis(ed), *Molotov Remembers*, pp.74-75; F. Orlandi, "The Alliance: Beijing, Moscow, the Korean War and its End," *the Paper for the Conference of The Cold War in Asia*, January 1996, Hong Kong.

[232] V. Zubok and C. Pleshakov, *Inside the Kremlin's Cold War*, p.154.

[233] 『周恩來年譜(1947-1976)』上卷, 第288頁.

상황으로 볼 때, 이때까지 중국 지도부는 정전협상 복귀 제기를 아직 고려하고 있지 않았다. 3월 8일, 주은래는 모스크바에 도착하여 스탈린의 장례식에 참가한 후, 3월 11일 소련 지도부와 회담을 가졌다.[234] 그러나 이 의례적인 회의에서 쌍방은 조선 문제에 관해 깊은 의견 교환을 하지 않았다. 비록 당일 마린코프가 연설 중에 "평화적 방식으로 해결 못할 문제는 없다."고 언급하였지만, 당시 소련 지도부는 새로운 방침의 구체적인 절차를 아직 확정하지 못하였다.[235] 이 점은 3월 14일에서야 라주바예프가 부상 포로 교환에 관한 클라크의 서신을 모스크바로 보낸 사실에서 더욱 명확해진다.[236] 이때는 소련 지도부가 이미 전쟁 종전의 구체적인 절차에 관해 진지하게 검토하기 시작하였다. 다음 날, 소련은 대외 정책 변화를 알리는 명확한 신호를 보냈다. 소비에트 최고회의 제4차 회의에서 마린코프는 "현재 분쟁 중이거나 혹은 아직 해결되지 않은 모든 문제는 관련 국가들의 공동 협상의 원칙하에서 평화적으로 해결될 수 있다. 이는 소련과 미국을 포함하는 모든 국가와의 관계에 적용될 수 있다. 평화 수호에 관심을 가진 국가들 모두는 소련의 확고한 평화 정책에 대하여 안심해도 된다."고 강조하였다.[237] 3월 18일, 몰로토프는 그가 기초한 조선전쟁에 관한 새로운 정책의 방안을 베리야와 마린코프에게 전달하였다.[238]

그러나 이때, 중국은 미국이 보낸 서신에 답장을 할 것인지 혹은 어떻게 회답할 것인지에 관하여 아직 결정을 하지 못하고 있었다. 3월 19일, 모택동은 주은래에게 보내는 전보에서 "2월 22일 클라크의 쌍방 중상 및 경상 포로의 우선 송환 제안에 우리는 아직 회답하지 않았다. 귀하의 의견에 따라 교

234) 『周恩來年譜(1947-1976)』 上卷, 第289頁.

235) Правда, 12 марта 1953 г., 1-й стр.

236) "1953년 3월 14일 라주바예프가 모스크바에 보낸 전문," АПРФ, ф.3, оп.65, д.830, лл.58-59.

237) Правда, 16 марта 1953 г., 1-й стр.

238) "1953년 3월 18일 몰로토프가 말렌코프와 베리야에게 보낸 전문," V. Zubok and C. Pleshakov, *Inside the Kremlin's Cold War*, p.155에서 재인용.

관하는 이를 비판하는 담화 원고를 이미 기초하였지만, 아직 내 사무실에 놓아두고 발송하지 않고 있으며 귀하가 돌아오면 논의한 후 처리할 것이다. 이번 미국의 제안은 댈러스 취임 후의 하나의 탐색전일 수 있다. 우리에겐 두 가지 선택이 있다. 하나는 이를 거부하는 것이고, 다른 하나는 담판에 응하여 담판 중 상황을 보아 가며 최후에 대책을 결정하는 것이다. 소련 동지들과 대화할 때, 귀하는 이 문제에 대한 그들의 의견을 청취할 것"을 지시하였다.239) 이때, 주은래는 체코슬로바키아에서 고트발트 장례식에 참석 중이었다. 같은 날, 중국과 아직 논의하지 않은 상황하에서 소련 지도부는 조선 정전 문제에 대한 새로운 방침과 이 방침을 실현하기 위한 구체적인 방안을 이미 확정하고, 소련 부장회의에서 전쟁포로 송환 문제에 관한 지시를 중국과 조선에 보내기로 결정하였다.

　모택동과 김일성에 보낸 서신 첫머리에서 소련 지도부는 다음과 같이 밝혔다. "소련 정부는 이전 시기 조선 사건의 전체 발전 과정에 주의하고, 현 상황의 조선전쟁의 문제들을 연구하여 다음과 같은 결론을 얻었다. 만일 지금까지 시행된 노선을 계속 집행하고 목전의 정치적 특징과 삼국 인민의 핵심 이익에 부합하게 이 노선을 바꾸지 않는다면, 이는 정확하지 않은 것이다. 소련, 중국 그리고 조선의 인민들은 세계 평화의 강화에 관심을 기울였으며, 줄곧 하루빨리 조선전쟁을 종결시킬 방법을 모색하여 왔다."고 전제하였다. 서신은 제국주의의 침략성을 비판한 뒤, "그러나 이는 목전의 상황에서, 조선전쟁 문제에서 과거 일관되게 시행된 노선만을 기계적으로 되풀이하고 주동적 정신을 실천하지 않는다는 것을 의미하는 것은 아닙니다. 또한 적의 주동적인 정신을 이용하지 않고, 중국 인민과 조선 인민의 근본 이익에 의하지 않으며 기타 모든 평화 애호 인민들의 이익에 따르지 않고, 중국과 조선으로 하여금 전쟁의 탈출구를 찾는 것 역시 아닙니다."라고 소련

239) "1953년 3월 19일 모택동이 주은래에게 보낸 전문," 逢先知·李捷, 『毛澤東與抗美援助』, 第 117-118頁에서 재인용.

정부의 입장을 강조하였다. 이어, 서신은 마땅히 취해야 한다고 소련 정부가 생각하는 조치들과 절차들을 언급하였으며, 그 구체적인 내용은 다음과 같다. "1. 클라크 장군의 2월 22일 부상 포로 교환 호소에 김일성과 팽덕회의 긍정적인 회신이 필요하다. 2. 김일성과 팽덕회의 회신 이후, 곧이어 중화인민공화국의 지도적 인물(주은래 동지가 가장 적합하다)이 북경에서 성명을 발표하고 부상 포로 교환 제의에 대하여 적극적인 태도를 특별히 표명한다. 동시에, 모든 포로 문제의 해결을 적극 주장함으로써 조선전쟁의 정전과 평화조약의 체결의 시기가 도래하였음을 보장하도록 한다. 3. 북경 발표와 동시에 조선민주주의인민공화국 수상 김일성은 평양에서 정치 성명을 발표하고, 중화인민공화국 대표의 상술한 성명의 정확성을 설명하고 충분한 지지를 표시한다. 4. 북경과 평양의 성명 발표 후, 소련 외교부는 북경과 평양의 입장을 전적으로 지지하는 성명을 발표한다. 5. 위의 4가지 조치들과 호응하기 위하여, 소련 대표단은 뉴욕 유엔회의에서 모든 필요한 조치를 취하여 새로운 정책 방침을 지지하고, 그것이 실시되도록 한다." 서신에서 소련 지도부는 클라크에게 보내는 회신에서 "부상 포로 교환 문제는 전체 포로 교환 문제의 순리적 해결과 정전 문제 및 평화조약 체결 문제 해결에 매우 중요한 의의를 가진다. 이 점을 고려하여 판문점에서 양측 수석대표가 참가하는 정전회담을 재개할 것을 건의"하고, "부상 포로 교환 담판은 다음과 같은 고려에서 출발하여야 한다. 즉, 위에서 언급한 문제들의 적극적인 해결뿐만 아니라, 전체 포로 교환 문제의 적극적 해결과 더 나아가 정전협정과 평화협정을 체결의 장애 요소들을 제거하여야 한다."라고 재차 강조하였다. 그 구체적인 방안으로 소련은 이전에 유엔에서 통과된 인도의 제안을 고려하였다. 이 서신에서 중조 양국에 "담판 중에 송환을 강하게 요구하는 모든 포로들은 즉각 송환하고, 기타 포로들은 중립국에 인계하여 포로 교환 문제의 공정한 해결을 보장토록 할 것"을 지시하였다. 서신 마지막에 "현재 우리는 소련, 중국, 조선 정부가 이후 취할 모든 절차와 조치를 예견할 수 없지만, 만일 우리 3국 정부가 이 문제의 전체적 노선에서 진정으로 일치된 행동을 할 수 있다면, 기타 문제들은 상황의 진전에 따라서 논의를 통하여 결정할 수 있다."고 강조하였다. 이와 동시에, 유엔이 소련 대표단에게 보낸 훈령을 통해서 소련은 주동적인 양보 입장을 더욱 명확히 하였다. 소련 정부는 비신스키에게 중국과 조선이 곧 발표할 정전 담판 재개 제안과 성명을 확고히 지지하도록 훈령을 내렸다. 특히 비신스키에게 폴란드 대표와 상의하여, 폴란드 제안 중에서 조선 문제와 관련된 부분을 수정할 것을 지시하였다. 즉 원안 중의 모든 포로 송환에 관한 내용을 "쌍방 정전 담판을 즉각적으로 재개하고, 부상 포로 교환에 대해 합의하도록 진력하면서, 모든 포로의 송환 문제에서도 합의를 이루도록 최선을 다하여 조선전쟁 종결의 장애 요소를 모두 제거하도록 한다."로 바꾸도록 지시하였다. 소련 지도부는 이 서신을 주은래가 모택동에게 전달하도록 결정하였다.[240] 이 서신은 여전히 다소간 스탈린식 대국주의의 색조를 띠고 있음을 보여 준다. 그러나 중국의 최고 지도자와의 소통에서 이러한 명령식 어조를 쓴 것은 이번이 마지막이었다. 왜냐하면 모스크바는 곧 바로 북경의 자주정신과 외교적 압력을 느꼈기 때문이다.

주은래가 모스크바로 돌아온 3월 22일 당일 밤, 마린코프, 베리야, 몰로토프, 불가닌, 후루시 초프와 신임 중국 주재 소련대사 쿠츠네조프(Kuznetsov) 등은 주은래와 회담을 가지고 조선 문제를 토론하였으며, 모택동에게 보내는 편지를 전달하였다. 회담에서 주은래는 조선전쟁에 대한 중국 입장에 대하여 설명하였다. 중국은 미국이 일방적으로 선언한 정전 담판 무기한 휴회의 무례한 행동을 이용하여 정전 담판 복귀를 다시 일정 시산 연기할 것을 제안하였다. 주은래는 "우리가 포로 교환을 위해 투쟁하는 것은 정의이며 적을 고의적으로 괴롭히는 것이지, 우리가 문제를 일으키는 것은 아니다."라고 설명하였다. 그는 계속해서 이렇게 함으로써 "우리를 단련시킬 수 있

[240] "1953년 3월 19일 소련장관회의 결정," *АПРФ*, ф.3, оп.65, д.830, лл.60-71.

고, 우리의 국방 능력과 국제 평화 운동을 강화시킬 수 있다."고 주장하였다. 주은래는 또한 정전의 연기는 미국의 병력과 자금을 소모시키며, 특히 전략적으로 적을 불리하게 할 수 있으며 서구 진영의 내부 모순을 크게 할 수 있다고 여겼다. 중국의 이러한 주장에 소련 지도부는 "과거 정전 실현의 지연 노선은 정전 실현 노선으로 바뀌어야 한다. 바꾸지 않는 것은 정확한 것이 아니다. 정전이 지연되면 소련과 중조 인민에게 불리하다. 정전하면 소련과 중조 인민에게 유리하다. 지금이 정전을 해결하기 유리한 시점"이라고 분명히 하였다. 소련은 조선전쟁이 계속되는 것은 미국의 군비 확산에 유리하고, 경제 위기의 도래를 늦출 수 있으며, 미국이 각국을 협박하여 침략 목적을 달성하는 데 용이해 진다고 주장하였다. 주은래가 미국의 전쟁 계속 여부를 물었을 때, 소련 지도부는 "이는 미국의 일이고 권한이 그들의 손에 있으므로 그럴 가능성이 없다고 할 수는 없다." 그러나 "만약 우리가 전혀 양보하지 않는다면, 미국이 전쟁을 계속할 가능성이 더욱 크다. 반대로 우리가 여기에서 양보를 한다면, 미국이 전쟁을 계속 하는 것은 더욱 어려움에 처할 것이고 타협하게 될 것이다." "이러한 양보는 정치적으로 이익이 있다." "정전 시기는 클라크의 서신을 이용할 수 있다."고 주장하였다. 주은래는 소련 서신에서의 "반드시 지체 없이 가능한 모든 방법을 동원"이라는 문구는 유엔총회 개회 시기에 맞추는 것을 말하는 것이냐고 질문하였다. 이에 소련 지도부는 "유엔총회 개회 기간을 의미하며, 시간이 매우 제한되어 있어 귀국 후 2~3일에서 4~5일 내에 해결하는 것이 좋다."고 회답하였다. 마지막으로 주은래는 이번 양보는 "매우 큰 전환이며" "하나의 새로운 방침이다." "과거 우리는 활을 매우 팽팽하게 당기고 있었다. 정치협상회의에서 모택동 동지 역시 포로 송환의 정의로운 투쟁을 강조하였다."라고 강조하면서, 모택동과 중공 중앙에 보고한 후 토론을 거친 후에야 회답을 할 수 있다고 주장하였다.[241]

---

[241] "1953년 3월 21일 주은래와 소련 지도부 회담 기록," 熊華源, 『關於1953年朝鮮停戰談判恢復的

회담이 끝난 후, 주은래는 회담 상황을 모택동에 전보로 즉각 보고하였다. 주은래는 전보에서 "소련 주장의 핵심은 전쟁포로 문제에서 즉각적인 타협을 하여 평화주도권을 장악하는 것이다. 해결 방안은 클라크의 문건을 이용하여, 김일성과 팽덕회가 제네바협정 109조에 의거하여 우선 중상자 포로를 송환하고, 송환을 원치 않는 포로는 중립국으로 잠시 인도하는 조건으로 동의를 표하고, 판문점 담판에 복귀하여 구체적인 문제를 해결한다. 그후, 중조 양국 쌍방 정부는 각각 성명을 발표하고 전쟁포로의 분류 방법에 따라서 그 송환을 실시한다. 즉 송환할 자는 즉시 송환하고, 기타 포로는 지정된 중립국(인도 또는 다른 국가, 상황을 보고 다시 결정한다)으로 인도하여 공정한 해결을 보장한다. 소련 외무장관은 이를 지지하는 성명을 발표하고, 유엔의 소련 대표 또한 같은 조치를 취한다."라는 소련이 정한 구체적인 일정을 소개하였다.[242] 다음 날, 모택동은 전보를 보내어 소련의 제안에 동의하였다. 모택동은 상세한 설명 없이, 단지 "이 방안은 사실상 작년 9월 초에 우리가 셰미노프(스탈린의 암호명) 동지에게 제안한 3개의 방안 중 하나이다." "후에 미국이 판문점에서 무리한 태도를 취하는 바람에 미국에 제안하지 못하였다. 현재 이 방안을 제안하기에 적당한 시점이다. 다만 우리 측 성명에서 포로를 합의된 자와 합의되지 않은 자로 분류하여야 하며, 집에 돌아가고 싶은 자와 돌아가고 싶지 않은 자로 나누어서는 안 된다. 왜냐하면, 이는 우리가 지금껏 주장한 '자원(自願) 송환' 원칙과 충돌되기 때문이다."라고 덧붙였을 뿐이었다.[243]

이상과 같은 정전 문제에 대한 중소 지도부의 의견 교환 상황은 모두 중

情況』에서 재인용. "조선반도의 분열과 통일" 학술토론회(2000년 10월, 단동)에서 발표 개요.
[242] "1953년 3월 21일 주은래가 모택동에게 보낸 전문,"『毛澤東與抗美戰爭』, 第118-119頁에서 재인용. 熊華源,『關於1953年朝鮮停戰談判懷復的情況』.
[243] "1953년 3월 22일 모택동이 주은래에게 보낸 전문,"『毛澤東與抗美戰爭』, 第119頁에서 재인용. 모택동이 말한 9월 초순이라는 말에는 오류가 있다. 중국의 세 가지 방안은 주은래가 8월 22일 스탈린과의 회담에서 제의한 것이다(이전 장 참조). 셰미노프는 스탈린의 가명이다.

국 측 문헌 기록에 의한 설명이다.[244] 그러나 러시아에서 공개된 관련 자료
는 이와 내용이 완전히 다르다. 1966년 소련 외교부는 베트남전쟁 문제의
처리를 위하여 조선전쟁에 관한 보고서를 브레즈네프에게 제출하였다. 이
보고서에 따르면, 소련 지도부와의 회담에서 "주은래는 중국 정부 이름으로
소련 정부에게 정전 담판의 진전과 정전협정의 체결을 위하여 도와줄 것을
절박하게 요청하였다. 이러한 중국의 입장은 소련 정부 입장과 완전히 일치
하였다. 복잡한 형세하에서 각종 유효한 조치들이 실행되도록 하기 위하여,
1953년 3월 모스크바는 정전 담판의 가속을 건의하는 서신을 휴대한 특별대
표를 평양에 파견하였다. 이때, 조선인들 역시 가장 빠른 시일 내에 정전을
희망하였다."[245] 이 자료의 공개로 많은 연구자들이 미혹되어 중국이 즉각
정전이라는 주장을 먼저 제기하였다고 주장하였다.[246] 그러나 정치적 고려
때문에, 당시 소련 외교부는 브레즈네프에게 사실이 아닌 상황을 제공하였
다.

물론 모스크바의 견해는 여전히 영향력을 가지고 있었다. 주은래가 귀국
하기 전, 중국은 이미 정책을 조정하기 시작하였다. 소련의 신방침 정신에
따라, 3월 23일 모택동은 정국옥(丁国钰)에게 다음과 같은 전보를 보냈다.
"최근 판문점에서 상대방의 행동은 명백히 도발적이고 위협적이다. 따라서

[244] 이는 이전의 중국 관방에서 편찬한 외교사 본문 기술과 부합하는 견해이며 더욱 상세하고
구체적이다. 이에 대해서는 裵堅章主編, 『中華人民共和國外交史(1949- 1956)』, 第32頁를 참
조. 하지만 만일 회담의 결과를 "중국과 조선 측이 현재 적군과 합리적 타협의 기초 위에
줄곧 종전의 단계에 도달했다."(外交部外交史研究室編, 『周恩來外交活動大事記』, 北京: 世
界知識出版社, 1993, 第44頁)로 여긴다면 사실과는 전혀 부합하지 않는 것이다. 담화 과정만
봐도 당시 주은래는 소련의 입장을 결코 즉각 수용한 게 아니기 때문이다.
[245] "1966년 8월 9일 조선전쟁의 배경에 대한 소련 외교부의 보고," ЦХСД, ф.5, оп.58, д.266,
л.122-131; republished in Cold War International History Project Bulletin, Issue 3, Fall 1993,
pp.15-17.
[246] K. K. Weathersby, "Stalin and a Negotiated Settlement in Korea, 1950-53", the Paper for the
Conference of The Cold War in Asia, January 1996, Hong Kong; F. Orlandi, "The Alliance: Beijing,
Moscow, the Korean War and its End"; V. Zubok and C. Pleshakov, Inside the Kremlin's Cold
War, p.155를 참조.

경계심을 높이고 악화된 상황에 대비하고 필요한 준비를 하여야 한다. 그러나 다른 한편으로, 상대방의 이러한 행동의 목적은 우리를 정전 주제에 관하여 담판에 나서도록 압박하려는 것이 명백하다. 이는 사실상 상대방의 초조함을 드러내는 것이다. 아이젠하워는 취임 이후 아시아에서 일련의 조치를 취하여 트루먼이 만든 속박으로부터 벗어나려 기도하고 있으며, 주도권을 쟁취하려고 한다. 부상 포로 송환 제의는 미국이 판문점 담판에서 그들의 주장을 바꾸기 위한 탐색 행동으로 보인다. 상대방의 구체적인 행동을 분석할 때, 반드시 문제의 양 방면을 모두 고려해야 한다. 상대방이 우리 측 문건의 접수를 거절하고, 심지어 연락관 회의의 개최를 거절할 경우에 귀하들은 반드시 사실에 입각하여 시비득실을 논하고, 논리에 근거하여 노력하고 비판해야 한다. 그러나 회의 결렬 여부를 상대방이 정식으로 발표하도록 상대방을 압박해서는 안 되며 상대방이 그렇게 하도록 해서도 안 된다. 협의를 위반한 사건에 대해서 우리는 과거에 경중을 가리지 않고 모든 사건별로 항의하였는데, 이는 근본적으로 피동적인 것이다. 최근 일주일 내에 중대한 사건이 발생하지 않으면, 상대방을 향하여 항의를 하지 않기를 바란다."[247) 전보는 중국 정부가 클라크에게 보내는 회신을 현재 준비하고 있다고 통보하였다. 3월 26일 주은래는 모택동에게 소련 지도부와의 회담 상황을 보고하였고, 동시에 중국 정부가 취할 방침과 행동을 공동으로 확정지었다.[248)

  이와 동시에, 소련은 서방을 향한 화해의 태도를 분명히 하였다. 3월 19일 그로미코는 영국 정부에 보내는 답변에서 조선전쟁 발발 이후 조선에 억류되어 있는 8명의 민간인과 아일랜드 선교사 1명의 석방을 위하여 적극적으로 협조할 것을 약속하였으며, 이는 매우 빨리 결실을 맺었다.[249) 3월 25일, 몰로토프는 김일성에게 전보를 보내어 "현재 상황에서 프랑스 정부의 요구

247) 『建國以來毛澤東文稿』第4冊, 第148-149頁.
248) 『周恩來年譜(1947-1976)』上卷, 第291頁.
249) Peter Calvocoressi, *Survey of International Affairs, 1953*, London: Oxford University Press, 1956, pp.193-194.

에 대하여 적극적 답변을 하는 것은 정치적으로 유리하다."는 이유를 들어, 억류 중인 프랑스 국민 14명의 석방을 권고하였다.[250] 전쟁에 대한 모스크바의 새로운 결정은 바로 조선이 간절히 원하던 것이었다. 김일성은 새로운 결정을 전해 듣고 "매우 흥분하며 환호하였다."고 한다.[251] 소련 특사는 "3월 29일 제2차 회의에서 김일성은 조선 문제에 관한 소련 정부의 새로운 방침에 완전히 동의한다고 재차 선포하고, 이 방침은 반드시 즉시 실현되어야 한다."고 주장하였다고 하였다. 김일성은 "현재의 형세가 계속 연장되는 것은 조선과 중국, 그리고 모든 민주 진영에 불리"하며, "소련 정부의 제안은 가장 지혜롭고 정확하다."고 강조하였다. 그는 "전방과 후방에서의 조선의 손실—매일 약 300~400여 명—은 매우 크며, 미국인과 논쟁 중인 포로인원 숫자에 관하여 더 토론하는 것은 지혜로운 처사가 아니다."라고 불만스럽게 말하였다.[252] 이는 중국에 대한 원망의 뜻이 담겨있음은 두말할 나위가 없다.

중국은 정전 문제에 관하여 확실히 두 방면에 준비하고 있었지만, 이때 소련의 제안을 받아들여 미국에게 먼저 양보하는 것을 결코 달가워하지 않았다. 북경은 모스크바의 계획에 따라 조치를 취하기 시작하였다. 즉, 김일성에게 담판 재개를 통보하고, 이극농과 교관화에게 즉시 개성으로 가도록 하였으며, 3월 28일에는 클라크에게 회신을 하였다. 3월 30일 주은래는 「조선정전 담판 문제에 관한 성명」을 발표하였다.[253] 그러나 모택동은 여전히 가능한 조건하에서 더 좋은 결과를 쟁취한다는 자신의 주장을 가지고 있었다.

스탈린의 후계자들 중에서 경험과 연륜 그리고 이론 수준과 실무 능력에

250) "1953년 3월 25일 몰로도프가 라주바예프에게 보낸 전문." АПРФ, ф.3, оп.65, д.830, л.94-95.

251) Бажанова Н. Самая загадочая война XX столетмя//Новое время, 1996, №6, с.31.

252) "1953년 3월 29일 쿠즈네조프와 페더렌코가 몰로도프에게 보낸 전문," АПРФ, ф.3, оп.65, д.830, лл.97-99.

253) 『周恩來年譜(1947-1976)』上卷, 第291-292頁.

서 누구도 모택동에 견줄 자가 없었다. 중소 양국은 지도자 개인이 큰 영향을 미치는 정치제도를 가지고 있다. 때문에 중소 관계에서 스탈린의 사망이 끼친 잠재적 영향을 쉽게 발견할 수 있다. 이 점은 우선 조선전쟁 문제에서 잘 나타난다. 중국 정부가 공개한 관련 문헌 및 필자가 수집한 수백 건에 이르는 러시아 관련 당안을 보면, 전쟁 수행 과정 중에 스탈린 생전에는 주은래가 그 문서의 대부분을 기초하였고, 모택동은 거의 모든 일에 관하여 모스크바의 지시를 구하고 보고하였다. 그러나 스탈린이 사망하고 소련의 새로운 방침이 결정된 이후, 모택동이 정전 문제 처리에서 소련 지도부의 의견을 먼저 구하는 경우는 거의 없었으며 모택동이 그들과 직접 연락하는 경우는 더더욱 없었다. 정전의 큰 방침 실행에 있어서, 모택동은 먼저 양보를 제안하는 등 모스크바의 의견을 존중하였다. 그러나 구체적 담판과 정전을 실행하는 과정에 있어서, 중국은 완전히 자기 의지대로 행동하였다. 중국은 싸우면서 회담을 진행하고, 전투와 회담을 결합하는 전략을 채택하였다. 이 방면에서 소련 지도부는 거꾸로 모택동의 결정에 따랐다.

　4월 1일의 성명에서, 몰로토프는 "쌍방은 회담을 재개하여 부상 포로 교환 문제뿐만 아니라 전쟁포로의 교환 문제를 전반적으로 해결하고, 정전협정을 체결하여 조선전쟁을 끝내야 한다."라고 특별히 강조하였다.[254] 그러나 중국 지도부는 전장에서 유엔군에게 계속 타격을 가하는 것을 여전히 최우선시하였다. 4월 3일, 주은래는 정무원에서 행한 "조선 정전 담판 문제에 관하여"라는 보고에서 "담판 재개는 정해졌으며, 전쟁이 끝날 가능성은 크게 커졌지만, 전쟁의 지속가능성도 여전히 존재한다. 우리는 평화의 쟁취를 원하지만 그렇다고 전쟁을 두려워히지는 않는다."라고 강조하였다. 4월 5일, 주은래는 모택동을 대신하여 교관화에 전보를 보내서 김일성과 팽덕회에게 "6일의 쌍방 연락관 회의에서 전쟁 기간 동안 제네바협정 109조 및 110조에 의거하여 부상 포로를 교환하는 문제에 대해서만 논의하고, 우리 측의 새로

254)『人民日报』, 1953年 4月 2日 第1版.

운 제안과 회담 재개 시기에 대해서는 언급하지 말도록" 통보하였다. 4월 8
일, 주은래는 재차 전보를 보내어, 부상 포로 교환에 합의할 때 반드시 "송
환되지 않고 상대방 수용소에 수용되어 있는 우리 측 포로를 중립국에 수용
하도록 요구할 수 있는 권리를 가지고 있음"을 성명으로 발표하도록 지시하
였다.[255] 이러한 안배의 이유는 아주 간단하다. 이때 중국은 새로운 전역의
시작을 계획하고 있었기 때문이었다.

1953년 4월, 중국 인민지원군은 19개 군단 135만의 병력을 보유하고 있었
으며, 조선인민군은 인민군 6개 군단 45만 명을 보유하고 있었다. 화력 또한
전에 없이 강화되었고, 진지는 더욱 견고해졌으며 전쟁 물자는 충분하였다.
동시에 상륙작전에 대비한 방어 체계를 이미 구축하여 후미의 걱정거리를
제거하였고, 전략상 주도권을 확보하여 공격과 수비를 자유자재로 할 수 있
었다. 1953년 1월에서 4월 사이, 인민지원군과 인민군 전선부대는 770차례
의 크고 작은 전투를 하였으며, 약 5만 명의 적을 섬멸하였다. 중국 공군은
일사분기에만 399차례 4,093번 출격하여 50대의 미군 비행기를 격추시키고
16기에 손상을 입혔다. 이에 따라, 전군은 상하 모두 사기가 크게 고양되어
있었으며 적극적으로 전투에 나서기를 원하였다.[256] 3월 31일, 지원군 제9
병단 사령관 왕건안(王建安)은 지원군사령부와 중앙군사위원회에 전보를
보내어, 5월 상순에 한차례 전역을 발동할 것을 건의하였다. 그는 전보에서
"충분한 준비와 주도면밀한 배치만 이루어진다면 우리 일개 군만으로도 적
1개 대대의 진지를 공격하여 섬멸할 수 있다. 아군 정면의 각 군부대가 함께
한차례 반격을 한다면, 적군에게 괴멸적인 타격을 입힐 수 있고 적 내부에
더 큰 공포감을 조성할 수 있다."고 주장하였다. 4월 1일, 지원군 부사령관
양득지(楊得志)는 회신에서 "한차례 공격을 하자는 건의는 매우 적절하다."
고 동의하였다. 4월 3일, 팽덕회는 중앙군사위원회를 대신하여 양득지와 왕

255) 『周恩來年譜(1947-1976)』 上卷, 第292-294頁.
256) 『抗美援朝戰爭史』 第3卷, 第372, 369, 393頁.

건안에게 전보를 보내, "지금 소규모 섬멸전을 진행하는 것은 지원군에게 새로운 전투 경험을 쌓게 하고 정전 담판을 촉진하는 데에 유리하다. 만일 확신이 있다면 공격 시기를 앞당기도록 하고, 실제 상황을 고려하여 양득지가 그 여부를 결정"하도록 지시하였다. 그 직후, 모택동 또한 "평화를 쟁취하고 이것이 지연되는 경우에 대비한다. 군대는 마땅히 (평화협정이) 지연될 것에 준비하여야 하며, 오로지 싸우기만 하고 담판은 고려치 말며, 긴장을 늦추어서는 안 된다."고 지시하였다. 4월 20일, 등화는 전보에서 "이번에 담판 재개로 전쟁이 멈출 가능성이 과거보다는 높지만, 정전이 지연될 가능성이 존재하지 않는 것은 아니다. 적이 전체 형세 때문에 정전에 동의한다 하더라도, 실제 정전이 이루어지기까지 상당한 시간이 필요하다. 또한 적은 교활하기 때문에 군사 압력을 담판과 배합하여 협박을 하여서 더 많은 것을 얻으려 할 것이다. 동시에 시간을 벌어 전략적 조치를 완성하려 할 것이다." 따라서 "첨예하게 대립하는 방침을 반드시 취하여, 적극적으로 담판에 협조해야 한다." "반격을 6월 초에 개시하여 7월 상순에 마치도록 하며, 모든 준비 작업은 반드시 5월 말까지 완료하고 상황을 보아 가며 행동을 정하도록 한다."라고 지시하였다. 4월 23일 모택동은 이를 비준하면서, "이 방안은 비준할 수 있으며, 공격 준비를 잘하도록 하여야 한다. 정전을 앞당기거나 공격하지 않는 것이 담판에 유리한지 여부는 5월 중 적당한 시기에 다시 결정토록 한다."라고 강조하였다.[257]

4월 26일, 판문점 담판이 재개되었으나 회담의 진전은 결코 순조롭지 않았다. 따라서 중국은 송환을 원치 않는 전쟁포로를 조선과 중립국 송환위원회에 남기는 문제와 설득 기간, 그리고 설득 후에도 여진히 송환을 원치 않는 포로의 처리 문제에 대한 두 가지 선택을 제안하고, 인도의 중재를 통하여 미국과의 담판에 적극적으로 임하였다. 그러나 다른 한편으로, 새로운

257)『抗美援朝戰爭史』第3卷, 第393頁; 彭德懷年譜』, 王焰主編, 『第547頁; 徐焰, 『第一次較量』, 第144頁; 『毛澤東軍事文集』第6卷, 第347-348頁.

전역의 발동 준비에 박차를 가하였다. 4월 30일, 팽덕회는 "전술적 출격 횟수를 늘리고, 유리한 상황하에서 기회를 기다려 전과를 확대하도록 한다. 한 차례 공격으로 적 1~2개 연대를 섬멸하여 새 부대들이 돌아가면서 전투 경험을 쌓게 하고 담판을 촉진시켜야" 하며, "만일 담판에 진전이 없으면 6월에 계획대로 대대적 공격을 감행"하도록 지시하였다. 5월 11일, 등화 등은 각 부대에 대한 지시를 통하여, "판문점 담판에서 여전히 몇 가지 문제가 해결되지 않고 있으며, 6월 이전에 정전이 체결될 가능성이 크지 않다. 따라서 각 부대는 모든 준비 작업을 해야 하며, 5월 30일 전까지 반드시 완료토록 하여 6월 1일 작전계획에 따라 예정된 목표를 향하여 공격을 시작할 것"을 지시하였다. 5월 13일, 미국은 중국이 절대로 받아들일 수 없는 제안을 하였다. 즉, 직접 송환하지 않는 조선인 포로들을 "그 자리에서 석방"할 것을 제안하였다. 이것은 중국에게 담판 중단의 빌미를 제공하였으며, 지원군은 당일 즉시 하계 반격 작전을 감행하였다. 5월 16일, 중앙군사위원회는 "현재 정전 담판이 여전히 지연되고 있으며, 언제 정전이 성사될지 현재로서는 예측하기 어렵다. 그러므로 조선에서의 우리의 작전 방침은 '장기간 차근차근하게 확실한 방법으로 싸운다(穩扎穩打)'는 과거의 방침을 그대로 견지 한다."라고 지시하였다.[258] 같은 날, 판문점 담판은 또다시 중단되었다. 이 모든 것은 중국이 단독으로 행한 것이다. 현재까지, 반격 작전의 준비부터 6월 초 담판협상이 재개되고 최종 합의에 이르기까지 담판 방안과 전투 개시 계획에 관하여 소련과 협의를 거쳤음을 보여 주는 사료는 발견되지 않고 있다.

6월 4일의 담판 재개와 8월의 정전협정 체결에 관하여, 많은 서방 학자들의 저작은 미국의 전쟁 확대와 핵무기 사용 위협이 그 중요한 원인이라고 주장하였다. 이들은 1953년 초에 뉴멕시코 핵실험장의 과학자들이 전술목표에 사용이 가능한 원자탄의 시제품 생산에 성공하여, 미국 군부는 필요

---

258) 『抗美援朝戰爭史』 第3卷, 第395, 399-401頁.

시 극동에서 제한적으로 핵무기를 사용하는 정책을 다시 고려하였기 때문
이라고 주장하였다. 정전 담판이 재차 교착 국면에 빠진 후, 5월 20일 미국
국가안전보장회의는 참모장 연석회의의 건의를 비준하고, 클라크 사령관
에게 정전 담판이 결렬되면 공격을 감행하고 핵무기 사용을 준비하도록 지
시하였다. 5월 21일에서 22일 댈러스가 인도를 방문하였을 때, 그는 만약
정전 합의가 실패하면 미국은 더욱 강경한 군사행동을 취할 것이라고 중국
에 경고하도록 네루에게 요청하였다. 5월 25일, 미국대사는 몰로토프를 만
나 소련에게 압력을 가하였다.259) 하지만 이러한 주장은 성립되기가 어렵
다. 워싱턴은 확실히 핵의 사용을 적극적으로 계획하였다. 하지만 문제는
미국이 먼저 이러한 정보를 명확히 전달하였는지, 그리고 중국이 이러한
미국의 의사를 전달받았는지에 있다. 위의 자료들을 보면, 국무 장관 댈러
스와 소련 주재 미국대사 볼렌(Charles E. Bohlen) 모두 미국의 핵무기 사용
의사를 명확하게 밝히지 않았고, 네루와 몰로토프는 당연히 이러한 미국 측
의 의사를 중국에 전달할 수 없었다. 모스크바가 북경에 압력을 행사하기를
기대했다는 것에 관해서는, 현재까지 이 시기에 중소 양측이 접촉한 어떠한
자료도 발견되지 않았다. 또한 미국 당안 문서에는 4~6월 워싱턴의 지시와
판문점 담판 대표의 보고에서, 미국이 중국에 직접적으로 어떠한 경고를 하
였다는 내용도 있지 않다. 그나마 가장 강경한 언급은 "미국은 시간을 질질
끌고 결과 없는 담판을 지지하지 않는다."는 정도에 지나지 않는다.260)

259) Crane, "To Avert Impending Disaster", pp.82-83; Goulden, *Korea, the Untold Story of the War*, p.629; Stephen E. Ambrose, *Eisenhower: Soldier and President*, New York: Simon and Schuster, 1990, pp.327-328; Charles E. Bohlen, *Witness to History, 1929-1969*, New York: W. W. Norton and Company, Inc., 1973, pp.349-351. 이 방면에서 비교적 새로운 연구 성과는 Matray, "Korea's War at 60," pp.116-117를 참조.

260) Memorandum of Conversation, by the Secretary of State, 21 May 1953, *FRUS*, 1952-1954, Vol.15, Korea, pp.1068-1069; McGeorge Bundy, Danger and Survival: Choices about the Bomb in the First Fifty Years, New York: Random House, 1988, pp.240-243; Sean L. Malloy, "A Paper Tiger?: Nuclear Weapons, Atomic Diplomacy and the Korean War," *The New England Journal of History*, Vol.60, Nos.1-3, Fall 2003/Spring 2004, pp.227-252.

설사 중국이 미국의 경고를 받았다고 하더라도, 중국은 이를 전혀 개의치 않았을 것임을 알 수 있다. 5월 25일 미국이 수정안을 제안한 이후 지원군은 전장에서 군사행동을 결코 중단하지 않았으며, 5월 27일부터 더 큰 규모의 하계 반격 작전 제2단계 공세를 개시하였다. 다만 공격목표에 약간의 조정이 있었을 뿐이었다. 6월 11일, 지원군사령부는 "목전의 형세와 판문점 담판 상황에 근거하여, 타격작전의 타격 대상은 이승만의 괴뢰군이며, 반드시 철저하게 타격을 가하여 인적 전력을 대량으로 섬멸하고, 영국 등 종속 국가의 군대에 대해서는 공격을 잠시 보류하고, 미군에 대한 대규모 공격은 하지 않는다. 오직 연대급 이하만을 공격한다. 그러나 필요한 경우의 공격을 위하여 원래 정한 작전 준비는 그대로 진행하여, 어떤 적이든 우리를 공격하면 반드시 철저하게 분쇄한다."는 방침을 확정하였다. 6월 16일에 멈춘 이 공격으로 진지 면적이 58평방킬로미터로 확대되었으며, 한국군을 포함한 유엔군 측은 41,000여 명이 사망 또는 부상을 당하였다.[261] 6월 8일의 정전 합의는 실질적으로 미국의 양보로 이루어졌다. 5월 25일 제안된 미국의 새로운 방안은 원칙적으로 중국의 의견에 동의하는 것이었다. 이 점에 관하여 볼렌 대사는 몰로토프에게 다음과 같이 밝혔다. 즉, 유엔의 새로운 방안을 "5월 7일 중조 양측의 제안과 비교하면 유엔이 많은 양보를 한 것이 명확하다. 첫째, 유엔 대표는 이전의 제안을 포기하였다. 이전 제안은 송환을 원하지 않는 조선인 포로들을 정전협정이 서명되는 당일 석방하기로 규정되어 있었는데, 유엔의 새 제안에서는 조선인 포로는 중국인 포로와 함께 중립국 위원회로 넘기도록 규정하고 있다. 둘째, 유엔의 새 제안은 조선과 중국 측에 송환을 원치 않는 포로들에게 3개월간의 설득 기간을 허가하고 있다. 유엔은 원래 2개월, 조선과 중국은 4개월간의 설득 기간을 제안했었다." 이 밖에도 "유엔의 새 제안은 전쟁포로 문제를 정치위원회로 이관하는 문제에 관한 상대 측의 제안을 받아들였다. 이 제안에 대한 보충으로, 유엔 대표는 중

261) 『抗美援朝戰爭史』 第3卷, 第406, 411頁.

립국 위원회가 다수결의 방식으로 결의를 통과시키는 데 동의하였다. 따라서 유엔 대표는 이 문제에 관한 기존 입장, 즉 중립국위원회 5개국의 만장일치 원칙을 포기하였다."[262] 중국 측 문헌 또한 "상대방의 새 제안이 5월 7일 있었던 우리 제안의 기본 방침과 부합하였기 때문에" 미국 측의 새 제안을 수용하였다고 밝히고 있다.[263]

결론적으로 중조 양국은 당시 전장과 담판의 주도권을 잡고 있었으며, 최소한 중국 지도부 자신들은 그렇게 믿고 있었다. 6월 15일, 주은래는 정전 담판 총평에서 "아이젠하워는 취임 이후 다섯 가지 수단, 첫째, 측면공격, 둘째, 동북 폭격, 셋째, 연해 지방 공격, 넷째, 원자탄 위협, 다섯째, 중국 대륙 침공 위협 등으로 우리를 협박하였다. 이 5가지 수단 모두 이미 우리에 의하여 분쇄되었다. (…) 앞의 세 가지 수단에 대하여서는 우리가 이미 준비를 하였으며, 뒤의 두 가지 수단에 대하여서는 미 제국주의의 동맹국들이 전쟁 확대를 두려워하여 동의하지 않았다."[264] 이러한 상황하에서, 자연스럽게 중국은 될 수 있으면 더 좋은 정전 결과를 쟁취하려 하였다. 6월 17일, 이승만의 "포로 석방(반공포로석방 – 역자 주)" 행동은 중국에게 더 큰 수확을 얻을 수 있는 기회를 제공하였을 뿐이었다. 사건 발생 후, 중국은 한편으로 클라크에게 더욱 강항 어조의 서한을 보내고, 또 다른 한편으로는 담판을 중지시키고 군사행동 위한 준비를 다시 시작하였다. 6월 19일, 팽덕회는 정전 협정 서명을 위하여 조선으로 가기 전에 남조선에 군사적 타격을 가할 의도를 가지고 있었다. 6월 20일 그는 재차 모택동에게 전보를 보내, 이승만 군대 15,000명을 소멸시키기 위하여 정전협정 서명을 월말로 연기할 것을 건의하였다. 모택동은 다음 날 회신에서 "정전 시명은 반드시 연기되어야 하며, 언제까지 연기하는 것이 적당한지는 상황의 발전을 보아 가며 결정하도

262) "1953년 5월 28일 몰로도프와 볼론의 회담 비망록," *ΑΠΡΦ*, ф.3, оп.65, д.830, лл.6-13.
263) 『周恩來年譜(1947-1976)』上卷, 第304-305頁.
264) 『周恩來軍事文集』第4卷, 第322頁.

록 한다. 이승만 군대 만여 명을 소멸하는 것은 지극히 필요하다.”고 동의를
표하였다.265) 6월 25일, 등화는 일선 각 부대에 작전 준비를 서두르고 주도
면밀하게 계획을 세워, 남한 군대에 크게 타격을 가할 것을 명령하였다. 동
시에 제20병단은 전투 임무 달성 후에, 2~3개 군단의 작전 범위를 제한적으
로 확대하라고 지시하였다. 6월 28일, 이극농은 모택동에게 보낸 전보에서
“정전 가능성은 긍정적입니다. 비록 현재 담판이 지연되고 있지만, 정전 준
비의 실질 업무는 영향을 받고 있지 않습니다. 우리는 유리한 형세를 이용
하여 비교적 안정적인 정전을 쟁취해야 합니다.”라고 분석하였다.266) 이러
한 정치적 고려에서 출발하여, 비록 클라크가 6월 29일 보내온 서한에서 “포
로 석방”은 중대한 도발이라고 인정하고, 유엔군은 계속해서 포로들을 추격
하여 잡아들이도록 노력할 것을 약속하면서, 정전협정 효력 발생 일을 확정
하기 위하여 쌍방 대표단의 담판 재개를 제안하였음에도 불구하고, 중국은
여전히 원래 계획에 따라 공격 준비를 진행하였다. 7월 6일, 지원군 제20병
단은 7월 13일 저녁부터 5~10일간의 공격계획을 확정지었고, 다음 날 오후
4시(16시) 중앙군사위원회의 비준을 받았다.267)

정전협정은 이미 합의를 이루고, 양측 대표의 서명만을 남겨놓고 있었다.
이러한 시점에서 새로운 공세를 개시하는 것은 반드시 소련 측의 우려를 불
러일으킬 수 있었다. 이에 따라 중국 지도부는 사전에 자신들의 정치적 고
려와 정책을 모스크바에 통보하였다. 소련 대사관 보고에 따르면, 7월 3일
새벽 3시 30분, 주은래 위임을 받은 중국 외교부 부부장 오수권(伍修权)은
클라크의 6월 29일 서한에 대한 답신과 중국 정부의 「현재 정전 담판 정황
과 클라크 서한에 대한 대책」 보고서를 소련에 전달하였다. 클라크 서한의
목적에 대하여, “첫째, 미국은 이승만 정부에게 남한 정부를 제쳐 두고 정전

265) 王焔主編, 『彭德懷年譜』, 第553頁; 『毛澤東軍事文集』 第6卷, 第350頁.
266) 『抗美援朝戰爭史』 第3卷, 第431, 425頁.
267) 『抗美援朝戰爭史』 第3卷, 第451-452, 432頁.

협정을 체결할 것이라는 의사를 분명히 한 것이며, 둘째, 정전협정 체결을
통하여 이승만에 대한 통제를 강화하는 동시에 '포로 석방' 사건으로 인한
곤혹으로부터 벗어나며, 셋째, 전 세계를 향하여 미국은 전쟁을 끝내기를
원한다는 의사를 표시하는 것"이 미국의 의도라고 분석하였다. 따라서 미국
과 이승만 간에 정전 문제에 있어 큰 의견 대립이 있지만, 조선에서 정전이
이루어질 가능성은 여전히 존재한다. 보고서는 중국이 취할 정책과 순서로
"첫째, 7월 5일 클라크에게 답신을 보내 담판 재개에 동의한다. 둘째, 협상
서명 이전에 이승만 군대에 타격을 가하여 전선을 남쪽으로 밀어내고, 그
결과에 따라 군사분계선을 재차 수정한다. 만약 상대가 양보하지 않을 경
우, 1953년 6월 17일 이루어진 합의에 따라 군사분계선을 확정한다. 셋째,
7월 5일 이후에 협상이 재개되도록 준비하고, 정전협정 실행에 관한 문제들
에 관하여 제안한다. 넷째, 회담이 시작되는 것과 동시에 참모와 번역 인원
들은 정전협정 서명 작업을 시작하고 협정 서명 장소를 준비한다. 다섯째,
정전협정 서명은 7월 15일 전후로 예정한다. 위의 문건을 소련에 전달할 때,
중국의 군사행동에 대하여 소련을 안심시키기 위하여, 오수권은 구두로 "미
국이 한미상호방위조약 체결 문제에서 양보하지 않을 경우 남한 군대에게
끝까지 싸우도록 명령할 것이라고 이승만이 말한 것은 허장성세에 불과하
다."고 통보하였다. 동시에 그는 만일 미국이 이승만에게 대규모 원조를 제
공할 경우 그는 곧바로 모험적 행동을 취할 것이며, 미국은 거기에 휘말려
들어갈 것을 우려하고 있기 때문에 이승만에 대한 지원 증가는 제한적일 수
밖에 없다고 강조하였다. 미국은 극동 지역에서의 대규모 모험 행동에 끌려
들어가기를 원하지 않으며, 이승만은 소규모의 도빌 행위 혹은 파괴 활동이
가능하지만 어떠한 큰 행동을 취하는 것은 불가능할 것이라고 중국 측은 예
상하였다.[268] 비록 오수권 부부장이 중국은 소련 지도부의 의견을 청취하고

268) "1953년 7월 3일 소련 외교부 제17286호 비밀전보," *АПРФ*, ф.3, оп.65, д.830, л.136-147. 이
전보의 다른 부분은 각각 *Торкунов А. В.* **Загадочная война**, с.280-281, E. P. Bajanov and

싶어 한다고 말하기는 하였지만, 중국 측은 모스크바의 답변을 기다릴 생각
이 없었다. 그러나 모스크바의 회답은 매우 빨리 도착하였다.

다음 날, 소련공산당 중앙위원회 주석단은 중국의 "조선 정전 담판 문제
에 대한 의견과 예정 조치"에 동의하기로 곧바로 결정하였다.[269] 그러나 몰
로토프는 답신에서 군사행동을 취하는 문제에 대해서는 언급하지 않으면
서, 미국의 상황과 의도 분석에 대해서 중국 지도부와 다른 의견을 제기하
였다. 중국에 보내는 전보에서 "이승만과 그의 근래의 의도는 정전 담판 국
면을 복잡하게 하고 전쟁을 연장하는 데 있습니다. 그러나 우리는 이것을
이승만 자신의 정책이라고 생각하지 않습니다. 이승만 집단이 최근에 이 문
제를 둘러싸고 저지른 도발과 큰소리들은 미국의 통치 집단이 이미 정한 임
무를 집행한 것이 분명합니다." 소련은 미국의 목적이 중국 측의 분석처럼
시급히 정전협정을 체결하려는 데 있는 것이 아니라, "불안정한 반 전쟁 상
태의 정치 형세를 유지하고, 갖은 방법을 다하여 정전 체결을 지연시키는
것이라고 생각합니다." 비록 미국이 장기간 정전협정을 연기하는 것은 반드
시 가능하지 않겠지만, "이승만 집단이 각종 수단을 이용하여 계속 시끄럽
게 할 가능성을 배제할 수 없으며, 이는 정전협정 체결을 지연시키기 위한
새로운 시도일 수 있습니다."[270] 소련의 이러한 분석은 직접 말하지 않은 것
일 뿐, 중국의 군사적 행동이 정전에 부정적인 영향을 미칠까 우려하고 있
음을 보여 준다. 중국 지도부는 이후 모스크바에 어떤 설명도 없이 공격 준
비를 계속하였다. 여기에서 중소 간에 의견이 일치하지 않는 점은 명확하
다. 즉 소련이 정치적 양보를 통하여 하루빨리 정전을 이루고자 하였다면,
중국은 군사적 타격을 가하는 방법을 견지하여 최선의 결과를 얻고자 하였

N. Bajanova, *The Korean Conflict, 1950-1953: The Most Mysterious War of the 20th Century, Based on Secret Soviet Archives*, Manuscript, pp.193-196에서 인용하였다.

269) "1953년 7월 4일 소련공산당 중앙주석단회의 제14호 기록 발췌문," *АПРФ*, ф.3, оп.65, д.830, л.135.

270) "1953년 7월 5일 몰로토프가 쿠즈네조프에게 보낸 전문," *АПРФ*, ф.3, оп.65, д.830, лл.148-150.

다.271) 사태의 발전 과정은 모택동이 주도권을 잡고 있었으며, 동시에 더욱 유리한 정전 조건을 쟁취하였음을 보여 준다.

7월 8일, 심야에 주은래는 중국 주재 인도대사 래그하번(N. Raghavan)을 접견하고, 클라크 서신에서의 보증은 불완전하며 명확치 않다고 강조하였다. 반드시 정전협정의 문자와 정신 모두 충분히 이행하겠다는 최선의 노력이 아닌, 완전한 보증이 필요하다고 강조하였다. 중국은 정전 담판 재개에 동의하지만, 미국 대표가 말한 정전협정에 서명할 유엔군 대표 중에 이승만 군대가 포함되는지를 명확히 할 것을 요구하였다. 주은래는 지금 미국은 이 점에 대하여 명확한 대답해야 하며, 그렇지 않을 경우 정전이 이루질 수 없으며 정전이 이루어진다 하더라도 이를 위반할 가능성 혹은 정전협정이 무용지물이 될 가능성이 있다고 지적하였다.272) 같은 날, 모택동은 지원군 담판 대표단에게 전보를 보내어, 회담 재개 후 당분간 상대방에게 군사분계선을 수정하는 문제를 제기하지 말고, 18일 전후의 군사작전 진전 상황을 보고 다시 결정하라고 지시하였다. 동시에 그는 정전협정의 구체적인 실행 문제에 관하여 상대방의 긍정적인 답변을 얻을 수 있도록 최선을 다할 것과 정전협정 서명은 반드시 7월 20일 이후로 미루라고 강조하였다. 모택동이 보기에 이때 정전협정 서명 여부는 단지 적에게 계속 타격을 가하는 수단일 뿐이었다. 그는 "우리의 방침은 여전히 주도권을 잡고 정전을 쟁취하는 것이다. 만일 정전협정 체결을 쟁취할 수 있다면 이승만의 정전 참여 여부 혹은 정전 참여 후 정전협정의 파기 여부와 상관없이, 우리는 정전협정을 체결함으로써 유엔군 진영과 미군 그리고 이승만 군대의 사기를 와해시킬 수 있다. 마약 정전협정이 서명되지 않는다면, 주도권은 여선히 우리에게 있으

---

271) 정전협정이 체결된 후 소련대사와 모택동의 회견에서 "소련 지도부는 완전히 중국의 분석에 동의하며 현재 조선반도의 대립의 종전 형국은 이미 성숙기에 도달했습니다. 군사 방면에서 상대는 전쟁을 연장하고 싶어 하지도 그렇게 할 수도 없습니다."라고 말을 바꾸었다. Bajanov and Bajanova, *The Korean Conflict*, p.197.

272) 『周恩來年譜(1949-1976)』 上卷, 第313頁.

며 정치적, 군사적으로 계속해서 적에게 타격을 가할 수 있다."고 분석하였
다.273) 정전 담판이 재개된 지 3일 후인 7월 13일에 인민지원군은 제3단계
공세를 감행하였다.—금성 전투. 이 공세는 7월 27일, 즉 조선전쟁 정전협정
이 체결되는 당일이 되어서야 종료되었다— 중조 양국은 이 공세에서 7만
8,000명의 적을 사살하거나 부상을 입히거나 포로로 하였고, 192.6평방킬로
미터의 땅을 되찾았다.274) 모택동은 이 전과에 매우 만족하였으며, 후에 "금
년 여름, 우리는 1시간 내에 적진지 21킬로미터를 정면 돌파하고 포탄 수십
만 발을 집중 발사하여 18킬로미터를 돌격할 수 있었다. 만약 계속 이렇게
두 번, 세 번, 네 번 싸웠다면, 적군의 모든 전선은 무너지게 되었을 것이다."
라고 흥분하여 말하였다.275) 바로 이러한 인식하에서, 모택동은 훗날 "순전
히 군사적 관점에서만 보았을 때, 대략 1년 정도 시간을 이용하여 미국인에
게 계속 타격을 가했다면, 한강 이북을 점령하여 더욱 유리한 분계선을 정
하는 것이 가능하였다."라고 소련대사에게 매우 유감스러운 듯이 말하였
다.276)

정전 최후 단계에서의 중국의 노력은 확실히 상당한 성공을 거두었으며,
모스크바는 이로 인해 몹시 기겁하였지만, 모택동은 자신감과 자부심을 느
낄만한 이유가 있었다. 그러나 모택동은 최근 한 서방 학자가 밝혀낸 상황
과 이 상황이 가져올지도 모를 결과를 전혀 생각하지 못하고 있었다. 담판
과정 중에 중국 군대가 재차 공격을 한 것 때문에, "7월 23일 국가안전보장
회의에서 아이젠하워 대통령은 "정전은 위험한 사기극일 가능성이 있다."는
견해를 밝히면서, 클라크에게 정전협정이 체결된다 하더라도 반드시 강력
한 군사력을 유지할 것을 지시하였다. 당시 회의 참가자들은 "만약 정전협
정이 지켜지지 않으면, 미국은 반드시 중국공산당에게 원자탄을 사용해야

273)『抗美援朝戰史』第3卷, 第453頁.
274)『抗美援朝戰史』第3卷, 第448頁.
275)『毛澤東軍事文集』第6卷, 第354頁.
276) "1953년 7월 29일 쿠즈네조프가 외교부에 보낸 전문," *АПРФ*, ф.3, оп.65, д.830, л.187-189.

한다."는 점에서 의견이 일치하였다. 아이젠하워가 핵무기 사용 제한을 해
제한다는 경고가 언제 소련과 중국에 전달되었는지를 보여 주는 증거는 충
분치 않다. 7월 23일, 아이젠하워의 국가안전보장회의에서의 발언은 그 자
신 또한 공산당이 정전협정 서명에 동의한 것이 이러한 위협의 결과라고 생
각하지 않고 있음을 보여 준다. 그러나 명확한 것은 미국은 점점 인내심을
잃어가고 있었으며, 만일 전쟁이 계속 되었다면 전쟁 규모는 확대되었을 것
이라는 사실이다."[277] 이 분석은 매우 중요하다. 모스크바의 우려는 근거가
없는 것이 아니었다. 당시 미국의 의사결정자들에게는 불신과 보복 심리가
팽배했을 가능성이 매우 높다. 이는 이후 제네바회의에서 조선 문제에 관한
토의가 아무런 결과를 얻지 못하고, 조선반도의 통일 문제가 장기간 표류하
는 것의 기반이 되었다.[278]

조선전쟁 기간 중의 중국, 소련, 그리고 조선 삼각동맹에 대한 실제 상황
의 회고 및 탐구로부터, 크게 다음과 같은 결론을 얻을 수 있다. 모택동은
매우 어려운 상황하에서 조선출병을 결심하였으며, 이는 소련과 사회주의
진영에 대한 중국공산당의 충성을 나타낸다. 동시에 이는 중국이 실질적으
로 아시아혁명의 지도적 책임을 떠맡았다는 것을 의미한다. 이로부터, 중소
동맹은 공고해졌고, 모택동은 스탈린의 신임을 얻었다. 따라서 조선전쟁 과
정에서 중국 측의 주장은 소련의 지지를 받았다. 중국은 대규모의 병력을
지속적으로 조선에 파병하였기 때문에 전쟁의 전략과 전술 결정에서 실질
적인 주도권을 장악하였으며, 스탈린은 전쟁 전에 가지고 있던 조선에 대한

277) Crane, "To Avert Impending Disaster," pp.84-85.
278) 중국군의 멈추지 않는 공세 중에 미국의 이사결정기들은 전후 조신반도의 정책복표를 상의
하고 확정하였다. 1953년 7월 7일 작성된 국가안전위원회 문건(NSC 157/1)은 미국이 조선반
도에서 군대와 기지를 철수하는 데 동의한다는 의사 대신 "공산당 측은 미국 정치의 방침
아래 조선반도 통일을 실현하는 데 동의한다." 그뿐만 아니라 한국과 공동안전조약을 체결
할 것이라는 점을 강조하였다. 이 문건에서는 반드시 "한국 정부의 주도하에 조선반도의
토지와 정치를 통일해야 하며 한국이 유엔에 가입하는 것을 보장한다."는 의사를 표명했다.
U.S. Objective With Respect To Korea Following an Armistice, July 7, 1953, *FRUS, 1952-1954,
Vol.15*, pp.1344-1346.

완전한 통제권을 포기할 수밖에 없었다. 중소 양대 대국이 일치단결하는 상황하에서, 조선은 "치욕을 참아가며" 복종의 태도를 취할 수밖에 없었다. 중국과 조선 사이에 의견 대립과 모순이 발생하면, 마지막에 조선은 결국 중국의 주장을 따랐다. 그러나 모택동의 본의는 결코 조선의 주권을 침범하고 조선 내정에 간섭하려는 것이 아니었으며, 조선전쟁 전의 스탈린처럼 조선을 완전히 통제하려고 한 것은 더더욱 아니었다. 김일성은 강렬한 민족독립 의식을 가지고 있으며, 조선에서 전무후무한 통치적 지위를 수립코자 하였다. 그러나 조선노동당 내부에는 여러 파벌들이 존재하였으며, 그중 가장 위협이 되었던 파벌은 남로당파, 소련파, 그리고 연안파였다. 특히 전쟁이라는 환경에서 다수의 연안파 성원들은 군부의 지도적 간부가 되었으며, 조선에 들어와 작전 중인 중국 군대와 긴밀한 관계를 유지하였다. 이는 김일성을 매우 불안케 하였다. 이러한 심리적 압박과 조선의 지휘부와 작전 능력에 대한 중국 군대 지휘부의 잦은 무시는 중조 고위 지도부 사이에 이데올로기를 초월한 믿음과 신뢰의 결핍을 가져왔으며, 이로 인해 양자 간의 동맹과 협력에 어려움을 가져왔다. 이는 동시에 전후 중조 관계의 발전에 어두운 그림자를 드리웠다.

1953년 3월, 조선에서 군사 충돌과 정전 담판이 모두 교착 국면에 빠졌을 때 스탈린이 사망하였다. 조선반도에서 군사행동 결정이 국제 형세에 중대한 영향을 미친 스탈린의 최후 결정이었다면, 조선에 중국 군대를 파견한 것은 중화인민공화국 건국 후 공화국의 운명에 깊은 영향을 미친 모택동의 첫 번째 결정이었다. 조선전쟁 기간 동안, 스탈린과 모택동 간의 협력은 중소동맹 관계의 진일보한 발전에 초석을 마련하였다. 조선전쟁이 끝나갈 무렵, 사회주의진영 내부의 중소 양당의 분업은 말이 아닌 실제로 존재하는 정치 현실로 이미 자리 잡았다. 이러한 상황을 반영하여 스탈린은 "소련은 선생님이고 중국은 학생이다. 중국이 소련을 초월하기를 희망하며, 그렇게 하는 것이 바로 마르크스주의이다. 소련을 넘어서지 못하면 좋은 학생이 아니다."라고 지적하였다. 동시에 그는 중국을 "아시아의 핵심"이라 지칭하며, "동방의 해방은 중국에 의존해야 한다."고 강조하였다.[279] 이와 동시에 연구 자들은 중소 양국 지도부 사이에 오고간 서신과 전보를 통하여 소련의 정치 와 경제 역량, 국제공산주의운동과 중국공산당 내에서의 스탈린의 권위, 그 리고 스탈린의 능숙한 외교 수단을 알 수 있었다. 이 모든 것들은 신중국 성립 초기 소련과의 관계에서 모택동을 자주 피동적이고 복종의 지위에 머 물도록 하였다. 모택동의 성격상 이러한 상황은 계속되기 힘들었다. 이 점 을 크렘린의 새 주인은 크게 우려하였다. 중소동맹 관계에서 잠재되어 있는 모순을 어떻게 처리할 것인가는 스탈린의 후계자가 직면하게 될 문제였다.

조선전쟁 중에 스탈린은 지고 모택동은 일어났다. 중소 관계는 이로부터 새로운 국면으로 접어들게 되었다.

---

[279] "1952년 11월 18일 홍학지가 전달한 스탈린의 발언과 팽덕회의 담화 기요."

맺음말
일찍 끝났어야 할 전쟁

조 선전쟁 개입은 국제 문제 처리 참여 및 주변 중대 위기 해결을 위한
중화인민공화국의 첫 시험대였다. 그러나 60년이 지난 오늘날까지
도 조선 문제는 해결되지 않고 있을 뿐 아니라, 반대로 중국 주변의 가장
뜨거운 문제가 되었다. 국가가 위기에 처했을 때 외교적 수단과 군사적 수
단을 어떻게 혼합하여 사용하고, 전쟁에서 평화회담으로 시의 적절하게 전
환함으로써 기회를 장악하고 대가를 최소화하며 위기를 해소하는 문제 등
에 관하여 조선전쟁에서의 중국의 전략 결정 과정에 대한 검토가 필요하다.
   3년 반의 전쟁 기간, 2년 반 이상의 시간은 정전 담판 또는 싸우면서 담판
하는 과정 중에 흘러갔다. 따라서 조선전쟁 연구에 있어서 정전 담판은 전
쟁의 기원만큼이나 국제학계의 큰 관심을 받아왔다. 그러나 1951년 7월에
시작된 개성 및 판문점 담판, 그 이후 한편으로는 싸우고 다른 한편으로는
담판을 하는 긴 과정이 학자들의 주요 토론 대상이 되어왔다. 반면에 미중
간 개전 이후 1951년 초 유엔의 정전 담판 결의안과 이에 대한 중국의 반응
과 입장에 대한 전문적 연구는 많지 않지만, 의견은 명확하게 두 가지로 나

누어져 있다.[1] 이 문제는 재차 토론할 가치가 있다. 관련된 당안 자료가 상대적으로 부족하여, 이 짧은 3개월간의 과정에 대한 상세하고 체계적인 정리가 되어 있지 않다. 필자는 미국과 러시아 당안, 특히 최근에 출판된 중국의 군사문헌과 비밀해제된 외교부 당안 자료를 이용하여 1950년 11월부터 1951년 1월 유엔에 결의안 제출 과정과 정전 담판을 통한 위기 해결 방법에 대한 중국의 입장과 관점 그리고 대책에 관한 전면적인 토론을 진행하였다.[2] 필자의 결론은 다음과 같다. 조선전쟁은 본래 1951년 초 휴전을 실현하고, 정전 담판 단계로 진입할 수 있었다. 항미원조전쟁의 전체 과정에서, 모택동은 확실히 첫 번째 정책결정에서 실수가 있었다. 첫 번째 실수는 군의 파병 결정을 말하는 것이 아니라, 정전 담판에 응해야 할 때 적시에 유엔의 정전 결의안을 받아들이지 않은 것이다. 바로 이 정책결정과 잘못된 선택의 결과는 전장과 국제 무대에서 중국이 유리한 위치를 차지할 수 있는

---

[1] 정전 담판에 관한 중국의 정책결정에 관하여, 1996년 1월 홍콩에서 개최된 "아시아의 냉전" 국제학술토론회에서 3명 학지의 관련 논문이 제출되었다. 즉 Chen Jian, "China's Strategy to End the Korean War"(이 논문은 수정을 거쳐 그의 저서의 한 장으로 편입되었다. *Mao's China and The Cold War*, pp.83-99); K. Weathersby, "Stalin and a Negotiated Settlement in Korea, 1950-53"; F. Orlandi, "The Alliance: Beijing, Moscow, the Korean War and its End". 그 후 이 문제와 관련된 논문이 있었다. 예를 들면 齐德学·刘颖伟, 「朝鲜停战谈判时机问题辨析」, 『军事历史』, 1998年 第2期, 第35-38页; *Волохова А.* Переговоры о перемирии в Корее 1951-1953гг., по материалам Архива внешней политики России//Проблемы дальнего востока, 2000, №2, c.96-110; 柴成文, 「毛泽东, 周恩来领导朝鲜停战谈判的决策轨迹」, 『当代中国史研究』, 2000年 第6期, 第10-21页; 沈志华, 「中国出兵朝鲜决策的是非成败」, 『二十一世纪』, 2000年 10月号, 第81-94页; 「1953年朝鲜停战-中苏领导人的政治考虑」, 『世界史』, 2001年 第2期, 第2-18页; 牛军: 「抗美援朝战争中的停战谈判决策研究」, 『上海行政学院学报』, 2005年 第1期, 第35-47页. 1951년 초 정전에 관한 중국 정부의 정책결정에 대해, Chen Jian 및 션즈화(沈志华), 그리고 우군(牛军) 교수는 중국 정부가 정전 담판의 최적의 기회를 놓쳤다는 입장을 가지고 있다. 그러나 그들 각자의 논술의 중점과 논거는 동일하지 않다. 반면에 지덕학(齐德学)·유영위(刘颖伟)는 완전히 상반된 입장을 가지고 있다.

[2] 정전에 관한 중조 양국의 입장 연구에 있어서, 미국의 태도에 관한 연구와 매우 밀접한 관계가 있다. 이 방면에 관하여 일찍부터 중국 학자들의 연구가 있어왔다. 资中筠主编, 『战后美国外交史-从杜鲁门到里根』上册, 北京: 世界知识出版社, 1993年, 第223-235页; 비교적 새로운 연구 성과는 다음을 참조할 것. 牛军, 「朝鲜战争中中美决策比较研究」, 『当代中国史研究』, 2000年 第6期, 第37-55页; 邓峰, 「追求霸权: 杜鲁门政府对朝鲜停战谈判的政策」, 『中共党史研究』, 2009年 第4期, 第34-45页.

기회를 완전히 상실하는 결과로 이어졌으며, 정치·외교·군사 등 각 분야
에서 수동적인 국면에 빠지게 되었다.

1. 인도 정부의 중재와 미국의 반응

1950년 9월 15일 맥아더의 인천상륙작전은 유엔의 수동적인 자세를 변화
시켰다. 그러나 미국의 정책결정자들 역시 손쉬운 승리에 이성을 잃고, 38
선을 넘어 한반도 전체를 점령한다는 크게 잘못된 결정을 내렸다. 잘못된
정책을 결정한 원인은 미국 자신의 힘을 너무 과대평가하고, 중국의 전략
의도를 전혀 이해하지 못한 데에 있었다. 조선전쟁이 발발한 이후 미국의
정보기관들은 중국의 출병 여부에 관한 예측과 평가에서 모두 중국은 출병
을 할 수 없을 것이라고 보았다.[3] 중국의 비밀 출병이 기정사실이 되고 심
지어 미군과의 전투가 벌어진 후에도, 미8군과 극동군사령부의 정보 담당자
들과 중앙정보부는 여전히 "중공이 한반도에 직접 간섭을 진행하는 것은 불
가능하며," 미군과 전투를 진행한 숫자는 극히 적으며, 중국의 "주력부대는
여전히 만주에 주둔"하고 있고, 그 목적은 만주를 보위하는 데 있다고 보았
다.[4] 이런 잘못된 판단 때문에 미국인들은 중조 국경으로 계속 진격하는 치
명적 실수를 하였으며, 이 때문에 중대한 군사적 실패를 하고 모든 전선으
로부터 철수할 수밖에 없었다. 그 결과 국제여론과 유엔회원국 중에서 정전
을 호소하는 목소리가 점점 더 높아졌다.
　정전 주장은 영국과 인도가 처음 제기하였으며, 영국은 주로 미국과의 협
상을, 인도는 중국과의 연락을 담당하였다. 1950년 7월 13일 인도 총리 네루

---

　3) 『美国对华情报解密档案(1948-1976)』 第7卷 第12编; 邓峰, 「美国对中国出兵朝鲜的情报评估」,
　　 『中共党史研究』, 2007年 第4期, 第54-62页.
　4) 『美国对华情报解密档案(1948-1976)』 第7卷, 第72-101页.

는 소련 지도자 스탈린과 미 국무 장관 애치슨에게 서신을 보내고, 충돌의
국지화와 안보리를 통한 평화적 해결을 주장하였다. 이를 위하여 중화인민
공화국의 유엔 가입을 받아들이고, 소련 또한 안보리로 돌아와 미국과 함께
조선전쟁을 중지시킬 수 있는 기반을 마련하도록 제안하였다. 이 제안에 대
해 유엔사무총장 트뤼그베 리(Trygve Lie)는 지지를 표하였으나, 미소 양국
의 반응은 매우 냉담하였다. 스탈린은 안보리가 북한의 의견을 청취할 것을
요구하였으며, 미국은 유엔에서 중국의 대표권 문제 요구를 일축하였다. 8
월 3일, 네루는 북한이 침략자라는 사실을 부인하지는 않았지만, 가장 시급
한 것은 충돌을 국지화하고 전쟁을 중지시키는 것이며, 스스로 한반도의 미
래를 결정할 수 있도록 하는 것이라고 주장 하였다. 동시에 그는 북경 정부
를 중국의 합법정부로 인정하지 않는 것은 큰 실수라고 재차 강조 하였다.
인도는 인천상륙작전 성공 이후 중재활동을 다시 개시하였다. 9월 30일, 네
루 총리는 성명을 발표하고 다른 해결 방법을 찾기 전에 유엔군은 38선을
넘지 말아야 하며, 유엔이 중국을 받아들이는 것이 조선 문제 해결에 유리
하다고 재차 호소하였다. 10월 16일, 네루는 기자회견을 갖고 인도가 10월
7일 통과된 유엔결의안에 반대하는 이유를 설명하였다. 이 결의안은 유엔군
의 38선 돌파를 지지하고 한반도의 통일 정부 수립과 부흥위원회 구성을 결
의하고 있었다. 네루 총리는 중국은 중국과 협상을 통하지 않고, 한반도 장
래 문제를 해결하려는 어떠한 시도에 대해서도 반대할 정당한 이유를 가지
고 있다고 말하면서, 유엔결의안은 전쟁을 확대시켰다고 비난하였다(결의
안 통과 다음 날 미국은 38선을 돌파하였다).[5] 그 후 얼마 지나지 않아, 중
국 역시 북한으로 군대를 출동시켰다. 전쟁이 확대되고 있는 상황에서 인도
정부는 일부 중립국들과 함께 다시 중재 활동을 시도하였다. 그러나 주요
설득의 대상은 워싱턴이 아니라 북경이었다.

5) 『中美关系资料汇编』 第二辑, 第112-114页; Calvocoressi, *Survey of International Affairs,
   1949-1950*, pp.506-508, 511-515.

  1월 23일, 중국 주재 인도대사 파니카는 중국 외교부에 조선 문제 해결을 위한 평화회담 개최 내용을 포함한 영국의 제안을 전달하였다. 중국은 비록 명확하게 거절치 않으면서, 조선 문제와 대만 문제를 한 개의 의제로 할 것을 제안하였다.[6] 주은래는 내부 보고에서 이 제안을 영국을 통한 미국의 "정치적 탐색과 정치적 기만"이라고 보았다.[7] 그러나 영국의 제안은 미국이 사주한 것이 결코 아니었다. 이때 트루먼 대통령은 전장에서의 계속된 패배로 몹시 놀라 원자탄 사용을 위협하고 있었으며, 영국 정부는 이를 몹시 우려하였다. 이에 애틀리(Clement Attlee) 수상은 자신이 직접 워싱턴으로 날아와 미국인들을 위로할 것을 결심하였다. 이러한 분위기 아래 유엔 안에서 정전 문제를 둘러싼 활동 역시 점차 활기를 띠었다. 12월 1일, 유엔의 인도 대표 라우(B. N. Rau)는 뉴욕에서 중국 특별대표 오수권(伍修权)에게 즉각적인 전투 중지와 비군사구역 설치를 제안하였다. 12월 2일 캐나다 정부는 미국 정부에 외교 각서를 보내고, 유엔에서 중국 침략을 비난하는 결의안을 통과시키도록 동맹국을 압박하는 것은 현명치 못하며 가능성이 조금이라도 있다면 중국과의 담판을 통해 문제를 해결할 길을 마지막까지 열어 놓아야 한다고 지적하였다. 12월 3일 네루는 재차 라우 대표에게 비군사구역 설치와 휴전 문제를 논의할 때, 중국이 반드시 참여한 상태에서 논의할 것을 유엔에 제안토록 지시하였다. 미국 주재 인도대사는 네루 총리가 워싱턴으로 와서 트루먼과 애틀리의 회담에 참가할 용의가 있음도 강조하였다.[8]

  미국은 인도의 요구를 완곡히 사절하면서, 영미 간 수뇌회담을 준비하였다. 미 국무성에 의해 기초되고, 합동참모본부의 수정 서명된 미국 정부의 비망록은 다음과 같이 제안하였다. (공신 측이) 세기하는 요구 조건이 용납될 수 없을 정도만 아니라면 정전을 하는 것이 현재 군사적으로 유리하다.

---

6) 章汉夫与潘尼迦谈话记录, 1950年 11月 23日, 中国外交部档案馆, 105-00009-01, 第31-33页.
7) 『周恩来军事文选』, 第4卷, 第105-106页.
8) Canadian Governments Memorandum on Korea, December 2, 1950; The Secretary of State to the Embassy in India, December 4, 1950, *FRUS, 1950, Vol. 7*, pp.1340, 1359.

만일 38선을 중심으로 정전이 이루어진다면, 유엔의 전폭적인 지지를 받을
수 있다. 그러나 정전이 유엔군의 안전을 위협하는 조건이나, 대만이나 중
공의 유엔 의석에 대한 합의 조건이 정전 조건에 결부되어서는 안 된다. 만
일 유엔군이 군사적인 문제 때문에 한국으로부터 철수를 강요당하게 되면,
유엔은 중국을 반드시 침략자로 규정해야 하며, 가능한 모든 정치경제적 수
단을 동원하여 중국에 제재를 가해야 한다.[9] 비록 미국은 초기 패배로 크게
놀랐지만, 아직은 패배를 인정하고 싶지 않았다. 따라서 한편으로 정전 담
판에 동의하면서, 매우 높은 수준의 정전 조건을 제시하였다. 뿐만 아니라
미국은 국제 무대에서 중국이 수동적 입장에 처하도록 노력하였다. 12월 5
일, 유엔 "운영위원회(General Committee)"는 찬성 10, 반대 2(소련과 체코슬
로바키아), 기권 1(인도)로 즉각적으로 유엔에서 중국의 조선에 대한 간섭
문제를 논의할 것을 촉구하는 결의안을 통과시켰다. 다음 날, 유엔총회는
의사일정에서 중국 간섭에 관한 새로운 의안을 추가하는 결정을 통과시키
고, 이를 정치위원회에 제출하였다. 정치위원회 중의 6개국(쿠바, 에콰도르,
프랑스, 노르웨이, 영국, 미국)은 수정을 거친 후, 중국의 간섭을 규탄하는
결의안을 제출하고 유엔총회의 통과를 시도하였다. 소련은 이를 겨냥하여,
한반도로부터 모든 외국군의 철수를 요구하는 건의안을 제출하였다.[10] 유
엔에서 이 두 가지의 제안이 팽팽하게 맞서고 있는 상황에서, 인도 등 13개
중립국은 새 제안의 기획을 시작하였으며, 그 목적은 중국군의 38선 돌파를
저지하고 중재를 통하여 전쟁을 중지시키는 데 있었다. 그러나 이때 모택동
의 생각은 이미 달라져 있었다.

---

[9] Bradley to Marshall, 4 December 1950; United States Delegation Minutes of the First Meeting of President Truman and Prime Minister Attlee, December 4, 1950, *FRUS, 1950, Vol.7*, pp.1348-1349, 1371-1372; Truman, *Memoirs by Harry S. Truman, Volume Two*, pp.400-401.
[10] 『中美关系资料汇编』第二辑, 第322-323, 329页; Calvocoressi, *Survey of International Affairs, 1949-1950*, pp.515-516.

2. 38선 돌파 후 정전 문제를 재론하기로 결정한 모택동

모택동과 스탈린이 최초에 설정한 중국출병의 조건과 목표는 모두 38선을 경계로 하고 있었다. 1950년 7월 5일, 스탈린은 중국의 출병 문제를 처음 논의할 때 "적이 38선을 넘을 때"라고 한정하였다.[11] 7월 9일 유효(刘晓)가 화동국확대회의에서 중공 중앙의 방침을 전달할 때에도, 만일 미군이 반격하여 38선을 넘을 경우 중국군은 조선 인민의 "미 제국주의를 몰아내는 투쟁"을 지원할 것이라고 강조하였다.[12] 이후, 낙동강 전선에서 전쟁이 교착 상태에 빠졌을 때 모택동은 조선인민군의 군복으로 출병하여, 조선인민군을 원조할 의사를 몇 차례 표시하였다. 그러나 스탈린은 이를 허가하지 않았으며 그 표면적인 이유는 시기상조라는 것이었다.[13] 10월 1일, 스탈린은 유엔군이 38선까지 진격한 상황에서 중국에 출병을 재차 요구할 때, 중국 군대가 "즉각 38선을 향하여 진격하고, 조선 동지들이 중국 군대의 엄호하에 38선 이북에서 후방 예비 병력을 조직해야 한다."고 지적하였다.[14] 이는 중국군의 첫 번째 임무가 38선 이북 지역을 보위하는 데 있었음을 의미한다. 스탈린의 전보를 받은 후 모택동은 곧바로 반응하였다. 10월 2일 기초한 회신에서 모택동은 중국 군대가 기왕에 출병하면, "조선에서 미국 및 기타 침략군을 쫓아낼 준비를 해야 하며," 동시에 중국에 대한 미국의 선전포고에 대비하면서 초기에는 "북조선의 적당한 지역에서" 단지 방어전만을 진행해야 한다고 주장하였다.[15] 10월 3일 새벽, 주은래는 인도대사를 통하여 외국 군대 특히 미국 군대는 38선을 넘지 말 것과, 그렇지 않을 경우 중국은

---

[11] 「스탈린이 로신 대사에게 보내는 전보」(1950년 7월 5일), *АПРФ*, ф.45, оп.1, д.331, л.79.
[12] 自치统, 「中共对朝鲜战争初期局势的预测与对策」, 『党的文献』, 2001年 第6期, 第52-53頁으로부터 인용.
[13] 본서 제4장 제1절을 참조할 것
[14] 「스탈린이 로신 대사에게 보내는 전보」(1950년 10월 1일), *АПРФ*, ф.45, оп.1, д.334, л.97-98.
[15] 『毛文稿』 第1册, 第539-540頁.

곧장 출병할 것이라고 미국 정부에 경고하였다. 주은래는 '조선전쟁' 문제는 "관련국들이 반드시 유엔에서 평화적 해결 방법을 함께 논의할 수 있다."라고 제안하였다.[16] 주은래는 38선의 정치적 지위뿐만 아니라, 유엔 주도하에 평화적 방법을 통한 조선전쟁의 해결 방법을 분명히 하였다. 이는 스탈린의 생각과 일치하는 것이었다.

10월 5일 스탈린은 다시 모택동에게 전보를 보내 출병을 권고하면서, 중국이 출병하여 미국과 "진정한 대결을 진행"할 경우, 미국은 "조선 문제에 있어 조선에 유리하고 조선을 미국의 군사기지로 만들 수 없는 협상 조건을 받아들일 수밖에 없게 될 것"이라고 국제 정세를 분석하였다.[17] 사실 이때 중국 지도부는 이미 출병을 결정하였으며, 단지 소련 공군과 함께 미군의 북상을 저지하는 데 모든 희망을 걸었다. 소련 공군이 잠시 출동할 수 없는 상황을 알고 난 후인 10월 14일, 모택동은 작전 배치를 약간 변경하였다. 즉 미군을 피하고 단지 이승만 군대와 싸우면서, 동시에 덕천(德川), 영원(宁远)선 이북을 굳게 지키고 소련의 지원을 기다리기로 하였다.[18] 스탈린이 최후에 소련 공군을 한반도의 군사작전에 투입하지 않을 것이라고 태도를 분명히 한 상황에서도, 모택동은 중국 육군은 계획대로 여전히 출동한다고 하였다. 그러나 그 출병 목적은 "우선 아직 적에게 점령되지 않은 조선 북부 일부 지역에 근거지를 건설하고, 기회를 보아 게릴라전을 전개하며 조선 인민들이 계속 분투하도록 지지하는 것으로" 다소 모호해졌다.[19] 10월 25일, 모택동은 팽덕회와 등화(邓华)에게 "압록강을 향하여 진격해오는 적과는 반드시 싸울 준비"하여야 하지만, 첫 전투는 이승만 군대과 진행하는 것을 중

---

16) 周恩来与潘尼迦谈话记录, 1950年 10月 3日, 中国外交部档案馆, 105-00009-01, 第13-16页;『周恩来军事文选』第4卷, 第67-68页.

17)「스탈린이 모택동에게 보내는 전보」(1950년 10월 5일),『朝鲜战争俄档复印件』第7卷, 第909-912页.

18)『毛文稿』第1册, 第556, 558-561页.

19)『毛文稿』第1册, 第571页.

심으로 해야 한다고 지시함으로써 신중한 태도를 보였다.[20] 그러나 며칠이
지난 후, 모택동은 상황이 지원군의 기습공격에 유리하게 변한 것을 발견하
였을 때, 곧장 지금은 "승리의 기회를 쟁취해야 하며 일정 시기 방어전을 벌
인 후 공격 문제를 논할 시기가 아니다."라고 지적하였다. 그는 신속하게 지
원군의 작전 배치를 완료하고 공격을 개시하여, 서쪽의 남조선 제3사단을
섬멸하여 조선의 전황을 전환시킬 것을 강조하였다. 모택동은 또한 적을 각
개격파할 수 있다면, "미국을 우리와의 외교적 담판에 나세게 할 수 있다."
라고 분명하게 지적하였다.[21] 전투의 포성이 울린 후, 주은래는 국내의 간
부들에게 중국출병은 전쟁을 "국부화(局部化)"시키고, "미 제국주의가 어려
움을 알고 스스로 물러나도록 하게 하는 것"이라고 설명하였다.[22] 결과적으
로 중국출병의 최후 목표는 조선 북부의 미군과 한국군에게 타격을 입혀 미
국이 중재를 받아들이도록 하여, 평화회담을 통한 조선 문제의 해결이었다.
   그러나 전황이 중국에 더욱 유리하게 변하였을 때, 정전 담판에 대한 중
국 태도에 변화가 발생하기 시작하였다. 제1차 전역 승리 후인 11월 13일,
모택동은 스탈린에게 보낸 전보에서 "본인 관찰에 의하면 조선의 전국(战
局)은 변화시킬 수 있다."라는 한 구절을 주은래의 전보에 첨가하였다. 11월
18일 팽덕회에게 보낸 전보에서도 모택동은 "미국, 영국, 프랑스는 우리에게
전혀 대책이 없다. 비관적 정서가 각국을 뒤덮고 있으며, 우리 군이 몇 번의
승리를 거두어 몇 만 명의 적군을 섬멸할 수만 있다면 국제 정세 전반을 바
꿀 수 있다."고 설명하였다.[23] 전보는 매우 낙관적 분위기가 생생하게 드러
나 있다. 스탈린의 축하 전보 역시 이러한 정서를 키웠다. 그는 소련군이
독일군에 승리한 것을 예로 들어가며, 이번 전쟁에서 중국 군대는 "완전히
현대화되고 장비가 우수하며 강력한 군대"로 반드시 거듭날 것이라고 단언

20) 『毛军事文稿』上卷, 第292-293, 294-295页.
21) 『毛文稿』第1册, 第575-577, 588-589页.
22) 『周恩来军事文选』第4卷, 第92页, 另参见 第102-109页.
23) 『毛文稿』第1册, 第658, 672页.

하였다.[24] 12월 3일 즉 제2차 전역이 초기 승리를 거두었을 때, 중조연합군의 지휘통일 문제 해결을 위하여, 모택동, 주은래, 김일성 3인이 북경에서 회담을 가졌다.[25] 이때 모택동은 "적은 정전을 요구할 가능성이 있으며, 우리는 반드시 그들이 조선으로부터 철수 요구를 받아들이도록 해야 한다. 먼저 적을 38선 남쪽으로 철수시킨 후에, 정전 회담을 시작할 수 있으며 우리가 평양뿐만 아니라 서울까지 점령하는 것이 최선이며, 중요한 것은 적을 섬멸하는 것이며 우선 남조선 군대를 섬멸하여 미군의 철군을 더욱 촉진시켜야 한다. 만일 미국이 철군에 동의하면, 유엔은 중국과 소련이 참여하는 조건하에서 유엔의 감독하에 전 조선에서 자신의 정부를 선출하는 주장에 동의하게 될 것이다."라고 전황을 분석하였다. 모택동의 이 발언은 다음 날 전보를 통하여 중국 인민지원군 전선 지휘관들에게 통보되었다.[26] 이때까지도 모택동은 전쟁을 끝내는 방식에 관하여 여전히 평화적 담판을 통한 해결을 선호하였으나, 그 조건은 미군이 먼저 철수 또는 38선 남쪽으로 후퇴하는 것이었다. 따라서 전투에서 적을 대량으로 섬멸한 후, 유리한 조건에서 정전 담판을 촉진시키도록 하는 것은 당연하다고 할 수 있다.

스탈린은 줄곧 38선을 매우 중시하였기 때문에, 중국은 정전 시간과 조건에 관해 소련 측 의견을 구하였다. 12월 4일 소련 주재 중국대사 왕가상(王稼祥)은 "정치적 측면에서 중국 군대가 계속 승리하고 남하하는 상황에서, 38선을 돌파 여부에 관해" 소련 외교부 부부장 그로미코에게 의견을 구했다. 그로미코는 "조선의 국면이 미국에 불리하게 전개되고 있기 때문에, 지금 그들은 실망감을 감추지 못하고 있다." 이 상황을 고려하여 "'쇠뿔도 단김에 빼라'는 과거부터 내려오는 속담이 매우 적절하다."라고 회답하였다.[27] 12월 5일 뉴욕에서 중국 대표 오수권(伍修权)은 소련 대표 비신스키 외상을

24) 「스탈린이 모택동에게 보내는 전보」(1950년 12월 1일), *АПРФ*, ф.3, оп.65, д.336, л.5.

25) 『周恩来年谱(1949-1976)』上卷, 第102-103页.

26) 『毛军事文稿』上卷, 第388页.

27) 「그로미코와 왕가상의 회담 기록」(1950년 12월 5일), *АПРФ*, ф.3, оп.65, д.515, л.35-37.

방문하고, 그가 트뤼그베 리(Trygve Lie) 유엔사무총장을 면담할 때, 스웨덴, 영국 및 기타 국가들의 대표들은 "중국 군대가 38선에서 진군을 멈출지 여부와 기타 외국 군대와 동시에 조선에서의 철수 여부에 관하여 알고 싶어 하였다."라고 통보하였다.[28] 오수권으로부터 동일한 전보를 받은 주은래는 12월 7일 새벽, "현재 38선 경계는 이미 존재하지 않는다."라고 각국 대표에게 분명하게 설명할 것을 지시하면서, 담판 내용에 관해서는 "지금 고려 중이며, 이후 전보로 알려줄 것"이라고 회신하였다.[29] 이와 동시에 주은래는 중국 주재 소련대사 로신을 통해 "최근 유엔사무총장과 인도, 영국 스웨덴 등의 대표들이 조선에서 중국이 군사행동을 중지할 수 있는 조건을 계속 탐문"하고 있으며, 그 의도는 "38선 경계선을 유지하려는 데 있다."라고 모스크바에 긴급 타전하였다. 그는 중국은 주도권을 확보하고 평화회담에 대해 "적극성을 표시하기 위하여, 오수권 대표를 통하여 조선에서 군사행동을 멈출 수 있는 다음과 같은 5개 항의 조건을 제시하려 한다."라고 설명하였다. 첫째, 모든 외국 군대는 조선에서 철수할 것. 둘째, 미국 군대는 대만해협과 대만으로부터 철수할 것. 셋째, 조선 문제는 반드시 조선 인민 자신이 해결하도록 할 것. 넷째, 중화인민공화국 대표가 유엔에 들어가고, 유엔은 장개석 대표를 축출할 것. 다섯째, 4국 외상회담을 개최하여 일본과의 평화회담을 준비하도록 할 것을 제안할 예정이며, 만일 이 5개 항의 군사행동 중지 조건이 받아들여지면, 5대국은 즉시 대표를 파견하여 정전 조건 서명을 위한 회의를 개최토록 할 것임을 모스크바에 알렸다. 주은래는 중국 정부가 행동을 취하기 전에 소련 정부 견해를 알기를 희망하며 당일 회신을 받기를 원한다고 덧붙였다.[30]

당일 밤 8시 40분(모스크바 시간), 그로미코는 스탈린의 회신 전보를 북경

---

28) 『中国与苏联关系文献汇编』, 第264-265页으로부터 인용.

29) 『周文稿』第3册, 第599-600页.

30) 「로신이 그로미코에 보내는 전보」(1950년 12월 7일), *АПРФ*, ф.3, оп.65, д.336, л.17-19.

에 보냈다. 스탈린은 "우리는 중국이 제시한 조선에서의 군사행동 중지 조
건에 전적으로 동의하며, 이 조건이 충족되지 않으면 군사행동을 멈추어서
는 안 된다고 생각한다. 이 밖에도, 3개국 대표들은 미국의 길잡이들이기 때
문에 그들에게 지나치게 솔직하거나 자신의 카드를 일찍 보여줘서는 안 된다
고 생각한다. 중국은 서울이 해방될 때까지 자신의 카드를 모두 드러내서는
안 된다."라고 강조하였다. 스탈린은 "중국은 단지 전쟁을 빨리 끝내고자 하는
희망을 피력하기만 하면 되고, 유엔과 미국에게 군사행동 중지 조건을 먼저
제시토록 하여야 한다."라고 건의하였다.[31] 스탈린의 전보를 받은 즉시 주은
래는 모택동에게 스탈린 의견은 "주석의 의견과 완전히 일치하며, 시간을 지
연하면서 기다리는 것이 상책"이라고 보고하였다.[32] 이에 따라, 12월 8일 주
은래는 뉴욕의 오수권과 교관화(乔冠华)에 "담판 문제에 있어 그들은 급하고
우리는 급하지 않는 태도를 취하여야 하며, 그들이 우리를 정탐할 기회를 주
지 말고 우리의 패를 일찍 보여줄 필요가 없다."라고 회신하였다. 그 직후 어
떻게 답변할 것인가에 대한 질의에 관해, 주은래는 주요 요점과 사용 언사가
스탈린의 전보와 거의 같은 답변서를 그들에게 보냈다.[33] 이 상황에서 인도
등 13개국의 제안이 어떠한 운명을 만나게 될지는 미루어 짐작할 수 있다.

3. 13개국의 정전 제안과 중국의 최초 반응

12월 7일 오후, 파니카는 13국을 대표하여 인도가 제안한 정전에 관한 건
의 비망록을 중국 외교부 부부장 장한부(章汉夫)에게 전달하였다. 파니카는
"인도 정부의 건의 기본은 조선 문제와 직접 관련된 모든 강대국들이 참가

---

31) 「그로미코가 로신에게 보내는 전보」(1950년 12월 7일), *AПPФ*, ф.3, оп.65, д.336, л.20-21.
32) 『周文稿』 第3册, 第606頁.
33) 『周恩来军事文选』 第4卷, 第125页

하는 회의를 개최하는 것이며, 중국은 당연직 참가자이다. 강대국 회의 개최의 선결 조건은 쌍방이 38선을 경계로 휴전을 실현하는 것이며, 이후 논의를 통하여 외국 군대의 조선으로부터의 철수와 독립된 통일 조선 수립을 토의하고, 동시에 대만의 귀속 문제, 미군의 대만 철수, 및 유엔과 안보리에서의 중국의 지위 문제 해결을 논의하는 것이다. 인도 정부는 중국 정부가 이를 신중히 고려하여 담판을 통한 충돌 해결을 선언하고 38선을 넘지 않는다는 것을 보장하기를 희망한다."라고 설명하였다. 파니카는 장한부가 조선인민군이 평양을 탈환하였다는 소식을 언급한 것을 고려하여, "개인적으로 조선인민군과 중국 지원군의 능력을 의심하지 않지만, 문제는 여기에 있는 것이 아니라 반드시 정치적 협상을 통하여 해결해야 한다는 데에 있으며, 군사행동은 문제의 해결을 연기시킬 뿐이며 만약 미군을 조선에서 쫓아낸다 하더라도 조선으로부터 일본이 매우 가깝기 때문에, 미국은 여전히 일본으로부터 폭격을 계속할 수 있다."라고 반박하였다. 때문에 "중국이 군사적 우세를 점하고 있는 지금, 조선 문제를 조선 및 기타 인접국의 이익을 고려하여 한꺼번에 평화적으로 해결할 수 있는 기회"라고 설명하였다. 그러나 장한부는 "평화회담 전제 조건은 모든 외국군이 조선에서, 그리고 미군이 대만에서 철수하는 것"이라고 여전히 주장하였다. 파니카는 "철수는 확실히 하나의 방법이다. 왜냐하면 군대들이 조선에서 싸워서는 문제를 해결할 수 없고, 반대로 위기를 더욱 심화시키기 때문이다. 그러나 이는 오직 담판을 통해서만 이루어 질 수 있다."라고 지적하면서, 마지막으로 "이 제안은 모든 비유럽 국가들이 처음 연합하여 제출한 것이며, 미국을 지지하는 것으로 생각해서는 안 된다. 이 제안은 중국에 유리한 것이며 만일 중국이 38선을 넘지 않겠다고 선언하면, 이 국가들의 환영과 도덕적 지지를 얻을 수 있다."라고 부연 설명하였다.[34]

---

34) 章汉夫与潘尼迦谈话记录, 1950年 12月 7日, 中国外交部档案馆, 105-00009-01, 第34-37页; 柴成文 · 赵勇田, 『板门店谈判』, 第103页.

 12월 8일, 중국 주재 인도 대사관 참사 카울 (T. N. Kaul)은 재차 면담을
요구하고, 전날 파니카의 설명을 보충하였다. 카울은 인도 제안의 긴박성과
이 제안을 하게 된 동기에 대하여 설명하였다. 카울 참사관은 이 제안을 미
국에 대한 지지 혹은 영미와 관련 있는 것으로 보아서는 안 된다고 설명하
면서, 이 제안은 아시아 각국의 단결과 세계 여론을 일으키는 데 큰 역할을
하게 될 것이며, 심지어 프랑스의 지지를 얻을 수 있을 것이라고 주장하였
다. 카울은 "중국이 이 제안에 동의하면, 미국이 지지하는 6개국 제안은 통
과될 수 없으며, 반대의 경우 인도를 제외한 모든 아시아 국가들은 미국 편
에 서게 될 것"이라고 강조하였다. 인도 참사관 카울을 접견한 중국 외무부
아주사(亞洲司) 부사장(副司长) 진가강(陈家康)은 카울의 설명을 진지하게
경청하면서, 직설적인 질문을 던졌다. 진가강의 질문은 "13개국 제안국은
왜 미국의 침략에 대하여 공개적으로 반대하지 않는가?", "왜 미군 철수를
요구하지 않는가?", "미군이 38선을 넘었을 때 왜 반대하지 않았는가?" 등이
었다. 카울은 인내심을 가지고 각 질문에 대답하고, "군사적으로 우세를 점
하고 있을 때 담판을 진행하는 것은 중국의 나약함을 나타내는 것이 아니
라, 반대로 중국이 유리한 시기에 주은래가 파니카 대사를 접견하고 중국의
태도를 빨리 표명하여, 세계 여론의 지지를 쟁취해야 한다."라고 솔직하게
말하였다.[35]

 소련과 논의를 거친 후, 12일 주은래는 파니카 대사에게 "중국은 언제나
조선 문제의 평화적 해결을 주장하였다. 현재 군사행동이 멈추기를 더욱 희
망하고 있지만, 전쟁 종결의 관건은 미국에 있으며 우리도 정전 조건에 대
한 미국과 유엔의 의견을 하루빨리 알고 싶다. 38선 문제는 미국 침략군에
의해서 일찍이 파괴되었기 때문에 존재하지 않는다."라고 회답하였다. 다음
날 주은래는 파니카 대사와의 대화 내용을 오수권과 교관화에게 전하면서
특히 38선은 이미 존재 하지 않는다는 논리를 유엔 주재 인도 대표 라우에

35) 陈家康与考尔谈话记录, 1950年 12月 8日, 中国外交部档案馆, 105-00009-01, 第40-43页.

게 설명할 것을 지시하였다. 동시에 만일 13개국 제안에 대한 중국의 입장을 물어 오면, "정전은 속임수가 아니며, 진정으로 조선 사태를 끝내고자 한다면 정전 조건에 대한 미국의 입장 표명이 반드시 필요하다."라고 대답할 것을 강조하였다.[36)]

중미교전 이후, 미국의 정책결정자들은 화전(和戰) 양면으로 의견이 나뉘어 쉽게 결정을 내리지 못하고 있었다. 앞에서 설명한 바와 같이, 12월 4일 미국의 체면을 유지하는 조건하에서 평화회담을 고려하였다. 그러나 12월 8일 개최된 영미 제1차 수뇌회담에서 상황이 급변하였다. 최전방의 최신 전황을 청취한 후, 트루먼 대통령은 "나는 우리가 조선에서 쫓겨나서는 안 된다고 생각한다."라고 강조하면서, 상황이 "회담을 시작할 때처럼 암담하지는 않은 것 같다."라고 말하였다. 합동참모회의 의장 브래들리 역시 "현재의 병력과 정상적 순환만으로 한국을 지킬 수 있다."라고 설명하면서, 지금은 "최소한 담판을 강요당하면서까지 할 필요는 없다."라고 주장하였다.[37)] 같은 날, 유엔 주재 미국 대표 오스틴은 인도대사에게 "미국은 결코 정전을 제안할 생각이 없으며, 이에 관련된 다른 국가들의 제안 또한 필요하지 않다. 그러나 만일 제출된다면 미국은 이를 고려할 수 있지만, 어떠한 정치적 부대조건도 없어야 한다."라고 설명하였다.[38)]

다음 날, 이 제안이 출현하였다. 12월 9일 유엔 주재 미국 부대표 그로스(E. A. Gross)는 필리핀 대표로부터 13개국 제안을 받았다. 그 중요 내용은 즉각적인 전투 중지, 중국과 미국 군대의 철수, 미 함대의 대만해협 철수, 유엔군축위원회 감독하의 남북한의 무장해제, 한반도의 치안 유지를 위한 유엔 회원국 6개국 군대로 조직된 5만 명 범위 내의 군대 조직, 상술한 조항들의 집행 보장을 위한 유엔관찰단의 해협 및 국경 시찰, 정전 실현 6개월

---

36) 『周文稿』 第3册, 第635-636页.

37) United States Delegation Minutes of the Sixth Meeting of President Truman and Prime Minister Attlee, December 4, 1950, *FRUS, 1950, Vol. 7*, p.1472.

38) Austin to the Secretary of State, December 8, 1950, *FRUS, 1950, Vol. 7*, p.1482.

후 유엔한국위원회 주도하에 총선거 실시 및 선거 후 3개월 내 유엔군의 철
수를 포함하였다.[39] 11일 트루먼 대통령은 국가안전보장회의를 개최하고,
13개국 제안을 토론하였다. 마셜 국방 장관은 미국이 정전에 관해 직면한
2가지 곤경, 즉 첫째, 일단 정전이 실현되면 모든 공중정찰이 중지되며, 이
는 (북한 해역 내의) 미 해군의 철수로 이어질 수 있다. 이 경우, 공산당은
지상부대를 대대적으로 증원할 수 있다. 그러나 미국이 정전에 반대하게 되
면, 충돌의 평화적 해결을 반대하는 것으로 비춰질 수 있다고 지적하였다.
안전보장회의는 미국은 한반도에서 정전을 고려하지만, 유엔군이 군사적으
로 곤경에 처하지 않고 또 정치적인 양보가 결부되지 않으며, 정전이 실현
되기에 앞서 유엔군의 안전을 확보하기 위한 세부 사항에 협상이 있어야 하
며, 유엔에 의해 정전을 감독한다는 정전 원칙을 확정하였다. 또한 미 의회
의 책임 추궁을 피하기 위해, 미 전역에 비상사태를 선포하기로 결정하였
다.[40]

　의견이 분분한 국제 무대와 각종 정치적 압력에 직면하여, 정전 제안 13
개국 사이에 의견 충돌이 발생하였다. 12월 12일, 하나의 제안이 2개의 제안
으로 나뉘어져 유엔에 정식으로 제안되었다. 제1제안(13개국)은 "한반도 충
돌이 기타 지역으로 확산되는 것을 방지하고, 한반도 내의 전투를 중지시키
기 위한 즉각적인 조치를 취할 것을 강력히 희망하며, 이후 진일보한 조치
를 취해야 한다. 동시에 유엔헌장 및 원칙에 따라 현재 문제의 평화적인 해
결을 추구해야 한다."라고 제안하였다. 또한 유엔총회 의장은 3인으로 소그
룹을 구성하고, "만족할 만한 정전 기초안을 확정하여, 최대한 빨리 유엔총
회에 제출할 것"을 건의하였다. 제2제안(12개국, 필리핀이 빠졌음)은 유엔총
회가 미국, 소련, 영국, 중국, 프랑스, 인도와 이집트 7개국 정부 대표에게

---

39) Austin to the Secretary of State, December 10, 1950, *FRUS, 1950, Vol. 7*, pp. 1500-1503.
40) Memorandum by Rusk, December 11, 1950, *FRUS, 1950, Vol. 7*, pp. 1518-1520; Truman, *Memoirs by Harry S. Truman, Volume Two*, pp. 417-420.

최대한 빠른 시기에 회의를 개최하여, 유엔헌장과 원칙에 입각하여 지금의
극동아시아 문제를 평화적으로 해결하기 위한 건의안을 준비토록 할 것을
제안하였다. 14일 유엔총회는 찬성 52, 반대 5(소련과 동유럽 국가), 기권 1
(중화민국)로 13개국 제안을 통과시켰다. 동시에 유엔총회 의장 엔테잠(N.
Entezam), 인도 대표 라우(B. N. Rau) 그리고 캐나다 대표 피어슨(L. Pearson)
등 3인으로 구성된 '정전3인위원회'를 조직토록 하였으며, 12개국 제안은 보
류되었다. 그 후, '정전3인위원회'는 업무를 개시하고, 위원회가 보고서를 제
출할 때까지 유지되었다.[41]

　　12월 14일 오후, 카울 참사관은 유엔 결의 상황을 중국에 설명하였다. 카
울 참사관은 제1제안이 통과되었으며, 제2제안의 내용은 국제회의를 개최
하여 정전 위치, 비군사구역 설치 및 한반도와 대만, 동아시아의 문제를 한
꺼번에 논의하는 것을 내용으로 하고 있다고 설명하였다. 그는 두 제안 모
두 중국의 의견을 충분히 고려한 것이며, 중국 측의 요구를 크게 초과하였
다라고 강조하였다. 제안 중의 대만 및 극동아시아의 일반적인 문제들은,
파니카 대사가 중국의 의견을 전보로 통보한 후에 인도 정부에 의하여 특별
히 첨가된 것이며, 중국과 각국의 지지를 희망한다고 덧붙였다. 그는 이 제
안은 전적으로 중국에 유리하며, 중국은 이 제안의 목적과 인도 정부의 뜻
이 어디에 있는지를 이해하고 하루빨리 만족할 만한 회신을 주어, 인도 정
부가 곤란한 입장에 처하지 않도록 해 줄 것을 요구하였다. 만일 중국이 이
제안에 동의하면 인도 정부는 진일보한 행동을 취할 수 있지만, 반대의 경
우 인도 정부는 이 제안을 포기하게 될 것이라고 통보하였다. 진가강(陳家
康)은 인도 정부의 제안에 별다른 이견을 표시하지 않고, 미국은 인도의 제
안, 특히 조선 문제와 동북아시아의 전반적인 문제에 대하여 먼저 입장을
밝혀야 하며, 그렇지 않을 경우 "문제의 논의를 시작할 수 없다."라고 다시

---

41) 『中美关系资料汇编』 第二辑, 第331页; 『周文稿』 第3册, 第689页; Calvocoressi, *Survey of
　　International Affairs, 1949-1950*, p.516.

주장하였다. 카울 참사관은 인도는 미국에게 계속적으로 압력을 가할 것이며, 인도 정부의 가장 중요한 목표는 "미국이 회의 개최 원칙에 동의토록 하는 것이며, 만일 회의에서 미국이 받아들일 수 없는 조건을 제기할 경우 세계 여론으로 이를 제재할 수 있다."라고 대답하였다. 이에 진가강은 대답을 회피하였으며, 카울 참사관은 "현재 유엔에서 13개국 제안이 다수의 지지로 통과되었다. 중국 정부가 이 기회를 놓치면, 미국은 세계 여론을 이용하여 중국은 정전을 원치 않는다고 비난할 것이다."라고 마지막으로 강조하였다.[42]

같은 날, 주은래는 오수권, 교관화에게 전보를 보내 기자회견장에서 미국의 "선(先) 정전, 후 평화회담 재개" 주장의 흉계를 폭로하고, 기자회견이 끝난 직후 본국으로 귀국토록 지시하였다.[43] 이때 중국은 이미 13개국 제안 거부를 결정하였다.

12월 15일 오후, 파니카 대사는 장한부(章汉夫)를 면담하고 중국이 유엔을 통과한 제안을 받아들일 것을 촉구하고, 인도 등 국가들의 입장을 자세히 설명하였다. 장한부는 중국의 요구를 거듭 천명하였으며, 파니카는 인도 또한 대만 문제와 중국의 유엔 대표권 문제를 먼저 해결한 후, 조선 문제가 해결되기를 희망한다고 말하였다. 파니카는 외국군 철수 문제는 "쌍방이 먼저 정전한 후, 그 구체적인 철군 절차를 정해야 할 것"이라고 설명하였다. 장한부는 "미국이 침략을 중지하지 않고 조선과 대만으로부터 철군하지 않으면, 평화적 해결은 단지 구두상의 말에 지나지 않는다."라고 강조하였다. 이에 파니카는 "조선에서 외국 군대 철군의 방법은 두 가지가 있다. 하나는 싸워서 몰아내는 것이고, 다른 하나는 평화적 방법으로 철수하는 것이다. 쌍방의 평화적 철군을 위해서는 반드시 먼저 싸움을 멈추고, 언제 어디서 정전을 실현할 것인지를 논의해야 한다."라고 주장하였다. 장한부는 "유엔

---

42) 陈家康与考尔谈话记录, 1950年 12月 14日, 中国外交部档案馆, 105-00009-01, 第48-52页.
43) 『周文稿』 第3册, 第642-643页.

총회는 13개국 제안을 통과시키고, 12개국 제안은 방치하였다. 그 결과 미국은 정전을 이용하여, 숨 돌릴 시간을 얻게 되고 공격을 재개할 준비를 할 수 있게 된다."라고 지적하였다. 파니카는 "국제정치는 매우 복잡하며, 일반적 논리와 기하학적 원리로 해결할 수 없다."라고 설명하면서, "지금의 어려움은 쌍방 모두 고집을 꺾지 않는다는 데에 있으며, 동방의 평화를 위하여 인도는 쌍방이 얼굴을 맞대고 논의를 하기 바란다."라고 강조하였다.[44] 인도의 노력은 결국 무위로 끝났으며, 같은 날 주은래는 북한 주재 중국대사 대리 사성문(柴成文)을 통하여 김일성에게 "안보리로부터 전보를 무시하는 것에 동의한다."라고 전하였다.[45] 16일 오후, 주은래는 오수권, 교관화에게 전보를 보내 라우 인도 대표와 유엔총회 의장에게 "정전 후 대화의 방법은 오직 영미 집단의 요구에만 부합할 뿐이며, 이 같은 거짓 정전에 중국은 절대로 동의할 수 없다."라고 직접 전달하도록 지시하였다.[46]

12월 17일, 『인민일보』는 "14일 유엔을 통과한 결의안은 미 제국주의 침략정책을 위한 것일 뿐이다. 미국 침략군이 패배하여 패주하는 상황하에서, 침략의 진지를 보존하기 위하여 숨 돌릴 기회를 얻으려 하고 있다. 유엔총회의 제안은 바로 미 침략자들의 이러한 희망에 정확하게 부합한다."라고 발표하였다.[47] 19일, 3인위원회가 주은래에게 보낸 전보에서, "위원회는 지금 12개국 제안에서 제기된 중국을 포함한 국제회의 개최를 추진 중에 있다. 그러나 회의가 성사되기 위해서는 정전 절차에 대한 합의가 선행되어야 한다."라고 설명하였다.[48] 20일, 오수권은 귀국 전 런던 공항에서 성명을 발

44) 章汉夫与潘尼迦谈话记录, 1950年 12月 15日, 中国外交部档案馆, 105-00009-01, 第55-58页.
45) 『周文稿』第3册, 第658页. 12월 12일 트뤼그베 리(Trygve Lic) 유엔사무총장은 북한에 13개국 정진 제안을 선달하고, 이에 대한 대답을 요구하였다. 이에 김일성은 이 문제를 북경과 상의한 후 대답할 것이라고 답했다. 「라주바예프가 바실리예프에게 보내는 전보」(1950년 12월 13일), ЦАМОРФ, ф.5, оп.918795, д.124, л.667-668.
46) 『周文稿』第3册, 第663-664页.
47) 『人民日报』, 1950年 12月 17日 第1版.
48) 顾维钧, 『顾维钧回忆录』第八分册, 中国社会科学院近代史研究所译, 北京: 中华书局, 1989年, 第190页.

표하고, 중국 측 제안은 "전쟁을 중지시킬 수 있는 진정한 방안이나" 안보리
는 이를 전혀 고려하고 않고 있으며, 미국은 "다른 목적을 가지고 조선에서
'우선 전투 중지' 주장을 지지하며, 전 세계 인민을 기만하고 있으며, 조선
인민과 중국 인민지원군의 손발을 묶어놓고 미국 군대는 침략을 계속하고
전쟁을 확대하는 것"에 이 제안의 목적이 있다고 주장하였다.[49] 22일 주은
래는 유엔 제안을 신랄하게 비난하고 중국 입장을 자세히 설명하는 성명을
발표하면서 아시아, 아프리카 국가들에 '3인위원회'와 정전 후 담판 개시의
제안을 거부할 것을 호소하였다.[50] 모택동은 이 성명에서 중국의 평화회담
조건 부분을 수정할 때, "미군의 대만 철수와 중국의 유엔에서의 합법적 지
위"를 특별히 첨가하고, "이것들과 조선과 아시아의 중요 문제들을 따로 떼
어 논의하는 것은 불가능하다."라고 지적하였다.[51] 이 소식이 전해지자 3인
위원회는 혼란에 빠졌고, 라우는 의기소침하여 한마디도 하지 않았으며 피
어슨은 도망치듯 본국으로 돌아갔다.[52]

4. 중조연합군의 38선 돌파와 유엔의 정전 제안

중국은 38선을 돌파한 후 평화회담 문제를 고려하기로 결정하였기 때문
에, 정전에 대한 미국의 태도는 별로 중요하지 않았다. 주은래가 외교관을
선발하여 유엔에 파견하여 정전 제의에 대처하고 있을 때, 모택동은 '어떻게
인민지원군을 지휘하여 38선 돌파할까' 하는 문제에 모든 역량을 집중하고
있었다.

비록 중국 인민지원군은 두 차례 전역에서 연거푸 승리를 거두었지만, 치

---

49) 『中美关系资料汇编』第二辑, 第353-354页.

50) 『周文稿』第3册, 第684-689页.

51) 『毛军事文稿』上卷, 第417页.

52) 『顾维钧回忆录』第八分册, 第190页.

른 대가가 결코 적지 않았다. 특히 제공권은 여전히 미군의 손에 있었기 때문에, 지원군의 후방 보급선은 큰 위험과 곤란에 직면하였다.[53] 제2차 전역이 끝났을 때, 지원군의 병력손실을 이미 10만에 달하였고(그중 5만 명은 동상), 병사들의 체력이 떨어지고 환자가 급증하였으며, 제9병단은 동상 때문에 최소 2~3개월 동안 참전할 수 없었다. 전군의 물자 보급은 부족하였고(차량은 단지 260대밖에 남아있지 않았다), 병사들은 군복과 식량이 부족하였다(일부는 맨발이었다).[54] 전선총사령관 팽덕회는 12월 8일 모택동에게 보낸 전보에서, 만일 제2차 전역 말기에 미군과 이승만 군대 각 2개 사단을 섬멸하게 되면 인민지원군은 즉시 38선을 넘어 기회를 보아 서울을 점령할 수 있을 것이며, 만일 그렇지 못할 경우 "38선을 넘거나 서울을 점령할 수 있어도, 하지 않는 것이 좋다."라고 제안하였다. 팽덕회는 38선 수십 킬로 이북 지역에서 진격을 멈추고, 부대를 재정비하여 내년 봄에 다시 전투를 재개할 것을 건의하였다.[55] 참모총장 대리 섭영진(聶榮臻)은 팽덕회의 전보를 받은 직후, 지원군부대는 휴식과 보충이 시급히 필요하고 일선의 병력 수에서도 중조연합군이 절대적 우세를 점하고 있지 않다고 보았다. 이에 섭영진은 다음 전역을 2개월 연기할 것을 건의하였다.[56] 주은래는 "전략 목적과 전역 계획을 함께 고려하여" 서울 공격의 "결전 공세"를 3월 초까지 연기할 것을 모택동에게 건의하고, 그렇지 않을 경우 "병력, 철도, 포병, 공군 모두 준비할 시간이 없다."라고 설명하였다. 각 부분과 논의한 후, 12월 주은래는 모택동에게 서신을 보내 만일 서울 근교에서 기회를 노려 적의 몇 개

[53] 소련 공군의 참전 보고에 의하면, 1951년 초까지 북한 내의 지원군 후방 교통선은 효과적인 보호를 받지 못하였다. 「제64항공사단 1950년 11월~12월 공중선 요약 보고」(1951년 1월 9일), ЦАМОРФ, ф.64. иак, оп.173543, д.95, л.138-147.

[54] 『抗美援朝战争史』第2卷, 第163页; 王焰主编, 『彭德怀年谱』, 第456页; 徐焰, 『第一次较量』, 第62页. 이때 소련이 지원한 무기 장비가 대부분 중국에 인계되었지만, 아직 전선 혹은 무장 부대에게 전달되지 못하였다. 「중국에 보낸 공군부대 및 장비 상황에 관한 바실리예프의 보고」(1950년 12월 15일), ЦАМОРФ, ф.16, оп.3139, д.16, л.188-189.

[55] 『周文稿』第3册, 第616页.

[56] 聶榮臻, 『聶榮臻回忆录』, 第740页.

사단을 섬멸하지 못할 경우, 적이 서울을 고수 혹은 포기하든 간에 우리 군은 반드시 일정 기간 휴식을 취하여야 한다고 제안하였다.[57]

그러나 모택동은 이미 결정을 내렸다. 12월 13일 모택동은 팽덕회에게 보낸 회신에서, "현재 영미 각국은 부대를 정비하여 다시 싸우기 위하여 우리 군에게 38선 이북에서 진격을 멈추도록 요구하고 있다. 이 때문에 우리는 반드시 38선을 넘어야 한다. 만일 38선 이북에서 멈추면 정치적으로 매우 불리하게 된다."라고 지적하고, 이 싸움에서 개성까지 진격 기회를 노려 적을 섬멸하도록 지시하였다. 그러나 만일 적이 서울을 고수할 경우, 지원군 주력부대는 개성까지 후퇴하고 재정비하면서, 동시에 조선인민군의 한강 도하를 지원할 것도 지시하였다. 동시에 적이 서울을 포기할 경우 지원군 (서쪽의 6개 군)은 평양과 서울 사이에서 재정비할 것을 지시하였다.[58] 모택동의 지시에 따라 지원군사령부는 15일 6개 군(軍)을 38선 이북으로 진격시켜, 서울 이북 지역의 일부 미군과 한국군을 섬멸하고 그 이후는 상황을 보아 결정하도록 하였다. 18일 지원군당위원회는 제3차 전역 임무 완성에 관한 명령을 발표하고, 즉각 38선을 넘어 전투를 계속해야 할 필요성을 설명하면서, 현재 적의 유일한 출구는 "38선에 의지하여 공격을 지연시키는 계책"뿐이며 "표면적으로 평화를 주장"하면서 "시간을 끌어 잔여 부대의 재정비를 서둘러 반격을 기도하는 것"이라고 지적하였다.[59]

비록 명령이 내려졌지만 팽덕회는 여전히 우려하였다. 19일 모택동에게 보낸 전보에서 팽덕회는 전황을 설명하면서, "두 차례 큰 승리 후 속전속결론과 맹목적 낙관론이 높아졌다. 소련대사와 조선 모두 신속한 진격을 요구한다. 본인은 조선전쟁이 여전히 힘들고 상당 기간 계속될 것으로 판단한다. 적이 방어로 돌아선 후 전선은 축소되고 병력은 집중되었으며, 종심(纵

---

57) 『周文稿』第3册, 第615, 625-628页.

58) 『毛文稿』第1册, 第722-723页.

59) 王焰主编, 『彭德怀年谱』, 第455页; 『抗美援朝战争史』第2卷, 第175-176页.

深)이 확대되어 병종 합동작전에 유리하다. 이 상황에서 적은 곧바로 조선에서 철수하지 않을 것으로 예상된다. 우리 군은 진격 속도를 늦추어, 부대의 힘을 크게 손상시키지 않도록 해야 한다. 지금 38선을 넘어 작전하기로 하였다. 만일 의외의 변고가 없으면 패하는 일은 없을 것이지만, 공격이 저지를 받고 승리가 그리 크지 않을 가능성이 있다."라고 보고하였다.[60] 22일, 팽덕회는 지원군 부사령관 등화(邓华)의 서신을 모택동에게 보냈다. 등화는 서신에서 만일 제3차 전역에서 더 많은 미군을 섬멸할 수 있다면, 적은 전쟁 종결을 위한 담판을 요구하거나 조선에서 철수할 가능성이 있다. 그러나 적은 이미 두 차례의 경험과 병력 집중이 이루어졌기 때문에, 그 가능성은 높지 않다. 따라서 장기전 계획을 세우고 심지어 지원군 주력 일부를 동북으로 철수하여 재정비하고, 3개 군을 남겨 인민군과 함께 적후 유격전을 전개할 계획도 세워야 한다."라고 제의하였다.[61]

모택동 역시 인민지원군의 어려움을 느끼고 있었다. 21일 팽덕회에게 보낸 회신에서 모택동은 적 상황에 대한 팽덕회의 예측이 정확하다고 인정하면서, 따라서 "반드시 장기적 대비"를 해야 하며 만일 공격이 "순조롭지 못하면 적절한 시기에 철수하여 적절한 지점에서 재정비하고 다시 싸움을 시작해야 한다."라는 데 동의하였다.[62] 24일과 26일 보낸 전보에서 모택동은 재차 "전쟁의 장기화에 대비해야 하며", "속전속결 생각은 유해하다."라고 지적하며, "이번 전역이 끝난 후 전군 주력(인민군 제2, 제5 군단을 포함)은 모두 재정비에 유리한 지역으로 철수하여, 1~2개월 휴식을 취해야 한다."라고 강조하였다. 그러나 모택동의 머릿속에는 38선 개념이 없었을 뿐만 아니라, 평화회담을 전혀 고려하고 있지 않았다. 모택동이 보기에는 곤란은 잠시일 뿐이며, 부대 재정비는 "춘계 공세를 위한 준비일 뿐이었다." 전술적으로 말

---

60) 王焰主编, 『彭德怀年谱』, 第456-457页.
61) 邓华给彭德怀的信, 1950年 12月 20日. 『抗美援朝战争史』第2卷, 第165页을 참조할 것.
62) 『毛文稿』第1册, 第731-732页.

해 38선을 돌파한 후 공격을 잠시 멈추고, "수십 킬로 후퇴하여 재정비하는 것은" 적을 "방심시켜 우리 군(지원군)의 춘계 공세를 용이하게 하는 것"을 의미하였다. 이를 위해 모택동은 "군대 내의 정치 학습을 강화하고", "조선 국경 내의 적을 섬멸하지 않고서는 귀국하지 않는다."라는 개념을 수립할 것을 특히 강조하였다. 38선에 대한 모택동의 개념은 그가 29일 전보에서 밝혔듯이, "소위 38선은 사람의 머릿속에 남아 있는 과거 인상일 뿐이며, 이 번 전쟁을 통해 이미 존재하지 않는다. 우리 군이 38선 이남 혹은 이북 지역 에서 재정비를 하든 아무 문제가 없다."라고 38선이 이미 의미가 없음을 설명하였다.[63] 이로부터 모택동의 이 결정은 평양과 모스크바로부터 압력을 받았기 때문이 아니라, 자신의 전략적 고려 때문이었음을 알 수 있다. 모택동의 이러한 생각은 유엔 정전안의 명운을 이미 예고하는 것이었다.

중조연합군이 제3차 전역을 시작한 후, 국제 정세는 급격히 긴장되었다. 1951년 1월 3일 열린 정치위원회에서, 라우 대표는 중국 정부는 합법정부의 참가와 동의가 없이 통과된 유엔의 모든 결의는 비법적이고 무효라고 보기 때문에 3인위원회는 "현재 어떠한 건의도 제안할 수 없다."고 보고하였다. 그 직후 정치위원회는 2일간 휴회를 선언하였다.[64] 1월 5일 3인위원회는 조선전쟁 문제 해결을 위한 새로운 건의를 준비하기 위한 시간을 줄 것을 재차 요구하였다. 정치위원회는 이 요구에 동의하였으나, 미국 대표는 미국 정부는 체면을 손상하는 조건을 포함하고 있는 어떠한 정전 제안도 받아들일 수 없다고 선언하였다.[65] 1월 11일 정치위원회는 회의를 다시 개최하고, 3인위원회를 대표하여 피어슨 캐나다 대표가 조선 문제 해결의 기본 원칙에 관한 '보충 보고'를 하도록 하였다. 피어슨의 보고는 5개 항 원칙을 포함 다음과 같은 내용으로 되어 있다. 즉 첫째, 즉각적으로 정전을 실현할 것. 둘

---

63) 『毛文稿』 第1册, 第733, 734-735, 741頁.

64) 『人民日報』, 1951年 1月 8日 第1版.

65) Peter Calvocoressi, *Survey of International Affairs, 1951*, London: Oxford University Press, 1954, pp.338-339.

째, 평화 회복을 위한 1차례의 정치회의를 개최할 것. 셋째, 모든 외국 군대의 단계적 철수 및 총선거 실시를 준비할 것. 다섯째, 조선의 통일과 관리를 위하여 절차를 규정할 것. 여섯째, 정전 후 대만의 지위와 유엔에서 중국의 대표권 문제를 포함한 극동아시아 문제의 해결을 위하여 미·영·소·중이 참가하는 회의를 개최할 것 등을 요구하고 있다. 정치위원회는 이 보고에 대한 토론을 진행하였으며, 미국 대표 오스틴은 그동안의 태도를 바꾸어 미국 정부는 이 제안에 찬성할 것이라고 밝혔다. 2일간의 토론을 거쳐 13일 오후 표결을 진행하였다. 결과는 찬성 50(미국 포함), 반대 7(소련, 우크라이나, 백러시아, 폴란드, 체코슬로바키아, 엘살바도르, 중화민국), 기권 1(필리핀)였다. 소련과 폴란드는 토론에서 중국과 북한 대표가 초청되지 않았기 때문에 이 제안에 반대한다고 성명을 발표하였다. 투표 직후에 유엔총회는 다시 노르웨이의 제안, 즉 이 원칙을 곧장 중국 정부에 전달하고 보고서에 나열된 원칙들을 극동 문제 해결을 위한 조건으로서 중국이 동의하는 여부에 관해, 중국 정부의 설명을 요구하는 제안을 표결로 통과시켰다.[66]

새로운 5개 항의 정전 원칙은 이전에 유엔을 통과한 그 어떠한 제안보다 중국 측 요구를 만족시켰을 뿐만 아니라, 미국이 태도를 명확하게 표시한 후 중국에 넘겨진 것이다. 특히 이 제안은 한 차례 회의를 개최하여 중국의 유엔 의석과 대만 문제를 포함한 극동 문제를 전문적으로 토론하기로 결정하였다. 이는 12월 22일 주은래의 요구에 전적으로 부합할 뿐 아니라, 일체의 정치적 부가 조건을 반대한다는 미국의 요구를 전적으로 도외시한 것이다. 그럼에도 불구하고 미국은 왜 돌연히 태도를 바꾸어 이 "체면을 손상하는 정전 조건"을 받아들이기로 하였는가?

사실상, 미국은 달리 선택의 여지가 없어 이 정전 조건을 받아들였다. 미

---

66) 『人民日报』, 1951年 1月 18日 第4版; 『中美关系资料汇编』 第二辑, 第367-371页; National Intelligence Special Estimate, January 11, 1951(Editorial Note); The Secretary of State to the United States Mission at the United Nations, January 13, 1951, *FRUS, 1951, Vol.7*, pp.64, 76.

국 정부는 국회와 선거에서 민주당 정부에 매우 불리하게 작용할 수 있기 때문에 이 정전 조건을 받아들이기를 원치 않았다. 조선전쟁 발발 후 공화당 의원들은 정부 정책을 끝임 없이 비판하였다. 특히 전황이 악화된 후, 공화당의원들은 트루먼의 외교정책을 주요 공격 대상으로 삼았으며, 민주당은 상원과 하원 선거에서 연거푸 패배하며 의석수가 대폭 줄어들었다. 만일 정부가 미국에게 수치를 안겨줄 이 정전 조건에 동의할 경우, 더욱 거센 비난을 받을 것이 확실하였다.[67] 이 점은 미국이 3인위원회 제안에 찬성하였다는 소식이 전해진 후, 국회에서 곧바로 큰 파문이 일어난 점으로 증명된다. 신문과 양당 의원들은 분연히 일어나 애치슨을 비난하고, 그를 해임할 것을 요구했다. 공화당 지도자 태프트(R. Taft)는 3인위원회 결의는 역사 이래 미국의 "가장 철저한 항복"이라고 칭하였다.[68] 그러나 만일 미국이 이 제안을 거부할 경우, 국제여론의 비난을 피할 수 없었고 심지어 친밀한 동맹국의 강한 불만을 일으킬 수도 있었다. 3인위원회의 보충 보고는 실질적으로 12개국 제안의 복사판이며, 특히 영국이 이에 큰 관심을 보였기 때문이다. 1월 4~12일, 영국 런던에서 영연방 회의가 소집되어 조선전쟁 해결을 위한 출구에 관하여 토론하였다. 회의 후 발표된 공동선언은 "우리는 우리와 의견이 다른 사람들을 최대한 이해해야 하며", "우리는 스탈린 또는 모택동과 솔직한 의견 교환을 뜻하는 그 어떠한 결정도 환영하며, 동시에 상대방의 마음의 소리를 최선을 다해 경청할 것"이라고 강조하였다. 회의는 또한 공동성명을 발표하고, 유엔 주재 영연방 국가 대표들은 정치위원회가 토론 중인 새로운 제안이 극동 지역의 현안들과 미결된 문제를 해결할 수 있기를 희망한다고 발표하였다.[69]

---

[67] John W. Spanier, *The Truman-MacArthur controversy and The Korean War*, New York: W. W. Norton & Company Inc., 1959, pp.151-158.

[68] Robert Leckie, *Conflict: The History of the Korea War, 1950-53*, New York: Putnam, 1962, p.254.

[69] H. J. Yasamee and K. A. Hamilton(eds.), *Documents on British Policy Overseas, Series II, Vol.IV, Korea, June 1950-April 1951*, London: HMSO, 1991, CAB21/1780: (Microfiche 10) No.108i, 10/1-30.

백악관은 진퇴양난에 빠졌음이 분명하였다. 애치슨이 지적한 바와 같이, "어떠한 선택도 위험성을 내포하고 있었다." 이 제안에 동의하면 한국인들은 믿음을 잃게 되고, "동시에 국회와 세계 여론의 분노를 유발할 수 있었으며" 반대할 경우 "유엔에서의 다수 및 지지를 잃을 수 있었다." 트루먼이 딜레마에 빠졌을 때 애치슨은 이전 13개국 제안에 대한 중국 정부의 태도를 보면 이번 결의안에도 중국이 반대할 가능성이 높다고 판단하면서, 미국은 찬성할 것을 주장하였다. 정말로 그렇게 될 경우 미국은 곤경을 벗어날 수 있을 뿐 아니라, 동맹국들 역시 중국에 대한 환상에서 깨어나 미국과 함께 중국을 비난하게 될 수 있었다.[70] 애치슨의 주장에 따라 트루먼은 한 차례 도박을 하기로 결심하였다.

5. 중국의 유엔결의안 거부와 거부 배경

애치슨의 예상대로 중국은 다시 유엔의 제안을 거부하였다. 1월 13일 트뤼그베 리 유엔사무총장은 유엔의 정전 제안을 주은래에게 전달하고, 중국 정부에 "유엔의 제안을 한국 문제와 기타 극동 제문제(诸问题) 해결의 기본 원칙으로 동의하는지 여부"에 관하여 질의하였다.[71] 1월 11일 유엔에서 3인 위원회 보고를 토론할 때, 중국은 이를 이미 알고 있었다. 주은래는 즉각 정전 문제 담판에 관한 비망록을 기초하고 소련의 의견을 구했으며, 이에 13일 스탈린은 전보를 보내 주은래의 의견에 동의하였다.[72] 유엔의 정식 문건을 받은 후 모택농은 팽덕회와 김일성을 북경으로 불러 논의하려 계획하였

[70] Dean Acheson, *Present at the Creation: My Years in the State Department*, New York: W. W. Norton & Company, Inc., 1969, pp.512-513.
[71] 赖伊致周恩来电, 1951年 1月 13日, 中国外交部档案馆, 113-00068-01, 第1-2页; 『中美关系资料汇编』第二辑, 第371-373页.
[72] 『周恩来军事活动纪事(1918-1975)』下卷, 第180页.

으나, 후에 주은래가 기초한 비망록에 수정을 가한 후 김일성에게 보내 그
의 의견을 구했다.[73] 14일 북한 정부에 보낸 주은래의 비망록은 정전 문제
에 관한 중국 지도부의 입장과 책략을 잘 보여 준다. 주은래는 비망록에서
현재 미국은 조선에서의 실패로 인하여 급히 출구전략을 모색하고 있으며
그 최선은 명예로운 정전이며, 만일 용이치 않을 경우 '제한전쟁'을 기도하
려 하고 있다. 정전이 이루어지면 미국은 힘을 보전할 수 있고 동시에 이승
만 또한 땅과 무력 자본을 보유하게 되며, 담판은 무기한 질질 끌게 된다.
따라서 우리는 '선 정전 후 담판' 제안을 거절하고 먼저 다음과 같은 주장을
제기할 예정이다. 즉 1, 조선에서 모든 외국군이 철수한 후, 조선의 내정은
조선 인민이 자주적으로 해결한다는 원칙하에 관련국이 참여하는 회의를
개최하여 조선전쟁을 종식시킬 것에 동의할 것을 제안한다. 2, 담판 내용은
반드시 미국 군대의 대만 철수와 극동의 관련 문제를 포함하여야 한다. 3,
담판에 참여하는 국가는 반드시 중국, 소련, 영국, 미국, 프랑스, 인도, 이집
트 7개국으로 구성되어야 한다. 유엔에서 중국 지위는 7개국회의가 개최된
직후 확정되어야 한다. 4, 7개국회의의 장소로 중국의 한 지역을 선택한다.
만일 위의 제안이 유엔 회원국의 동요를 유발할 경우, 유엔은 우선 '시한부
정전'을 제기할 가능성이 있으며, 우리는 7개국회의가 개최된 후 적당한 시
기에 '시한부 정전(1~2개월)' 문제를 우선적으로 논의할 수 있음을 암시할
수 있다. 만일 이 제안이 받아들여져 담판이 개최되면, 우리 군은 3개월의
휴식과 재정비의 기회를 얻을 수 있으며 만기가 되면 전투를 재개할 수 있
고 세계 인민의 동정을 얻을 수 있다. 만일 이 제안이 받아들여지지 않으면,
그 책임을 상대방에게 전가할 수 있으며 군사작전에는 아무런 영향이 없게
된다라고 주은래는 설명하였다. 주은래는 더 나아가 상술한 제안은 소련의
동의와 지지를 얻었다고 덧붙였다.[74] 팽덕회는 15일 회신을 보내, 비망록에

---

73) 「로신 대사가 비신스키 외상에게 보내는 전보」(1951년 1월 13일), *AПPФ*, ф.3, оп.65, д.336,
л.122; 『毛文稿』 第2册, 第28頁.

서 제기한 방침에 전적으로 동의하였다. 마셜과 마찬가지로 펑더화이 역시
'시한부 정전'이 중국군에 줄 수 있는 유리한 점에 주의하였다. 그는 "3월 말
까지의 기한은 우리의 조선 작전을 방해하지 않으며, 반대로 적기의 활동을
감소시켜 각종 준비와 진행을 용이하게 하는 등 우리에게 유익하다."라고
특별히 지적하였다.75)

지금까지 이 제안에 대한 북한의 태도를 보여 주는 자료는 없지만, 김일
성 역시 이 제안에 동의했을 것으로 생각된다. 1월 17일 주은래는 유엔정치
위원회에 보낸 전문에서 중국 정부의 입장을 재차 천명하고, 유엔결의안의
'선(先) 정전, 후(後) 담판' 원칙에 대한 거부를 분명히 하였다. 그는 이 제안
은 "오직 미군에게 숨 돌릴 시간을 줄 뿐이며", "담판의 의사일정과 내용이
어떠하든지 간에 먼저 담판을 통해서 정전 조건을 규정한 후 정전하지 않
고, 정전 후 담판을 진행하면 끝임 없는 토론만이 계속되어 어떠한 문제도
해결될 수 없다."라고 주장하였다. 동시에 주은래는 비망록에서 제기한 것
중 4가지 사항을 제안하였다.76) 당일 중국 외교부는 중국 주재 관련국 사절
들에게 주은래의 전문을 전달하였으며, 주은래 또한 인도대사 파니카를 접
견하였다. 다음 날, 장한부는 영국의 협상 대표 허친슨(J. Hutchinson), 덴마
크 공사 모크(A. Morch), 스웨덴 대사 함말스트롬(T. Hammarstrom)을 각각
면담하고, 유엔 제안을 거부한 이유를 설명하였다. 비밀이 해제된 지 얼마
되지 않은 이 대화 기록들을 자세히 읽어보면, 정전 담판에 대한 쌍방의 입
장과 책략을 이해하는 데 큰 도움이 된다.77)

우선 중국이 유엔 제안을 거부한 중요한 이유인 '선 정전 후 담판' 원칙의

75) 周恩来致柴军武电, 1951年 1月 14日;『周恩来年谱(1949-1976)』上卷, 第117页.
76) 『人民日报』, 1951年 1月 18日 第1版;『中美关系资料汇编』第二辑, 第373-374页.
77) 周恩来与潘尼迦谈话记录, 1951年 1月 17日; 章汉夫与胡阶森谈话记录, 章汉夫与穆克谈话记录, 宦乡与阿马斯顿谈话摘要, 1951年 1月 18日, 中国外交部档案馆, 113-00068-01, 第26-34, 35-37, 41-45, 38-40页.이하 관련된 대화 기록들은 위 문서들에서 모두 인용되었으며, 따로 문서 출처를 밝히지 않는다.

이해에 관하여, 인도대사 파니카는 이 건의에 대한 인도 및 기타 국가들은 "먼저 원칙상 정전에 동의한 후, 담판 중에 구체적으로 전쟁을 끝내기 위하여 구체적인 정전 조건을 규정하는 것"이라고 설명하였다.

주은래는 "담판 조건은 존재하며" 구체적인 정전은 당연히 담판을 통해서 실현되어야 한다고 대답하였다. 그는 "담판의 목적은 정전에 있으며", "담판 중에 반드시 정전 조건을 토론해야 하며 심지어 담판 중에 정전할 수도 있다."라고 강조하였다(장한부는 "담판 과정에서 정전 문제를 논의할 수 있으며, 정전 역시 담판의 일부분이 되어야 한다."라고 말하였다). 이에 파니카는 중국 설명에 따르면 "담판 또한 정전 원칙을 가정하고 있다. 이는 매우 중요하며 본인은 정부에 보고하여 전폭적인 지지를 촉구하겠다."라고 말하였다. 그러나 그는 귀하와 면담한 다른 사람들은 그렇게 말하지 않았다고 설명하면서, 그 이유는 "중국의 답변에서 그 점을 명확하게 설명하지 않아 오해가 발생한 것 같다."라고 말하며 중국 자신의 입장을 자세히 설명해 줄 것을 요구하였다. 이 몇 가지 대담 기록으로부터, 중국이 유엔결의안 중의 '정전 담판'의 함의를 어느 정도 이해하고는 있었지만, 그러나 여전히 '선 담판 후 정전' 입장을 고수하였으며, 중국이 제안한 정치적 조건에 먼저 동의해야 정전 문제를 논의 할 수 있다는 것을 알 수 있다. 또 다른 중요한 문제는 국제 무대에서의 의견 표현 방식이다. 파니카가 건의한 대로 중국은 유엔결의안에 반대 의견을 먼저 표하지 말고, 자신의 의견을 제기했어야만 하였다. 유엔결의안에 원칙적인 동의를 표한 후, 수정안을 다시 제기했으면 변통의 여지가 있을 수 있었다.

"선 정전은 미국 정부에게 숨 돌릴 시간을 주기 위한 것"이라는 중국의 주장을 겨냥하여, 허친슨(J. Hutchinson)은 이는 중국의 시각일 뿐이며 영국 정부는 결코 그렇게 생각지 않는다고 주장하였다. 그는 "영국 정부는 정전이 유엔군에게 다시 전쟁을 검토하는 조건이 될 수 없다고 생각하며, 영국 외교부는 여러 차례 전문을 보내 본인에게 이를 말했다."라고 강조하였다.

일단 이 제안이 유엔총회를 통과하게 되면, 미국이 다시 공격을 감행하는 것은 절대로 쉽지 않다는 것이다. 그러나 장한부는 "미국 정부가 필요한 것은 숨 돌릴 시간을 확보하는 것"이라는 주장을 여전히 견지하였다. 여기에서 중국 정부는 한 가지 중요한 소식을 등한시하였다. 영국 대표의 설명에 따르면 미국이 소위 "숨 돌릴 시간"의 필요 여부와 상관없이, 유엔결의안에 찬성표를 던지고 태도를 바꾼 후 미국이 처한 곤경은 투표할 때의 난처한 국면보다 훨씬 컸다는 점이다.

중국이 유엔결의안에 반대한 또 하나의 이유는 중국이 한 번도 국제적 현안 토론에 참가한 적이 없었기 때문이었다(이는 또한 소련이 반대한 이유이기도 하다). 파니카는 유엔 제안은 "중국에게 담판의 기초로서 고려할 것을 요청한 것에 불과하며, 만일 중국이 동의하면 정식으로 협상을 시작"하는 것이라고 설명하면서, 교전의 한쪽 당사자인 유엔이 중국의 의견을 먼저 구한 후, 건의안을 제출할 수는 없다라고 설명하였다. 주은래는 "이는 형식상의 문제이며 우리는 유엔을 교전 당사자라고 보지 않는다."라고 한발 물러서면서도, 문제는 유엔에서의 중국 지위이며 이 합법적 지위가 지금까지도 승인을 얻지 못하고 있으며, "따라서 우리는 언제든지 이 점에 관해 주의를 환기시켜야 한다."고 주장하였다. 주은래의 말은 실제로 사정이 그러하였으며, 중국의 중요 관심 사항이기도 하였다. 이로부터 중국이 왜 7개국회의의 우선 개최를 요구하였는지를 이해할 수 있으며, 회의 개최 자체가 유엔에서의 중국의 합법적 지위를 인정하는 것을 의미하는 것임을 알 수 있다.

또 하나 주목할 문제가 있다. 정전 제안은 미국인들의 음모라는 중국 주장에 관하여, 파니카는 "비록 미국의 이 제안에 동의하였지만 마지못해 동의한 것일 뿐이며, 인도 정부는 미국 정부가 이 제안에 동의한 이유가 중국 정부가 이 제안을 거절할 것으로 예상하고 있었기 때문으로 알고 있다."라고 매우 중요한 정보를 누설하였다. 파니카의 이 설명은 애치슨이 그의 회고록에서 회고한 바와 같이, 유엔결의안 때문에 미국의 처한 매우 곤란한 처지를 재차 증명해 주고 있으며, 중국 또한 정전 제안이 결코 미국이 의도적으로 부추기거나 혹은 주동적으로 제안한 것이 아니라는 것을 어느 정도 알고 있었다고 할 수 있다. 주은래가 회신에서 "상황은 결코 미국의 의도대로 가지 않는다."라고 한 점으로부터 볼 수 있듯이, 주은래는 이 점을 어느 정도 이미 알고 있었던 것으로 보인다.

국제회의 개최 장소에 관해 파니카는 "반드시 중립적인 장소 한곳을 선택하여, 회의 참가자들이 어려움을 느끼지 않고 자유롭도록 해주어야 한다."라고 주장하고 홍콩, 카이로, 인도 등지를 후보지로 거명하였다. 주은래는 "이 회의는 동방 문제의 해결을 위한 것이기 때문에, 중국이 최적의 장소"라는 주장을 굽히지 않았다. 이 점은 결코 사리에 맞지 않는다. 스웨덴 대사는 외교부에서 중국 문건을 전달받을 때, "와우! 중국에서 회의를 개최해! 아무도 동의하지 않을 것이다!"라고 중얼거렸다.

주은래가 기초한 비망록과 상술한 자료는, 중국이 유엔 제안을 갖은 이유를 들어가며 거부한 것이 설득력이 부족함을 보여 준다. 특히 영국과 인도 대표가 설명한 이후, 거부의 진짜 이유는 모택동 자신이 정전 담판을 진행할 생각이 없었기 때문이며, 최소한 현재로서는 시기가 아니라고 보았다. 서울을 점령한 후, 모택동은 전군 휴식과 재정비에 관한 팽덕회의 의견에 동의하고, 김일성과 소련 고문의 지속적인 남진 요구 압력을 막아주며 팽덕회를 지지하였다.[78] 그러나 앞에서 설명한 바와 같이, 모택동(팽덕회를 포함)이 휴식을 결정한 것은 중국이 손을 빼려는 것이 아니라 미군을 철저히 패배시키기 위한 결정적 전투를 대비하기 위한 것이었다. 제3차 전역이 끝난 1월 8일, 지원군당위원회는 휴식과 재정비 기간 동안의 임무에 관하여 지시를 하달하였다. 금후의 중심 문제는 전당·전군의 곤란 극복 노력에 달려있다. 충분히 준비하고 경험을 종합하여, 전술과 기술을 제고하여 다음 전역 개시 후 지속적으로 작전을 쟁취하여 단숨에 적 전체를 섬멸하고, 조

---

[78] 본서의 제5장 3절을 참고할 것.

선 전체를 해방시킬 것을 다음 전역의 목표로 제시하였다.[79] 1월 14일 모택동이 팽덕회에게 보낸 전보에서도, 춘계 공세를 위한 충분한 준비의 목적은 "최후 성격"의 작전을 진행하여 최후 승리를 보장하고, 4~5월 조선 문제를 근본적으로 해결"하는 것에 있음을 다시 한번 강조하였다. 장래 전황에 관해, 모택동은 첫째, 적군은 "중조 대군의 압력하에 약간의 저항을 진행한 후, 곧바로 남조선에서 물러가는 것"과 둘째, "적이 대구, 부산 지구에서 완강하게 저항하고, 우리의 공격에 적이 다시 싸울 수 없게 될 때까지 기다렸다가 남조선으로부터 물러나는 것" 두 가지를 기본으로 예상하였다. 다음 날 모택동은 이 전보를 스탈린에게 보냈다.[80] 유엔군이 조만간 조선반도로부터 철수하고, 몇 개월 후에 지원군이 완승을 거두게 될 텐데, 지금 왜 군이 정전 담판을 진행해야 하는가? 이에 따라 중국은 '선 정전 후 담판'의 원칙을 거부하고, '선 담판(실제는 정치 조건) 후 정전을 고려"하는 방침을 고수하였던 것이다.

6. 정전 담판을 위한 가장 유리한 시기를 놓친 중국

유엔 제안에 대한 중국 정부의 거부 회답은 백악관에게는 뜻밖의 기쁨이었다. 1월 17일 애치슨 국무 장관이 기자회견 중에 공격을 당하여 풀이 죽어 있을 때, 돌연 종이쪽지 한 장이 전달되었다. 쪽지를 읽은 애치슨은 무거운 짐을 벗은 듯 표정이 즉시 밝아졌다. 쪽지에는 "중국이 5개 항 방안을 거절하였나."라고 적혀 있었나.[81] 이후 미국의 성책결성사들은 이 기회를 이용하여 수동적 국면 완전히 전환시켰다.

[79] 『抗美援朝戰爭史』第2卷, 第192页.
[80] 「모택동이 스탈린에게 보내는 전보」(1951년 1월 15일), *АПРФ*, ф.45, оп.1, д.337, л.1-3.
[81] 『顾维钧回忆录』第八分册, 第195页.

1월 17일, 유엔정치위원회에서 미국 대표 오스틴은 주은래의 답신에 대한 장문의 성명을 발표하였다. 오스틴은 중국은 국제사회의 평화적 노력을 3차례나 연속 거부하고 유엔의 평화에 대한 성의를 무시하였다고 비난하면서, 중국의 소위 한반도로부터 모든 외국군의 철수 요구는, 지원군은 인민군으로 재편성될 수 있기 때문에 중국군은 계속 남아 있겠다라는 의미라고 비판하였다. 동시에 오스틴은 중국을 '침략자'라고 부르며, 정치위원회는 즉시 침략자에 대한 제재 방안을 연구 제출할 것을 제의하였다.[82] 20일 미국 하원은 유엔이 중공을 한국에 대한 침략자로 선포할 것을 요구하는 결의안을 통과시켰다. 하원 투표에서도 거의 만장일치로 통과되었으며, 4일 후 상원 또한 전원일치로 이 결의안을 통과시켰다.[83]

주은래의 거부 성명은 많은 국가들로부터 부정적인 반응을 일으켰다. 인도 총리 네루는 문서상으로 중국 정부는 유엔 결의를 완전히 거부한 것은 아니라고 보았으며, 인도 대표 라우 또한 정치위원회의 발언에서 중국 정부의 답변은 3인위원회 원칙에 대한 정면 거부가 아니라, "일부는 동의, 일부는 거부, 일부에 대해서는 설명을 요구하는 것이며, 또 다른 일부분은 일련의 역제의"라고 주장하며, 중국의 역제의는 "재협상과 담판의 여지가 크다."고 강조하였다. 그러나 중국의 행동은 3인위원회 위원 중 한 명인 피어슨의 불만을 일으켰다. 그는 "북경의 유엔 제안 거부는 극동아시아 문제 해결의 통로를 막아버린 것"이라는 성명을 발표하였다. 심지어 중국의 유엔 가입을 계속 지지해 온 영국조차도, 비록 지금 단계에서 새로운 중요 결정을 하는 것을 주장하지는 않지만 "중국의 침략자 지지의 간섭 행위에 대한 규탄"에 공개적인 지지를 밝혔다.[84]

주은래 역시 중국의 유엔 제안 처리 방법이 타당하지 않음을 감지하고 있

82) 『中美关系资料汇编』第二辑, 第377-381页.

83) 『顾维钧回忆录』第八分册, 第197, 201页.

84) 外电对周恩来拒绝联合国提案的反映, 1951年 1月 18日, 中国外交部档案馆, 116-00049-02, 第21-23页;『中美关系资料汇编』第二辑, 第382-384, 384-388页.

었다. 세계 여론의 지지를 얻기 위해 1월 22일 중국 외교부는 인도대사에 대한 회답 방식을 통해 수정안을 제출하였다. 그 중요 내용은 다음과 같다. 조선으로부터 모든 외국 군대의 철수 원칙이 받아들여지기만 하면, 중국 인민지원군의 철수는 실행될 수 있다. 중국 정부는 인민지원군부대를 설득하여 귀국을 책임진다. 정전 담판은 두 단계로 진행한다. 우선 계속적인 담판 진행을 위하여, 7개국회의 제1차 회의에서 시한부 휴전을 논의 결정하여 시행한다. 그 다음 모든 정전 조건은 반드시 정치 문제와 연계하여 논의한다. 유엔에서 중화인민공화국의 합법적 지위를 반드시 보장한다.[85] 그러나 한 번 놓친 좋은 기회는 다시 오지 않았다. 미국은 어떤 변명의 기회와 공간도 중국에 제공하지 않았으며, 주은래의 노력은 미국의 일련의 외교 군사적 행동 중에 묻히고 말았다.

1월 22일 유엔 주재 미국 부대표 그로스(E. A. Gross)는 뉴욕에서 미국의 대만정책은 미국의 안전을 고려하여 결정될 것이라고 선언하였다. 즉 장래 대만에 관련된 모든 회의에 대만 정부가 반드시 참가해야 한다고 단호하게 주장하고, 미국은 중국의 유엔 가입 문제에 관해 그 어떠한 약속도 한 적이 없다고 강조하였다.[86] 그로스의 강경 성명은 미국 정부의 최후 결정을 반영한 것이 분명하였으며, 그 목적은 각 방면에서 계속 진행되는 중재 노력을 저지하고 단념시키는 데 있었다.

1월 24일 아시아 · 아프리카 12개국은 미국, 이집트, 소련, 인도 및 중국은 즉시 회의를 개최하여, 1월 13일 유엔결의안에 대한 중국의 답변에 필요한 모든 보충과 조치를 취할 것을 유엔총회에 연명으로 제안하였다.[87] 그러나 미국의 반대로 인하어 정치위원회는 이 제안을 부결시켰으며, 중국의 해명을 듣지 않기로 결정하였다. 반대로 미국의 선동과 기획하에, 2월 1일 유엔

---

85) 『人民日报』, 1951年 1月 24日 第1版.

86) 『顾维钧回忆录』第八分册, 第200页.

87) 『中美关系资料汇编』第二辑, 第388-389页; Henderson to the Secretary of State, January 25, 1951(Editorial Note), *FRUS, 1951, Vol.7,* pp.130-131.

총회는 마침내 중국 정부가 "한국 침략에 가담하였다."고 판정한 결의안을 통과시켰다.[88] 그러나 미국의 외교 전술과 비교해 중국을 진정한 곤경으로 빠트린 것은 전장에서 미군이 취한 군사행동이었다.

인민지원군에 유엔군이 연달아 패배하는 상황하에서, 초기에 미국은 확실히 철군을 고려하였다. 제3차 전역이 발동되기 전, 12월 29일 미국 합동참모회의는 맥아더와 한국의 지상부대 책임자로 임명된 제8군사령관 리지웨이(M. B. Ridgway)에게 "오직 큰 사상자가 발생하지 않는다는 상황하에서만 방어를 계속하며, 만약 그렇지 않을 경우 한국에서 철수할 준비를 하여야 한다."라고 지시 하였다. 이 결정은 첫째, 미국은 현재 중공군은 유엔군을 한반도 밖으로 몰아낼 수 있는 능력이 있으며, 둘째, 미국의 전반적인 전략 측면에서 보면 한국은 대규모 전쟁을 할 지역이 아니라는 두 가지 상황이 주로 고려되었다.[89] 그러나 리지웨이 장군은 미 지상군 작전권을 인계받은 후, 미군은 큰 손실을 보지 않았으며 단지 사기가 떨어져 놀라 당황한 것뿐이라는 사실을 발견하였다. 이 밖에도 리지웨이는 지원군의 치명적 약점, 즉 보급과 현대화된 무기가 부족하여 중국 군대의 공격은 최대 1주일을 넘길 수 없다는 사실에 주목하였다. 따라서 미군은 현재의 진지를 지킬 수 있는 능력이 있으며, 그는 한국에서 철수하지 않기로 결심하였고 심지어 즉각 반격을 개시할 것을 계획하였다.[90]

제3차 전역의 포성이 울린 후, 리지웨이는 원래 38선과 서울 방어선을 고수하기로 하였다. 그러나 유엔군은 한국군을 제1선에, 미국과 영국 군대를 제2선에 배치하는 방어부대 배치에서의 치명적인 실수를 범하였다. 그 결과 한국군이 싸우지도 않고 후퇴함으로써 모든 방어선이 동요하고 붕괴되었으며, 리지웨이는 한강 이남 방어선까지 후퇴를 명령할 수밖에 없었다.[91] 이

---

88) 『中美关系资料汇编』第二辑, 第391页.

89) The Joint Chiefs of to MacArthur, December 29, 1950, *FRUS, 1950, Vol. 7*, pp.1625-1626.

90) Ridgway, *The Korean War*, pp.84-91; 『抗美援朝战争史』第2卷, 第222页.

91) 『抗美援朝战争史』第2卷, 第173, 179-182页; Ridgway, *The Korean War*, pp.91-93.

상황하에서 트루먼은 한국에서 철군을 재차 고려하고자, 육군 참모총장 콜린스(J. L. Collins)와 공군 참모총장 밴더버그(H. Vandenberg)를 한국전선에 파견, 맥아더와 논의하도록 하였다. 그러나 두 참모총장은 전선의 부대를 시찰한 후, 정세가 상상했던 정도로 나쁘지 않다고 보았다. 재정비를 거친 미 제8군은 사기가 높아지고 진영이 정비되어, 리지웨이는 1월 15일 이미 탐색적 반격을 시작하기로 결정하였다. 17일 워싱턴으로 돌아온 그들은 "중국인들은 보급선이 너무 길어짐으로써 이미 효과적인 작전을 할 수 없는 상태에 처하였다."라고 백악관에 보고하였다.92) 1월 20일 맥아더 또한 "아무도 우리를 바다로 몰아낼 수 없으며, 본 사령관은 한국에서 군사기지를 유지할 계획이며 유엔의 정치가들이 결정만 하면 우리는 반드시 그렇게 할 것이다."라고 선언했다.93)

   탐색과 준비를 거쳐 중국이 유엔의 정전 제안을 거부한 이후인 1월 25일, 리지웨이는 지상군부대, 모든 포병 및 탱크 부대(총 병력 25만 명)를 집결시켜 공군의 대대적인 지원하에 전 전선에서 일제히 반격을 개시하였다.94) 유엔군의 공격은 중조연합군의 휴식과 재정비 계획을 철저히 무산시켰을 뿐만 아니라, 인도 등의 지속적인 정전 담판 시도 노력을 무의미하게 만들었다. 유엔군이 반격을 개시할 때, 중국군 상황은 인민지원군당위원회가 1월 8일 보고한 그대로였다. 즉 "모든 병과의 전투병이 부족하고, 보급이 엉망이며 체력이 쇠약해졌으며, 재정비가 이루어지지 않고 운수와 보급이 개선되지 않으면 더 이상의 작전이 어려운 상황이었다."95) 이 때문에 팽덕회는 김일성 및 고강과 논의를 거친 후, 27일 모택동에게 전보를 보냈다. 그는 전보에서 "만일 적이 계속 북상하면, 우리 군이 교두보 진지를 지키는 것은 매우

---

92) Acheson, *Present at the Creation*, p.516; Truman, *Memoirs by Harry S. Truman, Volume Two*, p.435-436; Ridgway, *The Korean War*, pp.93-94.

93) Leckie, *Conflict: The History of the Korea War*, p.255.

94) 『抗美援朝战争史』第2卷, 第222-223页.

95) 『抗美援朝战争史』第2卷, 第190页.

곤란하다. 서울과 인천을 포기하고, 북경이 중조연합군은 '시한부 정전'을 지지하며 15~30킬로미터 후퇴할 예정이라고 발표해 줄 것"을 제안하였다.[96] 모택동은 28일 회신에서 "적이 지금 우리 군의 일정 지역 후퇴를 희망하고 있고 한강을 봉쇄한 후 정전을 실현하려 하고 있다."라는 이유를 들어 팽덕회의 건의를 거부하였다. 그는 반대로 중조연합군은 즉시 제4차 전역 발동을 준비하여, 2~3만의 적을 소멸하고 대전–안동 이북까지 점령할 것과, 그후 2~3개월간의 휴식 및 재정비를 한 후 "최후 성격의 제5차 전역"을 다시 시작할 것을 지시하였다.[97] 스탈린은 즉각 모택동에게 전보를 보내 그의 결정에 동의와 지지를 표시하였다.[98]

이후 사실의 증명하듯이 모택동과 스탈린은 적의 전략 의도, 적과 아군의 역량 대비 및 전황의 발전 추세에 관해 잘못된 판단을 하였다. 제4차 전역이 개시된 이후, 인민지원군은 2개월 이상 지극히 어려운 전투를 경험하였다. 비록 적에게 큰 손실을 입히기는 하였지만, 중조연합군은 북위 37도 이남의 전략목표에 도달할 수 없었다. 반대로 유엔군은 인천, 김포 및 서울 등 전략 요충지를 점령하고, 모든 전선에서 중조연합군의 진지를 돌파하여 38선 이북까지 재차 진입하였다. 그 직후 시작된 제5차 전역 중에 중조연합군은 비록 38선을 넘어 몇 개 사단의 유엔군을 소멸시켰지만 "적군 분쇄 계획 및 주도권 탈취"의 전역 목표를 이루지 못하고, 진격을 멈추고 전투를 끝낼 수밖에 없었다. 5월 20일 유엔군이 전면 공격을 개시하여, 중조연합군은 퇴각할 수밖에 없었으며 엄청난 손실을 입었다.[99] 최후에 전선은 38선 남북 지역에서 고착되고, 쌍방 모두 대규모 공격을 재차 개시할 여력이 없었으며 정전 담판 문제를 진지하게 고려하기 시작하였다.

지원군의 치명적 결함과 곤란에 관하여 팽덕회는 가장 잘 알고 있었다.

---

96) 王焰主編,『彭德懷年譜』, 第469頁.
97)『毛軍事文稿』上卷, 第454-455頁.
98)「스탈린이 모택동에게 보내는 전보」(1951년 1월 30일), АПРФ, ф.45, оп.1, д.337, л.44.
99)『抗美援朝戰爭史』第2卷, 第228-238, 254-268, 305-358頁; Ridgway, The Korean War, pp.179-183.

1951년 2월 21일 팽덕회는 북경으로 돌아와 상세한 보고를 하였다. 모택동은 팽덕회의 보고에 다소간 영향을 받아, "빨리 승리할 수 있으면 빨리 승리하고, 빨리 승리할 수 없다면 승리를 늦추면 된다. 급하게 서두를 필요가 없다."라고 지적하였다.[100] 3월 1일 모택동은 이 상황을 스탈린에게 설명하고 "우리 군은 반드시 장기전 준비를 해야 하며, 몇 년간 미군 수십만을 소모시켜 미국에게 두려움을 알게 하여 스스로 물러나게 해야만 조선 문제가 해결될 수 있다."라고 강조하였다.[101] 5월 하순에 이르자, 팽덕회는 전쟁을 더 이상 지속할 수 없음을 깊이 통감하였다. 그는 2월 26일 지원군당위원회 명의로 중공 중앙에 인민지원군 상황에 관한 보고서를 보냈다. 그는 "각 군의 보고에 따르면 현재 부대 간부들의 사기는 땅에 떨어졌으며, 전쟁 장기화에 염증을 느끼고 있다. 금후 작전이 더욱 곤란해질 것을 우려하여 전쟁 승리에 대한 회의감이 생겨나고 있으며, 일부 간부들은 항명하고 장교들과 사병 간의 관계가 비정상이며 기율 파괴 현상은 매우 엄중하다."라고 보고하였다.[102]

섭영진의 회고에 따르면, 제5차 전역 이후 중공 중앙은 전쟁의 전망에 관해 토론을 벌였다. 토론에서 대다수는 "38선에서 진격을 멈춰야 하며 담판하고, 다른 한편으로 싸우면서 담판을 통해 전쟁을 끝내야 한다."라고 주장하였다.[103] 이는 중국의 전쟁 목표 설정과 전쟁을 종결하는 방식에서 또다시 처음의 입장으로 되돌아 왔다.

그러나 모스크바와 평양은 여전히 전쟁 지속에 대한 환상 속에 사로잡혀 있었다. 5월 29일 스탈린은 모택동에게 보낸 전보에서 "영미군에게 심대한 타격을 입히기 위하여 중국은 한 차례 대규모 전역을 준비해야 한다."라고 지적하였다. 김일성 역시 5월 30일 팽덕회에게 보낸 서신에서 "조선 문제의

---

100) 王焰主编,『彭德怀年谱』, 第480页.
101) 『毛文稿』第2册, 第151-153页.
102) 王焰主编,『彭德怀年谱』, 第498页.
103) 『聂荣臻回忆录』, 第741-742页.

평화적 해결은 절대로 불가능하며, 또한 38선에서 전쟁을 끝내서도 안 된
다."라고 주장하며, 6월 말 혹은 7월 초에 총공격을 개시할 것을 제안하였
다.104) 이에 모택동은 6월 3일 김일성을 북경으로 불러 중국의 주장을 받아
들이도록 설득하였다.105) 그러나 스탈린은 쉽게 입장을 바꾸지 않았다. 그
는 북경 소련 대사관을 통하여 작전의 어려움에 관한 모택동과 팽덕회의 전
보를 받은 후, 6월 5일 보낸 회신에서 "조선전쟁을 끝내는 것을 급히 서두를
필요가 없으며" 계속해서 "적에 큰 타격을 주고, 3~4개 사단을 소멸시킬 것"
을 주장하였다.106) 이에 모택동은 6월 5일 밤 재차 스탈린에게 전보를 보내,
전쟁으로 인한 중국의 각종 어려움을 설명하면서 고강과 김일성을 모스크
바로 보내 직접 보고하도록 하고 지시를 받도록 해 줄 것을 희망하였다.107)
6월 10일 고강과 김일성은 모스크바에 도착하였다. 회담에서 스탈린은 중
국과 북한의 의도와 희망이 무엇인지에 대해 다시 자세히 물었고, 이에 고
강과 김일성은 "우리는 정전을 희망한다."라고 대답하였다. 이에 회담에서
는 정전과 회담 방침을 확정하였다.108) 6월 13일 정전 동의에 관한 스탈린
의 전보를 받은 후, 모택동은 고강과 김일성에게 스탈린과 회담을 계속하
여 어떻게 정전 담판을 제기할 것인가의 문제를 해결할 것을 요구하였다.
모택동은 전황이 불리하기 때문에 중국과 조선 모두 지금 이 문제를 제기
하기 어렵다고 보고, 소련 정부가 나서 탐색하고 중재하는 것이 최선이라
고 생각하였다. 정전 조건에 관해 모택동은 중국의 유엔 진입 문제를 제기
하지 말 것을 주동적으로 먼저 요구하였다. 이는 대만 문제 역시 단지 하나

104) 「스탈린이 모택동에게 보내는 전보」(1951년 5월 29일), АПРФ, ф.45, оп.1, д.338, л.98-99; 金日成给彭德怀的信, 1951年 5月 30日, 参见王焰主编, 『彭德怀年谱』, 第500页.
105) 柴成文等, 『板门店谈判』, 第115页; 『毛文稿』 第2冊, 第355页; 2000년 9월 12일 필자의 시성문 (柴成文)과의 인터뷰 기록.
106) 「크라소프스키가 스탈린에게 보내는 전보」(1951년 6월 4일); 「스탈린이 모택동에게 보내는 전보」(1951년 6월 5일), АПРФ, ф.45, оп.1, д.339, л.4-6, 10-16, 17-18.
107) 「모택동이 스탈린에게 보내는 전보」(1951년 6월 5일), АПРФ, ф.45, оп.1, д.339, л.23.
108) 师哲, 『在历史巨人身边』, 第506-508页.

의 산가지에 불과했던 것이다.109) 이때에 이르러 모택동은 중국이 가장 유리한 조건에서 평화회담을 진행할 수 있는 실력과 지위를 이미 잃었다는 것을 알았다.

7. 큰 희생을 피할 수 있었던 전쟁

1950년 말과 1950년 초 정전 담판의 정책결정에 대한 시비 공과에 관하여, 그 전개 과정과 전개 과정 중 원인과 결과에 대한 상세한 묘사와 분석을 통해 특히 논쟁이 되고 있는 논점에 관해 필자는 다음과 같은 견해를 가지고 있다.

13개국 제안과 유엔의 정전 결의안이 미국의 기획이 아니라면, 이 제안들이 미국의 음모라고 말하는 것 또한 어떠한 근거도 없다. 비록 미국의 압력에 의하여, 원 13개국 제안이 2개로 나누어졌지만, 인도대사가 말한 바와 같이 두 개의 제안은 서로 밀접한 관계가 있다. 중국이 제1제안에 동의하고 특히 외교적 기교를 발휘했다면, 12개국 제안은 통과될 수 있었다. 3인위원회 정전 제안은 미국의 뜻을 더욱 벗어난 것이었다. 미국이 이 제안에 찬성한 것은 부득이한 선택이었다. 만일 미국의 음모가 있다고 한다면, 제안 자체에 있는 것이 아니라 도박성 찬성표를 던진 후, 중국이 이 제안을 거부하기를 기다린 것에 있다. 중국이 이 제안을 거부하였기 때문에 미국의 음모가 성공하였으며, 자신의 피동적 위치를 중국에 전가할 수 있었다. 사실 정말로 휴식이 필요한 쪽은 미국 군대가 아니라 중국 군대였다. 따라서 중국은 13개국 제안을 거부하더라도, 최소한 3인위원회 제안은 받아들였어야 했다.

---

109) 「스탈린이 모택동에게 보내는 전보」, 「모택동이 스탈린에게 보내는 전보」(1951년 6월 13일), *АПРФ*, ф.45, оп.1, д.339, л.31-32, 57-60.

만일 중조연합군이 38선을 돌파할 때 혹은 38선 돌파 후에 정전 건의를 받아들였다면(심지어 주동적으로 38선 이북으로 철수하였다면), 모든 방면에서 중국에 극히 유리하게 전개될 수 있었다. 지원군이 미군을 38선 이남으로 퇴각시켰을 때, 모택동이 전쟁에 개입한 목적은 기본적으로 이미 실현되었다. 즉 정치적으로 중국은 북한을 구하였으며, 국제주의 책임과 의무를 이행함으로써 사회주의진영 내에서 중국 자신의 지위를 크게 제고하였다. 또한 외교적으로 중국은 대담하게 단독 출병하여 미국과 싸움으로써 스탈린의 요구를 만족시켰으며, 중소동맹의 견실한 기초를 닦았다. 시기적절하게 정전 담판을 시작하였다면 국제여론의 지지를 얻었을 것이고, 중국의 국제적 이미지 또한 크게 제고할 수 있었다. 군사적으로도 이때의 미국의 정전 동의는 패배자의 신분으로 협상 테이블에 앉는 것과 같아, 모택동의 혁명 격정과 반제국주의 신념은 이미 충분히 과시되었다고 할 수 있다. 이 밖에도 북한을 완충지대로 한 중국의 안전과 주권에 대한 위협은 자연히 사라졌으며, 대만 문제와 유엔에서 중국의 법적 지위 문제 모두 중국에 유리하게 해결될 수 있었다. 이때가 중국에 가장 유리한 정전 담판 시기였다.[110]

소련, 북한, 미국 모두 정전 담판을 원치 않는 상황하에서 중국이 정전 담판의 태도를 계속 고수할 수 있었는가? 만일 중국이 유엔의 제안을 받아들였을 경우, 휴전을 실현시킬 수 있었는가? 전쟁 중의 동맹 관계가 어느 정도 중국의 선택을 제약하였음을 부인할 수 없다. 한국에 대한 김일성의 군사행동에 모택동이 마지못해 동의한 것과 중국의 출병 결정은 이와 관계가 있다. 그러나 중국은 출병 후 동맹국 내에서 지위와 발언권이 크게 높아졌다. 1951년 6월 정전 담판으로 입장 전환과 그 시기를 전후한 기타 중요 문제의 결정 과정에서 모택동은 주도적인 역할을 하였으며, 최종적으로 소련과 북한의 동의를 얻었다.[111] 따라서 만일 모택동이 정전 담판을 원하고 계속 그

---

110) 이 각도에서 보면 팽덕회가 모택동에게 무례를 무릅쓰고 38선을 돌파는 "실질적으로 정치적 의의가 크지 않다."라고 말한 것을 이해할 수 있다. 王焰主编, 『彭德怀年谱』, 第460页.

런 의견을 견지했다면, 동맹국 내부의 일치된 견해를 의견을 이룰 수 있었다. 미국은 확실히 정전 담판을 달가워하지 않았지만, 미국이 지휘하는 '유엔군'은 법적으로 행동을 취하는 데 있어서 유엔총회의 비준을 받아야 했다. 이 상황에서 유엔이 다시 개전을 비준하는 상황은 절대로 일어날 수 없었다. 만일 미국이 모든 것을 아랑곳하지 않고 다시 전쟁을 일으킨다 하더라도 중국은 모든 방면에서 우위를 차지할 수 있었으며, 도덕적으로 국제여론의 지지는 물론 군사적으로도 중조연합군은 짧은 시간을 이용하여 원기를 회복하고, 보급을 보충하며 다시 싸울 준비를 할 수 있었다.

마지막으로 중국이 유엔 제안을 거부한 진정한 이유는 어디에 있는가? 모택동이 초기에 설정한 군사적 목표는 유엔군을 38선 이남으로 몰아내어, 미국이 정전 담판을 수용하도록 압박하는 것이었으며 이는 비교적 객관적이고 초기에 설정한 정치 목표에도 부합하였다. 그러나 지원군의 초기 군사적 승리는 모스크바와 평양을 고무시켰을 뿐만 아니라, 모택동이 원래 설정한 전략 방침을 변경시켰다. 비록 공격 시기를 정하는 데 있어서는 신중하였지만, 중국의 현실적 능력을 초과하는 군사적 목표를 확정하였다. 38선을 넘는 것은 모험이었으며, 계속해서 미국을 바다로 몰아내는 것은 더욱 중국의 능력 밖이었다. 군사적으로 보면, 적과 아군과의 역량 비교를 잘못 예측하였기 때문에 지원군이 힘이 다 빠졌을 때, 모택동은 지원군의 '공격 정점(进攻顶点)'을 넘는 정책목표를 정하는 과오를 범하였다.[112] 이는 이전에 설정한 정치적 목표뿐만 아니라, 자신의 현실적 조건을 초과하는 것이었다. 이때 중국이 범한 과오의 원인은 4개월 전 미국의 치명적 정책결정의 과오를 반복한 것이라 할 수 있다. 이 밖에도, 외교 지식 및 국제적 투쟁 경험의 부

111) 본서의 제5장 3절을 참조할 것.
112) '공격 정점(进攻顶点)'은 군사학자 클라우제비츠(Karl van Clausevitz)가 제기한 개념이다. 그는 "대다수 전략적 공격은 오직 자신의 역량이 강화(媾和)를 하는, 그 시기까지 방어를 충분히 진행할 수 있어야 만이 가능하다. 이 시기를 초과하면 급변 상황이 발생하게 되어 반격을 당할 수 있다."라고 하였다. 克劳塞维茨, 『战争论』第3卷, 中国人民解放军军事科学院译, 北京: 解放军出版社, 2005年 第2版, 第833页.

족은 기회를 포착하지 못하고 군사적 이외의 수단을 이용하여 설정한 전략 목표를 실현시키지 못한 중요한 원인 중의 하나가 되었다.

조선전쟁의 전 과정과 그 결과를 총체적으로 관찰해 보면, 중국인들이 자부심을 느낄 만한 이유가 충분하다. 중국은 조선전쟁을 통해서 세계 강대국의 이미지를 확실히 회복하였다. 이전 굴욕의 한 세기 동안 중국은 서방과 일본에 연전연패하여, 땅을 할양하든지 아니면 거액의 배상금을 지불하였다. 33개월에 걸친 세계 최강국 미국과의 전쟁 중에 중국은 약함으로 강함에 맞서 뜻밖에도 끝까지 버틸 수 있었으며, 미국 대표와 동등한 자격으로 정전협정을 체결하여 세계인들에게 신중국을 다시 보게끔 하였다. 이후 1954년 중국은 제네바회의에서 "국제 무대의 중심 위치"를 차지하였으며, 주은래는 곧이어 개최된 "아시아와 아프리카의 부흥"을 상징하는 반둥회의에서 "주연"을 맡았다.[113] 이때부터 오랫동안 중화민족 마음속에 자리 잡고 있던 굴욕감이 청산되었으며, 중국 인민은 이때부터 진정으로 자부심을 가지고 "지금부터 일어났다."고 외칠 수 있었다. 모택동은 매우 어려운 조건하에서 "항미원조(抗美援朝), 보가위국(保家卫国)" 결정을 하여, 한편으로 중공의 국제주의 의무를 이행하고 북조선을 구하였으며, 다른 한편으로 소련과의 동맹 관계 구축의 정치적 기반을 보장하고 공고히 하여, 스탈린으로부터 막대한 원조와 지지를 획득하였다. 그 결과 중국 대륙에서 중공의 통치 지위를 안정적으로 확립하고, 사회주의진영 내에서 중국의 명망과 영향력을 크게 제고하였다. 이때부터 아시아혁명의 지도권은 중공의 수중으로 들어왔으며, 모택동은 아시아혁명에 있어서 대체가 불가능한 지도자가 되었다.[114] 이 모두 가볍게 볼 수 없는 사실이다.

그러나 앞서 기술한 모택동의 출병 결정의 최초 동기로 말하면, 이러한

113) Vladimir Petrov, "Mao, Stalin, and Kim Il Sung: An Interpretative Essay", *Journal Northeast Asian Studies*, 1994, Vol.13, No.2, pp.3-30.
114) 이 방면에 대한 서술은 다음을 참조할 것. 沈志华, 「毛泽东与东方情报局-亚洲革命主导权的转移」, 『华东师范大学学报』, 2011年 第6期, 第27-37页.

목표들은 1951년 초, 즉 정전협정이 체결되기 2년 반 전에 실현되었다. 만일 중국이 참전 초기 설정된 "미군을 38선 이남으로 몰아낸다."는 전략목표와 "속전속결"의 전략 방침을 견지하여, 제3차 전역이 끝났을 때 유엔 제안을 받아들여 정전이 실현되었다면 중국은 전면적 승리를 거둘 수 있었다. 전쟁에서 소위 '승리'는 정책결정자가 설정한 전략 구상을, 그 결과를 통하여 구현하는 것을 의미한다. 그러나 중국의 정책결정자들은 전략 방침을 "장기 작전"으로 변경함에 따라, 특히 1951년 1월 유엔의 정전 제안을 거부할 때 전략목표를 "미군을 38선 이남으로 몰아낸다."에서 "미군을 조선반도로부터 몰아낸다."라고 바꾸었다. 그러나 그 후 2년 반 동안 이 목표는 실현되지 못하였다. 1953년 7월 전쟁 쌍방의 38선을 중심으로 하는 정전이 이루어졌을 때, 중국은 여전히 개입 초기에 정한 전략목표를 실현하였다고 말할 수 있으며, 출병의 목적을 이루었다고 말할 수 있다. 그러나 1951년 초의 전략 결정의 실수 때문에 중국은 원래 피할 수 있었던 엄청난 대가를 치렀다.

  우선, 병력손실이 컸으며 여기에는 2가지 전제가 깔려있다. 첫째, 병력손실에 대한 전쟁사 연구 통계의 일반적 방법은 교전 쌍방이 발표한 자신의 손실 숫자에 의거하며, 상대방에 의해 전쟁 시 혹은 전후 공포한 숫자는 이용하지 않았다. 둘째, 이번 전쟁에서 남북한은 엄청난 인명 손실은 입었지만, 그 통계 숫자를 정확히 계산하기가 매우 어렵다. 군인과 민간의 손실이 서로 섞여 있으며, 남북한 인민들이 서로 중복 계산되었다. 기타 참전국의 출병은 모두 상징적인 숫자에 불과하여, 그 인원 손실은 매우 적었다. 따라서, 본 연구에서는 오직 중국과 미국 쌍방의 병력손실만을 비교하였다. 전쟁 중 중국 인민지원군의 사망자는 11만 4,000명이며, 3만 4,600명이 부상 후 사망하였다. 부상자는 25만 2,000명(부상 횟수는 38만 3,000차례), 실종자는 2만 5,600명(그중 포로는 2만 1,000명)에 달하여 병력손실은 총 42만 6,200명에 달했다.[115] 병력손실 중에서, 유엔의 정전 제안 이전 3차례 전역에서 사망 혹은 실종된 인원은 총 4만 7,200명(동사자 숫자는 불포함)에 달했다.[116] 전쟁 중 미군의 전체 사망자는 3만 3,600명, 부상자는 10만 3,300명으로 병력 손실은 총 14만 2,000명에 달했다.[117] 이 통계에 따르면, 전쟁 중 중미 쌍방 의 군인 손실 비율은 대략 3:1에 달했다. 전쟁의 결과 측면에서 보면, 중미 양국은 기본적으로 무승부라고 할 수 있지만 중국이 치른 생명의 대가는 미국보다 훨씬 많았다. 더욱 중요한 것은 중국이 입은 절대다수의 병력손실이 전략목표를 바꾼 후에 발생했다는 점이다. 1950년 말, 정전 담판을 즉각 진행하지 않았기 때문에 중국의 병력손실은 37만 9,000명이 늘어났으며, 이 숫자는 그 이전 손실의 7배에 달한다.

전쟁의 장기화는 중국의 경제 건설에 매우 부정적인 영향을 미쳤다. 전쟁 발발 전 중국 정부는 1951년 군비 지출을 1950년 총지출의 43%에서 30%로 삭감하고, 70%의 예산의 경제 건설 투입을 계획하였다.[118] 그러나 전쟁이 발발하고 특히 전쟁이 지구전으로 들어가면서, 1951년 국가 예산에서 군비 의 지출은 45.64%로 늘어났다.[119] 동시에 정세가 긴박하여 중국 정부는 소련으로부터 제공된 3억 달러 저리 차관을 무기 및 장비 구입에 사용하기로 결정(원 계획은 4,000만 달러)하였다.[120] 이는 1951년 대규모로 증가된 군비 지출이 전적으로 전쟁 장기화의 결과라는 것을 보여 준다.[121] 1951년 예산은 전쟁으로 인하여 60%가 늘어났으며, 총예산 중 32%가 조선전쟁에 직접

115) 徐焰, 『第一次较量』, 第322页; 『抗美援朝战争史』第3卷, 第462页. 여기에서는 비군사 인원들의 사망과 부상자 숫자는 포함하지 않았다.

116) 徐焰, 『第一次较量』, 第47, 59-60, 67页; 『抗美援朝战争史』第2卷, 第44, 132, 188页.

117) Acheson, *Present at the Creation*, p.652.

118) 陈如龙主编, 『当代中国财政』上, 北京: 中国社会科学出版社, 1988年, 第69页.

119) 『1949-1952年中华人民共和国经济档案资料选编』综合卷, 第891页.

120) 金冲及主编, 『周恩来传』下卷, 第996页; Goncharov, Lewis, Xue, *Uncertain Partner*, pp.99-100.

121) 정전회담이 시작될 때, 펑더화이는 중앙군사위원회에 보낸 전보에서 "우리의 보병은 강하나, 운수가 곤란하여 시소게임을 하고 있다. 만일 매월 3만 명의 병력 보충과 매년 7~8억 달러의 군비가 필요하다. 인력수급은 문제가 없으나, 재정상 큰 어려움이 있을 것으로 예견된다."라고 말하였다. 彭德怀致毛泽东电, 1951年 7月 1日, 中国人民解放军档案馆藏, 参见 『彭德怀军事文选』, 第411-412页.

적으로 사용되었다.[122] 2년 이후 경제 건설에 사용된 소련 차관은 여전히 부족하였다. 1952년 9월 주은래가 소련을 방문하여, 향후 5년간 40억 루블의 차관 제공을 요청하였다. 그러나 그중 대부분은 군사와 국방 분야에 사용되었으며, 공업 설비 구매에는 단지 8억 루블만이 사용되었다.[123] 조선전쟁 기간 중국은 각종 전략물자 560만 톤을 소모하였으며, 지출된 전비는 62억 인민폐에 달하여, 전쟁이 중국의 경제에 미친 부정적인 영향은 미루어 짐작할 수 있다.[124]

중국이 적시에 정전을 하지 않음으로써 발생한 또 다른 결과는, 국제정치 무대에서 중국 자신이 고립되었다는 점이다. 조선전쟁이 발발하기 전, 유엔의 대표권 문제는 중국에 유리하게 전개되고 있었다. 특히 중국이 인도와 수교하고, 영국과 수교회담이 진행되고 있는 상황은 기타 유엔 회원국들에게 큰 영향을 미쳤다. 애치슨 국무 장관은 신중국의 대표권 문제에 있어서, 만일 미국이 유일한 반대국일 경우 미국 대표는 재투표를 요구하고 기권하여 부결권을 사용하지 말 것을 유엔 주재 미국 대표 오스틴에게 통보할 수밖에 없었다.[125] 심지어 중국이 출병한 후에도, 상황은 바로 악화되지 않았다. 1951년 1월 8일 영국 수상 애틀리는 트루먼 대통령에게 보낸 서신에서, 영국 정부는 예로부터 "유엔에서 중국을 침략자로 규탄하는 결의안" 통과에 반대하였다고 지적하였다.[126] 그러나 중국이 유엔 제안을 거부한 후에 모든 것이 변하였다. 13개국 제안(특히 보충 의견)은 본래 중국 입장을 동정하는 것으로부터 출발하였으며, 유엔에서 이 제안이 통과되었다는 사실 자체가 다수 유엔 회원국의 중국에 대한 우호적 태도 및 평화에 대한 염원의 표시

122) 「모택동이 스탈린에게 보내는 전보」(1951년 11일 14일), *АПРФ*, ф.45, оп.1, д.342, л.16-19.

123) 『周恩來年谱(1949-1976)』上卷, 第258页; 「스탈린과 주은래의 회담 기록」(1952년 9월 3일), *АПРФ*, ф.45, оп.1, д.329, л.75-87.

124) 谭旌樵主编, 『抗美援朝战争』, 北京: 中国社会科学出版社, 1990年, 第333页.

125) The Secretary of State to Austin, January 5, 1950, *FRUS, 1950, Vol.2, The United Nations; The Western Hemisphere*, Washington D.C.: GPO, 1976, pp.186-187.

126) The Secretary of State to the President, January 8, 1951(Annex), *FRUS, 1951, Vol.7*, pp.37-38.

라고 할 수 있다. 중국의 정책결정 실책은 이 제안을 거절한 것뿐만 아니라 이를 미국의 음모라고 비난하여 결과적으로 많은 국가들이 중국에 등을 돌리게 했다는 점이다. 1월 30일 유엔정치위원회는 중국을 "침략자"로 규탄하는 결의안을 44대 7(기권 7)로 통과시켰다. 이는 유엔 회원국 대다수가 중국에 대해 실망하고 있음을 의미한다.[127] 비록 그중 미국 조종을 받은 이유도 적지 않지만, 중국에 대한 대다수 국가들이 동정에서 반감으로 돌아섰다는 것 역시 분명한 사실이다. 이때부터 유엔에서 중국의 대표권 문제는 장기간 방임 상태에 놓였다.

뿐만 아니라 5월 18일 유엔총회는 미국의 요구를 기초로 중국 대륙과의 무역 금지 결의안을 통과시켰다.[128] 약 반년이 지난 후, 미 국무성 경제 담당 차관보 토르프(W. L. Thorp)는 "43개국이 유엔결의안 관철에 적극 동참하고 있다. 과거 그들 모두는 중국에 전략물자를 수출하는 주요 국가들이었다."라는 성명을 발표하였다.[129] 경제봉쇄 결과로 경제 건설 방면에서 중국은 소련과 그 위성국들에게 과도하게 의지할 수밖에 없었다. 중국의 대외무역 총액에서 소련과 기타 사회주의국가들과의 비중은 1950년 32%, 1952년 52.9%, 1953년 72%로 증가하였으며, 그 후 50년대 말까지 계속 70% 이상을 유지하였다. 특히 그중 소련과의 무역 총액은 전체 총액의 50%에 달했다.[130] 공업발전의 기초가 되는 중국의 에너지 및 원자재의 생산은 소련이 중국에 제공한 50여 개 프로젝트에 주로 의존하고 있었다. 1950~1952년, 중국의 고정자산 증가액은 59억 위안(元)에 달했다. 그중 소련의 지원하에 건설된 중점 프로젝트의 고정자산 증가액은 41억 3,900만 위안에 달하였다.[131]

127) 투표 과정은 『人民日報』, 1951年 2月 2日 第4版을 참조할 것.
128) 『人民日報』, 1951年 5月 23日 第1版.
129) Department of State Bulletin, 12 November, 1951, pp.762-763, 转引自 Edwin W. Martin, *Divided Counsel: The Anglo-American Response to Communist Victory in China*, Lexington, KY: The University Press of Kentucky, 1986, p.200.
130) 『1949-1952年中华人民共和国经济档案资料选编』(对外贸易卷), 第499-500页; 沈觉人主编, 『当代中国对外贸易』上, 北京: 当代中国出版社, 1992年, 第19页.

소련은 중국의 경제발전에 결정적 역할을 하였으며, 중대한 영향을 미쳤다. 이러한 상황은 모종의 숨은 우환을 내재하고 있었다. 즉 일단 중소 관계가 악화되면, 과도하게 소련에 의지하고 있는 경제의 연결 고리들이 끊어지게 되어 중국은 엄청난 손실을 보게 될 수 있다.

신중국의 통일 과업은 조선전쟁이 장기화됨에 따라 결정적인 방애를 받았다. 비록 「중소우호동맹호조조약」 공포 이후 대만에 대한 미국의 정책에 변화가 발생하기 시작하였지만, 제7함대의 대만해협 진주는 대만 해방을 위한 전역 전개에 큰 장애가 되었다. 당시 미국은 대만 보호를 공개적으로 선언하지 않고, 실제 행동에서도 여전히 장개석 정권과는 일정한 거리를 유지하고 있었다. 만일 이때 곧장 정전이 실현되고 유엔 제안에 따라 영·미·소·중 4대국회의에서 대만 문제를 토론하였다면 당시 유엔 회원국 대다수의 성향에 비추어 보았을 때, 대만 귀속 문제의 해결도 가능하였으며 최소한 그 이후와 비교하면 크게 유리할 수 있었다.[132] 그러나 중국이 유엔의 제안을 거부한 후 상황은 근본적으로 변하였다. 대다수 국가들은 중국에 등을 돌렸을 뿐만 아니라, 미국 정부 또한 장개석 정권에 대한 지원을 신속하게 강화하였다. 국무성의 요구에 따라, 1951년 2월 트루먼 정부는 5억 달러를 국민당 육군에 무상원조로 제공하였다. 이 밖에도, 미 국방부는 520만 달러의 해군 장비와 1,600달러의 공군 장비를 대만에 제공하였다.[133] 1952년 미국은 또다시 3억 달러의 원조를 장개석 정부에 제공하였다.[134] 특히 1952년 3월 22일, 합동참모회의가 기초한 안전보장회의 문서 제128호는 대만에

---

131) 『1949-1952年中华人民共和国经济档案资料选编』 基本建设投资和建筑业卷, 1989年, 第266, 268, 270页.

132) 1950년 12월 12~13일 개최된 유엔총회에서, 13개국 제안의 제안국 인도는 "대만 문제는 대만을 중국에 귀속시킨다는 카이로선언과 포츠담선언의 합의에 따라 해결되어야 한다."고 주장하였다. 『人民日报』, 1950年 12月 16日 第4版.

133) The Acting Secretary of State to the Embassy in the Republic of China, February 27, 1951, *FRUS, 1951, Vol.7*, pp.1584-1585.

134) Karl Lott Rankin, *China Assignment*, Esattle: Unoiversity of Washington, 1964, p.105.

대한 미국의 정책 전환의 분수령이 되었다. 이 문건은 동북아시아에서의 미국이익 보호에서 대만은 지극히 중요하다고 강조하고, 3가지 정책을 주장하였다. 첫째, 필요할 경우 대만을 미국의 군사기지로 이용할 수 있도록 하기 위해 일방적인 군사행동을 취한다. 둘째, 제7함대는 대만 보호 임무를 계속 수행한다. 셋째, 대만의 군사적 잠재력을 발전시킨다.[135] 이러한 정책 변화는 전쟁이 장기화됨에 따라 더욱 극단적인 방향으로 흘러 조선전쟁이 끝난 후에는 미국과 대만 간의 「공동방위조약」 체결로 이어졌으며, 결국 양안 간 통일은 기약 없는 정치적 추억이 되었다.

국제정치라는 큰 틀에서 보면, 조선전쟁이 끝난 후 세계는 결코 평화와 안녕을 얻지 못했다. 조선전쟁은 미소의 대결과 양대 진영의 대치를 특징으로 하는 국제 냉전을 크게 강화시켰다. 중국의 파병은 "국제 냉전사의 중요한 전환점"으로 간주되고 있으며, 2년 이상 불필요한 충돌의 장기화는 전쟁 발발 후 나타난 일부 우려—군비경쟁과 북대서양조약기구 확대 및 군사화—들을 촉발시켰으며, 동시에 중미 우호 관계 회복을 위한 일말의 희망도 제거하였다.[136] 전쟁은 미국의 대외 정책을 경직된 냉전 입장으로 더욱 깊이 빠져들게 하였다. 그 결과로 미국은 과거 한때 벗어나고 싶어 했던 장개석 이라는 짐을 다시 짊어지게 되었으며, 부단히 군비를 강화하도록 강제하고 미국의 경제 군사적 의무를 확대시켰다. 동시에 중국에 대한 억제 정책의 실시로, 월남전쟁을 향한 제일보를 시작하였다. 이와 동시에, 중국은 세계인들의 눈에 "소련 군사 역량의 확장"에 이용된 강대국의 꼭두각시로 인식되었다.[137] 서방은 중국의 참전과 특히 완강한 유엔결의안 거부를 사회주의진영의 통일된 지휘의 걸작품과 모스크바의 지령에 따른 것으로 간주하

---

135) 资中筠, 何迪编, 『美台关系四十年(1949-1989)』, 第65页.

136) 미국 학자는 이 방면에 대한 매우 정밀하고 상세한 분석을 하였다. William Stueck, "The Korean War as International History", *Diplomatic History*, 1986, Vol.10, No.4, p.296.

137) Phlip West, "Confronting the West: China as David and Goliath in the Korean War", T*he Journal of American-East Asian Relations*, 1993, Vol.2, No.1, p.22.

였다. 그 결과 서방의 눈에 중소는 이미 굳건한 "강철대오"가 되어 있었다.[138] 중국은 마침내 미소 대결을 핵심으로 하는 냉전의 구도 속에 깊숙이 갇히게 되었으며, 전쟁 중 흥분되어 나타난 모택동의 혁명 충동 때문에 소련보다 더 깊이 미국과의 적대적 소용돌이에 빠져들었다.

결론적으로 말하면, 중국출병의 주관적 동기와 객관적 목적은 본래 합리적이었으며 이해될 수 있는 측면이 있었다. 그러나 예상외로 손쉽게 승리를 거두게 되자, 모택동은 전략목표를 "미국인들을 바다로 몰아내자"라는 현실적 조건을 넘어선 것으로 수정하였다. 정책결정에서 중국의 근본적인 실책은 유리한 조건하에서 빨리 정전할 수 있는 기회를 놓쳤다는 데에 있다. 미국이 38선을 돌파할 때 범했던 정책결정의 실패와 마찬가지로, 중국이 범한 실책의 주요 원인 역시 자신의 역량을 너무 과대평가한 데에 있다. 비록 중국은 최후의 순간에 최초 출병할 때 설정한 목표를 이루었다고 말할 수 있다. 그러나 불필요한 엄청난 대가를 치르고, 마지막에는 미군 군대를 소멸시키고 몰아내겠다는 목표를 포기할 수밖에 없어, 수정된 전략목표가 실책이었음을 스스로 증명하였다. 60년이 지난 후 조선전쟁이 치렀던 엄청난 대가와 그 결과를 회고해 보았을 때, 군사적으로는 제2차 세계대전이 끝난 지 머지않아 인류는 "국부전쟁"과 "제한전쟁"의 개념을 만들었다.[139] 더 넓은 정치적 층면에서 보면, 조선(한국)전쟁은 '강대국들이 핵무기를 보유한 이후, 그들 사이의 전쟁에서 과연 승자가 있을 수 있는가?'라는 교훈을 인류에게 처음으로 주었다고 말할 수 있다.

---

138) Jervis, "The Impact of the Korean War", pp. 582-584.
139) 군사전략가로서 리지웨이 장군은 이 새로운 개념(limited war)을 제안하였다. Ridgway, *The Korean War*, Preface.

• 션즈화(沈志華)^{지은이} |

화동사범대학교 역사학과 종신교수이자, 화동사범대학교 국제냉전사연구센터의 소장이다. 중소
관계와 국제냉전사 분야의 세계적인 권위자이며, 주요 연구 업적으로서 『毛澤東, 斯大林與朝鮮
戰爭』(廣東人民出版社, 2013), After Leaning to One Side: China and Its Allies in the Cold
War(Washington: Woodrow Wilson Center and Stanford University Press, 2011) 등 10여 권
의 저서와 "China and the Dispatch of the Soviet Air Force: The Formation of the
Chinese-Soviet-Korean Alliance in the Early Stage of the Korean War"(The Journal of
Strategic Studies, 2010), "Hidden Currents during the Honeymoon: Mao, Khrushchev, and
the 1957 Moscow Conference"(Journal of Cold War Studies, 2009), "Sino-Soviet Relations
and the Origins of the Korean War: Soviet Strategic Goals in the Far East in Early
1950"(Journal of Cold War Studies, 2000), "Leadership Transfer in the Asian Revolution:
Mao Zedong and the Asian Cominform"(Cold War History, 2014), "Sino-North Korean
Conflict and its Resolution during the Korean War"(Cold War International History Project
Bulletin, Issues 14/15, Winter 2003/Spring 2004) 등 지금까지 90여 편의 논문을 발표하였다.

• 김동길(金东吉)^{옮긴이} |

북경대학교 역사학과 부교수이며, 북경대학교 한반도연구센터 부주임을 맡고 있다. 국제냉전사,
중소관계사, 동북아국제관계사 및 중북관계사를 연구·강의하고 있다. 대표적인 저서와 논문으
로는 『民国时期中苏关系』(中国党史出版社, 2009), "Stalin and the Chinese Civil War (Cold War
History, 2010)", "Stalin's Korean U-Turn: The USSR's Evolving Security and The Origins of
The Korean War(Seoul Journal of Korean Studies, 2011)", "Prelude to War? The repatriation
of Koreans from the Chinese PLA, 1949-50(Cold War History, 2012)", "The Chinese Civil War
and the Ethno-genesis of the Korean Minority in Northeast China(Chinese Historical
Review, 2014) 등 200여 편을 발표하였다.